절로 가는 길

절로 가는 길

초판 1쇄 발행 2008년 7월 20일

지은이 | 천명일

발행인 | 이의성

발행처 | 지혜의나무

주소 | 서울 종로구 관훈동 198-16 남도빌딩 3층

전화 | 730-2211 팩스 | 730-2210

2008 ⓒ 지혜의나무

* 값은 뒷표지에 있습니다.
* 잘못된 책은 구입하신 곳에서 바꾸어 드립니다.
* 이 책의 무단 전재 또는 무단 복제 행위는 법률로 금하고 있습니다.

사찰의 안과 밖

절로 가는 길

천명일 지음

지혜의나무

몸과 마음의 고향

그 길과 문(道門)

우리는 왜 본성으로 돌아가지 못할까?
그것은 두 가지 근본 때문이란다.

그 두 가지란,

하나는
시초가 없는 나고 죽는 근본으로
지금 너와 일체 모든 생명들이
자성이라고 국집(局執)하는
본 묘각의 거울에 비친 그림자 같은
마음 때문이고

또 하나는
시초가 없는 보리열반의
본래로 청정한 본체이니
지금 네 그 식정(識精)의 본디 밝음이란다.
묘명(妙明)한 이것이 능히 모든 인연을 내는데
그 인연으로 도리어 밝음이 상실되었단다.
마치 맑은 하늘에 스스로 구름이 끼어 흐리듯

모든 중생이 이 본성의 밝음을 잃었기 때문에
비록 종일토록 본 묘각으로 행동하면서도
우리는 깨닫지 못하고 혼미하여
잘못된 모든 갈래(六道)에 들어가나니라.

그러므로 나무불……
우리들의 본 고향으로 가자.
이 몸의 모국(母國)은 진공(眞空)이기에
비우는 헌신의 삶은
평화로운 육신의 고향 길(道)이 되고
의식과 무의식인 마음의 부국(父國)은
빛나는 묘각(妙覺)이기에
저 우주와 마음을 멀리하는
침묵의 명상만이 본성으로 돌아가는
초월의 보문(普門)이 되고 있다.

붓이 올리는 말씀

글 쓰는 도구를 붓이라 합니다. 붓이라는 이름에는 중생 무지를 일깨우는 세 가지 명칭이 있습니다. 심신초월(心身超越)의 깨달음을 지칭한 붓다와 멍청한 바보를 지칭한 붓두와 암둔한 머리를 지칭한 붓트가 그것입니다. 우리가 평소에 별생각 없이 쓰고 있는 필구인 붓에는 이와 같은 중생 무지를 일깨워 주는 신비한 위신과 상서와 중험이 있는 부(符)·인(印)의 의미가 있습니다. 그런데 이 붓은 말할 줄은 모릅니다. 하지만 만약 깨어 있는 인간 영혼이 붓에 실리면 어떤 말이나 글이나 유형과 무형, 그리고 생각 있고 생각 없는 것까지를 온통 사실같이 기록해 냅니다. 여기 신비의 부인(符印)과 같은 한 자루의 붓이 여러분을 조형예술의 형색에 담아 놓은 뜻의 세계, 고찰(古刹)로 안내코자 합니다.

고찰은 무의식 속에 깊이 잠든 돌덩이가 초석이 되고 생각 없는 나무 둥치가 기둥이 되어 초월의 각성으로 꽃을 피운 신비의 궁전입니다. 그러므로 세속의 일반상식으로는 감히 넘볼 수 없는 대각의 세계를 형설하고 있습니다. 그 불국장엄의 묘각세계로 여기 한 자루의 붓이 여러분을 친절히 안내해 드릴 것입니다.

사찰은 본래로 우리 내면의 각성세계를 밖으로 잘 대비시켜 놓은 것입니다. 그러므로 이 붓이 '절로 가는 길'을 통하여 절의 안과 밖을 잘 안내함으로써 마치 거울에 비친 자신들의 얼굴을 만나게 될 것입니다. 독자여러분은 지극히 편안한 마음으로 듣고 '보고' 따라만 오십시오. 그냥 '보고' 만 계십시오. 그러면 보는 그 자가 사원(寺院)의 전부임을 깨닫게 해 줄 것입니다. 보고만 계시면 이 붓이 여러분의 '보는 자' 속으로 절의 모든 뜻이 녹아들게 할 것입니다. 심신초월의 각성까지도 용해시킨 화려하고 장엄한 사원(寺院) 그 자체가 여러분이 되게 말입니다.

이 글은 외양을 통해서 그 내면에 숨어 있는 뜻을 읽고 그 뜻이 우리들의 몸과 뜻과 의식에 합일이 되게끔 씌어지고 있습니다. 그러므로 육감으로 보고 느끼는 모든 사원의 모양이 다 우리 인간 영혼의 실상인 것입니다. 특히 여기서 자주 언급되는 '뜻'은 일반상식의 뜻(意)과는 그 의미를 영 달리하고 있습니다. 이 글에서 쓰는 뜻은 옳을 의(義), 도리 의(義) 자로 의(義) 자의 본래 뜻은 물질의 모양을 벗고 심오한 진공(眞空)에 들어가 현묘한 진리, 밝고 공적한 무(無)의 도리를 드러내고 거기에 안주한 빛나는 묘각성(妙覺性)을 말합니다. 그러므로 여기서 쓰는 뜻은 묘각에서 발산되어 나온 각성을 의미하고 있습니다. 의(義)의 더 확실한 표현은 부처님의 마음을 의미합니다. 부처님의 마음은 불경에 많이 등장하는 대보살마하살들입니다. 그러므로 의(義)라고 하는 한자를 우리말로 편의상 '뜻' 이라 쓰고 있음을 이해하시기 바랍니다. 또 '본다' 는 말을 자주 쓰는데, 그것은 본래 우리 본연의 각성(覺性)은 거울처럼 드러내 보이는 견성(見性)의 속성이 있습니다. 견성(見性)은 시각으로 보는 성품이란 말이 아니고 마치 밝은 거울이 만상을 다 드러나게 비추듯 심신(心身)의 모든 감성과 마음까지도 환히 깨닫는다는 뜻입니다

또 이 책에서 많이 쓰고 있는 깨침의 상용어로 '일어난다' 는 표현을 사용합니다. 실제로 깨침의 현상은 잠에서 깨어나듯 혼몽한 정신 상태에서 밝고 청명한 각성상태로 의식의 혁명이 일어나는 현상이므로 의식혁명의 정신상

태를 달리 표현할 만한 말과 글자가 없으므로 필자는 일어난다는 표현을 자주 씁니다. 태양이 수평선 위로 떠오르니 어둠이 사라지듯 정신이 다른 차원의 밝은 각성상태로 깨어나는 표현을 일어난다고 했으며, 실제로 어두운 마음이 밝은 각성상태로 깨어나는 정확한 표현은 불교요식에서 외우는 진언으로 정법계진언 '옴·남' 이란 범어가 지극히 합당합니다. 진언의 '옴' 은 어디로부터 온다는 뜻이고 '남' 은 드러난다는 의미로 해독됩니다. 이 책에서 사용하게 되는 이와 같은 용어에 대하여 시방의 독자께서는 아무런 부담 없이 소화시켜 주시길 바라면서 절 올립니다.

지은이 권명호

목차

몸과 마음의 고향 • 4
붓이 올리는 말씀 • 7

절로 가는 길

절로 가는 길 • 19
   사문(四門)의 길 • 24
   삼계설 • 37
사찰의 의미 • 40
오안설 • 46
합장예배(合掌禮拜) • 50
   합장 삼배 • 52
   삼처허실 • 55
   연화상 • 56
일주문(一柱門) • 61
   불이문게(不二門偈) • 61
   문(門) • 64
   화장세계 • 68
   몰아지경(沒我地境) • 72
   형설의 문자 • 77
   조계종찰 • 82
   불도(佛道) • 86

들숨날숨의 문 • 90

　　중도의 지혜 • 92

　　신성한 숨김의 악덕 • 98

　　소녀(素女, 화이트홀)·현녀(玄女, 블랙홀) 방중경(房中經) • 103

　　형설의 문화 • 107

옳은 도 • 110

사천왕문 : 권선징악의 문 • 120

　　사상(四相)의 문 • 123

　　사천왕문(四天王門) • 128

　　만수리의 주먹 • 143

　　무아실현(無我實現)의 문 • 149

금강문(金剛門) • 153

　　반야지 • 155

　　종교적인 삶 • 175

　　동화의 어원 • 177

법당으로 가는 길

누각과 삼승도 • 183

법화(法華) • 189

　　법구(法句) • 200

불전(佛殿) • 205

불국장엄, 광명장 • 213

    광명전(光明殿) • 217

    불전(佛殿)은 화엄경 • 218

법당으로 가는 길 • 219

    제불공양은 갸륵한 정성이다 • 221

    고사리 손의 공양 • 223

선재동자(善財童子) • 227

진리의 창고 • 273

불상(佛像)과 불화(佛畵) • 287

호법선신(護法善神) • 300

법기(法器) • 308

깨달음으로 가는 길

삼장법사(三藏法師) • 319

    금의 신비 • 326

    부물(符物) • 328

삼십이상 팔십종호(三十二相 八十種好) • 333

    32상 대장부상(三十二相 大丈夫相) • 343

　　　　80종호(八十種好) • 349

　　명부전(冥府殿) • 354
　　　　어떤 자식 • 369
　　　　제불보살의 신통 • 374
　　　　꿈 • 383
　　　　불한당도 보살 • 386
　　　　연못 신의 깨우침 • 389

　　해인삼매(海印三昧) • 393
　　　　야수다라의 전생 • 397
　　　　육환장(六環丈) • 403
　　　　해인(海印) • 407

　　장엄상(莊嚴相) • 416
　　　　초의식의 상징 • 416
　　　　불신천귀(佛神天鬼) • 422

　　십이인연법(十二因緣法) • 427
　　　　생사고뇌의 원죄 • 427
　　　　열두 가지 수레바퀴 • 433
　　　　세계가 생기는 까닭 • 438
　　　　뭇 생명이 생기는 까닭 • 441

　　다문제일(多聞第一) 아난존자 일대기 • 445
　　　　이와 같이 나는 들었다 • 445

　　용궁불교(龍宮佛敎) • 456
　　　　용수보살일대기(龍樹菩薩一代記) • 456

이통현 장자(李通玄 長者)의 일대기 • 466

관세음보살(觀世音菩薩) • 475
　　대비 관음의 슬픈 염원 • 475
　　십일면보살(十一面菩薩) • 484
　　백법(白法) • 493
　　육신 보살(肉身菩薩) • 501
　　기적을 만드는 마음들 • 507
　　시방제국토 무찰불현신(十方諸國土 無刹不現身) • 510
　　밥도둑의 과보 • 519

연화좌(蓮華座) • 524
　　칠차원(七次元) 너머 • 528

선원(禪院) • 537
　　금기의 성역 • 537

삭발염의와 오경(削髮染衣 五頸) • 550
　　먼 역사의 전설 • 550
　　생명의 통로, 오경 • 553

향로전(香爐殿) • 557
　　산사의 새벽을 여는 소리 • 557
　　방장실(方丈室) • 560
　　가섭존자의 영생기(迦葉尊者의 永生記) • 562
　　가섭의 출생 • 571

삼소굴 얘기들 • 577

영진각 조사(影眞閣祖師) • 581

깨침의 미학 • 581

적멸보궁(寂滅寶宮) • 583

영원한 진리만물의 중심 • 583

만물의 중심 • 587

해탈의 여의주 • 591

절로 가는 길

절로 가는 길

지금 여기에 길이 있다. 절로 가는 길이다. 이 절로 가는 길에는 문(門)이 많다. 나무나 돌로 된 문도 많지만 깨달음으로 가는 정신의 문은 더더욱 많다. 하도 문이 많아서 항하의 모래 수에 비유한다. 또한 그렇게 많은 절문의 길을 찾아 순례하는 스님들을 사문(沙門)이라 한다. 이렇게 절로 가는 길에는 평범타 못해 독특한 길도 많고 문(門)도 많다. 그 사문의 길과 문으로부터 온갖 진리가 흘러나오고 또한 만법이 그 문 안으로 되돌아 들어가므로 법문(法門)이라 한다.

그러므로 법문(法門)이라 함은 중생의 기복심리가 만든 일반 종교의 말씀이 아니다. 그렇다고 말할 수 없는 깨달음의 도를 말글로 적은 알 수 없는 부호 같은 것도 아니다. 오로지 심신(心身)의 허울을 벗어 버린 눈뜬 자가 캄캄한 마음의 무명을 뒤집어 쓴 맹인들에게 태양의 빛을 설명하는 《화엄경(華嚴經)》과 태양 그 자체를 설명하는 《법화경(法華經)》으로 들어가는 문(門)을 법문이라 말한다.

맹인은 태양 빛을 볼 수가 없다. 마찬가지로 중생의 마음으로는 태양에서 발산되는 빛과 같은 각성(覺性)을 도저히 어림할 수 없다. 하지만 세간에는 특수 상대성원리가 있다. 그 특수 상대성원리로 만들어진 절대부정의 긍정사가 있다. 그것이 불교의 사원이다. 그러므로 불교의 사원은 예컨대 맹인의 점자와 같은 곳이다. 모양과 상념을 가장 멀리한 불교가 온갖 모양으로 형설하는 방편 그 자체가 특수 상대성원리다. 공적하다 못해 청정무구한 묘각(妙覺)의 묘명(妙明)한 실상을 무지 무각한 돌덩이와 투박한 나뭇조각으로 중생들이 어루만져 더듬게 한 사찰(寺刹)의 모든 형설은 곧바로 절대부정의 긍정사다. 지극한 역설이 지극한 도리를 밝히는 논리학이 될 수도 있으므로 불문의 모든 것은 절대부정을 위한 절대긍정의 논리학임을 깊이 이해하고 이 붓을 따라가야만 한다. 그래야만 우리는 사찰의 화려 찬란한 장엄을 제대로 보고 느낄 줄 알게 된다.

다시 말하면 사원의 구조와 풍광을 보고 그것을 문자처럼 읽을 줄 알아야 한다. 절의 모든 조형물이 다 문자로 보이고 도설이 자신의 내면의 소리로 들려야만 불교를 쉽게 이해하게 된다. 바로 이러한 취지에서 여기 한 자루의 붓이 훌륭한 가이드가 되어 여러분을 고찰로 안내하면서 사원의 어마어마한 장엄이 팔만대장경의 문자로 보이고 보궁(寶宮)의 지존(至尊)이 곧 우리가 미래에 성취할 자성불임을 느끼게 할 것이다.

우리는 수없이 절에 다녔다. 엄마 등에 업혀서도 갔고 소풍도 절로 갔으며 수학여행도 거기로 갔다. 어린 시절부터 어른이 되어 늙어 죽음을 앞에 둔 지금까지 우리는 절문 앞을 수없이 지나다녔다. 그러나 우리는 절 구조의 의미나 깨침의 미학에 관해서는 아무것도 아는 바가 없다. 다만 절이 지닌 역사나 산사의 독특한 풍광에 심취해보는 감회뿐이다. 물론 절은 알고 모르고의 문제를 심각하게 다루는 오늘날의 학교 교육 같은 곳은 아니다. 오로지 가슴 밑바닥에서 파도치고 있는 마음의 덩어리를 주시하는 지혜를 가르치는 집안이다. 그렇게 자신의 몸과 마음을 주시만 함으로써 마침내 일어나는 심신초월의 해탈경계를 성취하고자 하는 집안이다.

그렇기 때문에 불교는 뭇 종교와 근본적으로 다른 차원을 가르치고 있다.

부처님의 정법은 부질없는 몸과 마음을 갈고 닦는 가르침이 아니다. 그 반대로 몸과 마음을 벗어던지는 가르침이다. 심신(心身)을 뱀의 허물처럼 벗어던지는 해탈의 문중이다. 저 많은 세상의 성자와 종교들은 허망한 몸과 마음을 비단같이 곱게 단장을 하고 충실한 신(神)의 시녀가 되라고 가르친다. 하지만 불교는 사대원소로 뭉쳐진 몸뚱이에 담긴 마음을 허공의 구름처럼 보라는 각관(覺觀)을 가르치고 있다. 각관(覺觀)은 몸의 안과 밖을 두루 다 알고 깨닫는 전지전능한 자신의 각성을 은밀히 돌이켜 보는 지혜를 말한다.

비유하면 천강(千江)에 비친 달그림자 같은 우리들의 마음을 환히 비추고 있는 창공의 달과 같은 본 묘각(妙覺)을 의식하는 관조자의 길이 불도다. 그러므로 불교는 기복적 신행과 맹종을 요구하는 종교가 아니라 의식을 뒤집어 본각을 느끼게 하는 지혜를 가르치는 각관의 가르침이다. 불교도 일반 종교와 다름없는 기복적 요식이나 신행의 계율(戒律)이 엄격하지만 그것은 어디까지나 혼탁한 중생심을 맑히고 밝히는 세척제요 각성제로서 부정한 마음을 닦아 내는 수심(修心)의 필요에 의한 것이다.

모든 계율은 만법의 근본 뼈대가 되고 있다. 그러나 바로 이 종교의 계율과 세상의 윤리가 중생에게는 엄청난 짐이 되고 있다. 유·무식을 불문하고 모든 이의 근본 고뇌는 바로 이 일반 도덕률과 종교의 계율에서 비롯된다. 왜 사회윤리나 종교의 신성한 계율이 오히려 무섭고 두려운 것일까? 그것은 누구나 잘 알면서도 실제로는 행치 못하는 두려움 때문이다. 알고도 행치 못하는 어리석음의 기본양심 때문이다. 이러한 중생 양심의 고뇌는 참으로 심각하다. 모두 자신의 아픔을 숨기고 감추며 스스로 은밀히 개탄하다 지치면 공연히 자신을 싫어한다. 자기의 무능을 혐오하고 어리석음을 증오하다 지치면 성인의 가르침이나 부모의 교훈에 염증을 느낀다. 이와 같은 중생 양심의 고뇌를 대의명분의 칼로 묵살해 버릴 것이 아니라 우리는 이 문제에 대하여 깊이 숙고해 보아야 한다.

만고불변의 진리로 굳어진 전통의 윤리나 종교의 계명은 현실 생활 속에서는 실천하기가 대단히 어렵다. 그런데도 부모나 스승들은 성인의 도덕률을 지키라고 강요한다. 부모나 스승들 자신이 스스로 실천 봉행하지도 못하면서 아들딸이나 후학들에게는 그것을 강요한다. 강요를 하다 안 되면 매질을 한다. 이 모양으로 욕을 얻어먹고 매를 맞는 꾸지람에 역겨움을 느끼다 보면 성인의 교훈은 다 후회의 낱말 같고 부모와 스승들이 싫어진다. 분명한 진실은 부모와 스승들이 말로 매로 기합을 줄 일이 아니라 먼저 부모와 스승들이 그 도덕률을 몸소 후학에게 보여 줄 일이다. 하지만 어린이가 지킬 수 없는 계명은 어른도 잘 안 된다. 어른 스스로도 행치 못하는 성훈(聖訓)을 어린 후학에게 강요한다는 것은 강물을 산으로 보내려는 격이다. 바로 이것이 인간 역사의 슬픈 역설이다.

    누구나 절에 가면 무섭다. 지구상에 죄목 많고 어리석은 중생을 겁주는 종교는 불교 같다. 보라, 절 초입부터 권선징악(勸善懲惡)의 상징물로 가득하다. 자비는 고사하고 잔인하기까지 한 인상들이 겁주는 모습을 보라. 이 모양으로 특히 한국 절은 혹세무민하는 무속종교의 본산이 되고 있다.

    아니다. 석존은 분명히 밝히셨다. 저 사마외도들은 반드시 중생들의 영혼을 숱한 죄의식으로 가두고 온갖 요식으로 자유로운 삶을 묶어 버린다고 하셨다. 세존의 법은 온갖 죄악으로부터 해탈이요 온갖 요식으로부터의 해방이다. 그래서 절에 가면 부처님의 대비 원력에 의하여 누구나 저절로 마음이 신기하게 편안해진다. 그것은 심신을 맑고 밝게 정화시켜 주는 불심의 향기가 있음이요, 또한 식심을 잠들게 하는 명상의 향기가 있음이다. 이것이 깨어 있는 산사의 기적이다. 만생의 소박한 중생심이 맑게 깨어 있는 산사의 정취에 녹아들 때 중생의 생사중죄는 저절로 다 녹아 버린다.

    이것이 불법이다. 그러므로 불법은 가련한 중생들로 하여금 겁주는 죄의식이나 기복적 신행을 요구하지 않는다. 전연 그럴 이유가 없다. 더러운 빨

랫감이 세탁기에 들어가면 깨끗이 세탁되듯이 불법의 도량에 들어서기만 하면 저절로 해탈의 감회를 얻는다. 그러므로 불법은 지식으로 이해될 성질의 것이 아니다. 비유하면 태양을 태양이라고 말하고 글로 쓴다고 해서 그 말이나 글자가 태양이 될 수가 없고 태양의 밝음을 맹인에게 설명하기를 그대가 느끼는 어둠의 반대라고 이해시킨다고 해서 지복으로 충만한 태양의 밝음 그 자체를 맹인이 느낄 수는 없는 것과 같다. 그러므로 알라, 맹인과 다름없는 일반 모든 종교의 착각은 몸과 마음을 신불(神佛)로 삼고 있음이다. 깨달음의 교주인 석존처럼 몸과 마음을 멀리 벗어던지는 대해탈의 교리를 전연 이해하지 못하고 있다. 몸과 마음을 소멸시키는 침묵의 주시가 진정한 불교다.

　한 알의 콩을 땅에 심어야만 콩알을 얻을 수가 있다. 스스로 심지 않고 그 콩의 고유한 성분을 다른 물질에서 뽑아 가공을 한다면 진정한 콩알이 만들어진다고 할 수 있는가? 설사 콩알과 똑같은 콩을 만들었다 하더라도 그 콩을 땅에 심어 보면 싹이 트질 않는다. 콩의 종자(種子)가 없기 때문이다. 종자는 각성(覺性)이다. 만물의 종자가 바로 각성이다. 콩알이 양쪽으로 벌어지면서 씨앗인 종자가 발아되듯이 우리들의 깨달음도 몸과 마음을 벗어 버려야만 불성인 각성이 발아된다.

　누구나 사문(寺門)에서 느끼는 신비는 자신이 저 사원과 다름없음이다. 있는 그대로 마냥 구경만 하고 있노라면 땅에 묻힌 콩알처럼 그 어느 날 몸과 마음을 살며시 벗어 던지고 각성의 불심으로 활연히 깨어날 것이다.

　그러나 오늘날 신세대들은 더더욱 몸과 마음이 아닌 천심으로 우러나오는 가슴의 노래를 원시시대의 유물로 비웃을 뿐 그 절대 진리의 음악에 귀를 기울이지 않는다. 그런데 그렇게 본래 밝은 귀를 멀게 한 장본인들이 바로 종교인들이다. 그들을 수천 년 동안 몸과 마음이 신불이라고 대중을 세뇌시켜 왔다. 그래서 본래로 지식의 소관이 아닌 불교를 지식으로 잔뜩 무장한 저 후학들에게 이해시키기란 참으로 쉽지가 않다. 그것은 몸과 마음을 일단 부정하고 그 부정을 또 긍정도 부정도 아니 하면서 마침내 절대부정의 긍정으로 들어가야 하기 때문이다. 바로 이것이 사원의 신비다. 이렇게 절대부정의 긍정인 대해탈의 차원을 간접 이해라도 시키자면 아인슈타인의 상대성 원리 이론을 조금이라도 논리화할 수 있는 변증법의 달사들을 이 자리에 모셔 와야 한다. 하지만 어찌 하겠는가? 스스로 자기 내면의 밝은 각성을 조금이라도 의식하지 못하고는 모르기는 매 한가지다.

사문(四門)의 길

절을 어떻게 보고 어떻게 느끼며 어떻게 깨닫고 다녀야 하는지, 그리고 절의 구조를 보면 왜 일주문에서 사천왕문, 금강문, 누각을 통하여 상단에 있는 법당으로 올라가야 하는지를 알고 싶을 것이다. 또 대웅전은 왜 높은 계단을 밟고 올라가게끔 지어져 있을까? 하는 점 등이 의문스러울 것이다. 저렇게 다양한 절의 외모나 법당의 신성한 장엄에 대하여 깊이 이해를 시키고자 이 글을 쓰고 있다.

절은 모든 여타 종교의 사원과는 달리 신기한 점이 무척이나 많다. 일주문(一柱門)에서부터 대웅전, 그리고 불상을 모시지 않은 오대산의 적멸보궁(寂滅寶宮), 이 모든 엄숙한 절의 장엄에는 지구상에서 가장 아름다운 정신철학과 깨달음의 연금술이 가득 담겨 있다.

법보사찰이라 불리는 해인사에는 인류 의식의 보물인 경전이 가득하고 불국사 같은 절은 건축 구조 자체가 한 권의 법화경을 형상화하고 있다. 이렇게 어마어마한 절이 지닌 의미들을 찾아서 길을 떠나자! 절에는 심상찮은 인간 의식의 지고한 각성(覺性)이 내포되어 있다.

우리의 육안으로 보이는 불교의 건축물이나 신성물들은 미학적인 측면에서 보아도 최상의 예술품이다. 그것은 모습 그 자체만으로도 충분한 예술적 감흥을 불러일으키기 때문이다. 그러므로 참 종교인의 시각으로는 그 외적 예술성에 민감하게 감응하면서 형상들이 지닌 뜻에 보다 깊은 이해가 있어야겠다. 다시 말하면 안과 밖이 둘이 아니다. 안팎은 따로 있지도 않다. 내외는 동일한 것이다. 그러므로 종교적 신성물들이 지닌 의미를 시각을 통하여 흡수하고, 우주와 내가 하나임을 자각하는 자아발견의 도량이 곧 절이다.

사찰은 수천 년 동안 흥망성쇠를 거듭하면서 오늘날까지 우리들의 눈앞에 옛 모습 그대로 생생하게 재현되고 있다. 그러나 오늘날 세상 사람들이 종교적 건축물이나 신성물들을 보면서 신기하고 이상하다는 느낌은 가지지만 그 내면에 소리 없이 빛나는 지묘한 의미에 대해서는 참으로 이해하지 못하는 듯하다. 실상 허망을 멀리한 해탈의 묘의를 담고 있는 절 구조의 모든 형색은 세속의 상식으로는 쉽게 이해될 성질의 것이 아니다. 특히 절집의 기둥이나 전각 등에 쓰여 있는 한문 글귀들은 세속의 학식으로는 읽기도 어렵거니와 그 글귀의 내용을 담은 절의 조형과 벽화를 이해하기는 정말 어렵다. 화려한 단청, 높은 불단에 모셔진 거룩한 불상과 일곱 색으로 그려진 불단 위의 탱화와 벽화들의 의미가 무엇인지 우리들은 그저 신기하고 아득한 생각이 앞을 가린다. 절집은 이와 같이 처음부터 끝까지 신행자들에게는 의문의 연속이다. 절 안의 조형물과 나붙은 문장들이 하나도 화두 아닌 게 없다. 이렇게 절은 신행자들로 하여금 간절한 의혹의 몸부림을 조장함으로써 필경 답 없는 답, 무심을 맛보게 한다.

중생심이란 본래로 오음(五陰)으로 뭉쳐진 색심(色心)이다. 망상 덩어리 색심들이 휘황찬란하고 요상한 절의 풍광을 접하게 되면 저절로 맹신맹목에서 나온 초월의식을 느끼게 된다. 처음부터 끝까지 절집 안은 신복자들로 하여금 맹신맹목의 덕목을 쌓게 한다. 참으로 묘한 집안이다. 그래서 절에 들어와 보면 의문은 많으나 대답은 하나도 없다. 실은 의문도 대답도 아닌 이해를 통한 해맑은 의식을 느끼게 하는 문중이 절의 본래 목적이기 때문이다.

어느 종교이든 처음 접하게 되면 경건한 신행의 요식에서 신심이 굳어지고 굳건한 신심으로 염송하는 염불에서 암울한 망상들이 깨어진다. 불교의 경우는 더욱 그러하다. 누구나 처음 절에 들어가면 영겁의 고요에 몸은 경직되고 생면부지의 불상과 엄청난 신상을 처음 접하게 되면 신기하면서도 암울한 분별 망상이 폭포를 이룬다. 이러한 심경을 맛본다는 것은 다시 없는 행운이다. 비유하면 더러운 옷을 벗어 던지고 고운 비단옷으로 갈아입는 것과 같은 순간이다. 이렇게 값지고 복된 행운의 기회는 절집이 아니곤 다시 없다. 하지만 보통 사람들의 상식으로는 신성에 취한 자신의 심경이 오히려 답답할 것이다. 이러한 답답한 영혼을 위하여 필자가 붓을 들었다. 불교에 관심이 있는 분들이나 이미 불교에 심취한 불자들을 위하여 평소에 필자가 절을 보고, 느끼고, 생각하였던 바를 말씀드리고자 한다.

일반 사람들이 막연히 생각하기를 절은 불상이나 모셔 놓고 열심히 절하고 시주나 많이 하면서 가정의 요행을 비는 기복의 온상이 아니냐고 한다. 이렇게 경망스러운 소견은 절을 너무 모르기 때문에 생긴 오해이다. 비록 착실한 신행자라 하더라도 기껏 생각해 보았자 세속을 버린 스님네의 공부방 정도로 알고 있다. 이런 분들이 이 글을 읽어 보신다면 불교에 대한 새로운 안목과 바른 인식을 갖게 될 것이며 절을 바르게 보고 아는 새로운 길잡이가 되리라 기대한다.

'불교' 하면 누구나 엎드려 절하는 절을 생각하게 된다. 그래서 '절' 하면 조각가들이 만든 등신불과 화사들이 그린 불화 앞에 엎드려 절하는 것부터 생각한다. 또 '부처님' 하면 누구나 신령스러운 명산에 자리 잡은 엄청난 단청집을 연상하게 된다. 불교신자가 아니라 하더라도 누구나 절을 생각하면 자연스럽게 불당에 모셔진 부처님을 머리에 떠올리게 된다. 특히 불교는 부처님이 설하신 경전을 보고 절을 이해하고 불교의 요지를 아는 것이 아니라 천하명산에 자리 잡은 화려한 절집을 생각한다. 절 안에 여러 가지 신기한 조각이나 그림을 통하여 불교를 이해시켜 놓았기 때문에 모두 형색을 보고서 자기 나름대로 불교를 어림 유추해 보는 정도가 일반인들의 불교 상식이다. 설사 스님네의 법문을 좀 들었다손 치더라도 아리송하기는 마찬가지다. 그저 불교 하면 심산유곡의 아름다운 풍광과 웅장한 기와집을 생각한다. 날아갈 듯 거창하게 지어 놓은 대궐 안의 장엄한 불단에 안치한 부처님의 엄숙하고 거룩한 모습에 감복하는 경외심에서 속인들은 신심이 생긴다. 이렇게 형색을 통하여 불심을 키우는 것을 상법불교(像法佛敎)라 한다. 속세의 연인들이 첫눈에 반하여 사랑의 꽃을 피우듯 상법불교의 목적도 바로 여기에 있었던 것이다. 모든 종교예술의 아름다움이란 바로 이것이다. 철석같이 굳은 범부들의 암울한 마음 가운데 깊이 잠들어 있는 각성으로 빛나는 신심을 일깨우는 데 그 목적이 있다.

    절 법당 안에 안치된 여러 가지 환상적인 신성물들처럼 일단 형색으로나마 그렇게 보여 주지 않고는 어린이와 같은 속인들의 마음속에 불심을 담아 준다는 것은 정말로 어렵다. 그래서 한국불교를 산중불교라 하기도 한다. 흔히들 조선조의 배불정책 때문에 산중불교라는 말이 생겼다고 하나 그것은 일부분일 뿐 본래 불교 전법의 한 방편임을 세존이 설하신 바가 있다.

    고대의 모든 종교는 환상의 전당이 되고 있다. 그것은 말이나 글이 신통찮았던 시대의 고대인들을 위하여 설명의 한 방편으로서 그림이나 형상 등이 사용되었기 때문이다. 절 역시 그러하다. 그러므로 금세기 사람들의 불심은 부처님 마음속의 뜻을 알고 믿는 것이 아니라 절집의 신기한 외형을 보고 막연히 신복하는 신행자가 되었다.

    지구상에 있는 모든 종교는 몸과 마음을 맑히고 밝히는 데 주목적이 있음에는 두말할 나위가 없다. 특히 불교의 경우는 몸과 마음과 환경을 객관시하는 초월의 관심법에 주목적이 있으므로 일반 세속인의 상식으로는 난해하기가 짝이 없다. 붓다의 교지대로 누구나 몸과 마음과 주변의 환경을 객관시하다 보면 자기의 깊은 내면에서 깊이 주시하고 있는 관조자가 환히 밝아 온다. 내면의 관조자가 환히 밝게 되면 저절로 밝은 빛에 어둠이 사라지듯이 몸이니 마음이니 세계니 하는 따위의 말장난들은 영원히 없어진다. 이것이 본래 불교의 목적이다. 절대로 누구를 신봉하고 추종하는 종속관계를 강화시키는 저 외도들의 종교 제국주의와는 판이하게 다른 종교가 불교다. 오로지 나 자신을 철저히 분해시키는 관심의 연금술이 석존의 본래 목적이다.

자기로부터 해방하는 이 길만이 최선이다. 저쪽으로부터 구해지는 행운이 아니라 나 자신의 내부로부터 일어나고 환희와 영원한 자유로 빛나는 자성회복의 길이 곧 모든 종교의 본래 목적이 되어야 한다. 이 모든 종교의 구경의 뜻이 되어야 한다. 그러므로 몸 밖의 어떤 것, 즉 외형을 심각하게 다룬 종교는 본래로 없다. 더욱이 각성(覺性) 아닌 물상이나 진공 아닌 형상을 가장 멀리한 종교가 불교다. 여타 종교들이 모시는 신과 범천들까지도 멀리한 종교 아닌 종교가 곧 불교다. 이것이 불법이다. 이것이 불교가 여타 종교와 근본적으로 다른 점이다. 그런데 왜 불교의 절집은 온통 우상 천국인가?

석가세존께서 성도(成道)하신 때로부터 500년 동안은 부처님의 참뜻이 그대로 잘 실천되는 시기로 정법시대라 말한다. 정법시대에는 깨침의 바른 가르침이 살아 있어 몸과 마음이 각성의 세계로 쉽게 들어간다고 한다. 별 수행 없이도 각성이 쉽게 일어나는 것은 석가세존의 묘명한 각성이 법계에 가득하기 때문에 한번 부처님을 뵙거나 부처님의 말씀을 전해 듣는 순간 자연스럽게 각성이 일어나기 때문이다. 마치 바보라도 태양 빛을 만나면 천하가 환하게 보이는 것과 같고 행복한 사람 곁에 가까이 가기만 해도 저절로 기쁘고 평온해지듯 이렇게 자연스럽게 깨달음이 일어나는 시기를 정법시대라 한다. 이미 깨달음을 얻은 거룩한 신성이 모든 조건을 잘 갖춘 구도자에게로 자연스럽게 전수되는 행운의 시대를 불교에서는 정법시대(正法時代)라 한다.

그래서 정법시대에는 오늘날 우리가 보는 바와 같은 신앙의 대상물이 없었다. 어디까지나 내적인 깨달음의 문제라면 그때나 지금이나 사원이 필요 없기 때문이다. 진정한 의미에서 깨달음을 얻고자 하는 분들은 자기의 육체가 곧 사원이며 건전한 정신이 신성한 신전인 것이다. 그래서 오늘날 우리가 보는 절의 모습은 깨달은 분의 정신세계를 그대로 묘사한 것이다.

정법시대가 가고 모양으로써 깨달은 분의 각성세계를 그대로 이해시키는 시대를 상법시대라 한다. 그 상법의 전형적인 전당이 곧 절이다. 비록 절 안에 그려놓은 탱화와 불상은 성불하신 세존의 밝은 빛의 그림자라 하더라도 우러러 첨앙하는 경배자로 하여금 엄청난 공덕을 부어 준다는 신행의 기복 행위가 상법이다. 왜냐하면 부처님의 몸은 한없는 공덕과 지혜로 장엄된 몸이기 때문에 누구나 거룩한 불상을 한번 처다보기만 해도 한량없는 복덕을 얻는다. 마치 태양은 서산 너머로 졌지만 세상 만상은 온통 석양의 황금색으로 변하듯이 절 안에 안치된 불상을 우러러 참배하는 자도 꼭 그와 같은 무량 공덕의 황금빛으로 물들게 된다. 비록 깨달음을 위주로 하는 정법은 서산에 넘어간 태양 같지만 부처님의 그림자를 숭상하고 기복하는 상법불교도 중생에게 공헌하는 바가 지대하다. 바로 신라 불교문화가 그것이다.

그 황혼과 같은 상법시대(像法時代)도 가고 지금은 캄캄한 말법시대다. 본래로 모양을 멀리한 불법에서 필요악처럼 불가피하게 상법을 숭상한 것은 선지식(善知識)들의 지혜다. 선지식들이 부처님이 안 계시는 시대, 후세의 중생들을 위하여 시청각 교육용으로 착안한 것이 오늘날 우리가 보는 모든 절의 조형물들이다. 이러한 조형물들은 다 부처님 같은 대성인이나 불지견을 가진 선지식이 귀한 시절에 세상에 만연하게 되는 현상으로서 오늘날 산야

시중에 숱한 사암들의 모습이 말법시대의 전형적인 모습이다. 비록 말세 불교의 기복적인 신행이라 해도 중생들에게는 부처님을 생각해 보는 좋은 시청각 교육장이 되고 있다. 너무나 상업성이 농후한 사암들의 조각이나 그림으로 그려 모신 불상과 탱화지만 그러한 모양을 통하여 오늘날과 같은 시각 중생들의 소견으로는 깊은 신뢰의 불심을 가지게 된다. 잠깐 신뢰하는 불심의 인연으로 필경 성불하게 되는 큰 공덕이 없지 않으므로 이러한 인연공덕을 심어 주자고 해서 생긴 불교 정신문화가 다름 아닌 오늘날 불교의 모습이다. 참 꿀에 물을 타고 또 타서 50번째 물 탄 사람의 꿀맛이 어떠하랴만 그래도 맹물보다는 낫다는 부처님의 말씀이 있다. 이와 같은 부처님의 사랑의 향기가 숨어 있으므로 우리 시대의 허물 많은 불교이지만 그래도 절의 기복 신행에서도 깊은 감명을 받는 중생이 없지 않으므로 함부로 가벼이 여기지는 말자.

산사를 찾는 공덕을 말로 다 할 수는 없다. 누구나 고찰의 신선한 풍치와 신기한 성전을 눈으로 보기만 해도 세속의 고달픈 마음이 날아가 버린다. 이렇게 잠시 잠깐의 밝은 마음이라 해도 영겁의 복락을 받는다. 비록 아둔한 중생심이라 해도 금빛 나는 부처님의 상호를 우러르게 되면 저절로 마음속 깊은 곳에 불상이 그대로 새겨진다. 상상의 불상이 그대로 영상화되어 있기 때문에 누구나 오래도록 저절로 염불이 된다. 의식 속에서 수시로 부처님의 금색신이 떠오르게 되면 자연히 부처님의 무량심이 그대로 내 마음속에서 일어나게 되므로 만인에게 존경받을 아름다운 덕행이 실천된다. 이러한 공덕장엄의 참뜻을 가득 담아 놓은 곳이 옛 고찰이다. 오늘날 우리가 보는 절은 말초감각 시대의 사람들에게는 좋은 시청각 교육장이 되고 있다.

인연 화합으로 생기는 세속의 진리도 아무나 쉽사리 알 수는 없다. 하물며 인연의 법칙을 벗어던지고 양면심을 증발시키는 불법을 어떻게 알겠는가. 물론 깨달음은 앎의 문제가 아니라 평화로운 침묵의 삶이 정답이다. 왜

일까? 본시 불교가 추구하는 불법이란 양면심으로 되어 있는 번거로운 마음의 영역을 초월하는 의식 행위를 말하고 있기 때문이다. 그 지적인 의식 행위를 지혜라 한다. 그러므로 지적인 의식 행위로 일어나는 대각의 세계를 문자로 명시하기를 대광명장이라 한다. 그래서 법당 안의 모든 장엄상과 후불탱화를 보면 온통 광명장상으로 잘 묘사되어 있다. 석존께서 처음 대각을 하시고 설하셨다는 화엄경의 내용이 바로 세존이 체험하고 계시는 대각 세계를 설하신 경이다. 그러므로 절집의 모든 장엄상은 팔만대장경을 그대로 형설한 것이라 보면 바른 지견이 된다.

국보대찰의 법당들을 잘 보라. 화려 찬란한 대웅보전(大雄寶殿)이나 대적광전(大寂光殿), 보광전(普光殿) 등은 세존이 직접 체험하신 대각의 빛나는 화장세계를 상징하고 있음을 알아야 한다. 잘못 생각하면 인간들이 만든 종교의 상투적인 과시용으로 생각하기 쉽다. 법당 안에 모셔진 불상(佛像)만 해도 그렇다. 이 세상에서는 불상이나 탱화에 나오는 모양의 사람이나 풍광은 없다. 그러나 청정묘각이라는 대각의 세계에 들어가서 보면 법당 안에 배설된 그 별난 형상이나 그림의 상징성을 가지고는 실제로 깨달은 각자들이 보고 계시는 화장세계의 경계와는 비교도 될 수가 없다. 어떤 비유로도 어불성설이다.

필자의 이 말의 뜻을 쉽게 이해하자면, 누구나 꿈을 꾸어 보았을 것이다. 꿈은 길몽이든 악몽이든 간에 이 세상에서는 볼 수 없는 영상들을 많이 본다. 꼭 그와 같다. 그와 같이 차원이 다른 대각을 성취하신 분들만이 보는 세계를 이 세상에 있는 어떤 것으로 억지로 끼워 맞추려다 보니 오늘날 우리가 보는 사찰의 모든 모양이 되고 있다. 저 세상에 눈먼 맹인에게는 점자가 말이 되고 눈뜬 벙어리에게는 수화가 말이 되듯이 이렇게 불교 집안에는 온갖 바보와 둔재, 천재를 두루 깨우칠 수 있도록 모양으로 묘하게 형설해 놓았다.

부처님의 모색만 하더라도 그렇다. 사람의 상호로는 더 이상 없는 원만상호로서 그 절묘한 상호(相好)의 종류를 32상(相) 80종호(種好)라 한다. 그것을 조각가의 예지와 슬기로 조성해 본 것이 오늘날 우리가 보는 불상이다. 몸의 색깔은 반드시 금색인데 그것은 청정 묘각에서 쏟아져 나오는 빛이 마치 태양에서 발광되어 나오는 금빛과 같기 때문이다.

또한 엄청나게 많은 불상(佛像)과 신상(神像)에 놀랄 것이다. 그러나 하나도 이상할 것은 없다. 왜냐하면 불교는 본시 한 인간의 내면세계를 설파한 종교이기 때문이다. 그렇다면 한 인간의 신체구조와 정신세계를 생각해 보라. 엄청나게 많은 세포와 그 세포 하나하나에 각성(覺性)인 불성(佛性)이 다 들어 있음을 비유로 설파한 무량 제불과 그 세포를 구성하고 있는 정신신경계가 전신을 그물로 덮고 있음과 같음을 한량없는 신(神)들의 상(像)으로 설파하고 있음을 생각해 보라. 얼마나 과학적이고 철학적인가에 놀랄 것이다. 불교의 상징이기도 한 만(卍) 자는 부처님의 가슴에 있는 길상문(吉祥紋)으로서 이 만(卍) 자는 시간과 공간이 정중동(靜中動)으로 공전(空轉)과 자전(自轉)을 하고 있음을 잘 설명하고 있다. 만법이 그렇게 돌고 있음이다. 이와 같이 절에 있는 형색을 육감의 언어로 읽게 한 모든 정신 철학의 상징물들은 무엇 하나 깨침의 미학이 아닌 게 없다. 그러므로 옛 고찰은 말세의 시각 중생들에게는 다시 없는 신성한 교육장이 되고 있다. 이렇게 나 자신의 내면을 들여다보게 한 정신 교육장이 되고 있다.

그런데 절들이 오늘날 말법시대(末法時代)에 들어와서는 이상하게 변질되어 있다. 이렇게 기복의 전당으로 변질된 모습을 우리 후손들이 과연 좋게 보겠는가. 그래서 붓을 들었다. 분명한 진실은 절집의 모든 구조와 형색은 우리 내면의 정신세계를 밖으로 보인 것이다. 다시 말하면 정신세계를 밖으로 형설한 것이다. 그래서 절 안의 모든 장엄상은 육감으로 느끼는 일종의 언어이다. 형상을 육감의 언어에 대비시켜서 놓았다. 실은 우리들의 각성세계를 은밀히 느끼게 한 불교 예술이야말로 진정한 무아실현의 교육장이 되고 있다.

그러므로 오늘날 우리가 보는 고찰의 형태와 불당의 장엄상은 곧 우리들의 본질에 관한 형설임을 새롭게 인식해야 할 것이다. 이러한 취지에서 여러분들을 우선 한국의 고찰로 안내하고자 한다. 바로 얘기하면 여러분들의 정신세계로 안내코자 한다.

우리나라 절의 구조와 형태는 불교의 우주관과 경문(經文)의 구색에 맞추어 설계되었고 건축되었다. 법계라고 하는 진리의 실상과 경(經)을 설할 때 보이신 광명상에 대비시켜서 그 뜻에 맞게끔 체계를 갖추고 있다. 우리가 살고 있는 우주 가운데는 사주(四洲)라고 하는 사방에 독특한 우주권이 있다. 동쪽을 동승신주 남쪽은 남섬부주라 하는데, 지금 우리가 살고 있는 우주권이다. 서쪽은 서구다니주, 북쪽은 북구로주로 부르고 있다. 이 사주 세계의 중앙에 우뚝 솟은 산이 있는데 그 산을 수미산(須彌山)이라 이름한다. 이 산은 별명이 많다. 묘고(妙高), 묘광(妙光), 선적(善積), 안명(安明) 등이다. 우주의 자기장인 금륜(金輪) 위에 묘하게 솟은 이 산 둘레에는 일곱 개의 큰 산과 여덟 군데의 큰 바다가 있다. 그 중앙에 수미산이 있는데 물 속에 잠긴 깊이가 8만 유순이고 물 위로 솟은 높이가 8만 유순이라 한다. 실로 이러한 산이 있을까 하는 의문에 대하여 다음과 같이 말하고 싶다.

첫째는 마음의 산이라고 풀고 싶다. 그 좋은 예로는 누구나 꿈을 꾼다. 꿈속에서는 묘한 산을 많이 본다. 비록 환상 속의 산이라 하더라도 지상에 실재한 산들과 영혼으로 느끼는 산의 실질감은 현실과 별반 다르지 않다. 마음의 눈이라고 하는 천안(天眼)으로 만 보이는 이 산은 이상세계에 있는 산으로 확신하고 있다. 수미산은 본래로 우리의 상상을 초월한 영역에 있으므로 우리의 영혼세계에 실재해 있는 산으로 볼 수 있다.

두 번째로는 실제 가능한 예로서, 하나의 큰 우주를 형성하고 있는 과정에서 이 우주를 받들고 지탱하고 있는 중심축이 되는 특수 진공권을 수미산이라 이름했다고 보는 점이다. 우주과학자들이 말하는 중력장(重力藏) 같은 것이 수미산이 아닐까 싶다. 수미산의 별명을 묘고(妙高), 묘광(妙光)이라 귀뜸해 주는 사실로 미루어 보아도 그렇지 싶다. 오늘날 천문학자들이 상상하는 우주의 중심축도 수미산 설과 같다.

셋째로는 지구상의 수미산은 지금 인도에 있는 설산(雪山) 히말라야 산맥이다. 실제로 인도의 히말라야 산맥은 세계의 중심이다. 히말라야 산맥을 중심으로 해서 세계의 인류사는 물론 동서(東西)가 결정되는 중심방위가 되고 있다. 실제로 지구 밖에서 지구를 본 우주비행사들의 얘기를 들어 보면 파란 청옥 같은 지구가 하얀 연꽃 위에 얹혀 있는 것같이 보였다고 한다. 그 모습이 너무나 신기하여 그 연꽃의 비밀을 풀려고 우주비행사들이 연꽃의 나라 인도까지 가서 연꽃에 대한 숨은 얘기를 많이 들었다고 했다. 필자의 생각으로는 우주선에서 본 하얀 연꽃은 만년설을 쓰고 있는 히말라야 산맥의 모습일 것이다. 히말라야 고봉과 그 산의 지류들이 쓰고 있는 만년설의 장관이 그렇게 하얀 연꽃으로 보였을 것이다. 그 연꽃이 지구를 받들고 있는 모양으로 보인 것은 히말라야가 세계의 지붕이 되고 있음이 아닌가 싶다.

불경에서는 사천왕궁(四天王宮)이 설산 중턱이 있다고 했다. 하지만 지금 우리들의 육안으로는 볼 수 없다. 그러나 이상세계의 산이므로 마음의 눈으로는 얼마든지 볼 수 있다고 생각된다.

지금 우리나라의 사찰들의 앉음새와 조형 체계를 보면 곧 수미산 중심설에 대입시켜서 창건했다. 그래서 어느 사찰이든 간에 법당 뒤로는 큰 산을 짊어지고 있다. 평야에 세운 절이라 하더라도 하다못해 조그마한 야산이라도 등에 업고 있다. 그 산이 작든 크든 수미산을 상징하고 있다. 이렇게 사찰의 지형적 조건은 반드시 수미산 중심설에다 두고 있으므로 모든 사찰들이다 산중에 있게 된 큰 이유가 되고 있다.

우리가 절에 가는 초입에서 만나게 되는 일주문(一柱門)은 바로 수미산에 오르는 첫 관문에 해당된다. 일주문 밑으로는 인간 세상과 삼악도(三惡道)라고 하는 나쁜 갈래인 축생, 아귀, 지옥이 된다. 일주문을 들어서게 되면 천상으로 올라가는 세계가 된다. 위로 수미산 중턱쯤 되는 위치에는 사주세계를 통치한다는 사천왕궁(四天王宮)이 있다. 이 사천왕궁을 대비시켜 놓은 것이 지금 우리가 보는 대찰 입구의 사천왕문(四天王門)이다. 또 여기서 더 올라가면 수미산 정상이 되는데 그 정상의 위치에는 제석천궁이 있다는 도리천(忉利天)이 되고 있다. 이 제석천을 의미하는 위치쯤 되는 곳에 금강문(金剛門)을 세워 놓았다.

불교 우주관에서는 우주세계를 삼차원으로 보고 있다. 그 삼차원의 세계를 삼계(三界)라 한다. 삼계란 욕계(欲界), 색계(色界), 무색계(無色界)를 말한다. 이 삼계 안에는 28천이 있다고 한다. 그 28천을 지나면 해탈의 세계, 깨달음의 법계가 열리는데 그 해탈의 경계를 상징하는 문이 있다. 그것이 금강문 위의 해탈문(解脫門)이다. 그 문을 불이문(不二門)이라고도 하는데 큰절에 가 보면 그 불이문을 뜻하는 대문이 있다. 이 문은 불법(佛法)으로 들어가는 첫 관문이다. 사실은 절 초입의 일주문에서부터 사천왕문, 금강문, 해탈문까지가 불법으로 들어가는 법문(法門)이 되고 있는 셈이다. 이 모든 법문을 지나면 문 문(門) 자가 붙는 문은 없다. 있다면 누각(樓閣)이나 종각을 의미하는 각(閣) 자와 신전을 의미하는 당(堂) 자가 있다.

보다 높은 법전을 의미하는 전(殿)이 있다. 세존이 계시는 대웅전(大雄殿)을 지나 더 올라가면 대해탈의 경계를 의미하는 궁(宮) 자가 붙는다. 저 오대산의 적멸보궁(寂滅寶宮)이 그것이다. 이것이 절의 구조적 조형물들의 이름이다. 저 일주문에서부터 적광전이나 적멸보궁까지 배설해 놓은 사찰들의 구조학은 불도(佛道)의 도(道)·과(果)와 성불(成佛)의 경계를 보인 불교 건축문화다. 불교 건축문화는 다름 아닌 수행자가 불문에 들어가서 도과(道果)를 증(證)하여 마침내 대 해탈을 성취하는 전 과정을 건물의 배치와 법명으로 묘사한 선각자들의 지혜다.

또 저 불교 천문학을 들어 보자. 태양계 천 개가 모인 것을 일 소천세계라 하고 소천세계 천 개가 모인 이것을 중천세계라 하며 중천세계 천 개 모인 것을 대천세계라 한다. 이에 관련한 필자의 일화가 있다.

필자가 열아홉 살 때 건강문제로 상주 남장사에서 잠시 수양을 하고 있을 때였다. 맑고 청명한 늦가을 어느 날 한 스님이 찾아오셨다. 유난히 깨끗하고 단정하신 중년 스님으로부터 처음 위와 같은 불교 우주관 얘기를 듣고 순간 필자는 마음이 확 열리는 느낌을 받았다. 그 스님은 종이쪽지 한 장을 손바닥에 얹어놓고 거기에다가 연필로 우주를 상징하는 동그라미를 그리시면서 이렇게 말씀하셨다.

"잘 보라. 우주가 아무리 크다 해도 이 종이쪽지 안에 다 들어간다."

그러면서 한 손바닥 안에도 다 차지 않는 작은 종이에다 동그라미를 크게도 그렸다가 작게도 그렸다가 하였다. 그 스님은 손바닥에 받쳐 들고 있는 하얀 종이에다 하늘과 지구를 은유하는 동그라미와 별, 태양, 달 등을 크게도 작게도 더 작게는 점으로도 표기하시면서 친절히 날 깨우쳐 주셨다. 어찌나 따뜻하게 웃어 주셨던지 지금도 그 스님의 맑고 깨끗한 인상이 눈에 선하다.

"이것이 다 네 마음이고 이 마음을 깨끗하게 지우는 법이 불법이다."

스님은 그리고는 온다간다 말씀 없이 홀연히 자취를 감추셨다. 깨끗한 승복 두루마기를 차려입으신 해맑은 스님의 모습을 지금도 잊을 수가 없다. 진실로 확실히 깨치신 분이었다.

분명히 아는 사람은 필요없이 길지도 짧지도 않고 간단명료하게 진실을 남에게 잘 전달한다. 스님의 자상하고 명쾌한 언변에 찰찰 넘쳐흐르는 따뜻한 인정미에 온갖 고뇌가 녹았다. 그때 깨우친 우주에 대한 감명과 홀연히 나타났다 홀연히 사라지신 그 스님의 모습이 필자의 뇌리 속에는 보살의 현현으로 진하게 남아 있다.

삼계설

이상세계에 있는 수미산 중턱에는 사천왕천이 있고 정상에는 도리천이 있으며 그 위로 야마천, 도솔천, 화락천, 타화자재천이 있다. 이렇게 수미산을 중심으로 해서 여섯 개의 하늘이 있는데 이 여섯 개의 하늘을 욕계육천(欲界六天)이라 한다. 여기까지는 아직 식심 가운데 육감(六感)의 욕망이 남아 있으므로 욕계(欲界)라 한다. 이 욕계 6천 위에 있는 하늘을 색계(色界)라 한다. 여기 색계에는 열여덟 개의 하늘이 있는데 이것을 색계 18천이라 한다. 이 색계부터는 욕망이 말라버리고 밝은 의식만이 남아 있으므로 색계라 한다. 색계 위에 또 하늘이 있는데 그 이름을 무색계(無色界)라 한다. 왜 무색계라 하는가? 그것은 중생의 본능인 성욕과 마음의 본성인 의식의 색심(色心)은 다 증발해 버리고 없으나 근본 무명(無明)인 마음의 무의식이 아직 그대로 남아 있으므로 아무런 빛깔이 없는 하늘이라 해서 무색계라 한다. 여기에도 네 종류가 있다. 그래서 무색계 4천이라 한다. 이렇게 삼천대천세계(三千大千世界) 안에는 삼차원의 천계(天界)가 있고 그것을 삼계(三界)라 부른다. 그 삼계 안에는 하늘의 종류가 28개가 있다 하여 통칭 28천이라 한다.

저 28천에서 의식의 천계인 색계에는 참선(參禪)을 해서 일어나는 맑은 의식의 차등에서 생기는 선천(禪天)이 네 개가 있다. 이것을 사선천(四禪天)이라 하는데 여기 사선천 가운데에서 각성의 초월의식이 확 열리면 아라한과(阿羅漢果)로 들어가서 중생들의 식심(識心)을 벗어 던진다. 그러므로 생사는 없다. 하지만 아직은 근본 무명인 마음이 그대로 남아 있으므로 더 수행해 올라가야만 한다.

여기 나한과(羅漢果)라 하는 소승 해탈의 경계에서 더 부지런히 수행해서 올라가면 월등히 수승한 경계가 있다. 그 경지를 벽지불과 혹은 연각(緣覺)이라 한다. 부처님의 상수제자들은 다 이 경지에 들어갔다. 그래서 부처님은 두타제일이라는 가섭을 일러 마음이 없어진 사람이라고 자주 말씀을 하셨다. 연각의 경지는 멸진정(滅盡定)의 경계로서 근본 무명은 다 소멸해 버렸지만 아직은 불지(佛地)로 들어서질 못했다. 불지로 진입해야만 성불(成佛)이 약속된다.

지금 필자가 얘기하고 있는 말씀들은 불경에 다 기록되어 있고 절 안의 모든 장엄들이 이러한 뜻을 잘 설명하고 있다. 그러므로 이 붓의 안내를 받아야만 팔만장경의 뜻을 어림짐작이라도 할 수가 있고 무아실현의 행위 철학으로 형설해 놓은 절 구경을 제대로 할 수가 있다.

이제 다시 성불하는 불지(佛地)로 들어가는 붓의 말씀을 들어 보자. 성불을 하자면 보살도로 들어가야 한다. 보살도로 들어가자면 일체 중생을 위하여 무진 난행고행을 지원해야 하고 삼세제불의 불법을 애써 펴면서 스스로 배우고 익히는 고행을 세세생생 끝도 없이 해야 한다. 이렇게 신(身) · 명(命) · 재(財)를 몽땅 중생에게 다 바치는 육바라밀의 길을 가야만 한다. 그래서 필자는 보살을 '보살피다'의 준말로 풀고 있다.

이렇게 수행을 해서 올라가는 보살도(菩薩道)의 지위에 열두 계단이 있다. 열두 계단이란 초지라고 하는 1지(地)에서부터 12지까지를 말한다. 초지에서 12지로 올라갔다 내려갔다 하는 수행을 열두 번 반복해야 하는데 이렇게 무량 억겁토록 수행을 해서 마침내 등각(等覺)에 들어간다. 이 보살을 등각(等覺)보살이라 하는데 등각보살이 되어서도 열두 번을 다시 반복 수행해야만 비로소 묘각(妙覺)에 들어간다. 묘각에 들어가야만 마침내 대각(大覺)을 이룬다. 대각을 성취해 가지고도 성불을 하자면 여래십호(如來十號)를 두루 갖추어야 하는데 그러기 위해서는 무량 아승지겁이 더 걸린다. 이제 알겠는가? 부처님이 어떤 분이시며 불도가 무엇인가를.

  성불로 가는 이러한 이력도 잘 모르는 세상의 범부들이여, 요행히 명상이나 참선 수행을 하시다가 식심이 좀 맑아진 오색 무지개 같은 경계를 가지고 '나는 한 소식 했노라' 함부로 말할 수가 있겠는가? 행여나 부처님을 좋아하는 일반 신도들을 위하여 성불로 가는 부처님의 교설을 그대로 간명하게 적어 두는 바이다.

사찰의 의미

절을 사(寺), 사찰(寺刹), 혹은 가람(伽藍)이라 하는데 이 명칭에 대하여 한번 생각해 보자. 그 역사적인 배경과 이름이 지닌 의미부터 살펴보자. 지금의 절은 한(漢)나라 때 사(寺)라 하다가 그 후 위(魏)나라 때에는 가람이라 했으며 수(隋)나라 때는 도량(道場)이라 했고 당(唐)나라 때 와서 다시 지금의 사(寺)로 고쳐 불렀다 한다.

부처님 당시에는 스님들이 수림의 동산에서 주로 혼자 독거를 하셨다. 그래서 외로운 이 돕는 절이라 해서 고독원(孤獨園)이라고도 했으며 숲속에 많은 대중이 안거를 하였으므로 죽림정사(竹林精舍)라 했다. 물론 고독원 같은 경우는 부귀한 장자가 세운 외로운 이 돕는 양로원 같은 절이었다. 초전법륜시는 부처님과 스님들이 주로 이곳에서 머물렀다는 기록이 있다. 여기서 보다 중요한 이야기는 부처님의 제자들이 수행한 도량의 명칭에는 제자들의 영적 수행의 정도를 암시하는 뜻이 별도로 있음이다. 그 좋은 예가 녹야원(鹿野園) 같은 경우다. 부처님이 성도해서 처음으로 다섯 비구를 득도케 하신 장소를 왜 하필이면 녹야원이라 했을까? 그 녹야원에서 깨어난 다섯 비구는 생사(生死)에서 영원히 두려울 게 없는 대 행운아들이다. 그 행운의 다섯 비구를 소승과인 사슴에 비유했다. 또 들 가운데 동산은 세속의 일반 유희장의 동산이 아니라 생사초월의 안락원을 은유했다. 그러므로 동산 원(園) 자가 붙는 수행 도량의 이름에는 이와 같은 영적 수행의 경계를 암시하는 의미가 숨어 있다는 것을 알아야 한다.

또 대나무 숲이라는 의미의 죽림정사(竹林精舍)는 주지하는 바와 같이 부처님께서 처음으로 제자들을 모아 놓고 엄히 계율을 지키게 하면서 교육을 하시던 장소다. 왜 하필이면 죽림정사라 했을까? 어떤 학문을 익히거나 초발심 때는 누구나 밀림에서 길 잃은 사슴이나 당나귀 같아진다. 막막한 사막에서 길을 잃은 나그네같이 방황하기 마련이다. 이 같은 심경의 초발심 수행자를 사문이라 하고 그들의 모임을 죽림이라 했다. 세속의 일반 학문하는 사람도 마찬가지다. 초발심 때는 우거진 번뇌의 밀림에서 길을 잃은 토끼 같아지므로 유교(儒敎)에서는 유림(儒林)이라 하고 침구학회에서는 행림(杏林)이라 하며 우리 불교에서는 죽림(竹林)이라 했다.

왜 하필이면 죽림(竹林)인가? 예부터 대나무는 절개와 지조를 상징하고 있는데 생사초월의 첫 수행의 덕목이 바로 계율이므로 죽림정사(竹林精舍)라 했다. 계율을 지키는 수행 대중의 처소란 뜻이다. 정사(精舍)는 정진하는 집이란 뜻이다. 그리고 불경에 자주 등장하는 지명으로 왕사성이니 가비라 성(城)이니 하는 성(城) 자가 붙는 지역에서 부처님이 설하신 경은 전부가 대승경전들이다. 그래서 성 자가 붙는 장소에서 설하신 경문의 내용은 대승 보살들을 위한 법회가 되고 있다. 왜냐하면 보살승부터는 자기 불국토를 장엄해야 하기 때문이다. 지역(地域)을 의미하는 성곽(城郭)의 지명이 반드시 따라붙는다. 또 수승한 최상승의 법을 부처님이 설하실 경우는 《법화경(法華經)》과 같이 그 경이 설해진 장소가 영산(靈山) 혹은 설산(雪山) 하듯이 산(山) 자가 붙고 있다. 이와 같이 부처님이 머무시고 설법하신 장소의 이름은 곧 불도의 수행 차원과 설법의 권위 차원이 되고 있음을 알아야 한다.

그러므로 이 같은 지견으로 이 국토에 산재한 절들의 이름만 생각해보아도 불도가 환히 보일 것이다. 저 가야산 해인사(海印寺)는 부처님이 인도 가야에서 성도하시고 백천 삼매를 하나로 묶은 해인삼매(海印三昧)에 들어가셔서 대각의 화장세계를 다방면으로 보이시고 광장설을 하신《대방광불화엄경(大方廣佛華嚴經)》을 형상화하고 있고, 저 경주 불국사(佛國寺)는 부처님이 무량의처삼매(無量義處三昧)에 드시어 미간백호로 광명을 놓으시니 동방으로 만팔천 국토를 지나 나타난 제불세계의 모습을 재현해 보인 절이다. 또 저 법주사(法住寺)와 통도사(通度寺)를 생각해 보라. 저 절들의 이름과 사찰의 건축미에 불법의 요체가 모두 담겨 있다.

옛날 부처님 재세시의 수행도량은 오늘날처럼 호화스럽지는 않았으나 그 도량에서는 깨달음의 기적이 무수히 일어났다. 이와 같은 각성의 꽃을 피운 정법의 시대는 벌써 지나가고 상법시대에 와서 상법불교가 만들어 놓은 사찰이 오늘날 우리가 보는 절이다.

그러면 절을 사찰이라 하는 의미를 알아보자. 우선 절 사(寺) 자를 파자로 풀어 보면 단박에 그 답이 나온다. 예부터 진리를 전하는 전도사(傳道士)를 극진한 예절로서 허리 굽혀 모셨다는 의미로 전도사란 사(士) 자 밑에 예절을 의미하는 촌(寸) 자를 써서 절 사(寺) 자가 되고 있다고 전한다. 본래 선비는 도를 배워 익힌 것을 만인에게 전하는 일을 하였다. 그러한 의미에서 사(士)를 전도사(傳道士)라 풀고 있다. 법을 전하는 전도사야말로 인간 사회에서 가장 훌륭한 복전이 되므로 온 나라가 최상의 예우로써 맞아들였다. 그러한 의미에서 촌(寸) 자를 사(士) 자 밑에 받쳐 써서 사(寺)라 하고 있다.

그럼 어째서 마디 촌(寸) 자를 몸을 굽혀 절하는 예절의 절(節) 자로 보는가? 어느 민족이든 간에 그 예절 풍습을 보면 모두 몸을 굽히거나 팔다리를 접어서 예를 갖춘다. 본시 예절의 절(節) 자는 꺾을 절(折) 자와 같은 의미를 갖고 있으며 관절의 마디를 접는다는 내용과 일치한다. 왜냐하면 우리들이 경의를 표하는 여러 가지 예법이 한결같이 관절마디를 접기 때문이다. 다시 말하면 군대식으로 거수경례를 해도 팔의 관절을 접어야 제대로 경례하는 예법이 되고, 가벼운 목례를 하더라도 반드시 목의 관절을 굽혀야만 절이 된다. 윗사람을 가는 길에 만나서 예 올리는 반절에 있어서도 허리를 접어야 하며 특히 큰절이라고 하는 복배는 오체(머리, 양팔, 양무릎)를 몽땅 접고 굽혀야만 참한 절이 된다. 불전에서 올리는 오체투지(五體投地)는 더욱 더 그러하다. 그러므로 사(寺) 자의 밑에 붙은 촌(寸) 자는 예절의 구체적인 표상이 되고 있다.

속설에 절은 절을 많이 하는 곳이므로 절이라 한다는 말이 있다. 실로 그러하다. 모든 종교의 예법은 다 절이 기본이다. 특히 깨달음을 추구하는 자로서는 다시 없이 소중한 수행이다. 오체투지 수행 없이는 지독한 아집을 꺾어 버릴 도리가 없다. 온 전신을 땅에 엎드리고 오체투지하는 간절함이 없이는 부처님의 나라로 갈 수가 없다. 영원히 행복한 마음의 고향으로 돌아갈 수가 없다.

또 절을 사찰(寺刹)이라고 한다. 찰(刹)은 숨 쉬는 숨 간을 의미한다. 찰나는 아주 짧은 순간을 말하는데 한 생각이 일어났다 사라지는 순간이란 뜻으로 염경(念頃)이라고도 한다. 그래서 찰(刹)을 '시간이 다하여 없어짐' 이란 뜻으로 풀고 '일체법이 다하여 언설이나 한 문자도 얻을 수 없다' 는 뜻으로도 쓴다고 불교사전에 밝히고 있다.

우리는 이 우주 가운데 어떻게 존재하고 있는가? 머리는 하늘을 이고 발로는 땅을 밟고서 하늘과 땅 사이에 있으므로 인간(人間)이라 하고 하늘과 땅 사이에서 숨 쉬는 숨 간에 살고 있으므로 인간이라 하고 있지 않은가? 바로 지금 이 사이(間), 크게는 하늘과 땅 사이, 작게는 숨 쉬는 숨 간이 우리 중생 삶의 전부가 아닌가? 진실로 우리는 한 숨 간을 살고 있다. 들고나는 호흡 사이에서 우리의 생명은 연속되고 있다. 곧 찰나(刹那)를 먹고 살고 있는 것이다. 찰나에 일어났다 사라지는 생멸심(生滅心)처럼 들고나는 숨 간에 생사가 부절하게 일어나고 있는 것이다.

일찍이 세존께서는 숨 간의 찰나에 생사 초월이 있음을 깨닫고 숨 간을 의식하는 수식관법(隨息觀法)을 가르치셨다. 수식관(隨息觀)이란 숨 간의 찰나(刹那)를 의식하는 방법이다. 숨이 들어가고 숨이 나오는 것을 마음의 눈으로 보고 느끼는 수련이다. 그렇게 들고나는 숨을 의식하고 있는 가운데 찰나의 생멸심이 초월의식인 대광명의 각성(覺性) 속으로 적멸해 버린다. 숨 간, 저 불생불멸의 공간이 확 열리면서 찰나의 시간이 각성의 법계 속으로 녹아 버린다. 다시 말하면 찰나의 숨 간이 본각(本覺)의 묘각장(妙覺藏)으로 적멸해 버린 것이다. 아, 보라. 여기 찰나 속에 만사만생하던 숨 간이 홀연히 각성 속으로 녹아 버린 것이다. 보라, 저 길고 긴 어둠의 밤이 태양의 밝은 광명 속에 녹아들 듯이 저 바다 위에 한 방울 생사의 물거품이 찰나에 꺼져 버린 것이다. 이제 비로소 캄캄한 마음이 만들어 놓은 찰나의 꿈은 깨어져 버렸다. 이것이 진정한 의미의 사찰(寺刹)이다.

그러므로 알라, 사찰의 의미를. 항상 숨 간의 찰나를 지켜보는 수행의 도량이 곧 사찰임을 맛보았다면 이것이 진정한 의미의 귀의승(歸依僧)이고 귀의법(歸依法)이며 귀의불(歸依佛)이다.

또 절을 가람(伽藍)이라고도 한다. 절을 가람이라 하는 데에도 그만한 깊은 뜻이 있다. 한 마디로 가람이란 수도승들이 모여 수행하는 요람을 말한다. 가(伽)는 승가(僧伽)라 하여 스님네 집단을 말하고 람(藍)은 남루한 옷을 의미한다. 본래 스님네는 남루한 옷을 입고 밥은 빌어 잡수셨다. 그러므로 진정한 의미의 가람은 거지(巨智)처럼 누더기 옷에 빌어먹는 밥그릇 하나만 가진 집단의 장소를 말한다. 거지라 하니 잘못 생각하면 빈천한 거렁뱅이를 말하는 줄로 알기 쉽다. 하지만 아니다. 박복하여 이 마을 저 마을로 뱅글 뱅글 돌아다니는 그런 거렁뱅이를 말하는 게 아니다. 세존의 자손같이 대지혜의 성자들이 때가 되면 밥을 비는 걸식을 하시는 분들을 거지(巨智)라 말한다.

다시 말하면 다 떨어진 누더기 옷을 걸치고 걸식하는 수행자들의 모임의 장소를 가람이라 불렀다. 하지만 오늘날의 절은 그냥 절이나 하며 시주 밥을 앉아서 편히 잡숫는 형편이니 이런 말세증후군을 가지고 어떻게 생사초월의 사찰(寺刹)이라 부를 수가 있으며 더더욱 두타수행의 가람이라 이를 만한 절은 도무지 없다. 밥은 빌어먹고 언덕바지에서 머문다고 해서 비구(比丘)라 하건만 그래도 이름 없이 숨어 살며 공부 잘 하시는 대덕 스님네가 혹 없지도 않다. 저 독일 티토 성자 같은 참 불자가 지구상에 없는 것도 아니다. 아주 귀할 뿐이다. 그래서 승(僧)은 삼보(三寶)에 속한다.

오안설

지금부터 절로 가자. 절 구경하러 길을 떠나자. 절로 향하여 떠나기 전에 반드시 준비해야 할 마음의 장비가 있다. 구경한다는 자체가 시각을 필요로 하므로 먼저 다섯 가지 특수한 안경을 갖추어야 한다.

그 첫째는 우리가 가진 육안(肉眼)이다. 육안은 태양의 빛만 있으면 보이므로 여자만 보면 환장을 하는 미친 눈이 아니면 된다. 두 번째는 천안(天眼)이다. 천안이라고 하는 천리안이 있어야 하는데, 이 눈은 보고 못 보는 명암의 식심이 녹아 버린 각성의 눈으로 우주를 보는 것이 마치 우주 밖에서 우주를 보며 시초를 보되 시간 밖에서 시간을 보므로 과거와 현재, 미래를 마치 투명한 염주 알을 꿰뚫어 보듯 한다. 뿐만 아니라 미세하게 영성이 보이므로 뭇 생명의 중음신인 신식까지도 확연히 본다. 보통 상식적인 '눈으로 본다'는 개념과는 판이하게 다르다. 흡사 도를 깨친 듯한 상사각(相似覺)의 눈이다.

세 번째는 혜안(慧眼)이 있다. 혜안은 깨달음의 각성을 보는 눈이다. 자기 내면에서 보는 자를 보는 눈을 혜안이라 말한다. 흔히 말하기로 혜안은 유위법(有爲法)도 보지 못하고 무위법(無爲法)도 보지 못한다고 한다. 그것은 형상이 있는 유위법과 형상이 없는 무위법을 비추면 어둠의 그림자처럼 투명해지기 때문에 생긴 말이다. 각성의 빛 그 자체이기 때문이다. 앞에 드러난 현상을 분별해서 보는 시각이 아니라 밝게 드러내 보이는 거울 그 자체와 같은 눈이기 때문이다. 그래서 혜안을 파상공리(破相空理)의 눈이라 한다. 세상의 상식으로 잘못 생각하면 알음알이인 이지(理智)를 굴려 사물을 분석하는 눈으로 생각하기 쉽다. 그러나 절대로 우리가 이치를 궁구하는 이지의 눈은 아니다. 이 혜안은 이미 마음이 사라진 분들의 각성(覺性)의 눈이다. 각성의 눈이기 때문에 중생의 마음인 무명(無明)과 깨달은 자의 각성(覺性)을 본다. 그러므로 깨친 자와 못 깨친 자를 보면 안다. 일반 중생에게는 없는 눈이다. 혜안을 설명한다는 것은 맹인에게 빛을 설명하는 꼴이 된다. 두 번째의 천안은 계율만 청정하게 잘 지켜도 열리므로 마음이 증발한 깨달음 없이도 얻을 수 있으나, 혜안은 지금 우리들의 마음이 사라지고 본래 묘각의 빛인 각성의 눈을 떠야만 얻는 눈이다.

우리가 부지런히 외우는 《금강경》은 누구보다 뛰어난 혜안을 갖춘 수보리에게 설한 경이다. 부처님은 무슨 경이든 등장하는 대담자의 인격에 따라 법을 설하셨다. 만약 금강경이라면 반드시 '수보리야, 잘 들어라' 하셨고 문수보살과 주고받는 대화편이라면 반드시 '문수야, 잘 들어라' 하셨다. 누구를 꼭 지칭하시는 이유가 바로 혜안과 법안이 있고 없음의 차이가 있기 때문이다. 그저 그런 줄 알고 넘어가자.

네 번째는 중생의 몸이 아닌 법신(法身)을 얻은 보살의 눈으로 이를 법안(法眼)이라 한다. 법신이란 등각의 보살들이 다시 아공(我空)과 법공(法空)을 얻고 그 이공(二空)마저 소화시켜 제삼공(三空)에 들어가 일체 만법 속에 삼공묘의(三空妙義)를 불어 넣어서 일체 공덕과 지혜와 신통을 성취한 대승보살의 열반신(涅槃身)을 말한다. 흔히 우리가 상상하는 법안(法眼)은 진리를 보는 눈이라 생각한다. 그래서 부처님 경전의 뜻을 잘 풀면 법안이 열린 분이라 칭송한다. 그러나 이러한 어림이나 사전적 해석은 그저 백과사전의 해설일 뿐이다. 설사 불교문학에 뛰어난 문수보살이 이 세상에 다시 오셔서 직접 불교사전을 만든다 하더라도 이 사바세계의 말이나 글 또는 그 이상의 천상의 문자나 진언을 가지고도 법안(法眼)의 실상을 설명할 수는 없다. 신통한 지혜와 공덕력으로 장엄된 법안을 어떻게 설명하겠는가. 다만 법안으로 보는 차원은 지금 우리들의 상식으로 본다는 개념과는 판이하게 다르다. 중생소견으로 보는 그 말 자체부터가 언어도단이다. 왜냐하면 중생이 본다는 것은 어느 한쪽 측면일 뿐이기 때문이다. 그런데 법안은 전체를 드러내 보이는 눈이다. 비유한다면, 날이 새면 하늘이 훤하면서 세상이 밝게 보이는 차원은 혜안이고 태양이 밝아서 마침내 우주와 만상의 물체들이 속속들이 자신들의 모양을 다 드러내 보이게 하는 광명의 눈이 법안이다. 법안에서는 삼매(三昧)와 해탈과 열반까지도 다 드러나 보인다. 법계라고 하는 세간과 출세간의 우주가 구슬처럼 분명히 보인다. 법안의 불가사의한 공덕력의 시각은 청정한 불국토(佛國土)까지 다 본다. 하지만 부처님만은 분명하게 보지 못하는 아쉬움이 있다고 한다. 마치 제 눈이 저 스스로를 못 봄과 같이 말이다. 법안으로도 부처님을 보지 못한다는 비유로 구름 속에 가린 달 보듯 한다고 부처님은 말씀하셨다. 모든 대승경전을 볼 때는 법안으로 봐야만 그 뜻을 제대로 이해할 수가 있다.

　다섯 번째는 불안(佛眼)이다. 무슨 해설이 필요하겠는가! 무엇이거나 처음과 끝이 다 훤히 보이는 더 이상 없는 눈이다. 일체 중생과 일체 성중들이 언제 어느 때 어디서 어떻게 성불하는 것까지 다 지켜보시고 두루 돌보아 주시는 눈이므로 어떻게 말로 하겠는가. 《법화경》〈수기품〉을 읽어 보면 불안이 무엇인가를 알 수가 있다. 불안(佛眼)은 일체 제불의 세계를 중생들에게 다 보이시며, 일체 중생을 불국토로 인도하시는 눈이므로 오직 부처님들만이 보고 아는 눈이라고 말씀하셨다. 불안을 제외하고는 다 걸림이 있다. 육안은 천안을 모르고 천안은 혜안을 알지 못하며, 혜안은 법안을 못 보고 법안은 불안의 경지를 어림도 못한다. 그러나 위에서는 밑을 다 봄이 산마루에서 들판을 보는 듯하다.

지금까지 간략히 설명한 이 다섯 가지 눈을 반드시 기억해야 한다. 불교 신행자들은 말할 것도 없다. 이러한 지식이라도 없으면 인연의 화합으로 생겼다 꺼졌다 하는 세속의 진리도 알 수 없는데 하물며 우연도 자연도 화합도 아닌 불교를 깊이 생각한다는 것은 언감생심이다. 부처님의 경전을 보는 눈만 해도 그렇다.

화엄경, 법화경, 열반경은 불안(佛眼)의 영역이다. 그러므로 조건 없는 신뢰와 절대 신심으로 믿고 들어가는 경들이다. 믿고 신뢰만 해도 무량 복덕과 지혜를 성취하게 된다. 마치 어린 유아가 어머니가 주는 약만 받아먹으면 병이 낫고 자양분이 되듯이 절대적인 신심의 공덕력이 있는 사람은 믿음 하나로 최상승경들의 뜻 속으로 몰입해 들어갈 수가 있다. 여타의 대승경전들은 다 법안(法眼)으로 보아야 한다. 그래야만 경문을 문자가 주는 정보의 뜻으로 이해하는 게 아니라 그 내용의 실상을 환히 볼 수 있게 된다. 마치 한 편의 영화처럼 볼 수가 있다. 특히 반야경의 경우는 혜안(慧眼)으로 보면 저절로 이해가 간다. 그 외의 아함경 같은 성전은 대체로 천안(天眼)으로 보면 된다. 중생들의 정신세계를 다룬 경이므로 제3의 눈이라 할 수 있는 마음의 눈이면 다 투시하여 달관할 수 있는 부류다. 이외 숱한 세속의 논서들은 육안이면 족하다.

어찌되었든 반드시 이 다섯 종류의 눈을 갖춰야만 불법을 제대로 짐작이라도 할 수가 있다. 비유하면 세균은 현미경으로 보아야 하고, 우주 천체는 망원경으로 보아야 하듯이 말이다. 세상에 어리석은 사람들이 이 육안으로는 귀신을 보지 못한다고 하여 귀신이 없다고 생떼를 쓰는 것처럼 경전의 내용도 그와 같다. 그러므로 부처님이 밝히신 진리를 보는 오안설(五眼說)의 다섯 개 안경은 항상 몸에 지니고 다녀야 한다. 그렇게 해야만 부처님의 나라로 가는 길을 알 수가 있다.

합장예배(合掌禮拜)

인류 의식의 성숙과 인격완성에 있어서 기본적으로 선행되어야 하는 것이 예절이다. 예절의 본뜻은 지선(至善)이다. 심신의 아름다움이 지선이다. 그러므로 예절은 절대부정의 아니오(否)가 아니라 절대긍정의 예(禮)다. 그 예의 아름다운 행위가 몸을 굽혀 절하는 것이다. 합장하고 우러러 공경하는 지선을 예절이라 한다. 예절은 부정의 '노'가 아니라 긍정의 '예스'다. 교만으로 굳어진 뻣뻣함이 아니라 곱고 부드럽게 굽어 듦이 예절이다. 고로 예절은 삶의 춤이요 이상향으로 몰입하는 종교의 예술이다. 종교의 아름다운 예술을 도덕(道德)이라 말한다. 아집으로 굳어진 교만한 심신을 꺾어 버리는 예절이야말로 진선미로 가득한 도덕이다.

실제로 몸을 향기롭게 하는 정신물리학은 예절밖에 없다. 예하고 절할 때 잘난 체하던 허세는 물처럼 대지로 스며들고 내로란 자존심은 수증기처럼 하늘로 증발해 버린다. 그러므로 예하고 절하는 경배의 미덕은 심신을 풍요롭게 한다. 허리 굽혀 절하고 오체투지하는 예배가 아니곤 종과 같은 헌신의 삶을 바랄 수 없다. 종과 같은 삶이란 위로 우러러봄이 있고 밑으로 굽어 살핌이 있는 삶을 말한다. 이렇게 종과 같은 삶이 없이는 지락의 극락으로 갈 수가 없다.

자기를 낮추는 하심(下心)의 꽃을 《금강경》에서는 항복기심(降伏其心)이라 했다. 종과 같은 마음이란 뜻의 항복기심이 없이는 인류의 지복은 바랄 수가 없다. 인류의 지복이라면 사랑과 평화와 자유와 행복이다. 이 네 가지 덕을 부처님은 열반이라 했다. 하심하는 예절이 없다면 인생 팔고(人生八苦)는 어떻게 벗어나며 항차 대각(大覺)은 어떻게 성취되겠는가. 혹자는 산속의 선정(禪定)에서 부처님의 사덕(四德)이 생기지나 않을까 생각하기도 한다. 하지만 사덕을 성취하려면 필히 한없는 세월 동안 종과 같은 삶을 살아야 한다. 곧 아뇩다라삼먁삼보리를 닦아야 한다. 아뇩다라삼먁삼보리의 삶이 곧 종과 같은 삶이다. 그러므로 만법의 기본도 굽실거리는 예절이요, 대각을 성취하는 기본도 예절이다. 그래서 불도 수행의 도량을 예절의 집이라 해서 절이라 한다.

인류 사회와 더불어 모든 종교에서 받들어 봉행하는 모든 요식의 예경법은 다 나 자신의 아집을 부수고 거룩한 인격을 완성하기 위한 덕목이다. 종교 예절의 예경법만 하더라도 그렇다. 결코 신을 받들어 봉양함으로써 신으로부터 행운을 얻겠다는 그런 천박한 목적에서 비롯된 기복의 예경법은 아니다. 항상 자신을 굽히고 순종하는 겸손한 마음 없이는 세상의 삶도 윤택할 수가 없거늘 하물며 심신의 고뇌로부터 초월하는 해탈의 문이 어찌 열리겠는가. 그래서 선각자들은 무아실현의 기본을 윤리 도덕에 두고 행신범절의 윤리기강을 엄격히 지키셨다.

동방의 성자 공자께서는 동방인은 마음을 깨닫게 하는 높은 차원의 도로는 도저히 구제할 수가 없음을 아시고 일단 몸을 덕성스럽게 하는 인의예지신으로써 민중을 교화하셨다. 이러한 불가피성 때문에 동방예의지국이라는 지도이념을 밝혔다. 그런데 이러한 공자의 심중을 헤아리지도 못하는 우리나라 사람들은 걸핏하면 우리는 예의를 잘 지키는 예의지국의 사람이라고 자랑을 한다. 이렇게 한심한 이야기를 들을 때마다 장자의 격언이 생각난다. 신발이 발에 딱 맞으면 신발을 잊고 배가 부르면 밥을 잊는다는 비유처럼 어떻게 윤리도덕에 아무런 문제도 없는 사람에게 도덕률을 운운하겠는가. 어떻게 학자들에게 유치원에 가라 하겠는가. 공자께서는 동양 민중을 제도하는 지도이념의 한 방편으로 동방예의지국이라 말한 것뿐이다.

어느 시대를 막론하고 인류의 정신문화는 예절에 있다. 그러므로 동서양을 막론하고 남의 집을 방문할 때는 반드시 머리에 쓴 모자를 벗고 고개를 숙이며 문 안으로 들어선다. 이러한 의식은 지극히 평범한 예의이지만 이러한 행위가 얼마나 엄청나게 인간의 운명을 좌우하는지 생각이나 해보았는가? 모자를 벗는 그 행위 하나만으로도 행운의 복덕성이 생기고 약간 머리를 숙이는 겸손의 미덕으로도 행운의 여신이 그대를 따른다. 보다 높은 차원에서 보면 지복의 우주의식이 그대의 내면에서 열리게 된다. 공손히 절하는 예절 앞에 모든 재앙의 원흉인 아만과 교만이 다 녹아 버린다. 그러므로 만가지 재앙을 멀리하고 만복의 지락이 아쉽거든 제발 머리 숙여 절부터 하라. 두 손 모아 절하는 합장 배례 속에는 깨달음으로 가는 정신철학이 있다. 지금 자기를 죽이고 일체를 공손히 받드는 절부터 하라. 절 문중에서는 사생결단을 하고 오체투지를 한다. 합장 배례를 하루에 수천 배씩 하는 집안이 절이다.

합장 삼배

삼(三)이라는 숫자는 인연화합으로 생긴 세간법의 기본철리의 숫자다. 또한 인연화합의 세간법을 멀리한 불문의 법수다. 이렇게 삼이라는 숫자는 세간법과 출세간법을 엎었다 잦혔다 하는 신성한 수다. 그래서 세간법으로 삼이란 숫자의 의미를 보면 하늘 땅 그 사이 인간을 상징하는 수며 출세간법으로 보면 해탈, 열반, 반야가 된다. 모든 것은 삼합이 맞아야 태어나서 잠시 머물다가 서서히 변하여 마침내 죽어 없어진다는 그 도리를 고인들은 천(天)·인(人)·지(地) 삼재지도(三才之道)라 했다.

지금부터 좀 어려운 얘기로 들어가 보자. 절에서 삼배를 하는 것은 인도인의 예법이려니 하면 참 편하다. 하지만 어떤 독특한 행위나 말과 글이 이 세상에 있을 때는 반드시 심상찮은 의미가 그 속에 내재하고 있다. 그러므로 독특한 의미가 담겨 있는 삼배 예법에는 반드시 실천하는 자의 영혼에 그 신선한 의미가 깊이 들어간다. 그리고는 반드시 밝은 앎이 되어 심신에 안정을 주고 그 밝은 지력(智力)으로 망집의 심신이 벗겨지면서 밝은 각성이 일어난다. 바로 이와 같은 신통한 지력을 생산해 내는 철리의 숫자가 삼이다. 그래서 불교의 모든 요식은 세 번을 기본으로 하고 있다.

그렇다면 과연 삼배 예경법에 무엇이 들어 있을까? 그 진리의 도리를 들어 보자. 그 이치는 꼭 이와 같다. 손뼉을 치면 소리가 나는 것처럼 소리가 나온 곳은 이쪽 손도 저쪽 손도 그 중간도 아니요, 아닌 것도 아니다. 그 삼처 합일에서 생긴 것이 소리다. 이것은 어디까지나 세속의 사리다. 그러나 출세간법으로 뒤집어 생각해 보면 그 소리가 나온 곳을 이쪽저쪽 그 중간 어느쪽이든 간에 긍정하면 고집이 되고 부정하면 허망이 된다. 그래서 그 삼처를 긍정도 부정도 아니 하면 정답이 된다. 바로 그 정답의 도리처럼 존재하는 것이 곧 진실이라고 하는 모든 존재계의 본성이다. 바로 존재의 실상인 본성으로 돌아가고자 하는 지적행위의 도리가 삼배 예경법이다.

고래로 인연화합으로 생긴 세간법을 조화롭게 하는 예경의 요식은 하늘에 절하고 땅에 절하며 인간끼리도 절한다. 이것은 세간의 평화와 화목을 위한 예경법이고 인연화합을 다 끊어 버리고 출세간 불문의 삼처 예경법은 불·법·승에 굽혀 듦이다. 그리고 세간법과 출세간법을 초월하여 대자재를 얻는 최상승의 예경법으로는 묘각의 실상인 법신, 보신, 화신에 절하는 오체투지법이다. 바로 이것이 불문의 불자들이 삼귀의 합장 삼례하는 묘의다.

삼귀의 합장 배례법이 곧 불법의 요체다. 그러므로 불법의 구경 대열반의 묘법까지도 삼배 절하는 아름다운 행위 속에 다 들어 있다. 불교집안의 이렇게 높고 깊고 넓고 아득한 심심묘법의 실상을 그대로 다 담아놓은 공간이 불문의 사찰이다. 여러분은 날아갈 듯 잘 지어 놓은 지붕의 양 귀퉁이 합각에 그려진 둥근 원 안에 점 세 개의 도표를 많이 보았을 것이다. 이를 원이삼점(圓伊三點)이라 하는데 이 원이삼점의 뜻을 일반 중생들이 알건 모르건 삼배 절하고 주문도 삼송을 하면 원이삼점의 뜻대로 해탈, 열반, 반야가 그대의 심신에서 일어난다.

이러한 진실을 비유로 이해를 도우면 마치 어린아이가 병이 났을 때 아이는 부모가 주는 약을 받아먹기만 하면 저절로 병이 낫는 것과 같다. 굳이 어린 것이 병이 난 병리를 알아야 하고 제약의 합성원리와 약명을 꼭 알아야만 병이 낫는 것은 절대로 아니다. 그런데 이 세상은 어떤가? 멀쩡한 몸을 이 병원 저 병원 끌고 다니며 병명을 찾고 병처를 찾는 저 어리석음의 세태는 고금이 없고 승속이 따로 없다. 이 같은 세지변총(世知辯聰) 시대의 알음알이 병은 불교를 지식으로 알려고 하는 유식한 사람들일수록 심하다. 승속을 막론하고 진실은 유무식을 집어던지고 오직 합장 삼배하는 진솔한 믿음의 신행뿐이다. 그러면 저절로 공덕과 지혜와 신통이 성취된다.

불도의 이러한 가르침에 어두운 분들이 공연히 사변적 논리로 금강경을 해설한다고 경문에 먹칠을 해놓은 꼴을 보면 정신이 아득해진다. 앎의 문제가 아닌 경문은 알 수 없는 것이 정상이다. 그러므로 모르면 그대로 읽기만 하고 가만히 앉아만 있어도 바로 그대가 생불인 것이다. 대승경전은 말할 것도 없고 《금강경》의 경우는 식심의 세간법을 벗어나 무명이란 마음을 증발시켜 버리고 이미 출세간법으로 들어간 대아라한과 벽지불들을 대해탈의 불지로 끌어올리기 위하여 부처님이 그들만을 모아 놓고 설하신 경이다. 그러므로 일반 중생이 앎으로 《금강경》에 접근한다는 것은 언감생심이다.

진실로 불도는 어렵고도 두렵다. 조선시대 석학인 율곡 같은 내로란 대학자도 불교 철리를 밝힌 《능엄경》을 금강산 유점사에서 공부하시다가 경문의 논리가 이랬다저랬다 하는 망교(妄敎)라고 신랄하게 비판하여 대 망어죄를 범하고 말았는데 하물며 서양의 논리학에 밝은 속학들이 무얼 어떻게 안단 말인가? 지식의 문제가 아니고 체험으로 영험된 각성을 밝힌 경문을 가지고 감히 어찌 알겠는가? 그러면 지금부터 난해할 수밖에 없는 불교 철리의 속사정을 살펴보자.

삼처허실

인연화합으로 된 세간법은 이쪽, 저쪽, 중간 그 삼처를 긍정도 부정도 아니하는 부정의 긍정(非)이 구경이며 이를 진리라 한다. 그러나 출세간으로 넘어가면 얘기가 달라진다. 세간법의 그 삼처가 부정도 긍정도 아닌 것(非)이 또 그것도 저것도 아니며 아닌 것도 아닌 부정의 긍정사(是)가 된다. 이렇게 되는 만법의 이치가 출세간법으로 돌아간다. 이를 《반야경》에서는 색즉시공(色卽是空) 공즉시색(空卽是色)이라 말한다. 오늘날 물리학에서 진공의 입자가 모이면 물질이 되고 물질이 분해되면 곧 진공이 된다는 이론과 같다. 불도 수행에서 일단 물질의 성인 심신에서 의식이 각성의 진공으로 넘어간 단계를 출세간법이라 말한다.

또 다시 더 높이 올라가면 최상승법에서는 세간법과 출세간법을 집어던져야 한다. 그 이론적 논리로는 곧 그것도 저것도 아니요 아닌 것도 아닌 절대부정의 긍정이 대해탈의 경계다. 바로 시시비비(是是非非)가 잠들어 버린 대열반의 경지를 최상승의 법이라 말한다. 이렇다 보니 이것 아니면 저것이라는 논리에 바탕을 둔 학자들의 식견으로는 율곡 선생과 똑같은 겁나는 발언이 나올 수밖에 없다. 이렇게 엎치락뒤치락 이쪽저쪽을 송두리째 말아 삼켰다가 다시 토해 버리는 대열반의 여래장 이론을 불지견이 없이 어찌 알겠는가?

아득한 출세간법을 이해하는 도움말로 가장 쉬운 비유를 몇 개 들어보겠다. 돌멩이를 한번 생각해 보자. 저 돌을 보고서 누가 곧 흙이요 곧 불이라고도 하고 곧 물이라고도 했다 하자. 그 이치를 보면 분명히 돌이 분해되면 필히 흙이고 마주치면 반드시 불이 번쩍 난다. 또한 고열에 녹으면 곧 돌이 물이 된다. 이와 같이 우리의 각성은 마치 저 에너지의 용도와 같이 그 에너지를 이용하는 자의 의사에 따라 불도 되고 얼음도 되며 동력도 되고 바람도 되며 소리도 되는데 이것을 가지고 어떻게 무엇이라 속단하겠는가? 물질의 조화도 이와 같거늘 하물며 불가사의 불성(佛性)의 경우라면 더 말해 무엇하랴. 그 지묘한 묘각의 묘명성(妙明性)을 가지고 누가 어떻게 언설문자로 설명하겠는가. 만물도 되고 일체 중생의 심신도 되고 불보살도 되고 우주도 되고 하는 이것을 가지고 그 무엇이라 속단하겠는가. 보라, 이렇게 그것도 저것도 아닌 이것이 곧 그것인 이것은 필경공적한 적멸로서 석존께서는 이것을 대열반이라 밝힘과 동시에 바로 그 대열반의 자리로 몰입하는 무아실현의 행위철학이 곧 합장 삼배 예경법이란 진실을 《화엄경》〈보현행원품〉에서 잘 밝히셨다.

연화상

절로 들어가자면 합장부터 해야 한다. 경건한 마음으로 두 손을 모아 합장을 하게 되면 혼탁한 마음이 저절로 고요하면서 맑아지고 심신이 경안해진다. 그것은 합장하는 공덕 때문이다. 합장을 하게 되면 양분된 선악분별의 양심(兩心)이 합일되면서 우주 속으로 녹아들기 때문이다. 중생의 머리가 양 뇌로 나뉘어져 있기 때문에 생각하고 느끼는 사념은 항상 상대적인 분별심으로 혼란스럽다는 심리학자의 학설도 있다. 이렇게 번거로운 분별심을 편안하게 안정시켜 주는 신선한 예절의 아름다운 행위철학이 합장이다. 그러므로 누구나 초조와 불안으로 가슴이 두근거릴 때는 양 손을 꼭 쥐고 가슴을 누른다. 그와 같이 분분한 망상을 차분히 잠재우고 사량 분별심으로 뜨거운 머리를 시원하게 식혀 주는 심리요법으로도 가슴에서 두 손을 모으는 합장 이상 없다. 고대인들은 심장을 한 송이의 연꽃 봉오리같이 그렸다. 두 손을 모아 합장한 모습 역시 한 송이의 붉은 연꽃 봉오리를 연상케 한다. 바로 홍련 같은 그 마음을 찬란하게 꽃 피우는 지선의 수행도량이 절이므로 절 도량은 온통 연꽃 천국이다. 보라, 불보살은 활짝 핀 천 옆의 연화좌에 앉아 계시고 모든 신성의 조형물과 채색의 성상 그림에도 온통 연꽃으로 가득하다. 그러므로 연꽃은 불교의 꽃이다. 그래서 찰나 생멸의 마음을 열고 영생불멸의 성역으로 들어가는 길에서 홍련 합장이 예절의 기본이 되고 있다.

　파도처럼 빽빽하게 밀려오는 번뇌 망상의 중생심은 누구나 대동소이 하다. 이같이 파도치는 마음이 합장하는 순간 분명해지면서 평소에 느껴 보지도 못했던 자신의 심경이 드러나 보인다. 누구나 평소에는 삶의 본능대로 아무 생각 없이 자신을 잊고 살아왔다. 그랬던 자신이 어느 날 절집 앞에 이르러 합장을 하는 순간 이상하게도 엄숙해지면서 심장의 박동소리가 별스럽게 뛰고 있음을 진하게 느낄 것이다. 세상 어디에서도 느껴 보지 못한 깊은 회한의 신선한 감회에 녹아들 것이다. 절 풍경의 미관과 장관에서도 질리지만 이상하게 감명 깊고 감미로운 눈물의 회한을 느낄 것이다. 그것은 산사의 침묵의 활기로 고요해지는 심신의 신비감이다. 생동감으로 충만한 적정을 최상의 지도로 여기는 불문 안에는 나 자신의 근본 바탕인 고요한 신성을 품어 안는 묘한 엄숙함이 있다. 절 안에는 유정 무정이 한 덩어리 각성의 빛으로 가득하므로 누구나 절문 안에만 들면 번뇌하는 자신의 심경이 환히 드러나 보인다. 부질없는 중생심을 모양으로 잘 재생시켜 놓은 절집 안으로 깊이 들어가 보면 문득 자신의 생면부지한 정신세계와 만나게 된다. 비록 고등심리학에 어두워서 절 안에 가득한 형설의 문자는 읽지 못한다손 치더라도 자신의 의식 세계를 은밀히 느끼는 불가사의 공덕은 얻는다.

혜안이 없으면 사문의 비경을 알 수는 없으나 어떻게든 느낄 수는 있다. 비록 스스로 깨닫지는 못해도 이미 무량 공덕은 얻었다. 공덕이 무엇인가를 깨닫게 하는 예를 하나 들면 같은 눈이라도 보고 못 보는 눈이 있듯이 눈이 밝은 사람은 눈에 공덕이 있다 하고, 같은 눈이라도 보지를 못하는 사람은 눈에 공덕이 없다고 말한다. 이와 같은 공덕은 누구나 합장하고 불상에 예배하는 순간 구족된다. 이 같은 확신은 막연한 맹신의 변명이 아니다. 누구나 불전에 서면 스스로 자기 몸의 신식과 마음이 확연히 들여다보인다. 미묘하게 느껴지는 견성(見性)을 그대가 알건 모르건 아무런 상관없이 그대의 마음 밑바탕에는 그대의 마음을 확연히 드러내 보이는 견성이란 거울이 있다. 견성이란 거울은 밝음과 어두움이 동시에 다 드러나 보인다. 아는 것도 알고 모르는 것도 다 아는 신령한 견성이란 각성(覺性)의 빛이 있다. 그 빛은 그대의 모든 것을 있는 그대로 다 드러내 보인다. 식심이라 말하는 육감(六感)의 신식은 물론 미세한 마음의 움직임까지도 다 드러내 보이는 이것이 우리들의 본래 각성의 빛인 견성(見性)이다.

이렇게 다 드러내 보이는 성품인 견성을 의식하자면 몸을 맑히는 계행을 철저히 지켜야 하고 또 감정과 심성을 정화하는 명상을 많이 해야 한다. 이와 같은 공덕을 얻자면 부처님이나 거룩한 이를 칭양 찬탄해야 한다. 만덕만선으로 가득한 불보살에게 우러러 합장 예경을 반드시 실천해야만 혜안(慧眼)이 열린다. 혜안이 열려야 비로소 스스로 자기 자신을 항상 투시해 보는 견성을 느낄 수가 있다. 보라! 그래서 예라고 하는 예도 예(禮) 자에는 볼 시(示) 자변에 풍성 풍(豊) 자가 붙어 있다. 풍성할 풍 자에 볼 시 자가 붙은 것은 두루 넉넉하게 본다는 뜻이다. 그와 같은 혜안을 얻자면 예경하는 아름다운 마음으로 가득해야 한다. 그러므로 합장 공경하는 예경은 만복의 근본이 되고 있다. 저 대지의 모든 씨앗도 땅을 비집고 나올 때 보면 반드시 어린 아기의 손이 합장한 모습으로 소생을 한다. 인간도 어머니의 자궁을 비집고 나올 때는 양손을 가슴에 합장을 하고 나온다. 만약 신생아가 전세로부터 공덕을 많이 지은 효순한 자식이라면, 반드시 머리 위로 두손을 모아 합장을 하고 나오므로 산모가 무통분만을 한다고 한다. 만약 악독한 자식이 태어날 때는 발이 먼저 나오는 역산을 함으로 산모가 죽기도 하고 극한의 고통을 받는다고 한다. 양손을 모아 합장하는 아름다운 자세는 저 높은 의식 세계로 화생하는 부활이며 가장 신령스러운 깨달음으로 가는 해탈의 모습이다. 그래서 합장은 모든 종교에서 기도하는 기본자세가 되고 있다.

성인과에 들어서자면 자비심(慈悲心)이 남달라야 하는데 불행하게도 중생심에는 자비심이 없다고 한다. 굽어 보살피는 자심은 태양 빛처럼 따뜻한 사랑이고 비심은 우러러 사모하는 마음인데 중생에게는 애착하는 애정과 미워하는 증오는 풍부하나 펄펄 끓는 사랑은 없다고 한다. 중생 소견의 애정을 사랑의 대명사처럼 쓰고 있으나 불행하게도 만선 만복을 두루 갖춘 사랑의 자비심은 범부에겐 없다. 그래서 일단 중생심의 애증을 자비심으로 변형시켜야 하는데 중생의 애증을 사랑으로 변형시키자니 우선적으로 머리 숙여 절하고 우러러 사모하는 경배 정신을 익혀야 했다. 그래야만 모든 고뇌로부터 벗어난 성심(聖心)이 생긴다. 성심은 곧 자비심이다. 자비심에서 복덕성이 생긴다. 복은 환경의 풍요로움이고 덕은 마음의 평화로움이다. 삶의 행복과 영적 평화가 보장되는 복덕은 자비심에서 우러나므로 우리는 자비심을 기르기 위하여 열심히 합장 배례하는 지선의 신행을 반드시 생활화해야 한다. 누구나 합장하고 절하며 기도를 해보라. 기도하는 심정은 저절로 슬퍼지고, 베푸는 마음은 절로 밝아진다. 섬기고 공경하면 저절로 환희의 눈물이 난다. 이같이 항상 예배하는 정신으로 사는 사람은 꿈속에서도 항상 부처님의 상서로운 광명을 보게 되고, 삶은 조건 없이 편안해진다.

일주문(一柱門)

불이문게(不二門偈)

신식(身識)이란
본래부터 없는 것이나
두루 한 묘각성에
반연된 감각
몸으로는 닿음 있고 닿음 없음
촉감 다르나
분별하는 감상과는 상관도 없이
하늘처럼 시방세계 두루 다 삼킨
항상 다 깨닫는 묘각을 보라.

의식(意識)이란
본래부터 근본 없으나
의식 있고 의식 없음 경계 다르나
알고 모르고를 통틀어 아는
이것을 이름 하여

묘각(妙覺)이라 하네.

안근(眼根)이란
본래부터 근본 없는 것
묘각을 자극하여 생긴 반연심
눈으로는 보고 못 봄 경계 다르나
밝고 어둠 두루 다 보는
시각 건너 저쪽을 돌이켜 보라.
그것을 이름 하여 견성(見性)이라 하네.

비식(鼻識)이란
본래부터 없는 것이나
들숨날숨 느끼는 일
앎이 다르니
두 가지 식정들을 두루 다 아는
청정한 묘각성을 자각하여라.
식심으로 분별하는 생사의 코가
생멸 없는 묘각장에 경배하누나.

이식(耳識)이란
본래부터 근본 없으나
소리가 있고 없음
청각의 환술
청각과는 상관없이 두루 다 듣는
항상 듣는 관음에 귀의하여라.

설근(舌根)이란
본래부터 뿌리가 없어
맛으로는 있고 없음
혀끝의 요술
쓰다 달다 아는 것은
묘각의 반연
그러므로 두루 아는 묘각을 보라.
이것을 이름 하여 원통이라 하네.

본묘각(本妙覺)은 본래부터
우주와 같아
몸과 뜻과 마음까지
다 드러내는
시방 법계 집어 삼킨
대원경(大圓鏡) 같네.
자성이란 마음까지 온통 비추는
묘각이라 이름 하는 여래장 알면
원통으로 가는 길이 일주문이고
대원경지(大圓鏡地) 드는 문이
불이문(不二門)일세.

문(門)

문(門)이라고 하면 우리들이 상용하는 여닫는 문으로 생각하기 쉽다. 그러나 정신세계로 들어가는 도의 문은 속가의 대문과는 개념부터 다르다. 그래서 불도(佛道)의 대문을 사구게로 풀기를 대도무문(大道無門)이라 했다. 이 글귀의 뜻을 천도무문(天道無門)이라는 글귀로도 푼다. 하늘로 가는 길에는 문이 없다는 말인데, 실로 그렇지 않은가? 텅 빈 하늘로 가는데 어디로 간들 문이 아니겠는가? 그러나 꼭 그렇지만도 않다. 하늘에도 항로가 있듯이 허공에는 상상도 하지 못할 만큼 문이 많다. 따뜻한 빛이 있는 하늘이 있는가 하면 칠흑 같은 암흑의 공간도 있다. 얼음장 같은 하늘이 있는가 하면 고열로 펄펄 끓는 허공도 있다. 모든 생명이 있을 수 없는 죽음의 하늘도 있고, 삶의 춤이 충만한 지락의 천당도 있다. 그런가 하면 이것도 저것도 아닌 색상이 있고 색상이 없는 하늘도 있다. 이렇게 천차만별의 공간권이 있는데 어떻게 하늘로 가는 길에 문이 없다고 단언하겠는가? 아니다. 문(門)이 억수같이 많다. 엄청나게 많아서 그 수가 무량하므로 천도무문(天道無門)이라 했다. 우주의 천체 가운데 빛을 잃은 이 작은 지구촌에도 문의 종류가 많다. 그렇다면 더 높고, 더 넓은 허공계(虛空界)로 들어가는 문은 얼마나 많겠는가. 아니 그 허공의 천문(天門)보다도 더 심심 미묘한 깨달음의 문, 각성세계로 들어가는 문을 어떻게 표현하면 좋을까. 그래서 각자(覺者)들은 불문의 질과 양을 항하의 모래 수와 같이 많은 문이라 해서 사문(沙門)이라 했다.

사문에는 일반 세상의 문처럼 문틀이나 문짝이 없다. 닫고 여는 개폐의 문짝이 없으므로 문(門) 자 안에는 아무 글자도 없다. 문 자 안에 어떤 내용의 글자가 들어앉느냐에 따라 그 문이 쓰이는 용도가 암시된다. 예를 들어 관(關) 자 같은 경우는 문 자 안에 돌 고리를 의미하는 글자가 양옆에 붙어 있으므로 여닫는다는 의미의 관(關) 자가 된다. 닫을 폐(閉) 자의 경우는 양 문짝을 잠금질한다는 의미의 글자가 들어 있다. 그러므로 잠그는 빗장이 있다는 폐(閉) 자가 된다.

그러나 보라! 일주문(一柱門)이라고 하는 저 법문에는 여닫는 개폐의 문짝이 본래로 없다. 왜일까? 더 의문스러운 것은 어째서 두 개의 기둥으로 세워진 대문을 한 기둥의 문이란 의미의 일주문이라 했을까? 이렇게 불교집안은 온통 화두다. 의문투성이다. 도무지 세상의 상식으로는 한 치 앞도 볼 수가 없다. 그래서 필자가 이 글을 쓰고 있다. 일주문의 의미를 답부터 드리면 무엇보다 문짝이 없는 것은 대도를 닦는 수행자는 무관심하게 주시만 하므로 안과 밖의 격이 없다는 뜻이다. 이쪽과 저쪽이 없다는 뜻이다. 이쪽 저쪽이란 세상의 인연이합법(因緣離合法)과 초월의 출세간법(出世間法)을 말한다. 무문관(無門關)이라고 하는 승가의 법어가 바로 이 뜻이다.

승가의 상투어가 바로 일주문에 붙어 있다. '오는 자 막지 않고 가는 자 붙들지 않는다' 는 방관(傍觀)의 문이 되고 있다. 참으로 멋진 문이다. 저 일주문(一柱門)은 고래로 누구나 들어오고 나가도 막을 자도 없고 잠지도 않는다는 문이다. 개구신 같은 속인이라 해서 박차거나 신성한 스님네라 해서 또한 반기지도 않는 문이다. 아! 이 얼마나 초탈한 어머니의 가슴 같은 대자유의 문인가!

또 왜 두 개의 기둥으로 된 대문 집을 가지고 한 기둥의 문 일주문이라 했을까? 그것은 만법은 다 내 손안에 있다고 하듯이 일체 중생의 마음의 문이 되고 있다는 뜻이다. 보라, 그대의 눈과 코와 귓구멍은 비록 둘이지만 보고 맡고 듣는 놈은 분명히 하나다. 듣고 보고 느끼고 깨닫는 자는 하나의 각성(覺性)이다. 묘각(妙覺)의 빛, 그 각성의 그림자로 생긴 마음(摩陰)은 안과 밖으로 느끼는 반연심(攀緣心)으로 만들어져 있기 때문에 두 쪽으로 되어 있다. 눈은 빛이 있으면 보고 빛이 없으면 못 본다. 귀는 소리가 있으면 듣고 울림이 없으면 못 듣는다. 코는 통하면 숨 쉬고 막히면 질식한다. 혀는 맛이 있으면 알고 맛이 닿지 않으면 아무 맛도 모른다. 몸은 닿으면 알고 촉감이 떠나면 아무것도 모른다. 앎은 의식이 있으면 알고 의식이 없으면 아무것도 모른다. 이렇게 육감의 식심은 이쪽저쪽의 격이 분명하게 있다. 그러나 바로 이 양면심을 전체로 의식하고 자각하는 각성이 있다. 누구나 자신의 몸과 마음을 두루 다 감지하고 자각하는 묘각이란 각성이 있다. 그 원융무애한 각성을 상징한 일주문에는 대문이 없다. 대문이 없음은 각성이 시방 법계에 두루함을 은유한 문이 되고 있음이다. 그러므로 일주문(一柱門)으로 들어가는 사람들은 반드시 흑백론 같은 호오(好惡)는 버려야 한다.

저 기독교 성서에서도 선악과를 먹지 말라는 하나님 말씀의 뜻이 무언가를 누구보다 성직자들은 잘 깨달아야 한다. 종교인들이 만든 선악이라는 고유명사는 크게 잘못 되었다. 우리말 선(善)이란 좋고 싫은 호오를 잘 다스린다는 뜻의 글자다. 무엇을 잘한다는 뜻의 글자가 선(善)자. 그래서 선의 본래 우리말 뜻도 양면을 슬기롭게 살피고 훌륭히 잘 처리한다는 의미의 글자다. 다시 말하면 죽일 놈은 죽이고 살릴 놈은 살리는 이러한 위인을 선자(善者)라 한다. 어떤 경우에도 편견에 빠지거나 이단과 독단에 사로잡히지 않고 그 양면을 초월의식으로 끌어올리는 지혜로운 자를 선지식(善知識)이라 말한다.

그런데 오늘날까지 모든 학자와 종교인들이 선의 의미를 인간 성품의 양극적 심리현상을 표현하는 언어로 왜곡되게 인식시켜 왔다. 아니다, 절대로 아니다. 선은 양면성을 조건 없이 주시하는 지혜로운 행위를 일컫는다. 주지하는 바의 성리(性理)와 물리(物理)에 양극성이 있다. 그 양극성의 극단을 표현하는 의미의 글자가 아니다. 만약 필자의 해설에 유감이 있다면 하나만 물어보겠다. 누구를 전적으로 사랑하고 전적으로 미워할 수 있다고 생각하는가? 만물에 그림자가 없다고 믿는가? 그대가 투명인간이 아니고서야 어떻게 그림자가 없겠는가? 이 모양으로 선의 의미 해독을 잘못한 엄청난 착각 때문에 자기내면에서도 지구상에서도 전쟁이 끝날 날이 없다.

《명심보감(明心寶鑑)》첫 구절에 "子曰 爲善者는 天報之以福하고 爲不善者는 天報之以禍니라."라는 구절이 있다. 착하면 복 받고 착하지 않으면 재앙을 받는다는 의미다. 그렇다면 인간 사회의 삶의 경험으로 미루어 보면 앞뒤가 맞지를 않는다. 악한 놈이 더 잘사는 것 같아서이다. 그러면 필자가 아는 선의 본래 의미대로 해설해 보자.

"공자가 말씀하기를 지혜로운 행위(善)를 하는 자는 우주가 무한한 가능성을 지불하고 어리석게 편견에 사로잡힌(惡) 잘못된 사람은 하는 일마다 우주적인 재앙이 뒤따르리라."

불교 집안에서 흔히 쓰는 용어 권선징악(勸善懲惡)도 그렇다. 선의 의미 해독을 잘못하여 날이면 날마다 저 자신을 물어 선악 개념으로 물고 씹는다. 선은 좋고 싫은 것의 그 양면심을 초롱초롱한 의식으로 주시하는 지혜다. 그렇게만 하면 저절로 부정적인 감성이 성스러워진다. 그런데 뭇 성자들이 선을 권장하고 악을 짓밟는 바람에 이 양면심을 날이면 날마다 스스로 저주하고 징계하는 참회를 세월없이 한다. 아무리 참회하고 반성해 보았자 돌아서면 그뿐이다. 물론 선악 개념은 미개시대의 발상이다. 하지만 지금 우리는 호오를 뛰어넘는 절로 가고 있다. 절로 왜 가는가? 양심(兩心)을 뒤집어 저 초차원의 각성세계로 가자는 목적에서다.

그러므로 절집으로 들어가는 구도자와 모든 신행자들도 선(善, 好)이다 악(惡)이다 하는 마음의 속성인 죄의식을 절대로 갖지 말아야 한다. 죄의식인 선(好)악과를 절대로 따 먹지 말아야 한다. 선악 관념의 죄의식을 인격 완성의 큰 덕목으로 치부한 종교 집안의 우를 다시는 범하지 말아야 한다. 항상 반성하고 뉘우칠 일이 아니고 양면심을 주시하는 자로 돌아가자. 그것이 일주문의 교훈이다. 일주문과 같은 각성으로 돌아가면 조건 없는 행복으로 편안해진다. 이것이 삼세제불의 가르침이다.

필자가 아는 선(善) 자의 깊은 의미는 불교 용어의 반야(般若)와 같다. 반야란 육감의 감성을 뒤집는 지적 의식 행위를 말한다. 그런데 오만 년 동안 인류는 선(好)악과를 계속 물어 씹고 살아왔다. 선을 지향하고 악을 멀리하는 삶이 불가능한 줄을 잘 알면서도 그것을 또 아들딸에게 열심히 가르친다. 누구들보다도 성직자들은 신행자들에게 선악을 초월하란 말은 할지라도 선악으로 만들어진 죄의식을 소재로 해서 만들어 놓은 천당과 지옥 얘기는 이제 그만해야 한다. 종교인들의 큰 악적(惡積)이라면 선악의 심별인 죄의식으로 중생들에게 공포 심리를 세뇌시켜 온 노력이다. 그 노력의 보상으로 얻은 것이 과연 무엇인가? 이상하게도 신행자들의 추앙으로 편히 살고 우매한 명리밖에 더 있는가?

만약 필자의 직설에 유감이 있다면 최면의 달사님들은 지금 지선으로 안팎이 하얗게 되었단 말인가? 정말로 선악의 흑백논리를 가지고 그대가 성자가 되었단 말인가? 제발 더 이상 거짓말은 끝내자. 두 맘을 보는 자로 남는 일주문의 관심법(觀心法)을 배우자. 부질없는 두 마음인 선악의 죄의식으로 골머릴 앓아 온 종교인들은 하루속히 일주문에 경배하라. 저마다 자기 안에 있는 각성으로 돌아가자. 어서 가자. 어서 가자. 저 깨달음의 화장세계로 들어가자.

화장세계

영적인 깨달음의 화장세계를 지상에 잘 묘사해 놓은 신기한 궁궐이 절집이다. 그러므로 대찰에는 구중궁궐 같은 기와집이 즐비하고 화려 찬란한 거궁(巨宮)에는 불법의 무량의(無量義)로 가득하다. 법당 안의 장엄한 적멸보궁(寂

滅寶宮)에는 대반열반의 대해탈경계가 형설되어 있고 웅장한 대웅전에는 석존이 이 세상에 오신 뜻이 설해져 있으며, 지엄한 성전에는 불보살의 사무량심이 형설되어 있는가 하면 또 뒤쪽에 위치한 독각(獨覺)의 전각과 토속 신당에는 애고중생(哀苦衆生)의 소박한 기복정신이 가득하다. 또한 수행자들이 요긴하게 쓰는 요사(要舍)에는 신선한 삶의 향기가 그윽하다. 절에는 이렇게 집들이 많다. 바로 이 모양이 성불한 대각자의 내면세계다. 부처님의 내면세계는 대반열반의 세계다. 대반열반은 사랑과 평화와 자유와 행복으로 끓어 넘치는 사덕(四德)의 세계다. 이 4덕을 상(常)·낙(樂)·아(我)·정(淨)이라 말한다.

　이렇게 무량한 지혜와 신통의 공덕장엄상을 형설한 절로 들어가자면 우리나라 불교 건축예술의 구조적 장엄의 철리를 알아야 한다. 그 철리는 다름 아닌 불법이다. 불법은 곧 경전이다. 경전을 잘 모르고 절을 이해한다는 것은 불가능하다. 세간에 흩어진 정신문화 유산은 형상이 주는 느낌을 읽을 줄 아는 미술사학자의 눈을 빌리면 된다. 하지만 불교의 정신문화 유산은 다르다. 부처님을 보는 불지견(佛知見)이 있어야 한다. 불지견은 광산에서 금을 찾는 것과 같은 지혜다. 모양으로 불법을 설하는 불상에서 무량의로 찬란히 빛나는 각성을 보아야 한다. 본래로 묘명한 불성의 빛을 알지 못하는 색맹들에게 언어로 불법을 깨닫게 하자고 이 붓을 들었다.

　절집의 안팎을 제대로 보고 알자면 화엄·법화경을 보는 불지견이 없으면 아무것도 알 수가 없다. 그것은 절집의 건축 양식부터가 화엄·법화경의 내용에 맞추어 그 뜻을 조형으로 장엄하고 있기 때문이다. 뿐만 아니라 자연 경관의 풍광을 최대한 살린 점은 무위자연의 노장의 지혜가 번쩍이고, 건축은 불국토 장엄상에 맞추어 축조되었다. 그래서 절집의 화려 방창한 단청과 광명상은 제불의 방광상과 다르지 않다. 무량 난행고행으로 성취한 제불의 불국토 장엄상을 동양인의 소박한 정서로 재현해 놓은 대찰의 장관들을 보라. 이 국토에서 자란 나무토막으로 종횡으로 차곡차곡 포개 놓은 개포식 건축의 조형미는 화엄의 화려한 공덕장엄을 모르고는 감상하기조차 어렵다.

보라, 이렇게 사찰의 지고한 건축예술의 장엄학을 조금이라도 이해한다면 보다 높고 깊은 깨달음의 각성세계를 직감적으로 느낄 수가 있다. 얼핏 생각하면 절집은 인위적인 신성의 미의식을 고도로 비화시킨 허풍 같다. 하지만 휘황찬란한 절집은 대각의 세계를 구체적으로 설명한 형설의 건축 예술이다. 그러므로 초인의 손끝으로 화장세계를 형설한 격조 높은 구조학은 실로 놀랍기 그지없다. 속세를 등지고 산사의 초입에서 얌전하게 버티고 선 일주문을 보라. 이 땅 어디에서 자란 굵은 통나무를 베어다가 생긴 대로 투박하게 다듬어서 굵은 주춧돌에 굳건히 앉혀 세운 두 개의 통나무 기둥의 엄청난 기세의 완벽한 안전성을 보노라면 저 두 기둥의 풍월이 귀 아닌 귀로 들린다. "그대의 굳건한 양다리가 아니고는 불도로 들어갈 수가 없다."고 말이다.

문짝이 없는 일주문에서 우리는 깊이 깨달아야 한다. 만약 문짝이 있다면 안과 밖이 분명해진다. 반드시 막히는 격이 생긴다. 그러므로 일주문의 교훈을 알아야 한다. 우리들 식심(識心)의 창도 격이 있다. 육근(六根)이란 여섯 기관에는 두 개의 창이 있다. 눈도 둘, 귀도 둘, 콧구멍도 둘, 입도 식도와 기도가 있어서 둘이다. 몸으로는 안과 밖으로 격이 있다. 그 막힘의 격이 무엇인가 살펴보자. 그 벽으로 말미암아 생사가 결정된다. 만약 그 막힘의 격을 타파하면 생사에서 벗어난다. 그 격이란?

보는 눈에는 명암(明暗)의 격이 있다. 밝으면 보고 어두우면 못 본다. 하지만 보고 못 봄을 아는 자를 의식하다가 삼매에 들어가면 홀연히 각성의 눈이 활짝 열린다. 각성의 눈이 열리면 시방세계가 환해지면서 명암으로부터 해탈한다.

귀는 동정(動靜)에 격이 있다. 파장이 있으면 소리가 있고 고요하면 아무 소리도 못 듣는다. 이렇게 듣고 못 듣는 자를 아는 각성으로 돌아가면 홀연히 천이통이 열려 시방세계의 소리를 다 듣고 동정으로부터 해탈을 얻는다.

코도 통하고 막힘에 격이 있다. 통하면 숨을 쉬고 막히면 기절한다. 그러므로 통하고 막히는 호흡을 여의면 생사를 벗어난다. 호흡을 여의자면 통색(通塞)을 아는 자를 은밀히 의식하는 수식관법(隨息觀法)을 닦으면 홀연히 삼매를 얻어 후각으로도 시방세계를 다 보고 다 안다.

혀(舌)는 아무 맛도 모르는 담담함과 맛을 느끼는 것이 격(隔)이다. 맛이 있고 맛이 없음을 여의면 생사를 여의는데, 담미(淡味)의 격을 느끼는 미각을 은밀히 의식하는 각관을 닦으면 홀연히 삼매를 얻어 생사를 벗어나고 설각으로도 시방세계를 환히 보고 다 안다. 또 몸(身)으로는 닿음이 있고 닿음이 없는 촉리(觸離)가 격이다. 그러므로 촉리를 여의면 생사로부터 해탈을 얻는다. 닿고 닿지 않는 촉리를 아는 자를 은밀히 의식하는 각관법을 닦으면 어느 날 홀연히 삼매를 얻어 몸으로도 시방세계를 환히 다 보고 다 아는 신족통(神足通)을 얻는다.

또 의식하는 뜻(意)으로는 느끼고 느낌을 잊는 사망(思忘)이 격이다. 생각 있고 생각 없음을 여의면 생사를 여의는데 사망(思忘)으로부터 해탈을 얻자면 생각 있고 생각 없음을 아는 자성을 은밀히 의식하는 관심 법을 닦으면 어느 날 삼매를 얻어 홀연히 시방세계 중생들의 마음을 다 아는 타심통을 얻고 영원히 생사를 벗어난다.

아, 보라. 이것이 일주문의 설법이다. 문짝 없는 절문의 첫 관문에서 이 같은 생사의 벽을 소각시키는 삼매법을 보고 듣지 못한다면 절집에서 밥을 먹고 사찰순례를 천만 년을 다닌들 무엇 하겠는가. 한 알의 쌀에다 260자의 반야심경을 기록하는 재주가 인간에게 있는데 하물며 일주문의 굵은 다리 하나에 대장을 다 기록한다고 해서 놀라울 것 하나도 없다.

우리는 절로 들어가는 일주문에서 불도를 깨닫겠다는 마음을 품자. 처음 마음을 이렇게 먹었을 때 이미 두루 다 깨닫는 정각을 이룬다고 한다. 초발심시변정각(初發心時便正覺). 이 법구의 뜻을 형설해 놓은 집이 곧 일주문이다. 일주문 앞에 당도하게 되면 절집 특유의 개포식 건축미에 감탄하게 된다. 굵은 두 다리로 버티고 선 굳건한 모습인데도 어쩐지 아슬한 현기증을 느낀다. 흡사 외줄 타는 곡예사의 발재간에 심술궂은 광풍이라도 시샘을 부린다면 집 뚜껑이 곧 앞이나 뒤로 엎어지고 넘어질 것 같은 불안감이 든다. 하지만 천년의 고찰을 지금껏 끄덕없이 잘 지키고 서 있음을 미루어 보아 불교의 중도실상이 무엇인가를 깨닫게 해주는 법문(法門)답다. 외다리로 서서 잠을 자는 학처럼 양다리로 육중한 사각의 지붕을 거뜬히 받쳐 든 장한 모습을 보노라면 절집의 균형 예술과 불도의 정신연금술이 모두 중도 실상임을 알겠다.

일주문 문턱 위로 사각의 주심포계(柱心包系)에 사면으로 이어지는 다포계(多包系)식 건축양식은 보는 이로 하여금 탄성을 올리게 하기 충분하다. 오밀조밀하게 쌓아 올린 나무토막들이 우람한 지붕의 묵중한 중력과 오랜 역사의 어둑한 때를 간단하게 떠받치고 있는 옛 목공들의 손재주에 놀라 제삼의 눈이 번쩍 뜨일 것이다. 세속에서 정신없이 살아온 관습과 관념들이 태고의 산문 앞에 서게 되면 저절로 망연자실하게 되고 청정한 산심에서 맑아지는 감회로 새롭게 환생하는 자신의 영혼을 발견할 것이다.

몰아지경(沒我地境)

우리는 일주문을 지나면서 두 맘을 주시하는 자로 남는 법을 알았다. 수만 생 동안 인류는 흑백론과 선악의 지옥 천당설로 몸살을 앓았다. 더욱 가관인 것은 두 맘을 하나로, 하나를 공적한 각성세계로 몰입시켜야 할 중차대한 소명을 가진 종교인들이 오히려 두 맘을 산산조각으로 만들어 온갖 종파 싸움질을 하고 있다. 인류는 저 두 마음 때문에 밖으로는 지금까지 전쟁놀이로 광분하고, 안으로는 정신분열로 날이면 날마다 천당과 지옥을 쏘다닌다. 인류의 이 같은 추태는 모든 종교의 도사나 선지자란 자들이 옳게 알지도 못하면서 부질없는 몸이나 맘을 가지고는 어떻게 도색과 포장을 하라는 잔재주를 세월없이 부려 놓은 때문이다.

스스로 성자가 되겠다고 몸과 맘을 다스리는 온갖 수행을 해보면 한시적으로 도덕적이고 윤리적인 지성미를 가질 수는 있다. 그것은 어디까지나 몸과 마음의 훈련에 의할 뿐이다. 하지만 진정한 성자의 각성의 경계는 아니다. 몸과 마음으로부터 해탈은 전연 안 된다. 진정한 해탈은 두 마음을 보는 관심법밖에 없다. 몸과 마음을 주시하는 관심법을 익히면 몸과 마음이 저절로 성스러워진다. 마치 배고픈 사람이 배고픔을 잊고 나면 밥 생각이 전연 없듯이 몸과 마음을 다스리는 그 많은 계율과 적정열반을 추구하는 온갖 수심법을 초월하여 저절로 만법을 구족하게 된다. 그럼에도 불구하고 나와 남을 속이고 스스로도 모순에 빠지게 되는 실현 불가능한 교설을 계속 펴고 있다. 그래서 저 산사의 일주문의 법문으로 들어가자면 앞에서 설한 양면심을 상징하고 안과 밖을 경계하는 대문과 같은 격(隔)을 관심법으로 타파시켜야 한다.

일주문(一柱門) 안으로 들어가기에 앞서 먼저 알아야 할 상식이 있다. 그것은 부처님의 말씀이나 선각자들이 남기신 화두 같은 문구나 또는 절만이 가진 독특한 유물과 유품에 대하여 설명을 하자면 불가피하게 지켜야 할 다섯 가지 규칙이다.

첫째로 경내나 법당 내부에 안치되어 있는 신성물(神聖物)이나 경문 구절의 오묘한 뜻은 가급적이면 해설을 피한다는 것이다. 그것은 그러한 오묘한 뜻은 스스로 체험을 통해 터득할 문제이지 상식적인 이해의 문제가 아니기 때문이다. 그래서 부처님이 밝혀 놓은 경문(經文)이나 그 경문의 내용을 형설해 놓은 종교의 신성물에는 형언할 수 없는 불가사의한 부처님의 체험과 영험이 모두 담겨 있다. 그래서 그 뜻을 옳게 아는 앎이 되자면 내 스스로가 몸과 마음을 증발시키는 명상의 체험이나 가피에 힘 입어야 한다.

맹인의 문제는 어두운 눈에 있다. 눈만 뜨면 정답이 되듯이 절집은 깨달아야 할 본질의 문제로 가득하다. 그래서 본질의 문제를 다루어야 할 절집의 기본적인 상식은 앎의 문제가 아니고 깨달아야 할 각성의 문제다. 각성의 문제를 푸는 데 공연히 앎으로 파고들면 육감(六感)은 아득해지고 의식은 암울해서 캄캄한 무지가 앞을 가려 하나도 모르겠다는 표현이 정답이 된다. 절집은 앎을 묵살시키는 침묵의 집안이다. 블랙홀이 입자를 집어 삼키듯 의식의 블랙홀은 알음알이 식심(識心)들을 몽땅 말아 삼킨다. 그러므로 모르는 것이 정답이고 모를수록 좋다. 그래서 필자는 깨달음에 관한 문제라면 모를수록 좋다는 뜻에서 무지(無知) 무각(無覺)의 상태를 통칭 몰아(沒我)로 쓰고 있다. 우리들이 평소에 쓰는 모른다는 뜻의 '몰라'는 나라는 아집이 몰해 없어져야 한다는 뜻으로, 필자는 이를 몰할 몰(沒), 나 아(我), 곧 몰아(沒我)로 풀어 쓰고 있다. 실로 그렇다. 우리의 상식과 고정관념이 사라진 무아(無我)의 몰아지경에서만이 깨달음이 일어난다. 그렇기 때문에 알음알이 상식이 침몰해 사라지는 몰아지경은 온 인류가 바라는 이상향이다. 누구나 몰아지경으로 돌아가는 내면의 언어가 있다. 그것이 진언(眞言)이다. 내면의 언어로 돌아가는 그 진언이 '곧 몰 라(沒我)'다. 그래서 우리가 절 안으로 들어가면 갈수록 점점 더 알 수 없는 것으로 아득해진다. 아, 사유분별이 숨을 거두는 몰아로 들어가자. 몰아지경으로 장엄된 절은 안으로 들어가면 갈수록 저절로 간화선의 화두(話頭) "이뭐꼬?"가 된다. 무엇 하나 모두가 이뭐꼬다.

둘째로 절 안에는 세상에서는 보지도 듣지도 못한 것으로 가득하다. 절 안에 안치되고 배설된 신성물은 모두가 생면부지의 것이다. 그래도 보고 느끼는 신기한 감회가 좋아서 절에 간다. 신기하고 신선한 감회가 좋아서 절을 찾는다면 유아들의 소풍심리와 무엇이 다르랴. 하지만 휴식이나 소풍의 마음도 해로울 것은 없다. 온통 알 수 없는 것으로 가득찬 절이 왜 그렇게 좋을까? 그것은 귀소본능 때문이다. 절은 본래 우리 마음의 고향의 청사진이다. 누구나 평화로운 마음의 고향으로 돌아가고 싶은 아련한 향수 때문에 아무것도 몰라도 절은 좋다.

이렇듯 무조건 절에서 즐기는 마음의 공덕은 만병을 통치하는 신기한 양약과 같다. 절에서 신통한 양약을 먹는 그 행위가 다름 아닌 신행이다. 비록 병명과 그 약의 성질은 전혀 모르지만 약을 먹는 즉시 모든 병은 감쪽같이 없어지듯 인생고뇌의 쾌유도 모든 종교의 신비다.

그와 마찬가지로 절에 들어가는 사람도 구태여 어려운 불경을 몰라도 경건한 신심만 있으면 생로병사의 고뇌는 별 볼일 없이 사라진다. 이와 같이 참으로 신기한 문중이 절집이다.

유식한 사람에게는 소지장(所知障)이라는 무서운 병이 있다. 지식의 장벽 때문에 지식 저쪽 건너에 밝게 빛나고 있는 묘명한 본성을 볼 수가 없다. 불행하게도 유식한 마음의 장벽 때문에 한없이 밝게 깨어 있는 각성의 세계를 전연 볼 수가 없다. 그러므로 절로 가려거든 먼저 바보가 되는 연습을 좀 하라. 바보처럼 듣고 보고 느끼기만 하라. 그러면 저절로 무지한 어린아이가 약효를 보듯 여러분들의 병든 영혼의 모든 고뇌를 절이 소화시켜 버리고 저 대각의 붓다가 되게 하리라.

셋째로 절에는 많은 논설을 삼가한다. 왜냐하면 절 안에 그림이나 조각으로 모셔진 불상은 부처님의 눈으로만 보이는 현상이기 때문이다. 화려 찬란한 모든 장엄한 모습들은 깨달음의 세계에 있어서는 엄연한 사실 그대로다. 그러나 우리들의 세계에서는 전혀 볼 수 없는 현상들이다. 그러므로 굳이 장황한 설명은 하지 않는다. 예를 든다면 날 때부터 맹인에게는 밝은 태양을 아무리 설명을 해도 알 수가 없는 것과 같다.

실례로 극락은 분명히 있다. 이 우주가 아닌 타방세계에 있다. 여기서 십만억이라고 하는 엄청난 태양계를 지나가면 분명히 있다. 묘각의 빛으로 된 세계가 있다. 현실보다 더 영원불멸성을 가진 황금으로 장엄된 세계다. 그러나 지금 우리에게는 꿈 같은 얘기다. 우리는 지금 우리가 살고 있는 우주 가운데 태양계도 이 육안으로는 보지 못한다. 저 곳에는 분명히 있고 이 세계에는 분명히 없는 그것을 가지고 구태여 현실의 어떠한 사례로써 설득시키고자 할 필요는 없다는 것이다.

넷째로 또한 절에 있는 여러 가지 유물이나 경문에 대하여는 번역이나 설명을 피하는 큰 이유가 있는데 그것은 옛 고풍을 그대로 살리기 위해서다. 고유명사나 고유한 양식을 그대로 살려 두기 위하여 새로운 번역이나 새로운 모색으로 바꾸는 행위를 의도적으로 피한다는 것이다. 다시 말하면 옛것을 현대적인 시대감각에 굳이 끌어들이지 말아야 한다는 것이다.

그러므로 다섯째로 전통 경문의 풀이나 명칭을 현대감각으로 치졸하게 설명하지 않는다. 불교 경문에 나오는 그 많은 신주나 진언(眞言)이나 주문(呪文)이 그것이다. 우리들이 먹는 음식물에도 날것 그대로 먹어야 자양분이 파괴되지 않는 것이 많다. 이와 같은 의미에서 진언과 주문을 함부로 해독을 하게 되면 절대로 안 된다. 마치 고기의 생태를 들여다보겠다고 살아 있는 고기를 해부해 보는 꼴이 된다. 그래서 절에서는 깨달아야만 아는 문제를 가지고 논문 같은 해설을 하거나 저쪽 세계에만 있고 이쪽 세계에는 전연 없는 것을 가지고 우리들 시각으로 의미 해독을 하는 따위의 행위는 절대로 피해야 한다.

형설의 문자

고래로부터 지금까지 우리가 보는 절은 시각 중생들을 깨우치기 위하여 형설의 문자로 창설된 일종의 언어예술이다. 그러므로 마음의 눈이 없으면 알 수가 없다. 마음의 눈으로 보는 색음(色陰)의 청사진은 청자이상이 없고 만리 청산에 우뚝한 명산의 제값은 이름난 사찰이 말해 준다. 높고 깊은 명산을 휘어 파고드는 절 길은 시인 묵객의 가슴이 아니라도 심상찮은 감회를 불러일으킨다. 청산에 잠든 불도(佛道)가 무엇인지 속인의 머리로는 알 수 없지만 어쩐지 세속의 부질없는 생각들이 태고의 신비에 놀라 깊은 내면에서 신기한 충동으로 일렁인다.

절 문 앞에 우뚝 선 일주문을 들어서면 누구나 정신이 새로울 것이다. 무엇보다 큰 입을 딱 벌리고 "너는 누구인가?" 하고 인생 본질에 관한 질문을 던지는 듯하다. 억세고 굵은 다리로 턱 버티고 서서 날아갈 듯 눌러 쓴 위용찬 지붕 밑에 서고 보면 저절로 머리 숙여 절이 나온다. 구름 낀 듯한 머리로 무슨 생각인들 신통하랴만 그래도 남들이 한다는 학벌도 있지만 도무지 이 절간의 처마 밑에 서고 보면 아무것도 아는 것이 없어진다. 두 기둥에 다소곳이 붙은 달필의 한문 글자 '一柱門' 이 무슨 뜻인가 하고 머리를 굴려 보지만 저절로 한물간 사람 같을 것이다. 도가(道家)의 정서가 가득 담긴 명산대찰의 처마 밑이나 굵은 기둥에 뭐라고 휘갈긴 현판이 나붙어 있건만 신통찮은 한문 글재주로는 읽어 내기도 만만찮을 것이다.

지금부터 사찰로 들어가자. 고찰의 구조는 대체로 대동소이하지만 그래도 법다운 사찰이 있다. 법다운 사찰이란 팔만대장경의 요의를 사찰의 구조로 간결하게 설명을 잘한 절을 말한다. 편의상 여기서는 삼신산(三神山) 쌍계사(雙磎寺)로 가자. 지리산 쌍계사로 일단 여러분을 안내하고자 한다. 왜 하필이면 지리산 쌍계사냐고 의문이 갈 것이다. 거기로 가야만 할 이유가 있다. 남한에 있는 절로 쌍계사(雙磎寺)처럼 일주문에서 법당까지 똑바로 곧게 길이 확 터진 절이 별로 없다. 설사 길은 초입에서 법당까지 확 통했다 하더라도 유감스럽게도 쌍계사처럼 일주문에서 사천왕문을 지나고, 바로 사천왕문 위에 금강문(金剛門)이라고 하는 큰 전각이 별도로 있는 절이 없다. 더구나 그 금강문 전각 안에 문수·보현동자를 조각하여 사자와 코끼리에 태운 사찰은 좀처럼 보기가 힘들다. 그 금강문을 문수보현문이라 하기도 한다.

필자가 절로 가는 길에서 소개하고자 하는 글 내용으로 미루어 보아서는 오대산(五臺山)에 있는 큰 절들이 가장 합당하나 초학으로 불문에 귀의하는 절로는 차원이 높다. 그래서 오대산 큰 절들은 좀 높은 차원에서 다루어질 것이다. 월정사(月精寺)를 거쳐 그 위에 있는 상원사(上院寺) 그리고 동서남북에 각각 있는 네 암자(四庵子)와 그 중앙에 위치한 중대(中臺)의 적멸보궁 등은 불교의 절정을 잘 설명하고 있다. 그래서 절로 가는 길의 이야기를 통해서 불교의 요의를 설명하기에 가장 좋은 소재가 되고는 있다. 하지만 오대산 경내에 있는 큰 절들은 일주문에서 법당까지 가면서 설명할 수 있는 불교의 기초학적인 건물이 없다. 타사에는 불교의 건축양식이 아니라서 신행자의 불교 상식을 설명하기가 매우 어려운 단점이 있다. 그러므로 편의상 남쪽에 있는 지리산 쌍계사에서 불교입문의 교리를 설파하기로 했다. 우선 지리산에서 깨달음으로 가는 기초상식을 설명하고, 구례 화엄사 같은 여러 대찰들이 독특하게 설명하고 있는 대승경전들의 요의를 두루 섭렵하면서 구경각(究竟覺)의 차원인 오대산 적멸보궁과 양산 통도사(通度寺) 금강계단(金剛戒壇)에서 붓을 놓을까 한다.

참고로 말씀드리면 전국 여러 곳에 산재한 명산의 사암들은 대체로 일체중생이 두루 다 보아야 할 방등경(方等經)과 성불로 가는 보살도를 설한 대승경전의 내용을 외양의 건축양식으로 은유 묘사해서 창건되었다고 본다. 이러한 시각으로 볼 때 지리산 쌍계사는 출가해서 수도하는 소승경전의 내용으로 창건되었다고 볼 수 있다. 그러므로 일단 지리산 쌍계사 절의 구조에서 불교의 기초교리를 살펴보기로 하자. 그리고 대승경전 내용으로 창건되어 있는 화엄경의 화엄사, 열반경의 오대산 중대, 토함산 불국사의 법화경, 그리고 팔만대장경의 해인사(海印寺)는 불교의 총지사(摠持寺)다. 양산 통도사는 대반야경(大般若經)을 상징하고 있기도 하다. 그래서 큰 절들을 법보사찰(法寶寺刹)이라 한다. 법보사찰이란 사찰의 이름과 건물 구조학이 곧 불경을 은유한 법문으로도 본다는 뜻이다.

이와 같이 절을 보는 불경 유비학설(諭譬學說)은 영적인 의미를 깨우치게 하는 데 가장 훌륭한 방편이 되고 있다. 만상은 무엇 하나 심상찮음이 있으랴만 고대 불교 건축 예술의 아름다운 미학은 불국토 장엄철학이다. 무슨 말인가 하면 시방세계의 모든 부처님들은 자기 불국토를 건설할 때는 오랜 세월을 두고 심사숙고하여 구상을 하고 설계를 해서 장엄한다고 한다. 실례로서 극락세계의 아미타불은 법장비구로 있을 때에 이백십만억이나 되는 여러 부처님 국토들 중에서 가장 훌륭하고 좋은 장엄들만을 골라, 그것을 참고로 해서 극락세계를 설계만 하시는 데 무려 다섯 겁 동안이나 생각하고 또 생각하여 지금의 서방정토 극락세계를 창조하셨다고 한다.

이와 같이 지금 우리가 보는 절의 모습은 분명히 조선 목조 건축가들의 조형감각으로 축조된 것이다. 하지만 기본 구조 설계는 개별 경전의 의미에 바탕하고 있다. 이렇게 어떤 경전의 의미에 합당하게끔 창건하게 된 것은 오늘날 최첨단 유전공학 시스템과 같은 기능을 갖추기 위해서다. 유전공학 시스템과 같은 모든 절은 중생심을 정화시켜서 빛나는 각성으로 화생을 시키기 위함이다. 고금을 막론하고 선각자들은 우리들을 깨우칠 때에는 만 가지 방편을 쓴다. 벙어리에게는 손짓, 발짓, 몸짓으로 의사를 자유롭게 전달하는 수화와 신어(身語)가 있듯이 귀 밝고 눈 밝은 총명한 구도자들을 위해서는 수려한 청산에 불경으로 입력시켜 놓은 산사의 조형 예술로 중생심을 불종자로 화생시키고 있다.

이제 쌍계사로 가자. 왜 쌍계(雙磎)인가? 지리산 천왕봉 주릉에서 동남으로 내리 파인 깊은 골짝 이 골 저 골에는 바위 틈 사이로 내리쏟는 대천이 합수한다 해서 풍수가들이 쌍계(雙磎)라 했고 두 개의 계천이 만나는 그 둔덕에 우람한 대찰을 세웠으니 그 사찰의 사명을 쌍계사라 했다. 선승도가들이 이름 지어 부르기를 삼신산(三神山) 쌍계사(雙磎寺)라 했다. 삼신산 쌍계사란 크고 길쭉한 현판이 달린 일주문(一柱門)의 아름드리 두 기둥을 보노라면 만 번을 보아도 동양 목조 건축가들의 스스럼없는 손재주에 감탄이 절로 간다.

그보다 심각한 진실은 왜 모든 일주문은 두 개의 기둥으로 축조되어 왔는지에 대한 은밀한 의문의 목마름이다. 그러한 의문에 관한 명쾌한 해답은 앞에서 밝힌 바 있다. 하지만 지금 이 붓은 여러분들과 절의 유래나 건축물의 예술성에 대한 미술사적 감상 같은 이야기를 할 입장이 아니다. 그렇다고 주제가 절로 가는 길이라 해서 사찰의 역사적 유래나 불교사적 역사관을 이야기할 처지도 아니다. 그러한 문제라면 대석학들에게 맡기고 지금 이 붓을 따라 여러분들이 갈 길은 절의 모든 풍경과 우람한 전각들이 암시하는 형설을 따라 부처님 앞으로 가고 있는 중이란 사실을 잊어서는 안 된다.

우리는 지금 부처님을 뵈러 가는 길이다. 일단은 형상으로 만들어진 부처님 계신 곳을 향하여 들어가고 있다. 불법의 바다로 들어가는 첫 관문에서 공연히 절의 역사성이나 건축미의 예술성에 치우치게 된다면 절로 가는 본래의 목적인 깨달음을 상실하게 된다.

대체로 고찰의 일주문은 네 다리로 버티고 선 다소곳한 문간 집이 아니라 두 개의 다리로 날렵하게 균형을 잡고 초연히 버티고 선 고색창연한 기와집이다. 분명히 기둥은 둘인데도 한 기둥의 문이란 뜻으로 일주문(一柱門)이란 현판이 달려 있다. 아무리 둘러 생각해 보아도 집체를 받쳐 든 기둥은 둘이지 하나는 아니다. 이 모양으로 선종(禪宗) 특유의 격외문구가 쏟아져 나온다. 보라, 절로 가는 길에는 벌써 깨침의 해학이 터져 나온다. 그대를 심히 유감스럽게 하는 글귀가 굽어보고 있을 것이다. 일주문이란 간판이 아니면 혹 불이문(不二門)이라 쓴 현판이 붙어 있을 것이다. 일주문이란 글귀의 내용은 둘은 곧 하나라는 뜻이고 불이문의 뜻은 양면을 부정한 의미로 쓴다. 잘못 생각하면 둘은 곧 하나란 뜻으로 알기 쉽다. 그런 의미가 아니고 둘을 부정해야만 곧 하나마저도 없어진다는 뜻이다.

앞에서도 언급했지만 일주문의 본래 뜻은 눈과 코와 귀의 구멍은 각각 둘이지만 보고 맡고 듣고 아는 자는 하나의 각성이란 뜻이다. 그러나 불이문의 경우는 그 뜻이 매우 의미심장하다. 보고 듣고 아는 그 하나의 각성마저 증발시켜야만 묘각으로 들어간다는 초차원의 법구가 불이문이다. 어리석은 상식으로는 둘이 아니면 하나도 없다는 궤변으로도 풀 수 있다.

하지만 불이문의 법구는 본래 유마거사가 석존의 상수제자들이 불행하게도 이쪽 아니면 저쪽에 치우쳐 세속을 버리고 산중 적멸의 멸진정에만 빠져있는 것을 구제하기 위해서 설한 유마경에 나온 특유의 법구다. 이 불이의 내용은 이쪽저쪽을 긍정도 부정도 하지 말고 순수하게 지켜보는 자로 남게 되면 자연히 흑백론이 증발되면서 홀연히 최상승의 대해탈 경계로 들어가게 된다는 법문이다. 그런데 이렇게 어렵고 난해한 법구를 가지고 세상의 식자들이 '몸과 흙은 둘이 아니다.' 란 뜻으로 쓰고 있다. 그런 의미의 뜻으로 문구를 쓰려면 두 이(二) 자를 다를 이(異) 자로 고쳐 써야 옳다. 반드시 다를 이(異) 자를 써서 신토불이(身土不異)라 써야만 옳은데 어찌된 일인지 한사코 두 이(二) 자를 써서 불이(不二)라 쓰고 있다. 만약 이 모양으로 고집하게 되면 문자의 자의상 "몸과 흙이란 존재하지도 않는다." 란 엉뚱한 글귀가 되고 만다. 그래서인지는 몰라도 나라 땅은 빚더미에 다 넘어가고 민족정신의 주체의식은 이미 다 잃어버렸으니 과연 신토불이란 법구의 지력(智力)이 이렇게 대단할 줄은 누구도 몰랐을 것이다. 물론 이는 필자의 여담이다. 하지만 모두 생각 좀 해보자.

조계종찰

쌍계사는 조계종의 사찰이다. 죽은 송장도 벌떡 일어나게 한다는 달마대사의 육대손 육조 할배의 두골이 모셔진 절이다. 험상궂은 얼굴에 물어 씹을 듯 익살스러운 달마대사의 허연 눈망울, 그 얄궂은 그림만 생각해도 섬뜩할 것이다. 우스갯소리가 아니라 죽은 송장도 벌떡 일어나게 하는 달마대사의 익살을 한국 조계종 종도들은 깊이 새겨야 할 것이다.

딱 부릅뜬 두 눈망울은 양면심을 주시하란 뜻이고 일 자로 꾹 다문 입의 함구일자상(緘口一字相)은 하나의 법을 의미한다. 결국 양안(兩眼) 점안(點眼)은 관심법을 상징하고 일자구상(一字口相)은 침묵만이 곧 한 법이라는 의미다. 곧 점안구순일자(點眼口脣一字) 익살은 달마대사의 교지인 관심일법 총섭제행(觀心一法 總攝諸行)이란 법구가 되고 있다. 이것이 대사 일생의 수행관의 교지가 되고 있다. 이러한 교지를 그림으로 그려서 전해 오는 것이 지금 우리가 흔히 보는 달마대사 그림이다. 그러므로 달마도는 조계종의 수행관을 직설한 그림이다. 그런데 근자에는 달마상을 기복화해서 요사를 떨고 있으니 참으로 한심한 세상이다.

달마대사는 연각승(緣覺乘)들이 도를 닦는 관심법을 교지로 삼았다. 12연기법의 근본이 되는 무명(無明) 곧 마음(摩陰)을 소멸시키는 관심법을 스스로도 닦고 그 도리를 주창하셨다. 오음(五陰 : 色·受·想·行·識)으로 뭉쳐진 마음의 집단의식을 주시하는 관심법을 닦지 않고서는 도저히 12연기에서 근본이 되는 무명의 마음으로부터 벗어날 도리가 없으므로 관심법을 주창하셨다. 실제로 그 이상 따로 수행하는 도리가 없다. 관심법을 쓰면 마음이 스스로 없어진다. 무명인 마음이 소멸되면 12반연은 발붙일 곳이 없다. 부처님의 상수제자 가섭은 수만 생 전에 이미 관심법으로 마음이 소멸되어 연각승이 되었는데 세존을 만나 육바라밀을 닦는 보살도로 회향하게 되었다.

우리는 오랜 세월 동안 하나를 공연히 둘로 보는 양면심리 때문에 엄청난 허물을 짓고 살아 왔다. 본시 하나가 쪼개져서 이쪽저쪽이 나뉜 것인데 허망하게 착각을 하여 둘로 보는 분별심이 생겼다. 그 양면심 때문에 나(我)를 애착하고 남(他)을 미워하는 증애(憎愛)의 심리가 생기고, 이로 말미암아 우리는 수만 생을 시달려 왔다. 따지고 보면 나(我)라고 할 만한 실체는 우리의 안과 밖 어디에도 없다. 전연 없는 것을 고집하게 되는 이 무지가 중생의 어리석음이다. 몸은 지수화풍이란 사대로 되었고 사대가 흩어지면 마음이 통하는 여섯 구멍이 없고 마음의 통하는 통로가 없다면 본래 마음이란 근본이 없다. 이것이 부처님이 밝히신 신심구조(身心構造)의 무상관(無相觀)이다.

일주문(一柱門) 앞에서는 제3의 눈이라 할 수 있는 혜안(慧眼)이 열려야 한다. 혜안은 마음을 보는 눈이다. 혜안으로 마음을 사물처럼 보는 눈이 열리지 않고는 불도로 갈 수가 없다. 혜안은 심신의 안과 밖을 빈틈없이 보고 아는 각성의 눈이다. 부처님이 능엄경에서 밝히신 견성을 말한다. 견성은 보고 못 봄을 다 아는 앎이다. 아니 앎이란 표현은 어쩐지 미심쩍고 시원찮다. 무엇을 아는 알음알이 소관 같아서 합당치 않다. 한국 사람의 어감으로는 '드러내 보이다'가 견성의 개념에 근사하다. 명경처럼 모든 것을 드러내 비춘다는 것이 가장 합당하다. '거울처럼 비추다'가 견성이란 의미에 가장 부합한다.

여기서 꼭 이해하고 넘어가야 할 글자가 견(見) 자다. 견 자는 우리가 사물을 보는 눈으로 '본다'는 뜻과는 상당한 거리가 있다. 본다는 것은 눈으로 밖의 사물을 본다는 의미이지만, 불경에서 말씀하는 견성(見性)의 견 자의 본래 뜻은 드러날 '현' 자다. 거울에 비치어 드러나는 그 사물의 영상을 보는 견이 아니라 비추는 거울 그 자체를 의미하는 견 자다. 다시 생각을 가다듬어 보자. 만상을 드러내 비추는 의미의 견 자다. 만약 우리가 스스로 마음까지 드러내 보이는 견성을 의식한다면 두 개의 마음을 상징한 두 기둥을 가진 일주문의 가르침을 알리라. 이제 일주문이라 부르는 참 뜻(眞意)을 알 수 있을 것이다.

일주문을 더 깊이 이해하기 위하여 우리들이 항상 쓰는 육근(六根 : 眼 · 耳 · 鼻 · 舌 · 身 · 意)의 기능을 다시 한 번 더 생각해 보면 좋을 것이다. 우리의 육근은 두 개의 막힘을 갖고 있다. 그러나 느끼고 깨닫는 각성은 분명이 하나다. 들고 나오는 숨이나 밝고 어두운 눈이나 들리고 안 들림의 청각이나 느끼고 못 느끼는 감각현상은 각각 양면성을 가지고 있다. 하지만 그 양면성을 지각하는 각관에야 무슨 변동이 있겠는가?

의식과 무의식을 깨닫고 아는 각성은 만고불변의 불성이다. 그러므로 육근에서 생긴 정신이 안과 밖(6×2=12)으로 유행하는 집단의식을 심(心)이라 하고, 육근에 비추어진 환경의 반연(6근 × 안과 밖과 중간 3처 =18계)된 영감은 곧 마음(摩陰)이다. 이 마음에서 중생이 나고 죽고 하는 생로병사란 12연기법을 낸다.

그러므로 육근으로 된 식심(識心)의 벽을 허물고 무명이라고 하는 우주 무의식인 마음을 소멸시키자면 안과 밖과 중간, 그 삼처(6×3=18界)를 관조하는 각관법을 익혀야만 한다. 안과 밖의 반연심을 관조하자면 마음을 주시하는 지혜가 있어야 한다. 우리가 절로 가는 초입 일주문(一柱門)에서 육근의 장벽으로 생긴 두 마음을 주시하는 지혜로운 각관법이 무엇인가를 우선적으로 알아야만 우리들이 갖고 있는 육감으로 생긴 식심의 집단 무의식을 소멸시킬 수가 있다.

집단의식인 마음을 소멸시켜야만 우리가 절에서 볼 수 있는 모든 신성의 모양이나 그림으로 도설한 내용들이 바로 내 영혼의 실상임을 알 수 있다. 비록 그렇게 마음을 볼 수 있는 혜안은 없다손 치더라도 절 안의 모든 것이 내 안의 모든 것으로 교감되어야 한다. 그렇게 될 수 있는 앎이 없다면 절은 전설의 고행 같을 것이다. 저렇게 전설 많고 유적 많은 명산대찰을 평생을 두고 더듬고 다니며 육감으로 느끼는 감상을 비단구름처럼 설한다 해도 다만 수고로울 뿐 아무런 공덕이 없다. 그래서 영혼에 공덕이 생기는 앎의 풍요로움을 느끼게 하는 이 글을 쓴다.

　절로 가는 길은 나무가 좋다. 우거진 수림의 풍치가 아름답지 않은 절은 생각할 수도 없고 나무 없는 불교는 더더욱 생각할 수도 없다. 삼세제불은 한 가지 공통점이 있다. 그것은 신기하게도 모든 부처님은 나무 아래에서 탄생하시고 나무 밑에서 깨달음을 얻고 두 나무 사이에서 대반열반에 드신다. 그러므로 제불의 애명은 나무불(佛)이다. 석가모니불도 무우수란 나무 아래서 탄생하시고 보리수 밑에서 깨달아 사라쌍수 사이에서 대반열반에 드셨다. 어찌 그뿐이랴. 세존이 편 법도 나무 그늘에서 설하셨으므로 나무법이고, 세존의 제자들이 기거하신 곳도 나무 숲이므로 나무승이다.

　불교학자들은 나무란 어의를 백과사전적인 해설로 즐긴다. 모두 나무의 어원을 귀의란 뜻으로 푼다고 하며 인도말 나마스테의 음사를 그대로 빌려 남무(南無)로 쓴다고 한다. 필자는 별난 사람이라서 그러한 세속의 학통은 상식으로 알고는 있으되 굳이 긍정도 부정도 아니 한다. 누가 뭐래도 나무는 나무다. 저 산천에 지천으로 자란 나무다. 삼세제불의 귀의처가 바로 나무고 지고한 의식에 도달한 신령들도 나무 지팡이를 꼭 잡고 있다. 그러한 나무의 신비한 공덕을 어찌 인간들의 말로 미칠 수 있겠는가. 그러므로 대각의 후손들은 지금도 목탁을 친다. 그것이 나무의 공덕을 설하는 즉설주왈이다.

일주문(一柱門)　85

불도(佛道)

절로 가는 길은 무슨 길인가? 일체 중생들이 뛰어다니는 길인가? 만약 그러한 길이라면 그냥 도로라 하지만 여기에 이 길은 모든 성인들이 나고 드는 영혼의 길이다. 그 영혼의 길을 도(道)라 한다. 그러므로 성중성인(聖中聖人)이신 석가세존의 길은 깨달음의 길이다. 그 깨달음의 길을 불도(佛道)라 한다. 그래서 붓다는 성불도 길에서, 뭇 중생 교화도 길에서, 열반에 드심도 길에서 보이셨다. 그래서 불도(佛道)라 한다.

도(道)와 교(敎)는 하늘과 땅 차이다. 도는 인간의 머리를 뛰어넘는 명상이고 교란 어리석은 중생들의 심성을 아름답고 거룩하게 순화시키는 것으로 이것을 종교(宗敎)라 한다. 부처님의 가르침은 일반 종교의 교학도 있지만 보다 더 중요한 가르침은 묘각으로 돌아가는 깨달음의 도다. 이렇게 머릿속으로 뛰어들어 가는 지혜로운 의식 행위를 도라 한다. 그러한 의미 해설을 극명하게 보여 주는 글자가 도 자다. 도 자를 파자로 풀어보면 도 자는 머리 수(首) 자 앞에 책받침변이 붙는다. 이 책받침변의 글자를 《집운(集韻)》에서 밝히기를, 서서히 걸어갈 착(辶) 혹은 뛸 착(辵) 쉬엄쉬엄 갈 착(辶) 자로 읽는다. 머리 수(首) 자 앞에 이 글자가 붙어 있음으로 해서 머리를 뛰어넘는 초월의 식의 길을 도라고 쓰고 있다.

모두 아는 바와 같이 불도는 일반 삶을 아름답게 하는 정신단련의 교리를 펴는 종교가 아니라 중생들로 하여금 모든 허망으로부터 벗어나게 하는 해탈의 도다. 허망으로부터 벗어나자면 지금 생시의 식심이 꿈 깨듯 활짝 열려 버려야 한다. 지금 암울하고 답답한 마음이 환하게 밝아야한다. 바로 이것이 깨달음이다. 바로 이것이 불도다.

사실 도라는 글자는 노자가 자신이 체험한 깨침의 상표로 애용한 글자다. 의식의 열림에서 체험되는 사랑, 평화, 자유, 행복 그 네 가지 덕(德)을 통칭

해서 노자는 도덕이라 했다. 그래서 노자 자신이 몇 자 적은 도덕경(道德經)에서 도의 영광을 이렇게 적고 있다.

"道可道 非常道 名可名 非常名(도가도 비상도 명가명 비상명)"

3자 1구로 깨침의 무한한 영광을 밝힌 고시(古詩)다. 이 같은 깨침의 지락을 노자는 도덕이라 이름하고 석존은 열반이라 이름했다. 또 공자는 영혼을 맑히는 수다원의 차원을 밝힌 유도(儒道)의 구경을 제(齊)라 했다. 하지만 노자가 체험한 도덕은 모든 것이 적멸해 버린 절대 침묵의 적멸위락(寂滅爲樂) 경계 연각승의 경지다.

도는 영적 체험의 문제라서 말로는 언감생심이다. 그럼에도 불구하고 우리말로 말장난을 좀 해보면 도가도(道可道)란 말은 도(道)같이 된 놈이 도(道)다. 뜻풀이를 하면 도는 깨달음의 문제라는 말이고 비상도(非常道)는 '이것이다 저것이다 그것도 저것도 아니요 아닌 것도 아닌 항상한 비합리를 도라 한다' 라는 뜻이 된다. 비상명(非常名)은 '이것도 저것도 아니요 아닌 것도 아닌 이것을 이름 해서 도라 한다' 는 뜻이 된다. 하지만 이렇게 해설을 부치는 행위부터가 언어도단이다. 그래서 흔히들 도를 언어도단이라 말한다. 필자는 언어도단이란 말 자체를 싫어한다. 왜냐하면 정말로 언어도단이면 말을 아예 하지를 말 것이지 무엇 때문에 알쏭달쏭한 말을 해서 말장난꾼들에게 부질없는 말미를 주느냐 하는 것이다. 그래서 필자는 언어도단을 이렇게 푼다.

만법은 특수 상대성원리로 되어 있다. 그 특수 상대성원리가 부정되는 극단부정의 긍정사가 언어도단이라고 말이다.

그러면 같은 시대 공자의 도는 무엇일까? 공자께서 도 자와 같은 의미로 많이 쓴 글자는 제(齊) 자다. 하지만 도 자와 제 자의 의미도 하늘과 땅 차이다. 도는 위에서 밝힌 바와 같고 제의 뜻은 몸과 뜻과 의식을 정갈하게 한다는 정화 시스템의 글자다. 그 정화 시스템의 교리를 유교(儒敎)라 했다. 지구상에서 가장 무서운 필요악의 집안이 있다. 인류의 상투용어 종교다. 종교보다 한 수 아래가 학교다. 학교는 인류의식의 수준으로 볼 때 유치원 차원이고 일반 종교는 초등학교 차원이고 제가(齊家, 儒敎)는 중고등 차원이고 도가는 대학 차원이다. 그러나 불가는 깨달음의 차원이라서 중생 소견으로는 생각이 미칠 수가 없으니 평가의 대상이 아니다.

필자가 유별나게 일주문에서 서성거리며 지겹도록 많은 말을 하는 것은 불이문(不二門)의 불이법문 때문이다. 필자의 소견으로는 현재 중국의 선종(禪宗)이 부처님의 가르침인 불교라면 필자는 일찍이 개종을 했을 것이다. 분명히 알아야 할 불보(佛寶)에 중요한 3신(身)이 있다. 법신(法身), 보신(報身), 화신(化身)이다. 성불한 부처님에게는 이 3신이 구족되어 있다. 우리들에게도 3신은 있다. 다만 중생이기에 정화되지 않은 3신이다. 탁한 마음은 법신이고 못생긴 육신은 보신이며 지식과 신통한 잔재주는 화신이다. 이 3신을 구족하게 갖추자면 필수적으로 닦아야 할 수행이 있다. 그것이 법신 수행의 관심법인 삼매(三昧)와 보신 성취의 보살도인 아뇩다라삼먁삼보리도와 화신 차원의 지혜 성취인 경학을 닦아야 한다. 그래서 참선을 해야만 마음이 청정해지는 법신을 얻고 공덕을 많이 쌓아야만 금빛 나는 보신의 몸매를 성취하며 열심히 공부를 해야만 지혜와 신통을 구족하여 화신을 성취한다. 그런데 현재 중국 선종의 모순이라면 마음을 맑히는 법신 성취의 참선수행만을 위주로 하고 있다. 그것도 부처님의 삼매법도 아닌 화두선(話頭禪) 일변도로 말이다.

불문을 흔히들 불이문이라 하는데 불이문은 유마경에서 유래한다. 유마경은 부처님 재세 시에 비야리 성에 살고 있는 유마힐(維摩詰)이라는 거사가 부처님 제자들이 생사초월의 선 도리만을 불법인 양 착각하고 있으므로 그들로 하여금 적정열반을 버리게 하기 위하여 설해진 경이 있다. 그 경문의 내용 중에 불이법문품이 있다. 여기서 거사는 직접 불가사의 대신통을 불자들에게 두루 나투어 보였다.

이와 같은 불가사의 대해탈의 경계로 들어가자면 골치 아픈 세간법과 깨달음의 출세간법까지도 멀리 버리는 입불이법문(入不二法門)을 모든 보살들로 하여금 직접 설하게 한다. 일체 보살들이 입불이법문의 내용을 한결같이 밝히기를 흑백론인 선악, 안과 밖, 12처 18계가 둘이나 셋이 아니라 그 둘과 셋은 곧 하나의 공적한 모양이라 밝히고 그곳으로 돌아가게 하는 지적 의식 행위가 대해탈의 입불이법문이라고 하자 거사가 문수보살에게 묻는다.

"당신의 입불이법문은 어떠하십니까?"

그러자 문수는 이렇게 대답한다.

"내 생각으로는 일체 법에는 말할 것이 없으니 설할 것도 없으며 볼 것도 없으니 알 것이 없으므로 일체 문답을 떠나는 것이 불이법문으로 들어가는 길입니다."

다시 문수보살이 유마힐에게 반문하였다.

"그렇다면 거사께서는 어떻게 불이법문으로 들어가십니까?"

이에 거사는 갑자기 묵묵 부동자세를 취하면서 선정에 든다. 거사의 동정을 본 문수보살은 "옳습니다. 옳습니다. 불이법문으로 들어가는 통쾌한 법문입니다." 하면서 쾌재를 부른다. 문수보살이 쌍수로 환영한 것은 둘은 곧 하나가 아니고 그 하나를 침몰시키는 법문이 바로 불이법문이므로 거사가 묵묵부답하고 곧바로 선정에 듦이 진정한 불이법문이 되기 때문이다.

유마거사가 이승과에 머무른 불제자들과 등각(等覺)에 오르지 못한 보살들을 위하여 불가사의 신통과 지혜의 변재를 두루 보임으로 해서 불제자들은 크게 깨닫게 된다. 부처님께서 방편으로 삼승도(三乘道)를 펴셨는데 그 내용을 깊이 깨닫지도 못한 대제자들이 유마힐의 불가사의 대신통과 대지혜를 목격하고는 통탄하며 울부짖기를 "히말라야 산상에서 연꽃이 필 수 없듯이 우리들은 불종자를 영원히 잃었다." 하며 심히 괴로워했다. 마치 밤하늘에 반짝이는 별같이 영원히 태양을 만날 수 없는 소승과들의 신세를 개탄했다. 버리고 취하는 소승과에 머물면서 어렵잖게 얻은 출가자의 유여열반(有餘涅槃)은 소 발자국에 고인 빗물 같고 저 세상을 버리지도 취하지도 않으면서 그 속에서 적극적으로 무아실현을 행동으로 옮기는 불가사의 보살들은 그 지혜와 신통이 저 바다 같음을 깨달았다. 소심하게도 생사가 두려워서 방공호 같은 공적을 취한 자신들의 어리석음을 유마힐소설경에서 크게 깨우치고 불가사의 해탈경계로 들어가는 대승도(大乘道)를 희망하게 된다.

들숨날숨의 문

불이문(不二門)이라고도 하는 저 일주문은 소승들을 대승보살도로 밀어 넣는 문이다. 그렇다면 육근의 감성을 타고 다니는 소승들은 각성을 타고 다니는 대승도로 들어가야 한다. 그러자면 보다 높은 각성이 무엇인가를 확실히 느껴야 한다. 확실히 느끼자면 중생들은 부처님이 코끼리를 타고 이 세상에 오셨다는 코끼리 설화에 눈떠야 한다. 만생이 생길 때는 육근 중에서 코가 제일 먼저 생긴다. 그것은 숨구멍이 먼저 생겨야만 생명활동이 있게 되기 때문이다. 이렇게 중생들의 생사문제가 일차로 코에 있으므로 석존께서도 생사문제가 심각해지자 숲속에 들어가 나무 밑에 앉아서 숨 쉬는 행위를 느끼는 수식관(隨息觀)을 하셨다는 기록이 있다. 누구나 숨이 트이면 시원하고 숨이 막히면 갑갑하다. 그러므로 생사의 첩경은 바로 들고 나오는 숨 사이에 있다. 호흡의 사이에는 실제로 막힘의 격(隔)이 있다. 곧 그것이 생사첩경이다. 생사가 들고나는 양쪽 대문이기도 하다. 막힘의 격(隔)이 코 안에 묘하게 있다. 코 가운데 생사가 있으므로 코는 얼굴 중심에 있다. 코가 중심에 있으므로 눈은 굽어보고 입은 우러러보며 귀는 좌우에서 시위를 하고 있다. 그러므로 코에는 정신집중이 잘 된다.

아무리 귀 밝고 눈 밝아도 숨통 하나 막히고 보면 순식간에 질식을 한다. 호흡불통으로 인한 답답함은 어디까지나 들고 나오는 숨을 의식하는 식심의 소관이다. 그러므로 들고 나오는 숨길을 분명하게 의식하는 행간을 보라. 왔다 갔다 하는 숨의 사이를 은밀히 느끼게 되면 식심으로 느끼는 숨길의 안과 밖과 그 중간이 명료하게 느껴진다. 호흡의 속성이 분명해진다. 들어가는 숨은 시원하고 나오는 숨은 훈훈하며 들고 나오는 그 사이는 출입의 양단이다. 그 사이가 명료하게 인식되는 밑바탕이 곧 각성이다. 깊이 느껴 보라. 알고 모르고를 다 아는 각성의 그 밑바탕이 또 있다. 그것은 묘각(妙覺)이다. 묘각은 사유분별의 영역이 아니므로 각설하고, 사유분별하는 식심을 알아보자. 식심을 한자로 심(心)이라 한다. 또 그 식심의 밑바탕은 마음(摩陰)이다. 그 마음을 돌이켜 보면 저 본 묘각(妙覺)의 빛, 각성의 그림자에서 생긴 것이 마음이다. 이 마음이 만법을 내는 뿌리다. 이 마음이 본래로 밝고 묘하게 깨닫고 아는 각명(覺明)의 그림자로 생겼기 때문에 이 마음의 감성이 각성을 자극하여 복잡한 식심분별을 낸다. 또한 식심분별에서 중생의 망상인 이성과 감성을 낸다. 그러므로 본 묘각은 본래로 청정하여 허물이 없으나 하지만 어쩌랴, 근본이 없는 인연도 자연도 우연도 아닌 이상한 마음이 허망하게 지랄발광을 하는 바람에 헐떡이는 호흡의 기관(鼻)이 생기게 되었고 그 헐떡이는 호흡의 콧구멍 중간에는 생사의 벽이 허망하게 생기게 되었다. 그 호흡의 중간 지대에는 의식과 무의식과 잠재의식이 녹아 버리는 묘한 블랙홀이 있다. 이 암울한 흑암지대 블랙홀을 불경에서는 미혹(迷惑)이라 기록하고 있다. 그 미혹의 캄캄한 블랙홀 지대를 각성의 불빛으로 밝히는 인위적인 공법이 숨이 들고나는 것을 의식하는 수식관이다. 그렇게 숨길을 은밀히 느끼고 있다 보면 콧속의 암울한 블랙홀이 찰나에 화이트홀이 된다. 호흡 저쪽에서 각성의 빛이 환히 밝을 때 몸과 마음을 돌이켜보면 전부가 꿈이고 환상이 아닌 게 하나도 없게 된다는 악몽에서 깨어난 사람 같으므로 예수는 부활이라 하고 불가에서는 불자로 화생했다 하고 보통 깨달았다고 한다.

근래에는 모든 수행의 기본행법인 단전호흡법도 상품화되어 있기 때문에 모두 조심해야 한다. 반드시 세존의 호흡법을 익혀야 한다. 세존의 호흡법은 들숨날숨을 의식하는 관법이다. 숨을 은밀히 느끼는 각관이다. 각관은 들숨날숨을 의식하는 식심을 민감하게 주시한다. 예리한 각성으로 주시만 한다. 들숨날숨을 초롱초롱한 의식 상태로 주시하는 지고한 의식을 각관이라 한다.

여기 불이문(不二門)은 들숨날숨을 은유한 문이다. 호흡의 환각을 닦아 내는 수행의 문이다. 들숨과 날숨을 전체로 깨닫고 아는 묘한 각성의 문이다. 가는 자 오는 자 붙들고 막지 않는 그와 같은 일주문의 속성대로 마음의 눈으로 오가는 숨길을 자연스럽게 주시하다 보면 저절로 생사초월의 각관이 열린다. 이렇게 수식관에 익숙해지면 부질없는 몸과 뜻과 마음도 물건처럼 객관화된다. 이렇게 저절로 심신이 객관화되면 각관이 성취된 것이다. 각관이 일어나면 우리가 숨을 쉬는 숨통이 설사 끊어졌다손 치더라도 본래 스스로 지켜보는 각성은 호흡과는 아무런 상관도 없음을 발견하게 된다. 비로소 묘각의 각성은 항상 시방세계에 두루 하여 오갈 데가 없으며 오갈 데 없는 여래장의 문, 불이문이 그대를 반기리라.

중도의 지혜

"바다여! 너는 무엇을 쉼 없이 그리도 많은 말을 하고 있는가?" 바다가 말한다.

"내게는 의문이 한없이 많다오."

"가장 높은 히말라야 산이여! 그대는 왜 영겁을 침묵하고 있는가?"

산이 말한다.

"나는 침묵이 만법의 정답인 줄 앎으로 세월없이 침묵하고 있다오."

시성 타고르의 시다. 세상을 바다라 한다. 바다같이 많은 세상의 의문을 저 높은 히말라야 산은 세상의 답 없는 답을 침묵으로 깨우쳐 준다는 시성 타고르의 안내를 받으며 히말라야로 가자. 고산 중턱 안개처럼 공중에 떠 있다는 사천왕궁으로 가는 길에서 풍운납자의 삶을 노래하고 춤추며 익살과 해학과 우화로 풍자한 무위(無爲)의 성자 장자를 만나게 될 것이다.

어느 때 장자께서 두 젊은이와 주고받은 얘기 한 토막이 있다. 한 청년이 어떤 사람을 도적놈이라고 몹시 악평을 늘어놓았다. 장자가 잠자코 듣고 있다가 말씀하시기를 "그 사람은 악기를 잘 다루잖은가" 하고 그의 좋은 점을 말하자 곁에 있던 다른 청년이 장자의 말에 힘을 얻은 듯 그 사람의 좋은 점만을 입이 마르도록 칭찬했다. 그러자 장자께서는 "그렇지만 그 사람은 도적놈이잖아"라고 하셨다. 그러자 두 청년은 장자의 양면적 태도를 이상히 여겨 물었다.

"장자께서는 어느 쪽이십니까? 긍정입니까, 부정입니까?"

그러자 장자께서 말씀하셨다.

"아니야. 나는 어느 쪽도 아니야. 그저 균형을 잡고 있는 중이야."

도(道)란 바로 이런 것이다. 삶이나 죽음, 행복이나 불행, 선이나 악, 어느 편에도 관심을 두지 않는 지혜가 도다. 그 양면성을 멀리 떠나 그것을 적극적으로 보고 깨닫고 아는 각성이 도다. 우리 내면에 밝게 깨어 있는 묘각성(妙覺性)은 태양처럼 항상 그 양면을 밝게 비추어 보는 자로 남을 뿐 저 선악미추의 잣대로 이렇게 저렇게 버리고 취하는 어리석은 우리들 마음 같은 것이 아니다. 마음 아닌 각성을 가지고 불도로 들어가야 한다는 일주문의 해학이 바로 중도다. 중도는 마치 장자가 '나는 균형을 잡고 있는 중이야' 하였듯, 장자의 지견과 같은 각성으로 그것은 우리 모두의 내면과 외면에 두루 가득해 있다. 그 각성은 마음 저쪽 너머에 있다. 의식과 잠재의식과 무의식 저쪽 건너편에 있다. 그래서 각성의 세계를 피안이라고도 말한다.

묘명한 각성의 세계는 사랑과 자유와 평화와 지복으로 가득한 곳이다. 인류는 수만 생 동안 그곳을 찾아 헤매고 다녔지만 절대다수가 실패하고 말았다. 그것은 제 마음이 부처고 신이란 착각에서 비롯되었다. 마음은 신도 부처도 아니다. 두 마음으로 되어 있는 우리들 마음은 아니다. 마음은 번뇌망상의 집단의식으로 뭉쳐진 마군(魔群)일 뿐이다.

그래서 구도자들은 그 마음의 파편들을 지켜보고 앉는 일종의 정신 균형술을 익힌다. 어느 쪽도 간섭하거나 관심을 두지 않고 있는 그대로 지켜보고 느끼기만 하는 초롱초롱한 각성의 주시 행위가 곧 중도다. 이렇게 깨어 있는 주시 행위야말로 뭇 망상을 집어삼키는 진정한 중도이며 중도의 지켜봄의 화이트홀은 삼매(三昧)다.

관심도 무관심도 다 태워버리는 지혜의 불꽃 화이트홀로 들어가자면 불꽃 같은 두 눈망울을 딱 부릅뜨고 서 있는 사천왕문으로 들어가야 한다. 양면심을 지켜보고 물어 씹어 삼키는 험상궂은 사천왕문으로 우리는 지금 막 들어서고 있다. 저 일주문에서 양면심의 벽을 무너뜨리고 보는 자를 보고 듣는 자를 듣는 주시의 관문 사천왕문으로 지금 막 들어섰다.

일주문에서 법당까지 곧게 확 트인 도로는 팔정도를 뜻한다. 팔정도는 1. 정견(正見) 2. 정사유(正思惟) 3. 정어(正語) 4. 정업(正業) 5. 정명(正命) 6. 정정진(正精進) 7. 정념(正念) 8. 정정(正定)이다. 보라, 바로 이러한 바른 지견이 없으면 불문으로 들어갈 수가 없다.

지금 여기 사천왕문으로 들어서기 직전에 역사 속 기인 한 분을 소개하겠다. 그분은 춘추전국시대 도교의 기인 관자(管子)다. 관자는 도의 핵심을 제대로 아신 분이다. 그분이 기록한 심술문(心術文)이 사구게(四句偈)로 되어 있는데 원문을 필자가 출세간법으로 풀이해 보겠다. 이 붓은 세간법, 출세간법, 최상승법을 종횡무진으로 쫓아다니기 때문에 독자들의 편에서 보면 이해하기가 무척 곤혹스러울 것이다.

심처기도(心處其道) : 양면심을 보는 각성(道)에 들어가면
구규순리(九竅循理) : 아홉 구멍이 각성을 따르므로
기욕충익(嗜慾充益) : 더러운 욕심이 증발해 버린다
목불견색(目不見色) : 보고 못 봄을 다 보므로 눈이 필요치 않고
이불문성(耳不聞聲) : 듣고 못 들음을 다 알므로 귀가 필요치 않네
동즉실위(動卽失位) : 심신을 망동하면 각성을 잃고
정내자득(靜乃自得) : 적정에 들면 스스로 깨달음을 얻는다
시고군자(是故君子) : 그러므로 도를 깨달은 사람은
염유무위(恬愉無爲) : 양면심이 없으므로 한없이 평화로워
거지여교(去智與巧) : 앎도 재간도 모두 멀리 버리느니라

중국 고대사에 등장하는 삼황오제나 뭇 성군들의 정신문화를 집대성한 도교의 집안에도 이렇게 엄청나게 아름다운 깨침의 미학이 있다. 그렇다면 대각의 비조(鼻祖) 석존의 집안에 있어서랴. 세존의 상수제자 가섭으로부터 28대조가 되는 달마께서 동방에 전한 관심법을 그대로 전수받은 혜가에서 세 번째 조사가 되는 승찬 스님의 신심명(信心銘)은 세계사에서는 볼 수 없는 깨침의 게송이다. 누구나 꼭 믿고 새겨들으라는 신심명은 고금을 통하여 천하에 글 잘 한다는 대문호와 한 소식했다는 선사들이 극찬을 아끼지 않는 명문(銘文)이다. 신심명은 4언 140구 584자로 되어 있는데 고금을 통하여 운문 중 최상의 명체(銘體)라고 찬양한다. 시문의 전체적인 내용은 이쪽 저쪽 그 중간 그 어디에도 관심 두지 말고 그냥 있는 그대로 밝은 의식으로 방관하라는 글이다. 스님의 글 첫편에 기록된 대도편의 글귀를 잠깐 음미

해 보자.

지도무난(至道無難) : 지극한 깨달음으로 가는 길은 어려움이 하나도 없다
유혐간택(唯嫌揀擇) : 오로지 이쪽저쪽 어느 편도 간택하지만 말라
단막증애(但莫憎愛) : 다만 이것저것 싫고 좋은 맘 취하질 말면
동연명백(洞然明白) : 모든 것을 두루 보는 각성이 환하리라
호리유차(毫釐有差) : 호리만큼이라도 간택하는 차별심을 일으키면
천지현격(天地懸隔) : 하늘과 땅 사이같이 깨달음에서 무한히 멀어진다
욕득현전(欲得現前) : 마음을 깨뜨려 버리고 환한 각성을 드러내고자 한다면
막존순역(莫存順逆) : 뜻을 펴지도 거스르지도 말지어다
위순상쟁(違順相爭) : 싫고 좋은 분별심으로 세월없이 다툼이
시위심병(是爲心病) : 마음에 큰 병이라 하나니라

우리의 각성(覺性)은 몸과 마음속에 있으되 몸과 마음을 멀리해 있음이 허공 같아서 마치 저 장자가 젊은이들에게 "아니야, 나는 어느 쪽도 아니야. 균형을 잡고 있는 중이야."라고 한 이치와 꼭 같다. 허공과 같은 초롱초롱한 각성이 시방세계와 중생의 몸과 마음을 두루 머금고 있는 형편이 흡사 장자의 우화와 같다.

누구나 자기 자신의 신심을 항상 주시하는 각성을 의식하고 무심히 살면 어떠한 기쁨도 슬픔도 간섭하지 못하는 평화로운 삶이 영원히 보장된다. 그런데 인류는 어림없는 착각을 해왔다. 어리석게도 몸과 마음을 가지고 몸과 마음을 신과 부처를 만들어 보겠다는 온갖 종교의 허구의식으로 만들어진 계명과 명상들이다. 그렇다 보니 세월없이 자신의 부정적인 허망한 심신을 날이면 날마다 구박을 하고 속박하면서 자학행위를 쉼 없이 해왔다. 마치 조각가가 돌로 부처를 만들듯이 자신의 아둔한 심신을 참회란 이름으로 쉼 없

이 두들겨 패왔지만 도대체 지금 그대가 얻은 결론은 무엇인가? 그러한 몰지각으로 온 세상이 정신병동이 아닌가?

석존께서 마음 아닌 각성으로 심신을 증발(寂滅)시키라고 그만큼 깨우쳐 주었건만 몸과 마음 밖에서 몸과 마음을 주시하라는 반야심경도 밤낮으로 외우건만 턱도 아닌 착각에 빠져 있다. 관자재보살이란 말뜻도 두루 느끼는 의식 행위의 각관을 이른 말이다. 바로 그 지적 의식 행위의 각관을 관자재라 했다. 이것이 세존의 중도다. 중도를 잘못 생각하면 양단에 빠진다. 이쪽 저쪽을 자신의 사고에 합리화시켜 받아들이거나 싫어하여 차버리는 부정심리가 아니라 이 두 마음을 객관화하여 주시하는 상태를 중도라 한다. 세속의 중도는 대체로 양자합일의 중추성(中樞性)을 중도로 본다. 그러나 해탈의 중도는 양자합일의 중추성마저도 저 멀리 객관화한다.

승찬 대사의 신심명에서도 모든 관념을 벗어던지고 해탈로 가는 중도의 지혜를 노래하고 있다. 우리가 쉽게 중도를 체험해 보자면 줄타기를 하거나 외나무다리를 건너 보면 느낄 수가 있다. 무엇보다 외줄에 올라서면 저절로 전후좌우 상하 시방으로 몸이 흔들린다. 시방으로 중심이 흔들리게 되면 자연히 중심을 잃고 몸과 마음이 요동하는 불안 심리로 잔뜩 긴장하게 된다. 천지가 뒹구는 것과 같은 아슬아슬한 현기증이 날 것이다. 그때에 심신의 긴장감을 전체로 투철히 의식만 하게 되면 묘하게 몸뚱이가 스스로 잘 알아서 중심을 잡는다. 이와 같이 중심 잡는 균형술만은 인간의 의지로는 절대로 안 된다. 오히려 의지의 반대로 일방적인 고정관념의 긴장을 확 풀어버리고 오로지 요동하는 신심(身心)을 전체로 의식만 하면, 즉 몸과 마음을 지켜만 보면 몸이 제가 스스로 알아서 균형의 리듬에 맞추는 춤을 춘다. 아슬아슬하여 떨어질까? 두려워 아집으로 굳어지는 전신을 완전히 풀어헤친 방관 상태에서 전신을 전체로 촘촘히 느끼기만 하면 저절로 영육(靈肉)이 알아서 중심(中心)의 춤을 춘다.

바로 이와 같은 무심으로 빚어진 리듬의 춤이 구도자들의 수행관이다. 무아실현을 하고자 하는 참선수행도 이와 같다. 고정관념으로 굳어진 심신이 지혜로운 해방감으로 만개한 꽃잎처럼 활짝 피지 않고는 빛나는 각성의 빛으로 가득한 삼매로 몰입될 수가 없다. 그래서 필자는 무아실현의 행위 철학을 예술이라 하고 무아의 춤을 기가 막히게 잘 읊은 선시(禪詩)가 바로 신심명이다. 이 신심명을 누가 어떻게 해설하든 외줄에 뒹구는 무아의 춤임을 깨달으면 신심명을 제대로 안 사람이다. 그 외줄은 관조자로 남는 관심법(觀心法)이고 그 외줄에 춤추는 자 없는 무심(無心)의 춤을 해탈 열반이라 한다.

신성한 숨김의 악덕

설사 사찰로 구경 가는 사람이 아니라 하더라도 참으로 이상한 숨김의 미덕과 감춤의 악덕이 있다. 꼭 이것을 이해하고 살아야 한다. 누구나 착한 선행은 남모르게 숨기고 감출수록 좋다. 만물의 씨앗이 토질 좋은 흙 속에 묻혀서 마침내 발아가 되듯이 스스로 행한 좋은 일은 숨기고 감출수록 좋다. 그래야만 착한 공덕의 꽃을 활짝 피운다.

하지만 참으로 얄궂은 숨김의 악덕이 있다. 이 같은 숨김의 악덕은 누구에게나 다 있다. 그것이 무엇이겠는가? 성기(性器)다. 뭇 중생계의 생리계를 음부라 하고 혹은 흉부라고도 한다. 흉악한 악취 때문에 따라붙는 악명 같다. 음양의 성행위를 동양에서는 사음(邪淫)이라 하고 비윤리적 성관계를 간음(姦淫)이라 하고 정상관계를 음행(淫行)이라 한다. 서양에서는 음사(淫事)를 통칭 섹스라 한다. 섹스는 라틴어의 뜻으로 분리라는 의미를 가졌다고 한다. 그렇다. 분명히 성행위는 정신분열이다. 정신분열의 섹스 행위는 만중생의 지락이다. 중생에겐 그 이상의 지락이 없다. 그런데 저 금욕의 성직자들 사회에서는 심지어 여자를 멀리해야만 성자라 한다. 참으로 빛 좋은 개살구 같은 이야기다. 성자들의 의식 세계는 우리 같은 마음이 없다. 마음이 없으므로 성욕이 붙을 곳이 없다. 그래서 성자들은 마음의 속성인 성정이 마음과 더불어 이미 말라붙어서 여자다 남자다 하는 개념이 없다. 이렇게 성정이 녹아 버린 의식혁명을 깨달음이라 한다. 그러므로 마음을 증발시키는 의식혁명을 우선으로 하지 않고서 공연히 성윤리를 만들어서 불쌍한 여자들만 죄악시했다.

성도덕으로 오랜 세월 동안 인류는 성을 죄악시해 왔다. 본래로 성의 본능은 감추고 숨길 수 있는 성질도 아니려니와 지고한 종교적 계명이나 유교적 성윤리로는 누구도 어떻게 달라질 수가 없다. 계명적 금욕이 아니라 마음을 주시하는 의식혁명의 관심 수행으로 각성을 얻지 못하고는 성을 초월한다는 것은 전부가 거짓말이다.

차라리 짐승들처럼 홀딱 벗고 살면 훨씬 더 도덕적일 수가 있다. 지금도 아프리카의 부족사회에서는 수천 년 동안 성추행의 사건이 별로 없었다는 기록이 있다. 이것이 지켜봄의 미학이다. 필자도 여섯 살까지는 고추를 다 내놓고 다녔다. 옆집의 친구도 마찬가지였다. 그래서 커서도 성적인 문제는 아무것도 없었다. 그런데 꼴 잘난 영장이란 자존심과 무얼 안다고 안다는 학자들이 어려서 벗고 다니는 자연스러움의 미학을 짓밟아 버렸다. 배고픈 사람이 밥 생각하듯 성에 심각한 성직자와 지성이란 어른들이 지켜봄의 미학을 야만적 행위로 치부해 버렸다.

윤리 도덕이란 화려한 비단옷으로 어른들이 생각하는 범죄의 소굴을 어려서부터 숨기고 감추기 시작했지만 섹스는 성윤리의 부질없음을 야유나 하듯이 천하는 더더욱 성 만능의 퇴폐문화가 기승을 부리게 되었다.

필자는 십육 세 때 처음으로 성홍의 황홀한 오르가슴을 경험했다. 남녀칠

세부동석(男女七歲不同席)이라고 하는 공자님의 금쪽같은 성 처방전은 필자는 일찍이 잘 외우고 있었다. 그래서 치솟는 성욕을 이겨 보려고 여자를 멀리하고 지식으로 성흥을 억누르고 통제하려고 무척 노력 해 보았지만 오히려 성욕은 더 기승을 부렸다. 이렇게 이율배반적인 자신의 본능을 지켜 보고 느낀 소감은 성인들의 이상향적 향기로운 계명이나 교훈은 다 소용없다는 회의에 빠졌다. 공자의 서책을 줄줄 외우고는 있었지만 그 같은 학문적 지식은 본능적 감성 앞에는 어쩔 도리가 없음을 맛보았다. 남녀가 일곱 살이 되면 한자리에 앉지를 말라 했지만 공자 같은 성자는 몰라도 필자 같은 소인에게 성적 충동은 여자가 있고 없음의 문제가 아니라 무의식 속에서 들끓고 용솟음치는 문제였다.

전통 성윤리의 지식이란 오히려 신심에 혼란만 가중될 뿐 현실로는 아무런 힘이 되지를 못했다. 지식이란 항상 심신의 본능하고는 너무 멀리 동떨어져 있다. 그렇기 때문에 필자의 경우는 분명히 본능적으로 일어나는 감성과 앎의 지성은 영원한 라이벌 관계일 뿐 지성이 감성을 억제할 수 있었거나 성감(性感)이 지성의 교훈에 승복되지를 않았다. 만약 감성을 승복시키는 지조 있는 지성 심리를 별도로 가진 분이 있다면 그 분은 분명 심신과 현실을 벗어던지고 각성세계로 들어간 깨달은 사람일 것이다. 각성으로 돌아간 분들을 제외하고는 그 누구도 무명이란 마음의 본능에서 일어나는 성문제만은 어쩔 도리가 없다.

인간의 의지와 앎의 이성과 지성으론 아무리 최면을 걸고 신성한 비단치마(緋緞恥摩)로 숨기고 감추어 보지만 성으로부터 자유롭진 못했다. 무의식적으로 발광하는 성의 본능을 무서운 종교의 계율로 묶어 놓고 이것이 해탈의 에너지라고 금쪽같이 아끼며 자신의 성욕을 달래어 보았지만 야생동물 같은 성욕은 더더욱 치성할 뿐이었다. 평상시는 성자처럼 멀쩡하던 사람이 성기에서 노사분규가 일어나면 금방 중심이 흔들리면서 미친개처럼 야릇하게 설치게 되는 참으로 이상한 성 심리를 어떻게 하면 좋단 말인가? 그렇다고 본능대로 함부로 회포를 풀겠다고 성기를 극렬하게 자극하여 사정을 시키면 그 순간 만덕만선의 성 에너지 공덕이 타면서 휘황찬란한 불꽃놀이 같은 오르가슴이 일어난다. 순간 전신에는 뇌성마비성 오르가슴이 스치고 지나간다. 동시에 심신에는 허망한 허무와 추잡한 좌절의 후회가 사무친다. 이때 세 종류의 변태 심리가 생긴다. 지성인은 후회의 달사가 되고 무식한 사람은 성 도착에 빠지고 보통의 사람은 혼탁한 축생 근성에 빠진다. 이것이 성의 죄악이다.

바로 이 성 심리가 기승을 부리는 청춘기를 우리는 사춘기라 말한다. 사춘기가 되면 이성간에 미워하고 애착하는 애증심(愛憎心)이 별스럽게 강렬해진다. 싫으면 냉정한 감정이 밖으로 밀고 좋으면 열정이 안으로 잡아당긴다. 이렇게 냉온의 상반된 작용으로 말미암아 고요한 정서에 정신분열이 생긴다. 이로 말미암아 변태심리가 생긴다. 변태심리는 곧 정신질환이다. 이때부터 삶은 지옥이 된다. 몸은 태산같이 무거워지고 심중은 번민으로 가득해진다. 그렇기 때문에 야릇한 몸짓과 요상한 증애로 생긴 변태심리가 심신에 사무치게 되면서 공연히 심한 고독감에 시달리다 못해 보상의식의 범죄심리에 빠지기 쉽다. 만약 누구를 좋아하게 되면 허망하기 짝이 없는 환상의 짝사랑에 빠지고 누구를 미워하는 심리가 치성하게 되면 배타근성의 부정심리로 실성하기도 한다. 그래서 모든 정신병은 성애의 증오심에서 일어난다. 이 같은 성애의 변태심리가 성기로 빠지면 고요한 평상심을 흔들어 강렬한 성욕이 심신을 태우게 된다. 그러므로 성욕의 충동으로 성기가 발동되면서 전신에 열이 나고 심한 욕구가 위로 충천하면 얼굴이 붉게 달아오르고 배꼽 밑으로는 축축한 음액(陰液)이 흘러내린다.

이 같은 성욕의 고뇌를 영리한 인간들은 자위라는 변태 행위로 해소 한다. 그러한 자위행위들을 사음(邪淫)이라 한다. 사음의 자위행위는 무서운 변태심리를 만든다. 이러한 행위는 가장 민감한 성기를 여러 가지로 자극하여 일어나는 간질성 오르가슴이다. 모든 천질은 다 누겁 전생으로 축적된 성 오르가슴의 환각증이다. 지나친 성희의 습성을 그대로 잠재의식 속에 가지고 태어나므로 이것을 업보라 한다. 누겁 전세로 누적된 성희의 오르가슴이 뇌간의 성 중추에 입력되었다가 시절인연을 만나면 돌발적으로 일어나는 무서운 천질은 뇌간의 경련이기 때문에 고칠 수가 없다. 하지만 생전에 부지런히 독경을 하고 주문과 신주를 외우고 성인의 이름을 염송하면 반드시 성희의 재앙인 음행으로부터 영원히 해방하는 공덕을 성취한다.

분명히 알라, 성은 어떤 이유로도 자유와 평화로 가는 진리와 합치될 수가 없다. 그런데 근세에 어떤 부류의 학자들은 치졸한 이론을 펴고 있다. 종족 보존의 섭리론과 본능적 생리현상의 사정은 좋다고 궤변을 늘어놓고 있다. 하지만 분명한 진실은 성흥이 지나고 나면 마치 원자폭탄 맞은 폐허처럼 맑고 밝은 신식은 어디로 가고 경안했던 심신은 무겁고 탁하여 극심한 피로에 지쳐서 세상만사를 싫어하는 염세증으로 게으르고 태만한 음탕한 마음이 치성하여 마침내 인간의 가장 아름다운 공덕성이 하나도 없어진다. 그렇게 되고 보면 자연히 부모와 스승까지도 우습게 보는 천하에 몹쓸 아비지옥의 나그네가 되어 버린다.

누구나 경험해 보았을 것이다. 핵폭탄 같은 성흥을 함부로 남용하면 사춘기의 청춘이나 젊고 늙고 간에 어찌 밝은 삶이 보장되겠는가? 이 모양으로 마냥 서로 붙어 부둥켜안고 밀고 당기는 애무의 춤에 미쳐 한 세상 헐떡이며 살다가 어느 날 졸지에 죽어 가는 저 중생들의 부질없음을 부처님은 애고중생(愛苦衆生)이라 불렀다.

소녀(素女, 화이트홀) · 현녀(玄女, 블랙홀) 방중경(房中經)

각자들은 태초부터 남녀 성기를 지극히 신성시 했다. 그래서 남성의 성기를 '지고한 의식에 이른다' 는 뜻으로 자지(自至)라 했고, 여성의 것은 '행복의 보궁에 이른다' 는 뜻으로 보지(寶至)라 했다. 그래서 성 초월로 가는 천주교와 불교에서는 성을 멀리하는 것을 엄격히 지켰다. 그래야만 생사가 없는 깨달음으로 가기 때문이다. 이렇게 성도(聖道)에서는 금욕의 율이 엄격하다.

하지만 세상은 그것을 숨기고 감추며 마냥 즐긴다. 그것이 생의 전부인 양 여길 뿐 누구 하나 깊이 생각해 보지를 않았다. 해본다 한들 신통한 대답은 없다. 하지만 일찍이 인도의 각자들은 중생에게 있어서는 더없이 심각한 성문제를 깊이 다루어 놓았다. 그것이 성경(性經)이다. 인도 말로 까마수트라 라고 하는 경전이다. 이 경은 본래로 성행위인 섹스를 초월하는 길을 밝힌 경이다. 그런데 후세 사람들이 그 내용을 저들의 생리에 맞추어 섹스 전문 잡지로 만들었다. 음란하기 짝이 없는 섹스 행위의 다양한 기교론을 적은 책이 되어서 오늘날 세상의 성윤리로도 용납될 수 없는 천하에 가장 추한 음란서가 되고 말았다.

이것이 동방으로 전해 와서는 소녀방중경(素女房中經) 혹은 옥방경(玉房經)으로 둔갑이 되었다. 물론 그 내용상으로 보면 성 초월로 가는 기교를 설한 책이다. 예로써 수천 명의 궁녀를 거느린 고대 중국 황제가 성을 즐기기만 하고 사정을 하지 않는 낙이불설(樂而不泄)의 방중술로 1,200년을 살았다는 얘기와 황제들이 많은 궁녀들을 규방에 데려다가 온갖 성행위를 즐기는 요상한 기교론을 늘어놓은 책이 되고 있다. 이 책에서는 780년을 살았다는 팽조란 선인(仙人)과 소녀(素女) · 현녀(玄女)란 선녀가 옳은 음행의 지도(至道)를 설하고 있다. 이들은 바른 성행위를 통해서 무병장수한다고 주장한다. 하지만 저들은 대각 세존의 불지견(佛知見)을 몰랐다.

세존의 말씀에 의하면 깨달음으로 가는 수행에 있어서 그대가 수행의 자료가 무엇이냐에 따라 깨달음의 질이 달라진다는 구경각(究竟覺)의 진언을 저들은 몰랐다. 만약 그대가 음행으로 지도에 이르렀다면 반드시 수행의 근본이 음심이므로 다시 악도에 떨어진다고 하셨다. 필자가 선종의 화두선을 부정하는 이유도 이와 같다. 의정(疑情)이 아닌 각성으로 생각하는 의식을 주시만 하면 화두든 무엇이든 상관 없다. 하지만 일반상식의 화두는 의심하는 의정(疑情)을 굴리는 행위다. 그러므로 설사 깨달음 같은 각성을 조금 맛보았다손 치더라도 부처님의 각은 아니다. 항차 추한 음행으로 구도를 해서 설령 어떠한 영적 경계에 도달했다손 치더라도 그것은 근본이 음성(陰性)이므로 반드시 세속의 윤회로 다시 돌아온다는 세존의 참 가르침을 깜박하고 있다. 세상의 뭇 명상가들은 잘 생각해 보아야 한다. 함부로 어떤 길을 택하든 무슨 수행을 하던 구경각의 비유인 히말라야 정상에만 가면 그만이라는 착각은 버려야 한다. 누가 뭐래도 불지견을 빌리지 않고는 구경각은 어림도 없다.

구도자는 물론 성을 심각하게 고민해 본 분들에게는 성으로부터 해방하는 성의 균형술이 있다. 그 성의 균형술은 신심명(信心銘)의 지혜다. 신심명의 지혜는 절대로 성을 긍정도 부정도 하지 말아야 한다. 중추에서 일어나는 성적 흥분을 그대가 앉아 있거나 서 있거나 달리거나 어떤 일을 하든 상관없이 전적으로 민감하게 느끼면서 전체적으로 의식하고 촘촘히 성의 유혹과 충동을 주시만 하라. 할 일 없는 사람처럼 그렇게만 하고 있으면 이상하게도 자연스럽게 불같이 일어나던 욕정의 흥분이 불꽃이 꺼지듯 서서히 가라앉으면서 묘하게 성적 흥분이 변형을 이루면서 심신이 쾌활해진다. 동시에 묘한 행복감이 전신에 녹아 흐르게 된다. 여태껏 성희에서 일어난 번갯불 같은 오르가슴의 황홀한 환각이 설치고 지나간 지독한 허무보다 몇 천만 배나 더 경쾌한 환희가 몸과 마음의 안과 밖으로 사무치게 된다.

물론 처음에는 폭탄 같은 성희의 회포를 풀지 못한 아쉬운 미련으로 진한 목마름을 느끼지만 짐짓 이 같은 금욕의 수련을 열 번만 경험해 보라. 그러면 성욕으로 굶주렸던 아쉬운 미련들이 이상하게 사라지면서 진정한 성 초월의 행복감을 맛보게 될 것이다. 성적 충동으로 불탈 때, 애 터지게 구애되는 욕구 불만의 몸살을 앓을 때는 그대 스스로에게 성 초월의 메시지를 던져라. '몸이 어떠한 애무를 하고자 할 때는 마음이 들어 주지를 말고 마음이 몸으로 성희를 하고자 할 때는 몸이 들어주지를 말라.' 그러면 그대는 할 일이 없는 무위(無爲) 속에서 신선한 감회로 충만되리라. 아, 맛보리라. 진정한 할 일 없는 무위에서 오는 만복의 행운이 이 순간 일어남을 그대 스스로 느낄 것이다. 그때 비로소 진정한 사랑과 행복이 안과 밖으로 넘쳐서 허공계에 가득함을 깨달을 것이다. 진정 성희의 망동으로 생기는 황홀한 오르가슴은 의식이 무의식으로 녹아들 때 생기는 무의식의 블랙홀 현녀(玄女)이지만 성욕의 망령을 주시하다 일어나는 빛나는 환희는 의식이 초의식으로 승천하는 서광의 화이트홀 소녀(素女)가 바로 그대일러라.

이 같은 성 초월의 명상법은 초등학교 때부터 잘 가르쳐서 스스로 일어나는 성흥을 촘촘히 주시하는 요령을 잘 인식시켜 주어야만 한다. 그런데 최근에 학교에서 들려 주는 성교육 얘기들은 맹인이 어린이 관광시키는 꼴이라서 기가 차다.

한 번쯤 경험해 보라. 정욕으로 의식이 몽롱하고 심신이 무엇이든 껴안고 싶은 야릇한 아쉬움으로 몸살을 앓을 때 잠깐만 숨을 딱 멈추고 그러한 자신을 주시해 보라. 욱신거리는 성기의 충동을 잠시만 주시해 보라. 열정으로 용솟음치는 성기를 촘촘히 느껴 보라. 숨을 딱 멈추고 욕정과 대치해 보라. 그러면 어떠한 욕정의 광란도 그대의 굳건한 무관심의 주시 앞에 꼼짝을 못한다. 누구나 호흡을 딱 멈추면 신식이 이상하게 몽롱해진다. 이상야릇하게 멍청해진 그 정신 상태와 전신에 들끓는 열정의 불길을 초롱초롱한 의식으로 은밀히 지켜 보라. 그러면 무엇보다 자신을 자지러지게 희롱하던 성기의 말초 감흥이 빛을 만난 그림자처럼 금방 어디론가 숨어버리고 그렇게도 미친 듯 설치던 음흉한 욕구가 서리 맞은 풀잎같이 꺾이면서 뜻밖에 신선한 감회가 전신에 사무치게 된다. 성욕의 흥분으로 태풍전야 같던 혼돈스러운 심신이 졸지에 환해지면서 초의식의 평화로운 환희가 그대의 깊은 내면에서 일어나리라.

남녀의 애무로 오는 의식 말살의 오르가슴이나 자위행위의 성희로 오는 정신 말살의 황홀은 신성한 중생의 영혼을 지옥, 아귀, 축생이라 하는 한없이 괴로운 삼악도로 몰입시키는 흑암지옥의 블랙홀이다. 하지만 저 성 초월의 정신수련에서 일어나는 각성의 빛 환희는 지락의 화이트홀, 천당이 된다. 분명한 진실은 성행위로 생기는 폐악은 지옥, 아귀, 축생이란 삼악도.

성 행위로 오는 심리현상을 들어 보자. 분명한 진실은 욕정으로 생기는 성기의 음액(陰液)은 밑으로만 흐르므로 몸이 태산같이 무겁고 정신은 탁해진다. 그러므로 꿈에서도 높은 곳에서 짐짓 떨어지고 분뇨지옥인 똥 싸는 꿈을 자주 꾼다. 반대로 성인을 생각하고 아름다운 생각을 많이 하면 저절로 심신이 가벼워 나는 새처럼 하늘을 날아다니는 꿈을 자주 꾼다. 이같이 값지고 중차대한 생사초월의 정신철학이 성기에 있다. 인생의 무거운 고뇌를 벗어던지고 평화로운 지복으로 가는 신비의 종교는 그대의 성기에 다 있다. 그러므로 성 초월로 가는 성기의 신성한 고유명사를 자지(自至), 보지(寶至)라 했다.

자지, 보지란? 스스로 지고히 보배로운 초의식의 적멸보궁에 도달한다는 뜻이다. 하지만 세상의 유식한 사람들은 자지, 보지라 직설하게 되면 상식을 모르는 무식쟁이로 악평을 한다. 하지만 분명한 진실은 자지, 보지란 말은 범부 중생들이 만든 말이 아니다. 깨달음을 성취한 각자들이 스스로 체험하고 의식으로 영험한 성 초월의 환희 경을 시로 읊은 진리어다. 그러므로 스스로 성기를 통하여 지고히 빛나는 초의식에 도달하지 않고는 세속의 고달픈 고뇌의 사연들이 끝날 날이 없다.

성 초월의 주시에서 일어나는 생사해탈의 자지(自至), 보지(寶至)로 돌아가자면 신심명에서 밝히고 있는 승찬 대사의 주시자로 남는 외줄타기의 지혜를 빌리자. 일주문을 지나 사천왕문으로 들어가는 길에서 우선적으로 성 초월의 지견이 앞서야 한다. 그래야만 깨달음의 불문으로 들어갈 수가 있다. 깨달음으로 가는 초입에서 우선 성욕의 착잡한 열정이 지고히 맑고 밝은 각성의 환희로 빛나게 되는 자지(自至)의 관심수련 법과 창조의 보궁(寶宮) 여성의 보지(寶至)의 성 관심법(觀心法)이 숙달되기를 간절히 바란다.

형설의 문화

불교 문화유산의 대표적인 절집을 보노라면 한민족의 소박한 깨달음의 보리심을 건축 예술로 토설해 놓은 것 같다. 저 웅대한 서양의 건물이나 예술물들은 아무리 보아도 진정한 예술의 질박한 춤과 노래가 담겨 있을 자리가 없다. 하지만 동양의 가식 없는 투박한 정성의 손길에서 빚어 나온 저 많은 문화유산에는 무심의 미소가 가득 담겨 있다.

보라, 이 땅에는 있지도 않은 영물들을 두루뭉술한 돌덩이나 나무토막으로 다듬어서 한자리에 불러 모아 불법을 찬양케 한 무아실현의 손재주는 놀랍기 그지없다. 대장경 속에 기록된 천궁을 그대로 형설한 대 불전들의 장관을 보라. 비상하는 기와지붕의 웅장한 용틀임을 멀리서 보노라면 용궁에 산적한 불경을 예찬하는 춤사위 같다. 화개보전들의 용마루와 사면 추녀의 비천상(飛天像)은 초세간의 비경을 잘 묘사하고 있다.

불법을 보호한다는 천룡팔부의 상을 그대로 재현한 보궁의 천개상을 보

라. 물샐틈없이 하늘을 덮고 있는 기와지붕의 용마루 상들을 잘 보라. 구상을 두루 갖춘 사방의 용왕들이 큰 입을 딱 벌리고 지축을 흔드는 무설설의 우레 소리를 토설케 했지만 가련한 중생들은 보고 듣지를 못한다. 미음(微音)과 고음(高音)에 귀가 멀어서 듣지는 못하나 볼 수는 있다. 지붕 전체의 모습은 봉황(鳳凰)을 상징하기도 한다. 봉은 수놈이고 황은 암놈이란다. 이 한 쌍의 봉황이 나래를 활짝 펴고 하늘로 높이 날아오를 때 나래 밑의 화려 찬란한 활개의 상은 오색으로 단청을 한 처마 밑의 장엄상이 바로 그것이다. 보라, 이렇게 절집 지붕 밑의 화려 찬란한 다포개식 장엄상들은 곧 천상으로 비상하는 봉황의 상서로움을 그대로 재현한 것이다. 이렇게 절집은 이상세계의 상서로움을 주변에 뒹구는 돌덩이나 나무 조각으로 형설하고 있다.

　우주를 상징하는 지붕의 엄청난 하중을 가볍게 받들고 있는 절집의 건축예술은 깨달음으로 가는 참선수행자의 무심에서 일어나는 선정이 무엇인가를 보여 주고 있다. 동양 목조 건축가의 전문용어를 빌리지 않더라도 몸과 마음과 환경이란 엄청난 중생무지의 하중을 지혜로운 선정의 균형술로 벗어버리고 마침내 저 해탈의 화장세계로 들어가듯 화려 찬란한 불교사원은 곧 해탈의 화장세계인 것이다.

　건축예술의 거장들이 웅대한 절집의 엄청난 하중을 재치 있는 공법으로 가볍게 처리하듯 해탈의 적멸보궁으로 가는 수행자도 무위자연의 지혜로 들어간다.

　오랜 단련과 숙달에서 자연스럽게 창조되는 무위의 예술은 무엇을 어떻게 하고자 하는 계획과 설계에 의하여 창조되는 것이 아니다. 현대 건축공법처럼 치밀한 설계에 의하여 설정되는 유위의 공학으로는 비교할 수가 없다. 인위적으로 만들어 내는 모든 공예품에는 살아 숨 쉬는 듯한 혼이 담기질 않는다. 그 이유는 모든 진리는 비합리로 존재하기 때문이다. 어떠한 수학적

공식에 의하여 만들어지는 것이 아니다. 오늘날 우리가 배우고 만드는 첨단 과학의 산물들과는 판이하게 다르다. 그러한 기술에는 정신철학이 없다. 고대 목수들은 무위자연의 손재주로 특별한 연장을 쓰지 않고도 천궁을 상징하는 거찰들을 창조해 놓았다. 이렇게 무위자연의 공수와 같이 성불로 가는 불도 수행자들도 어떠한 방편도 특별히 간택하지 말고 그냥 있는 그대로 자연스럽게 주시할 수 있어야만 깨달음이 일어난다.

옳은 도

일주문에서 사천왕문, 그리고 금강문(金剛門)을 지나면 여러 가지 명칭의 누각이 있다. 봉서루(鳳棲樓) 혹은 보제루(普濟樓)라고도 하는 누각 밑을 지나서 법당이 있는 대웅전까지는 곧게 길이 틔어 있다. 우리는 이 곧은 길에 대하여 깊은 이해가 있어야 한다. 왜냐하면 불도의 길은 팔정도를 기본으로 하고 있기 때문이다. 그럼, 팔정도란 무엇을 뜻한 이름인가?

첫째는 정견(正見)이다. 정견이란 옳게 보는 것을 의미한다. 무엇이나 바로 보는 정견이 절대적이다. 바로 보는 기준은 부처님의 눈인 불안(佛眼)이어야 한다. 부처님이 보시는 견해로써 표준을 삼자. 부처님이 이 세상에 몸을 나투신 큰 이유가 바로 이것이다. 이것을 부처님의 일대사(一大事)라 한다. 다시 말하면 중생들로 하여금 정견을 갖게 하기 위하여 이 세상에 오셨다. 불의 경지를 중생들에게 나투어 보이시기 위함이며, 중생들로 하여금 그것을 보게 하고, 중생들로 하여금 불도를 깨닫게 하고, 중생들로 하여금 불도에 들게 함이라 한다. 이것을 간단히 개시오입(開示悟入)이라 한다.

두 번째는 정사유(正思惟)이다. 바른 사유란 옳게 느끼고 깨닫는 것이다. 사유라고 하면, 머리로 분별하는 생각으로 알기 쉬우나 사(思) 자의 바른 뜻은 느낄 사(思) 자로서 가슴으로 느낀다는 뜻이다. 예를 들면 탐하고, 화내고, 어리석음 같은 감정에 빠지면 추악한 사유가 된다. 우리가 착한 사람이나 악한 사람을 만났을 때, 초면인데도 호감이 가거나 거부감이 일어나는 것은 그 사람이 가진 사유의 본질인 것이다. 그러므로 바르게 느끼자면 사악한 감정을 아름다운 마음으로 바꿔야 한다. 옳은 사유가 되자면 항상 뜻으로 일어나는 감정과 마음을 폭력적으로 억압하거나 짓밟지 말고 자연스럽게 그냥 그대로 자신의 심경을 의식하면 저절로 나쁜 사념이 사라지고 밝은 각성이 일어나므로 정사유가 된다.

셋째는 정어(正語)이다. 정어는 옳은 말씀을 뜻한다. 옳지 않은 소견에서 나오는 말로는 악담과 양설(兩舌)과 쓸데없는 소리, 그리고 속이는 말이 있다. 이러한 말들을 옳은 말로 바꾸어, 곱고 부드러운 말로 참되고 진실한 뜻을 전하는 성인의 말씀과 같음이 정어이다.

넷째는 정업(正業)이다. 정업은 음행, 도적질, 살생이 아닌 옳은 행위와 만인에게 도움이 되는 직업을 의미한다. 교육자나 남의 병을 고치는 사람의 직업도 정업이다. 비록 하는 일이 추하다 해도 세상에 유익한 업종은 다 정업에 해당된다.

다섯째는 정명(正命)이다. 정명은 바른 삶을 뜻한다. 성직자 같은 분들을 들 수 있다. 그 외에도 이 세상에서 남을 위해서 희생하는 헌신의 삶을 사는 분들은 모두 정명으로써 옳게 사는 삶이라 하겠다. 한 예로 신혼여행을 간 어느 신혼부부 앞에 어린 것이 헤엄을 치다가 익사지경에 이르렀다. 이것을 보게 된 용감한 신랑이 물로 뛰어들어 어린 것을 살려냈다. 그러나 안타깝게도 신랑은 어린 것의 목숨을 대신했다. 그 신랑은 정명을 만천하에 보이고 이 세상을 떠나고 말았다. 홀로 된 부인의 아픈 마음이야 오죽하랴만, 그 신랑은 임종 즉시 화락천궁에 태어났음을 믿어 의심치 않는다. 이것이 옳게 살다간 정명(正命)의 삶인 것이다.

여섯째는 정정진(正精進)이다. 옳게 정진하는 것을 의미한다. 아무리 일을 부지런히 해도 그것이 마약을 만드는 일이거나 살인마와 같은 짓을 해서는 안 된다는 뜻이다. 도에 있어서도 삿된 교를 열심히 믿고 수행을 한다면 어찌 되겠는가? 그래서 옳은 교리에 바른 수행을 하여야 한다. 또한, 정진함에 있어서 무조건 고행이 제일이라 하여 자기 체력 조건에 맞추지 않고 지나치면 생명에 지장이 있으니, 처음 일주문의 가르침에서 보았듯 균형을 맞추고, 균형의 도리를 발휘하라는 뜻이다.

일곱째는 정념(正念)이다. 바른 생각, 옳은 생각을 의미한다. 온갖 생각을 기도문으로 바꾸는 작업이다. 거룩한 성자들의 염원처럼 우리의 고약하고 흉측한 생각을 부처님의 마음처럼 거룩한 서원으로 바꾸는 작업을 말한다. 저 놈을 죽이고 싶다면 그 생각을 지워 버리려고 머리를 흔들지 말고, 저 자를 살려보겠다는 정념으로 바꾸는 마음을 옳은 생각이라 한다.

여덟째는 정정(正定)이다. 정(定) 자의 정의(定意)는 균형을 이룬 평정한 마음에서 일어나는 평온한 심경을 말한다. 누구나 이러한 행복한 삶을 바란다. 온갖 갈등으로 불균형을 이룬 불안한 마음을 해소하고 평화로운 마음을 바란다. 불법의 해탈 세계에서는 평등한 마음마저 없어진 무등등(無等等) 아뇩다라삼먁삼보리라고 하는 열반심을 정정이라 한다. 출가한 구도자의 경우도 그렇다. 지나치게 깨달음의 욕구로 불타거나, 반대로 나태한 안일에 빠지면 절대로 안정된 마음이 일어나지 않는다. 마치 현악기의 줄처럼 지극히 조율이 잘 되었을 때 바라는 음률이 흘러나온다. 이와 같이 바른 마음의 평정이란, 삶의 균형을 이룬 조화에서 일어나는 악단의 화음과 같은 것이다. 합창단에서 만들어져 나오는 아름다운 화음과 같은 것이 곧 정정인 줄 알면 절대로 나쁜 안정에 빠지지 않는다. 옳은 정정을 얻기 위해서는 전체로 느끼고 깨닫는 초롱초롱한 맑은 의식이 절대적이다. 이렇게 전체로 의식하는 길만이 정정을 이루는 수행인 것이다. 흔히 정(定)을 고요히 앉아 참선하는 선정에서 생기는 공적한 의미의 적정으로 생각하기 쉽지만 그렇지 않다. 일하는 사람은 일하는 그 자체 속에서 몸과 마음이 균형을 이루었을 때, 안정된 평화가 일어난다. 이것은 일삼매의 정이고, 음악가는 음 속에서 그 음악이 자기 자신이 되어 조화를 이룰 때 음악 삼매로의 정이다. 이렇게 무수한 행위에서 백천만 삼매가 다 녹아 든 것이 정정이다. 이것은 높은 차원의 해설이다.

낮은 차원에서 말하면 불행한 사람이 자신의 괴로운 환경과 생각을 되씹지 않고 스스로 '내복이지' 하고 체념했을 때 그 사람은 무상한 정정이 일어난다. 거지들 사회에서도 웃음이 있고 춤이 있다는 사실로 미루어 보아 누구나 자기를 의식하는 불교의 가르침인 각교(覺敎)에 힘써야 한다. 이 팔정도를 중정(中定) 혹은 중도(中道)라고도 한다. 중(中)은 사방으로 통한다는 뜻을 가지고 있다. 시계바늘의 중심과 같이 어느 방향으로든 그대로 통한다는 뜻이다. 사물의 중심과 같이 무등등한 균형이 성공이고, 어디든 치우친 극단은 실패이다. 이를 붓다는 중도라고 하셨다. 여기서 바를 정(正) 자의 정의를 살펴보자.

먼저 파자(破字)로써 이해를 돕겠다. 한 일(一) 자 밑에 그칠 지(止) 자가 정(正) 자이다. 다시 말하면 하나를 멈추었다는 뜻이고, '하나의 마음을 멈추게 했다'는 의미를 담고 있다. 그래서 정(正) 자는 '하나마저 사라진' 상태란 뜻의 글자이기 때문에 부처님께서도 '바를 정 자'의 정의(定義)는 무위법(無爲法)에 그 정의가 있다고 하셨다. 세간법이라고 하는 유위법은 자연과 인연과 화합으로 섭리를 이루고 있는 법칙을 말하며, 무위법은 이 세 가지 인연이 다 끊어진, 언어와 사념이 미치지 못하는 무연법(無緣法)을 말한다. 그러므로 여기서 말씀하시는 팔정도는 불가사의 해탈법으로 들어가는 인연 없는 길이란 말씀이 된다.

여기서 잠깐 지금까지 들어온 이야기를 가다듬어 보자. 여기 '보자'는 말도 자기 마음의 상태를 돌이켜 '보자'는 뜻이다. 불교에서는 경전을 배운다고 하지 않고 '본다'고 한다. 그것은 경전의 내용을 보고 느끼는 자신을 의식하라는 의미의 말이다. 자기자신의 마음상태를 거울같이 드러내 보이는 그윽한 저 밑바탕을 의식할 줄 안다면, 지금까지의 이야기를 잘 읽은 것이 된다.

　이제 본론으로 들어가자. 지금 우리는 아직도 절의 일주문 밖에서 멍하게 서 있다. 다시 말하면 외경의 감상에 사로잡혀 있고 마음의 뿌리를 의식 않고 있다는 말이다. 이렇게 얼빠진 사람같이 멍청하게 있는 자신을 발견했다면, 여러분은 제대로 일주문으로 들어갈 자격이 된 것이다. 어째서 '바보' 같은 자신의 꼴을 의식하는 느낌만 지녀도 입문할 자격이 된다고 하는가. 바로 그러한 심경이 분별없는 불이심(不二心)이기 때문이다. 수도하는 구도자의 불이심(不二心)은 오로지 빛나는 행복감이지만, 우리들의 불이심은 깊은 산골짜기에 음산한 빈 움막집의 적막과 흡사한 심경이다.
　깨달음을 이룬 분을 산스크리트어로 '붓다'라고 한다. 우리 말뜻으로는 '보는 자'라는 뜻이다. 깨달음의 기미가 조금도 없는 '바보'의 이름을 '붓두'라고 한다. 즉 '붓다'의 반대되는 말이 '붓두'이다. 정녕 그렇다면 손바닥을 뒤집듯 우리의 마음을 반대로 뒤집으면 된다. 그렇게 마음을 뒤집은 수행 과정으로 우선 '붓다'의 그림자라고 하는 '붓두'인 바보 마음을 항상 주시하면 된다. 주시한다는 것은 의식한다는 것이고, 의식한다는 것은 느낀다는 뜻이다. 여기서 말하는 느낌은 각(覺)의 의미이다. 감(感) 자와는 거리가 멀다. 느낄 감(感) 자는 육체에서 일어나는 전의식(前意識)인 감각성을 의미한다. 각(覺)은 본자성의 묘각(妙覺) 전체로 묘하게 느끼고 깨닫는 것을 말한다. 그러나 우리들의 평소 경험으로 미루어 본다면 말똥말똥한 정신상태를 말할 수는 있으나, 실제로 깨달음이 일어나기 전에는 전연 감지할 수 없는 차원이다. 우리들은 늘 자신을 의식하는 연습을 익혀 나가야 한다. '사마타 수심법' 이것이 바른 명상이요, 옳은 삶의 삼매이기 때문이다. 이렇게 항상 전체를 주시하는 이 관조의 사상(비바사나 수심법)은 앞으로 오는 차세대의 신사고(新思考)가 될 것이며, 보다 높은 의식의 인류사회가 되는 초석이 될 것이다. 항상 자각하고 사는 세상이 될 것이다. 이것이 최상의 자유와 평화가 약속되는 도덕사회다.

우리의 심성을 뒤집자면, 즉 변형이 일어나게 하자면 먼저 붓다의 그림자인 '바보'의 심경을 먼저 발견해야 한다. 왜냐하면 불행하게도 우리들은 붓다의 반대 붓두인 '바보'도 되어 있지 않기 때문이다. 진정한 의미에서는 붓다의 그림자는 보살님들의 차원이다. 우리들은 불성이라고 사는 각성이 실로 없다. 본시 '바보'이다. '바보'란 보배를 보고도 보배인 줄 모른다는 뜻이다. 온 우주 전체가 부처님인데도 우리들 눈에는 삼라만상이라고 하는 요상한 만물세계로 비치고 있는 것이다. 쉽게 얘기하면 우리는 마약중독에 톡톡히 빠져 있다. 아집과 욕망의 술에 만취되어 맑은 심성마저 잃고 말았다. 마약중독자를 잘 생각해 보라.

그래서 불교에서는 일단 자성상실증에 걸린 선택된 중독자들을 위하여 이렇게 산중에 예쁜 집이라도 지어 놓고 세상과 격리되어 살다 보면 온갖 정신 환각이 해독될 것이라 해서 특수하게 만들어 놓은 곳이 절이요, 수도원이다. 절에서 한소식했다는 견성 얘기는 이제 취한 술이 막 깼다는 말이다. 생사의 중독에서 해독되었다는 뜻이다. 수도원에서 성위(聖位)에 올랐다는 말도 다 같은 맥락에서 보면 옳다. 사실은 우리 같은 속물은 넘보기 힘든 성역이 곧 절이다. '바보'인 자기를 발견한 사람은 일주문을 무사히 통과했다. 멍청한 자기 자신을 마음의 눈으로 보고, 느끼는 경지가 '바보'가 아닌 순수의식의 수준이다. 그것도 자각 못하는 자는 자성을 상실한 사람이라 한다. 마음이 본래 가진 속성은 분별심이다. 분별심을 잠재우는 방법은 수천 가지다. 여기서는 자기 자신의 마음을 보는 관심법(觀心法)을 말하고 있다. 곧 '바보'가 되는 것이다. 일단 '바보'가 되어야 부처될 자격을 얻게 된다.

마음의 본능은 항상 투쟁이다. 투쟁의 근성이 분별심이니, 이렇게 항상 이쪽 아니면 저쪽 양단 이변에서 온갖 재앙을 일으키는 우리들의 마음을 일단 휴전시켜야 한다. 그 어느 때 어느 날인가 알 수 없는 무시로부터 지금까지 잠시의 휴식도, 휴전도 없었던 우리 마음이 신통하게도 절 문 앞에 이르자 저절로 편안한 마음이 일어난다. 바로 이 마음의 평온한 상태가 흡사 '바보'의 꼴이라 해 두자. 항상 자기를 멍청하게 의식할 줄 알기 때문이다.

그런데 여기서 말하는 '바보'는 온갖 지식과 무식이 무르녹은 잠재의식의 소강 상태를 말한다. 영특하게 설치던 재롱둥이가 최면에 걸린 모양을 말한다. 교수님이 달리는 기차에서 꾸벅꾸벅 졸고 있는 모습, 미스코리아가 복잡한 버스 안에서 애달픈 면을 즐기고 있는 모습을 말한다. 인간 본연의 내면에서는 의식과 무의식이 한 짝을 이루어 곧잘 은밀한 밀월여행을 즐기곤 한다. 그 심리 상태가 수잠이다. 그래서 아무리 잘난 미인이라도 비몽사몽간에 빠지게 되면 야릇하게 추하게 된다. 이 세상의 내로란 정치인이나 최고의 지성을 자랑하는 석학들도 자기 본질의 의식과 무의식이 만날 때는 영 딴 사람같이 얄궂어진다. 이것이 여기서 말하는 '바보'이다. 이 '바보'는 견성할 확률도 있고 영영 둔치가 될 확률도 있다. 왜냐하면 누구나 비몽사몽간에는 조그마한 자극에도 곧잘 깨어나기도 하고 영영 무의식의 잠에서 깨어나지 못하기도 하기 때문이다. 잘 생긴 미인의 비유는 세상에서 명예를 탐하는 별난 사람들의 심리를 풍자한 것이다. 미녀들은 발끝에서 머리끝까지 지성미의 백과사전이 달려 있다. 행여나 자기 보호 본능의 긴장 의식이 수면에 빠지면, 잠자고 있던 무의식이 반란을 일으켜 온갖 추태를 보일까봐 미동의 기미에도 눈을 번쩍 잘 뜬다. 그러나 이 역시 잠꼬대를 부를 확률이 매우 높은 것이다.

불전설화집에 있는 아름다운 이야기 한 토막을 하고 넘어 가자. 불법이야기나 진리에 관한 설화들은 전부가 비유이지만, 만 번 읽고 만 번 들어도 싫증이 나지 않는다.

　어느 백만장자의 집에 못생긴 처녀가 식모살이를 하면서 살았는데 생김새와 같이 성미도 울근불근했다. 어느 날 무엇 때문인지 붉어진 입술을 삐죽거리며 물동이를 이고 이웃 정자나무 밑에 있는 호수에 물을 길러 갔다. 불행한 처녀는 아무도 없는 아름다운 호숫가의 정자나무 밑에서 혼자 온갖 악담을 늘어놓던 중, 우연히 호수 물속에 비친 예쁜 여자가 빙그레 미소 짓는 모양을 보았다. '옳거니 저 여자가 나로구나. 내가 이렇게 아름다운 미모를 갖고 있다니! 인물이 이만하면 어디를 가도 사랑받고, 귀공자와 인연을 맺어 한 세상 팔자 늘어지게 살리라' 이렇게 생각한 처녀는 들고 나온 물동이를 집어 던져 박살을 내고는 빈손으로 집에 돌아가 당당하게 소리쳤다.

　"나는 이 집에서 나가겠어요. 이 집에서 나만한 미인이 있으면 나와 보세요?"

　그러면서 제 봇짐을 꾸려 집을 나왔다. 집안 사람들은 아무래도 좀 모자라는 인간이라 다루기가 몹시 껄그럽더니 갑자기 미친 줄 알고 얼떨떨하여 그냥 보고만 있었다. 막상 큰소리 치고 집을 나온 처녀도 '내가 정말 물에 비친 미인같이 잘 생겼을까?' 갑자기 자기의 모습에 의문이 생겼다. 그 길로 다시 그 호숫가로 가서 재차 들여다보니 역시 세상에 보기 드문 미녀가 빙긋이 웃고 있지 않은가. 처녀는 더욱 확신이 굳어지자 혼자 좋아라 하고 자기 볼을 만지며 이리저리 뛰다가 이상한 인기척에 위를 쳐다보니, 어떤 미녀가 나뭇가지 위에서 호수를 내려다보고 웃고 있질 않은가? 그 미인은 이웃집 귀족의 며느리로서 시어머니와 말다툼을 하고 속이 좀 상해서 밖으로 나와 보니 막상 갈 데는 없고 해서 시원한 호숫가 정자나무에 올라가 나뭇가지에 엎드려 수심을 달래고 있었다.

　이 세상은 다 이 지경이다. 실로 자기 멋에 산다 하지만 전부가 자기 것이 아니다. 여기서 호수는 세상이요, 추녀는 우리 인간들 마음이다. 나무는 인간이 만든 문명의 산물, 기계이다. 그래서 기계(機械)라는 글자에는 반드시 나무 목(木) 자가 붙어 있다. 나무 위의 괴상한 미녀는 요술사이다. 우리들의 허영심인 것이다. 우리가 입고 다니는 화려한 옷도 그것은 옷의 것이지 내 것이 아니며, 여성들의 화장품으로 만들어진 얼굴들을 상상해 보라. 어디 거기에 내 것이 있는가. 몸의 향수는 향순이 것이고 머리의 스타일은 미용실의 미순이 손이지 어떻게 자기의 꼴인가? 무엇 하나 제 것이 있는가. 우리는 바보다. 바보는 위 설화 속의 비유 인물이다. 비몽사몽간에 머물러 있는 사람들이다. 비몽사몽간에 머물러 있는 사람은 잠을 자면서도 자기 자신이 졸고 있다는 사실과 주위의 분위기를 은밀히 의식한다. 혼몽하게 수면에 빠져드는 달콤한 속성까지도 자신이 느끼면서, 일면 잠자지 않고 깨어 있는 자신도 희미하게 느낀다. 이래서 바보의 심경을 의식과 무의식의 은밀한 밀월여행이라 한다.

　그러므로 바보란 만생의 본연 깊숙한 내면에서 희미하게 지켜보는 자를 말한다. 이 희미한 마음의 어둠인 무명이 홀연히 밝아져 환하게 지켜보는 자가 될 때, 이것이 곧 다름 아닌 불성이다. 그래서 불(佛)이란 말은 산스크리트어 '보는 자' '항상 두루 전체로 드러내 보이는 자'로 풀이하게 되는데 그 자가 누구란 말인가. 다름 아닌 바보스러운 나요, 미래에 깨어날 자기의 불성이다. 진실로 값지고 보배로운 우리들의 본성이요, 본 묘각인 자성이다. 그러므로 밝고 훤하게 두루 다 드러내 보이고 다 알고 다 느끼는 자, 그 자가 곧 '붓다' 요, 그렇게도 지극히 묘하게 밝게 다 깨닫는 그 자가 수면상태에 빠져 잠꼬대를 하는 것과 같은 우리는 '붓두', 바보인 것을…….

　일주문을 지나면, 육체의 차원에서 벗어난다. 육체의 정신 기능은 전부가 다 상대성이다. 보라! 육체가 무엇 하나 상대적이 아닌 것이 있는가? 우리의 식(識)은 상대의 대경(對境)이 있어야 일어나고, 상대가 없으면 암담해진다. 육체의 감각도 닿으면 알고, 닿임이 없으면 무감각해진다. 입은 음식이 들면 맛을 내고, 먹음이 없으면 담담해진다. 코는 트이면 시원해지고 막히면 답답해진다. 귀는 동요하면 소리를 듣고 고요하면 적막해진다. 우리의 눈은 빛이 있으면 봄이 생기고 빛이 없으면 아득해진다. 그런 고로 우리 몸의 육근은 두 가지 경계를 기준으로 한다.

상대성으로 되어 있는 두 가지 마음을 죽이면 단번에 불이문을 통과한다.
대자유인이 되는 부처님의 법구를 외우며 불이문 안으로 들어가자. "일체 모든 것이 나로부터 비롯되었다고 생각하면 스스로 안락하고, 일체 모든 것이 저로부터 비롯되었다고 믿으면 스스로 괴로우니라."

一切自由 自在安樂
一切他由 自在苦惱
일체자유면 자재안락이요
일체타유면 자재고뇌라.

사천왕문 : 권선징악의 문

불교집안을 자비 문중이라 한다. 그러나 사천왕문에 들어가 보면 한 점의 자비도 느낄 수 없다. 풀 한 포기 벌레 한 마리 죽이지 못하게 말리신 세존의 무한한 사랑을 대자대비라 한다. 그러나 사천왕궁에 들어가 보면 대자대비는 고사하고 천왕들의 무자비한 익살에 가슴이 서늘할 것이다. 저마다 고대 병장기인 검을 휘어잡고 큰 눈망울을 부릅뜬 형상을 보게 되면 무자비의 극치라는 생각이 든다. 누구나 일주문을 지날 때까지는 육안(肉眼)으로 보고 느끼면 된다.

절의 고유한 역사의 향기와 신기한 풍광을 보기만 해도 몸과 마음이 절로 상서로운 감회로 가득해진다. 하지만 천왕문부터는 우주 밖에서 우주를 보는 천안(天眼)이 없으면 전부가 귀로 들어 본 고대신화가 된다. 일주문을 지날 때에 이미 긍정도 부정도 아니 하는 제삼의 눈으로 양면심을 따돌려 버렸다. 그러므로 이것 아니면 저것이란 속된 번뇌의 괴로움은 아예 없다. 다만 새롭게 전개되는 희유하고 신통한 경치에 이끌려 사천왕문 앞에까지 당도해서 안을 들여다보면 어두컴컴한 전각의 내부가 엄숙타 못해 살벌하게 보인다. 무엇이 있는가 하고 컴컴한 실내 좌우를 살펴보게 되면 졸지에 전신에는 소름이 쫙 끼치고 공포의 전율로 풀무질하는 심장은 무서움으로 벌렁거릴 것이다.

잃어버린 자식을 기다리다 지친 어머니의 애절한 가슴 같은 따사로움으로 가득할 줄 알았던 대자비 문중의 감미로운 향수는 어디 가고 뜻밖에 공포의 집 천왕문전에 당도하고 보면 어마어마하게 큰 사천왕들의 노발대발하는 무시무시한 눈망울과 겁주는 병장기의 위력에 혼절할 지경이다.

그렇다, 정말로 그렇다. 모든 종교는 두려운 공포심에서 생긴다고 한다. 이렇게 공포심에서 기생한 온갖 종교의 신과 토속신, 만신 만파의 무속신들이 지금 이 사천왕궁에서 단박에 박살이 난다. 그래야만 한다. 저 모든 신들이 다름 아닌 모든 중생들의 공포심의 화신이기 때문이다. 그 화신들을 박살 내지 않고는 중생 무지의 공포심을 제거할 도리가 없다. 그래서 우선적으로 중생 무지의 공포심을 잘라 버리는 사천왕문이 있는 것이다. 그렇게 하지 않고는 아둔한 중생의 머리를 부처님의 정상육계로 밀어 넣을 수가 없다. 초차원의 해탈로 들어갈 수가 없다. 두려운 중생들이 머리에 이고 있는 유일신들을 잘라 버리지 않고는 진정한 자유와 행복이 충만한 평화로운 자기 내면으로 들어갈 수가 없다.

저 세상의 저속한 사이비 교도들을 보라. 저들은 종교 제국주의자들이다. 저들의 교주는 반드시 난세에 튀어나온다. 저들의 망령은 욕계육천의 천마의 권속인 영매귀들이다. 정령이 둘러쒼운 괴물들은 반드시 세상이 두려움에 떠는 난세에 튀어나온다. 저들은 처음에는 몸과 돈을 착취하고 마침내는 저들의 영혼까지 독식한다. 저들의 권속들은 두려움에 떠는 가련한 뭇 영생들을 두려움의 죄의식을 더더욱 강화시켜 놓고 속죄란 끈질긴 쇠사슬로 무지몽매한 중생들의 모가지를 탱탱 묶어 놓고 구원의 손길이란 허구의식의 말뚝에다 붙들어 맨다.

이 모양으로 뭇 중생들을 자기 집으로도 못 돌아가게끔 하여 신의 이름으로 단단히 얽어맸거늘 항차 스스로 어떻게 자기 심중으로 돌아가는 선택을 할 수가 있겠는가? 이것이 저 진리의 도적 사이비 종교 집단들의 사악하기 짝이 없는 죄악이지만 천벌은 천마의 권위로 한시적이나마 무심하고 국법은 종교의 자유란 궤변으로 두 눈을 딱 감아 버리니 오나가나 박복한 중생은 구원의 손길이 막연하다. 지금도 이와 유사한 사이비종교 집단이 천하를 누비고 있다. 이러히 추악한 맹신의 무지를 단칼로 잘라 버리는 사천왕문의 사명을 알아보자.

금강경에 석존이 중생들이 성불 못하는 네 가지 악조건을 밝히신 사상(四相)이 있다. 그 네 가지 악상을 잘라 버리는 문이 사천왕문이다. 그 4상을 가장 쉽게 이해하자면 나 자신 속에서 찾는 것이 가장 쉽다. 내 맘은 아상(我相)이요, 내 꼴은 인상(人相)이며, 사대육신과 오장육부는 중생상(衆生相)이고, 생자필멸은 수자상(壽者相)이다. 세상에서 쉽게 볼 수 있는 4상은 정치가와 사이비 종교 지도자들이다. 내가 구세주란 아상과 신격화나 영웅시 하는 인상과 제 마음대로 천하를 통솔하고자 하는 중생상과 정권이나 교세를 한시적으로 가지는 수자상이 그것이다.

세상의 정치 지도자들과 심심찮게 튀어나오는 사이비 교주들은 석존이 지적한 전형적인 4상의 모델이다. 물론 금강경에서 지적하시는 사상은 차원이 좀 다르다. 아상은 도를 얻었다고 하는 영적 경계를 말하고 인상은 독특한 행색을 말하며 중생상은 내가 중생이란 생각이나 남을 제도하겠다는 신념을 말하고 수자상은 생사해탈을 소망하거나 영생을 바라는 욕구를 말한다.

불도에는 세간법(世間法)과 출세간법(出世間法)과 최상승법(最上乘法)이 있다. 세간법이란, 일체 모든 존재는 다 체계에 의한 순리 운행을 하는데 이러한 질서 운행의 체계로 존속하게 되는 모든 세상 만상을 세간법이라 말한다. 하지만 불교집안의 진리는 영 다르다. 출세간법이라 해서 모든 인연화합의 섭리를 멀리 한다. 그러면 어떻게 해야만 인연화합으로 생긴 세상만법의 울타리에서 벗어날 수가 있겠는가? 그 도리를 밝힌 법이 출세간법이다. 또 세간법과 출세간법을 멀리 떠난 최상승법이 있다.

　세간법은 세상에 인연 따라 살면 된다. 하지만 출세간법은 모든 인연화합을 끊어 버리는 출가의 길이다. 우선적으로 집을 떠나 머리를 깎고 스님이 되는 수도승의 길이다. 보다 차원이 높은 최상승의 도는 보살도다. 보살도는 진정한 해탈도로써 몸과 마음으로는 세속의 인연화합 속에 적극적으로 현존하지만 그 현실 속에 심신이 머물지도 않고 심신을 떠나지도 않는 부즉불리(不卽不離)의 무심을 주시하는 각관(覺觀)의 삶을 최상승의 보살도라 한다.

　이제 수미산 중턱 사방에 거주한다는 사천왕들을 한 지붕 밑에 모셔 놓은 사천왕문 안으로 들어가 보자. 여기 모인 사천왕들은 불법으로 들어가는 중생의 사상을 단칼에 베어 군함 같은 큰 발로 짓밟아 버린다는 뜻으로 형설해 놓은 천신상이다. 세간의 사악한 생각을 미련 없이 단박에 잘라 버리고 지선(至善)의 불심으로 돌아가라는 뜻에서 험상궂은 사대천왕들이 시퍼런 지혜의 칼을 잡고 용맹스러운 얼굴로 맹위를 떨치고 있다. 어찌 보면 권선징악(勸善懲惡)을 형설한 모습 같다. 그래서 필자는 사천왕문을 권선징악의 문이라 부르기도 한다. 여러 경전에서도 사천왕들은 불법을 지키는 선신(善神)의 왕으로 중생들을 적자처럼 사랑하고 보호하면서 착한 사람은 복덕을 심게 하고 악한 사람은 허물을 벗겨 준다고 밝히고 있다.

사상(四相)의 문

지금부터 이 붓을 따라 천왕문 안으로 들어가 보자. 각 내의 안쪽 중앙로 좌우 양측으로 각각 두 분씩 네 분의 사천왕들이 의자에 걸터앉거나 서 계신다. 천왕들은 저마다 독특한 인상과 특이한 병장기를 들고 있다. 바로 이와 같은 천하무적의 용맹이 불도로 들어가는 수행자의 기본 정신의 자세다.

잠깐 네 분을 소개하면, 실내로 들어가는 입구 우측에 두 분은 동방의 지국천왕(持國天王)과 북방의 다문천왕(多聞天王)이다. 좌측의 두 분은 남방의 증장천왕(增長天王)과 서방의 광목천왕(廣目天王)이다.

혹 북방의 다문천왕과 서방의 광목천왕이 들고 있는 악기가 서로 바뀌어 있을 수도 있다. 그것은 서·북방의 중생들은 노래와 춤을 즐기고 악기를 잘 다룬다 하여 가천(歌天)이라 하는데 그 가천이란 이름의 의미를 같이 했을 경우다. 특히 천왕들의 얼굴색들이 각별하다. 그것은 오방(五方)의 색깔과 일치하는데 고대의 우주 물리학자들은 태양 빛이 각도에 따라 색상이 다양하게 나타남을 알고 방향에 따른 독특한 색상을 나타내었다. 그러므로 동쪽은 청색이고 남방은 적색이며 서방은 금색이고 북방은 흑색이다.

필자가 서방의 광목천왕님을 친견한 바에 의하면 우리가 사천왕문에서 보는 금강역사와 같은 무사의 형상은 아니다. 그러한 형상은 실재 사천왕의 성상(聖相)에서는 생각할 수도 없다. 32상과 80종호를 두루 갖추고 있으므로 우리들같이 육신의 상식 가지고는 아예 생각할 수도 없다. 오로지 거룩한 만덕 만선의 빛으로 가득한 몸이다. 비록 움직이는 동정은 있으되 움직이지 않는 것 같은 허공신(虛空身)이다. 저렇게 밝고 빛나는 투명한 허공신에다가 천상 제일의 재단사가 만든 천보의(天寶衣)를 단정하게 두르고 있다. 그 옷의 천이 세상의 빛의 개념과는 판이하게 다른 빛의 실, 광사로 짠 옷 같다. 엄청나게 우람하고 금강같이 단엄한 몸이라서 그 몸에 걸맞은 어마 어마하게 큰 보좌에 걸터앉아 대자대비의 자안으로 세상을 굽어보시는 천왕상을 자세히 보니 32상을 두루 갖추고 있다.

천왕의 인상을 단적으로 표현하면 고요한 기품이 우주적이어서 그 우주적인 고요의 부동신에 칠보관을 쓴 얼굴에는 형언할 수 없는 자비의 빛으로 가득하다. 만약에 중생들이 천왕의 저같이 인정 많은 인자하신 만덕 만선의 성상을 친견한다면 감당할 수 없는 감격의 눈물이 폭포처럼 쏟아짐을 경험할 것이다. 저렇듯 성스러운 공덕상을 원만히 갖추신 천왕이 감히 어떻게 누구를 벌주고 특별히 누구를 사랑하고 미워할 수 있을 것 같지 않다. 오로지 무량한 자비심으로 일체 중생을 깨어나게 하는 각성의 사랑이 철철 넘칠 뿐이다. 그래서 부처님은 사천왕부터는 일체 중생들이 신불(神佛)처럼 받들어 모셔도 좋다고 허락하셨다. 저 천왕님들은 이미 보살 지위로 올라선 2지 보살들이라고 부처님은 밝히신 바 있다.

절에서 우리가 보는 사천왕상은 인도 고대신화에 등장하는 천신들의 상이다. 고대 종교의 신들은 한결같이 겁 많은 중생에게 겁을 주는 공포의 대상들이다. 하지만 그 천신들은 과거세에 부처님들이 이미 교화를 잘 시켜서 불법을 지키는 신들의 왕으로 추대했다는 설이 있다. 세속의 민속신들을 부처님께서 모두 정도로 인도한 사례의 경이 지장경(地藏經)이다. 실제로 한 인간이 성불하여 부처님이 되면 우주 법계가 전부 다 그 부처님의 불국토가 된다. 그러므로 불경에 등장하는 제불세계는 무량 부처님들이 각각 성취한 불국토들이다. 그 한 부처님의 불국토를 구성하는 조직체계를 법계라고 한다. 시방삼세라고 하는 공간과 시간이란 법계 안에는 무량한 우주세계가 있다. 일억의 은하계를 한 몸에 지닌 대범천왕과 많은 태양계를 관장하는 제석천왕과 사바세계를 관장하는 사천왕 등 헤아릴 수 없는 천왕들이 가득하다. 그 모두는 한 인간이 성불을 했을 때 범아일여(梵我一如)라는 불가사의 정신세계의 현상이다. 의식계로 설명하면 중생의 신식(身識)은 귀왕으로, 식심(識心)은 천왕으로, 각성(覺性)은 무량 보살로, 묘각(妙覺)은 무량 제불로 이렇게 한 분의 세존이 성불했을 때 세계와 중생이 새롭게 체계를 갖추는 불국토의 한 과정을 절의 모든 장엄상에서 볼 수 있다.

그러므로 우리들이 절에 들어가면서 보게 되는 모든 상징들은 석가모니란 한 부처님의 화신세계상(化身世界相)들이며, 찬란한 광명상들은 보신세계상(報身世界相)들이며, 전각들의 무량의 공간상들은 법신세계상(法身世界相)들이다. 이 모든 현상들은 대각세계를 재현시킨 모습들이다. 따지고 보면 다름 아닌 우리 모두의 내면의 세계다. 우리 모두에게도 석가모니 부처님의 불도량처럼 똑같은 청정법계라는 정신세계가 있다. 이 모든 것이 바로 내 몸에 있음을 확신하고 불도량으로 들어가야 한다. 그러므로 저렇게 거룩한 정신세계를 이미 성취하신 세존의 가르침만을 열심히 준수하다 보면 반드시 우리도 석가모니 부처님과 똑같은 법신, 보신, 화신이라 하는 삼신(三身)을 반드시 구족하게 된다. 이와 같은 지견으로 불도량을 보고 이것을 확신하는 믿음이 바른 신행자라 할 수가 있다.

저렇게 엄청난 정신문화의 세계를 이 세상에 재현시킨 모든 예술가들에게도 우리는 심심한 사의를 보내야 한다. 그들의 뛰어난 의미유추의 모방심리가 없었던들 우리가 어떻게 보이지도 않는 정신세계를 추리라도 할 수가 있었겠는가? 동서고금을 막론하고 예술가들은 나무나 돌과 같은 무정물을 가지고 살아 숨 쉬는 생명의 실상을 보여 주고 있다. 유정 무정의 형설의 시는 인류의 모든 정신문화다. 바로 그것은 나의 정신세계의 청사진이다. 특히나 말과 글이 신통찮았던 역사 이전의 정신세계를 지금 우리에게 쉽고 재미있게 전해 준 모든 예술의 진가는 값으로 칠 수 없는 고귀함이 있다. 바로 그 고귀한 형설의 모든 유품들 중에서도 법당으로 들어가는 두 번째 문이 되는 사천왕문에서는 사천왕들이 불도의 정견을 보여 줄 것이다. 이 붓은 천왕들의 법어를 우리말로 쉽게 통역해 줄 것이다.

사천왕문은 중생이 성불을 못하는 네 가지 악조건의 사상(四相)을 잘라 버리는 문이다. 바로 4상을 깨어 부수는 문이다. 돌이켜 보건대 인류역사상 깨알같이 많이 쏟아져 나온 철학자들이 식심분별을 탈피 못한 것은 중생 본능의 4상을 몰랐기 때문이다. 만약 저들이 한국의 일주문과 사천왕문을 일찍이 구경했더라면 이것이라 저것이란 이변논과 중생고질의 사상병(四相病)을 멀리 했을 것이다. 공연히 인생이란 무엇인가 하고 답 없는 답을 찾지는 않았을 것이다.

동양의 공자 할배는 인간을 만드는 덕목의 하나로 부질없는 몸과 마음을 단속하는 예의범절에만 속을 태웠다. 다만 무위도(無爲道)의 노자와 열자와 장자 같은 분은 깨달음과 흡사한 사상각(想思覺)에 잠들고 말았다.

완전한 인격자의 길인 불도로 들자면 석존이 금강경에서 밝히신 바 있는 4상을 우주법계로 회향시키는 종과 같은 삶을 살아야 한다. 대승들은 무량 억겁토록 4상을 버리는 종과 같은 삶을 살아간다. 그러면 그 4상이란 무엇인가? 금강경에서는 아상, 인상, 중생상, 수자상이라 밝히고 있다. 하지만 우리들의 상식으로는 아리송한 단어다. 그래서 우리들의 상식선에서 그 뜻을 살펴보자.

미물일수록 몸에 자극을 조금만 가해도 번개같이 놀라 뛰며 몸부림친다. 이것이 아상이다. 별나게 영민한 사람일수록 나라는 아상이 강하다. 불이나 가시로 살갗에 갑자기 자극을 주었을 때 "앗" 하고 깜짝 놀라 뛰는 영혼의 몸부림이 곧 아상이다. 또 인상이란 저마다 타고난 인상을 말한다. 만생은 저마다 독특한 모습을 갖추고 있다. 이렇게 각별하게 생긴 모양을 인상이라 한다. 또 중생상이란 모든 만물은 다 분자의 결합체다. 사람도 사대육신으로 결합된 중생상이다. 이와 같이 한 인간의 삶도 모든 존재와 더불어 살아가는 중생상이다. 이것을 중생상이라 한다. 또 수자상이란 모든 생명은 태어나면 수명이 결정된다. 수명의 한시를 수자상이라 한다. 이렇게 보는 소견을 세간법이라 한다.

한 차원 높여서 출세간법인 출가자의 4상은 이렇다. 자성을 부처로 생각함은 아상이고, 몸의 구조적 신비를 법신으로 보는 소견을 인상이라 하고 자기중심의 우주관을 중생상이라 하며 영혼불멸설의 소견을 수자상이라 한다. 아라한들이 성취한 식심적멸(識心寂滅)의 유여열반은 대표적인 수자상이다.

또 최상승법의 4상이 있다. 이 법은 보살들이 성취한 등각(等覺)의 자리에서 여래장(如來藏) 묘각(妙覺)의 대해탈 경계로 몰입시키기 위한 사상론(四相論)이다.

만약 깨달았다는 각에 머물면 아상이고 팔만세행을 행하되 행한다는 자각이 있으면 인상이고 뭇 중생을 구제함에 있어서 구제한다는 자각 없이 삼매에 들어 구제하면 대해탈의 경계인데, 만약 어떻게 한다는 의정(意情)이 있으면 중생상이고 등각의 자리에서 생사와 열반을 자유로이 취하고 버리는데 그렇게 한다는 자각이 있으면 수자상이 된다.

우리가 보는 사천왕문에서는 일반 중생들과 출가자들이 고질적으로 취하고 있는 4상을 격파시키는 문이 되고 있다.

사천왕문(四天王門)

사천왕문(四天王門)을 생각해 보노라면, 보다 높고 깊은 심원한 부처님의 뜻이 보이는 듯하다. 그와 같은 지견은 다름 아닌 석존께서 사바세계라고 하는 이 지구상에 탄생하시는 순간, 실제로 일어난 불가사의한 이적이었다. 그러한 기적의 설화가 저 사천왕문에서 빛나고 있다.

어머니 되시는 마야성모님께서 해산을 하려고 친정으로 가다가 룸비니 동산에서 잠깐 쉬는 순간, 갑자기 상서로운 징조가 시방에서 일어나매 성모께서도 신비로운 기미를 느끼시고 일어나 무우수(無憂樹) 가지를 오른손으로 잡으시려는 찰나, 오른쪽 옆구리가 열리면서 금빛 찬란한 동자가 나오셨다. 탄생하시자 사방(四方)과 간방(間方) 그리고 상하방(上下方)으로 각각 칠보를 걸으시고, 중심 방위에 이르러서는 왼손을 들어 하늘을 가리키시고 오른손을 내려 하방을 가리키시면서, 첫 말씀이 "천상천하유아독존(天上天下唯我獨尊) 삼계개고아당안지(三界皆苦我當安之)"라 하셨다. 말씀 소리는 우주가 떨려서 울려나오는 신비로운 범음이었다. 그 때가 동양력으로는 갑인년(甲寅年) 사월(四月) 초파일(初八日) 오시(五時)였다. 우리들이 말하는 띠로는 호랑이 띠인데, 그것도 하얀 백호랑이 띠가 된다.

여기서 깊이 생각해야 할 일은 성인들이 말씀하시는 아(我)는 우주적(宇宙的)인 전아(全我)를 의미한다. 우리가 알고 쓰는 아(我)는 '저' '내' 로서 소아(小我)를 말한다. 일본 사람들은 자기를 말할 때는 와다구시(私)라 부른다. 전체가 아닌 사적인 존재라는 뜻으로 낮춤말씨로 쓰고 부른다. 우리말에도 자기를 낮추는 예의바른 말씨가 있다. 윗사람 앞에서는 '제' '저' 로 겸손한 말을 쓰고 있다. 온 인류는 신성에 대한 진리어로 아(我)라는 표현으로 자기 자신을 일컬어 왔다.

석가세존께서 탄생 즉시 말씀하시기를 "나는 천상과 천하에 오직 홀로 우뚝하다. 욕계, 색계, 무색계라고 하는 삼계는 다 괴로운 곳이다. 저마다 자기로 돌아감이 가장 편안한 길이로다."라고 하신 첫 말씀의 뜻은 온갖 중생이 다 갖고 있는 참나인 아(我)가 하늘 위에서나 하늘 아래 제일이요, 가장 높은 존재라는 확신을 주지시키는 첫 메시지였다. 온 인류는 일찍이 무의식인 무명으로 말미암아 다들 자기 본 자성을 의식하지 못하는 자기상실증에 걸리고 말았다. 자기를 돌이켜 보지 못하는 무지로 인하여 고통 받는 우리들에게, 세존은 신에게 맹신이나 하고 사악한 종교 정치꾼이나 외도들에게 맹종이나 하며 행운이나 기대하는 온 인류에게, 너 자신이 하나님이요, 신이며, 부처라는 사실을 주지시켜 확신케 하고 우리들 자신이 바로 이 우주의 주인공임을 자각케 하는 말씀을 하셨다. 일체 중생에게 보다 높은 자부심과 긍지를 함께 심어 주시는 말씀을 하셨던 것이다.

아울러 온갖 중생이 의지하고 살아가는 삼계라고 하는 이곳은 항상 생사의 괴로움이 많은 곳이라고 일축하셨다. 육감(肉感)으로 살아가는 욕계(欲界) 중생과 색심(色心)으로 존재하는, 고요한 빛으로 가득한 평화로운 색계(色界) 중생이나, 그것도 저것도 아닌 무의식의 우주 즉, 공적한 무색계(無色界) 중생들도 다 영원치 못한 괴로움의 윤회가 있는 곳이므로 오직 자기가 만법의 주인공으로서, 저마다 자기로 돌아감이 가장 평안한 곳이라고 영원불멸의 안식처를 온 인류에게 천명하셨다. 세존은 자신이 이 세상에 오시게 된 불도(佛道)의 목적까지도 잘 밝히고 보이셨다. 그러한 뜻을 갓난아기의 육신을 통한 행동으로 먼저 보여 주셨다. 이러한 모양을 나투심은 부처님은 보통 인간과 다른 점을 여실히 보여 주시기 위함이었다. 놀랍게도 시방(十方)으로 칠십 보(七十步)를 걸으시었다. 행동으로 보이신 칠십 보의 한 발자국 한 발자국이 저 사천왕문에는 천금 같은 황금률로 그 뜻이 가득가득 담겨져 있다.

열반경에는 부처님이 탄생하시어 걸으신 70보의 의미가 잘 밝혀져 있다. 사방으로 28보가 아니라 시방으로 칠십 보를 걸으시었다. 시방세계에 새로운 진리를 심어 놓으시고 그것을 보이셨다. 비유하면 컴퓨터에 새로운 프로그램을 입력시키듯 하셨다. 그러므로 이 우주에는 석존의 위신력으로 법계라고 하는 진리의 섭리가 충만되어 있으므로 무엇 하나 석가부처님의 법도에서 벗어나지 못한다. 다음 미륵부처님께서 이 우주에 탄생하시면, 그때는 또 미륵부처님의 뜻으로 우주를 가득 메운다.

먼저 동방으로 칠보를 걸으심으로써 뭇 생명계의 도사(導師)임을 보이셨다. 다시 남방으로 칠보를 걸으심은 무량복전(無量福田)임을 보이심이요, 서방으로 칠보를 걸으심은 생사가 없는 법신(法身)임을 보이심이다. 다시 북방으로 칠보를 걸으심은 생사초월을 보이심이었다. 또 다시 동북간으로 칠보를 걸으심은 타화자재천(他化自在天)에 있는 마왕을 항복받음을 보이심이었다. 항상 남을 제 마음대로 종같이 부리려고 하는 마왕의 하늘을 타화자재천이라고 말한다. 다시 동남간으로 칠보를 행하심은 번뇌마를 항복받음을 보이심이요, 서남간으로 칠보를 걸으심은 마음을 이루고 있는 다섯 가지 조건인 색음, 수음, 상음, 행음, 식음인 오음마(五陰魔)를 항복받음을 보이심이고, 서북방으로 칠보를 걸으심은 죽음의 사마(死魔)를 항복받음을 보이심이다.

또 상방으로 칠보를 행하심은 허공은 물들지 않는 허공불염상(虛空不染相)을 보이심이고, 다시 하방으로 칠보를 걸어 보이심은 법비로써 지옥의 불을 꺼 주는 법우지옥화제상(法雨地獄火除相)을 보이심이다.

이와 같이 시방으로 왕래하시며 깊고, 높고, 넓고, 크고 먼 시방제불의 비밀한 진리의 뜻을 시방세계에 입력시켜 놓으셨다. 다시 말하면, 이 우주에 새로운 에너지를 가득 축적시켜 놓으셨다. 이렇게 불가사의한 불사(佛事)를 짓고는 세속의 보통 어린아이로 돌아와 조용히 누워 계셨다고 한다. 이것은 평범한 세상의 도리를 보이심이었다. 실은 어머니 태중에 있으면서도 제불세계 불보살이나 천상 사람들이 모인 가운데서 설법을 하셨다. 그들이 볼 때는 마야부인의 태중을 묘법당으로 보고, 그곳에서 불법을 듣고 배웠다. 부처님의 제자 수보리도 어머니 태중에 있으면서 시방으로 쫓아다니며 법문을 했다고 전한다. 이러한 말씀 속에 불법이 다 있다. 깨어 있는 사람과 꿈을 꾸고 살아가는 중생의 차이가 이렇게 현격하다.

이와 같은 기적은 아무나 보일 수 없다. 오직 여래세존의 출세하실 때만 있는 불출세(佛出世)의 대신통장엄상(大神通莊嚴相)이다. 이러한 불사(佛事)를 우리들의 머리로 사실 여부를 묻거나 의심하지 말자. 이 세계가 아닌 다른 외계에 살고 있는 천상 사람도 화생하여, 나는 즉시 온갖 행위를 한다고 한다. 공연히 자기의 속된 상식으로 자기의 기준에 맞춰 비판하려 들지 말자. 인간이 지닌 내면의 본질에는 이와 같이 누구나 할 수 있는 무한한 잠재력과 무궁무진한 신비가 다 있다. 지고한 경지에 도달한 분의 무한한 가능성에 감복하면서, 그 의미를 두고두고 합장하고 흠모하자.

일반 종교의 사원(寺院)은 하나이다. 그러나 불교의 사원은 일곱 개이다. 그러한 사실을 직감할 수 있는 사실적 증거로는 일주문(一柱門)부터 사천왕문(四天王門), 금강문(金剛門), 보제루(普濟樓), 대웅전(大雄殿), 적멸보궁(寂滅寶宮), 그리고 마지막으로 대우주와 자연을 하나의 불국토(佛國土)로 보는 구경의 대반열반의 경지가 그렇다.

이러한 일곱 개 사원을 자아성숙의 차원으로 성찰해 보면 더욱 그 의미가 새롭다. 일주문은 육체(肉體) 사원이 된다. 그러므로 사문(寺門)에 들어선 스님네가 일주문 차원에서 머리를 깎고 법의를 입는다. 이렇게 육체가 하나의 사원이 됨으로써 정신의 변형은 저절로 일어난다. 두 번째 사천왕문에서는 중생의 본능인 소아의식(小我意識)을 우주의식으로 확장시켜 자기를 죽이는 살적(殺賊) 차원이 된다. 생사윤회의 근본이 되는 아집(我執)인 아상(我相), 인상(人相), 중생상(衆生相), 수자상(壽者相)의 네 가지 고집(苦集)을 짓밟아 버리고 생사의 명줄을 잘라 버리는 정신사원(精神寺院)이다. 구도의 길로 들어선 수행승 차원이기도 하다.

세 번째 금강문 사원이다. 여기서부터는 심리학적인 사원으로서 자기 자성을 밝혀 다이아몬드 같은 금강심을 이루게 하는 차원이다. 그렇게 하는 수행방침으로는 250계율을 철두철미하게 굳게 가지는 금강역사와 같은 의지와 용맹의 사원이다. 이것이 금강문 사원에 들어선 구도수행승의 경지이다. 금강문 안에 들어가 보면 오른쪽에는 나라연금강(邢羅延金剛)이 코끼리 백만 배의 힘 자랑을 해 보이고 있다. 이 분의 키는 사해바다의 깊은 물이 발목까지밖에 차지 않을 정도로 크다. 왼쪽의 밀적금강(密迹金剛)은 금강저라 하는 핵폭탄 같은 방망이를 들고 계신다. 항상 불보살과 수행자를 가만히 숨어서 지켜 주시므로 밀적금강이라 한다. 나라연금강과 같은 힘과 밀적금강의 용맹으로 통과해야 할 문이 금강문이다.

네 번째 보제루 사원에서는 금강심(金剛心)으로 신령하게 깨어 있는 영적(靈的)인 차원이다. 이제 막 초견성(初見性)한 스님이 묵은 속습을 제거하기 위하여 잠시 안정을 취하는 보림사원(保任寺院)이 보제루 차원이다.

다섯 번째는 법당 사원이다. 처음으로 깨달음을 얻은 스님네가 소과(小果)인 성문 나한과 혹은 벽지불과를 이룬다. 이 소과를 버리고 다시 분발하여 아뇩다라삼먁삼보리심을 발하여 불도(佛道)인 성불(成佛)을 구하면, 자연히 불자(佛子)로 화생(化生)한다. 이 경지가 보살도로 가는 첫 단계인 환희지(歡喜地)로서 대해탈로 가는 보살승(菩薩乘)의 경지이다. 그러므로 법당 안에는 한량없는 불보살이 무엇인가를 타고 있다. 새나 용, 사자나 코끼리를 타거나 대체로 연화좌를 타고 있다. 이렇게 동물이나 모든 물질까지도 깨달음의 초의식으로 보는 법물(法物)로 만들어 놓았다. 이 모든 장엄물은 참 해탈상의 반영이므로 진리의 집이란 뜻에서 법당(法堂)이라 한다. 불자(佛子)가 된 스님네는 이때부터 부처님의 법을 세세생생 펴다가, 또 다음 미륵부처님 시대가 오면 그 때는 또 미륵부처님의 법(法)을 편다.

이렇게 자신이 성불할 때까지 제불의 정법을 널리 펴 보이는 대법사(大法師)로 군림하는 차원이 법당 사원이다.

여섯 번째는 열반 사원이다. 성불하여 세존이 된 후에 대반열반에 드는 차원으로서 무형(無形)의 사원이다. 그러므로 적멸보궁에 가보면 불상(佛像)도 탱화도 없다. 지극히 법다운 침묵의 사원이다.

일곱 번째는 이 우주 대자연을 전부 하나의 사원으로 보는 불국토 사원이다. 대반열반상의 진정한 참 사원으로 묘사하고 있다. 일곱 번째 사원에서 구경(究竟)의 사원이 된다. 큰 깨침을 얻은 불보살들이 법신(法身)으로서 시방 허공을 모공에 넣고 대자대비로 존재하는 궁극적인 사원의 차원이다.

이렇게 불교는 마음을 다룸에 있어서 크게 세 단계로 보이고 있다. 첫째는 뜻있는 모형을 통하여 의식의 단계로 끌어올리는 것인데, 고대의 건축

양식이 그렇고 상형문자가 그렇다. 어떠한 내용을 그림이나 모형을 통하여 예술화했다. 둘째는 어떠한 대상도 내용물도 없는 초의식 상태로 유도하는 명상법이 있다. 흔히 참선이란 것이 그것이다. 셋째는 삼매(三昧)의 단계가 있다. 몸과 뜻과 마음을 주시하고 의식하게 하는 깨어 있는 수행 방법을 말한다. 그러므로 일반 세속의 지식과 상식으로는 이 '절로 가는 길'의 얘기가 상당히 부담스러워질 수도 있을 것이다. 그것은 일생 동안 자기 자신을 주시하는 마음공부를 아니 하고, 오히려 분별심만 지능적으로 익혀 왔기 때문이다. 그러나 모르면 모르는 그대로가 좋은 상식이 될 줄 안다. 비유하면 몹시 추운 날 오들오들 떨고 있을 때에 먼 데서 타고 있는 큰 불을 본다면 실제로 불 옆에 아니 갔는데도 저절로 몸과 마음이 훈훈해지는 상음(想陰)심리가 있는 것과 같다. 이 같은 이치로 그저 생각 없이 이러한 명상록을 읽기만 해도 내면에는 깨달음의 씨앗이 뿌려질 것이다. 그 어느 날 불법의 비가 무지한 마음의 땅을 촉촉이 적시고 지나가는 날, 깨달음의 고운 새싹이 움터 나올 것이다.

　이와 같이 경전이나 진리의 말씀을 풀이한 글들은 금방 가슴에 와 닿지는 않으나 때가 되면 자연히 우리들의 내면, 즉 마음의 땅에서 무수한 우담발라가 피어난다. 누구나 이러한 깨침의 희열을 경험했을 것이다. 그러므로 금방 이해를 구하려 하지 말 일이다. 설령 그 글의 뜻에 대하여 놀라운 앎이 일어났다 해도, 그것은 생명력 없는 인형에 지나지 않는 메마른 지식인 줄로 생각하는 편이 지혜롭고 참신한 자세이다.

　여기에서 우리들의 사고나 사유로써 아니 되는 큰 장애 요소 세 가지를 짚고 넘어가자. 우리가 깨닫지 못하는 무지의 장벽이 바로 이것이기 때문이다. 무엇이 비사유(非思惟)의 세 가지 장애인가. 이것들은 우리들로 하여금 마음의 문을 통과하여 지혜로 가득한 깨달음의 사원으로 들어가지 못하게 하는, 즉 자기를 의식하지 못하게 하는 가장 큰 대문의 빗장이다.

그것이 첫째 업장(業障)이라고 하는 끈끈한 미련이다. 그러한 끈질긴 미련은 모든 삶이 불완전한 행위로 끝나 버렸을 때 일어나는 아쉬움이다. 그러므로 우리는 오랜 습관에서 벗어날 수 없다. 단 출가를 하여 오랜 세월 동안 명상함으로써 업장에서 벗어날 수 있다. 이것은 사유(思惟)의 대상이 아니다. 다만 의식을 돌이키는 관심법이 업장을 풀 수 있을 뿐이다.

그 다음으로 번뇌장(煩惱障)이 있다. 이 번뇌는 탐욕, 미움, 시기, 질투 등으로 이런 종류의 정신병은 헌신의 삶에서만이 벗어날 수 있는 무서운 쇠사슬이다. 이것 역시 사유(思惟)의 대상이 아니기 때문에 인간의 의지나 느낌, 생각으로는 풀리지 않는다. 남에게 베푸는 희사정신(喜捨精神)과 마음을 보는 관심수행으로만 풀 수 있다.

세 번째로 소지장(所知障)이다. 즉 지식이 큰 허물이 되어 청정한 마음의 본성으로 가는 데 장벽이 된다는 말이다. 자신들이 갖고 있는 소견, 사상적 관념의 이데올로기, 지식 등이다. 이것 역시 청정한 자성의 깨달음으로 가는 데는 큰 장벽이 된다. 이것들은 생각이 아니기 때문에 의식을 돌이켜 보는 명상이 아니면 풀리지 않는다. 수심가나 한 편 부르고 쉬어 가자.

　　자나깨나　근심걱정　직업삼아　하는사람
　　근심걱정　느는것이　항아리에　물고이듯
　　밤낮으로　잠잘자는　멍치같은　잠꾸러기
　　잠이점점　많아져서　송장같이　되어지고
　　탐욕음욕　술먹는일　그와같이　붓는구나

일주문을 통과하면 천안(天眼)이라고 하는 우주의 안경을 써야 한다. 그 천안은 두 가지 마음을 잘 드러내 보이는 눈이다. 마음의 모양을 자세히 비춰 보는 초의식의 눈이다. 견성(見性)의 눈을 말한다. 그래서 견성하신 스님네나 지극히 순진한 사람이 좋은 일을 많이 하고 염불을 하면 혹 체험하는 눈이다. 이것은 우주를 보는 눈으로 허공과 시간, 뭇 생명의 영혼까지도 다 본다.

우리는 지금 막 사천왕문(四天王門) 앞에 당도했다. 여기서부터는 우리들의 육안의 세계가 아닌 정신세계의 차원이다. 두 개의 눈이 하나의 사물을 보는 눈이 아니라, 하나의 눈이 두 쪽의 실체, 즉 양면을 통틀어 보는 제삼의 눈이다. 진리를 보고 불도로 가는 데 절대로 필요한 눈이다.

신중탱화에서 볼 수 있는 마헤수라천의 미간에 있는 눈이 곧 제삼의 눈을 상징하고 있다. 천문학자가 우주를 보자면 천체의 망원경을 들여다보아야 하듯이, 사천왕문 안으로 들어가서 그 안의 상황을 이해하자면 반드시 천안이 열려야 한다. 마음 저쪽의 눈이 틔어야 한다. 그러나 이 정도만 알고 있어도 다행이다. 보고 알지는 못하더라도 하찮은 상식이라도 있어야 바른 앎이 일어난다.

경상북도 상주군에 소재한 남장사(南長寺) 뒤편에 북장사(北長寺)라고 하는 신라시대의 고찰이 있다. 이 절에 있는 사천왕문은 세상의 어느 절보다도 독특하고 장엄했던 모양이다.

오늘날의 유원지에 있는 '공포의 집'처럼 요상하게 만들어 놓아서 누구나 대문을 열면 육중한 대문짝이 열리는 요란한 기관포 소리와 함께 대문 양쪽으로부터 집채만한 괴물이 시퍼런 칼을 들고 우루루 나와 번쩍번쩍 빛나는 눈망울을 굴리며 고함을 지르는 듯 함지박 같은 입이 대문을 여는 이로 하여금 기겁을 하게 하였단다. 이러한 사실을 잘 모르고 어느 아낙네가 임신 중에 불공을 드리고자 잔뜩 긴장을 하고 들어서는데, 무슨 유감이 그리도 많았던지 사천왕(四天王)이 와락 달려들면서 무시무시하게 인상을 쓰는 바람에 그 자리에 쓰러져 혼절을 하여 그만 낙태까지 한 사건이 있었다고 한다. 그 후로 사천왕문 때문에 신도가 줄어들자, 그 '공포의 집'은 점차 얌전한 집이 되었다고 한다.

절에 가보면 잘 알겠지만 과연 무섭기는 무섭다. 그 문 안에 들어서면 저절로 숨긴 죄악들이 왈칵 일어나면서 얘기로만 듣던 저승 생각이 난다. 사천왕문 안에 들어가면 어쩐지 섬뜩함을 느끼는 것은 인간의 기본 양심이다. 이러한 공포증은 착한 마음씨에서 비롯된다. 마음에 선근(善根)이 없는 사람은 엉뚱한 교만이 앞선다.

왜 이렇게 절에는 온갖 종류의 인형극이 가득 할까? 그것은 이 세상과 우리들의 마음이 전부 꼭두각시요, 장난이며 환상이고 꿈이라는 사실을 풍자한 것이다. 허망한 마음을 깨뜨리는 불법의 참뜻을 다양하게 문자나 조각이나 그림을 통하여 해학적으로 시청각화한 것이다. 불교처럼 이렇게 시청각을 통하여 각성을 일깨우는 정신문화도 별로 없다. 보라! 깨침의 미학을, 웃음의 공원을, 침묵의 춤을, 대우주의 오페라를 보라! 여기 불국토를. 흙도 부처님의 발자취를 만나면 부처상을 이루고, 돌도 불법을 만나면 돌부처가 되고, 쇠도 부처님의 법음을 만나면 철불이 되고, 최상의 금부처도 된다. 나무도 부처님의 명상을 만나면 깨침의 보리수도 되고, 목불도 된다. 파충류인 미생물도 부처님의 뜻을 만나면 양성은 하늘을 나는 천룡(天龍)이 되고, 음성은 기어다니는 거북(龜)이 되어 법당을 떠받들고, 기어다니는 네 발 짐승이 부처님의 지혜를 만나면 음성은 사자후하는 사자좌도 되고, 양성은 하늘을 나는 천마(天馬)도 되고, 나는 새가 부처님의 해탈의 향기를 만나면 숫놈은 봉(鳳)이 되고, 암놈은 황(凰)이 되고, 황금빛 공작도 되어 부처님 법당을 받드는 극락조 되누나.

이들은 다 태초에 인간의식이 변형을 이룬 신성물이었다.

지옥고 중생이 부처님의 신통을 만나면 덕천(德天)을 하고, 귀신이 부처님의 빛을 만나면 호법신중이 되고 금강역사도 된다. 사람이 부처님의 법음을 들으면 깨침을 얻고 불자가 되며, 하늘 사람이 부처님의 금색신을 보면 불지에 들고, 불자가 부처님의 열반신을 보면 대반열반을 얻나니, 아, 불타여!

말문이 막힙니다. 온 우주를 하나의 불신(佛身)으로 성취시킨 불문의 묘법(妙法)에 경배합니다. 우주란 실로 질서와 리듬과 조화의 광장이다.

우리가 사는 우주에는 동서남북 사방을 지키는 사천왕이 있다. 이 천왕님들은 불법을 지키기 위하여 존재하는데, 이 경우의 불법은 흔히 말하는 진리가 아니고 진리까지도 깨끗이 정화시킨 적멸(寂滅)의 해탈 열반을 말한다. 이 구경의 해탈 열반을 성취하는 도리를 우리는 법(法)이라 한다. 그러므로 불법(佛法)을 지킨다고 하는 사천왕들의 지혜와 신통과 공덕이 어느 정도인지 어림 짐작해 봄이 좋을 것이다. 군대의 장교들도 특수 과정을 수료하고 소정의 과정을 거쳐 마침내 장군이 된다. 이와 같이 여기 보여 주는 사천왕들의 수행도의 직위는 보살승에 오른 분이란 사실을 유념해 두기 바란다. 보살이란 '보살펴 주는 자'로서 무한한 자비로 끓어 넘치는 태양과 유사한 공덕을 베푸는 분을 말한다.

불상이 모셔져 있는 절이나 경전이 있는 곳에는 반드시 사천왕이 지켜보고 있다. 또 탑이 있는 곳과 사람이 불법을 수행하는 곳에는 그 사람과 그 도량을 반드시 지켜 주신다. 실제로 지켜 주는지 아닌지에 대한 의문은 진리의 섭리와는 무관하므로 굳이 변명을 않겠다. 누군가가 허공이 없는 곳을 설명하란 얘기 같기 때문이다. 눈 없는 사람에게 하늘과 땅을 설명하는 격이므로 필설을 금한다.

무명(無明)이라 이름 하는 마음의 그늘로 가려진 우리들의 심경에 맞추어 설명하기로는 사천왕은 절 문 밖에서 마군(魔軍)들의 출입을 제한하기 위하여 긴 칼을 들고 엄중히 경비를 서고 있다고들 말한다. 하기야 나라의 왕도, 벌 떼의 여왕벌도 삼엄한 경계로 보호를 받는다는데 부처님같이 위대한 성인에게 있어서랴!

그러나 이러한 발상은 어디까지나 지존에 대한 신행자들의 경배 의식으로 만들어진 말이고, 인간의 지성스러운 정신 예술일 뿐이다. 물론 이렇게 우리가 보는 바와 같이 소박한 구상을 하여 장엄할 때는 부처님 경문에 있는 기록을 토대로 하여 건설했던 것이다. 조각이든 그림이든 심지어 절의 전체적인 구조까지도 불경의 내용을 함축시켜 놓은 무언의 사자후(獅子吼)인 것이다.

실제로 붓다를 지킬 수 있는 보살이나 신이나 그 무엇이 있을 수 없다. 설사 대보살이라도 불가능하다. 붓다의 응화신(應化身)을 제외하고는 말이다. 부처님이 세상에 인간의 조건을 갖추고 나오시기 전에는 도무지 형상이나 주소가 없다. 두루 가득하여 어디고 머물러 존재하는 곳이 없는 그 무엇을 지키고 받들 곳이 어디란 말인가? 성문, 나한, 벽지불 같은 분들의 깨달음도 그분들의 몸만 버리고 나면 있을 곳이 없다. 그러나 보살이나 부처님의 불안(佛眼)에는 그 분들의 법신이 다 드러나 보인다. 그래서 사천왕들을, 절을 지키고 보호하는 파수병으로 여기는 속인들의 아름다운 마음씨에도 깊은 감사와 공명을 한다.

물질세계가 아닌 정신세계로 보아야 하는 천안(天眼)의 문으로 들어가자. 절에 왔으니 절부터 하자. 장승같이 함부로 목에 힘을 주고 버릇없이 뻣뻣하게 굴다가는 속물스러운 머리는 달아난다. 문 안에 들어서거든 대가리(大伽利)를 꺾고 목례라도 올리자. 대가리(大伽利)란 아이디어 박스를 말한다. 우리 말로는 '지혜덩어리' 이다. 두부(頭部) 전체를 일컫는 말이다. 우리 말에 없어선 아니 되는 방언이다. 이 토속어를 제하고는 머리 전체를 표현할 단어가 없다. 국어학자들은 깊이 연구해 볼 일이다.

문 안에 들어서면 좌우로 우람한 네 분의 천왕을 볼 수 있다. 복도 양쪽으로 각각 두 분이 무시무시하게 위엄을 떨치고 반좌를 하고서 계실 것이다. 들어가는 자의 편에서 보자면 우측으로부터 첫 번째 분이 동방(東方)의 지국천왕(持國天王)이시다. 노기충천한 푸른 얼굴에 오른손을 허리에 대고 오른쪽으로 얼굴을 돌려 잔뜩 노려보는 분이다. 어떤 경우는 한 손에 비파를 들고 있기도 하고 칼을 잡고 있기도 하다. 노래를 전문으로 부르는 건달바와 부단나의 신중을 거느리고 있다는 징표이기도 하며, 노래나 부르고 술이나 먹으며 놈팽이 노릇하는 놈은 요절을 낸다.

보라! 천왕의 발밑을……. 나라의 지도자가 되어 천하를 즐겁게 하여 평화의 노래가 넘치게 하는 자에게는 위신과 밝은 지혜를 준다는 형설이다. 그러나 탐관오리들은 그 분의 발밑을 주의하라! 더욱 조심해야 할 점은 지국천왕 앞에서는 내가 한 소식했다는 교만이나 내가 부처나 신이란 미친 생각을 짓밟아 버려야 한다.

왜냐하면 이러한 아상(我相)은 지국천왕(持國天王) 앞에서는 산산조각이 나 버리기 때문이다. 지국천왕은 삿된 아집을 부수고 마음을 보는 눈을 주기 때문에, 곧 수행자로 하여금 주지(住持)가 일어나게 한다.

나라를 다스리는 사람에게는 항상 국가적인 차원에서 생각하고 행동하며 헌신의 삶을 살게 하고, 구도자에게는 온갖 사념과 자의식을 지켜보는 자로 머물게 하여 무아의 상태를 스스로 가지게 하는 슬기가 일어나게 한다. 이것을 주지심(住持心)이라 한다.

두 번째 분이 서방(西方)의 광목천왕(廣目天王)이시다. 얼굴빛이 누렇거나 희다. 용과 비사사라는 신중을 거느리고 있다. 일명 악안(惡眼)이라고도 한다. 이 광목천왕은 세계의 은하계 내 모든 생명의 마음을 본다. 그 세계 내에 깨알같이 많은 학설과 여러 가지 신흥종교의 나쁜 학설이나 사건을 다양한 웅변으로 설득시켜 깨닫게 한다. 그러므로 한 손에는 여의주를 들고 있다. 누구든 광목천왕 앞에 서거든 조심하라! 똑똑한 사람은 더욱 겸손하라. 그 분의 발밑을 보라! 많이 배운 선비의 혀가 만발이나 빠져 있지 않은가? 내가 누구입네 하는 자존심과 권위의식인 인상(人相)을 쓰지 말라. 그 분의 발밑에 깔려 혓바닥이 뱀처럼 빠진 모양을 보면 알 만할 것이다. 공손하고 겸허한 사람은 잘난 체하는 인상이 뿌리째 뽑힌다. 그러므로 더욱 감사하라. 만고에 유해한 재앙의 뿌리인 인상이 사라지기 때문이다.

　다시 좌측 첫 번째 분이 남방(南方)의 증장천왕(增長天王)이시다. 얼굴이 붉은 다혈질로서 불칼 같은 성미가 여실히 드러나 보일 것이다. 구반다와 폐례다 신중을 통솔하고 계신다. 왼손 주먹을 허리에 대고 오른 손에 칼을 잡고 있는 분이시다. 이 분 앞에 가거든 못나고 못 배운 것을 오히려 자랑인 양하거나, 나는 똑똑하니까 저 세상 인간들을 내가 다스려 주겠다는 중생상(衆生相)을 뒤집어쓰지 말라. 자기를 숨기고 남을 이롭게 함은 이타행자(利他行者)로서 실로 보살의 삶이라 하겠으나, 잘못하면 내심으로는 항상 남의 지도자가 되기를 바라면서 세속의 명리와 부귀영화를 탐하는 중생상은 절단날 것이다. 보라! 천왕이 밟고 있는 삼독(三毒)의 배통을! 구도자는 자기 내면의 뭇 번뇌 망상을 잘 다스리는 것이 참 중생제도(衆生濟度)다. 뭇 생각을 아름답게 불심으로 바꾸는 것이 바른 중생제도라는 말이다. 공연히 세상 사람을 어찌해 보겠다 하여 설치다 보면 들개가 되기 쉽다. 그러므로 증장천왕은 내가 먼저 불법다워짐으로 해서, 남으로 하여금 감화를 일으키게 함을 교화의 바른 뜻으로 삼고 있다. 내가 진리다워질 때, 내가 성자의 덕을 갖추었을 때, 저들도 스스로 감복하여 승복이 일어나는 것을 중생제도라 한다. 그러므로 증장천왕의 불만스러운 아픔이 무엇인가를 깨우쳤다면, 부디 지순하고 소박한 사람이 되어 나와 남이 함께 성도의 길로 들어가게 하라. 언감생심 교만하여 팔짱을 끼고 거드름을 피울 것이 아니라, 허리도 굽히고 머리도 숙여서 반례라도 드려라.

　우측 안쪽의 다문천왕(多聞天王)은 한 손에 다보탑을 받들고 있는 것이 특징이다. 불법을 보호하고 수행자를 지켜 주신다는 뜻이다. 용과 나찰과 야차의 신들을 거느리고 계신다. 얼굴 색깔이 희거나 검게 되어 있다. 다문천왕을 우러러볼 때는 조심하라. 공연히 세속의 나이 많은 것을 자랑하거나, 오래오래 살 것이라는 수자상을 떨쳐 버려라. 일찍 출가하여 오랫동안 수도한 도사라는 생각이나, 혹은 너희들은 어리고 이제 발심한 행자라는 경멸심도 금물이다. 가진 물건에 대하여도 곰팡내 나는 골동품 같은 역사의 시간 자랑에 생애를 거는 무리도 다 일종의 수자상(壽者相)에 얽매여 있다고 하겠다. 부질없이 과거에 연연하거나, 현실에 대하여 불만을 품거나, 미래에 대하여 지나친 야망을 갖는 것은 다 몹쓸 수자상의 대표적인 근심병이다. 혹은 공덕이 많고 적음을 따지거나, 시시비비의 경중을 따지는 버릇이 있는 사람은 다문천왕의 발밑을 보라. 수자상에 걸려 거드름을 피우다가 요절난 참상을 볼 수 있을 것이다. 구도자의 수자상은 생사(生死)의 근심이니, 이러한 우환은 저 천왕님들의 눈망울처럼 항상 초롱초롱하게 샛별처럼 깨어만 있으면, 졸지에 속인들의 망심에서 홀연히 벗어나 살고 죽을 자가 없는 본래 자기로 돌아가리라.

불교 문중을 자비(慈悲)의 도량이라고 말한다. 자비란 불쌍히 여기는 마음으로서 미워하고 사랑하는 증애심(憎愛心)을 용해시킨 마음을 말한다. 그렇다면 어찌하여 저토록 어마어마하게 무서운 사천왕을 절 문앞에 살상무기인 칼을 들려 세워 놓고도 대자비의 문중이라 말할 수 있겠는가? 불도의 역설이며 도가의 격외문답이 바로 이것이다. 진리가 바로 그러하기 때문이다. 그러나 알지어다. 불교의 자비는 우리들의 붉은 피로 만들어진 마음이 아니라, 어머니 젖빛으로 만들어진 지극한 연민심이라는 것을…… 사랑과 미움을 버린 것이 아니라, 증애심을 가공하여 빛나는 행복으로 변형시켜 주는 마음을 불교의 대자비라 한다. 우리 속인들의 상식이나 감성으로는 어림하기도 어렵다. 마치 전기(電氣)와 같은 것이 자비다. 사용하는 사람의 의사에 따라 전기는 밝음도 되고 열(熱)도 되듯이, 깨달음에 이르신 분들의 대자비(大慈悲)는 우리들 사고의 영역이 아니다.

만수리의 주먹

부처님 재세 시에 있었던 사실 하나로써 이해를 돕고자 한다. 유명한 고찰의 나한전(羅漢殿)에 들어가 보면, 애기 부처라 하여 올망졸망 앉아있는 나한님들의 표정이 참 우습고 재미있다. 저마다 갖춘 독특한 익살스러운 모습은 프로급임을 직감할 것이다. 이와 같이 불교는 웃음이 있고 낭만이 있다. 우리 전통 불교의 이미지는 웃음이 없고 게임이 없으며 오로지 캄캄한 침묵에다 추상화 같은 맹목의 공포뿐이었다. 그러나 실제로 절에 가 보면 모든 장엄 그대로가 꽃밭이며 우주의 박물관이다.

오백 나한님들의 제스춰는 코미디언들처럼 저마다 타고난 재능과 개성을 풍자한 무언의 형설인 것이다. 그 중에 유별나게 몸이 크고 금강역사같이 격파의 포즈를 취하고 있는 분이 계시다. 그 분의 이름은 만수리이다. 부처님의 제자 가운데 뛰어난 무도 사범이셨다. 체구도 보통 사람들의 갑절이나 되는 엄청난 장사였다. 사천왕상처럼 크고 우람하여 위풍이 당당하며 타고난 무술은 만능이어서 겨룰 자가 없었다. 만수리가 부처님을 뵙고는 인간의 힘에 무상을 느끼고 출가하여 곧 아라한과를 얻었다. 성과를 터득하고 나서 만수리는 부처님 회상에서 폭력을 담당하는 일종의 헌병대장이 되었다. 야만적인 인간을 위해서는 필요악의 존재로 군림하였다. 그는 부처님이 보내온 사람이면 누구를 막론하고 두들겨 패 주었다. 본시 모든 무술의 극치를 습득한 최고 유단자였던 그가 아라한이라는 초인의 해탈경지인 육신통까지 터득한지라, 누구나 한대 얻어맞으면 아픈 것이 아니라 완전히 망령사심이 사라져서 안락한 무아경에 빠졌다. 주먹도 해탈 주먹은 이렇게 신비로운 것이다. 그러므로 선택받은 별난 사람에게 부처님께서 "너는 만수리한테 잠깐 다녀오너라." 하고 명령만 내리면 졸지에 사색이 되었다. 핵폭탄 같은 주먹으로 대오각성을 주는 깨우침의 사나이 만수리의 이름만 들어도 기절하기에 족하였기 때문이다. 당장 묵사발이 아니라 만사 만생하는 생사의 고통이 부서지면서 초인의 평화로운 참삶의 맛을 보고 나오기 때문이다.

만수리의 무서운 인상에서 혼은 날아가고, 끓어 넘치는 위엄에서 넋이 나가고, 번갯불보다 빠른 손찌검의 순간에 몇 만 생의 내로란 아집의 속성이 풍비박산되는 경험을 하기 때문이다. 악몽에 시달리던 사람이 곁의 누구로부터 자극을 받고 후딱 깨어나면 몹시 시원하다. 이와 같은 쇼크를 통하여 허망이 사라지면서 신비로운 평화가 전체로 가득함을 얻는다. 이것이 만수리 주먹이 지닌 진리의 검인 것이다.

폭력배가 주먹을 쓰면 살인이 나지만, 주먹을 쓸 줄 아는 사람은 상처나 병을 만들지 않는다. 항차 만수리 같은 해탈 주먹 맛이야 아무나 맛보기나 할 것인가? 신에게 벌 받고 하늘에 벌 받을 존재면 얼마나 다행인가. 천신이 관심을 둔다면 얼마나 영광인가. 고금을 통하여 조직 폭력배 왕초 같은 몹쓸 사람이 간혹 있다. 또 비폭력적인 인간이라도 아주 비열하고 사악하기 이를 데 없는 교활한 사람이 다행히 불문에 귀의하는 경우가 있는데, 귀의는 하였으나 옛 습성을 버리지 못하여 짐짓 못된 짓을 하면 부처님은 일단 만수리한테 보냈던 것이다. 만수리 존자를 아만을 타살하는 방편역사로 지명했기 때문이다.

이와 같이 부처님의 대자비에는 인간을 교화하기 위하여 두들겨패 주어서 깨치게 하는 부분도 있었다는 것을 알아 둘 필요가 있다. 실제로 만수리 존자는 그렇게 인자하고 자비스러울 수가 없었다고 한다. 세속에도 참으로 힘세고 뛰어난 무인들은 보통 사람들보다 훨씬 어질고 착하다. 인간의 종성이 천차만별하므로 무자비가 대자비로 이용될 수밖에 없는 우리들의 고달픈 사정을 우리는 절 문에서도 읽을 수 있다. 감미로운 부처님의 자비로운 말씀이나 혹은 경문, 주문, 명상으로도 인간 내면의 변형이 일어나지 않을 사람에게는 주먹다짐으로라도 깨침을 주었다는 이 비화는 우리에게 금쪽같이 소중한 비방이 아닐 수 없다. 누가 말하기를 지옥이란 부처님의 대자비로 만들어 놓았단다. 말 같잖은 망언이로되, 실로 부모가 자식을 때려줄 때, 그 매를 맞는 자식이야말로 그 무엇보다도 값지고 강력한 감화력을 갖고 있다는 경험을 우리들은 다 갖고 있을 것이다.

옛 선사들의 구도 기행담에도 주장자로 후려침을 통하여 대오각성한 실례가 혹 있었다. 이렇게 육체의 자극을 요하는 깨침도 있는 것이다. 폭력은 야만을 더욱 자라게도 하지만, 아름다운 폭력은 깨침을 준다는 사례로서 우리 불문에는 만수리의 검이 있다. 검(劒)은 악한 정신을 잘라 버리는 만수리의 주먹을 의미한다. 지금 여기에 그 만수리 존자와 같은 존재 사천왕들이 딱 버티고 여러분을 기다린다. 절에 있는 많은 신장들의 그림은 위와 같은 뜻을 도설(圖說)한 것이다. 여기서 우상숭배에 대한 몇 가지를 짚고 넘어가자. 특히 개신교인들이 이 점에 대하여 힘주어 악평한다. 저들도 집에 가면 온갖 종류의 그림책이나 조각물들이 구석구석 쌓여 있을 것이다. 이러한 시각적 꼭두각시들을 저들은 외형만 보고 숨은 뜻은 보지 못하므로 하찮게 여기고, 지혜로운 자들은 그 속에 숨겨진 진리를 보고 풍자한 뜻을 읽기 때문에 전부 신성시할 뿐이다. 따지고 보면 생각이 다른 똑같은 우상 숭배자들이다.

절처럼 그림이나 조각으로 형상을 만들어 놓고 신봉해도 될 수 있는 천신(天神)과 인격신이 있고, 반대로 모시거나 숭배하면 재수 없는 재앙이 되는 차원이 있다. 믿을 수 있는 그 기준을 부처님 말씀으로 설명을 하겠다. 지금 우리가 접하는 사천왕으로부터 위로 대범천왕까지는 모셔 놓고 숭배할 수 있다. 또 전륜성왕이라는 위대한 성왕이 있다. 이러한 분은 몇 만 년에 한두 분씩 나오신다. 전륜성왕이라는 분은 혼자서 이 세계를 다 통솔할 수 있는 공덕과 지혜와 신력을 갖고 있으며, 금세기에 이 지구상에 곧 출현할 것이다. 이러한 분은 벌써 외모에서 풍기는 기품이 보통 사람들과는 달리 출중하다. 무엇보다 상호가 구족하다는 점이다. 또 조형이나 그림으로 모시고 예경할 수 있는 분은 성과(聖果)를 이룬 나한, 벽지불과 보살, 부처님이시다. 이러한 분들은 육신을 갖고 계실 때나 세상을 떠난 후라도 사진이나 인형으로 만들어 모시면 큰 공덕이 된다. 공덕이란 기적을 말한다. 우리의 삶은 하나의 위대한 기적이다. 흉하든 길하든 하나의 기적이다. 이러한 기적은 일종의 불가사이다. 그러므로 공덕은 불가사이다.

그림이나 조각을 모시고 빌면 재앙이 되는 온갖 유형의 토속신앙이 있다. 복에도 두 가지 경우가 있는데, 세간복과 출세간복이 있다. 세간복은 인간세상에서 부귀영화를 누리는 오복(五福)을 말하고, 출세간복은 생노병사를 면하는 해탈복을 말한다. 지금 보고 있는 사천왕(四天王)부터는 그림이나 글자로 이름을 쓰거나 조각으로 모셔 놓고 예경하면 일단 세속의 오복을 얻는다. 그러나 해탈복은 얻지 못한다. 반면에 성문, 나한, 벽지불까지는 세속의 오복은 말할 것도 없고 앞으로 부처님과 인연을 맺을 수 있는 공덕까지도 이룬다. 그러나 해탈삼매와 열반의 복까지는 얻지 못한다. 보살부터는 열반복까지 얻는다. 항차 부처님을 숭배하고 찬양 찬탄함은 말할 것도 없다. 필경 성불하는 복까지 이루게 된다.

반대로 불법의 호법선신도 아닌 외도의 이상한 귀신을 섬기게 되면 엄청난 재앙을 받는다. 저들은 복은 줄 능력이 조금도 없다. 마치 거지는 남에게 줄 것이 아무것도 없는 것과 같다 하겠다. 다만 줄 수 있는 것은 재앙이 있을 뿐이다. 자칫 패가망신은 말할 것도 없고 자자손손 그 영매의 악폐가 심각하다. 그러므로 함부로 무엇을 믿거나 숭배하지 말라. 삿된 신을 모셔 놓고 신복(信服)하는 자는 힘써 말려야 한다. 부처님의 경전에 있는 뜻이므로 반드시 부처님의 경전을 기준으로 하여 믿으면 큰 행복이 될 것이다.

사천왕(四天王)들이 거느리고 있다는 신(神)은 우리들의 육안으로는 안 보인다. 천안(天眼)으로만 보이는데, 그들의 생김새는 대체로 인비인(人非人)이어서 사람 같기도 하고 짐승 같기도 하여 전형적인 인간상이 아니다. 대체로 반신은 짐승상을 하고 있는데, 절의 벽화에 보면 그들의 인상착의가 잘 나타나 있다. 세계적으로 태초에 존재했다는 신화에 나온 인물들을 보면 인비인이었다. 그 한 예로써 동양의 신농씨(神農氏)는 인신우면(人身牛面)이었다 한다. 사람의 몸뚱이에 얼굴과 머리는 소의 모양이었다 하며, 복희씨(伏犧氏)도 사신인면(蛇身人面)이라 했으니 뱀의 몸에 사람의 얼굴이라 했다.

우리나라 성씨들의 비조(鼻祖) 역사를 보아도 인비인의 경우가 있다. 비조란 사람의 외형이 생길 때 코가 먼저 생기듯이 원초적인 시조(始祖)를 비조라 한다. 그래서 무덤을 만들 때도 코 모양과 같이 봉분을 만들어 놓았다. 우리나라의 성씨 가운데 박씨(朴氏) 비조설만 하더라도 그렇다. 삼국유사나 삼국사기에 보면 박씨 비조인 혁거세의 태생설화가 있다. 지금 경주 남산 밑 나정(蘿井) 수풀 사이에 무지개 같은 상서로운 기운이 뻗치고, 용마(龍馬) 한 필이 꿇어앉아 절하는 형상을 하고 있었다고 한다. 사람들이 달려가 보니 알 같기도 하고 박 같기도 한 포태(胞胎)가 있었다. 그 포태에서 나온 분이 혁거세로서, 박씨(朴氏) 비조의 태생설화(胎生說話)를 잘 밝혀 주고 있다. 이러한 박씨 비조의 설화로 미루어 보아 이 또한 동물인 말과 밀접한 관계가 있었다. 경주 김씨(金氏)의 시조 얘기는 닭과 인연이 있으므로 난생설화(卵生說話)를 연상케 한다. 백제의 온조왕 설화는 그의 어머니에게 밤마다 이상한 사나이가 나타나 자신과 교접을 하여 태기가 있게 되자, 그 이상한 사나이를 추적한 끝에 집 앞 늪에 살고 있는 큰 지렁이가 오래 묵은 정령으로 변신한 것임을 알았다. 생명이 태어나는 네 가지 통로 중에서 습생(濕生)의 설화가 되고 있다.

또 어떤 성씨의 비조설화는 신라의 명궁(名弓)으로 중국 사신의 자격으로 배를 타고 가다가 해상에서 조난을 당하게 되었다. 생사의 기로에서 서해용왕의 간청으로 용왕의 원수인 괴물을 활로 사살하여 소망을 풀어 주자, 용왕은 자신의 딸을 새 깃털로 변신을 시켜 그에게 주면서 고국에 가거든 이 깃털을 꺼내 보라 하였다. 사신이 귀국하던 길로 품에서 꺼내어 보았더니,

그 새 깃털은 아름다운 여인이 되어, 그와 사이에서 태어난 자식을 용종(龍種)이라 하였다. 이것은 화생설화(化生說話)를 뒷받침하고 있다. 그 또한 사람이로되 동물로서 전설을 이룸으로 미루어 보아 우리 인류사의 원류는 인비인류에 속함을 부정할 수는 없다. 왜 이러한 남의 족보 얘기를 꺼내느냐 하면, 지금 보는 사천왕(四天王)은 이러한 인비인류의 권속을 한 손아귀에 쥐고 그들을 거느리고 있으니 말이다. 뿐만 아니라 절의 벽화에 나오는 이상하게 생긴 신들의 인물들이 우리 인류 역사의 설화에 나오는 명인들과 매우 유사함을 미루어 보아 참고로 이해를 돕고자 한다.

여기 문(門)이 있다. 이 문은 침묵이 일어나게 하는 문이며, 내면의 평화가 샘솟게 하는 문이며, 사랑과 연민이 가득하게 하는 문이다. 그러므로 이 문은 두 가지 마음을 부정하여 분별심을 없애는 문이며, 이 문은 네 가지 자만심을 주시하게 하는 문이며, 이 문은 무지를 살펴보게 하는 문이다. 또 이 문은 연연한 세정을 끊게 하는 문이며, 마침내 자기를 베어 죽이는 문이다. 그러므로 사천왕들의 눈은 태양같이 밝게 불타고 있으며, 손에는 계검(戒劍)을 들고 있다. 그들의 발밑에는 세간의 욕정들이 짓밟혀 있고, 몸에는 우주의 섭리로 만들어진 갑옷을 걸치고 있다. 두려움 없는 대담한 용안(龍顏)으로 정의의 당당한 위풍을 보였으며, 찬란한 보관으로는 아름다운 서원과 빛나는 지혜를 삼고 있음을 상징하고 있다.

사천왕들의 몸에는 온 우주의 진리와 공덕이 가득 담겨 빛나고 있으므로 한번 처다보기만 해도 만생의 허물이 사라지고, 한번 머리만 숙여도 만생의 행복이 약속된다. 이제 우리는 사천왕문(四天王門)을 등지면서 재고(再考)해야 할 일이 있으니, 중국이나 우리나라의 사천왕상(四天王像)에는 일관성이 없다는 것이다. 그것은 중국의 사천왕상에는 칼을 볼 수 없고, 대신 머리에 쓴 화관에 불상이 보인다. 그 의미가 더욱 새롭다. 그것은 사천왕문도 다 부처님의 신통변화로서 교화의 방편으로 보라는 형설인 것이다. 무언(無言)의 형설은 영특한 사람에게는 가장 직설적인 설법이 되므로 선각자들은 두 가지 측면을 상징물로 기록해 두었다. 하나는 우둔한 인간에게는 신선한 발심을 자극케 했고, 총명한 사람에는 수화(手話)처럼 형상을 통하여 그 깊은 뜻을 판독케 했다. 이렇게 이치로 판독한 사람은 마음으로부터 지혜가 일어나지만, 형상을 통하여 신기한 생각이 일어난 사람은 맹목적인 신앙심이 일어날 뿐이다.

한국의 사천왕상에게는 꼭 칼을 들렸다. 그것은 계검이라 하여 계율을 삼엄하게 지키는 문중(門中)이란 뜻이며, 참고 참는 인내(忍耐)의 문이란 뜻이다. 이러한 해석을 뒷받침하는 것은 참을 인(忍) 자 안에 칼날인(刃) 자가 들어 있음을 보아 알 수 있다. 사천왕들이 들고 있는 칼은 인욕을 의미하여, 그 칼은 반드시 마음을 자르는 칼이란 뜻에서 칼날 인(刃) 자 밑에는 마음 심(心) 자가 붙어 있다. 참을 인(忍) 자의 다른 뜻은 '참다움'을 의미하기도 하므로 불경에 인지(忍地)라는 단어의 해석은 '참다운 지위'로 해석해야 옳다. 어쨌든 사문(寺門)의 내용물들은 그것이 형상이 없는 무형까지도 다 진리의 파편으로 보고 읽기 때문에 일체가 다 시(詩)인 것이다.

그래서 시(詩)를 잘 보면 절(寺) 말씀(言)으로 되어 있다. 옳다. 절에 있는 모든 유형, 무형, 유색, 무색, 생각이 있는 것, 생각이 없는 것이 다 시(詩)인 것이다. 바로 여여(如如)한 절의 풍경 전부가 그대로 시(詩)인 것이다.

무아실현(無我實現)의 문

필자가 예술을 무아실현의 행위철학이라고 단언하는 바가 바로 절에서 볼 수 있는 이와 같은 그림과 조각과 건축물들이 시사하는 의미와 상통한다. 이는 모두 중생들로 하여금 무아(無我)의 지경(地境)으로 들어가게 하는 형설의 문자이기 때문이다. 중생들의 언어로 진리를 읽게 하는 언어유희의 문학도 인류에게 지대한 공헌을 했지만 육감으로 느끼게 하는 형설의 예술은 문학이 넘나들 수 없는 정신세계를 직감적으로 느끼게 한다. 보라, 지금 사천왕의 부릅뜬 눈이라든가 저 많은 신중(神衆)들이 호시탐탐 노리는 무시무시한 방울눈들을 보는 순간 그대는 정신이 번쩍 들 것이다. 동시에 저 천왕들이 부릅뜬 눈처럼 초롱초롱하게 깨어 있는 각성의 눈이 그대의 내면에 있음을 볼 것이다. 그대와 나는 일주문의 교훈대로 식심의 장벽을 보는 각성의 눈을 열지 않고는 대각 세존이 계시는 대웅보전으로 올라간다는 것은 어림없는 얘기다.

지금 여기 사천왕문에서는 내가 누구라는 꼴 잘난 사상(四相)을 지워 버려야 한다. 그래야만 사천왕문 앞에서 턱 버티고 선 해탈문(解脫門), 혹은 금강문(金剛門)으로 올라갈 수가 있다. 금강역사가 금강저를 들고선 궐문을 지나면 자연히 사상으로 뭉쳐진 식심이 증발한다. 식심이 소멸되어야만 아라한과를 얻는다. 아라한과를 얻으면 마침내 부처님이 법화경 화성유품에서 설하신 화성(化城) 누각으로 들어간다.

대찰에는 보루각(普樓閣)이니 봉황루(鳳凰樓)니 하는 큰 누각이 다 있다. 그 누각은 성불의 길이 너무나 멀고 멀어서 소과승문들이 성불을 포기하고 싶은 권태증을 내므로 세존이 저들을 잠깐 편히 쉬었다가 다시 불지로 올라가게 하기 위하여 방편으로 만든 누각이다. 법화경 화성유품에서 세존이 신통으로 만들었다는 화성은 곧 아라한과임을 밝히신 환상의 누각이다. 이러한 사연의 누각들은 웬만한 절에는 다 있다.

통상적인 누각의 건축술을 보면 보통 주추의 통나무 기둥들 위에다가 들마루를 깔고 그 위에다 큼직하게 전각을 지어 놓았다. 이러한 누각은 도교와 유교의 집안에서도 많이 지어 놓고 있다. 누각의 애명들을 보면 불문의 향기도 적지 않지만 대체로 선풍(仙風)의 시어가 많다. 뭐라고 이름을 부르든 그 누각의 본적은 법화경의 화성유품에서 비롯되었다.

사천왕문에서 사상(四相)을 죽이고 금강문 혹은 해탈문을 통과하면서 심신을 벗어던진다. 신식이 녹아 버리면서 아라한과를 얻고 아라한과에서 여의주 같은 육신통이 일어난다. 그때 비로소 신족통으로 시방세계를 자유로이 유람하면서 보는 자를 보고 듣는 자를 듣는 천안(天眼)과 천이(天耳)가 열려서 모든 것이 우주적으로 새롭게 된다.

이때에 혜안이 열린 아라한들은 대보살마하살들을 보니 생사열반을 자유자재로 들고 나오면서 일체 중생들을 마음대로 구제함을 보고 듣게 된다. 그러면서 생사고뇌가 싫어서 반쪽 생사를 버리고 반쪽 열반을 취한 소과(小果)를 취득한 자신들의 무능한 깨달음에 깊은 회의를 느끼고 다시 불이문(不二門)에서 생사와 열반을 긍정도 부정도 아니 하는 대해탈의 도, 아뇩다라삼먁삼보리의 보살도를 지원하게 된다.

이렇게 성불의 길은 한없는 세월 동안 무량한 난행고행의 길이다. 이를 아뇩다라삼먁삼보리의 길이라 한다. 저 무진 난행고행의 대승도를 통해서만이 마침내 무량한 지혜와 무량한 공덕과 무량한 신통으로 청정한 불국토를 장엄하게 된다는 사실을 크게 깨닫고 성불의 길을 지원하게 된다. 바로 그렇게 해서 성취한 화장세계를 모형으로 형설한 대적광전(大寂光殿), 대웅보전(大雄寶殿) 등이 그것이다. 그러므로 저 불가사의 대해탈 경계의 불국토, 적멸보궁으로 들어가자면 한없는 세월 동안 무량한 난행고행을 지원해야 한다. 이것이 아뇩다라삼먁삼보리다.

대웅보전으로 들어가기에 앞서 사상병(四相病)을 치료해야 한다. 우악스럽고 난폭한 불륜의 악질들을 인간을 만드는 데는 몽둥이 이상이 없다. 교활하게 사악한 인간에게는 주먹 이상이 없다. 부처님 재세 시에도 있었지만 윤리와 도덕도 인정도 법도 의리도 없는 일천제들에겐 삼청교육대가 절대 필요악의 묘약이다. 인류의 사회악은 역사들의 기사도 정신으로 항복 받아야 한다. 그 시각적 교육현장이 지금 여기 보는 사천왕문이다. 사악한 심리와 교만은 동방의 지국천왕 발밑으로 밀어 넣어라. 그 발밑에 아만통이 스치고 지나만 가도 고약한 심보는 절단이 난다. 또 꼴 잘난 인품과 부귀로 허세를 피우는 추한 인상파는 남방 증장천왕의 발밑을 스쳐만 지나도 작살이 난다. 또 나는 세상이 다 알아주는 누구라는 명예욕에 간 큰 얼간이들은 서방 광목천왕의 발밑을 스쳐만 지나도 감투 좋아하는 머리통이 박살난다. 또 긴 수염을 어루만지듯 장구한 인생경륜을 자랑하는 철면피들은 북방 다문천왕의 발밑을 스쳐만 지나도 더럽게 늙은 배통이 터진다.

그런데 여기서도 예외는 있다. 행색이 세속과 남다른 출가 수행자들의 경우다. 그들의 마음속에 깊이 뿌리박은 사상병은 일반 중생과는 판이하게 달라서 사천왕문에서는 좀처럼 부서지질 않는다. 그래서 사천왕문에서는 승복만 입었다 하면 그냥 무사통과를 시킨다. 왜냐하면 출가자의 사상병은 거북의 등가죽 같아서 일반 세속의 물리적인 힘으로는 좀처럼 깨어 부수거나 소멸시킬 수 없기 때문이다. 그래서 저 출가 사문들의 사상병은 부처님의 비장인 화두금강과 밀적금강의 소관임을 천왕들은 잘 안다. 그래서 곧바로 화두금강과 밀적 금강역사가 기다리는 해탈문으로 밀어 넣어 버린다. 천하에 깰 수 없다는 거북의 가죽 같은 '내가 부처'란 교만을 핵폭탄 같은 화두금강의 번갯불이 스치고 지나가면 단박에 분진이 되어 버린다. 그러면 동시에 곁에 있던 밀적금강이 토네이도 같은 화이트홀의 바람으로 집어삼켜 버린다. 이렇게 금강문에서 사문들의 사상의 근본을 녹여 버리고 새로운 불종자로 화생시켜야 하기 때문에 부처님의 대비 방편으로 해탈문과 금강문이 있는 것이다.

금강문(金剛門)

고집(苦集)이 없어진 평화로운 마음으로 금강문을 향하여 걷고 있다. 생노병사(生老病死)의 인이 되는 아상(我相), 인상(人相), 중생상(衆生相), 수자상(壽者相)을 사정없이 잘라 버리는 무시무시한 사천왕문을 지나면서 자연스럽게 수다스러운 마음이 증발하여 사라지고 묘한 정신이 샛별같이 맑게 드러났다. 정수기에서 걸러진 맑은 물처럼 깨끗한 의식을 체험했다. 그것은 사천왕문을 지날 때, 지극한 마음으로 합장 예경함으로써 강강한 아집이 부서지고 세정의 습성으로 물든 마음의 껍질들이 벗겨진 덕택이다. 마치 물이 증발하여 수증기가된 차원에서 지금 금강문 안으로 들어가고 있다. 이 금강문을 통과하면 여러분은 평화 속에 머무는 지극히 행복스러운 혜공(慧空)으로 존재할 것이다. 다시 말하면 초의식 차원의 몸으로 금강문에 들어간다. 여기 이 다이아몬드 같은 빛나는 의식의 금강문(金剛門)에 들어가면 삼라만상과 자성의 그림자인 마음까지도 다 진공(眞空)으로 투명하게 보인다. 여기서 보면 저 여래장(如來藏)으로 들어가는 첫 관문인 금강문에서는, 우주를 삼키고 뱉어 버리는 미묘하게 투명한 혜공(慧空)의 눈, 혜안(慧眼)이라고 하는 해탈의 눈을 얻게 된다. 이 혜안으로 보면 일체가 다 텅 비고 고요하여 평화로움이 가득할 뿐이다. 모양이 있는 것이나 없는 것이나 일체를 투명하게 관조하므로 파상공리(破相空理)의 눈이라고도 한다. 우리는 잠깐 혜안(慧眼)이라는 안경을 빌려 쓰고 이 금강문으로 들어가자.

　이 눈을 갖게 되면 이미 '나' 라는 생각이나, '나' 라는 어떤 존재라는 생각이나, 살아있는 심령이라거나, 지금 살아서 숨 쉬고 있는 누구라는 생각들이 소멸되어 오로지 절대 차원의 텅 빈 충만의 행복만이 빛나게 된다. 부처님의 제자 중에 수보리 존자는 해공(解空)의 부문에서는 제일가는 분이었다. 수보리 존자와 같은 경지에 도달한 성자들이 진실로 이 금강문을 잘 통과한 분들이다.

　금강문(金剛門) 안에 들어가면 좌측에는 흰 코끼리를 탄 보현보살(普賢菩薩)이 앉아 계신다. 코끼리는 육바라밀(六婆羅蜜)을 상징하는 여섯 개의 이빨을 가진 동물이다. 우리의 몸에서는 육근(六根)을 의미한다. 육근 속에 밝은 자성이 들어 있으므로 그러한 심리학적 상징으로 보살이 탄다고 묘사하고 있다. 보현보살은 어질고 굳세며 끈기 있는 코끼리를 탔다. 이것은 온갖 방편으로 무량한 고행을 상징하는 보현보살을 의미했다. 우측에는 청사자를 타고 계신 문수보살(文殊菩薩)을 볼 것이다. 청사자는 미래 지향적인 강건한 육체의 젊음을 뜻한다. 만수(萬獸)의 왕은 사자며, 사자와 같은 용맹이 곧 지혜를 만듦으로 지혜를 상징하는 문수보살은 사자를 탄 상으로 많이 묘사돼 왔다. 사자가 만 가지 짐승으로부터 항복을 받아내듯이 지혜 또한 만 가지 번뇌를 조복(調伏)하고 항복받으므로 부처님 말씀까지도 사자후라고 했다. 조복은 순리로 이해를 시켜 신뢰케 함이며, 항복은 폭력적인 위엄으로부터 조건 없는 순종을 의미한다. 이와 같이 지혜는 온건과 강건의 묘술을 다 갖고 있다.

　금강문에서 지혜와 행원(行願)이 어떻게 만나고 있는가를 배워야 한다. 혜공을 얻은 사람은 문수와 보현의 어울림에서 보살도로 승진하는 찬란히 빛나는 환희지(歡喜地)를 의식하는 것이다. 대반야지(大般若智)의 법안(法眼)이라야 저 진리의 보고인 법당으로 찾아갈 수 있다. 금강반야(金剛般若)라고 하는 부서지지 않는 지혜, 혜공은 그저 무상한 평화로운 텅 빈 충만뿐이다. 금강의 혜안으로는 저 높은 법단 안에 계시는 부처님을 참배하기는 불가능하다. 세속적인 네 가지 상(相)에서 벗어난 아공(我空)은 일어난다. 다시 말하면 세간의 유위법인 윤회에서는 벗어난다. 그러나 이것은 어디까지나 잠꼬대를 하던 사람이 잠을 깬 차원이다. 마치 술주정뱅이가 술이 깬 경지일 뿐 성불(成佛)이라고 하는 모든 차원이 다 녹아 없어진 무등등(無等等) 아뇩다라삼먁삼보리는 아직도 요원하다. 비유하자면 이제 갓 태어난 어린 것이 금방 눈이 떨어져서 주위 환경을 분별하는 차원이 금강문이다. 이 문(門) 안에서 걸음마를 익혀서 법당으로 걸어가야 한다. 그러므로 슬기로운 행을 숙달시켜야 한다. 고로 금강문(金剛門)은 비유하자면 법자(法子) 유아원이다. 그래서 문수보살은 지혜로써 보살핌을 뜻하고, 보현보살은 너그럽고 거룩한 행으로 보살핌을 의미한다. 그러므로 문수가 따로 존재할 수 없으며, 보현이 또한 별개로 있을 수 없다. 반드시 성불하는 두 가지 큰 조건이 문수와 보현이다. 거룩한 지혜로써 불국토를 장엄하는 설계를 계획해야 하며, 무량한 힘으로 현명한 기술을 발휘해서 불국토를 건설해야 하는 것이다. 이것이 성불(成佛)이다. 성불은 지혜로운 행으로만 이루어진다.

　금강문에서 여러분은 자기 내면의 문수동자를 발견해야 하고, 자기 육신의 행위를 통하여 보현동자를 친견해야 한다. 즉 나의 지혜는 문수동자요, 내 행위는 곧 보현동자라는 사실을 깨우쳐야 금강문을 쉽게 통과할 수 있다.

반야지

해탈의 문, 금강의 문 안으로 어서들 가자. 지금부터 우리는 혜안(慧眼)이란 특수 안경을 잠깐 빌려 써야 한다. 혜안을 빌려 쓴다는 말은 부처님의 가피력으로 혜안이 열려야 한다는 말이다. 그렇지 못하면 무명이란 마음을 벗어 던지고 해탈의 문 안으로 들어갈 수가 없다. 그래서 누구나 입산 초기에는 죽어라 하고 기도를 해야 한다. 기도를 해서 부처님으로부터 불가사의한 영험을 반드시 얻어야 한다. 피나는 기도를 통해서 영험을 얻고 나면 저절로 불법을 이해하는 혜안이 열린다. 그 혜안을 가지고 금강경 공부를 좀 해보자. 금강경을 좀 알아야 금강문을 무사히 통과할 수가 있다.

금강경은 반야경 600부(部)란 엄청나게 많은 경전 가운데 말미에 속하는 경전이다. 그 내용은 부처님이 수보리와 주고받은 대화의 기록문이다. 금강경 전체의 골자는 사상(四相)을 멸해 버리고 여래의 진공묘유(眞空妙有)로 들어가게 하는 가르침이다. 수보리 자신은 수만 생의 수행을 통해서 진공묘유에는 들어갔으나 여래 청정묘각의 진공장(眞空藏)에는 들어가질 못하다가 세존을 만나고부터 여래 진묘각의 진공장에 입성했다고 스스로 진술한 바 있다. 스님네는 잘 아시는 바이지만 금강경의 모체는 반야경이다.

반야경은 십대 제자 중 지혜 제일의 사리불을 위하여 설해진 경이다. 이 반야경이 설해지게 된 동기에 관한 전설과 불전설화집 등에서 직간접으로 전해오는 내용들을 두루 섭렵해서 필자가 간추려 정리해본 바에 의하면, 사리불이 목건련 존자와 더불어 부처님을 처음 뵙고 부처님께 법을 물어 보려고 하자 세존이 사리불에게 말씀하셨다.

"사리불이여, 나의 법은 앎의 문제가 아니다. 앎의 문제라면 그대가 나보다 더 많이 알 수도 있다. 하지만 나의 법은 침묵을 통한 영험의 문제이므로 그대가 나에게 법을 묻지 말고 칠 년 동안만 침묵으로 나를 따를 수 있겠는가?"

이에 사리불이 서슴없이 즉석에서 대답했다.

"예, 세존이시여. 그렇게 하겠나이다."

그러자 곁에 같이 있던 목건련과 사리불의 몸에서는 이변이 생겼다. 저절로 머리카락과 수염이 떨어지고 가사 장삼이 두 제자의 몸에 입혀지는 이적이 일어났다고 한다. 이 같은 이적과 기적을 직접 본 수천 수만의 대중은 대단히 놀라게 된다. 그때 모인 다수의 군중은 대석학인 사리불과 석존 사이에 분명히 주고받을 엄청난 논박이 있을 것이란 추측에만 들떠 있었다. 그런데 경기장에 모인 군중의 호기심 같은 엉뚱한 관심은 산산이 부서졌다. 세존 앞에서 두 석학의 신통한 이적을 두 눈으로 직접 보는 순간 아연실색을 하고 말았다. 별난 호기심으로 들떠 있던 대중은 모두 너무 놀라워 입만 딱 벌릴 뿐이었다. 사리불은 이 날로부터 7년 동안 침묵수행을 잘 지켰다.

어느 때 세존께서 많은 대중과 함께 먼 길을 걸어가시면서 여러 가지 법문을 말씀하셨다. 그때 세존의 등 뒤에서 묵묵히 걷고 있던 사리불이 기상천외의 탄성으로 세존을 찬탄하였다.

"세존이시여, 세존은 참으로 침묵하시나이다."

세상에 이런 엉뚱한 말이 어디 있는가? 세존은 지금 걷고 계시고 많은 말씀을 하고 계셨다. 그런데 침묵을 하다니… 그러자 세존이 감격한 어조로 찬탄하셨다.

"아, 사리자(舍利子, 내 자식아)여, 이제 그대가 나를 보았구나. 그러고 보니 이제 그대와 내가 주고받을 대 해탈의 법문 시간이 되었구나."

그리고는 사리불과 장장 21년간의 반야경을 설하신다.

사리불은 과연 무얼 보았으며 부처님은 사리불을 왜 '내 자식아(舍利子)'라고 호명했을까? 사리불은 부처님의 대해탈 경계인 동중정(動中靜)의 대열반경을 보았다. 대반야의 실상을 보았다. 그러자 세존은 너무 기뻐하시면서 이제 네가 불자(佛子)가 되었구나 하고 장장 21년 동안 사리불과 대반야경을 설하시게 된다.

반면 반야 600부 중 말미에 나오는 금강경이 설해지게 된 인연은 금강경의 서문에 자세히 기록되어 있다. 세존이 제자들과 밥을 빌어 잡수시고 자리를 펴고 편안히 앉아 계심을 수보리가 세존 곁에서 직접 보고 자리에서 벌떡 일어나 예를 갖추고는 기상천외의 말씀을 올린다.

"세존이시여, 세존은 참으로 희유하시나이다. 지금 가만히 앉아 계심이 아니오라 세존은 지금 시방의 일체 제 보살들을 염력으로 보호하시고 또한 보살들에게 일체 중생을 위하여 불법을 가르치라고 분부를 하십니다. 그리고 세존 스스로도 일체 보살과 중생을 보호하시고 제도를 하시고 계십니다."

"그렇다, 수보리자(須菩提子, 내 아들 수보리)여. 그대가 나를 잘 보았구나. 여래는 편안히 앉아 계시는 연좌(宴坐) 중에도 일체 보살과 일체 중생들을 잘 보호하고 잘 부촉하시고 계시느니라."

금강경에서 수보리는 여래가 편안히 앉아 계시면서도 불가사의한 불사를 짓고 계심을 보았다. 부동하고 계시지만 실로 부동함이 아니라 고요히 침묵하시는 중에도 불가사의한 불사를 행하는 정중동(靜中動)을 본 것이다. 석존은 해공제일(解空第一) 수보리가 여래장 가운데 대해탈경계인 석존의 대반야행을 흘깃 감지한 사실에 감탄하시면서 수보리에게도 자(子)자를 붙인다. '이제 너도 불자가 되었구나' 하는 의미로 십대 제자 중 단 네 사람만이 이름에 자(子) 자가 붙어 다닌다. 위에서 본 지혜제일 사리자(舍利子)와 해공제일 수보리자(須菩提子)와 설법제일(說法第一) 부루나미다라니자(子)와 여래의 장자인 가섭존자가 그들이다. 자(子) 자가 붙는 이 네 사람은 여래의 삼밀 가운데 사리자와 수보리자는 동중정과 정중동의 여래의 의밀(意密)을 보았고 부루나미다라니자는 여래의 어밀(語密)을 보았는데 여래가 누차 말씀하시기를 세존을 제외하고는 부루나의 변재를 당할 자가 없다고 하셨다.

여래는 설사 걷고 법을 설하고 앉아 묵언을 하고 계시지만 실제로는 일체 제 보살과 무량 중생들에게 항상 설법을 하시는 무설설(無說說)의 의밀(意密)을 보았다. 아난은 여래어밀(如來語密)의 가피력을 받아 팔만장경을 설했으며 또 여래의 신밀(身密)은 여래 장자인 가섭이 받았다. 그래서 부처님은 가섭에게만은 항상 몸으로 말을 하셨다. 신어(身語)로 의사를 전달했다. 그 대표적인 사례가 세 가지가 있는데 가섭은 대 법회 중에 항상 연착하는 습관이 있었다. 그래서 주위 대중들로부터 늘 따돌림을 받았다. 그러므로 법회장에는 가섭에게 앉을 자리를 양보하는 자가 없었다. 이를 보신 세존께서는 법회 중에 가섭에게만은 세존이 앉은 자리를 두 번이나 나누어 준 사례가 있다. 그것이 다보탑사 반분좌와 법회 중에 꽃 한 송이를 들어 보이신 염화미소 때 나누어 준 반분좌가 그것이다. 신어의 또 한 가지는 석존이 열반에 드신 후에 가섭존자가 뒤늦게 참석하여 세존의 관을 붙들고 한없이 통곡을 하니 세존이 관 밖으로 발을 세 번 내밀어서 족화(足話)로 말씀하신 대목이다. 이러한 필자의 해설을 뒷받침할 수 있는 논거로 세존께서는 여러 번 대중에게 가섭의 남다른 기행을 변명해 주셨다. 가섭은 일반 대중들이 가진 감성과 식심 분별의 마음이 없다고 여러 번 말씀하셨다. 가섭은 이미 중생의 어두운 마음을 멸해 버리고 멸진정이라는 적정열반에 들어간 이였다.

  지금도 불가에서는 세존이 가섭에게만 무슨 법을 은밀히 별도로 전한 것이 있는 것처럼 이상한 얘기들을 하고 있다. 정말로 세상 인간들은 이상하다. 엉뚱한 생각들을 잘 한다. 여래가 무엇을 은밀히 누구에게만 전할 수 있는 법이 따로 있다고 생각하시는가? 여래란 저 중천에 뜬 태양보다도 더 명명백백하다. 그런 여래가 어떻게 누구에게만 별도로 전할 수 있는 법이 있다고 생각하는가? 다만 마음이 없는 가섭에게만은 벙어리에게 수화를 하듯 세존이 몸으로 의사를 전달했다. 불가피하게 가섭에게만이 보인 여래의 신밀(身密)을 가지고 가섭에게만 무슨 법을 별도로 전한 것으로 한국 선종은 야단이다.

  천하가 가섭을 여래의 장자라 한다. 인도의 장례법에는 부모가 돌아가셨을 때는 반드시 맏아들이 화장막에다 불을 지핀다고 한다. 석존의 임종 시 경우로 보면 큰 제자들 중에서 가섭이 가장 나이가 많은 연장자로서 맏아들

격이다. 불가에서는 물론 세상에서도 가섭을 맏아들이라 불렀다. 불가에서 가섭을 여래의 장자라 한 것도 세존이 열반하시자 세존의 화장막에는 가섭 외에는 그 누구도 참석을 못했다. 세존의 유시(諭示) 때문이다.

우리 불가도 세존의 유시를 본받아야 한다. 제국의 국왕들이 장례를 치르는 현장에는 여래 장자인 가섭 혼자뿐이었다. 세존이 제자들에게 분부하시기를 "너희들은 조금도 동요치 말고 입선을 하고 있어라." 했다. 그 뜻을 받든 불자들은 가섭을 여래 장자라 한 것이다. 그런데 무슨 묘법이 가섭에게만 특별히 전수되었기 때문에 여래 장자라 한 것처럼 이상한 분들이 어려운 말씀들을 퍼뜨리고 있다.

저 다보탑사 반분좌와 염화미소와 열반족하상 등은 여래 삼밀 가운 데 신밀(身密)의 기록이다. 그래서 여래 삼밀을 다시 정리를 해보면 위에서 본 바와 같이 가섭은 여래 신밀이고, 사리불과 수보리의 반야·금강경은 여래 의밀이며, 아난과 부루나의 변재는 여래의 어밀이다. 이것이 여래 삼밀의 대표적인 기록이 되고 있다.

어찌 그 분들에게만이 여래삼밀이 전수될 수 있겠는가. 저 들판에서 밭을 매는 아낙네의 고달픈 인생가락의 푸념으로 흘러나오는 염불 속에도 여래의 삼밀이 태양 빛같이 무진장으로 쏟아지고 있다. 그러므로 무식한 아낙네도 부처님 의밀의 가피력으로 불법의 뜻을 깨닫기도 하고 난해한 불경을 줄줄 외우는 어밀의 가피력이 있다. 유·무식을 떠나 누구나 부처님을 그리워하면 붉은 금빛 찬란한 부처님을 친히 뵙기도 하는 여래 신밀의 가피력을 입게 된다. 그러므로 절대로 어떤 부류의 특권층만이 취득되는 불법이 따로 있다는 식의 망언을 함부로 해서 박덕한 중생들로 하여금 열등의식을 조장하고 불법을 곤욕스럽게 하지 말라.

여기서 독자들에게 이 책의 성질을 다시 한 번 더 소개하고 넘어가고자 한다. 왜냐하면 일반상식으로 미루어 볼 때 제목이 절로 가는 길이라면 절들의 건물에 대한 역사적 사실이나 건축물의 내용에 대한 소개만 하면 될 일이지 왜 하필이면 어렵고 난해한 경문으로 들어가느냐 하는 의문이 있을 수 있다. 그러므로 이 글의 근본 취지가 불법을 깨닫게 하고자 함에 있음을 다시 한 번 더 밝혀 둔다. 만약 일반 절로 가는 길을 얘기하는 책이라면 불교학자들이 쓴 다수의 좋은 책자들이 있다. 아울러 불교 문화유산의 예술과 건축미는 불교미술사학자들이 독자들의 흉금을 녹이는 언어유희로 설파한 책자도 있다.

하지만 이 책은 독자 여러분을 부처님 앞으로 모셔 가는 책이다. 일단 여러분을 부처님께 친견을 시키고 나서 지금 방금 친견한 그 부처님이 다름아닌 바로 나와 여러분이란 진실을 깨닫게 하려고 무진 애를 태우고 있는 글이다. 전지전능하게 다 깨닫고 다 아는 불가사의 묘각의 불성이 나와 여러분의 안과 밖으로 가득히 충만한 진실을 깨닫게 하려고 애쓰는 글임을 이해하고 이 붓을 따라 어서들 부처님 앞으로 가자.

세상의 문호들이 몸과 마음으로 세상을 살아가며 누구나 느끼고 깨닫는 현전의 감성과 중생심을 가지고 희롱하는 만권의 문학전집들이 과연 인류에게 무엇을 줄 수 있다고 믿는가. 모든 생명의 궁극적 희망은 몸과 마음으로부터 해방하는 것이다. 그 인류의 소망을 해결해 주는 금강문 안으로 단박에 뛰어들어가 보자.

필자가 불법을 알게 된 절은 상주 남장사(南長寺)다. 19세 되던 해 가을이었다. 그때 한창 이승만 대통령을 등에 업고 현 조계종 대덕 스님 네가 앞장을 서서 처자식을 데리고 절에서 살림하는 대처승들을 몽땅 산중 밖으로 내쫓을 때였다. 불교정화란 이름으로 한창 치고받고 싸울 때 하필이면 부처님 앞으로 필자는 가게 되었다. 전국의 대소 사찰은 말할 것도 없고 상주 남장사 정화도 만만치 않았던 모양이다. 이미 열반하신 무협심이 대단하신 화엄 스님이 남장사 정화사업에 큰 문제는 모두 다 처리해 놓고 가신 덕분으로 필자는 비구 스님들과 편히 있게 되었다.

물론 스님이 되려고 절에 간 것은 아니었다. 만약에 비구(比丘)가 되려면 밥은 빌어먹고(比) 기거는 나무 밑이나 언덕바지(丘)에서 할 수 있는 틀이 되어 있어야만 출가를 희망할 수가 있다. 그런데 나는 나를 너무 잘 안다. 나를 나같이 잘 알 수 있는 신이나 사람은 어디에도 없다. 그러므로 누가 누구를 내쫓고 누가 누구를 안으로 불러들일 일이 아니다. 다만 스스로들 자기 자신들을 부처님의 법도에 비추어 보는 진정한 정화운동이 필요하다면 했다. 결코 누가 누구를 오라 가라 옥신각신 다투며 싸우는 투쟁은 아니다. 가뜩이나 폭력을 금하는 자비 문중에서 치고받는 싸움질은 더더욱 아니다. 진정한 자기내면의 정화 운동이 잘된 출가자라면 소리 없는 그림자처럼 밥은 빌어먹고 잠은 나무 그늘에서 자면 될 일이지 명색이 집을 뛰쳐나온 출가자들이 얼토당토 않게 구중궁궐 같은 청기와 집으로 또 다시 들어가야 하는가? 아, 앞으로 끝없는 저 악순환을 누가 책임지겠는가? 그래서 필자는 출가란 이름을 일찍이 멀리 집어던졌다.

세존은 이러한 말세의 악폐를 내다보시고 제자들에게는 한 나무의 자리에 삼일을 앉아 있지 못하게 하셨다. 그것은 앉은 자리를 가지고도 다투고 싸울 후사를 염려하심이었다.

스무 살 되던 이듬해 가을, 쌍계사 일주문을 지나 사천왕문을 거쳐 금강문 앞에 당도했을 때 대갓집 대감마님같이 잘생긴 귀하신 분이 촌티가 졸졸 흐르는 못생긴 필자 앞에 턱 버티고 서서 반기질 않는가. 그분이 반기시며 "너 오느냐? 너 여기서 공부 잘 해라." 하셨다. 우람한 체구에 인자한 인품은 세상에 흔치 않는 대장부상에다가 복귀스러운 귀상이었다. 승복을 입고 계시므로 "스님은 어딜 가시는데요?" 하고 묻자, "나는 이 절에서 인연이 다 되었나 보다. 너는 여기서 공부 잘 하고 있어라." 하시면서 무엇이 기꺼운지만면에 웃음을 머금으시며 하산하셨다. 그분이 다름 아닌 쌍계사 대처승 주지어른이었다.

이 이야기를 어째서 금강문에서 기록하느냐 하면 금강문의 위신력을 만천하에 알리고 싶어서이다. 세상에 불법에 물리적인 정화가 어디 있으며, 저 불도량의 정화조와 같은 천왕문과 금강문은 도대체 무엇에 쓰자고 세워놓은 신전인가. 앞에서도 언급했지만 남장사 정화 사건의 종말도 그렇다. 출중하게 인품을 잘 갖추신 주지란 어른이 아무것도 아닌 못생긴 촌뜨기에게 스스로 가까이 오셔서 애정 어린 말씀으로 이런 말씀을 하셨다. "우리는 멀리 떠나겠으니 너는 여기서 공부 잘 하라." 그렇게 필자에게만 기별을 하시고는 어디론가 이사를 하셨다.

또 생면부지의 남향음(南香音) 스님이 계룡산 신원사(新元寺) 정화 사건으로 죽을 곤욕을 치르시던 때였다. 폭도들에게 향음 스님이 만신창이 되도록 얻어맞으실 때에 우연찮게 필자는 관용차로 상관을 모시고 군복차림으로 신원사를 찾았다. 그 이튿날로 절의 구 주지가 필자와 남향음 스님을 앞에 앉혀 놓고 스스로 절을 떠나가겠다고 선언을 하고는 필자에게 몹시 불만스러운 어투로 나를 쫓아내려고 자네가 여기까지 왔느냐고 하였다. 너무나 기가 차서 몇 말씀 위로의 변명을 했다. 그분은 들은 체도 않고 그날로 깨끗이 물러갔다.

필자와는 아무런 상관도 없는 뜻하지 못했던 불교 정화 당시 이러한 신험의 기적을 보고 크게 느낀 바는 마왕도 32상과 80종호를 갖추었다는 말씀의 진의를 알겠고, 그들은 일반 중생과는 판이하게 다른 심장을 가지고 있었다. 흑백론과 같은 선악의 시시비비를 물어 씹어서 소화를 잘 시키는 두둑한 배포와 과단성 있는 용단이 있음을 보았다. 그러므로 그들은 실제로 깨어 있는 청정한 의식을 만나면 절대로 오만불손하거나 경솔히 설치는 속된 마음이 없었다. 그래서 그들은 스스로 거취를 분명히 할 줄 알았다. 바로 이것이 화두금강(火頭金剛)과 밀적금강(密迹金剛)이 금강문을 지키면서 마왕파순의 심령을 정화시키는 불가사의다.

6·25 전쟁 후유증과 벌목의 톱질에 삼신산이란 신령한 지리산도 별수 없이 벌거벗기고 산천이 거렁뱅이 누더기처럼 속살을 흉스럽게 드러 내보일 때의 쌍계사는 황폐하기 이를 데 없었다. 후일 절 잘 짓기로 유명한 고산 스님께서 중창을 잘 하시어서 지금은 보기 좋게 잘 가꾸어 놓으셨다. 지금 우리가 보는 쌍계사는 옛 모습은 별반 없다. 그러므로 고색창연한 역사의 향기와 무상함의 뒤안길에 초연히 깨어 있는 불심의 향기를 맡을 코도 잘 없지만 20대 필자의 눈에 비친 쌍계사는 마치 멀리 도망간 아들을 애타게 기다리는 늙은 노모의 가슴 같은 따사로운 분위기에 절로 천심이 보이는 고색창연한 절이었다.

사천왕문을 지나 금강문 안에 들어서면 거기에 재롱스럽게 모셔진 문수·보현 두 동자상은 볼수록 신기하다. 문수·보현보살의 아들이라 할 수 있다. 철이 막 들 나이 십대 소년으로 조성되어 있는데 두 소년의 귀태에는 불교집안에서 상투적으로 찾고 있는 순진무구한 무심(無心)의 아름다움을 잘 표현해 놓았다. 두 동자가 타고 앉은 푸른색 청사자와 하얀색 흰 코끼리의 상도 어리고 젊게 조성을 잘하여 두 동자를 두 짐승의 등에다 각각 안성맞춤으로 적당히 앉혀 놓았다. 힘차고 굳건한 네 다리로 두 동자를 태우고 버티고 서 있게 한 두 짐승의 모습을 보노라면 타고난 우리 조상들의 손재주에 감탄이 절로 난다.

분명 신통찮은 한두 개의 연장으로 생긴 대로 파고 다듬었을 것이다. 조금도 잔재주를 부릴 줄 모르는 가식 없는 무심의 손길이 아니곤 무정의 형상에다 무구무욕(無求無慾)한 무심의 미소를 저렇게 담을 수가 있을까? 생긴 대로 자식을 낳듯이 천진스럽게 화생시킨 지혜의 문수동자와 지혜로운 행위의 화신 보현동자는 누가 보아도 알 수 없는 불심이 담겨 있다. 물론 종교적

숭배의 대상이 아니라 지혜로운 의식 행위를 형설한 예술이다. 두 동자의 비유는 애욕이 말라 버린 청정한 몸과 마음을 은유한 것이다. 불도로 들어가자면 첫째 조건이 애욕이 말라 버려야 한다. 애욕이 무엇인 줄도 모르는 동정남(童精男)과 동정녀(童貞女)가 되어 있어야 한다. 구도자들이 금강문에 들어설 때는 이미 성욕이 무엇인지도 모르는 단계의 차원이다. 그래야만 한다. 애욕이 말라 버려야만 불도를 희망할 수가 있다.

　부처님은 능엄경에서 성욕에 대하여 자세히 밝히셨다. 욕정을 끊지 않고 생사초월의 수행을 희망할 수 없다고 하셨다. 애욕을 끊지 않고 수행을 하는 것은 마치 모래로 밥을 지으려는 것과 같다고 엄히 경계하셨다. 여기 금강문에서 보는 문수·보현동자의 상징은 성불할 수 있는 불종자(佛種子)를 의미한다. 그 두 법동자가 청정무구의 높고 깊은 불지(佛智)를 상징한 청사자를 타고 불법의 백법(白法)에 들어간다는 상징으로 흰 코끼리 등에 앉아 있다. 두 법동자상의 의미를 일반 수행자의 의식 행위로 해설하면 자신의 심신을 강 건너 불구경하듯 하라는 뜻이다. 구도자가 자신의 심신이 두루 투영되는 각성을 의식하는 반조회관(返照回觀)의 지혜로운 의식 행위를 문수·보현동자로 형설해 본 것이다.

　이 말의 뜻을 다시 정리해 보면 중생의 심신을 반조회관하는 슬기로운 의식의 지혜를 문수동자라 하고 그 지혜를 굴리는 행위를 보현동자로 희극화한 것이다. 다시 말하면 쌍계사의 금강문은 곧 법동자설화 극장이 되고 있는 셈이다. 그래서 고인들은 지리산을 문수도량이라 했던 모양이다. 결국 불교 수행의 요의가 다 여기 금강문에 있으므로 좀 더 부언하면, 탄다는 비유는 몸과 마음을 객관화하라는 뜻이다. 심신을 멀리서 지켜보라는 뜻이다. 그렇게 하는 지혜로운 의식 행위를 간단한 설화로 문수·보현동자라 했다. 다른 표현으로는 반야라 한다. 의식을 뒤집는 지적 행위를 반조회관이라 하고 이를 반야행(般若行)이라 한다. 바로 이 반야행이야말로 성불로 가는 대승보살도다.

　여기서 의식을 뒤집는다는 말은 보는 자를 보고 듣는 자를 듣는, 다른 말로 하면 보는 전경에 관심을 두지 말고 보는 시각을 의식하고, 듣는 소리에 정신을 팔지 말고 듣는 청각을 의식하라는 말이다. 보라, 금강문의 법동자 설화 극장의 희극을 비록 모양새는 속인의 거친 손끝에서 창출되었지만 진리 재현의 정신 연금술로는 다시 없는 영상 문화다. 빛나는 의식의 동화 극장이 금강문이다. 하지만 지금은 중생 무명의 산실이 되고 있다. 가득 쌓인 역겨운 역사의 티끌과 때뿐이다. 그래도 극중 인물인 문수·보현동자는 볼수록 아름답다. 마치 어두운 밤하늘 중천에 뜬 밝은 보름달을 시키면 먹구름이 아무리 시샘을 해도 명월의 중천은 훤하고 밝은 것처럼 대각 세존의 밝은 지혜의 영광을 중생 무지의 손끝으로 예찬한 손길은 마치 밝은 달을 가리운 구름장 같지만 그래도 감미롭기 그지없다. 투박한 목재로 불법의 그 뜻과 길을 안내하는 법동자상은 6·25란 동족상잔의 엄청난 난리통에도 그 아름다움이 손색이 없었다. 하지만 이러한 시각적 정신문화의 유산은 빨치산의 발길질과 박정한 현실의 무관심에 곳곳에 쓰러지고 파괴되어 있었다. 전 국토 어디라 할 것 없이 이 모양으로 많은 문화재가 파괴되고 버려져 있다. 이렇게 된 그 근본 원죄는 영악한 일본의 전쟁광들에게 있었다. 그들이 빚어 만든 이 국토 아수라들의 지랄병에도 보다 더 큰 심각한 문제가 있었다.

　그렇다고 해서 시공과 심신초월의 불심에야 무슨 변고가 있겠는가. 그러므로 다시 금강문으로 돌아가 보자. 어느 절이든 법동자 두 분이 머무는 금강문이 있는 것은 아니다. 그를 대신해서 금강문이라 쓴 현판을 대문의 문틀 위에 달아 놓고 있다. 흔히들 문틀 양쪽 벽에다가 금강역사나 코끼리의 백만 배의 힘을 가졌다는 나라연금강 혹은 부처님을 지키는 화두금강과 밀적금강을 그려 두어서 금강문을 대신하기도 했다. 보통 벽화로 보는 그 두 분의 금강신장은 문의 왼쪽은 밀적금강이고 오른쪽은 나라연금강이다. 그들의 검법과 권법으로는 태권도의 격파 자세를 하고 있다. 한 다리를 약간 들고 한 손에는 금강저를 쥐고 또 한 팔은 머리 위로 높이 올려 주먹을 불끈 쥐어 보이고 있다.

밀적금강이 한 손에 금강저(金剛杵)를 든 자세의 의미는 '나쁜 습관은 미루지 말고 단박에 한칼로 끊어 버리라' 는 일시방각(一時放却)의 상이다. 더럽고 추한 관습은 단칼에 절단내 버려야만 한다는 의미의 상이다. 생사해탈의 아라한과를 희망하는 분들은 반드시 취해야만 하는 구도심의 기본자세가 된다. 온갖 번뇌를 죽여야만 하는 일도양단의 살적상(殺賊相)이라 할 수도 있다. 또 한 주먹을 높이 든 모양은 '삿된 도를 깨뜨려 버리고 바른 도를 드러내 보이라' 는 파사현정(破邪顯正)의 상이다. 무엇보다 눈여겨볼 일은 신중들이 한결같은 인상이다. 두 눈을 별스럽게 부릅뜬 눈망울을 하고 있다는 점이다. 절에서 쉽게 볼 수 있는 이 같은 활안상(活眼相)은 슈퍼에고의 상이다. 깨어 있는 초롱초롱한 정신을 상징하는 신중들의 형안상(炯眼相)은 중생들이 양면심을 부수고 해탈로 가자면 지혜로운 각성의 눈을 저와 같이 뜨고 주시하라는 뜻으로 읽어야 한다.

유독 절에서만 많이 볼 수 있는 화엄성중(華嚴聖衆)이라 하는 신중상은 오늘날 유엔군으로 보면 적격이다. 이와 같은 신중관이 정견이 된다. 그래서 그림이나 형상으로 보인 이 모든 것의 근본 취지는 수행자들의 근본 정신 상태를 도설하고 형설한 것이다. 그러므로 선각자들이 문자 대용으로 애용한 형설과 도설의 고대문자를 화도(畵圖)라 본다. 그림이나 형상으로 의사를 전달했던 화도문화의 역사는 인류문화의 초석이 되고 있다. 이 모든 도화문자는 고대 정신문화를 아로새긴 글자들이다. 그러므로 오늘날 우리가 보는 절의 모든 모양과 형색을 글자처럼 읽고 그 의미를 해독할 줄을 알아야만 불교를 제대로 알 수가 있다. 이렇게 그림이나 형상을 보고 그 뜻을 읽어내자면 불교를 깊이 이해하는 불지견(佛知見)이 있어야 한다. 필자가 말하는 불지견은 팔만대장경의 내용을 두루 아는 지혜를 말한다. 이와 같은 불지견에 맞추어 보는 지견이 없으면 절집의 저 모든 것은 온통 굿당의 신전에 불과하다.

도설과 형설로 가득한 고대 사적과 고찰의 유물들을 고대 화도문자로 읽고 그 정신을 우리들 삶의 꽃으로 승화시키는 인류의 지혜를 문화라 했다. 그러므로 문화의 근간은 문학이다. 문자로 자설한 앎의 정보가 문학이다. 예술과 문학의 차이라면 문학은 육감의 감성을 읽을 수는 있으나 형설의 예술처럼 육감으로 느끼게 하는 각성은 줄 수가 없다. 문학의 사상과 예술의 각성을 알기 쉽게 비유하면 꼭 이와 같다.

깊은 수면 중에 빠진 사람을 깨울 경우를 생각해 보자. 깊이 잠이 든 사람의 귀에다 어서 일어나란 글자를 크게 적어서 귀에 붙이는 것보다는 바늘이나 손톱으로 직접 자는 이의 말초신경을 자극하는 편이 훨씬 효과적이다. 잠든 사람을 깨우는 경우는 육감을 주는 형설이 좋다는 말이다. 하지만 의사를 전달하는 경우에 있어서는 조형 예술의 자극제로는 의식을 일깨우는 문학에 미칠 수가 없다. 이런저런 사유로 미루어 보아 사람의 의식을 밝히고 일깨우는 데는 문학 이상이 없고 잠든 무의식을 일깨우는 데는 무정물인 금석이나 나무 조각으로 조성한 불상보다 더 강력한 미학이 없다. 또 같은 예술이라도 춤과 노래는 인간의 잠재의식을 일깨우는 데 엄청난 매력이 있다. 그러므로 깨달음을 지향하며 의식을 일깨우는 데는 문학인 대장경이 엄청나게 많고 무의식의 잠을 일깨우는 조형 예술인 불상이 수없이 많다. 또 잠재의식을 춤추게 하는 종과 북과 목탁 같은 기물을 사용하는 승무가 불문에는 진작 있어 왔다.

우리는 아직도 사천왕문을 바로 통과하지를 못했다. 제대로 천왕문을 통과하자면 내가 누구라는 아집의 사상(四相)을 사천왕문에서 불심으로 변화시켜야 한다. 사상을 불심으로 화생시키자면 앞서 기다리는 금강문의 지혜를 빌려야 한다. 그러지 않고는 사상을 걸러 내는 천왕문을 쉽게 통과하기란 불가능하다. 그래서 앞서가는 지혜의 문 금강문의 지혜를 기록한 금강경을 다시 살펴보자.

여기 금강문은 금강경을 의미한 것이다. 앞에서도 언급했지만 금강경은 수보리가 부처님의 불가사의한 정중동의 신통을 혜안으로 보고 부처님을 칭양 찬탄하시는 가운데 주고받게 되는 세존과의 대화이다. 금강경 서품의 주요 내용을 보자.

수보리가 석존께 여쭈었다.

"세존이시여, 우리도 어떻게 하면 세존처럼 조용히 앉아 선정에 들어 있으면서도 일체 보살과 뭇 중생들을 제도하시고 그들을 보호할 수가 있겠나이까?"

세존께서 대답하셨다.

"그대들이 나처럼 고요히 선정에 머물면서도 불가사의 신통을 짓자면 지극한 마음으로 아뇩다라삼먁삼보리를 발원하라."

수보리가 세존께 다시 여쭈었다.

"세존이시여, 어떻게 해야만 아뇩다라삼먁삼보리를 발원할 수가 있겠나이까?"

"사상(四相)을 제거하라."

"어떻게 해야만 사상을 없게 할 수가 있겠나이까?"

그러자 세존의 대답은 간단했다.

"항복기심(降伏其心)이니라."

금강경에서 가장 어려운 대목이 바로 이 항복기심(降伏其心)이란 글귀다. 자, 여기서 우리는 이 글귀의 뜻을 깊이 깨달아야 한다. 고금을 통하여 이 글귀를 해석하기를 '네 마음을 항복 받으라' 라는 의미로 풀이했다. 항복(降伏)이라는 단어의 개념 자체가 힘센 사람에게 약자가 굴복한다는 의식이 담긴 말이다. 이러한 약육강식의 힘의 논리로 수행을 해야만 한다는 말이 된다. 굳세고 억센 의지로 약한 감성을 제압하라는 말이다. 인간 의지로 선을 지향하고 악을 징벌하라는 수심논리는 초발심 때에는 지당한 교훈이 된다. 누구나 초발심 때는 자신의 몸과 마음을 강력한 의지로 추상같이 다스려야만 한다.

그래서 절에는 천하무적의 역사들이 시위를 하고 서 있다. 번갯불 같은 눈빛으로 맹위를 떨치는 저 신중들의 모습이 바로 항복기심의 상형문자다. 그대의 심신을 저와 같이 항복을 받으라는 뜻이다. 나라마다 군사력을 가지고 외침을 막고 침략자를 항복받는 것과 같이 부질없는 마음을 항복받는 데는 천상의 연합군을 총동원시켜야 한다. 그 연합군의 총사령관이 동진보살이다. 사방 천왕들은 사바세계를 지켜 주고 화엄성중들은 수행자들의 신변과 마음의 병인 마군들을 범접 못하게 한다.

인류는 수만 생 동안 마음을 항복받는 여러 가지 방편을 써 왔다. 가장 바람직한 항복기심은 노동하는 고행이다. 엄청난 노동의 고행이 없이는 평범한 도덕률도 잘 지켜지지 않는다. 불현듯 일어나는 색심과 먹고 잠자는 수마와 도통을 해서 구세주가 되겠다는 사상을 항복받자면 살벌한 자기와의 투쟁을 해야만 한다. 그래야만 허망한 자기로부터 해방이 된다. 극소수는 이러한 육체적 고행을 통해서 깨달음을 얻었다. 그렇게 해서 얻어진 해탈의 성과가 불연이 있으면 아라한과나 연각지를 얻기도 하지만 다수는 도를 얻었다는 환상에 빠지기도 하고 잘못하여 생명을 잃기도 했다.

중생으로서 마음을 항복받는다는 생각은 언어도단이다. 어떻게 항복기심이 되겠는가? 아무리 굳은 결심이라 하더라도 사념의 수명이 30초를 넘지 못하는데 어떻게 영원성이 없는 굳은 결심으로 생각이 생각을 항복받을 수가 있겠는가? 혹은 엄격한 종교의 계명으로 몸과 마음을 아무리 결박해 보아도 본디 미친 감성의 마음이라 순한 양 떼처럼 지성의 말을 고분고분 듣지 않는다. 인류의 지고한 지성을 가진 현자라 하더라도 중생 본능의 감성은 이 길 수가 없다. 남의 얘기가 아니라 필자 자신이 체험한 양심 고백이다.

어느 때 모 대학의 교수 내외가 찾아오셨다. 두 분은 같은 대학에서 유명세가 붙은 교수들이었다. 서로는 가정사로 몇 말씀을 주고받기 무섭게 언쟁이 붙었다. 별것도 아닌 문제로 서로는 얼굴을 붉혔다. 필자는 크게 웃으며 "교수님들 지성이 감성을 못 이기지요? 감성이 지성의 말을 고분고분 안 듣지요?" 하자 모두 통쾌히 웃었다. 웃던 부인이 남편을 보고 "여보, 제발 교단에서만 선생 노릇 하시고 집에 오시면 학생이 되세요. 저러시니까 아들도 정신병이 들었고 나도 이젠 정말 미치겠어요." 하며 만정 떨어진 말을 하자 바깥양반 왈 "어떻게 사람이 안과 밖이 다를 수가 있소?" 하였다. 지성의 말씀이야 마땅했지만 비합리로 살아야만 자유로운 현실의 감성은 기가 꾹 차서 웃고들 말았다.

그렇다. 성인의 아름답고 거룩한 교훈은 어디까지나 인류 이상향의 꿈일 뿐이다. 감성의 식심덩어리로 뭉쳐진 몸과 마음은 당연히 지성의 말을 들어야 한다. 지성의 의지로 감성을 통제해 이상을 향해 살아가도록 한다는 이것이 항복기심의 논리다. 하지만 두 교수가 다투고 싸워야 하는 것처럼 식심의 감성과 이상의 지성은 영원한 라이벌 관계일 뿐이다. 그러므로 고전적 항복기심은 영원한 투쟁의 역사를 만들고 말 것이다. 왜냐하면 사상(四相)은 거북의 등가죽보다도 더 질기고 튼튼하기 때문이다. 그렇게 굳어진 마음을 가지고 이상의 망치로 깨어 부수거나 이지(理智)의 칼로 베어 절단될 성질의 마음이 아니다. 왜냐하면 사상으로 굳어져 있기 때문이다. 감성의 식심이 굳어진 아상과 자신에 대한 끈질긴 미련의 인상과 군중심리로 얽힌 중생상과 생에 대한 강강한 쇠사슬로 묶인 수자상을 우리의 강력한 의지로 굴복시키고 항복을 받겠다는 것은 정말로 어렵다.

누구나 불문에 들어설 때는 사생결단을 하고 불칼 같은 의지로 자신의 못된 근성을 짓밟고 부질없는 망동을 억제하고 자제시켰다. 어찌해서라도 억센 감성을 굴복시켜 항복을 받겠다고 불전에 기도도 했다. 아무쪼록 모든 중생본능의 오욕은 사천왕의 칼로 절단을 내야 하고 중생본능의 성욕은 코끼리 백만 배의 힘을 가진 나라연과 금강역사의 우주적인 힘으로 마땅히 항복을 받아야만 한다. 그렇지 않으면 깨달음으로 가는 각성의 빛인 보리심이 일어나질 않는다. 설사 맑고 밝은 각성의 보리심이 본래부터 있었다 하더라도 육정 육감의 식심을 제거하지 않고는 밝은 각성의 빛은 요원할 뿐이다. 그래서 자신을 이기고 나를 죽이는 극기의 수행이 필수적이므로 절로 가는 길에는 무시무시한 핵폭탄 같은 역사들이 중생들의 식심을 인정사정없이 두들겨 부수고 있다.

하지만 여기 금강경에서 밝히고 있는 항복기심은 일반 중생의 식심을 항복받으라는 말씀의 뜻이 아니다. 이미 생사를 초월한 성문연각(聲聞緣覺)들이 새겨들어야만 하는 항복기심이다. 저들의 사상은 중생과 달리 법착(法着)이다. 그 법착을 항복받아야만 한다. 그 법착이란 나는 한소식했다는 생각과 육신통을 한다는 생각과 중생을 제도한다는 생각과 영원한 열반을 얻었다는 생각이다. 이와 같은 성문연각의 법착을 태워버리는 불지견의 불칼 같은 말씀이 금강경에서 설하시는 항복기심(降伏其心)이다.

이제 성문연각들은 완전한 인격자의 길, 성불의 길, 불국토를 장엄하는 대역사의 길로 들어가야 한다. 성불의 불도는 보살도(菩薩道)다. 보살의 도는 일반 중생들이 항복받아야 하는 보리심도가 아니다. 보살의 도는 아뇩다라삼먁삼보리의 도다. 아뇩다라삼먁삼보리의 도는 한없는 세월 동안 무량한 난행고행의 길이다.

무량한 난행고행의 길, 아뇩다라삼먁삼보리의 길로 들어가자면 어떻게 해야 하는가? 그것이 수보리가 부처님께 물은 의문이다. 그 의문에 대한 부처님의 대답이 항복기심이다. 일반 중생의 항복기심은 욕정의 식심을 항복받아 굴복시켜야 하지만 사리불과 수보리와 같은 대성문연각이 보살도로 진급을 해야 하는 과정의 항복기심은 중생의 항복기심과는 판이하게 다르다. 그러므로 보살도의 항복기심은 우리말로 '종과 같은 마음' 이란 뜻이다. 보살도는 종과 같은 마음으로 한없는 세월 동안 무량한 난행고행을 지원해야 한다. 그렇지 않으면 성불의 길은 요원하다.

대해탈의 경계, 부처님의 대열반으로 들어가자면 한없는 세월 동안 무량한 난행고행을 반드시 해야 하는데 그렇게 하자면 출중한 세간의 지혜와 성문연각의 첨예한 연각지(緣覺智)로는 불가능하다. 오직 불지견으로만 가능하다. 성문연각이 보살의 경계로 진입하자면 일반 지혜나 연각지가 아닌 금강반야지(金剛般若智)라야만 한다. 금강반야지는 우리가 잘 외우는 반야심경이다. 간단히 말하자면 일체 만법을 긍정도 부정도 하지 말고 있는 그대로 주시하는 각관(覺觀)을 말한다. 대승도(大乘道)라고 하는 보살도는 보는 각도에 따라 온갖 빛깔을 내는 다이아몬드와 같이 안과 밖으로 비추어지는 온갖 반연심을 주시하는 각관의 의식 행위인 지혜가 아니면 보살행은 전연 불가능하다. 이 뜻을 간단히 금강반야지라 한다.

사리불과 수보리 같은 분은 반야행이 자연스럽다. 우리가 사물을 눈으로 보듯 몸과 마음을 본다. 몸과 마음을 물건처럼 봄으로써 반야심경의 요체인 관자재보살이 가능해진다. 관자재보살은 두루 보살피는 자를 의미한다. 두루 보살피는 자는 안과 밖으로 일체 모든 식심분별의 마음을 다 드러내 보이는 거울 같은 묘각(妙覺)의 각성을 말한다. 누구나 두루 다 드러내 보이고 두루 다 아는 각성은 있으나 중생들은 마치 구름 낀 하늘 같아 청명한 하늘을 알 길이 없다. 성문연각은 황홀한 저녁노을 같아 지극히 밝은 하늘을 알 길 없으며 보살은 각성의 하늘 의천(義天)이라 하는 명묘한 하늘은 보나 부처님같이 청정묘각의 신통 대광명장인 여래장은 못 본다.

성문연각이 성불을 하자면 아뇩다라삼막삼보리를 발원해야 하는데 과연 누구를 위해서 자기를 희생하는 종과 같은 삶을 살아야 하는가 하면 제불보

금강문(金剛門) 173

살과 일체 중생을 위해서다. 그러한 헌신의 삶을 철저히 살아감으로써 자연히 사상(四相)은 녹아 없어진다. 이렇게 종과 같은 삶을 지원하지 않고서는 무량한 공덕과 무량한 지혜와 무량한 신통을 성취할 수가 없다. 다시 말하면 일체 제불보살과 일체 중생들에게 종과 같은 마음으로 시중드는 항복기심(降伏其心)이 되지 않고서는 아뇩다라삼먁삼보리의 도를 이룰 수가 없다. 그렇게 수행해야만 부처님처럼 선정에 조용히 머물러 계시면서도 일체 보살과 일체 중생들을 신기하게 부촉하시고 신통하게 호념하시는 정중동의 불가사의 대해탈 경계를 모든 이에게 베풀 수가 있게 되는 것이다. 그래서 필자는 금강경의 항복기심을 우리말로 종과 같은 마음이라 풀고 있다.

쌍계사는 금강문이 특이하다. 사천왕문처럼 큼직한 내실 양편으로는 두 보살의 아들을 모셨는데 좌측은 문수동자로 목조 청사자를 타고 있고 우측은 역시 목조로 흰 코끼리를 만들어 보현동자를 코끼리의 등에 앉혀 놓았다. 그렇게 모셔 놓고는 나무판자에다 '문수가 보현이요' '보현이 문수로다' 라고 두 쪽의 송판에 써서 두 짐승 목에다 하나씩 걸어 놓았는데 참 재미있게도 보현동자의 코끼리에게는 '문수가 보현이요' 라고 쓴 명패를 걸었고 반대로 문수동자의 사자 목에는 '보현이 문수로다' 라고 쓴 글귀를 걸어 놓았다. 이 같은 해학과 유머는 절이 아니곤 보기 어렵다. 얼음장 같은 종교의 신성과 가시방석 같은 동양의 윤리로 꽁꽁 얼어 버린 민생들의 가슴에 금강문의 해학은 해빙기의 햇빛 같은 따사로움을 준다.

유독 쌍계사에서만 볼 수 있는 금강문의 법동자설화 극장은 웃음을 잃어버린 불문에 그 자체로 일종의 기적이다. 한 나라 국민의 안위를 지키는 군경과 국가의 공직자에게 있어서는 위계질서가 추상 같아야만 건재하고 종교가 존립하자면 계율이 얼음장 같아야만 한다. 하지만 무한한 대자유를 성취하고자 하는 깨달음만은 아니다. 무한한 대자유가 스스로 심신에서 일어나야 한다. 모든 종교와 사회의 심각한 굴레로부터 해방된 마음이 앞서야 한다.

그런데 우리 불문은 삶의 맛인 노래와 언어유희의 해학을 무척이나 죄악시한다. 기껏해야 회포성 염불가락에 울적한 회한을 달래는 회심곡은 즐겼어도 웃음꽃을 피우는 춤과 노래를 도외시하고 유머스런 만담을 구업(口業)이 되는 망어죄로 치부했다. 왜 이 모양으로 우리 불가는 천심에서 우러나오는 웃음꽃을 기피했을까? 물론 입산 초기의 초발심 수행자들에게는 한시적이나마 이 같은 규율이 속된 망령을 잠재우고 영명한 평상심을 회복하는 데는 절대적일 것이다. 그러나 대승도로 들어가자면 무한한 자유 속에 깨어 있는 삶의 춤이 있어야 한다. 그렇지 않고 온갖 율의로 평범한 삶이 제약을 받으면 아무것도 얻을 수가 없다.

불문의 행자시절은 별난 시어머니 밑에서 시집살이하는 고달픔에 몸살이 나고 심상찮은 고뇌와 번민은 세속에 있을 때보다도 더 심각함을 느낄 것이다. 그 해답은 우리 민족의 역사의식에서 찾아볼 수가 있다. 우리 한민족은 오천 년 동안 전쟁을 치르지 않았던 날이 별로 없었다고 한다. 그렇기 때문에 부모와 스승이 자식과 제자를 다룸에는 군대식으로 엄격했고 오천 년의 전쟁 공포성 유전자로 이 몸을 받았으니 잠시인들 심중에 내란이 없기를 바랄 수 있으랴. 그래서 고래 종풍의 타성에서 모두 해방되길 바란다. 왜냐하면 그렇게 엄격한 고전적 고된 훈고학에서 과연 우리는 지금 무엇을 얻었는가?

종교적인 삶

금강경의 이름을 빌린 금강문은 현판을 불이문(不二門)이라고도 달고 있다. 실은 금강문이 불이문이 될 수는 없다. 왜냐하면 금강문은 사천왕문에서 세간의 중생심을 정화시킨 옹골찬 심성을 종과 같은 보살의 마음이 되도록 숙성시키는 문이기 때문이다. 반면 불이문은 금강문에서 화생한 성문연각들을 보살도로 끌어올리는 대해탈의 문이다. 이러한 사실은 《유마힐소설경》에서 잘 밝히고 있다. 그 경 중에 〈불이법문품〉이 있다. 흔히들 그 품의 이름을 빌린 불이(不二)란 말을 아무 데나 함부로 쓰고 있다. 그렇다면 사천왕문에서 정화시킨 세간법과 금강문에서 교화시킨 출세간법을 온통 홀딱 벗겨버린 최상승의 대해탈의 문을 불이문이라 한다.

그런데 소승 차원의 금강문과 대승 차원의 불이문을 동일시한다는 것은 불법의 철리(哲理)에도 맞지 않는다. 간혹 금강문을 해탈문이라 한 것은 별 문제 될 것 없다. 학설에 있어서 필자는 용수보살의 면도칼 같은 논리학을 좋아하지만 실제로는 무감각하고 무의식한 두루뭉술한 현실의 삶을 더 사랑한다. 그런데 언제부터인가는 알 수는 없으나 흔히들 사상절단(四相切斷)의 금강문을 불가사의 해탈 경계로 들어가는 대해탈문의 이름인 불이문(不二門)으로 예사로 쓰거나 달아 놓고 있다. 이것은 아마도 아마추어 서생들이 비약이 심한 문자유희 삼아 적어본 글로 보면 된다.

불법으로 들어가는 여덟 가지 바른 길이 있다. 이것을 팔정도라 한다. 옳게 보는 정견(正見)과 바르게 말하는 정어(正語), 바르게 사유하는 정사유(正思惟), 옳은 직업으로 사는 정업(正業), 옳은 사명을 갖고 사는 정명(正命), 옳게 참선하는 정정(正定), 바르게 꾸준히 공부하는 정정진(正精進), 옳은 깨달음을 얻는 정념(正念) 등이다. 이렇게 팔정도의 정견 정어에도 위배되는 격외문구를 함부로 남용하면 망어죄에 걸린다. 깨친 사람은 마치 악몽을 꾸던 사람이 꿈을 깨고 맑은 의식을 회복하듯 우리의 평상시의 의식을 벗어던지고 각성을 회복하게 되면 행과 말씀이 부처님의 말씀과 똑같다. 그런데 근세 조사들의 법어란 언어들은 삼세제불의 말씀에도 없고 사리에도 맞지 않는 궤변인 경우가 왕왕 있다. 이것을 가지고 법문으로 맹신하는 어리석음은 결코 올바른 불도가 아니다.

동화의 어원

세간에서 어린이들이 즐겨 읽는 동화책이 있다. 그 이야기책의 제목 '동화(童話)' 란 말이나 구전되어 내려오는 이야기로 전설(傳說)이란 말의 어원을 알아보려면 쌍계사 금강문 안에 배설해 놓은 문수·보현동자상의 설화극에서 찾아 보아야 한다.

고대 인도의 선각자들이 깨침의 미학을 어린이들의 이야기로 엮은 '이솝이야기' 란 책이 있다. 그런데 이솝은 사람의 이름이 아니고 석존이 중생을 깨우치는 한 방편으로 이야기한 법동자설화집이란 책 이름의 말뜻이 변형된 것이라고 한다. 그 법동자설화집(法童子說話集)이란 책명에서 동(童) 자와 화(話) 자만을 별도로 발취하여 동화라 말하는데 이 동화란 단어가 결국 중동으로 흘러가면서 이솝이란 말이 되었다고 근세의 성자 라즈니쉬 선생님은 밝히고 있다.

또 석존이 재세 시에 많이 설하신 우화들만을 취집해서 엮은 책을 불전설화집(佛傳說話集)이라고 말하는데 여기서도 전(傳) 자와 설(說) 자만 따서 전설이라 했다. 이러한 사실을 금강문 안에 우화적 표현으로 배설해 놓은 두 법동자가 형설하는 우화극의 진의를 살펴보면 알 수가 있다.

깨침으로 들어가자면 우선적으로 행을 하라는 뜻으로 우측에 보현동자가 흰 코끼리 등에 앉아 있다. 탄다는 의미는 객관시하라는 뜻이다. 일체 만법을 부정도 긍정도 욕구도 시샘도 불만도 없이 무심히 느긋하게 코끼리 등에 앉아 있는 보현동자처럼 객관시하라는 뜻이다.

또 지선(至善)의 의식 행위로는 지혜를 좌우명으로 삼으라는 뜻으로 좌측

금강문(金剛門) 177

에다가 지혜의 문수동자를 용맹정진의 상징 청사자 등에다가 앉혀놓았다. 깨달음의 각성을 의미하는 문수동자상은 관심법(觀心法)을 의미하고 있다. 그러므로 항상 자신의 몸의 안과 밖으로 보고 느끼는 심식을 지켜보라는 뜻이다. 바로 지켜보는 그의 상징이 청사자를 탄 문수동자상의 뜻이다. 문수동자는 깨달음의 바다를 헤엄치고 다니는 전지전능한 각성을 의미한다. 다 알고 다 드러내 보이는 묘각을 한 번 더 돌이켜보라는 의미로 청사자에 태웠다. 이렇게 의식을 돌이켜보는 행위를 금강반야(金剛般若)라 이름한다. 여기 금강문 안에서 문수·보현동자상이 시사하는 전체적인 뜻은 해탈지견으로 들어가는 지적 의식 행위를 형설하는 금강문이 되고 있다.

금강문의 형설이 꼭 이와 같은 높은 차원의 해탈법문이 아니라 하더라도 세간의 모든 중생들의 삶의 상식으로 미루어 보아도 문수·보현은 서로 떨어질 수가 없는 상호보완적 지적(知的, 문수) 행위(行爲, 보현)의 이름들이다. 평소에 우리도 행동을 할 때는 반드시 먼저 생각을 하고 나서 행동을 하든지 생각과 동시에 행위가 일어남을 경험한다. 설사 무의식적인 행동을 했다손 치더라도 행위 속에는 반드시 지적 감각이 선행되기 마련이다. 누구나 우선적으로 지적인 의식 행위가 번갯불처럼 번쩍이고 나서 몸으로 슬기로운 행동함이 있는 것이다. 이렇게 문수의 지혜와 보현의 실천은 불가분의 상호 보완적 관계이므로 후세 사람들이 진리의 문자유희로 '문수가 보현이요' '보현이 문수로다' 라는 명패를 써서 문수는 보현으로 보현은 문수로 각각 달리 명찰을 달아 놓았다.

금강문은 텅 빈 침묵의 문이 아니라 빛나는 슬기와 찬란한 신통인 행위의 춤이 일어나게 하는 문(門)임을 자각한 분은, 금강문 복도를 통과하면서 지혜와 덕행 어느 쪽으로도 치우침이 없이 앞을 바라보면 고대광실 높은 집이 우뚝 서서 여러분을 기다릴 것이다. 이 집이 상서로운 새들, 즉 득도한 성중들이 깃드는 집이라 하여 봉서루(鳳棲樓), 혹은 편안히 긴장을 풀고 안정을 취하며 마음의 쓰레기를 제도한다고 하여 보제루(普濟樓)라고도 하는 집이다. 절집은 이렇게 그 이름부터가 운수납자의 운치를 다양하게 풍기고 있다. 이름이야 어떻든 여기서 잠깐 머물다가 저 높은 법당으로 가야 한다.

불법은 너무나 믿기도 어렵고, 행하여 성취하기 또한 지난하여 많은 구도자들이 기권하거나, 도중에 회의에 빠져 불도를 포기한다고 한다. 그래서 부처님께서 하근한 중생을 위하여 방편으로 잠깐 쉬게 하기 위하여 만들어 놓았다는 법화경의 화성유품(化城喩品)이 바로 이 보제루(普濟樓), 혹은 봉서루이다. 봉(鳳)은 부처님의 제자들을 상징한 화성유품의 비유 대목이다. 저 누각은 부처님의 신력으로 잠깐 환상으로 만들어 놓은 집이다. 도를 구하는 제자들이 너무나 지치고 고달파하므로 저들을 위하여 임시방편으로 잠깐 쉬었다 가도록 만들어 놓았다. 다시 말하면 성문, 나한, 벽지불과 같은 경지를 상징한 누각이다. 누각의 비유는 소과(小果)를 말한다. 성문, 나한, 벽지불과는 물 위에 쓴 글자와 같은 경지다. 물이 여래장이라면, 글자는 금세 사라지는 환영이다. 우리는 흔히 해탈하면 바로 성불(成佛)이라고 믿고 있다. 하지만 아니다. 부처님의 큰 제자들도 이제 겨우 보살 직위로 발심했거늘 역대 선사들의 깨침을 보고서 성불했다는 것은 말도 안 된다. 꼭 성불했다고 고집한다면, 이들은 다 증상만인이다. 증상만인(增上慢人)은 도를 얻지 못하고도 스스로 깨쳤다고 자만하는 수도승을 말한다.

우리는 이제 사방으로 툭 터진 높은 누각으로 들어가자. 여기서 소변도 보고(구도긴장중, 즉 도통하겠다는 명상법), 한숨 늘어지게 자기도 하며(온갖 마음을 털어 버린 지극히 자연스러운 밝은 의식 상태) 잠시 쉬었다 가자.

여기서 앞을 바라보면 편평한 도량 저 앞쪽에 층층계단이 보인다. 저 높은 계단에는 심상찮은 부처님의 뜻이 있지 싶다. 12계단 위에 선 웅장한 기와집 한 채를 마주할 것이다. 이 집이 대웅전(大雄殿)이며 법당(法堂)이다. 여

금강문(金剛門) 179

기서 여러분은 대웅전을 높은 계단 위에 앉혀 놓은 불당 건축 공법에 대하여 깊은 이해가 있어야 한다. 이것은 지존에 대한 높은 경의의 표시로 만든 것은 사실이나 그보다 더 높고 깊은 뜻은 다른 데 있다는 것을 알아야 한다. 성문, 나한, 벽지불과에서 다시 올라가야 할 불도의 계단이 있다. 법당으로 올라가는 첫 계단에 해당하는 보살승(菩薩乘)에 다다르기 위해서는 보살로 발심해서 12지 보살계위까지 열두 계단을 밟고 올라가야 한다는 상징이다. 초지에서 십이지 보살 지위를 이렇게 12번이나 왕복으로 제곱해야 비로소 여래(如來)가 된다는 뜻이다. 그래야만 법당(法堂) 안으로 들어갈 수 있다.

본시 모든 진리의 뜻은 여래의 몸이다. 저 성전을 법당이라고 말하는 것은 진리의 집이란 말이다. 우리가 보는 건물은 물건이지만, 실은 진리라고 하는 요체를 뽑아 만든 집이란 뜻이다. 우리가 아는 진리는 진공(眞空)의 섭리이지만, 저기 저 법당의 건물에 쓰인 제목과 흙과 돌들은 다 신비롭기 이를 데 없는 세속의 진리가 아닌 진공을 녹여 금으로 만든 불성(佛性)으로 만들어졌다. 화엄경(華嚴經)의 내용이 바로 이것이다. 모양을 통하여 불법을 보이듯이 제 보살이 부처님을 소개한 내용이 화엄경이다. 반대로 법화경(法華經)은 부처님이 부처님을 설명하고 제보살의 청사진을 보인 경이다.

이러한 내용이 대적광전(大寂光殿)에 잘 묘사되어 있다. 금빛 나는 의식 칠식(七識)이, 칠보(七寶)란 사실을 유의하기 바란다. 이렇게 보는 눈이 있어야 하므로 보살님들이 갖고 계시는 법안의 안경을 하나씩 갖추도록 해보자. 법안(法眼)이 없는 사람은 도저히 저 법당(法堂)을 볼 수도 없고 상상도 불가능하다.

법당으로 가는 길

누각과 삼승도

여러분은 지금까지 이 붓을 따라 일주문에서부터 사천왕문을 지나 금강문까지 왔다. 지나오는 과정에서 사주세계(四洲世界)를 붙들고 있다는 사천왕님들이 앉아 계시는 천왕문을 마치 큰 하천의 징검다리를 훌쩍 뛰어넘듯 수월히 금강문까지 온 셈이다. 지금부터는 부처님이 앉아 계시는 법당으로 올라가야 한다. 그런데 앞을 보니 법당은 뵈지 않고 큰 누각(樓閣)이 앞을 가로막고 있다. 아름드리와 주추 기둥들의 주열이 엄청나게 무거울 듯한 누각을 거뜬히 떠받들고 있다. 그 밑으로 법당으로 올라가는 통로가 툭 트였는데 올라가는 계단석들이 적당히 가지런하여 통행인의 발걸음을 잊게 한다.

절마다 누각의 이름들이 다양한데 선객의 향기가 가득한 이름이나 도가풍의 이름들도 있다. 무어라 이름을 지었든 누각의 본뜻은 《법화경》의 화성(化城)의 비유를 형설하고 있다. 앞에서도 설명했지만 절에 있는 모든 것은 바로 불경을 그대로 묘설한 것이므로 지금 여기 누각은 불법의 알맹이라 하는 묘법연화경의 화성유품을 그대로 비유한 누각이 되고 있다.

누각이나 전각은 대중들이 모여서 즐기는 장소다. 불교의 대중이란 사부대중(四部大衆)으로 비구, 비구니, 우바새(남자 신도), 우바이(여자신도)를 말한다. 세속에서 흔히들 스님네를 중이라 한다. 그런데 중(衆)이라는 말의 어원은 불교 신행자들의 모임인 사부대중을 통칭한 말로 별도로 스님네를 말한 것은 아니다. 여기 누각은 중들이 모여서 법담도 나누고 담소도 하면서 오랜 수행으로 굳어진 몸과 마음을 푸는 무도장과 같은 곳으로 대중들이 활개춤을 추면서 희희낙락하는 장소다. 이곳은 승속을 불문하고 남녀노소를 불문하며 학식의 경중을 묻지도 않으며 도고미천(道高微賤)을 불문에 부치는 곳이다. 그러한 의미에서 광장의 이름을 누각 혹은 전각이라 한다. 본디 각(閣) 자가 붙는 집은 사면팔방으로 문짝들이 다 들리도록 되어 있다. 사방으로 각각 창문들을 치올리고 보면 사면팔방이 훤히 툭 트여서 안과 밖이 한 지붕 밑과 같아진다. 이렇듯 사면팔방의 자연풍광 속에 전각이 담기고 천지 풍광이 전각 안으로 모두 담기는 듯한 호쾌한 운치와 전각에 안기는 감미로운 행복감을 누가 다 어떻게 느끼랴. 바로 이곳에서 고금의 선사들이 구도로 굳어진 심신을 경문의 게송으로 풀었고 시속의 풍류시생들이 절로 솟구치는 시심을 읊었다.

부처님의 도를 삼승도(三乘道)라 한다. 삼승도란 불도와 보살도와 승도를 말한다. 모든 부처님의 도는 오직 하나뿐이다. 하나뿐인 일승도(一乘道)로만 들어가면 누구나 성불한다. 그래서 불도를 개공성불도(皆供 成佛道)라 한다. 부처님의 일승교지(一乘敎旨)인 묘법연화경으로만 들어가면 다 성불한다. 수행방법으로는 부처님이 설하신 법화경을 믿고 그 경을 수지하고 독송하며 경문을 손수 베껴 쓰고 그 경의 내용을 명상하고 뜻을 해독하고 그 의미를 세상에 해설하는 수행을 열심히 하면 누구나 다 성불하게 되어 있다.

그런데 만약 부처님이 이렇게 간단히 부처만 믿으라고 강조한다면 신심(信心) 없고 의식이 천박한 중생들이 부처가 자기만 믿으라고 한다면서 반드시 비방하게 될 것이다. 상황이 이렇게 되고 보면 차라리 법을 설하지 않는 것만도 못하게 된다. 왜냐하면 부처님을 비방한 저 모든 중생들이 반드시 악도에 떨어지기 때문이다. 부처님은 그럴 바에야 차라리 성불하는 불도인 일불승을 설하지 말고 곧 무여열반에 드는 것이 낫겠다고 결심하시다가 과거의 모든 부처님들은 과연 어떻게 불법을 폈을까 하고 살펴보셨다. 모두 방편을 써서 삼승도(三乘道)로 중생들을 제도하였음을 확인하시고, 옳거니 그렇다면 나도 삼승도로써 불법을 펴리라 작심하셨다는 가슴 아픈 심경을 석가세존 자신이 묘법연화경 방편품에서 잘 밝히고 계신다. 물론 그 까닭은 모든 중생들의 근기 문제이다.

비유하면 중한 정신병에 걸린 사람은 일단 가족과 사회로부터 격리시켜야 하므로 정신병원과 같은 산사로 출가를 시키는 출가사문의 길이다. 출가사문의 수행법은 식심분별로 빚어진 정신분열의 불길을 끄기 위하여 일단 몸과 마음을 청정케 하는 계율을 철저히 지키면서 오로지 편안한 자세로 앉아 있는 연좌(宴座)를 시키셨다. 그렇게 하다 보면 홀연히 식심의 검은 구름이 사라지면서 각성의 그림자, 무명(無明)이란 마음(摩陰)이 만든 저 허공계가 활짝 열리는 아라한과를 얻는다. 이렇게 식심을 소멸시킨 경계가 아라한과다.

그러나 아직도 근본 무명인 마음을 증발시키지는 못했다. 아직도 무명의 마음을 소멸시키지 못한 아라한의 신심 쾌활의 경계를 비유하면 천상의 술에 취한 사람 같다. 이렇게 여래장식(如來藏識)의 가피로 생긴 환희의 소과(小果)에 맛들인 중독자들에겐 제 본래의 각성의 빛이 들 때까지 홀로 안정을 취해야만 하는 수행법이 곧 연각승(緣覺乘)들의 관심법(觀心法)이다. 12연기법에도 잘 설명되어 있지만 근본 무명인 마음(摩陰)이 사라져야만 출세간법에서는 진정한 해탈이라 할 수가 있다. 그래서 연각승들에게는 12연기의 근본 무명을 증발시키는 관심법이 있다. 관심법은 몸과 마음을 주시하는 각관법(覺觀法)이다. 몸과 마음을 주시하다 보면 근본 무명이 사라진다.

무명이 사라지는 선정의 이름을 멸진정(滅盡定)이라 한다. 저 소과들의 이상향인 멸진정으로 들어가기 위해서는 절대적으로 홀로 적멸을 취하는 독거수진(獨居守眞)의 기간이 필요하다. 그래서 12연기를 소멸시킨 연각들을 독각(獨覺)이라고도 부른다. 이렇게 식심 소멸의 성문과와 12연기의 근본 무명을 중발시킨 연각승을 합한 2과를 대각의 문에서 볼 때는 묘각의 빛인 각성의 불지(佛智)는 성질과 판이하게 다르므로 이 2과를 통칭 이성과(異性果)라 한다. 다시 말하면 불과(佛果)는 태양이라면 보살지(菩薩地)는 태양빛이다. 그 보살지의 빛의 그림자는 묘각(太陽)의 빛과는 판이하게 다른 성질이 되므로 이성과(異性果)라 한다. 이렇게 성문 연각의 지위는 불문(佛門)의 등급에서 볼 때 세 번째 차원이 되므로 삼승도(三乘道)라 한다.

또 다시 세 번째 단계인 삼승도를 버리고 세간법과 출세간법을 주시하는 삼매를 닦아 불지로 들어가는 대승보살도가 있다. 불지에 들어간 이승(二乘) 보살들은 묘각의 빛인 각성에 머물면서 한없는 세월 동안 헌신의 삶인 육도만행을 한다. 온갖 고행의 만행으로 지혜와 공덕장엄을 하는 보살도인 이승에 들어간다.

이제 마지막으로 이승의 보살도에서 불지로 들어가는 수행에서 부처님을 잘 모시고 받들면서 그 법을 존숭하며 잘 배워 익히다가 마침내 자신이 부처님과 똑같아지는 여래 차원의 일불승(一佛乘)이 있다. 일불승은 일체 모든 존재가 무여열반을 성취하는 성불(成佛)이다. 이렇게 불교의 삼승도에 있어서 최상승의 불도는 성불이다. 이것이 부처님께서 부득이하게 삼승도를 펼 수밖에 없었던 구체적인 내용의 간략한 해설이 된다.

법화경 화성유품의 이야기는 성불의 길이 너무나 멀고도 멀어서 구도자들이 수행해 들어가는 과정에서 모두 지치고 피로해서 저마다 성불을 그만 포기하려 하므로 저같이 용렬한 근기들을 달래기 위해서 부처님의 위신력으로 저들이 잠깐 쉬었다가 갈 수 있는 별장을 하나 만들었다. 그 별장은 생사에서만 영원히 잠이 든 반쪽 열반인 유여열반이라는 모델하우스다. 이 모델하우스는 제불이 성취한 세간법과 출세간법을 송두리째 침몰시킨 남김없는 무여열반(無餘涅槃)을 모방한 임시 별장이다. 여기서 저들의 몸과 마음의 피로를 풀게 했다. 제불이 성취한 무여열반에서 반쪽을 떼어 만든 소과(小果)들이 취득한 유여열반(有餘涅槃)에서 중생들의 식심에서 느끼는 피로가 다 풀린 듯하면 그때에 비로소 세존이 임시로 만들어 놓은 대열반의 티끌로 만든 모델하우스, 소과 열반을 철거해 버리고 정식으로 대열반의 적멸보궁으로 모두 입주를 시켜야 하는데 거기로 가자면 저 높은 계단을 하나하나 밟고 올라가야 한다.

그 내용이 초지보살에서 12지 보살도를 12번 제곱을 하는 엄청난 고역의 보살도다. 그래야만 대적광전(大寂光殿)으로 들어갈 수가 있다. 거기로 갈 수 있는 입주권자는 무진 난행고행을 지원한 보살들이다. 보살들이 필수적으로 육바라밀(六波羅蜜)을 닦아야 하는 보살도. 그래서 보살도가 제불의 구경의 지도(至道)다.

이승(二乘)의 보살도가 원만히 구족하게 되면 마침내 등각(等覺)에 들어간다. 등각에 올라가서도 묘각(妙覺)을 성취하고 여래십호(如來十號)를 구족해서 마침내 대각(大覺)의 적멸보궁으로 들어간다. 이러한 불도의 오묘한 무진의를 법당으로 올라가는 계단상과 대웅보전 혹은 대적광전 등이 형설하고 있다. 이러한 의미가 대소 사찰의 조형예술의 건축미로 다 상설되어 있다. 정말로 불가설 불가설의 대각세계를 성취하자면 우리 같은 범부들은 간단하다. 부처님의 아들로 입적만 되면 온갖 소유권이 자손에게 다 이양이 되듯이 부처님의 모든 것이 바로 다 내 것이 된다. 부처님의 아들로 입적하는 호적등본이 다름 아닌 묘법연화경이다.

묘법연화경을 수지, 독송, 서사, 해설하며 법화경만을 소의경(所依經)으로 하여 수행하는 불도를 일불승(一佛乘)이라 이름한다. 그래서 불도들이 일불승의 불도로 들어가는 신행의 일환으로써 조석으로 예불을 올릴 때는 반드시 '무상심심미묘법'이라고 하는 묘법연화경을 예찬하고 나서 부처님의 대제자와 모든 아라한 대중을 칭송하면서 예불을 올린다.

이제 우리는 석존의 삼승도가 무엇인가를 어림해 보았다. 지금 우리는 대반열반의 모델하우스에 와 있다. 삼승 도량인 전각에 와 있다. 여기서 식심이 소멸된 아라한들이 육신통을 얻어 시방세계로 여행도 다니면서 온갖 신통으로 재롱을 떨다가 그러한 재롱들이 부질없는 환상임을 깨닫고 이제 무상함을 느꼈다 싶으면 그때에 세존께서 소과 열반의 화성을 철거해 버린다. 그러면 찰나에 휘황찬란했던 출세간의 환희는 환상처럼 사라지고 출세간의 열반을 초월한 각성의 눈, 법안(法眼)이 활짝 열린다. 저 법안으로 보살도로 올라가는 높다란 층층 계단석 위를 한참 우러러 보노라면 대천세계에서 지금 막 묘각장엄의 화려찬란한 대웅보전이 지상에 살포시 내려앉은 듯이 보인다.

법화

누각에서 보면 종각이 보인다. 종각의 유래를 잠시 살펴보자. 종각에는 북(鼓)과 종(鐘)이 함께 있음을 볼 수 있다. 부처님 당시부터 북과 종을 구별하여 사용하였으니, 북은 식사 시간을 알리는 방편으로 쓰였다. 식사 시간이라 하여 요즈음처럼 밥상머리에 앉아 소위 공양을 한다는 의식으로서의 식사 개시 신호가 아니라, 걸식을 떠나자는 것으로서 몸과 마음을 한꺼번에 비워 버리는 만행을 몸소 실천 수행하는 행위를 통하여 마음을 버리는 정진 바라밀의 신호였다.

종은 법회 시간을 알리는 용도로 쓰였다. 북이나 종이 시간을 알리는 기구로 사용됐다는 기록은 능엄경에도 있다. 옛날부터 징과 북을 악기로도 써 왔지만, 이것을 후대에 와서는 신성시하여 종교의 대표적인 기물로 받들고 있다. 큰절에 가면 종각(鐘閣)이 있다. 이 종각 안에는 큰종과 큰북이 놓여 있다. 뿐만 아니라 천장에는 목어(木魚)와 운판이 달려 있다. 이것들은 통칭 법기(法器)라 한다. 법기라 하면 부처님의 깊은 뜻이 숨어 있는 기구라는 말이다. 북을 법고(法鼓)라고도 하는 것은 부처님께서 법문을 하실 때 종이나 북을 쳤기 때문이다. 종보다 북소리가 훨씬 더 멀리 들리므로 사방에 흩어져 수행하던 제자들을 부처님의 처소로 모이게 하는 데 북이 더욱 큰 역할을 했던 것이다. 이러한 의미에서 법고라 했다고 생각된다.

보라, 이 얼마나 아름다운 종교인가! 음악이 있고 춤이 있고 그리고 신비로운 시문(時文)의 독송가락이 있다. 청아한 음성으로 경문을 외우면서 법고를 치며 춤추는 스님네의 장삼자락에, 하늘을 나는 천녀가 천고(天鼓)의 소리를 듣고 금방이라고 내려와 함께 진리의 춤을 출 것 같지 않은가! 속이 빈 타악기를 공중에 매달아 놓고 치면 공명(共鳴)이 우주에 가득해지므로 이것을 천고라고도 했다. 고로 텅 빈 마음의 춤이 일어난다는 것이다.

인간의 심장이 뛰는 소리는 북소리와 같고, 신장의 동맥이 뛰는 소리는 징소리와 유사하다. 그러므로 인류사에서 북과 징이 일찍부터 사용되었고, 그 북과 징소리를 들으면 저절로 흉금의 소리가 흘러나와 노래와 춤이 되었다. 북소리는 사람의 마음을 진정시키는 힘이 있고, 징소리는 사람의 정신을 흥분시키는 매력이 있다. 이렇게 북소리로 부교감신경을 자극하고, 징소리로는 자율신경을 자극하여 누세로부터 빛과 소리에 물든 만생의 영혼에 본연으로 돌아가고자 하는 희망과 깨침의 기쁨을 불어 넣어 주었다. 누구나 북과 징소리를 들으면 저절로 신명이 나고 흥겨워지는 것은, 우리 모두가 모태에서부터 북과 징소리를 들으며 즐겼던 천성이 있기 때문이 아닌가 한다.

종각의 천장에 매달린 구름같이 생긴 운판은 하늘을 나는 새와, 귀신류에게 진리의 소리를 들려 준다는 의미로 친다고 한다. 절 안 대중에게 식사 시간을 알릴 때도 부엌에 걸어 놓고 쳤다. 그리고 목어라고 이름하는 큰 나무로 만든 잉어 한 마리를 천장에 매달아 놓았다. 속이 텅 빈 고기를 천어(天魚)라는 상징으로 공중에 매달아 놓고, 새벽 예불시간에 장단을 맞추어 두들기면서 경문을 외운다. 이것은 모든 물고기들을 구제한다는 보살도의 폭넓은 염원에서 나온 일종의 법고다. 절에서는 이와 같이 하찮게 생각되는 미물에게까지도 기도문을 염송하면서 승무(僧舞)를 추며 선열(禪悅)을 즐긴다. 잉어는 눈을 깜박이지 않으며 잠잘 때도 눈을 뜨고 잔다고 한다. 고기를 청정도량에서 신성시하는 데는 그만한 이유가 있다. 불설에 의하면 하늘나라 사람은 눈을 깜박이지 않는다고 한다. 고기가 눈을 깜빡이지 않는 것이 하늘 사람의 덕목과 통하고 깨어남을 구경의 진리로 삼는 불가에서는 졸지 않고 꿈꾸지 않는 고기의 눈에 큰 매력을 느꼈던 것이다. 그래서 고기에 얽힌 숱한 설화 중에서도 깨어남의 상징이 되어 주는 눈망울이 진리다우므로 천어라 경칭하고, 속을 비움이 도인들의 복장(腹臟) 같음까지도 묘사하고 있다. 이렇게 보고 이해하는 측면이 가장 적절한 해석이라 믿는다.

　금강문을 지나 보제루에서 법열(法悅)을 즐기는 제자들은 이렇게 북도 치고 종도 치면서 온갖 법락을 만끽할 수 있었다. 그러나 언제까지나 이렇게 남의 여관방과 같은 보제루에서 세월만 보낼 수는 없다. 그때에 법당 계단 밑 양켠에 엎드려 있던 등대석사자(燈臺石獅子) 한 쌍이 깨친 자들의 초의식을 만나 깊은 무의식의 잠을 깨고, 소리 없는 소리로 사자후(獅子吼)를 한다. 소리 없는 소리를 들어 보자!

그대들이　얻은법은
이몸에서　벗어난일
괴롭고　　공하고
무상하고　내가없는
그도리에　해탈했네
여래만이　항상한법
상락아정　이뤘도다
소과열반　얻었다고
만족하지　말지어다
불자되는　보살도로
때를알아　정진하라

아공법공　다녹여서
무여열반　성취하자

우리나라 난세의 대선사 하동산(河東山) 스님께서 어느 때 외국의 선승들에게 한국의 절 구경을 시켜드리다가 돌로 만든 사자를 가리키며 말씀하시기를 "저 석사자(石獅子)의 소리를 듣느냐?"고 물었다고 한다. 소리 없는 것도 듣는, 마음 저쪽의 귀를 귀띔해 주신 말씀이다. 이렇게 스님네는 깊은 무의식에 잠든 무정물인 돌멩이 하나를 가지고도 온갖 대화를 하고 심오한 진리를 읽어 낸다.

지금 여기에 부처님 제자들은 금강문을 지나 보제루 차원에서 한 소식하므로, 부처님의 제자에서 불자(佛子)로 한 단계 올라선다. 그래야만 성불(成佛)의 길에 들어서게 된다. 제자란 차제에 때가 되면 불자로 승진할 수 있는 수행 준비생이란 뜻이다. 그래서 사리불 같은 큰 제자도 자주 말씀하시기를 "나는 부처님의 입으로 화생(化生)한 부처님의 아들(佛子)"이라고 여러 번 말씀하셨다. 제자에서 불자, 더 나아가 곧 성불할 법왕자(法王子)가 되자면 일단 모든 법의 무상함을 깨달아서 제일공(第一空)이라고 하는 아공을 터득해야 한다. 일단 내가 없다는 무아(無我)만 일어난다면 부처님의 제자가 된 것이다. 여기서 다시 발심해야 하는 것은 내가 없다는 무아행이 시방세계의 만법에 행위를 통하여 들어가는 보살도인데, 그 수행의 모습이 흡사 고무풍선이 공중에 둥둥 떠다니듯 물위의 비눗방울처럼 어디에서도 걸림 없이 떠다녀야 하므로 절의 조각품이나 그림에는 오늘날 자가용 같은 코끼리나 사자를 타고 다니는 작품이 많이 보인다. 불자(佛子)가 되어 보살도로 올라가면 보살승(菩薩乘)이라 하여 탈 승(乘) 자를 쓰게 된다. 삼승도(三乘道)는 중생을 열반에 이르게 하는 세 가지 교법을 말한다. 성문승(聲聞乘), 연각승(緣覺乘), 보살승(菩薩乘) 얘기가 바로 이 뜻이다. 비상하여 올라선다는 뜻을 그림이나 조형으로 빗대어 무엇을 타고 다니는 모습으로 나타냈다.

마침내 성불하면 천 폭의 금련화(金蓮華)에 앉게 된다. 금빛 연꽃에 앉아 계시면 일불승(一佛乘)이고 코끼리나 사자 같은 동물을 타면 이승보살도(二乘菩薩道)이다. 나무 밑이나 돌 위에 혹은 온갖 기물에 의탁해 앉은 모습은 다 삼승류(三乘類)를 명시한 것이라 생각된다. 절에서 보여주는 타고 다니고 날아다니는 모습과 오늘날의 탑승 문명을 생각해 보면, 대각자의 일거일동과 숨은 뜻이 그대로 현실로 반영됨을 알 수 있겠다. 삼승도(三乘道)의 시각적 도설은 시방세계를 신속하게 날아다니고 타고 다니며 중생을 구제한다는 불보살의 무한한 자비와 신통력을 보인 것이다. 그러므로 합장하자. 그리고 법당(法堂) 앞 마당에서 오체투지(五體投地)하자. 두 무릎과 두 팔 관절을 땅에 붙이고 이마가 땅바닥에 닿으면 가장 합당한 오체투지하는 예경법이 된다. 오체투지한다는 참뜻은 재물과 몸과 뜻과 마음과 삶과 앎을 몽땅 대각자인 지존 앞에 털어 버린다는 뜻이다. 그것은 움직이지 아니하는 불보살의 마음을 닮은 무동(無動)의 대지 위에 누겁 전세의 탐욕을 미련 없이 쏟아 버리고 청정한 부처님의 법신(法身) 세계로 연기처럼 사라져 올라가는 구도자의 기본자세이며, 열반의 하늘로 상승해 올라가는 불자의 지극한 예절인 것이다. 무(無)의 존재로 몰입해 올라가자면 이 같은 덕성스러운 비움의 공덕(空德)이 있어야 한다. 지금 여기 절 마당에 우주선같이 우뚝 솟은 탑의 가르침은 이와 같은 불법의 묘의를 설파하고 있는 것이다.

오대산 월정사의 탑 앞에 합장하고 꿇어앉은 문수보살의 가르침이 바로 이것이다. 텅 빈 충만을 증발시켜 저 부처님의 열반 하늘로 상승해 올라가는 모습을 상징한 것이 곧 공덕탑(空德塔)의 가르침이다. 수직으로 비상하는 것이 대승도. 법당 앞에 치솟은 다보탑의 비밀을 알겠는가! 석가세존의 불법(佛法)만이 진정한 진리라는 사실을 증명해 주시는 다보불의 화신이 절마당의 탑들이다. 탑은 대 증명법사로서 땅속에서 솟아 올라온 것이다. 탑은 절

대자를 증명하는 더 이상 없는 증명법사다. 법화경에 기록된 다보부처님의 법음이 그러하거니와, 탑은 구도자로 하여금 열반하늘로 실어 나르는 항공기도 되어 주신다. 저 열반의 대우주로 도약해 상승하라고 가르쳐 주시는 다보불의 탑신에 깊은 감회와 각성의 눈물이 있으리라. 고로 경배하라, 절하라. 그러면 우리들도 저 열반의 우주선을 타고 부처님의 세계로 관광 가리라. 부처님의 제자들도 다보탑에 예경한 공덕으로 모두 허공에 머물러 다보부처님과 세존의 보신불(報身佛)을 보았다고 법화경에 씌어 있다. 그러므로 지극한 마음으로 탑에 오체투지하라. 그러면 법안(法眼)이 열리리라.

상상위진(想相爲塵)　식정위구(識情爲垢)
이구원리(二俱遠離)　즉여법안(則汝法眼)
응시청명(應時淸明)　운하불성(云何不成)
무상지각(無上知覺)

마음속 상상들은 허공의 티끌
의식하고 느끼는 일 물든 때로다
상상하고 느끼는 정 멀리 떠나면
곧 그대의 법안이
즉시에 밝게 드러나
어찌 이루지 못하겠는가
무상정각 이루는 일 분명하리라

법안이라고 하는 진리를 보는 안경을 빌려 쓰고 법당으로 올라가자. 법안은 보살님들의 눈이다. 이 눈으로 보면 삼라만상 그대로가 부처님의 세계이며 승속이 없고 한 가지로 청정한 불국토(佛國土)로 보인다. 불국토라는 말은 무엇이나 다 부처로 보인다는 뜻이다. 법안으로만 그렇게 보인다. 더 나아가 미진 중에서 부처님들의 설법함도 보이고, 부처님이 말씀한 대승경전의 실상을 그대로 보고, 마침내 그 뜻마저 통달하게 된다. 뿐만 아니라 자신의 법신이 법계(法界)에 두루하여 일체 진리 속에 들어가 온갖 불사를 짓기도 하고, 다른 제보살의 신통 변화도 다 보고 통달하게 된다. 다만 청정법신인 부처님의 실상만은 분명히 볼 수 없다. 불안(佛眼)이 안 열려서 어림할 뿐이다.

 우리는 지금까지 여러 개의 안경을 얘기하였다. 두 개의 육안으로는 이 세상 국왕천(國王天), 다시 말하면 우리가 생존하는 하늘 밑에서 온갖 분별과 허망한 생각으로 악몽과 길몽을 꿈꾸며 살아왔다. 이미 일주문(一柱門)에서는 두 개의 눈이 사라지면서 제삼의 눈에서 거울과 같은 자성의 눈을 의식했다. 다음 사천왕문(四天王門)에서 천안(天眼)으로 우주를 보니 삼라만상을 삼키고 토해 내는 생천(生天)이 드러나 보였다. 허공과 시간을 비추어 보는 신기한 눈을 어림했다. 축구공과 같이 생긴 우주 밖에서 허공을 봄으로 하여, 그 우주가 돌아가는 시간을 보았으므로 과거로도 현재로도 미래로도 여행하는 눈의 얘기를 들었다. 뿐만 아니라 영혼까지도 드러나 보이므로 모든 영성의 윤회를 보고 허망한 중음신(中陰身)의 심성까지도 투시하였다. 더 나아가서는 계율의 칼로써 사악한 마음을 항복받고 무사히 금강문(金剛門)으로 들어갔다.

 금강문에서 자상(自相)과 타상(他相)이 없어지는 깊은 지혜로 생긴 혜안(慧眼)을 증득하였다. 즉시에 홀연히 세속 물정과 의식으로 물든 마음이 청허해지면서 공적(空寂)함이 일어나 지혜를 이루니 온갖 식정과 상념은 지혜의 불꽃에 의해 증발하고 출세간의 맑은 하늘이 드러났다. 청탁(淸濁)을 여읜 해탈의 정천(淨天)이 활연히 열려 한없는 행복에 사무친다. 그러나 여기서 다시 분발하여 성불의 길로 올라가야 한다. 법당으로 들어가야 한다. 그러자면 법안이라는 안경을 빌려 써야 한다. 소승과에서 얻은 정천(淨天)을 보는 혜안으로

법화 195

는 법당을 찾아갈 수 없기 때문이다. 법안으로 보는 하늘은 지금까지 보던 하늘이 아니다. 그저 고요하고 찬란한 평화의 하늘, 즉 정천의 하늘은 사라지고 부처님 몸에서 일어난 빛으로 가득한 본성의 하늘 이천(理天)이 보인다.

중생이 보는 하늘은 온갖 티끌과 바람과 구름과 어둠으로 암울하다. 해와 달이 은혜를 베풀지 않으면 어둠의 천지다. 지금 우리가 보는 하늘에는 온갖 천체로 가득하다. 태양 빛의 영향으로 파란 하늘을 감상할 수 있으나, 본래 우주 공간은 검은 색에 가까운 곤색(玄)이다. 어두운 허공이다. 얼마나 답답한 허공인가. 우리들의 마음처럼 무명(無明)의 하늘이다. 흐리고 답답한 지하실 같은 좁은 우리들의 마음 그대로의 하늘이다. 그래도 인간은 넓은 공간인 양 의식하고 있다. 마치 두더지가 땅속의 공간을 자기의 우주로 보듯이 말이다. 짐승이 보는 하늘은 우리 인간보다 훨씬 작다. 시각차 때문에 우리와 같은 느낌의 하늘이 아니다. 이것이 다 중생의 업보(業報)이며 저마다 마음의 생김대로 보고 느끼는 것뿐이다. 이것을 세간천(世間天)이라 하고, 국왕천(國王天)이라고도 한다. 오늘날 나라마다 주장하는 자국의 항공권이 바로 국왕천이다.

우리가 사천왕문에서 본 사천왕천(四天王天)에서부터 저 우주의 끝 비상비비상처천(非想非非想處天)까지의 하늘을 생천이라 한다. 이 우주는 우리들의 마음속에 애정이 녹아 없어진 후에 좋은 일을 하여 공덕이 많이 쌓인 사람들만이 볼 수 있고, 그러한 공간에 화생하여 유한한 행복을 누릴 수 있는 곳이 생천이다. 생천이란 무슨 뜻인가? 만물이 허공에서 태어나 허공으로 돌아감을 생각해 보면 될 것이다. 허공 밖에 있는 만생의 영성을 제외하고는 다 진공(眞空)에서 왔다갔다 한다. 색계 선천(禪天)이란 곳이 우리가 말하는 진공천(眞空天)이다. 여기에 하나님이 계신다. 곧 대범천왕(大梵天王)이다. 모든 유정의 하늘이 이곳으로부터 일어났다가 다시 그곳으로 돌아가기 때문이다. 대범천왕은 태로 나고, 알로 나고, 습기로 나고, 변화해서 태어나는 화생류의 근본이 되므로 대범천왕을 사생자부(四生慈父)라 한다. 기독교인들이 말하는 하나님 아버지란 바로 이 대범천왕이다.

이와 같이 뭇 생명이 생존하는 네 가지 통로 즉 태(胎), 난(卵), 습(濕), 화(化)에서 하늘에는 태로 낳지 않고 바로 변화해서 화생(化生)하므로 천상에 가서 나는 것을 천상에 태(胎)어났다고 말하지 않고 천상에 났다고 말한다. 다시 말하면 생천했다고 말한다. 극락세계(極樂世界)에도 왕생(往生)했다고 말하지 극락에 태어났다고는 말하지 않는다.

천상에서 보는 우주는 어떨까? 우주선을 타고 관광 갈 날도 머지않았기 때문에 별로 어려운 일도 아니다. 그러나 문제는 하늘 끝까지 날아가 보았자 우리들의 이 눈으로는 따분하기 짝이 없다. 여기서 보는 하늘이나, 거기서 보는 우주나 보는 데는 아무 차이가 없다. 다만 마음으로 느낌은 한없이 고요하고 심오하며 편안할 것이고, 육체적인 육감으로는 온갖 욕망이 사라진 무아실현이 자연스럽게 일어날 것이다.

그러나 아무런 마음의 변형도 없이 우주선을 타 보았자 이곳에서나 그곳에서나 그냥 캄캄한 하늘 구경밖에 할 것이 없다. 문제는 우리의 마음이 뒤집혀야 되는 것이다. 뒤집는다고 해서 미치라는 얘기는 아니다. 마음은 지금 이 마음이로되 정화를 시켜야 한다. 마음을 청정하게 밝히는 그 요령이 마음을 뒤집어야 하는 것인데, 뒤집는 요령은 마음으로 바깥을 보지 말고 자기의 내면에서 자신의 마음을 항상 주시하는 것이다. 그렇게 마음을 돌이켜 의식하면 흡사 뒤집는 비유가 된다. 왜냐하면 이제 바깥으로 흐르는 마음을 안쪽으로 끌어당기는 의식이 생기기 때문이다. 이것을 경전에는 섭수(攝受)라고 하여, 마음의 창문인 육근(六根)을 통하여 달아나는 정신을 싸잡아 들이라는 표현으로 섭오정(攝五情)이라 한다. 또한 이렇게 안으로 싸잡아 들이는 의식보다 그저 자연스럽게 주시하는 편이 더 수월하다. 마치 거울에 비추어 보듯이 자신의 모든 행위와 벌 떼같이 설치는 마음 나부랭이들을 조용히 의식하는 관조법이 제일 좋다. 이렇게 수심하기를 얼마 아니하면, 저절로 마음의 눈이 열려 천상세계 찬란한 모양과 풍요로운 삶의 형태를 자상히 볼 수 있다. 이렇게 이해하고, 이렇게 깨달아야 우주 관광의 묘미를 즐길 수 있다.

정천(淨天)이란 어떤 하늘인가? 위에서 말한 그렇게 좋은 하늘이 사라지고 나면 홀연히 깨달음의 우주가 드러나는데, 이것을 정천이라 한다. 이것은 우리들의 사념(思念)이 완전히 소멸된 오로지 밝은 의식의 하늘을 말한다. 우리들의 생각은 방금 잠에서 깨어난 사람의 의식 같은 경우여서 표현할 길이 없다. 다만 모름지기 깨치고 볼 일이다.

이천(理天)이란 어떤 하늘일까? 법안으로 보이는 이천(理天)은 우리가 살아오면서 체험한 하늘과는 상상을 달리한다. 같은 우주로되 중생의 근성에 따라 천차만별하다. 공통점은 텅 비고 무한히 넓다는 점이다. 천상 사람들에게 있어서는 우리같이 땅과 하늘이 별도로 분리되어 있지 않다. 그러므로 해와 달이 뜨고 지고 하질 않는다. 이천(理天)은 그 자체가 땅이며, 맑디맑은 허공을 유리같이 투명하여 스스로 빛을 발하므로 광명의 하늘이다. 그곳에 화생한 사람은 뜻과 같이 삶을 즐기므로 허공을 나는 구름을 천상 사람에 비유하면 이해가 쉬울 것이다. 이천은 보살님들의 우주이며 불가사의 하늘이다. 지옥 중생의 우주는 불구덩이 그 자체며, 아귀의 우주는 펄펄 끓는 물이다. 바다의 고기에게는 짠 물 그 자체가 하늘이 되니, 실로 그들에게 무슨 하늘이 별도로 있겠는가. 짐승은 하늘을 의식하지 못하나, 저들의 시력에 따라 그래도 탁 트인 가슴을 느낀다.

우리의 우주는 과학이 있고 철학이 있고 종교가 있으나, 밝고 어둠을 보는 반연심인 무명(無明) 때문에 텅 빈 허공을 보고도 흑백 양단의 사고를 벗어나지 못한다. 우리의 발은 잠시도 땅에서 떨어질 수 없으며, 하늘은 우러러볼 뿐이다. 과학의 힘을 빌어서 허공을 날아 보기는 하지만, 우주 가운데 그 많은 천체를 꽃밭으로 보는 천상 사람의 육정이 맑아진 확 트인 눈과 공덕과 신통술에야 미치겠는가.

　보살님들의 이천(理天)은 자기 자신이 곧 불가사의한 대우주이므로 지옥에 가면 불을 삼켜버리는 진공이 되어 저들을 천상에 나게 하며, 바다에 가면 회상용궁이 되어 만생의 삶을 조화롭게 해 주고, 인간 세상에서는 사람의 온갖 행복과 아름다운 공간의 궁전인 하늘이 된다. 더 나아가서는 성문, 나한, 벽지불들에게 있어서는 깨달음의 하늘을 만들어 주고, 저 해탈의 열반 하늘까지 되어 준다. 알겠는가, 이천을! 이것을 일명 십주 보살마하살(十住菩薩摩訶薩)이라 한다. 모든 진리에 들어가 독특한 개성의 세계를 형성하는 공간을 만들기 때문이다. 그러므로 모든 법(法)의 뜻을 안다고 한다. 거듭 말씀드리지만 이 보살의 차원은 글자 그대로 불가사의다.

　보살들의 눈, 즉 법안은 모든 법의 이치에 달하지 못함이 없다. 예로서 어떤 사람이 코가 납작하게 생겼다면, 왜 저 사람은 코가 납작한 보를 받았으며, 그 코로 인하여 현재의 심리 상태는 어떻고, 그러한 심상의 행위로 다음 세상에 어떻게 태어나 마침내 어떤 지경까지 이른다는 것을 안다. 옛날 중국의 한산과 습득이 뉘 집에 가서 국수를 얻어먹으며 하는 말이 "이 국수는 소의 고기며, 그 소는 이 집의 주인영감이었으니 곧 이 집 조상의 고기를 먹고 있는 중일세." 하고, 배를 두드리며 웃더란 얘기가 바로 이것이다. 이것이 법안이다. 어떤 물건의 꼴만 아는 것이 아니라, 그 속에 숨 쉬고 있는 영자까지도 꿰뚫어 보고 그것의 전말과 구경의 내용까지 아는 눈이다.

　한산과 습득에게 공짜로 국수를 드린 주인집 내외가 그 소리에 심히 유감스러워 그 말의 의미를 살펴보니, 그 국수를 만든 밀밭에다 죽은 소를 묻은 일이 생각나고, 그 밀밭 어귀에 자기 부친의 묘가 있는 것으로 미루어 이상한 기인들의 말씀이라 여겼다고 한다. 그러나 그분들의 법안을 어떻게 납득하랴!

　여러분도 마찬가지다. 그대들이 신고 있는 신의 역사를 법안으로 보면 그것은 필경 그대의 전신이 되고 만다. 자기 머리를 잘라 먹는 귀신이 있는 것과 같이, 그대가 입고 있는 옷도 어느 백화점에서 사온 것이건 필경에는 먼 역사 속에 존재했던 그대의 전신이란 사실을 법안으로 본다면, 어찌 함부로 다룰 것이며 귀하고 천함을 뉘 탓이라 할 것인가? 마치 조개껍질 같고 비단 구렁이의 허물 같은 사실을 알겠는가!

그대 심성이 곱고 부드럽고 아름답다면 그대의 육신은 썩어서 아름다운 꽃나무가 될 것이고, 거짓 없고 진실하였다면 그 꽃나무에 값진 열매가 맺혀서 만생의 주린 배를 채우게 할 것이다. 그대가 꿋꿋하고 바르며 강직한 의지를 가졌다면 그대의 뼈는 썩어서 훌륭한 나무가 되어 중생의 보금자리가 되어 줄 것이고, 진리를 좋아했다면 저 해인사의 법당 기둥이 될 수 있을 것이다. 반대로 사악하고 삿된 신앙을 가졌다면 가시나무가 되어 뭇 생명에게 아픔을 제공할 것이고, 그 뼈다귀로는 귀신집의 기둥이 되리라!

다이아몬드의 전신이 성자들의 시체란 사실을 아는가? 보살의 법안이 이러할진대 만약 불안을 얻는다면 얘기해 무엇하랴! 이러한 이치로 모든 부처님들은 저마다 독특한 불국토를 갖고 계신다. 보살도는 바로 자기의 국토를 장엄하는 수련 과정이다. 이것을 불국토 장엄(佛國土莊嚴)이라 한다. 자신의 불국장엄이 완벽하게 완성된 경지를 성불(成佛)이라 한다. 이제 알겠는가! 우리가 말하는 깨달음은 성불이 아니다. 잠자던 사람이 이제 겨우 잠에서 깨어난 경지다.

법구(法句)

절에 가 보면 법당의 이름이 다양한 것을 알 것이다. 보통 큰 절 법당 정면에는 대문짝 만한 현판이 걸려 있다. 창건 당시의 명필대가들의 필혼이 살아 숨 쉬는 웅장한 필체에 보는 이의 식심(識心)이 뭉개진다. 보통 대웅전(大雄殿), 대웅보전(大雄寶殿), 대적광전(大寂光殿), 보광전(普光殿)으로 새겨져 있다. 대웅전은 대체로 석가세존 한 분을 모신 데가 많고, 양 옆에 문수·보현 보살이 보처로 모셔져 있다. 그리고 대웅보전이나 대적광전의 일반적인 공통점은 삼존불(三尊佛)인 법신, 보신, 화신불을 주로 모신다. 간혹 보광전에는 비로자나불 한 분만 모셔 놓은 곳이 많다. 대체로 우리나라 법당의 내용은 이와 같다.

처음 말씀드린 대로 우리 절은 온갖 문화와 예술과 우주 의식이 가득 담긴 대 박물관과 같다 하겠다. 철철 넘치는 지혜의 불꽃들인 문자의 향훈이며 신들의 그림이다. 세상의 선비들도 아득해지는 불교의 독특한 법어(法語)와 시문(詩文)들은 속세의 지식을 무색케 한다. 어렵고 난해한 불경에서 뽑아내 온 연꽃 같은 칠언시어(七言詩語)나 금강보석 같은 법구(法句)들은, 보는 이로 하여금 보는 것만으로도 심중은 심오하게 깊어지고 생각은 맑고 높은 하늘처럼 고상해지게 한다. 지혜로 빛나는 침묵의 절은 더욱 새롭다. 무덤 속 같은 신들의 엄숙함뿐인 일반 종교와는 감히 어느 면으로 비겨 보겠는가! 이렇듯 지혜의 불꽃과 신들의 춤과 삶의 향기로 어우러진 아름다운 덕성과 고요의 즐거움이 만생의 마음을 속속들이 얼싸안는 곳이 바로 우리들의 절이다. 정말 경문(經文)은 볼수록 읽을수록 새롭고 더욱 감미롭다. 특히 법당의 붉고 굵은 기둥에 붙어 있는 법구문(法句文)은 당대 달필들의 필무(筆舞)이다. 오랜 숙련에서 신들린 붓끝에서 흘러나온 조화로운 문장의 화음은 유식과 무식을 어루만지듯 보는 이로 하여금 숙연하게 한다. 헐떡이는 인간의 글씨는 여간 잘 썼다 싶어도 남의 시선을 붙들어 맬 수는 없다. 정신이 한 곳의 무심한 지경에 자연스럽게 머물면 스스로 호흡을 잊게 되고, 그 때에 그려져 나오는 그림이나 글은 살아서 춤을 춘다. 그러므로 보는 이로 하여금 신비로운 침묵으로 끌어들이는 주문력(呪文力)이 있는 것이다. 그러한 힘이 있으므로 절은 서예전을 방불케 해 놓았다.

거장들이 목판에 새겨 놓은 글귀의 뜻이야 알든 모르든 그 글자를 염불처럼 외우다 보면, 자연히 문장의 이해력이 생기고 글자의 뜻 속으로 마음이 사라지면서 불도에 익숙해진다. 그렇게 난해한 글귀들이 한 자 한 자 자기 것으로 조금씩 소화되어 영혼에 살과 피가 되어 준다. 그때에 돌이켜 생각해 보면, 절이야말로 문학의 산실이고 정신 예술의 종교를 잉태하는 보고임을 알 것이다.

절은 종교의 차원을 뛰어넘어 있으므로 신비가 아닌 것이 하나도 없다. 그 절이 창건되는 과정에서부터 돌 하나, 나무 한 그루, 산자수려한 자연 모두 아름다운 전설이 없는 것이 하나도 없다. 일체가 설법이 아닌 것이 없으므로 무엇 하나 그냥 넘어갈 수가 없다. 그렇다고 일일이 금쪽 같은 진리어를 다 거론하다가는 해가 넘어가고 우리 인생도 저물어 간다. 자, 이제 저 심심미묘한 경문을 보자!

석가모니 부처님을 예찬한 불가사의 문장들이 아름드리 법당기둥을 얼싸안고, 나 보란 듯이 신성한 애교를 떤다. 필춤을 춘다. 칠언육구(七言六句)의 시문을 읽어 보자. 법당 좌측 기둥에서부터 써 내려간다.

만대윤왕삼계주(萬代輪王三界主)
불신보변시방중(佛身普遍十方中)
삼세여래일체동(三世如來一切同)
광대원운항부진(廣大願雲恒不盡)
왕양각해묘란궁(汪洋覺海渺難窮)
쌍림시멸기천추(雙林示滅幾千秋)

삼계의　　주님이요　　만대의법왕

부처님	넓고큰몸	시방에가득
과거현재	미래부처	오직그한분
광대한	자비원력	다함이없네
넓고큰	각의바다	어떻게아랴
보여주신	쌍림열반	그몇해던가

어느 한 구절인들 광장설이 아닌 것이 없으련만, 지금 세상 사람들이 누구나 읽고 외워서 노래처럼 부르기 쉽도록 시조 가락으로 해석을 하였다. 불교 경문의 글이라면 누구나 앞이 캄캄할 것이다. 그 뜻이 너무 광막하기 때문이다. 당연하다. 불교 문학은 저 무의식 저쪽의 초의식 세계를 설파한 진언(眞言)이기 때문이다 그러니 무슨 재주와 법력으로 진실한 그 뜻을 우리에게 전할 수 있겠는가?

다만 경문이 주는 신비로운 세계의 엄청난 정보와 또 앎을 즐기는 우리로서는 한문이 주는 신선한 운치를 같이 나누고자 함에 그뜻이 있을 뿐이다. 한문(漢文)처럼 멋이 있고 맛이 있는 학문도 드물다. 한 글자에 만 가지 뜻이 담기고, 정신 철학이 있고, 종교가 있는 이러한 글은 온 인류의 지혜가 만들어 놓은 찬란한 지식의 유산이다. 각설하고, 이것으로 절 안에 붙어 있는 법문구(法文句) 풀이는 마치겠다.

누가 절에 웬 부처가 그리도 많으냐고 묻거든, 이렇게 반문하라. 우둔한 사람에겐 직답을 하지 마라. 역사에 대통령이 한 사람인가, 두 사람인가? 그러면 대통령 이름은 하나인가, 둘인가, 무수한가? 그래서 불교는 절대 민주주의라고 일러 주라. 독재전제주의가 아니라고 일러 주라. 절대론은 전제봉건 사회의 독재론이고, 저 외도들이 즐겨 쓰는 유일신론자의 얘기다. 불법은 만생평등론이다. 다 부처로 보는 얘기요, 다 부처가 될 수 있다는 민주론이다. 개유불성설(皆有佛性說)과 개공성불론(皆共成佛論)이다. 또한 비유로는 대학에 총장실은 하나지만 총장은 누구나 될 수 있다는 것이다. 대학은 하나지만 학과는 무수하다. 불법의 보살이 무수함은 대학의 전공학과 별로 교수가 많다는 것을 일러 주고, 누구나 학장이나 교수가 될 수 있다고 일러 주라. 적으나 영리한 사람은 금방 폭넓고 무한한 불법을 깨칠 것이다. 그리고 예경할 것이다.

불전(佛殿)

대찰의 주인격인 대웅보전은 주산의 맥이 내리 뻗은 산자락 주봉이 오체투지하듯 살며시 고개를 숙인 참한 산자락에 적당히 자리 잡아 우뚝하게 솟아 있다. 우람한 전각들이 대웅보전을 둘러싸고 주산의 주릉들이 좌우에서 활개를 펴고 품어 안은 사내 풍광은 유정무정이 할 말을 잊는다. 대소 사찰의 안마당에는 석등들이 다소곳이 서 있다. 그 모습을 보노라면 어둔 밤길의 손님들을 염려하는 인정 많은 산골 아저씨 같다. 신앙적 등대의 의미는 진리의 길을 밝히는 지혜를 상징한다. 그러므로 깨달음을 지향하는 불교 집안에서는 매우 신성시한다. 특히 화엄사 석등은 세 마리 사자가 앞발을 들어 머리 위로 올려 모아 등대를 치받들고 있다. 그 세 마리 사자상의 법문은 삼승도를 의미한다. 불도의 요체가 되는 성문 연각들이 멸진정의 소열반(小涅槃)을 버리고 이승의 등각 보살도로 한발 더 발심할 때에 몸과 마음과 환경을 모조리 삼세제불의 법·보·화 3신에게 받들어 올린다는 무설설의 석사자등이 되고 있다. 그와 같이 수행이 되자면 사자와 같은 용맹한 지혜가 없이는 불가능하다. 그러므로 삼신불이 계시는 대적광전으로 올라가는 돌계단 양편에는 어느 절이든 필히 사자등대(獅子燈臺)가 아니면 연화문(蓮花紋) 석조 등대라도 꼭 있다.

절에서 제일 크고 웅장한 집은 대웅전이다. 대웅전은 절 안에서도 높은 최상단에 위치해 있다. 그러므로 사람이 오르내리는 석조 계단의 배려도 이만 저만이 아니다. 앙칼스러운 화강암을 가지고 석공들이 아기자기한 손장단으로 다듬고 갈아서 축조해 놓은 계단석의 인정미는 곱기도 하지만 그래도 노승들이 왕래하시기는 이래저래 조심스럽다.

온 절의 통로는 큰 법당 정문 앞으로 집중되어 있다. 불전으로 곧바로 왕래하는 높고 넓은 통행로는 궁성의 왕도와 같다. 상통하달로 오르내리는 계단석의 구조를 호사스러운 통로로만 보지 말고 그 계단석의 구조학을 우리는 불도의 등각으로 올라가는 수행도의 글자로 읽어야 한다. 특히 우리나라 삼보사찰은 왕궁을 그대로 본뜬 것이어서 일반인이 다니는 보도 역시 정갈한 계단석 통로다. 왕가의 보도는 통행하는 중앙로가 특별히 따로 있고 그 중앙로를 보좌하는 좌우 보도가 별도로 배설되어 있다. 이렇게 세 쪽으로 길이 트여 있다. 승속을 막론하고 본래 3이란 숫자는 자연의 철리를 밝히는 법수(法數)다. 여기 상단으로 올라가는 삼차선의 통행로에는 보살들이 성불로 가는 수행 법도의 절차가 암시되어 있다.

곧 이승(二乘) 보살들이 성불을 하자면 보살의 지위가 12등급이 있다. 초지라고 하는 1지에서 12지 등각보살 지위까지 올라가서 마지막으로 묘각으로 들어간다. 그렇게 묘각으로 몰입하자면 1지에서 12지까지 올라갔다 내려왔다 반복하기를 열두 번을 제곱해야만 묘각을 성취한다고 한다. 성불을 하자면 저렇게 열두 번을 반복해서 왕래해야만 묘각을 성취한다는 의미로 축조되어 있다. 지금 우리들이 쉽게 오르내리는 법당 통로는 이렇게 의미심장하다. 석조 계단 하나하나가 등각보살들이 성불하는 영광의 계위가 되고 있음을 알고나 다녀야 한다.

저 소승의 성문 연각들은 성불하는 불과와는 거리가 멀다. 불승과는 판이하게 다른 허망을 집어던진 유여열반을 얻고 있으므로 대해탈의 무여열반으로 돌아가자면 저 법당으로 올라가는 계위만큼이나 어렵다. 그래서 삼승도를 버리고 일단 성불하는 불종성으로 화생을 해야만 한다. 그렇게 하자면 우선적으로 아뇩다라삼먁삼보리심을 발해서 보살종성으로 들어가야 하는데, 보살종성으로 들어간 첫 단계를 초지보살(初地菩薩)이라 하고 1지라 한다. 여기서부터 육바라밀을 무량 무수억겁 동안 닦고 닦아서 한없는 난행고행 끝에 마침내 성불을 한다. 이렇게 대승보살들의 전 수행과정을 법당을 오르내리는 계단상으로 묘설하고 있다.

화려 찬란하고 우람 방창한 대적광전이나 대웅보전 등은 대각을 성취하신 제불의 묘각 세계를 형설하고 도설한 곳이다. 그러므로 우리가 그 묘법당으로 들어가자면 깨달음의 첫 계단인 애욕이 말라 버린 간혜지(乾慧地)를 얻어야 한다. 간혜지는 초지보살의 경지다. 각성의 간혜지에서 더 이상 없는 대각의 여래장(如來藏)으로 올라가자면 은유묘설로 표현하면 석조 계단 53개를 밟고 올라가야 구경 성불의 대적광전이 나온다.

이렇게 점차로 쉰세 계단이나 되는 등각의 계를 밟고 올라가면 저 유명한 대방광불화엄경이 나온다. 다방면으로 광장설을 하신 부처님의 빛나는 장엄의 화장세계가 나온다. 바로 이것이《화엄경》의 〈입법계품(入法界品)〉이다. 입법계품에서 불종자 선재동자는 53선지식을 찾아 나선다. 도가 증장한다는 의미의 남방으로 남방으로 계속 불도를 잘 아는 선지식(善知識)을 찾아 길을 떠나는 얘기가 그것이다. 선재동자가 쉰세 분이나 되는 선지식을 찾고 찾아 한 분 한 분마다 독특하게 청취하고 있는 무량의삼매를 하나하나 얻어서 바다 같은 여래장으로 들어가는 구도행각의 설화가 바로 입법계품의 내용이자 성불하는 전 과정의 설화다.

보라, 저 법당으로 올라가는 석조 계단의 법문은 초지에서 대각의 여래장으로 올라가는 구체적인 형설이 되고 있다. 선재동자는 성불할 수 있는 불종성의 선근종자(善根種子)를 의미한다. 불종성의 선재동자가 최후로 보현보살을 만나 보현보살로부터 여래의 10가지 대원(大願) 법문을 듣고 그 10가지 행원(行願)을 모두 성취해서 마침내 여래가 된다.

그렇다고 해서 모든 수행이 다 끝난 것은 절대로 아니다. 아직도 여래밀인(如來密印)의 수행 차원이 있다. 그 불가설 불가사의 여래밀인 차원의 하나가 여래십호를 구족하는 일이다. 여래십호의 마지막 이름이 불세존이다. 불세존이 되자면 시방제불의 불지(佛智)와 시방제불의 공덕과 시방제불의 신통, 대광명장을 모두 섭렵해서 갖추어야만 성불한다. 이와 같이 두루 갖추고 나서 성불한 부처님의 불가사의 경계는 설사 여래장에 들어간 대보살들이라 하더라도 제불의 경계를 보고 듣지 못한다고 한다. 그러므로 대보살마하살들은 항상 머리 위에 제불을 받들어 모시고 다닌다는 의미의 상징으로 보관을 쓰고 계신다.

이제 여러분들은 이 붓을 따라 어렵잖게 대법당 앞에까지 당도했다. 전국 어디나 가보면 대부분의 사찰이 대웅전이 앉은 자리는 그 터전이 예사롭지 않게 아늑하고 따사롭다. 어쩐지 편안하고 안정감을 준다. 신기하리만큼 신선하다. 걸출한 지세의 배려일 것이다. 불전에 서서 한눈에 들어오는 산자수려한 풍광을 보라. 가람을 에워싼 산이 산사를 준엄히 굽어 살피고 면전의 안산이 납자의 수심을 만리 청산에 띄운다. 좌우로 휘어 안은 준산 계곡에는 산사를 감돌아 흐르는 물소리가 늘 새롭고 철따라 다채로운 운치를 더하니 죽은 송장이라도 벌떡 일어나 춤을 출 이 명당이 삼세제불이 머무시는 대법당이다.

그만한 명지에 지고한 분이 앉아 계시는 대웅보전의 외관 장식은 더없이 장엄하고 하늘을 덮은 지붕의 위상은 천공을 비상하는 봉황의 나래 같다. 큰 법당 건물 옥개의 천개상(天蓋相)은 사각 용두에 간방 용두를 사방으로 두고 용마루가 쌍용이 가로 누워 있음으로 우주를 의미하고 있다. 이렇게 옥개의 지붕만 보아도 위엄 차지만 옥개 밑으로 오색찬란하게 채색된 문양과 조각물들은 모두 공작의 깃 모양 같다. 옛 목공들의 손재주로 정성들인 장단 맞춤은 도무지 예사롭지가 않다. 짧고 긴 나무토막으로 엄청나게 무거운 지붕의 하중을 요리조리 가볍게 처리한 건축가의 손놀림은 아무리 생각해 보아도 마술사 같다. 길고 짧은 나무토막들을 요리조리 궁합을 맞추어 포개고 또 포개어서 깍지끼듯 끼워 맞춘다. 개포식 중력처리 공법은 참으로 신통하다. 그러므로 지붕의 엄청난 하중이 건축가의 아롱진 손재주에 그만 중심을 잃고 무중력의 공중으로 뜨고 만다.

소리개의 깃 같은 처마 끝의 날림처리는 볼수록 신기하고 경쾌하다. 금수의 왕 독수리가 나래를 쭉 펴고 공중으로 비상하는 듯한 독특한 절집의 사각의 날림 지붕 처마 밑에는 축생의 형상 가운데 아홉 가지 독특한 형상을 한 가지씩 한 몸에 다 가진 목조 용들이 사방 귀퉁이에서 큰 입을 벌리고 긴 혀 끝으로 여의주를 희롱하고 있다. 비록 용은 사람의 눈으로 볼 수는 없으나 꿈속에서나 천상세계에는 분명히 있다. 마음의 눈이 열린 천안(天眼)으로는 얼마든지 볼 수가 있다. 특히 정신을 깊이 다루고 있는 절집의 네 귀퉁이에는 안팎으로 여덟 마리의 용이 비천상을 하고 있다. 크든 작든 부처님을 모신 대웅전은 어딜 가나 조각과 그림으로 풍운조화의 용을 안팎으로 휘감아 놓았다. 이렇게 부처님이 앉아 계시는 궁궐을 용궁으로 만들어 놓은 것은 본래 불당인 대웅보전이 구조학적으로 화엄경을 그대로 형설해 놓았기 때문이다.

화엄경은 석존멸후 육백 년 뒤에 용수보살이 세상에 나와서 밝힌 방대한 경문이다. 이 같은 대승경전의 진실 여부는 의심할 이유가 하나도 없다. 왜냐하면 이러한 경전의 진위 문제의 폐단을 막기 위하여 세존께서 아난에게 직접 밝히신 말씀이 있다. 아난이 듣지 못한 경은 후세에 홍광보살(弘廣菩薩)들이 세상에 나와서 반드시 밝히리라 하신 바가 바로 그것이다.

특히 화엄경의 연원을 보면 아난이 태어날 때 설해진 경임을 알 수 있다.

그보다 더 중요한 진실은 화려 찬란한 대각세계의 실존 문제와 그 화장세계를 중생의 시청각으로 들을 수가 없다는 데 큰 문제가 있다. 화엄경 같은 대승경전의 경우는 중생의 귀로는 들을 수 없는 각성의 소리, 묘음(妙音)으로 설해진 경전들이다. 그렇기 때문에 사리불 같은 큰 불제자들로서도 화엄경을 들은 사람이 없었다.

그래도 일반 대승경전은 천이통을 얻은 성문 벽지불들은 혹 듣기라도 하지만 저 대보살들이 주고받는 대화는 범음(梵音)도 아닌 묘명(妙明)의 소리이다. 묘음(妙音)으로 설한 법문이 법음이다. 법음이 무엇인 줄도 전연 모르는 저 중생들이 감히 어떻게 화엄경의 법문을 듣겠는가? 이와 같이 답답한 중생들을 위하여 대각 세존의 화엄경 설법을 듣고 본 대보살마하살들이 후세에 이 세상에 와서 저 중생들이 읽고 쓰는 말글로 밝혀 놓았다. 그러므로 아난 같은 사람들이 듣지 못한 대승경전들을 많이 밝혀 놓았다. 일반 중생들은 말할 것도 없고 성문 연각이 들을 수 없는 묘음으로 설해진 최상승의 경전들을 홍광보살들이 밝힌다고 부처님이 아난에게 은밀히 귀뜸해 두셨다. 바로 그 홍광보살이 바로 용수보살(龍樹菩薩)과 같은 분들이다.

석존 멸후 500년 후에 이 세상에 오신 용수보살이 백천 삼매를 총칭하는 해인삼매(海印三昧)로 용궁에 들어가서 말할 수 없이 많은 화엄경 중에서 소등가죽에 난 털에서 호리 하나만큼 가지고 와서 그 경문의 내용을 산스크리트어로 기록한 경전이 지금 우리가 보는 대방광불화엄경이다. 필자의 이러한 소견을 입증하는 사실로 대승경전 제목 서두에 대방광(大方廣)이란 호칭이 우선되면 반드시 홍광보살들이 밝힌 경이란 뜻이 되고, 부처님과 주고받은 대화의 주인공들도 모두 문수 보현 같은 대보살마하살들이다.

저 화엄경은 엄청나게 많은 경책이다. 그 내용은 성불하는 구체적인 수행의 설명과 아울러 대각한 석존의 경계는 과연 어떠한가를 잘 설명한 경이다. 그래서 더 이상 없는 무상 묘각 묘명으로 장엄한 대각의 화장세계를 다방면으로 설한 부처님의 빛나는 장엄의 경이란 뜻에서 대방광불화엄경(大方廣佛華嚴經)이라 이름했다. 누구나 자신의 얼굴을 스스로 보자면 밝은 거울에 비추어 보듯이 대각을 성취한 석존의 본 모습을 중생들이 보고 알자면 거울과 같은 문수 보현 등 여러 보살마하살들의 거울에 비추어 보아야만 한다.

　이렇듯 멀리서 석존을 비추어 보고 그들의 시각에 비추어진 묘각 묘명의 그림자를 상설한 글자의 수가 10조 9만 5천 48자라 한다. 이렇게 엄청난 기록문이 화엄경이다. 저렇게 많은 화엄경은 이 세상 어디에 보관되어 있던 것이 아니고 만생의 머릿속일 수도 있고 부처님의 머릿속을 의미하는 용궁에 잘 보관되어 있었다. 신비의 용궁에서도 지극 지묘한 보물창고에 엄중히 잘 보관되어 있는 것을 용수보살이 해인삼매라는 특수 잠수함을 타고 들어가서 소털의 한 호리만큼만 가지고 나온 것이 지금의 화엄경이다. 지금 우리가 보는 화엄경도 보통 지구력으로는 읽어 내지 못한다. 그 화엄경이 저장되어 있던 용궁의 의미를 유추해서 유치원생 떡 주무르듯 그 장엄의 내용을 대충 묘사해서 축조한 형설의 용궁전이 다름 아닌 지금 우리들이 보는 절의 대법당 대웅보전이다.

　그래서 필자는 동방의 불교를 용궁불교라 말한다. 이는 용수보살이 용궁에 들어가서 화엄경을 가지고 나왔다고 하는 점과 화엄경의 전체적인 내용이 대각의 화장세계를 묘설하고 있으며 또 절집은 온통 용으로 칭칭 감아 놓았다는 점이다. 두말할 여지없이 법보사찰들은 온통 신비의 용궁으로 형설되어 있다. 신라 때 원효대사와 의상대사는 화엄학의 대가였다. 그 두 분의 종맥을 후세 사람들이 어리석게도 화엄종이라 말하나 그 두 분은 종파론자가 아니다. 석존의 큰 제자들로서 동방에 용궁불교를 잘 전해 준 분들이다. 그 분들은 이미 시방의 여러 불국토를 마음대로 여행을 하는 분들로서 그 두 분은 화엄경이 보리수가 되고 법화경이 열매가 되고 반야경이 꽃잎이 되고 방등 소승경들이 가지와 잎이 되어 있음을 누구보다 잘 아는 불자들이다. 그러므로 깨달음을 종지로 하는 현 선종의 눈으로는 볼 수도 알 수도 없는 대사들이다.

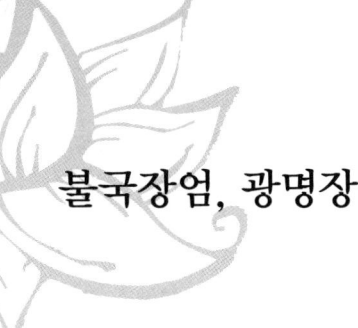

불국장엄, 광명장

자, 다시 본론으로 들어가자. 그래서 모든 절들이 화엄(華嚴)이란 두 글자에 걸맞게 호화찬란하고 화려 방창하다. 인간의 조형예술로 장엄하게 장식한 저 모든 모습은 모두 제불국토를 형설하고 도설한 것이다. 저렇게라도 해서 중생들로 하여금 초가삼간을 버리고 불전의 호화로움을 희망하도록 시각적으로 느끼게 한 각자들의 지혜에 절한다.

특히 경명에서 화(華) 자가 붙는 경이 둘이 있는데 하나는 일승원교(一乘圓敎) 대방광불화엄경(大方廣佛華嚴經)이고 또 하나는 실상(實相) 묘법연화경(妙法蓮華經)이다. 이 두 경을 날줄과 씨줄로 해서 체를 세우고 꽃을 피운 사찰문화는 은유 묘설의 천국이다. 그러므로 화엄경과 묘법연화경에서 밝히고 있는 불국장엄을 그대로 대비시킨 절들의 장관과 세존의 모든 것을 그대로 조성하고 그래서 모셔 놓은 법당 안의 성관은 중생들의 머리로 상상할 수가 없는 아홉 가지 불가사의가 있다. 그것을 9묘(妙)라 한다.

무엇이 9묘인가? 어떻게 말할 수 없는 언어도단의 절묘(絶妙)와 신기하고 기이한 기묘(奇妙)와 깊은 뜻이 가득한 심묘(深妙)와 높은 뜻이 그윽한 지묘(至妙)와 아득하여 알 수 없는 미묘(微妙)와 지극하여 생각이 더 이상 미칠 수가 없는 극묘(極妙)와 제불의 광명상인 명묘(明妙)와 앎의 희열이 가득한 오묘(奧妙)와 천하에 비길 바가 다시 없이 뛰어난 승묘(勝妙)다. 이것을 9묘(妙)라 한다. 이렇게 상상을 불허하는 대각의 세계를 우리들이 보는 시각과 우리들이 만져 보고 느끼는 물질로 불법의 9묘를 대웅보전에 가득 대비시켜 놓았다. 대적광전(大寂光殿)이라고도 하는 보궁(寶宮) 안에는 금빛 나는 삼존불을 조성해 놓고 이를 우러러보는 중생들로 하여금 실존 인물 이상으로 신복케 한 불교의 정신문화는 놀랍기 그지없다. 우리는 절들의 찬란한 조형예술에 빛나는 불심이 두루 형상화된 신비로움에 보다 큰 신뢰와 깊은 이해가 있어야 한다. 그러므로 그 뜻과 그 의미를 깊이 명상을 해서 체험을 통한 영험으로 필경 우리도 저 보전과 같은 인격에 불심과 같은 평화로운 정서가 가득 담겨야 할 것이다.

용수보살이 본 화엄경을 엄밀히 보관하고 저장했던 용궁을 그대로 재현시킨 법당 안팎에는 온통 용과 연꽃으로 장엄되어 있다. 저 사해 바다 속에 있다는 용궁을 대비시킨 적멸보궁들의 연화장엄(蓮花莊嚴)은 다름 아닌 용궁이다. 전설의 얘기대로 용궁이 바다 속에 실재한다면 아마도 오늘날 잠수함을 먼저 개발한 독일 병정들이 용궁을 먼저 보았을 것이다. 용궁은 오늘날 첨단 과학 장비로 추적될 성질의 것이 아니려니와 전자 장비나 육안으로도 볼 수 있는 곳이 아니다. 용은 정신세계의 영물이기 때문이다. 만약 정신의 영매체가 전자기 영상매체에 잡히는 우주선 장비가 개발되면 분명히 용을 볼 것이다. 오늘날 전자 장비로는 천둥 번개는 녹음과 영상이 된다. 하지만 그 천둥 번개를 일으키고 풍운조화로 비를 내리게 하는 모든 자연계 현상의 주재자인 용은 영상화될 성질이 아니다.

고인들이 용을 축생으로 묘사해 놓은 글이 있다. 그것을 용의 9상(相)이라 한다. 날고 기는 육축과 어류, 뱀 등의 특이한 상을 하나씩 기록하고 있다. 그 축생의 기상을 조각이나 그림으로 형설한 것이 지금 우리가 보는 용이다. 이와 같은 동물은 지구상에 실재한 바가 없다. 그러나 전설이나 불경을 설할 때는 반드시 용왕들이 한자리를 차지한다. 어찌되었든 용은 천안으로만 보인다. 육안으로는 볼 수 없는 영물이다. 이렇듯 하늘에만 있고 지구상엔 없으므로 천룡(天龍)이라 하고 그 몸은 구렁이 같으나 우주 에너지 기체로 신체를 구성하고 있는 진공의 몸이므로 신령한 영물이다.

영물인 천룡은 풍운조화를 담당하고 있으며 중생이 보고 듣는 번개와 천둥을 일으키고 비를 내림으로 물과 사해를 관장한다고 한다. 그 용의 위신력이라 할 수 있는 오신통을 어림해 볼 수 있는 물리적 원리로 번개와 천둥의 경우를 생각해 볼 수가 있다. 불경의 기록으로 미루어 보면 산소(風)와 탄소(火)를 머금은 전기가 부딪치면 천지가 환하도록 번갯불은 있으나 소리가 없다. 만약 수소(水)와 탄소(火)를 머금은 전기가 서로 부딪치면 천지가 찢어지고 박살나는 천둥과 번개가 맹렬하고 만약 수소(水)와 탄소(土)를 머금은 전기가 서로 부딪치면 번개가 없어도 천지가 진동하는 소리가 있다. 이러한 자연의 우연 발생적으로 일어나는 풍운조화를 관장한다는 용의 부류를 불경에서는 팔부라 해서 천룡팔부라 하고 있다.

불법 문중에서는 세계 인류의 토속신앙에서 숭배하는 모든 영혼세계 신중들의 허와 실을 잘 밝히고 있다. 특히나 우리들의 시력과 청력으로는 보고 들을 수도 없는 아수라, 가루라, 긴나라, 마후라가, 인비인 등의 형상이 그림이나 조각으로 형상화되어 있다. 또 모양이 있고 모양이 없는 유정 무정의 영물과 신령의 실체들을 불경에서는 소상히 다 밝히고 있다. 특히 종교의 천국 인도의 전통 종교의 실체가 석존 때 다 밝혀졌다. 세존께서 아니 밝히시면 안 되었던 중생 무지의 정황을 비유로 이야기하자면 꼭 이와 같다.

해도 달도 없는 캄캄한 한밤중에 천지만물의 삼라만상을 야행성 동물이나 곤충들같이 후각이나 감촉으로만 더듬거리다가 갑자기 천지가 환해지는 태양이 뜨고 보면 어둠의 베일에 가렸던 천지만물이 홀연히 저마다 분명히 제 모습을 드러내 보인다. 이와 꼭 같은 현상이 석존 때 나타났다. 억겁에나 한 번쯤 대각 세존이 지구상에 출세하시니 태양이 뜨듯 저 캄캄한 무변 허공계와 중생세계의 모든 근본 밑바탕이 환히 다 드러나게 된다. 이와 같은 지구상의 영광이 석존 때 나타났다. 태양과 같은 세존은 모든 것을 환히 밝혀 주시고 바로잡아 주시고 모든 중생들로 하여금 그 영광의 빛 속으로 들어가게 하신다.

대각자의 말씀과 보여 주심은 저 세상의 과학 지식이나 종교인들이 운위하는 심령학이나 시각적 상식이 아니다. 각자(覺者)들은 거울과 같아서 만법을 그대로 고스란히 다 드러내 보인다. 또한 대신통광명이라는 지혜의 빛으로 말미암아 시방세계를 환히 다 비추시고 그 빛으로 만법의 근본을 환하게 다 드러내 보이기도 한다. 그래서 법당의 명칭들을 보면 대적광전(大寂光殿) 혹은 대광명전(大光明殿), 혹은 보광전(普光殿) 등 빛 광(光) 자로 많이 표기하고 있다. 그 부처님 광명의 공덕으로 비추어진 모든 진리의 본모습을 불지견을 빌린 예술가들이 진솔한 손끝으로 창조해낸 저 대찰들의 신통을 보라. 절 안의 구석구석에는 세계와 중생이 생기게 된 까닭과 그 원인을 온갖 조각이나 그림으로 쉽게 깨달을 수 있도록 배설해 놓고 있다.

사내의 기관들을 보라. 오랜 세월 동안 어리석은 중생들이 맹목적으로 신복해온 모든 종교의 신령들이 앞 다투어 대명한 광명장으로 뛰어나와 불법에 귀의하고 있다. 그러므로 대각 세존의 대신통광명장을 싫다고 도망갈 수 있는 세계나 영물들은 아무것도 없다. 지금 여기 광명장은 어느 누가 부질없는 마음으로 믿고 안 믿는 신뢰의 문제가 아니라 자신들의 본고향인 근본 자성의 고향이다. 만물이 태양을 우러러 사모하듯 그 무엇이 대각의 광명장을 어떻게 싫다고 피할 수가 있겠는가?

광명전(光明殿)

불교는 나 자신이 꿈을 꾸고 있으므로 꿈 깨는 몸부림이 신행(信行)이고 꿈은 잠을 자지 않으면 꿈이 없으므로 잠을 자지 않고 깨어 있음이 연좌(宴坐)다. 연좌는 편안하게 앉아 있음이다. 혹은 명상 선정이라고도 한다. 이렇게 깨어 있음이 지극하면 마침내 본묘각의 묘명한 각명(覺明)이 시방 법계를 두루 비춘다. 두루 비추는 원명묘각(圓明妙覺)의 명묘한 각명을 대신통광명장이라 한다. 그 각명장(覺明藏)의 불가사의는 태양과 같이 일시에 시방세계를 두루 비춘다. 이렇게 두루 밝음을 대신통광명장이라 이름한다.

　이와 같은 대신통광명장에는 무량한 제불세계와 무량한 우주와 무량한 중생세계가 두루 다 비추어진다. 바로 이와 같은 신비를 재현한 곳이 절이다. 절 안의 보광전에 모셔진 비로자나불은 묘각의 실상을 상징하고 있다. 그리고 대웅보전 혹은 대적광전에는 삼존불이 안치되어 있다. 중앙에는 비로자나불이 계시고 좌우에 모셔진 두 부처님은 노사나불과 석가모니불이다. 이 세 분을 법신, 보신, 화신이라 한다. 이 삼존불의 본뜻은 불법의 실상을 구체적으로 밝힌 불교철학이다. 실로 모든 생령은 본심(本心)이란 본각이 있고 묘하게 밝게 아는 묘명한 몸이 있으며 지혜로운 재간을 발명하는 명묘한 지혜와 슬기가 있다. 이 묘각의 실체를 청정법신(淸淨法身)이라 하고 묘각의 몸을 원만보신(圓滿報身) 노사나불이라 하며 묘각의 지혜와 신통의 몸을 화신불(化身佛)이라 한다. 보통 화신불을 석가모니라 한 것은 석존은 부처님의 화신으로서 이 세상에 오셨기 때문이다. 비록 이름을 나누어 세 분 같지만 실은 석존 한 분의 묘각 세계를 밝힌 이름일 뿐이다. 삼존불의 의미를 쉽게 이해하자면 우리의 맘은 법신이고 우리의 몸은 보신이며 우리의 재주와 슬기는 화신이다. 이렇게 알면 쉽다.

불전(佛殿)은 화엄경

제불세계를 형설한 불전은 곧 화엄경이다. 보라, 법당 벽면이나 우람한 옥개처마 틈 사이사이에는 많은 불상과 많은 성중이 그려져 있다. 그런가 하면 무변 허공계 안에 실재하는 무량의 천왕과 그 천왕의 권속들을 구석구석에다 그리거나 형상으로 만들어 배설해 놓았다. 한편으로는 두렵고도 흉물스러운 온갖 귀면상도 많다. 겁나게 무서운 역사귀(力士鬼)나 12지류 중생의 영매체(靈媒體)를 형설한 12지상(支像)도 흔히 볼 수 있다. 인비인의 축생·귀면(鬼面)상들도 적당한 위치에 설비해 두었다. 이렇게 괴상한 모습들을 보노라면 절집은 흡사 무속신들의 국제시장 같다. 바로 이러한 도량을 화엄도량이라 말한다.

　절 안의 이 같은 풍물들은 대각을 성취하신 분의 불안(佛眼)으로만 보이는 화장세계다. 불안은 중생들이 본다는 시각의 개념과는 판이하게 다르다. 불안은 일체 모든 것을 환히 드러내 보이기 때문이다. 그러므로 불안은 극미와 극대의 세계를 여일하게 드러내 보인다. 극미의 세계로는 일체 중생의 심령의 세계를 환히 드러내 보이고 극대의 세계로는 시방 제불의 불국토를 환히 다 드러내 보인다. 그래서 우리가 불가에서 보는 저 모든 것은 다 각명의 불안이 드러내 보인 일체 모든 것의 실상들인 것이다. 그러므로 법당 안팎 구석구석에는 세상 어디에서도 보고 듣지 못하는 제불의 세계와 많은 타방국토에 실존하는 온갖 신령의 형상들을 그림이나 조각으로 모두 도설하고 형설해 놓고 있다.

법당으로 가는 길

소음과 고요가 사라진 적멸보궁(寂滅寶宮) 안으로 들어가자면 여기서 여러분들은 지금까지 끼고 왔던 식심으로 만들어진 천안(天眼)과 각성으로 만들어진 혜안(慧眼)이라는 특수 안경을 벗어놓고 저 보살마하살들이 끼고 있는 각명의 빛으로 만들어진 법안(法眼)이라는 불가사의 안경을 끼어야 한다. 그래야만 불당 안을 살펴볼 수가 있다.

실제로 불보살님들이 보는 불가사의 경계를 본다는 말은 아니다. 비유하면 흡사 맹인에게 점자를 읽게 하는 것과 같이 감독(感讀)이 된다는 말이다. 그렇게 해서라도 다소간 법당 안을 느낄 수 있는 법안이 된다면 얼마나 좋겠는가? 천안으로는 중생의 영혼은 볼 수 있다. 하지만 혜안이 없으면 성인의 경계를 못 보고 법안이 없으면 불법을 안다는 것은 턱도 없는 얘기다.

우리 같은 중생이 법당으로 들어가자면 꼭 필요한 입장권이 불보살의 가피력이다. 가피력을 얻자면 염불을 하면 된다. 마치 저 유명한 유마거사가 불교의 진면목을 보인 《유마경》에서의 일화와 같다.

불제자들이 제불세계에서 제일 좋은 높은 자리에 올라앉지 못하자 유마거사가 말했다.

"그대들은 염불을 하라."

이에 불자들이 염불하자 즉석에서 불가사의 보좌에 눈 깜짝할 사이에 올라앉았다.

　이렇듯이 지금 우리도 불전으로 들어가서 부처님을 친견하자면 잠시 염불을 해야 한다. 오나가나 아무것도 소유한 것이 없어 빌어먹는 가난한 중생에겐 믿음 이상 좋은 보배가 없다. 인류에게 종교가 생긴 이유가 바로 여기에 있다. 진실로 가난한 자의 무가보주(無價寶珠)는 믿음이다. 제불보살이 중생들에게 기쁜 마음으로 받을 수 있는 최상의 공양은 아름다운 마음의 믿음밖엔 없다. 우러러 깊이 사모하는 갸륵한 마음이 아니곤 중생이 제불보살에게 받들어 올릴 수 있는 공양감은 아무것도 없다. 그러므로 제불보살들에게 지극한 마음으로 공손히 절부터 하라. 합장 삼배하는 찰나에 여러분은 이미 부처님이 앉아 계시는 법당 안에 들어서 있다. 바로 이것이 최상의 제불 공양이다. 그렇게 공양하는 마음이 곧 부처님의 가피력인 것이다.

　하지만 저 산야시중에 수두룩한 절들은 다르다. 다른 정도가 아니다. 불전에 올리는 모든 요식의 공양물은 현찰이다. 참으로 해괴한 마사(魔事)도 다 있다. 근래에는 조상 천도 잘하는 전문 업종이 있다고 들었다. 거금만 내면 즉석에서 천도가 된단다. 정말로 우리 불교 집안에서 짐짓 이 모양으로 부처님을 욕되게 할 참인가?

　훼불 파불 인간성 말살 행위는 이뿐만이 아니다. 세상에 남의 기도를 어떻게 대신해 줄 수가 있으며 부처님을 부정입학의 주범으로 만드는 신입생 기도요식은 또 무슨 짓들인가? 도대체 죽은 자나 산 자를 위해서 그렇게 하라는 경전은 어디에 있으며 어느 조사가 그렇게 가르쳤는가? 모든 기복행위는 중생 스스로 하는 것이다. 스스로 정신을 맑히고 밝히는 기도는 저 자신이 하는 것이다. 마치 못된 불효자식들이 부모에게 돈 몇 푼 준 것으로 자식의 도리를 다했다고 생각하는 멍청이 같은 불교가 되고 말았다. 이 모든 책임은 우리 사부대중에게 있다. 도대체 무엇이 두려워서 보고만 있는가? 열반경을 보지도 않았는가? 저들을 엄히 꾸짖고 그러지 못하도록 달래야 할 것이 아닌가?

　마사(魔事)로 수입을 보는 저들은 걸핏하면 지장경을 운위하는데 필자는 지장경을 여러 번 읽기도 했고 지장경 강의도 대중 앞에서 수차례 한 사람이다. 그런데 지장경 어디에 무당 굿하듯 그렇게 천도재를 올리란 경문이 있는지를 묻고 싶다. 근자에는 조계종 스님이란 분이 자신의 전생과 내생을 운위하면서 거금을 내면 조상 천도 하나만은 자기가 전문가란 소문이 별난 경남 보살들의 입에 오르내리고 있다. 만약에 죽은 조상이 나쁜 지옥에 처해 있는데 그의 자손들이 돈을 써서 입김 센 변호사 같은 스님을 잘 간택하여 망인을 지옥에서 석방시켜 극락으로 보낼 수 있는 법도가 저승에 참으로 있다면 세상의 재벌들은 죽어서 극락왕생은 물론이요, 저승 가서도 사업가 근성을 발휘할 것이다. 만약 그들이 왕생극락 복권 다발을 몽땅 헐값에 사 가지고는 이것을 가난한 망령들에게 매매를 한다면 심심찮게 저승 재벌이 튀어나올 것이 아니겠는가?

　금륜시대(金輪時代)라는 말이 있다. 본래의 금륜시대는 전륜성왕이 세상에 나와서 덕으로 세상을 다스리는 시대를 말한다. 그런데 현대판 금륜시대는 돈이면 무엇이든지 다 통하는 황금만능시대를 말한다. 그래서 그런지 심지어 교도소에 들어가는 사람들조차 공공연하게 돈이 있으면 죄가 없고 돈이 없으면 죄가 있다는 뜻으로 '유전무죄 무전유죄(有錢無罪 無錢有罪)'라는 글귀를 교도소 벽면에다 써놓고들 있다.

제불공양은 갸륵한 정성이다

20대에 쌍계사에서 한 철을 지난 일이 있었다. 그때에 필자가 체험한 이야기다. 지리산 산촌에서 숯을 구워 생계를 이어가던 젊은이가 극심한 가난에다가 몹쓸 병마에 시달리던 끝에 죽고 말았다. 애젊은 부인은 죽은 남편의 저 승길을 돕겠다고 젖먹이를 등에 업고 쌍계사를 찾았다. 천도재 올릴 공양미로 한 됫박도 안 되는 쌀을 싸들고 절을 찾은 모양이었다. 이 모양을 멀리서 본 필자는 절 입구에서 몸 둘 바를 몰라 하는 부인이 하도 가상하여 반기고 서 있었다.

그러자 부인은 안도의 미소를 머금고는 필자에게 다가와 말했다.

"제 남편이 며칠 전에 죽었습니다. 이 쌀로 부처님께 공양이라도 올리고 싶어서 왔습니다. 이래도 될까요?"

너무나도 빈천한 자신의 가난이 부끄러워서 몸 둘 바를 몰라 한다. 지독한 가난에 찌들고 들볶인 가련한 젊은 부인의 갸륵한 불심에 필자의 심신에 깊이 잠든 불심이 육종진동을 했다. 그래서 공양주 행자에게 마지 한 그릇을 지장전(地藏殿)으로 부탁을 해놓고는 부인을 데리고 지장전에 들어가서 함께 지장보살을 불렀다. 부인은 울며 절했고 필자는 애절하게 고성으로 염불했다. 그때에 홀연히 염라대왕이 손에 들고 있던 목조 팻말을 공중으로 날렸다. 그 팻말이 공중으로 튕기면서 염불하고 절하는 필자와 재주 앞에 날아와 사뿐히 내려앉았다.

이미 필자는 다 보았다. 지장보살이 무변신을 나투어서 저 망인을 앞세우고는 하동 읍내에서 잘살기로 소문난 부잣집 아들로 환생케 하심을 보았다.

불공을 마치고 밖으로 나와서 나는 부인에게 물었다.

"부인의 남편은 키가 작고 얼굴이 갸름하고 턱에 점이 있으며 까만 조끼에 평소에 까만 고무신을 신고 다니셨나 보지요?"

"예, 맞아요. 언제 보셨나요?"

너무나 놀라워하며 묻는다.

"아닙니다. 지금 막 보았습니다. 애 아버지는 저 아래 하동 부잣집에 태어나서 부인의 소망대로 배부르게 자라 훌륭한 사람이 될 것입니다. 부인은 조금도 염려 마시고 열심히 염불하며 굳세게 사세요."

부인은 필자에게 말했다.

"못 먹고 못 입고 못 배우고 고생하다 죽은 그이가 불쌍해요. 제발 내생에는 부잣집 귀남으로 태어나서 배부르게 먹으며 행복하게 살아 주었으면 하…"

그러면서 부인은 아쉬운 바람의 말을 끝내 잊질 못했다. 필자는 반드시 부인의 소망대로 그렇게 될 것이란 예언을 했다. 하지만 아이와 청상과부가 살아갈 아득한 앞날을 생각하니 마음이 암담했다. 하지만 저 가련한 부인은 딱한 자기 자신의 현실은 안중에도 없었다.

보라. 저 삼세제불이 중생에게서 받을 수 있는 것은 아무것도 없다. 있다면 티 없이 깨끗하고 청순한 마음이다. 아름다운 버림의 갸륵한 미덕이다. 자기를 버리는 징표로서의 공양물은 있으나 그것은 질량의 문제가 아니다. 비움의 문제이다. 얼마나 남에게 버리고 비웠느냐 하는 것이 문제이다. 보라, 저 지성스러운 미소를 잃지 않으며 종종걸음으로 좋아라 하며 하산하는 젊디젊은 부인의 현실을 생각해 보라. 그는 안팎으로 다 잃어버렸다. 저렇게 다 버린 가난한 불심을 생각해 보라. 이것이 우리가 삼세제불에게 올릴 수 있는 최상의 공양이다.

고사리 손의 공양

'보하'라고 이름하는 일곱 살 된 예쁜 여아가 우연찮게 잘생긴 이마에 난치성 백전풍이 생겼다. 그것을 치료한답시고 어린것이 어미를 따라 필자가 기거하는 산성 설원을 자주 찾았다. 어른도 침을 맞아 내기는 수월찮다. 그런데 어린것이 낭패스러운 환부를 고쳐보려고 여러 달 부지런히 설원을 다녔다. 세상에 흔치 않게 단정하고 남달리 눈매가 귀엽게 생겨서 누구나 보면 총애하는 깜찍한 것이 침을 맞으려고 "할아버지" 하고 종종걸음으로 들어올 때는 도원경이란 설원의 별장은 졸지에 동심의 천국 같아진다.

귀염둥이 이것이 지난 가을 어느 날 빨간 단풍잎 몇 쪽과 노란 은행잎 몇 쪽을 주워가지고 들어와서는 필자가 보는 여러 권의 책장마다 꽂아 두고 나갔다. 예쁜 놈은 예쁜 짓만 한다.

보하가 제 어미하고 집으로 돌아간 뒤에 저녁 예불 차 법당에 들렸다가 깜짝 놀랐다. 해수관음보살이 서 계시는 단상 위에 빨강색 단풍잎 하나와 노란색 은행잎 하나가 앞뒤로 포개어져 향로 앞 적당한 위치에 곱게 놓여 있었다. 꽃잎 같은 진분홍 진노랑 두 이파리를 고사리 손끝으로 정갈스럽게 모셔 놓고 부처님께 절을 올리고 갔겠구나 싶어 어린 불심이 어찌나 감격스럽던지 필자는 한참을 꼼짝도 못하고 불전에 꿇어앉아 있었다. 어린 보하의 앙증맞은 낙엽 공양에 심히 놀란 것이다. 평상심으로 보면 지천으로 널려 있는 하찮은 풀잎까지도 저렇게 값진 공양의 예물이 될 수 있음을 어린 소녀에게서 진지하게 깨달은 것이다. 그 누구라도 저같이 순진무구한 어린 동심을 잃지 않았다면 세상에 흔해빠진 그 무엇 하나도 윗분들에게 받들어 올릴 수 있는 최상의 예물이 될 수 있을 것이다. 우리 불도들은 저 어린 고사리 손끝에서 진하게 배어 나오는 불심의 진정한 공양물이 무엇인가를 반드시 배워야 한다.

오, 부처님이시여. 저 어린 소녀의 맑고 깨끗한 지심정례의 단풍잎 공양이 최상의 공양임을 모든 불자들에게 귀감이 되게 하소서. 오늘날 사찰에서 날이면 날마다 보시나 불사란 이름으로 부처님의 가슴을 아프게 하는 저 잘못된 불도들의 돈독을 제발 좀 소멸시켜 주소서.

필자는 보하의 공양물에 얼마나 감복을 했던지 몇날 며칠 동안을 빨갛고 노란 낙엽 두 쪽을 불전에 그냥 그대로 오래 소중히 모셔 두었다. 두 이파리가 이렇게 오래도록 늙은이의 가슴을 환희로 출렁이게 할 줄은 몰랐다. 그런데 저 불보살의 무량 대비심의 바다는 얼마나 출렁일까?

엄마를 따라 빠짐없이 불전에 예불을 올리는 모습을 수차례 본 필자가 어느 날 이렇게 물었다.

"보하는 무슨 마음으로 불전에 절을 올리니?"

그랬더니 고사리 손을 합장하고서 "부처님, 보하의 병을 어서 낫게 해 주세요, 했어요." 하며 곱게 머리 숙여 절까지 하는 것이 아닌가. 불교유치원에서 불교신행 교육도 잘 받은 보하의 반듯한 이마에 생긴 하얀 피부병은 벌써부터 차도가 있어서 지금은 완전 쾌유할 날이 멀지 않음을 느끼게 한다.

석존은 사라쌍수에서 열반하실 때 누구의 공양도 받지를 않았다. 잘 안다는 뜻의 이름을 가진 순타(純陀)의 공양만 받았다. 그리고 중생의 어려움과 고뇌를 벗겨 주겠다는 마왕의 주문 공양을 받았다. 보라, 부처님의 공양이 무엇인가를 심사숙고해 보라. 전해 오는 바에는 순타가 공양한 독버섯을 부처님이 잡수시고 열반하셨다는 있을 수 없는 전설이 있다. 아무튼 부처님에게는 그것이 독이건 감로이건 질의 문제가 아니다. 그것이 귀하고 천하거나 많고 적은 질량의 문제도 아니다. 오로지 중생들이 옳게 알고 바르게 행동하는 선인공덕을 받으며 남의 고통을 대신하는 희생정신을 받는다.

세존은 중생이 안과 밖의 모든 것을 얼마나 버리느냐에만 관심이 있다. 비우고 비운 소박한 마음의 질량에 따라 불심이 거기에 담긴다. 그러므로 그 불심을 공덕(空德)이라 이름하는 것이다. 지금 우리 불문의 보시공덕은 무엇인가? 제불도 두려워서 받지 않는 공양물은 두 가지다. 돈과 성애(섹스)다. 이를 문자로 '재색지화 심어독사(財色之禍 甚於毒蛇)'라 했다. 돈과 섹스는 그 독이 독사보다도 더 심하므로 삼세제불도 멀리 차버리는 악물이라 했다. 제불의 열반바다는 다 받아들여도 이 두 가지는 결코 받아들이지 않는다고 선언하셨다. 그런데 말세의 불문을 보라. 두말할 나위 없이 독사보다 무섭다는 돈이 최상의 공양이다. 돈에 관한 한 지독하기가 승속이 다를 바 없다. 저 흉악한 사이비 종교와 더불어 세상의 모든 종교계의 전반적인 현상이다. 아무리 생각해 보아도 이러한 말법증후군은 제불과 성중들이 뱉어 버린 오물을 수거하는 최신식 청소기가 저 교당들이 아닌가 싶기도 하다.

선재동자(善財童子)

인도의 시성 타골이 역사 속에 흩어진 까비르의 시구들을 한곳에 모아 정리한 시집에 보면 이런 구절이 있다.

"나는 세상이 미쳐 있다는 것을 안다. 내가 바른 말을 하면 나를 죽이려 들고 내가 거짓말을 하면 나를 존경한다."

여기 법당으로 들어가는 바른 말은 지극히 겸손한 빈 마음이다. 빈 마음의 겸손함을 몸으로 말을 하면 합장하고 머리 숙여 절 올리는 예경이다. 그래서 불문에는 합장하고 절 올리는 예경이 최상의 공양이 되고 있다. 최상 공양의 신행이 절이 되므로 절하는 예절은 고금을 막론하고 인류 의식의 꽃을 피우는 최상의 법도가 되고 있다. 그래서 법당으로 들어가자면 우선적으로 법당 안으로 들어가는 법도부터 알아야 한다.

절에서는 법당 정문으로 곧바로 들어가는 행위를 대금하고 있다. 그것은 지존에 대한 불경이 되기 때문이다. 지엄한 분의 권위에 대한 불미스러운 행위가 되기 때문이다. 보다 더 중요한 문제는 참하고 건방진 품신의 문제가 아니라 우주 질서에 있어서 각별한 응분의 법도가 분명히 있기 때문이다. 고래의 모든 법도는 중생세계의 우주 질서와 법계라고 하는 깨달음의 세계로 들어가는 법륜이란 철리(哲理)가 분명히 있기 때문이다. 그러므로 일체 존재가 섭리와 철리의 법도에 합당하면 응분의 과보가 평화롭고 행복하지만 역행을 하게 되면 불행으로 가는 지옥이 된다.

그래서 성불하는 불도에서는 선근 종자를 선재동자(善財童子)라 한다. 선재동자는 우주 질서와 깨달음의 법도에 지극히 효순할 줄 아는 지혜로운 천심을 이름한 별명이다. 선근의 자질을 갖춘 동심이 아니곤 깨달음의 법계로 들어갈 수가 없다.

앞장에서 잠깐 말씀드렸지만 법당은 곧 화엄경(華嚴經)이다. 화엄경은 석존이 한없는 세월 동안 지혜와 선정과 공덕으로 장엄한 묘각의 세계를 밝힌 경이다. 화장세계라고도 말하는 묘각의 세계, 그 불국토를 상설한 경이 《대방광불화엄경》이다. 대방광불화엄경이란 다방면으로 광장 설을 하신 부처님의 빛나는 장엄의 경이란 말이다.

그 경의 내용으로 들어가는 요체는 초지보살의 다른 이름인 선재동자다. 일단 선재동자의 자질을 갖추어야 한다. 저 기특한 선재동자가 53선지식(善知識)을 찾아 성불의 길로 들어가는 비유의 절정이 화엄경 입법계품(入法界品)이다. 바로 그 선재동자가 화장세계로 입문하는 길과 그 내용을 안내하는 입법계품을 형이상학적으로 비유한 보전이 다름 아닌 지금 우리가 보는 대웅보전이다.

보전으로 들어가는 입법계문(入法界門)은 법당 우측 문이 되고 있다. 그래서 절에서는 누구라도 법당 정문으로 곧바로 들어가는 행위를 금하고 있다. 그럴 수밖에 없는 까닭을 비유로 들면 다음과 같다.

오늘날 우주선이 지구를 이륙하고 나서 곧바로 하늘로 올라 지구를 감싸고 있는 대기권을 벗어날 때는 반드시 지구가 우에서 좌로 돌고 있는 순행의 법도를 꼭 따라야만 한다. 왜냐하면 우주선이 지구가 돌 때 생기는 엄청난 풍륜의 충격을 피하지 않으면 찰나에 박살이 나기 때문이다. 그러므로 우주선이 대기권을 벗어날 때는 풍륜을 잡아타야 한다. 강력한 바람의 바퀴를 잡아타고 잠깐 탄력을 받다가 결정적인 순간에 풍차를 버리고 냅다 무중력권의 천궁으로 돌입한다. 바로 이 비유가 불교에서 소승(小乘), 대승(大乘), 최상승(最上乘) 하는 승(乘) 자가 붙는 이유다.

우리의 불도 수행도 꼭 이와 같다. 선재동자의 비유인 우주선은 절대로 직진을 하면 안 된다. 만약 이 도리를 무시하고 단박에 도를 통하겠다고 설치면 졸지에 미쳐버린다. 저 우주선 기체는 산산조각이 난다. 대기권과 무중력권의 사이에는 바람바퀴라고 이름하는 풍륜이 지구를 감싸고 있다. 그 바람바퀴가 세계를 유지하는 질서를 엄숙히 지키고 있는데 그 질서의 법도를 미련한 중생이 모르고 겁 없이 함부로 우주로 도전했다가는 호된 심판을 받게 된다. 그것은 지구가 자전할 때에 생기는 강력한 진동으로 허공을 흔들어 발생한 엄청난 바람이 자연스럽게 지구를 두루 싸 안게 되었다. 지구를 감싸고 도는 바람바퀴의 장벽을 비행물체가 만약 곧바로 직통하게 되면 대기권과 무중력 층의 중간에서 화두금강신(火頭金剛神)이 금강저로 두들겨 부수어 흔적도 없이 태워 버린다.

이러한 우주 질서의 섭리를 깨달은 각자들은 법당 문 입구에다 화두금강신을 그림이나 조각으로 조성하여 법당을 지키는 보초병으로 세워놓고 있다. 뛰어난 우주물리학자들도 이러한 우주 질서의 법도를 잘 알고 자연계의 섭리에 순종하는 예절을 깍듯이 갖춤으로써 지금 우주왕복선들이 아무 탈 없이 잘 다니고 있다.

마치 저 법계 순례의 선재동자가 만덕을 증장시키는 남방으로 각도를 잡아 직행을 하듯이 우주선은 달의 각도와 지구가 도는 시차를 천분의 일도 틀리지 않게 하여 신수 봉행한다. 우주왕복선의 기수가 대기권으로 돌입할 때는 이륙하여 수직으로 날아오르다가 대기권에 가까우면 반드시 기체의 머리를 지구가 도는 시계방향으로 다소곳이 머리 숙여 돈다.

그렇게 대기권의 바람이 도는 방향으로 풍륜을 잡아타고는 한참을 바람개비를 돌다가는 풍륜의 탄력으로 냅다 튕기어 무중력의 천궁으로 돌입하게 된다. 불자가 법계를 상징하는 법당으로 들어가서 부처님을 중심해서 오른쪽에서 법당 안을 빙글빙글 도는 신행의 요식은 다 이와 같은 천리의 법도에 맞춘 것이다. 그래서 고금을 막론하고 법당에 들어갈 때는 법당 좌우에는 있는 샛문으로 들어가서 단상에 앉아 계시는 부처님을 향해서 법당 주위를 오른쪽으로 빙글빙글 돌기를 세 번 하고 부처님 전에 오체투지하는 예법이 불교신행의 기본 요식이 되고 있다.

자, 이제 합장을 하고 법당 안으로 들어가 보자. 생전 처음 부처님을 뵙거나 법당 내부의 지엄한 광경들을 접하게 되면 결정적으로 두 부류의 인성이 본색을 드러낸다. 나쁜 종성 하나는 제 사견에다 만상을 끼워 맞춰 함부로 비방하는 언행의 악습으로 천산같이 앞이 꽉 막힌 무리다. 저들은 신통찮은 머리로 세월없이 잔머릴 굴린다. 또 하나는 선근공덕이 있는 불종성(佛種性)이다. 불종성을 소유한 자는 생전 처음으로 단상에 앉아 계시는 불상을 친견하게 되면 공연히 바짝 긴장이 되면서 두렵고 죄스러운 경배심에 눈물이 북받쳐서 스스로 머리는 숙여지고 사대육신은 절로 접어지면서 다소곳이 이마를 마룻바닥에 대고 절부터 하게 된다.

이외 여러 종류의 불신자(不信者)가 있는데 이런 부류의 경만자(輕慢者)는 말할 가치도 없다. 저들은 절을 마치 무슨 구경감으로 생각한다. 무량의(無量義)로 가득한 전각들을 요상한 신전으로 생각하고 여기저기를 힐끔힐끔 들여다보면서 함께 온 마누라가 불당마다 돈 놓고 참하게 절 올리는 아름답고 복된 모습을 씨알머리 없는 여자들의 어리석은 소행으로 보고 저같이 똑똑한 놈은 천 냥의 술은 마셔도 일 푼의 보시는 안중에도 없는 무리다.

경문에 기록된 바른 예법대로라면 전술한 바와 같이 일단 합장을 하고 법당에 들어가서 머리 숙여 삼배례를 올리고 좌향좌해서 곧바로 불단 뒤를 돌아 불단을 중심해서 주위를 세 번 돌고 난 다음 불전에 똑바로 서서 세 번 큰 절을 올리게 되어 있다. 이러한 요식행위를 수월히 할 수 있도록 고찰의 대웅전에 들어가 보면 불단 뒤가 복도처럼 잘 배설되어 있다. 이러한 요식은 어찌 보면 이색적인 종교집단의 행색을 남 달리 보이고자 함에 그 목적이 있는 것 같다. 하지만 그것은 아니다. 그것은 깨달음을 성취하는 수행의 일환으로 행해지는 중요한 요식이다. 이 같은 절의 모든 율의(律儀)는 사회인들의 결속을 돈독케 하고 인성을 부드럽고 곱게 하는 도덕성의 의미도 있다.

하지만 보다 높은 차원의 정신철학이 있다. 법단을 도는 우요삼잡(右遶三匝) 혹은 백천잡(百千匝) 속에는 수행자의 심성을 정화시키는 정신철학이 있다.

저렇게 부처님을 중심해서 합장하고 빙글빙글 도는 예법 속에는 구도자에겐 무아실현의 행위철학이 되고 세속 사람들에겐 민중 의식을 풍요롭게 하는 삶의 꽃인 춤이 된다. 그렇기 때문에 좌나 우로 도는 예경행위에 따른 의식의 반응이 각별하다. 중생들의 해이한 마음을 단단히 결속시켜서 신념을 돈독케 하는 민중 집단의식의 아름다운 춤은 우에서 좌로 돌고 구도자들이 무아실현을 위한 지적인 의식의 행위는 좌에서 우로 돈다. 어째서 그런가 하면 인연화합으로 조화를 이룬 세간법이라 이름 하는 기세간(器世間)은 우에서 좌로 돌려야만 조화의 꽃을 피운다. 마치 모든 기계 부품을 결속시켜 주는 보도처럼 잘 잠기어 운행에 문제가 없게 된다. 하지만 저 해탈의 길을 추구하는 출세간의 구도자들은 몸과 마음을 해체시켜야만 해탈을 얻으므로 마치 신비로운 기계의 부품들의 보도를 풀어 해체를 시키듯 심신의 고리를 풀어야만 하므로 반드시 보도를 좌에서 우로 돌려야만 풀린다.

이와 같은 이치로 세속은 결속이 근본이므로 우에서 좌로 돌려 잠가야 하고 출세간의 구도자는 세속의 모든 것을 정반대로 생각하고 살아야 하므로 좌에서 우로 돌려야만 단단한 윤회의 고리에서 풀리게 된다. 그래서 수행자는 죽어라 하고 심신의 행위를 세속과 달리 생각하고 행동을 해야 한다. 그래야만 생사의 엄청난 고리가 풀린다.

이와 같은 우주자연계의 질서를 승속의 법도에 묘하게 소화시킨 우요삼잡이란 불교 요식은 참으로 심오한 뜻이 있다. 이 같은 불교의식의 정신철학을 전문적으로 꽃을 피운 춤의 문이 있다. 그것이 무아실현을 위한 행위철학인 무용(舞踊)이다. 모든 예술 가운데서도 춤의 예술은 놀라운 깨달음의 정신철학을 가지고 있다. 춤 출 때의 동작을 잘 생각해 보자. 아니, 춤이 아니라도 좋다. 누구나 어려서 고추 먹고 맴맴 담배 먹고 맴맴 하며 뱅글뱅글 돌다가 갑자기 천지가 온통 뒤죽박죽이 되면서 비실비실하다 픽 쓰러져 본 기억이 있을 것이다. 지금 당장에 좌우로 빙글빙글 돌아 보라. 자기 자신의 심중이 이상하게 혼돈되면서 아득해지는 혼란을 체험할 것이다. 어느 쪽으로 돌든 공통점은 자기 마음의 중심이 아득해지면서 세상만사의 고달픈 사연들이 까맣게 잊어진다는 사실이다.

고해라고 술회하는 인생무상의 괴롭고 공한 심각한 삶과 앎의 응어리들이 마치 믹서에 달달 갈린 당근같이 산산조각으로 뭉개지면서 현기증 나는 심중으로 온 세상과 앎이 통째로 돌돌 말려 어디론가 사라지는 무심지경을 경험하게 될 것이다. 인생의 무거운 짐들이 희한하고 이상하게 공중으로 분산되는 의식의 블랙홀을 경험하게 된다. 분명한 진실은 우에서 좌로 돌면 장미꽃 같은 명현현상(瞑眩現想)이 황홀해지고 좌에서 우로 돌면 심신이 묘하게 흩어지는 희열에 사로잡힌다. 그래서 춤추는 무희들은 빛과 소리의 리듬에 심신을 싣고 사지를 나비처럼 학처럼 나부끼며 양 발끝을 교대로 곧추 세워가며 가볍게 좌나 우로 빙빙 돈다. 그때에 일어나는 행위철학인 춤이야말로 무아실현을 위한 진정한 삶의 꽃이요 초월로 가는 의식의 하얀 연꽃임을 알 것이다.

그래서 춤출 무(舞) 자의 자상을 잘 보면 완전히 자기를 죽여 무아경으로 몰입시키는 행위라는 의미를 나타낸다. 신기하게도 무(舞) 자 밑 좌변에는 소 우(牛) 자를 의미하는 순수 소박의 상징인 소 우(牛) 자는 아무리 길게 내리

그어도 보기 싫지 않다. 이것이 바로 춤의 미학이고 돎은 정신철학이다.

만물의 미세 단위를 세포라 한다. 세포의 극미 단위는 미립자다. 미립자는 인간의 육감으로는 잡을 수가 없고 어림 유추의 생각이므로 과학자들은 사념(思念)이라 정의한다. 또 그 사념의 모체는 결국엔 마음이다. 그 마음은 밝고 어두운 속성을 띠고 있다. 그래서 불경에서는 무명(無明)이라 이름한다. 이 무명의 속성을 또 들여다보면 어두운 무의식과 밝은 의식으로 상반되어 있다.

밝고 어두운 음양으로 무명이 오래 대치하는 과정에서 같은 성질은 밀어내고 다른 성질은 잡아당기는 동반이합(同反異合)의 성리로 말미암아 각성의 그림자로 생긴 허망한 무명이 사방상하 육방으로 동전(動轉)하게 되는 행위가 있게 되었고, 그렇게 동전하는 육방 요동의 행위력으로 말미암아 무명 가운데 무의식에서는 음성을 지닌 삼음(三陰)과 의식에서 발생된 양성의 삼양(三陽)이 서로 상충이합(相沖異合)하면서 무명이란 마음이 여섯 갈래로 분열하게 되었다.

바로 여기서 육식의 고유명사 식심(識心)인 심(心)이 나왔다. 이러한 고등심리학의 깊고 높고 넓고 아득한 이치를 두루 섭렵해서 색깔로 설명한 절집은 일곱 가지 색깔로 단청을 해서 중생 본연의 심리 묘사를 기막히게 표현하고 있다. 그래서 심(心)을 고래로 색심(色心)이라 말하고 있다. 왜냐하면 허공 같은 색깔은 분명히 있으나 손으로 잡을 수가 없음이 마치 우리들 마음은 몸뚱이보다 더 애용하고 있으면서도 심성의 정체를 도무지 알 수 없음과 같기 때문이다. 세상에 내로란 석·박사들이 목전의 식자(識字)는 명경같이 밝으면서도 마음의 밑바탕인 각성을 얘기하면 졸지에 꿀 먹은 벙어리 같아지는 꼴과 같다.

지금 이 붓은 여러분들에게 고등심리학을 얘기하고 있다. 고등심리학의 교과서는 절집이다. 그러므로 절집을 잘 보라. 무명을 상징하는 색깔로는 흑백을 대비시켜 놓았고 마음을 구성하고 있는 색음(靑), 수음(綠), 상음(黃), 행음(赤), 식음(朱)이란 오음을 색깔로 대비시킨 오색은 청색, 녹색, 황색, 적색, 주홍색이다. 음양의 흑백과 오색을 합한 칠색으로 단청은 물론 불당의 각종 불화가 도색되어 있다. 이렇게 불교미술과 조형의 예술은 세상의 일반 그림과는 달리 오묘한 정신 철학을 담고 있기 때문에 뜻이 무궁무진하다.

지금부터 큰절의 법당 내부 건축 구조와 그 안에 존숭히 배설해 놓은 법보단의 장엄상들을 살펴보면서 그 의미를 재음미해 보자. 대체로 큰절의 대법당인 대적광전, 대웅보전, 적멸보궁 등의 법당 중앙에는 선택받은 목공들의 고급한 손재주로 최상의 장식과 품격을 갖춰 법보단을 모셔 놓고 있다. 법보단의 조형미와 채색화를 보면 도무지 보지도 못한 사해용종과 천상의 꽃다발로 조성되어 있다. 이 같은 보화장엄의 불단 위 높다란 천장에는 천궁을 상징하는 붉은 전각을 공중에 매어 달아 놓았다. 이렇게 공중에 떠 있는 천개 장엄의 전각을 보는 시각적 감상은 어마어마한 우주의 침묵과 지엄한 신비를 이 대궐 안에다가 빈틈없이 가득 담아 놓은 듯하다. 대궐 안에다가 오밀조밀한 화개보전을 만들어 궁중에 매어 달아 신기하게 떠 있게 함으로써 제불 세존의 비밀한 뜻이 가득 담긴 법보전이 되고 있음을 시각적으로 단박에 느끼게 한다.

삼존불이 모셔져 있는 법보전에 들어가 보면 시방세계를 모공에 다 넣고 계신다는 부처님 생각이 절로 난다. 제천의 궁궐이 부처님을 모신 듯한 천궁 옥개가 당중을 굽어보고 있는가 하면 실내에 모셔진 형설의 조각상이나 도설의 그림으로 일체 제불보살과 일체 성중과 일체 중생의 온갖 모색이 그대로 다 운집해 있다. 어찌 그뿐이랴. 당내의 좌우편에 모셔진 80신의 화엄신중 탱화를 보라. 그 누가 보아도 오늘날 국제연합군 같다. 세계 각국 인종들의 얼굴 모색이 그대로 다 도설되어 있다. 특히 화두금강은 오늘날 핵무기 같은 분이고 밀적금강은 오늘날 최첨단 군사장비의 총칭이 되고 있음이다.

무엇보다 법당 외부나 내부의 꽃비 내림의 장엄상은 모두 대승경전인 묘법연화경 서품의 상서로운 경관이 되고 있다. 건물 내외 장식을 살펴보면 주로 연꽃 문양이나 천상의 꽃들을 장식했으며 특히 내부 천장의 호화찬란한 문양은 천 년에 한 번 핀다는 천상의 우담발라가 지천으로 피고 지는 열대성 연화가 되고 있다. 이 모든 장관은 법화경 서문의 꽃비 내림의 장엄상이다.

특히나 삼존불이 앉아 계시는 천장의 닫집 화개보전의 유래를 생각해 보면 석존이 제자들과의 아득한 옛날 과거사 인연을 밝히시는 법화경 방편품 중에서 찾을 수가 있다. 세존이 설하신 바에 의하면 한없는 옛날 지성취 여래께서 20소겁 동안을 한 자리에서 꼼짝도 않고 앉아 계시다가 마침내 성도를 하시자 마치 태양이 뜨니 천하가 밝은 것처럼 시방세계가 갑자기 환하므로 십육방의 범천왕들이 너무 놀라워하며 구름처럼 몰려와서 부처님을 칭양찬탄하고 온갖 종류의 꽃다발과 범천의 궁전을 부처님께 받들어 올렸다. 유독 범천의 궁전들을 받아 주실 것을 간절히 세 번 간청하므로 부처님께서 침묵으로 말없이 받아들였다. 그렇다면 그때에 지성취 여래께서 받아들인 꽃과 범천의 보궁들이 실제로 지금 어디에 있다고 보는가? 필자는 오늘날 세계 도처에 꽃으로 장엄한 대법당과 그 안의 닫집으로 본다. 그러므로 법당 안의 모든 묘화장엄은 곧 법화경 28품을 형색으로 도설한 경문의 문양이 되고 대웅보전의 화려한 조형의 외장은 다 80화엄 경문의 문양이 되고 있다.

그렇다면 지금부터 법화경 28품으로 들어가 보자. 화개보전의 중앙에는 지극지성의 공작으로 단엄하게 장식된 불단이 있고 그 불단 위에는 세 개의 연화좌가 있다. 그 연화좌대에는 세 분의 부처님이 앉아 계신다. 부처님 세 분을 잠깐 소개하면 중앙에 모셔진 부처님은 비로자나불이고 비로자나불 좌측의 부처님은 노사나불이고 우측에 앉아 계시는 부처님은 천백억 화신불로 석가모니불이라 한다. 이 세 분 부처님의 좌우에는 각각 두 보살이 협시하고 있다. 옆에서 부처님을 시봉한다 해서 협시보살이라 이름하고 있다. 협시보살들을 보처보살이라고도 하며 다음에 성불할 대보살마하살들이다.

그분들이 삼존불 양 곁에 서 계신다. 지엄하신 삼존불을 법신, 보신, 화신불이라 하고 혹은 삼신불이라고도 한다. 이 세 분의 부처님은 다름 아닌 불법의 구경요의를 불상으로 형설하신 모습이다. 그러므로 이 세 분 부처님의 의미를 진리의 실상관으로 해독하면 청정법신 비로자나불, 원만보신 노사나불, 천백억화신 석가모니불이라 한다. 결국 이 세 부처님을 구경의 실상관(實相觀)으로 들어가 보면 세 분은 별도로 인격을 달리한 부처님이 아니고 곧 한 분의 석가모니불이시다. 결국 한 분의 부처님이 성취한 묘각의 각명으로는 청정법신 비로자나불이고 묘각의 공덕으로는 원만보신 노사나불이며 묘각의 지혜와 신통으로는 천백억화신불이다.

불성을 이렇게 삼차원으로 나누어 본 것이다. 만법이 다 삼위일체로 이루어져 있듯이 구경각을 성취한 부처님도 삼차원으로 구족되어 있다. 그 실체를 구명하는 과정에서 밝혀진 이름이 삼존불의 명칭이다. 아니다. 너무 멀리서 부처님 세계를 생각할 문제가 아니고 바로 나 자신의 신심 구조적 생리를 먼저 생각해 보면 쉽게 삼신불을 이해할 수가 있다. 내 마음은 청정법신이다. 그러므로 형체가 없고 내 몸뚱이는 원만보신이다. 그러므로 나의 신체 구조는 내 마음 쏨쏨이의 미추로 받은 업보의 몸이며 나의 모든 지식과 재간은 천백억화신이다. 그러므로 중생의 지식과 잔재주도 무궁무진하다.

우선 이렇게라도 삼존불의 의미를 이해하고 나서 절 안에 가득한 도화형설이 무엇인가를 하나하나 알아보자. 어느 절이든 산심의 고요로 무척 신선하다. 심상찮은 산심의 풍광에 둘러싸인 법당 안에 들어가 보면 천하제일의 자재와 천하제일의 명장들의 손재주로 절승하게 꾸미고 장식해 놓은 대웅보전의 위용에 감복하게 된다. 불단에 앉아 계시는 세 분은 우뚝하고 거룩한 상호와 영겁의 시간이 머문 부동자세로 독특한 결인을 하고 계신다.

삼존불의 보처보살들은 본존 주불을 각각 입시하며 수화형설로 내가 누구라는 관등성명을 밝히신다. 단상에 앉아 계시는 삼존불의 신상명세서와도 같은 장대한 세 폭의 삼존 후불탱화와 그 후불탱화를 명경대처럼 떠받치고 선 장대한 괘불과 그 괘불을 덮고 있는 닫집 옥개의 장엄함만 보아도 어마어마한 중압감에 중생심은 압도되어 몸 둘 바를 잊고 만다. 이와 같은 여래밀인의 비밀지장(秘密之藏)인 보궁의 신비를 전신으로 느끼다 보면 이 모든 상서로운 길상장엄상은 모두 다 석존이 저 인도의 영축산에서 법화경을 설하시기 전에 대보살마하살들을 위하여 무량의경(無量義經)을 설하시고, 곧 무량의삼매에 들어 미간백호에서 상서로운 광명을 놓으시니 그 광명이 동방으로 만 팔천 국토를 지나 불가사의 제불세계를 두루 비추었다. 그때에 광명 속에 보여진 신비롭고 길상한 화장계에 드러난 모든 불법의 실상을 보궁 안에다 형상으로 그림으로 향기로 무한 공간상의 적정으로 두루 재현시켜 둠으로써 비록 아둔한 중생들이라 하더라도 무량의삼매가 무엇인가를 간접 체험하도록 배설해 두었다. 그러므로 누구나 대적광전(大寂光殿) 안에 들어서면 저도 모르게 모든 것을 잊어버리고 텅 빈 마음으로 무조건 엎드려 큰 절부터 하게 되어 있다.

　국내의 고찰은 대체로 삼국시대 때 건축되었고 그때에 명공명장(名工明匠)들의 신기(神技)로 만들고 그려진 불상과 불화가 많다. 그래서 대체로 삼국시대 때 신험으로 득력을 한 솜씨로 창출된 등상불이나 그려진 불화가 가장 원만하고 거룩하다. 그래서 초발심자는 옛 고찰과 인연을 맺어야 한다. 고찰에는 세계보물급의 불교문화유산이 많다. 그러한 보물급의 불교문화유산과 첫 인연을 맺어야만 제대로 된 불상과 불화를 친견할 수가 있다.

　누구나 첫사랑의 얼굴은 잊을 수가 없듯이 첫인상이 좋았던 불상과의 인연이 매우 중요하다. 그래야만이 사랑하는 연인을 잊지 못하듯 만덕의 성스러움과 우주적인 침묵의 사색을 가득 담은 금빛 나는 부처님의 원만 상호를 잊을 수가 없게 된다. 진하게 머릿속에 배어 있는 불상이 있게 되면 저절로 그 부처님을 그리워하는 연모의 정으로 늘 머릿속에서는 번쩍 번쩍 빛나는 금빛 몸매의 부처님이 항상 심념에 떠오르게 된다. 그렇게만 된다면 그것이 곧 진정한 염불삼매. 다행스럽게도 금색상이 심중에 항상 일어나므로 저절로 염불삼매에 들 수가 있다. 이러한 큰 이익이 있음을 깨달은 선각자들이 불법을 모양으로 전한 훌륭한 방편이 오늘날 우리가 보는 절의 모든 것이다. 이것을 상법불교라 한다.

상법불교는 중생들로 하여금 시청각을 통하여 염불삼매로 몰입시키는 훌륭한 방편이다. 하근 중생들을 위한 이같이 좋은 상법불교를 처음으로 동방에 전한 전도사들은 다 깨달음을 얻은 큰 제자들이었다. 필자가 영감으로 보고 느끼는 바로는 그분들이 삼국시대에 이 국토에 들어와서 최초에 보여 준 불법은 부처님이 직접 수행하신 최상의 방편으로서 밥은 빌어먹고 언덕바지에서 잠을 자며 나무 밑에서 참선수행을 하는 비구(比丘)의 길 같은 정법의 도가 아니고, 집을 뛰쳐나와 삼관법(三觀法)인 삼매선정을 닦는 정도가 아니고, 유영아교(儒嬰兒敎)라고도 하듯이 유치원생을 교육하듯 깨우치게 하는 교란 뜻에서 상법불교라 했다.

맨 처음 모양으로 보여 주고 깨닫게 하는 상법불교는 문맹인을 깨우치는 교다. 비록 의식 수준이 높은 우리 민족이라 하더라도 의식혁명의 깨우침을 밝혀야만 하는 인도인의 불교 사상을 어떻게 타방에 쉽게 전하겠는가? 어쩔 수 없는 언어와 문자의 장벽 때문에도 정법의 전도는 불가능하다. 더더욱 영혼의 언어인 정법의 경문만 가지고는 도저히 전할 도리가 없었다. 그래서 몸으로 말하는 신어와 손으로 말하는 수화 형설로 눈멀고 귀먹은 벙어리에게는 상법불교가 필수적일 수밖에 없었다.

오늘날 우리가 보는 절의 모든 유산들이 다 상법불교의 교재들이다. 그러므로 많은 사찰들을 창건하신 대사들은 다 대승보살들이다. 성불의 길로 들어선 대승보살들은 시방제불 세계를 마음대로 여행도 하고 불가사의한 제불국토와 거룩하신 부처님의 상호를 마치 부모님의 얼굴을 보듯 하므로 절을 창건하실 때에는 최대한 화엄경에 기술되어 있는 화장세계의 궁궐과 누각과 전각들을 그대로 모방했고 특히 불상에 있어서는 깊은 관심을 갖고 감시 감독을 하셨다. 그렇게 곁에서 조언을 해서 주조되고 조성된 불상과 탱화다. 그렇다 보니 진실과 유사한 영험한 불상과 탱화가 만들어졌다. 모두 불전에 기록된 바와 같이 32상 80종호라는 기본 원칙에 맞추어 불상 조성을 하려고 애를 태웠다. 저 제불의 법신을 형상으로 나타낸다면 묘각의 광명의 빛으로 굳어진 금색신이 된다. 그 금색신은 만법 진리의 불변성을 의미한다. 불변성의 금색신에는 뛰어난 아름다움도 다 지니고 있으므로 잘생긴 모양으로는 32가지 특종상(特種相)이 있고, 보기 좋은 기품으로는 80가지 특이한 기색이 있다. 이렇게 지엄한 지존의 법신을 평범한 사람의 머리와 손으로 만들어 낸다는 것은 실로 불가능하다. 하지만 우리나라 고찰의 대웅보전에 들어가 보면 경전에 기록된 여래의 법신과 유사한 불상을 쉽게 볼 수가 있다. 이렇게 시각의 묘(妙)로 불보살의 형상을 그리고 조각하고 도금을 해서 진신에 가까운 모습을 보여준 옛 예술가들의 뛰어난 영성과 놀라운 신기에 깊은 감사를 올리는 바이다.

 대각자의 심상과 마음으로 느끼는 신상의 기품을 그림이나 조각으로 나타낸다는 것은 실로 어려운 일이다. 그런데 고인들은 그것을 놀라운 손재주로 드러내 보였다.

 불상이 조성되게 된 유래는 색계선천(色界禪天)에 거주하는 정거천이 석존께서 어머니를 위하여 도리천으로 승천하실 때에 세존의 몸이 금색신으로 변하는 것을 보고서 형상으로 만든 것이다. 정거천이 전단향나무로 5척의 세존상을 만들어 도금을 한 것을 코살라국의 우다야나 왕이 모셔 놓고 조석으로 예배를 올린 것이 오늘날 불교 신행자들이 조석예불을 올리는 기원이 된다.

　석존께서 석 달 동안 도리천에 계시면서 어머니를 위하여 지장경을 설하실 때에 지상에서는 세존을 찾는 제자들의 소동이 있었다. 불심이 장한 코살라국의 왕이 너무나 석존이 그리워서 애를 태울 때에 천상의 정거천이 인간으로 변신하여 지상에 내려와서 자신이 목도한 석존의 어마어마하게 크신 금색신을 보고서 그것을 그대로 축소해서 5척의 단구(短軀)로 만들었다. 그 금불상을 왕이 별당에 잘 모셔 놓고 조석으로 예배를 드렸다는 기록의 경문이 있다. 그 경문이 불승도리천위모설법경(佛昇忉利天爲母說法經)이다. 그리고 또 모든 불상을 만드는 교본의 경문은 불설작불형상경(佛說作佛形像經)이다.

　실제로 정거천이 본 석존상은 번쩍번쩍 빛나는 금색신으로 투명했다고 한다. 다시 말하면 투명인간이었다. 혹 어떤 절에 가보면 세존의 투명 입체상을 볼 수가 있는데 그 입체상을 자세히 보면 세존의 육신을 완전히 나체 모습으로 조성되어 있다. 세존의 육신이 투명하게 비치도록 천상의 광사(光絲)로 짜서 만든 옷자락이 비치도록 조형이 잘 되어 있다. 바로 이것이 태초에 정거천이 본 석존의 진신상이라 전한다.

　그렇다면 후세 사람들도 불상을 조성하자면 저 정거천과 같은 손재주가 있어야만 하는데 과연 그렇다면 어떻게 해야만 그 정거천의 손놀림의 슬기를 이어 받을 수가 있을까? 대답은 간단하다. 정거천의 사람은 육근에 더러운 욕심(嗜慾)이 가득한 추한 욕계의 인간이 아니고 저 빛나는 의식으로 깨어 있는 색계선천의 사람이므로 불상을 조성하는 공예가들은 당연히 정거천과 같은 무욕의 청심이 있어야 하고 저들은 참선의 기쁨을 밥으로 하므로 반드시 선열식(禪悅食)을 해야 한다. 쉽게 말하면 채식을 하고 절대로 불결한 음식을 피하면 된다. 그렇게만 하면 정거천이 석존의 법신을 보고서 그대로 형상화해 냈듯이 저 같은 장한 인간 예술의 장인들도 영험으로 빛나는 불상을 만들어 낼 수가 있었다.

삼국시대 때 장인들은 저러한 정거천의 지혜와 슬기를 그대로 이어 받았다. 기도를 하면서 불상을 조성하였다. 그렇게 해서 그려지고 조성된 불상 앞에서는 들짐승의 가슴이라도 절로 떨린다. 중생이 보기만 해도 만단수심은 절로 녹아내리고 경건한 경배심으로 심신이 쾌활해진다. 이 같은 영험과 기복의 행운이 가득한 불상을 조성하기 위해서는 특별히 성생활을 피하고 술과 고기, 담배를 대금하면서 불상도 만들고 불화도 그렸다. 저 장인들은 금계로 몸을 맑히고 염불로써 영혼을 밝히면서 구도승이 목탁 치듯 금석을 다루었고 구성진 염불가락의 음색처럼 화폭을 다루었다. 이렇게 간절하고 지극한 마음으로 만들어지는 불상과 불화가 신령한 부처님과 똑같아지기를 그들은 발원했다. 그렇기 때문에 고대의 불상과 불화에는 고금이 없는 색계 선천의 지혜와 슬기가 그대로 영원히 빛나고 있는 것이다.

　그런데 근세의 불상과 불화들은 과연 어떤가? 불형상경(佛形像經)에 기록된 불상의 기본 정형을 좀 읽어나 보았는가? 혹여 술 고기 먹고 담배 피우며 두들기고 그리지는 않았는지, 만약 그랬다면 억조창생이 신복하는 성상에다가 삼악도를 담아 놓은 꼴이 된다. 아, 어쩌면 좋은가. 아무리 생각해 보아도 신라와 백제 때 조성된 불상과 불화가 제일 아쉽다. 그래서 지금도 옛 어른들의 제작 불사 방법을 그대로 신수봉행하시는 불교미술가들이 무척 존경스럽고 아쉽다. 왜냐하면 정토 사상의 주불 아미타불의 전신이신 법장비구는 세자재왕 여래의 거룩한 상호를 보고서 한눈에 반하여 "어떻게 하면 그와 같은 상호를 얻을 수가 있겠습니까?" 묻고 그와 같은 몸을 얻자면 한없는 세월 동안 고통 받는 무량 중생에게 신·명·재를 다 바쳐야만 금색신을 성취한다는 방법의 원칙을 깨닫고 나도 세존처럼 그렇게 하겠다고 발심수행을 하셔서 이미 아미타불이라 이름하시는 무량수여래가 되었다.

　또 지장보살님도 한없는 옛날 정광여래의 모습을 보고서 감격한 나머지 부처님의 거룩한 상호와 같은 몸을 얻자면 반드시 무량 중생의 고통을 구해 주어야만 한다는 공덕 성취의 근본 진리를 깨닫고 자신은 영원히 성불을 포기하면서 지금까지도 중생을 위하여 무진 난행고행을 하고 계신다. 이렇게 모든 불보살님들의 초발심 때를 보면 반드시 부처님들의 거룩하신 상호를 뵙거나 형상화해 놓은 등상불이나 그 모양을 그린 탱화를 보고서 한눈에 반하여 발심했다는 기록이 여러 경문에 있다. 이와 같은 사실로 미루어 볼 때 근본 불교의 참선 수행하는 침묵의 모습을 보고 발심하는 경우보다도 부처님의 거룩한 모습과 부처님의 세계를 그대로 모방해 놓은 사찰을 통하여 불법을 깨닫는 경우가 더 많다. 그래서 환상의 전당인 상법종교가 세상에 흥행이 되고 있는 것이다. 과거 제불도 초발심 때는 여래의 빛나는 상호를 보고서 대발보리심을 품었다. 환상과 같은 현상을 보고서 나도 저와 같은 원만한 금색신을 얻겠다는 소망을 품게 되는 훌륭한 계기가 되었다. 저 서방정토의 아미타불도 그 좋은 예이다. 아미타불의 과거 전생의 몸이신 법장비구가 세자재왕 부처님의 거룩한 몸매를 친히 뵈옵고는 너무나 놀라워하신 나머지 마침내 칭양찬탄을 하시다가 대발원을 하시게 되었는데 그때에 법장비구가 읊은 게송을 보자.

빛나신 얼굴 우뚝하시고　　　위엄과 신통 그지없으니
이렇게 밝고 빛나는광명　　　뉘라서 감히 갖사오리까
햇빛과 달빛 마니구슬빛　　　맑은 진주빛 찬란타지만
여기엔 온통 가리어져서　　　검은 먹덩이 되고맙니다
여래의 얼굴 뛰어나시사　　　이세상 누구도 짝할이없고
옳게 깬이의 크오신소리　　　시방 세계에 널리들리네
깨끗한 계율 들고또정진　　　삼매의 큰힘 지혜의 밝음
거룩한 위덕 짝할이없어　　　수승한 거동 처음뵈오네
여러 부처님 많으신법을　　　자세히 보고 깊이 생각해

끝까지 알고 속까지뚫어
캄캄한 무명 탐욕과진심
사자와 같이 영특한어른
크오신 도덕 넓으신공덕
끝없는 광명 거룩한상호
원컨대 나도 부처님되어
끝없는 생사 모두건지어
보시를닦아 뜻을 고르고
끝없는앞길 가고 또가고
나도 서원코 부처이루어
두려움 많은 중생위하여
저곳에 계신 부처님네들
그수효 이루 세일수없어
저렇게 많은 부처님네들
깨달음 도를 굳게구하여
항하 모래 수효와 같이
보다 더많아 세일수없는
부처님 광명 널리비추어
이러한 정진 이러한신통
내몸이 만일 부처이루면
중생은 모두 기묘하과저
그나라 땅이 한껏고요해
온갖 중생들 어여삐여겨
저 시방에서 오는중생들
이나라 땅에 와서나거든

바다 갓갓에 못간데없네
우리 부처님 다 끊으시니
거룩한 도덕 어떠하신가
밝으신 지혜 깊고묘하사
대천세계에 널리떨치네
거룩한공덕 저 법왕같이
온갖 번뇌를 벗어지이다
계행 지니며 분할일참아
이러한 삼매 지혜가으뜸
이러한 원을 죄다 행하고
의지할 자리 되어볼거나
백인가 천인가 몇억만인가
항하사보다 더 많더라도
받들어 섬겨 공양한데도
퇴전치 않는 것만못하리
많고도 많은 부처님세계
그렇게 많은 세계국토를
모든 국토에 두루하거든
무슨 지혜로 다세어보리
그국토 장엄 제일되과저
도량은 가장 절승하과저
세상에 다시 짝이없거든
내가 마땅히 제도하리니
마음 기껍고 깨끗하여서
즐겁고 또한 편안하리라

부처님 행여 믿어살피사	이내 참마음 증명하소서
저 국토에서 원력을내어	하려는 것을 힘써하리다
시방에 계신 여러부처님	밝으신 지혜 걸림없나니
이내 마음과 이내수행을	여러 부처님 살펴줍소서
이몸이 만일 어찌하다가	모든 고통에 들어가온들
내가 행하는 이정진이야	참지 못하고 후회하리까

　어느 법당이든지 등상불이 앉아 계시는 부처님의 뒤쪽 벽에는 후불탱화가 있다. 본래 탱화(幀畵)란 말도 부처님의 신통 대광명상을 그려서 족자처럼 만들어 벽에 건 그림이란 뜻이다. 후불탱화는 앞에 앉아 계시는 부처님이 누구냐에 따라 그림의 내용이 많이 다르다. 그러므로 후불탱화는 그 부처님이 행하신 불사 전 광경을 도설화한 총천연색 기념화라 필자는 간단히 소개하고 있다. 왜냐하면 수미단이라고도 이름하는 앞의 불단에 모셔 놓은 그 어느 부처님이 언제 어디서 어떤 대중과 무슨 내용의 대작불사를 이렇게 하셨다는 환상적인 광경이 되고 있기 때문이다. 실제로 그 부처님이 어느 때에 모든 제자와 대 보살대중과 중생들이 입회하신 자리에서 신통 대광명을 놓으시고 법문을 하신 모습을 그대로 총천연색으로 그린 그림이 탱화다. 결국 탱화는 부처님이 세상에 오신 일대사의 4상(相)을 보이신 그림이므로 모든 중생을 제도하시는 장경을 설함에 앞서 법회장소의 해설도가 되는 셈이다.

　반드시 세존이 모든 대승경전을 설하실 때에는 전신으로부터 상서롭고 길상한 광명을 놓으셨다. 그 대광명의 빛 속에는 시방세계의 모든 제불세계와 일체 대중이 다 드러나 보였다. 그러한 사실이 탱화의 화폭에는 잘 그려져 있다. 잘 보라, 화폭의 중앙 연화보좌에 높이 앉아 계시는 부처님의 전신으로부터 일어나는 오색찬란한 금색 광명을. 그 광명이 나선형으로 굼실굼실 뒹굴면서 시방세계로 메아리치는 빛의 파장상을 기묘하게 묘사해 놓은 오색 광명상을 보노라면 빛은 본래 떨림의 파장이라 정의하는 현대 물리학자들의 알음알이도 빛의 고향을 어림 유추하는 지혜가 되고 있음을 알겠다.

아득한 옛날 태초에 저 탱화를 저렇게 그릴 수 있었던 화사들은 필시 등각에 오른 보살들이 아닐까 싶다. 분명한 진실은 하다못해 꿈속에서라도 실제로 저러한 부처님의 광명상을 자세히 보지 않고는 도저히 저렇게 그릴 수가 없다. 저러한 지혜와 슬기는 누구의 얘기로나 책 속의 글귀를 의미 유추해서 그려질 성질의 것이 절대로 아니다. 그리고 청록색으로 묘사해 놓은 불보살의 후광상만 하더라도 색의 철리를 저렇게까지 꿰뚫고 있었던 선각자들의 선견지명에 절로 오체투지가 일어난다. 만법 밑바탕이 되는 성리를 굳이 색성으로 설명을 하자면 부득이 청록색밖에 없다. 크고, 높고, 깊고, 넓고, 멀고, 아득한 대방광원형성의 심오 불가측한 각성을 과연 색으로 어떻게 표현하겠는가. 그런데 고인들은 그것을 알고 해냈다. 청록색이란 진실을. 그 이치를 멀리서 찾지 않았다. 저 둥글고 아득히 높은 하늘을 보고서 청색을 보았고 저 넓고 깊은 바다를 보고서 녹색을 찾았다. 지묘하여 사량할 수 없는 묘각의 원각성을 청록색 바탕에 둥근 흑백색 원상으로 표현해 냈으니 이보다 더한 지혜의 불꽃을 또 어디서 발견할 수가 있겠는가. 일반 종교의 교주가 되는 신들의 후광상을 보라. 감성의 융합체인 마음을 상징하는 월광상으로 되어 있다.

일반 사찰의 대웅전에 모셔진 부처님은 다 석가세존의 법신을 주불로 해서 금강계단을 상징하는 단상에 모셔 놓고 있다. 그러므로 탱화의 그림을 보면 인간의 몸을 받으신 석존의 육신이 아니고 법신불로 그려져 있다. 우리가 말하는 법신은 청정법신이라 해서 일체 현상의 정반대쪽 아무것도 없는 무극 차원에서 빛나고 있는 묘각의 묘명신을 말한다. 묘각여래의 묘명신에서 비춰진 현상을 그린 탱화다 보니 그 탱화 속에 그려진 인물들은 다 지구상에서는 도무지 보지도 듣지도 못한 성중들이 가득하다.

마치 태양이 뜨면 천하의 삼라만상이 다 환하게 보이듯이 법신불의 광명 속에 드러난 석존의 좌우에는 문수 · 보현보살이 부처님을 보필하고 그 주위로는 팔정도를 의미하는 팔 대보살마하살들이 죽 그려져 있다. 그리고 화면의 사방 귀퉁이에는 억세게도 무섭고 위엄찬 제석 범천 혹은 사천왕이 그려져 있다. 화면의 중앙 연화좌에 앉아 계시는 본존불 가까이에는 석존의 십대제자들이 빙 둘러 위요하고 있는데 석존의 큰 제자들 역시 비록 인간의 상을 하고는 있으나 인간의 육안으로는 볼 수 없는 그들 나름의 법신상을 다 갖추고 있다. 그리고 모든 탱화를 보면 화폭 바탕면의 빈 공간에는 반드시 보운(寶雲)이라 이름하는 비단 꽃구름이 뭉실뭉실 피어오르고 있는데 그 꽃구름의 의미를 잘 밝힌 경전이 지장경이다. 지장경의 서품에 다음과 같은 광명운상에 관해서 해설한 문장이 참으로 감격스러워서 여기에 밝혀 둔다.

이때에 여래가 미소를 머금으시고 백천만억 종류의 대광명을 놓으시니 이것을 일러 대원만광명운이며 대자비광명운이며 대지혜광명운이며 대반야광명운이며 대삼매광명운이며 대길상광명운과 대복덕광명운과 대공덕광명운과 대귀의광명운과 대찬탄광명운이라. 이와 같은 여러 종류의 광명과 더불어 각종의 미묘한 광음(光音)이 흘러나오는데 이를 일러 널리 보시를 한 바라밀음이며 계행을 철저히 지킨 지계바라밀음이며 욕됨을 참는 인욕바라밀음이며 꾸준히 수행하는 정진바라밀음이며 적정삼매를 닦은 선바라밀음이며 열심히 공부한 지혜바라밀음이며 연민의 정으로 끓는 자비음과 기쁜 마음으로 소유욕을 버리는 희사음과 허망으로부터 벗어난 해탈음과 물같이 흐르는 마음에 머물지 않고 부동의 각성에 머무는 무루음과 앎과 행이 하나 되어 일어나는 지혜음과 일체종지(一切種智)를 얻은 대지혜음과 세간법을 설함에 두려움이 없는 사자후음과 세간법과 출세간법을 설함에 두려울 것이 없는 대사자후음과 일체 중생을 두루 이롭게 하는 감수로 같은 운뢰음과 소승과 대승에 두루 뿌리는 단비 같은 운뢰음이라. 이와 같은 불가설 '

광음이 흘러나와서 사바세계와 타방국토에 두루 진동하니라.

보라, 저 후불탱화에는 저와 같은 부처님의 대신통광명운상과 묘음 상을 한 폭의 탱화에다 선화와 오색으로 교묘하게 다 담아 놓았다. 부처님의 무량 공덕장엄의 광명운상을 화면 가운데 보배구름상으로 도설했고 십바라밀 장 엄의 묘음상은 불신에서 발산하는 광명상으로 도설했는데 빛의 파장상으로 처리한 선율의 미세한 파장이 음률의 묘음을 표현하고 있다. 잘 보라. 부처 님의 몸에서 발광하는 빛이 시방으로 두루 퍼지면서 진동하는 음파상이 바 로 밀음상(密音相)이다. 무진 난행고행의 공덕으로 성취한 십바라밀음이 일 어나는 밀음의 묘리를 기가 막히게 그려 놓았다. 아 보라, 독특하고 치밀한 불화기법으로 한 폭의 탱화 속에다가 불신에서 일어나는 광명상과 그 묘광 에서 일어나는 묘음상을 다양한 화술 기법으로 신비롭게 처리해 놓은 탱화 의 무량의 속으로 우리 모두 어서 들어가자. 거듭 말씀드리지만 필자가 여러 분께 소개하고 있는 불상과 불화는 반드시 신라, 백제 때 조성되고 그려진 작품을 말하고 있다. 혹 조선 시대에 유명무명의 화사들이 제작한 놀라운 명 품도 없지는 않으나 근세에 조성되고 그려진 탱화에서는 필자가 소개하고 있는 내용의 불상이나 불화가 별반 없다.

불상에서 특이한 인상은 부처님의 두상이다. 보통 사람의 머리 위에 머리 가 하나 더 둥그스름하게 높이 솟은 것이다. 이렇게 부처님은 일반보살들이 육도만행으로 생기는 공덕의 살상투, 육계상(肉髻相)과 불두정상의 일륜상 (日輪相)은 제 보살만행으로 성취하신 대불정여래밀인수증요의(大佛頂如來密 印首證了義)로 더 이상 없는 가장 원만한 두상이다.

두상의 백회 자리에는 태양을 상징하는 둥근 해가 솟아 있다. 부처님은 그 일륜상으로부터 온갖 불사를 보이신다. 늘 상서로운 흰색 광명이 솟구치 어 나선으로 돌면서 시방 제불세계를 비춘다. 그러한 사실을 탱화에서는 잘 도설해 놓고 있다. 실제로 석존께서 아난을 위하여 능엄경을 설하실 때에 석존의 정상으로부터 광명이 일어났다. 그 광명 속에서 한 분의 화신불이 홀연히 화생하여 연화좌에 앉아 무량광명을 놓으시면서 능엄신주를 설하셨다. 그 신주를 필자도 외우고 있다. 그때의 상황 설명의 기록은 능엄경에 있다. 이와 같이 신비한 불정의 일륜상으로부터 온갖 불사를 베푸신다.

또 전두(前頭)의 상성(上星)자리에는 반월상이 있다. 불상의 이 모양을 그대로 모방한 공자 집안의 유생들은 땋아 올린 미투리 같은 상투 앞에다 붉은 호박으로 반월을 만들어 꽂고 있다. 부처님 전두의 월출상은 세상 만법을 두루 비춤을 상징하고 있다. 이와 같이 불두는 참으로 독특하고 특이하다.

저 먼 옛날 세존과 거의 같은 시기에 출생하신 공자는 자신과 제자들의 두상을 불보살들이 갖추고 있는 원만보신의 두상과 유사한 대장부상을 모방해 보려고 무척 노력했다. 머리털을 애써 길러 그것을 미투리처럼 틀어 올렸다. 그렇게라도 해서 불보살들이 갖춘 살상투 대용품으로 격상시켰다. 그렇게 불보살의 인격을 갖추게 한 공자의 속심을 생각해 보면 석존의 보살도 정신에 있지 싶다. 인격으로는 저와 같은 대장부상에 있고 올바른 삶의 정신으로는 헌신의 길에 있음을 잘 아시고 불교의 보살도 사상을 무척 사랑하셨다. 보살도인 육바라밀의 공덕에서 생기는 심덕의 육계상을 공자는 두발을 묶어 올린 상투를 갖추게 함으로써 부덕한 심덕을 외모로 치유했다.

뿐만 아니라 공자 자신의 이름을 공구(孔丘)라 한 것도 해탈로 가는 비구(比丘)의 길이 지도(至道)의 길임을 잘 알고 있었다는 의미가 되고 있다. 공자는 훌륭한 상호를 고루 갖추고 있었다고 전한다. 그런데 대장부상에 결정적으로 없어선 안 될 두상의 육계 부위가 불행하게도 푹 꺼져 있었으므로 자신의 이름에 언덕 구(丘) 자를 써서 공구(孔丘)라 했다고도 전한다. 어떤 면에서는 그 흉부를 상투로 은폐시킴과 동시에 대장부상도 갖추게 되었으므로 상투의 미학은 형이상학의 미용술이기도 하다.

불화에는 벽화와 탱화와 경화(經畵)가 있다. 그러므로 절집의 벽에는 빈틈없이 불법 전도를 위한 설화성 그림이 가득하고 법당 안에는 각종 탱화가 수두룩하게 걸려 있다. 특히 경화라 해서 부처님이 대승경전을 설하실 때에 전경을 도설한 그림이 많다. 특히 화엄경이나 법화경을 석존이 설하실 때의 전경을 그린 탱화가 주류를 이룬다. 주로 불제자와 타방세계의 일체 제불보살과 그때에 모인 일체 대중의 법회 전경을 그대로 그린 그림이라 해서 경화(經畵)라 하는데 대체로 경화는 엄청나게 크고 장엄해서 주로 큰 법당에 걸려 있다.

부처님 재세 시에는 태양이 뜬 것처럼 부처님의 위신력으로 누구나 부처님을 환히 볼 수가 있었다. 그러나 세존 입멸 후에는 태양 없는 밤중 같아서 중생의 육안으로 도저히 볼 수가 없다. 그리하여 안타까운 중생의 실정을 감안해서 창안된 예술이 경화이다. 사실의 그림자가 그림이지만 실제로 볼 수도 없는 중생의 시각으로 부처님의 세계를 보고 느끼게 했다. 칠식(七識)의 식심으로 느낄 수 있는 칠색으로 그렸다. 그러므로 천연색 칠색으로 그린 탱화에는 두 가지 큰 목적이 있다. 첫째는 언어와 문자가 다른 국제사회인의 인식의 벽을 허물고 누구나 볼 수 있는 시청각 교육용이 될 수 있음이고, 둘째는 중생들에게는 부처님의 세계를 보고 들을 수 있는 법안(法眼)이 없으므로 중생들이 보고서 느낄 수 있는 그림을 그려서 깨우치게 한 점이다.

우리가 법당에서 쉽게 볼 수 있는 경화(經畵)의 실제 현상은 대보살마하살들이 갖추고 있는 법안이 없으면 절대로 못 본다. 설사 성문나한과 벽지불들의 밝은 천안(天眼)이나 혜안(慧眼)을 가지고는 어림도 없다.

하지만 비록 정신세계를 볼 수 없는 무명 중생이라 하더라도 열심히 기도를 해서 마음을 맑히면 부처님의 득력을 입어서 저 탱화와 똑같은 상황을 보게 된다. 조금이라도 경화와 같은 영험을 보고 듣고 나면 절의 모든 것이 현실 이상으로 진실 불허임을 깨닫게 된다. 이러한 위신공덕력이 벽화나 탱화에는 있다. 경설의 불화에는 이와 같은 신복의 위신공덕력이 있으므로 모든 불화는 고래로부터 신앙의 대상으로 지금까지 존숭되고 있는 것이다.

만약 누가 불연이 깊어서 몸과 마음을 고요히 하는 선정을 닦고 염불을 열심히 해서 염불삼매를 닦으면 부처님의 위신력으로 꿈이나 비몽사몽간에 법당 안에 모셔 놓은 모든 현상보다 월등한 불가사의한 광경을 실제로 본다. 영광스럽게도 부처님의 대신통광명의 불가사의한 광경을 그대로 보고 듣는 염불삼매를 체험한다면 이 사람은 저절로 불법을 다 알게 되고 심신이 쾌활하고 편안해진다.

이와 같은 염불삼매로 부처님의 세계를 보는 영험을 얻기는 쉽지 않다 하더라도 뜻있는 사람이 애써 닦은 공덕으로 염불삼매경에서나 볼 수 있는 불사 현황은 못 보았다손 치더라도 등신불이나 색깔로 그대로 재현해 놓은 법당 안의 광경을 보기만 해도 좋다. 잠깐 법당에 들어가서 누구나 보는 육안으로 직접 보고 절만 한 번 해도 그 공덕은 무량한 것이다. 기특하게도 돈 몇 푼 놓고 절하면서 경외심으로 가득한 법당 안의 신중탱화나 불상을 두루 살펴보기만 해도 영적으로 얻는 이익이 무량하다. 그렇게 구경하는 것만으로도 불자가 염불삼매로 부처님을 친견하는 영광 못지않은 무량한 공덕을 얻는 것이다.

그와 같은 행운의 공덕이 생기는 이치를 비유로 말하면 우리가 철이 없을 때 병이 들어 어머니가 주는 약을 먹고 그 병이 낫는 것이나 철이 들어 사리 분별이 분명할 때 약을 스스로 찾아 먹고 병이 낫는 것이나 결국 몸에 골병이 소멸되었다는 입장에서 볼 때는 아무런 차별이 없는 것과 똑같다. 하지만 영적 성숙의 측면에서는 하늘과 땅 차이가 있다. 그러므로 지혜로운 신행자는 고찰의 웅장한 법당 안에 들어가서 제불보살님들의 거룩한 등신불과 잡념이 녹아드는 환상적인 불화 앞에 엎드려서 절하고 염불하는 기도를 좀 해 보시라. 기도하다가 맥 빠져 지치거든 부처님처럼 우주적인 침묵으로 가만히 앉아서 참선도 해보시라. 그러면 우리들의 마음으로는 감당할 수도 없는 대해탈의 각성세계가 그대 내면에서 활짝 열리면서 홀연히 제불세계의 찬란히 빛나는 불가사의 법계가 기필코 그대를 보듬어 안으리라.

금세기를 금륜시대라 한다. 금륜시대란 돈으로 만사형통되는 시대를 말한다. 그래서 지금 세상은 누구나 현찰인 돈만 있으면 안 되는 일이 없다. 그와 같이 인생의 운명에 있어서도 복덕이 있어야만 한다. 저 종이쪽지인 돈을 벌자면 공사판에 가서 무척 힘든 품팔이를 해야 하듯이 복덕도 얻자면 노동 못지않은 엄청난 노력이 있어야 한다. 그러므로 세상의 돈이나 행운의 복덕도 몸과 마음을 비우는 엄청난 헌신의 노력이 있어야만 한다. 그래야만 삶의 풍요로움인 복과 마음의 평화로움인 덕이 생긴다.

세상의 현찰이 욕구성취의 노력이라면 행운의 복덕은 무욕성취의 헌신이다. 몸과 마음을 비우는 헌신의 삶을 살지 않고는 복덕이 생기질 않는다. 물론 덕에도 악덕이 있고 선덕이 있다. 그러므로 악한 놈도 지독한 악덕으로 받는 잠깐의 환각성 황홀은 있다. 환각성 재미는 번갯불 같아 한시적으로는 미치게 좋다. 하지만 그 환각성의 희열이 식기가 무섭게 영원히 못 나오는 아비지옥으로 들어간다. 하지만 선덕은 영원한 지복의 영달이 보장된다. 그래서 누구나 복덕을 지어야 한다. 돈은 벌 받는 죄수같이 벌어야 하고 복덕은 어버이같이 종족을 위해서 심신을 버려야 한다.

이와 같이 벌고 버리는 복덕의 헌신의 삶이 없이는 아무것도 되는 일이 없다. 그래서 복덕을 필자는 무진 난행고행의 법이라 푼다. 저 세상 사람들은 큰 착각을 하고 있다. 어버이의 가슴과 같이 베푸는 흐뭇한 마음이 복덕인 줄은 까맣게 모르고 마치 복덕을 저 정치꾼들이 착취한 불로소득의 영달인 줄로 안다. 아니다. 고금을 막론하고 역대 군주들은 군중의 집단의식을 빨아먹고 살면서 그것을 하늘이 베푸는 복덕으로 간주한다. 하지만 복덕을 두루 갖춘 성자는 자신의 몸과 목숨과 재물을 모조리 굶주린 영혼에게 충족히 먹임으로써 성취한 영광(靈光)이다. 세상의 저 날강도들이 착취한 욕구충족은 절대로 복덕이 아니다. 아집의 충족이 아니라 무아 실현이 복덕이다. 그래서 불당에 들어가 보면 일체 성중들과는 달리 모든 불보살들은 금색신에다 칠보로 단장을 하고 있다. 그것은 저 소과들이 수행하는 고집멸도의 해탈공학(解脫空學)이 아니고 저 불보살들은 신·명·재를 버리는 의식 연금술이기 때문이다. 의식 연금술은 육도만행이란 끝없는 고행길이다. 그것을 보살도라 한다. 헌신의 보살도, 의식 연금술에서 생기는 영광(靈光)의 복덕상이 곧 불보살님들이 갖추신 금색신이다. 그러므로 복덕의 참 모습을 보려거든 불당에 모셔진 불보살의 금색신에 칠보로 단장한 의식 연금술의 참모습을 잘 보라.

　복덕에도 세 종류가 있다. 세간의 행복과 출세간 공덕(空德)과 최상승의 복덕이 그것이다. 이 세 가지를 구족하자면 일체 모든 중생들에게 헌신하는 보살도를 닦아야 한다. 하다못해 세상을 편히 살자면 공손하고 친절한 예절에서 생기는 세간의 행복이라도 있어야 한다. 어쩌다 박덕하여 빈천하고 보면 세상만사 아무것도 되는 일이 없다. 참으로 그대가 현명하다면 온갖 복덕으로 가득 넘치는 불당으로 어서들 가라. 참신한 마음으로 들어가서 삼배라도 올려 보라. 그대가 어느 세월에 돈 벌어서 한번 잘살아 보겠는가. 하지만 만약 그대 어버이가 재벌이라면 그 많은 재산을 과연 누구에게 주겠는가?

　마음의 고향 초월의 각성세계로 돌아가자면 세간 복 가지고는 어림도 없다. 그래서 우리는 반드시 제불보살님의 가피력으로 복덕을 얻어야 한다. 복덕이 없으면 마음의 고향으로 가는 영적 성숙을 기대하기는 참으로 어렵다. 그러한 영적 성숙의 복덕을 얻자면 법화경에서 가섭이 비유로 밝히신 빈궁한 아들의 비유를 생각해 보면 된다. 온갖 복덕으로 구족하신 어버이를 친견하자면 저 크고 높은 명산 고찰의 대웅보전으로 올라가야 한다. 그렇게 보전으로 올라가자면 보리심이란 우주선을 타야 한다. 그 우주선을 타자면 항공료가 만만치 않다.

　유마경에서는 유마힐(維摩詰) 거사가 제불보살이 앉는 금강보좌를 작은 방 안에다가 가득 빌려다가 놓고 보살 대중을 앉게 하였다. 모든 보살들은 어마어마하게 높고 큰 보좌에 어렵잖게 편히 앉았으나 불행하게도 석존의 제자들은 도무지 꼼짝을 못했다. 금강보좌가 너무나 크고 높아서 올라갈 염두도 내지를 못할 때에 지혜제일 사리불이 거사에게 "우리들은 어찌하오리까?" 하고 묻자 거사는 염불을 하라 하였다. 그리하여 제자들이 부처님을 생각하는 찰나에 일체 보살과 같은 자세로 편히 앉게 되었다. 모두 금강보좌에 수월히 앉았다는 자체만으로는 제보살과 성문중이 평등하여 차별은 없다. 하지만 자력과 타력이란 안타까움이 있다.

　하지만 이러한 분별심 자체가 중생의 엄청난 착각이다. 법안(法眼)으로 보는 대승의 입장에서는 근본적으로 자타가 없다. 너나가 없는 평등이다. 평등 자체마저도 없다 하여 무등등(無等等)이라 하고 무등등의 대각으로 가는 수행의 대발원을 아뇩다라삼먁삼보리라 말한다. 공연히 쓸데없는 분별심은 던지고 스스로 염불해서 염불한 가피력으로 수미산 정상까지는 일단 올라가야만 한다. 마치 저 불제자들이 유마거사 집에서 금강보좌에 염불해서 올라앉듯이 말이다. 하지만 자력이든 타력이든 영적인 세계로 올라가는 우주선은 계율이다. 계율의 우주선을 반야용선(般若龍船)이라고도 말한다. 그 누구라도 계율의 우주선을 빌어 타지 않고서는 영혼의 중심 산이 되는 수미산 정상에는 오를 수 없다. 오를 수 없다면 수미산 정상을 상징하는 법당 안의 금강계단에 앉아 계시는 불전으로는 들어간다는 것은 불가능하다. 그래서 모든 도에서는 우주선과 같은 계율을 소중히 받들어 봉행한다.

　절에서 스님들이 착의하시는 가사가 있다. 그 가사에는 소가사와 대가사가 있다. 일반 소가사는 250계를 받으신 스님네가 오른쪽 어깨위로 걸치시고 대가사는 대사님들이나 수하셨다. 그 대가사가 제작된 모양새는 흡사 불

선재동자(善財童子)　253

당의 금강계단의 장엄상과 유사하다. 불당의 계단상도 벽돌을 쌓아 올리듯 수십 쪽의 판화로 장엄했고 대가사도 여러 쪽의 천을 방정하게 오려서 기웠다. 일반 스님들이 걸치는 가사는 수계한 차등에 따라 천편의 수와 모양도 좀 다르지만 불법요의의 법도에 맞는 대가사는 분명히 쉰둘이나 쉰세 쪽의 천이 붙어야 옳다.

불가에서는 평상시 사용하는 별것도 아닌 것 같은 입성이나 기물에도 반드시 불교 교설의 철칙이 있다. 그 철칙은 저 높은 해탈로 가는 불법 취득의 법도다. 그 수십 단계의 해탈법도에 맞추어 설계되고 제작되는 형이상학의 유물이다. 그렇기 때문에 수행자들이 상용하는 의복이나 기물들을 법복, 법기라 이름한다. 그러므로 대가사를 만드는 쉰세 쪽의 법도나 불당을 짓고 부처님을 모시는 금강계단의 피라미드식 장엄상의 수식(數式)은 모두 깨달음으로 올라가는 52단계의 수행절차를 뜻하고 있다.

일반 소승들의 가사는 52마장의 경계를 격파해야 하는 법수(法數)가 되지만 큰스님들이 입는 대가사와 금강계단상의 수식은 초지 보살도에서 12지 등각까지 올라가는 수행의 계위를 의미하고 있다. 이러한 사실을 화엄경 입법계품에서 잘 밝히고 있다.

선재동자가 52선지식을 차례로 만나 가다 최후로 53번째 보현보살의 가르침을 받고서 마침내 대각의 세계로 들어가는 구도순례의 여정을 소상히 밝히고 있다. 이것처럼 성불하는 불도의 전 과정을 살펴보면 마지막 52단계가 등각지가 된다. 그 등각지에서 최후로 여래십종대원을 성취하고 나서야 묘각의 구경열반으로 들어간다. 초지에서 구경각까지 올라오는 단계가 수리로는 쉰세 번째가 되고 그곳이 묘각의 자리다. 사실상 불도 수행은 여기서 다 끝난다. 보라, 저 절의 모든 것은 이러한 불교사상적 철리로 설계해서 만들어진 집안이다. 그래서 사찰의 불전을 법당이라 호칭하고 있다.

불화에 그려진 불보살들의 옷이나 몸에 치장된 칠보 장식들을 모두 어떻게 생각하는가? 실제로 그것들은 엄청나게 비싼 보물들이다. 어찌 생각해 보면 그 먼 옛날에 저렇게 고급스럽고 사치스러운 비단과 보물이 있었을까 싶기도 하다. 설령 있었다손 치더라도 그것은 미개시대 사람들의 흙 묻은 손으로 만들어진 작품들은 아닌 것 같다. 문명한 오늘날 사람들이 광사로 비단을 짜고 특수 전자장비로 깎고 다듬은 천연 보물이 아니고야 저럴 수가 없지 싶다. 저것은 분명히 천연의 재질을 가지고 오늘날 첨단의 정밀기계가 만들고 제작한 옷이나 보석이 분명하다. 그렇지 않고서야 어떻게 저 유리같이 투명한 천에다가 빛의 광사로 환상적인 천상의 꽃수를 놓고 보석을 다듬어서 불보살의 금색신에 입히었는가. 소박하기 짝이 없는 손재주로 그리고 도색을 했는데도 어찌 저렇게도 자연스러울 수가 있을까? 더더욱 놀라운 사실은 보살들이 쓰고 있는 보관이란 화관의 정교로움이다. 밤하늘의 별빛 같은 금은보석을 드리운 화관을 다각도로 다룬 기공사들의 가식 없는 손재주와 화공들이 천에다가 예리한 필치로 명주실 같은 사선(寫線)으로 금색신에 입혀 놓은 보의(寶衣)와 보물의 표상들은 아무리 생각해 보아도 필시 색계선천의 기재들이 지상에 내려와서 가공하고 제작했거나 그렇지 않으면 저 천상에서 바로 직수입한 의복과 보주영락의 그림이 아닐까 싶다. 이 같은 보의(寶衣), 보주(寶珠)로 불보살의 법신(法身)에다가 입히고 매고 걸친 우아하고 아름다운 옷매무새 하며 호화찬란하게 단장을 시킨 형설의 예술은 기가 막힌다. 부처님을 제외한 어머니 같은 저 보살들의 오체에다가 끼우고 걸치고 매어 놓은 복덕길상의 칠보장엄은 다 인간의 칠식(七識)이 각성의 빛으로 결정된 칠보다. 그 칠보로 보관을 만들어 머리에 씌우고 보주영락(寶珠瓔珞)을 목에 걸어 가슴으로 내린 모습이라든가 보석을 박은 금 고리로 발목 손목에 끼워 놓은 불상과 불화를 보노라면 옛날의 장인들과 화공들의 놀라운 손끝을 통하여 지구상에 법신으로 재현하신 불보살의 신통력에 감복하여 절로 경배심이 일어난다.

저러한 불보살의 호화찬란한 단장의 미학에는 문자 이상의 의미가 형설되어 있다. 그러므로 불보살들이 쓰고 있는 화관이나 입고 있는 의상과 끼고 있는 패물은 다 형이상학의 문자다. 참으로 저 신복의 우상과 불화들이 형이상학의 문자라면 그것을 보고도 우리말로 읽지 못하는 색맹들에게 어떻게든 깨우치도록 읽어 주어야 한다. 그러자면 불교의 정신문화를 보는 눈을 열어 주어야 한다. 그럴 만한 선지식이 없다면 이보다 더한 불행은 다시 없다. 왜냐하면 금세기를 세지변총(世智辯聰) 시대라 한다. 저들은 어찌나 아는 것이 많고 입살이 야문지 저 불교문화유산을 알지도 못하면서 그 모든 것은 우상숭배자들의 망령이라고 함부로 물어 씹을 것이 뻔하다. 만약 그렇게 극단적 악평을 함부로 하게 된다면 만에 한 사람이라도 이러한 대망어죄를 짓게 된다면 그 과보는 엄청나게 무섭다. 세세생생 벙어리에 귀, 눈마저 멀게 되고 그 업보가 끝나면 반드시 무간지옥으로 이민을 간다. 이렇게 불쌍하고 가련한 지성들을 위하여 이 글을 필자는 열심히 쓰고 있다.

우리가 이역만리 타국에 가서 글도 말도 모르는데 배는 고프고 목은 타서 물이 한없이 아쉬울 때는 어쩌면 좋겠는가? 그렇게 죽을 지경을 누구나 당하고 보면 그대가 설사 먹통 같은 짐승의 머리를 달고 있다 하더라도 몸으로는 주린 시늉을 할 것이고 타는 입술을 혀로 핥아 한 방울의 물 소식을 행인에게 보일 것이다. 이렇게 말과 글이 없어도 몸의 본능만 가지고도 얼마든지 상대방에게 아쉬운 의사전달은 하고도 남는다. 이렇게 몸으로 의사전달을 하는 이것을 신어(身語)라 한다.

꼭 이와 같은 실정에서 비롯된 것이 모든 종교의 우상과 신화(神畵)다. 천상 사람은 중생 심리의 울림을 듣기 때문에 언어와 문자가 소용치를 않고 깨달음을 얻은 사람은 중생의 마음을 물건처럼 본다. 그렇기 때문에 우리와 같은 언설의 문자나 형설의 수화와 신어가 아무 소용이 없다. 이와 같이 만약 이 세상에 천상 사람 같은 귀가 있고 혜안이 있다면 무엇에 쓰자고 신전을 짓고 신상을 모시고 수화의 일종인 그림을 그려서 붙여 놓고 거기에다 절까지 하겠는가? 알라, 이 모든 신성의 전당은 다 우리 같은 바보들을 위하여 베푸신 신의 메시지다. 그 신의 메시지가 교인들은 예수님의 말씀이나 모든 종교의 성서로만 알고 있다. 꼭 그런 것만을 신의 메시지라 하지는 않는다.

불교적 표현 방법으로는 무설설(無說說)의 법문을 메시지라 한다. 무설설의 법문이란 형상이 있고 형상이 없는 것과, 형상이 있지도 없지도 않은 현상들과, 또 감정 있고 감정이 없는 것과, 감정이 있지도 없지도 않은 영물들과, 또 색깔이 있고 색깔이 없는 것과, 색깔이 있지도 없지도 않은 허공계 에너지 상인이 모든 마음 가운데 다 지각이 되는 심리현상의 언어들을 무설설의 법문이라 말하고 있다. 이것이 진정한 의미의 신의 메시지다. 이러한 무설설 법문의 실증적인 예의 하나로 유상유색(有相有色)의 그림이 있다. 그림은 고조선 선사시대의 민족 정신을 기록해 놓은 고구려 벽화다. 그 벽화의 의미를 간단히 우리말 뜻으로 읽어 보자.

그림에 보면 말 타고 달리면서 사슴을 사냥하는 그림이 있다. 이것을 보통 사냥을 해서 먹고 살던 수렵시대의 생활상이라 정의한다. 하지만 꼭 그런 의미의 그림이 아니다. 그 그림에서 달리는 말은 미래지향적 시대상을 말하고 말 탄 사람의 활은 궁궁거(弓弓去)란 뜻으로 활활 살아가는 용맹성을 보인 것이다. 또 산 넘고 고개 너머로 내닫는 사슴 떼의 모습은 좁은 강토에서 광활한 대평원으로 내닫고 싶은 이상향을 도설한 것이다. 그리고 기수가 화살을 달리는 사슴을 향해 겨냥한 뜻은 민족이 지향할 바 삶의 목표는 사슴이란 뜻이다. 그림에 있는 사슴은 비록 표현상 짐승이지만 그 사슴 그림의 문자적 의미는 인류가 지향할 상서로운 이상향의 대명사다. 그래서 고래로 꿈에 사슴을 보면 성자를 만난다는 길몽으로도 해석하고 있다.

이렇게 벽화의 의미를 읽고 보면 고구려 벽화의 내용은 밝은 미래를 향한 용맹스럽고 슬기로운 고구려 사람들의 개척자적 정신사를 그린 벽화가 되고 있다. 한민족의 꿈이 그랬을 것이다. 좁고 험준한 산악지대에서 대평원의 만주 벌판으로 내닫고 싶은 이상향적 대망을 품었을 것이고 그 대망을 벽화로 그렸을 것이다. 또 옛 고분의 벽화를 보면 흔히 고기 그림이 많이 있다. 물론 원시시대의 생활상으로 바다의 고기를 먹고 산 시대의 삶의 모습을 그림으로 그린 도화문자로 볼 수가 있다. 하지만 보다 높고 깊은 뜻이 따로 있다.

본래 고기란 음사가 시사하는 바는 한문의 고기(古記)다. 파란만장한 세상을 상징한 바다의 고기는 문자가 없었던 옛 사람들의 그림문자다. 옛 사람들의 기억이란 뜻으로 새겨진 고기의 그림문자다. 문자가 없었던 옛 사람들은 조상들로부터 전승되어 내려오는 삶과 앎의 기억을 고기 그림문자로 표현했다. 전설의 고향 이야기처럼 고인들의 기억을 그대로 전수받던 고대의 정보 전달은 기억밖에 없었다. 그렇다면 그 금쪽같은 정보 전달의 기억을 과연 어떻게 표기해야 좋을까 생각했을 것이다. 마침내 옛 어른의 기억이란 뜻으로 표현하는 방법을 찾았다. 평소에 먹고사는 어물의 고유명사인 고기를 옛 기억(古記)이란 의미로 새겼다. 고기(古記)를 고기 그림으로 표기하는 그림문자를 애용하게 되었다. 그러므로 우리가 제사상에 빠뜨리지 않고 올려 놓는 고기도 옛 선조들의 아름답고 거룩한 정신을 그대로 기억하고 그 정신을 자자손손으로 전승한다는 의미가 있다. 아울러 깊고 먼 은밀한 생태학적 생명의 근본 생기설도 기억되어 있는 고기 그림이다.

실제로 생명의 기원설을 보면 바닷물에서 비롯되었다고 한다. 생명이 기생한 연원을 바다에서 비롯되는 미생물로부터 진화된 고기로 본 생명과학자들의 발견은 옳은 것이다. 그래서 옛 사람들이 표기한 고기 그림문자에는 다윈의 진화론적 발상도 기억되어 있다. 물론 다윈의 진화론은 미생물에서 축생까지는 맞다. 하지만 고등동물인 인간은 아니다. 인간은 진화론이 아니고 퇴화론(退化論)이다. 왜냐하면 불경의 기록으로 미루어 보면 천상의 빛으로 화생한 하늘의 인간이 지상에 내려와서 허망한 욕심을 일으키면서 추하게 타락했다는 퇴화론이 정설이다. 성서에서는 인간을 하나님이 자기를 닮은 형상으로 만들었다고 한다. 이와 같은 신화론적 인류생기설도 표현상 문제일 뿐 정확한 퇴화론이다. 그래서 종족의식 본능에서 빚어진 의식개발의 정신문화유산들을 우리가 제대로 보고 그것을 옳게 이해하자면 각자들이 밝혀 놓은 바른 지견이 있어야 한다.

그래야만 단군설화에서 유사의 사실적 논거 제시로 고기(古記)를 예거하고는 있으나 많은 사학자들이 실제로 고기는 전승되어 온 책이 없음에 당혹해 하고 있다. 그러므로 고기는 다름 아닌 고분의 벽화에서 볼 수 있는 고기 같은 그림이다. 고대인들이 상용한 고기 같은 그림으로 표기한 도화문자(圖畵文字)란 사실을 까맣게 모르고 있다. 그 도화문자들이 고전의 고기란 사실을 깨닫고 그 그림들을 우리말로 읽을 줄을 알아야 한다. 그런데 우리는 이러한 진언(眞言)의 메시지가 원시사회 문자인 고분의 벽화나 유물에 담겨 있는 줄을 전연 모르고 글자만 가지고 전전긍긍하고 있는 형편이다. 이 모양으로 세지변총(世智辯聰) 일지반해(一支半解)의 좁은 식견을 가지고는 바른 역사관이라 할 수가 없다. 문헌 위주의 역사관을 사학의 정도로 본다면 문자가 없었던 고대문화사를 어떻게 보고 이해할 것인가.

분명한 진실은 세계만방의 언어와 문자는 다 자연 공간의 소리와 자연풍토의 현상을 말하고 그린 것이다. 마치 중생들이 부모의 종성에 따라 저마다 남다른 음성과 생김을 가진 것처럼 언어와 문자에도 남다른 인류의 집단의식이 스며들어 있다. 그러므로 세계마다 독특한 풍토의 집단의식으로 만든 말과 글로 정신문화의 꽃을 피우고 있는 것이다. 자, 그러면 의미 유추의 언설과 도설의 천국 불교정신 문화사 얘기로 돌아가자.

부처님의 신상에는 별다른 장식이 없다. 그러나 여인과 같은 보살님들의 신상에는 온갖 패물로 반짝거린다. 이 모든 것은 다 불법을 설하는 형설의 문자들이다. 그 문자의 의미를 하나하나 읽어 보자. 먼저 발목이나 손목에 걸린 팔찌부터 읽어 보겠다. 성불을 하자면 석존의 제자들처럼 참선수행만 하는 불제자가 되어서는 안 되고 곧바로 불자가 되어야 한다. 불자가 되자면 보살 지위로 올라서야 한다. 헌신의 길인 보살 지위부터는 처자식을 거느린 어버이처럼 식솔을 부양할 의무가 당연히 있다. 이것처럼 일체 중생을 제도하겠다는 대원을 세우고 육바라밀도를 닦아야 한다. 부처님 말씀에 의하면 보살승에 오른 초지에서 7지 보살까지는 마치 철없는 어린이 같아서 부처님과 유모격인 대보살마하살들이 무척 고생을 하신다고 한다. 만약 불보살이 곁에서 잘 보살펴 주지 않는다면 철없는 아이가 장난을 치듯이 금방 무슨 사건을 저지르기 때문에 까딱 잘못하면 아들의 신상에 돌이킬 수 없는 사고가 생겨서 생명을 잃을 수도 있다고 하셨다.

여기서 말하는 생명은 보살도의 생명을 말한다. 곧 불종성(佛種性)을 말하는데 성불할 수 있는 불종자를 잃는다는 말이다. 그래서 부처님은 보살승에 오른 보살의 지위에다 마치 군대의 계급장처럼 보살의 단위를 표식하게 되었다. 그것이 보살들의 몸에 끼우고 걸고 걸치는 여러 가지 장식품들이다. 만약 보살의 몸에 어린이들처럼 별다른 장식이 없으면 초지에서 7지 보살이고 손목이나 발목에 팔찌가 끼워져 있으면 8지 보살이란 뜻이다. 보살승에서 8지 보살부터는 보살이 제 스스로 알아서 영적 성숙과 불국토 장엄을 착실히 수행해 나갈 수 있다고 한다. 그러므로 8지 보살부터는 성불의 길에서 퇴보하는 일이 없다. 이렇듯 영광된 불과의 안전지대가 되므로 8지를 움직일 수 없는 불퇴전의 지위라 하고 그 영광의 훈장으로 팔에다가 팔찌를 끼워 주었다. 손·발목에 걸린 팔찌는 8지 보살들이 지닌 위신공덕의 상징이 되고 있다.

8지 보살부터는 일체 중생을 손과 발로 뛰어다니며 이끌어 줄 수가 있고 두루 보살펴 줄 수가 있다고 한다. 8이란 숫자의 의미로는 팔목이란 고유명사에서 팔이란 음훈(音訓)을 빌리면 나눌 팔(捌) 자의 捌을 숫자 8로 음의를 빌려 쓴다. 실제로 나눌 팔(捌)과 나눌 분 자로도 보는 숫자 8은 나눈다는 의미로도 통용된다. 석존의 일생을 적은 팔상록(八相錄)에서 8을 捌로 쓰고도 있다. 아, 보라. 나눔의 미덕을 두루 갖춘 8지 보살들처럼 누가 알아주지도 않는 헌신의 삶을 살아온 여성들에게는 보상의식 으로 빛나는 팔 자가 있는 것이다.

또 보살의 목과 가슴 앞을 보면 값지고 찬란한 보석다발이 걸려 있다. 목으로부터 가슴 앞으로 내리 걸쳐진 보배영락의 단장은 부귀영화를 누리는 고귀한 분들의 인품을 말하기도 하지만 불화에서 보는 바와 같은 보배영락은 보살님들이 불도를 수행해서 올라가는 영적 차원을 보인 것으로 9지 보살을 의미한다. 9지 보살부터는 일체 중생을 적자처럼 품어 안을 수가 있다고 한다. 그러므로 보살상에서 가슴의 보배영락은 네 가지 무량심을 말한다. 자 · 비 · 희 · 사의 사무량심으로 일체 성중과 일체 중생을 불도로 성숙시키기 위하여 베푸심이 마치 사랑하는 어머니가 어린자식을 젖 먹여 키우듯 9지 보살부터는 불종성을 기르는 성모가 될 수 있다는 것이다. 그러므로 저 가슴의 빛나는 훌륭한 보배영락의 휘장은 9지 보살의 위신공덕의 상징인 것이다. 이렇게 아홉 단계의 도위(道位)로 보는 까닭은 목 위의 얼굴로부터 목구멍까지는 꼭 아홉 개의 구멍이 있다. 안면에 있는 눈, 코, 귀, 입의 일곱 구멍과 목 안의 식도와 기관지를 더해서 꼭 아홉 구멍이 된다. 그러므로 고래로 목을 일러 목구멍(頸九竅)이라 한다. 이러한 의미로 목걸이는 9지 보살로 본다. 만생을 품어 안는 세상의 여인들도 목걸이 없는 나들이가 없지 싶다.

다음으로는 불보살만이 독특하게 갖추신 거룩한 두면(頭面)의 이상(耳相)을 자세히 보자. 본래로 성인의 귀상은 정면에서 보았을 때 귀가 잘 보이질 않으면 천하에 높이 이름날 길상이라 해서 상학에서는 두면불이고명상(前面

不耳高名相)이라 한다. 앞에서 보았을 때 두상의 양 측면으로 바짝 붙은 귀를 말한다. 불상에서 보는 바와 같이 둥그스름한 상륜의 귓바퀴가 눈썹 위로 돌고 밑으로 축 처진 귓불이 어깨까지 닿으면 고명장수하는 길상이란다. 이렇게 귓바퀴의 뚜렷하고도 분명한 이륜상(耳輪相)에 귀의 구슬이란 이주(耳珠)까지 어깨로 고요히 내려앉으면 그 인상이야말로 인생무상을 깨달은 성인의 징표다. 진정한 의미의 성인은 화두 특허청이다. 저 귀의 모습을 보라. 의문부호(?) 같지 않은가? 그래서 성인은 귀로 소리를 듣지 않고 마음으로 소리를 듣고 보는 관청(觀廳)을 한다. 관청을 하는 그 모습을 성인 성(聖) 자에서 잘 밝히고 있다.

성인 성(聖) 자를 파자로 풀어 보면 '耳+口+王'이다. 우리말로는 '귓구멍에 맡기다.'이다. 무슨 말인가 하면 대성자모 관세음보살님은 무량억겁 전에 관세음여래로부터 이근원통법(耳根圓通法)이라고 하는 문(聞)·사(思)·수(修)법을 듣고 그대로 수행하는 삼매를 닦았다고 한다. 사람의 여섯 감각기관 가운데서 귀로 듣는 청각을 가지고 삼매에 들어가 마침내 원각을 이루었다 해서 이근원통법이라 한다. 이근원통법을 수행하는 요령은 세상의 소리를 귀로 듣고 듣는 그 청각을 의식하는 문·사·수 수행법이다. 문사수란 결국 청각을 의식하는 방법이다. 밖에서 들리는 소리 쪽으로 내닫는 청각신경을 돌이켜 귀 안에서 듣는 청각 그 자체를 의식하는 관청법이다.

관청하는 방법을 좀 더 구체적으로 말하면, 누구나 평상시에는 소리를 듣고 이해하는 방법이 지극히 자연스럽다. 이쪽에서 저쪽으로 마치 손전등을 밖으로 비추듯 그냥 소리가 나는 쪽으로만 정신을 쏟으면 된다. 하지만 모든 정신수행은 정반대다. 밖으로 내닫는 정신을 안으로 불러들여야 한다. 밖에서 들려 오는 소리 쪽으로 정신을 팔지 말고 저 밖으로 내닫는 정신을 나의 각성 안쪽으로 완전히 돌이켜야 한다. 소리를 듣는 평상심을 귀 안쪽으로 돌이켜야 한다. 온갖 소리를 듣는 귀의 청각에다 의식을 집중해야 한다. 달리 말하면 듣는 성품을 돌이켜서 듣고 있는 청각에다가 집중하는 요령이다. 이 것이 모든 종교의 정신수양법이다. 달리 표현하면 만법을 보고 느끼고 사고 하는 방법을 완전히 뒤집는 요령이 모든 정신수양의 대도다. 이것을 요약해 서 밝히면 듣는 자를 듣는 관청법이다. 이렇게 듣는 자를 의식하는 관청법을 반조회관(返照廻觀)이라 한다.

반조회관이란 듣는 소리를 돌이켜서 청각을 의식하듯 육감으로 느끼는 지각 행위를 내면의 각성으로 전환하는 각관법이다. 이렇게 의식 전환의 사 고행위를 반야라 하고 반야심을 일으키는 지적 의식 행위를 지혜라한다. 그 래서 반야와 지혜는 손의 앞뒤와 같다. 손바닥이 뒤집어진 상태는 반야지만 그 손바닥을 뒤집는 염력은 지혜다. 다시 말하면 반야가 되도록 의식을 뒤집 는 의식 행위의 원동력은 지혜다. 하지만 의식이 뒤집어진 뒤에 일어나는 반 야의 평화로운 심경은 반야심이다. 이와 같은 반야의 지혜로운 관청 수행으 로 원통을 성취하신 보살을 대성자모 관세음보살이라 한다.

이제 성인 성(聖) 자의 의미가 무엇인가를 어림할 수가 있을 것이다. 보라, 성인 성 자의 자상에서도 이근원통으로 들어가는 의식의 요령이 잘 설명되 어 있다. 그래서 성(聖) 자와 같은 수행으로 원통을 성취하신 관음보살이 스 스로 수행해 들어갈 때에 체험하신 법문을 들어 보자.

관음여래로부터 이근원통의 법문을 듣고 처음 수행할 때에 밖으로 듣는 들음을 돌이키니 들을 바가 없어지고 이미 들을 바가 없어지니 적적한 가운 데 소리 나고 고요한 동정(動靜)의 두 가지 현상이 사라져서 끝까지 아무것도 일어날 것이 없어졌다. 이와 같이 점점 더 깊이 들어가니 들을 바가 아예 없 어서 마침내는 들을 바가 다했다. 다했다는 것까지도 다하여 그것을 깨닫고 아는 각성까지도 텅 비어졌다. 텅 비어진 것을 아는 공각(空覺)까지도 두루 다하니 마침내 공한 그 자리까지도 다 소멸하여 나고 멸할 것이 이미 다 중 발해 버렸다. 이렇게 다 적멸해 버리고 나니 더 이상 멸할 것이 없는 청정묘각의 적멸이 앞에 드러났다. 그때에 홀연히 유위의 세간과 무위의 출세간을 훌쩍 뛰어넘었다. 이렇게 세간과 출세간을 초월하고 보니 시방이 두루 밝아졌다. 시방이 원명한 가운데서 두 가지 수승한 경계를 얻었다. 위로 시방 제 여래의 묘각심인 굽어 살피는 자력(慈力)이 여러 부처님과 동일해졌고, 밑으로 시방 일체 육도중생들이 슬피 우러러 사모하는 비앙(悲仰)심이 중생과 더불어 같아져서 대자대비관세음보살이 되었다고 한다. 이렇게 된 공덕은 다 이근원통법을 잘 닦아서 성취했다는 내용이 능엄경에 소상히 밝혀 있다.

이렇게 귀를 통하여 대성자모 관세음보살이 되었으니 귀에 무량 공덕이 있으므로 보살상과 보살탱화에는 보석이 박힌 금귀고리가 걸려 있다. 이것은 다 이근원통의 공덕을 의미한다. 그러므로 관음보살과 같이 묘각의 원통을 이루어 십지에 오른 십주 보살마하살들은 다 금귀고리가 달려 있다. 그래서 불보살상에 귀고리가 달려 있으면 십지 보살마하살들이라 보면 된다. 인체에서 십 자로 통하는 의식기관은 얼굴밖에 없다. 얼굴에 뚫려 있는 눈, 귀, 코, 입뿐이다. 이렇게 동서사방 천상천하로 두루 통하는 의식기관의 대표적인 귀는 성인이 되는 원통의 공덕이 있다. 그래서 대성자모의 덕목으로 원만하게 잘생긴 귀의 두텁고 축 처진 이수(耳垂)에는 반드시 금강보주로 장식된 금귀고리가 달려 있고 영광스럽게도 저 불보살과 같은 인류의 모성애를 갖추신 여성들의 귀에도 값비싼 보주 귀고리가 반짝이고 있는 것이다.

불상과 불화에서 가장 놀라운 의장은 머리에 얹힌 화관 혹은 보관이다. 무명초라 해서 천연으로 자라난 머리털마저 무정하게 박박 밀어 버린 무관의 집안에서 별난 두발과 고급한 감투를 쓴 신상과 성상을 대하고 보면 절로 답 없는 화두가 생긴다. 아무리 격외법문의 화두 집안이라 해도 이렇게 밖과 안이 다른 역설의 종교가 있을 수 있을까? 지구상에 산재한 종교들의 역설을 보라. 오나가나 못나고 힘없고 무능한 인간은 눈에 뵈지도 않는 허구 의식의 신들에게 홀딱 털리고 벗겨져서 참담한 꼴이다. 하지만 보라, 그대가 만든 허구 의식의 신들은 부귀영화로 넘치고 있다. 온통 위엄과 권위를 자랑하는 별난 의상과 감투들을 아무것도 가진 게 없는 텅 빈 그대가 지금 불상을 대하고 보면 부질없다던 부귀영화와 속된 명리와 권위가 목숨 이상으로 아쉬워질 것이다. 저 모양들에 심취하고 나면 부처님이 가르쳐온 인생무상관은 온 데 간 데 없어지고 잡을 수 없는 허공의 구름 같은 속된 영달이 마음 저쪽에 일어날 것이다.

바로 그것이다. 허공의 구름 같은 속된 영달을 다 버린 자의 충만상들이 저 법보전의 성상들이다. 버리고 버려서 더 이상 버릴 것이 없을 때 버려질 수 없는 무엇이 분명히 있다. 더 이상 버려질 수 없는 묘각이 있다. 그 묘각의 빛으로 굳어진 황금의 연금술로 장엄한 금관이 저 보살마하살들이 쓴 보관이다. 그러므로 저 보관에는 보살마하살들이 보살도를 닦은 역사의 기록이 가득 담겨 있다. 만약 필자가 하는 말이 어렵거든 관무량수경을 먼저 보고 나서 관미륵경, 관문수보현경 등의 경전을 필히 보시라. 그래야만 보살마하살들이 쓰고 있는 관의 의미를 잘 알 수가 있다.

여러 경전에서도 언급된 바가 많이 있지만 특히 열반경에서 무변신 보살마하살의 모공에 들어 있는 무량한 세계상을 밝힌 경문을 생각해 보면 보살들이 쓰고 있는 보관의 무량의를 알 수가 있다. 그래서 필자는 불상과 불화에서 보는 보관은 십지를 뛰어넘은 등각 보살의 감투로 본다. 그렇게 보는 좋은 예로는 십지에서 꼼짝을 않고 영원히 십주에 머물러 계시면서 극고 중생들을 구제하신다는 무관(無冠)의 지장보살마하살의 모습을 보면 된다. 지장보살은 머리에 관이 없다. 이로 미루어 보아 등각의 지위가 되는 십지에서는 관이 없음을 알 수가 있다. 그러므로 보살마하살들이 쓰고 있는 보관은 등각을 지나 성불하는 묘각으로 올라가는 최상승의 성불학과를 상징하는 관이 되고 있다.

십지를 지나 11지에서 12지로 올라가는 대보살마하살부터는 자기가 성불해서 가질 자기 불국토를 장엄해야 한다. 초목이 자라 마침내 꽃을 피우듯 보살이 무진 난행고행의 육바라밀로 묘각의 우담발라를 피워야 한다. 그런 의미로 보면 대보살들이 쓰고 있는 보관은 묘각장엄의 꽃 궁전이 되고 장엄의 철리를 불경에서는 불국토 장엄이라 밝히고 있다. 그러므로 저 보관은 제보살 만행으로 피어나고 있는 불국토가 되고 있다. 불국토 장엄학인 화엄경에서 보현보살이 선재동자에게 밝히신 여래 불가설 공덕은 다 여래 십종대원에서 성취했다고 하셨다. 그러므로 보관은 여래십종대원으로 피어나고 있는 적멸보궁의 화관이다. 농부들이 들에서 농사 일을 할 때 땀 닦는 두건을 쓰듯 보살도 성불해서 스스로 소유할 불국토를 개척하느라 피땀 흘리는 대역사의 상징인 관을 쓰고 있다. 그래서 구경각의 모든 것을 밝힌 화엄경이나 법화경에서는 각성의 꽃을 은유한 글자로 빛날 화(華) 자를 쓰고 있다. 저 세상에 초목이 변화해서 꽃이 되었다는 의미의 꽃 화(花) 자가 아닌 의식의 꽃을 의미하는 빛날 화(華) 자를 쓰고는 있으나 꽃 화 자의 뜻으로도 읽고 있다.

저 보살들의 보관은 제불세계를 장엄하는 대불사의 관이 되고 있다. 그러므로 그 보관의 정면에는 반드시 일불승을 의미하는 한 분의 불상이 앉거나 서계시고 전체적인 모습은 모두 불국토의 장엄상이 되고 있다. 화려 찬란한 보관을 자세히 들여다보면 일곱 가지 보물로 기묘하게 장식되어 있다. 그 칠보들은 중생심의 7식이 적정의 삼매로 정화되고 칠각지로 농축된 보물들이 칠보다. 그 7식의 칠보를 은유해서 만든 관이 보살들이 쓰고 있는 칠보장엄의 보관이다.

잘 보라. 음각 양각 혹은 여러 가지 꽃과 보리수 잎 모양으로 오밀조밀하게 장식한 모든 상징들은 다 묘각을 성취하신 분들의 불국토 장엄상이 되고 있다. 그러므로 보살들이 쓰고 계시는 보관에 장식된 아롱진 하나하나의 보주영락에는 무량의가 담겨 있다. 그 무량의를 알고자 할진댄 불설관법경들을 두루 섭렵하여 영험을 얻어야 한다. 그러므로 속뜻은 침묵이 명답인 줄 알겠으나 외관의 형색만이라도 볼 수 있는 눈을 뜨자면 시속의 뛰어난 미술사가들의 시각과 언어 요술을 빌려야 한다. 실로 숨은 뜻이나 외관의 형색을 설명을 할 수는 없으나 분명한 진실은 보살마하살들이 쓰고 있는 관속은 여래의 적멸보궁이 되고 외장의 화려함은 시방제불의 세계상이 되고 있다. 이렇게 어마어마한 불사불의(佛事佛意)를 극소화시켜서 작은 머리에 이고 있음은 그러한 불사불의를 받들고 있다는 뜻이다. 그러므로 보관은 묘각을 성취한 분들이 불국토를 장엄하는 상징의 관이다.

사찰 입구의 사천왕이 쓰고 있는 관이나 탱화에서 흔히 볼 수 있는 제석천왕과 범천왕이 쓰고 있는 천관은 저 천상세계의 권위를 상징하는 관이다. 하지만 보살들의 보관은 불국토 장엄상의 관이다. 비록 천상세계를 주도하는 권위를 상징하는 천관이라 하더라도 세간의 속된 권력의 세도를 상징하는 감투와는 성질이 다르다. 천왕들이 쓰고 있는 화관은 세간의 대망을 헌신짝처럼 버리고 오로지 일심으로 불법을 받들면서 일체 중생을 적자처럼 사랑하는 성심이 피어낸 화관이다. 그래서 저러한 천관은 세간을 사랑하고 불법을 호지하는 불심에서 생기는 공덕의 천관이다.

저 천왕들은 다 보살들이다. 대비보살의 사무량심에서 저절로 머리에 꽃피는 화관이다. 마치 한 포기 화초의 정상에서 꽃이 피듯이 자연스럽게 머리에서 천관이란 화관이 생긴다. 천관의 모양과 종류는 천왕의 공덕 여하에 따라 다양하다.

하지만 저 보살마하살들의 보관은 세간법과 출세간법을 저 멀리 벗어던지고 세간과 출세간 이쪽저쪽을 자유로이 유행하면서 무량 중생을 깨닫게 한 저들이 깨달은 각성의 금쪽 보도블록으로 자기의 불국토를 장엄한다는 의미의 보관(寶冠)이다. 그래서 보관은 등각의 10지를 지나 머잖아 성불하는 법왕자주에 들어간 11지와 12지 보살들만이 쓰고 있다. 그 보관을 쓰고 한없는 세월 동안 시방 제불을 받들어 모시면서 시방 제불의 모든 법을 다 익힌 다음에 반드시 성불을 한다. 그래서 대웅보전에 들어가 보면 11지와 12지를 이미 다 지난 법왕자주에 머무는 미륵보살과 같은 일생보처 보살들이 삼존불을 좌우에서 시위하고 서 계신다. 이렇게 법왕자주에 머물면서 시방 제불의 무량 공덕과 무량 지혜와 무량한 신통을 두루 갖추게 된다.

이와 같은 제불의 공덕을 두루 다 갖추게 되면 보살의 보관 속에 높이 솟아 있던 살상투는 서서히 두루뭉술하게 동산처럼 변한다. 마치 연꽃의 꽃잎이 떨어지고 나면 검청색의 씨앗 봉오리만 오롯하게 남듯 화려 찬란하게 빛나던 보살의 보관은 어디론가 사라지고 우뚝한 불두(佛頭)가 구족하게 된다. 불상이나 탱화에서 볼 수 있는 저렇게 특이한 불두는 모든 보살마하살들이 오랜 세월 동안 온갖 만행 끝에 성취하는 길상이다. 그래서 불도의 완성을 일러 성불이라 한다. 성불한 부처님의 머리숱은 흡사 민물고동이 다닥다닥 붙은 것 같다. 사실은 곱고 부드러운 머리카락이 돌돌 말린 것이다. 이러한 길상의 머리숱을 가진 흑인 부족들이 있고 불두화란 화초는 불두와 너무나 닮았다. 특이하게 높이 솟은 머리와 머리숱의 모양은 꽃잎이 지고 난 결실의 씨앗 다발처럼 생겼다. 만화 만초의 씨앗 다발처럼 생긴 불두에는 시방 여래의 모든 정보가 가득 차 있다. 마치 만물의 씨앗에는 만물의 종자가 가득하듯이 만물의 씨앗처럼 생긴 불두에는 제불여래의 자연지(自然智)와 여래지(如來智)와 불지(佛智)의 다발로 충만되어 있다. 그래서 거룩한 불두를 대불정여래밀인수증요의(大佛頂如來密印首證了義)로 가득한 대길상(大吉祥)이라 한다.

인류의 역사에는 자유의 여신상은 있어도 자유의 남신상은 없다. 남신상이 없지는 않으나 있어도 그들은 길흉화복을 줬다 뺏었다 하는 타유(他由) 근성의 폭군이다. 타유 근성의 폭군은 항상 불행의 책임 소재는 남에게 돌리고 좋은 일은 모조리 자기에게로 돌린다. 매사의 책임은 자기에게 돌리고 항상 뉘우치고 반성하는 자기 성찰의 자유는 추호도 없다. 지구상에 들끓고 있는 꼴불견의 정치가들이 바로 타유 근성의 전형적인 모델이다. 그러나 자유의 여신은 달랐다. 안팎으로 모든 허물을 자기에게로 돌렸다. 자기 복장으로 소화시켰다. 그러므로 적게는 가정이 편안했고 밖으로는 천하가 평화로웠다. 하지만 저 타유 근성으로 중독된 남신상들은 마치 더럽고 습한 땅에서 벼룩이 생기듯 세상이 어지러울 때면 남을 어떻게 다스려 보겠다는 두 종류의 벼룩이 반드시 튀어 나왔다. 하나는 세월없이 남을 물어 씹고 헐뜯는 아수라 같은 정치지도자고 또 하나는 죽은 성자의 망령을 등에 업고 겁쟁이들을 무등 타고 기어 나온 사이비(진리의 도적) 교주들이다. 세상이 혼란스러울 때는 꼭 이 두 종류의 괴물이 벼락같이 튀어 나온다. 그런데 이러한 악조건의 지구촌에서 무능하기 짝이 없는 여성을 자유의 여신으로 본 것은 인류의 기적이다.

　본디 자유의 개념은 우리말로는 나로부터 비롯되었다는 말이다. 줄여서 '나 때문에' 다. 보라. 인류 역사의 불행은 자유의 반대 타유(他由) 근성에서 비롯되었다. 고금을 불문하고 전쟁 역사는 타유 근성에서 비롯되었다. 그런데 이러한 지구촌에도 천만다행으로 자유의 여신상이 있어 왔다. 마음은 허공 같고 살결은 비단같이 부드럽고 고운 우리의 어머니들이 자유 근성의 하얀 피로 쓴 모성애가 있어 왔다. 그래서 자기 나라를 모국이라 부른다. 조국, 부국이라 부르는 별난 게르만 족을 제외하고는 모두 자기 나라를 모국이라 부른다. 어찌 그뿐이랴. 불문(佛門)과 가톨릭의 관음상과 성모상은 분명히 여성이다. 특히 불문의 묘각 보살들의 모색은 누가 보아도 여성이다. 외장부터 보라. 보석 단장에 긴 머리하며 곱디고운 비단 의상에 흰 구름 같은 면사포를 내리 쓰고 바람결 같은 흑청색 모발 위에 사뿐히 얹힌 꽃 궁전 같은 화관은 누가 보아도 여성이다. 저렇게 아름답고 성스러운 모색은 타유 근성으로 굳어진 억세고 거친 남성으로는 어림도 없다. 저같이 신비로운 미덕은 다 자유에 있다. 삶의 모든 허물을 자기 내면으로 소화시킨 어머니들의 가슴에 가득한 자유에 있다. 모든 것을 다 받아들인 바다 같은 마음이 자유다. 그 자유를 찬양하고 그 거룩한 공덕을 흠모해 우러러 받들어 올린 아름다운 꽃다발이 어머니들의 머리 단장이다. 그 머리 단장의 영광스러운 화관을 기독교에서는 면류관(冕旒冠)이라 하고 불문에서는 천관, 화관, 보관이라 부른다. 이러한 관들은 인위적으로 만들어 쓰는 세상의 모자나 관직을 상징하는 관모 같은 것이 아니다. 공중을 나는 새나 산야를 헤매는 들짐승들의 머리에서 저절로 생기는 깃털 뿔이나 각질의 뿔처럼 중생의 생리로 생기는 것이다. 그것처럼 성상의 보관들도 보살들이 스스로 지은 거룩하고 아름다운 공덕심에서 생기는 것이다.

이러한 모습을 불상이나 불화로 보인 것은 보관과 같은 무량 공덕장엄의 제불 세계를 모든 보살들은 머리 위에 받들어 모시면서 일체 중생을 그 제불 세계로 화생시킨다는 형설의 법문이 되고 있다. 그래서 불교문화의 모든 형색을 일반 종교의 기복심리로 만든 허구의 신상으로 보면 잘못된 사견이 된다. 세속이 신봉하는 궁극적 지도자는 신이다. 그 신들이 쓰고 있는 관들은 중생들의 길흉화복을 줬다 뺏었다 하는 추한 군국주의 독재자가 쓰고 있는 감투와 같은 것이다. 그러나 불당에서 보는 찬란히 빛나는 보관들은 지선의 희생 정신이 피어낸 무량 대비심의 꽃이다. 대비심의 꽃은 모든 허물을 남에게 돌리는 타유 근성의 증오심을 모두 내 탓으로 돌리는 자유 근성의 사랑으로 변형을 시켰을 때에만 꽃을 피운다. 이렇게 자유 근성의 아름다운 반조회관의 관이 저 불당에 모셔 놓은 보살마하살들이 쓴 보관의 진정한 의미다.

보라, 고래로 여성들에게만은 사랑과 평화의 관을 머리에 씌웠다. 처녀가 시집갈 때 머리에 씌우는 족두리에 반짝이는 보석관도 값진 보관이지만 여성의 꽃인 머리숱을 꽃다발처럼 다듬어 올려서 단장한 모발 단장의 모관(毛冠)도 무시하지 못할 보관이다. 금세기에는 여성들의 머리 스타일을 전문으로 다루는 미용사가 있어서 다양한 모양새를 살펴보면 모두 고대의 성상에서나 볼 수 있는 모색과 너무 닮아서 화관(花冠)이 아닌 머리가 없다. 어떤 머리는 보슬보슬하게 볶고 지져서 환상적인 안개꽃 미관도 무시 못할 화관이다. 그런가 하면 부드럽고 고운 풍성한 머리칼을 보름달을 희롱하는 상서로운 구름처럼 이리저리 피어 올리고 내려서 신바람 넘치는 동산에서 춤추는 무희 같은 모발 단장의 장관도 멋있는 화관이다. 이렇게 여성들이 미용 단장하는 각양각색의 머리 스타일은 삶의 회포를 푸는 회심초 화관이 되고 있다. 명산대천 청천벽계수에 금방 머리 감고 나온 전설의 선녀탕 얘기가 아니더라도 삶에 찌들어 헝클어진 머리다발을 금방 감고 곱게 빗어 내린 윤택한 머릿결을 보노라면 백의관음의 내린머리가 생각난다.

이렇게 여성의 머리 모색에는 고귀한 어머니의 진한 향수가 배어 있다. 달덩이같이 고운 얼굴이 아니더라도 두루뭉술 뭉게구름 머리 숲이 뽀얀 이마를 이리저리 숨기고 훔치고 감춘 모습을 멀거니 보노라면 고달픈 수심이 어디론가 숨어 버린다. 유정 무정을 포기한 여인처럼 수수방관으로 흘러내린 가는 모발의 숨결에도 인생무상이 잠들어 있고 폭포의 물결같이 풀어헤친 막머리 숲에도 중생 애환의 살풀이가 있는 것이다. 그래서 초상집에서는 머리를 풀어헤쳐서 슬픈 애환과 원결의 한을 풀었고 경사가 있을 때는 머리를 틀고 묶어 머리다발의 화관을 만들어 즐겼다. 보라, 여인의 머리 단장에는 고금이 없는 심미학의 예술이 있어 왔다. 이것은 다 우리 어머니들의 가슴이 피어낸 심미학의 화관이다. 그러므로 어머니의 가슴들이 피어낸 머리의 화관의 신비는 모른다. 설사 인류의 지혜가 다 모여 우주선을 만들어 달나라로 보내고 돌아오게 할 수는 있을지라도 한 송이 꽃의 신비는 알 수가 없듯이 모든 것을 내 탓으로 돌리는 자유의 여신이 준 여성의 머리에 씌워진 숨은 꽃다발은 모른다. 여성이 소유한 두발의 꽃은 보살핌의 신덕(身德)과 자애로움의 심덕(心德)이 피어낸 자유의 꽃이다. 그래서 여성들이 애용하는 소유물들은 전부가 꽃이다. 마치 꽃동산을 연상케 한다.

보라, 여성의 입성이나 단장하는 보물들에는 산야시중에 피고 지는 만화만초가 맺고 피어 있다. 그래서 고래로 여성을 여색(女色)이라 해서 꽃으로 비유했고 여보(女寶)라 해서 모든 보물의 소유주로 보았다. 이 모든 여성의 미용학은 자유의 여신이 포상한 보물이었고 두발에 씌운 보관(寶冠)이었다. 그래서 절에서는 여성을 보면 보살펴 주는 자로만 남는 훌륭한 여성이란 뜻에서 무조건 보살이라 부르고, 세상에 유정한 남편들은 자기 아내를 여보(女寶)라 존칭했다. 본래 여보란 세계를 혼자서 성심(聖心)으로 통솔한다는 전륜성왕의 아내를 경칭한 고유명사이다. 여인에게만 준 명예로운 시상이 어찌 그뿐이랴. 면사포를 쓰고 서 계시는 성모 마리아와 고해중생의 어머니 해수관음보살이 쓰고 계시는 보관, 그리고 저 여성들의 머리에 반짝이는 보석편과 아름다운 헤어스타일의 천관 등은 모두 제불이 아끼고 사랑한 명예로운 보관이 되고 있다.

진리의 창고

우리는 지금 법당으로 올라가는 계단을 밟고 있다. 유의할 일은 올라간 다는 점이다. 여태까지 수행함에 있어서는 평면으로만 전진을 하여 왔다. 그래서 스님네의 참선수행을 정진(精進)이라 말한다. 이것은 어디까지나 사납고 거친 울퉁불퉁한 마음을 바다처럼 평평하게 고르는 수평의식인 반야바라밀행(般若波羅蜜行)을 말하며, 불균형을 이룬 파란 만장한 마음의 땅을 바다 같은 수평으로 이루어 가는 단계다. 반야(般若)란 소반처럼 반반하게 마음의 땅으로 고른다는 뜻이다. 심성을 소반같이 만들지 않고는 깨달음의 보리는 싹이 트지 않는다.

바라밀(波羅蜜)이란 무슨 뜻인가? 우리말로는 '파란만장'이라 풀 수 있다. 저 바다를 보라. 멀리 보면 손바닥처럼 반반하다. 그러나 가까이 가 보라. 바다는 잠시도 쉬지 않고 물결이 일렁인다. 파도가 산을 이루며 만경창파를 이룬다. 어디서부터인가 밀려와 어디론가 사라지지만, 하염없이 밀려왔다 밀려가곤 한다. 그 모양은 언제고 끝날 줄을 모른다. 바로 이 바다와 같은 생리를 가지고 있는 것이 있다. 그것이 우리들의 마음이다. 우리들의 마음은 저 바다다. 보라! 언제 어느 날 저 바다 같은 이 마음이 잠들겠는가. 그 어느 날엔가 이 마음이 평평해져서 평안(平安)하겠는가? 이 생각이 일어났다 싶으면 곧 그 생각은 어디 가고, 금세 또 다른 색깔과 냄새를 가진 마음의 파도가 느덧없이 밀려와 가슴을 조이고 울화를 터뜨리고 하니 말이다. 한 생각이 잠시도 머물지 않고, 하나의 느낌이 만 가지 재앙을 만드는 사실을 우리는 수많은 생의 경험을 통하여 익히 아는 터다. 몸으로 뜻으로 마음으로 이렇게 쉼없이 파도와 같은 만감에 시달리면서 구처 없이 살아온 것이 우리 인생의 전부다.

반야바라밀! 그렇다. 바다는 소반같이 반반하다. 그러나 항상 파도가 빽빽하게 밀려왔다가 밀려가곤 한다. 어디나 할 것 없이 파도가 사방팔방으로 일어났다 꺼졌다 한다. 이와 같은 바다를 잠재우는 신비로운 주문이 반야바라밀다심경(般若波羅密多心經)이다. 이 심경의 알맹이는 관자재보살이다. '관자재보살'은 전체를 돌이켜 봄이다. 행위와 마음까지도 반조해 보는 것이며, 곧 의식하며 사는 길이다. 보는 자로 남는 수행이다. 생사의 엄청난 파도의 소란과 고뇌의 물굽이를 노래와 춤으로 변형시키는 신주(神呪)가 곧 관자재이니, 슬기롭고 거룩한 돌이켜 봄의 지혜가 없이는 마음의 바다를 소반처럼 반반하게 고를 수가 없는 것이다. 마음과 행위를 지켜보는 거룩한 지혜로만이 엄청나게 거센 파도를 가라앉힐 수 있다. 이것이 반야바라밀이다.

지금 여기 법당(法堂)으로 올라가는 분들은 이미 반야바라밀이 이루어졌으며, 이제 평평한 마음의 땅에서 성불의 보리수(菩提樹)가 자라나는 분들이다. 모든 초목은 하늘로만 치솟듯이 성불의 길은 상승(上乘)의 길이다. 수평으로 가는 길이 깨달음의 길이라면, 성불의 길은 수직의 길이다. 저 높고 더 높은 곳을 향하여 솟구쳐 올라가는 길이다. 그래서 법당은 높은 곳에 지어 놓고 그러한 진리의 사실성을 형설하고 있다. 부처님의 설산수도상(雪山修道相)의 의미가 이것이다. 상승도(上乘道)를 뜻한 말이다.

항상 자기의 마음을 은밀하게 의식의 눈으로 보라! 그러면 마음의 파도가 그대의 내면에서 반야바라밀을 이룬다. 무관심도 관심도 아닌 미묘한 의식 밖으로 밀려나 신비로운 춤으로 변형될 것이다. 저 마음의 파도가, 실제 바다의 파도가, 숨을 죽이고 사라지길 바라지 말라. 저 바다의 파도는 삶의 춤인 것이다. 이 마음의 파도 역시 해탈의 불꽃인 것이다.

계단으로 올라가듯이 모든 진리는 일어난다는 천성에 유의해야 한다. 초목이 땅에서 싹을 내듯이 땅 속에서 일어나는 것이지, 땅 아닌 다른 곳으로부터 쫓아오거나 가져다 놓는 성질의 것은 없다. 마치 자기의 자성(自性)으로부터 온갖 사념이 분기(噴氣)하듯이 진리는 일어난다. 태양에서 빛이 발광하듯 드러남이 불성이요, 불법의 진리인 것이다. 흔히 말하는 해탈은 멀리멀리 벗어남이요, 구경의 열반은 드러나고 일어나는 것이다. 어디로부터 온 데도 없고 어느 곳으로 간 데도 없이 그냥 그 자리에서 묘명(妙明)한 빛을 발하는 것이다. 마치 잠겼던 문(門)을 열면 빛이 밝게 비춰지는 이치로 만들어진 진언(眞言)이 있다. 그것이 개법장진언(開法藏眞言) '옴 남'이다. 바로 그 법장(法藏)은 여래장(如來藏)이고, 여래장은 드러나고 일어나는 것을 뜻한다. '옴 남'의 뜻을 재음미해 보라!

불행하게도 우리들의 마음에는 여래장에서 일어난 불성이 없다. 그래서 우리는 그 불성을 계발하기 위하여 계행을 지니어 몸의 악습을 제거하고, 항상 자기 마음을 주시함으로써 사념의 뜻을 고르고, 부처님 발자취 따라 끝없이 앞길로 가고 또 가서 마침내 지혜의 완성을 번갯불처럼 자르는 반야바라밀을 이루면 그 반야의 땅에서 본묘각의 불성이 일어난다. 이렇게 불성이 일어난 사람을 불자라 하고, 불자는 곧 보살(菩薩)이며, 보살도가 곧 성불하는 길이며 형이상학적 모양으로는 저 높은 곳의 법당으로 가는 길이다. 그 길은 계단상의 사다리형 길이다. 가자, 앞으로 앞으로. 전진이 아니라 위로 위로, 사다리를 밟고 둥둥 떠오르자. 주(呪)는 곧 이러하다.

"아제아제 바라아제 바라승아제 모지사바하"
가자가자 더 높이 가자 깨달음이여 영원하여라

법당 앞에 이르게 되면 정상인은 저절로 큰절이 일어날 것이다. 누구의 명령이나 윤리 도덕의 덕목이나 신조에 의해서 흘러나온 예절은 세속의 기계적인 인간 예술이다. 마음으로 살고 있는 기세간법(器世間法)은 전부가 컴퓨터 입력에 의해 움직이는 로봇 같아서 불법 문중에서는 평범한 정신 예술로 본다. 불법에서는 무위행(無爲行)이라 하여 조건 없는 행위를 가장 소중히 여긴다. 저절로 가슴에서 우러나온 덕성스러운 행위는 무엇이나 받아들이고, 머리로 계산된 기계적인 윤리 도덕은 멀리하고 있다. 여하튼 이 법당 앞에 선 사람은 비록 그대가 타교를 믿는 자라 하더라도 고개를 숙일지어다.

행여나 절을 우상숭배의 본산지로 잘못 알고, 법당 안의 불상(佛像)을 보고는 이교도들이 손가락질을 해 가면서 함부로 망언을 할까봐 미리 조언을 해둔다. 그대들이 믿든 말든 이는 신(信), 불신(不信)의 소관이 아니다. 그대들의 그러한 배타적인 사고는 현대 과학 앞에 무릎을 꿇은 지가 이미 오래다. 아무것도 모르면서 절에 와서 잠깐 동안 불경한 그대의 허물로 인하여 세세생생에 눈멀고, 귀 먹고, 손발 없는 기구한 그대의 먼 미래의 모습을 보노라면 안타깝기 그지없다. 현실같이 다가올 먼 앞날을 명경같이 보고 아는 법안(法眼)을 가진 사람의 심경을 상상해 보라!

이렇게 밝은 현대인의 지성 앞에 노파심을 쏟아 놓는 것은, 한없이 큰 공덕이 있는 반면 반드시 그 업보도 추상 같음을 말하고자 하기 때문이다. 과거에 이승만 박사가 미국 손님을 데리고 범어사에 들른 적이 있었다. 우리나라 경우는 외국 내빈에게 보여 줄 것이라고는 절 이외에는 별로 없다. 그래서 범어사를 방문하신 이 대통령은 그 당시 주지스님이신 하동산 선사의 영접을 받고 법당 앞에 이르러, 모자도 벗지 않고 누런 금빛 불상을 멀거니 쳐다보며 뭐라고 미국 손님에게 손가락질을 해 가면서 설명을 하였던 모양이다. 기독교를 신봉하는 그였고 서양 교육에 물든 이박사의 교만한 태도는 동산 큰스님의 호법심(護法心)을 심히 자극하셨다. "여보시오, 이 박사. 당신은 일국의 대통령으로서 만민의 사표가 되신 어른이 감히 부처님께 인사도 아니 하시고 잡배들이 하는 손가락질이라니, 이게 무슨 망동이오, 어서 썩 물러나시오." 하며 노기충천하셨다. 이 말씀을 들은 이 박사는 낯을 붉히며 즉석에서 모자를 벗고 사과했다고 전한다. 바로 이것이 망국 왕의 추태였다. 그때의 어설픈 작태나 그의 일생이 하나도 다를 게 없다.

동산스님은 계행 청정하기로는 말할 것도 없고 인품이나 학식이나 선 수행에 있어서, 삼학(三學)을 겸비한 대사이시다. 바로 이러한 불심은 부처님에 대한 지극 지대한 믿음에 그 뿌리를 내리고 있었다. 바로 이러한 분이 육신보살이다. 보살이 어떤 분인가를 꼭 알고 싶거든 하동산 스님의 신앙 생활을 보라. 지금 생존해 계시는 큰 스님들로부터 꼭 한번 동산스님의 신앙 생활을 들어 보라. 스님은 노구를 이끄시고 부처님이 계시는 대웅전, 극락전, 명부전 심지어 독성각, 칠성각, 산신각, 그리고 선각자가 계시는 영진각에까지 다니시며 아침저녁으로 예불을 올리셨다고 한다. 어느 절이든 이와 같이 성전마다 지극정성으로 찾아다니며 예불을 올리시는 큰스님의 신행의 모습을…….

또한 세상에 살면서 지극히 효순하고 불법에 관한 한 몸과 목숨과 재물을 아낌없이 바치는 분들, 삶에 있어서 한없는 경배심으로 헌신의 삶을 묵묵히 걸어가는 여성 보살님들, 그리고 진리와 같이 살아가는 처사님들, 이러한 성자님들이 지금 여기 법당 앞에 도달한 분들이다. 보리라, 경전 속에서도 모든 보살들이 부처님께 어떠한 정성으로 어떻게 말씀을 하고 어떻게 절을 하며, 몸과 맘과 뜻을 어떻게 가지고 지존에 대하여 경의를 표하는가를.

우러러보라! 우러러 사모하는 자세에 지극히 깨어 있는 의식과 소박한 정성이 담기면, 그 마음이 곧 불심(佛心)이다. 성불(成佛)로 가는 길은 기도하는 마음으로 이루어진다. 몸으로는 오체투지하고, 뜻으로는 높이 높이 칭양 찬탄, 공양 참회하며 지극한 정성으로 부처님 경전을 독경, 독송, 서사, 해설하는 지순한 마음으로부터 무한한 공덕과 지혜 신통이 일어난다. 그러므로 청정한 승단의 율인 계(戒)와 정(定)과 혜(慧)와 해탈(解脫)의 향기를 듬뿍 가짐으로 불도(佛道)가 저절로 이루어진다.

깨침의 길이 굳이 종교적이어야 할 이유는 별반 없다. 제멋대로 마음을 제거하는 수행을 하다 보면, 스스로 굳은 아집이 닳고 닳아서 마침내 에고(ego)가 사라지기 때문이다. 오늘날 명상가나 불가의 선종(禪宗)은 다분히 비종교적이다. 그러나 성불과 보살도와는 손바닥의 앞뒤와 같다. 성불의 길은 반드시 종교적이어야 한다. 위로 지존에 대하여 사모하고 경배하는 마음이 없이는 높이 날아오를 수 없다. 수렁에 깊이 빠진 발이 떨어지지를 않는다. 대승경전에서는 이러한 내용의 뜻이 많이 보인다. 유마거사의 작은 방에서 타방 불국에서 빌어온 사자좌에 십대 제자들이 올라앉지를 못했는데, 부처님께 절하는 순간 저절로 자연스럽게 연화좌에 앉는 모습 등이다. 우주선이 지구를 떠나 달나라에 가자면 반드시 달의 위치를 분명하게 보고 날아가야 한다. 성불의 길도 꼭 그와 같은 이치다. 부처님에 대한 믿음이 지극해야 한다. 잠시도 부처님의 몸에서 눈의 초점을 잃으면 성불의 길은 요원해진다.

법당(法堂) 안으로 들어가자. 법당 정문으로 곧바로 들어갈 수는 없다. 그것은 불당의 문턱이 높다는 의미도 있겠지만 정면으로 들어간다는 것은 평범한 세속의 신성에 대한 예절에도 어긋나려니와, 법계(法界)의 성리(性理)가 법륜(法輪)이라 하여 마치 쳇바퀴처럼 좌에서 우로 돌기 때문이다.

법당의 우측 문으로 들어가자. 법당 안에 들어서면 무서운 생각이 일어나기 십상이다. 절만이 갖는 특유한 적막의 공간에 먼저 그대는 압도될 것이다. 바로 이것이다. 법당의 향기와 신령한 고요 속에 몸과 마음이 흡수되는 순간, 그대의 내면에는 불가사의가 일어난다. 이것이 신성이다. 법당 내부의 화려함과 엄숙한 적막을 통하여 삶과 죽음의 저쪽을 어림하기란 어렵지 않다. 어딜 보나 전부 부정물인 세상의 물건이로되, 어쩌면 저렇게 살아 숨

쉬고 생동의 신비가 빛나고 있을까! 법당 내부에 가득히 넘치는 묘한 향내는 신의 체취를 느끼게 하고, 벽면을 빈틈없이 채운 벽화와 탱화에서 시방세계에 빈틈없이 편재한 신령한 실존의 법신(法身)을 이해할 것이다. 두루 가득하게 신(神)이 주편(周偏)하다는 형설인 것이다. 법당 복판의 장엄하고 높다란 단상 위에 세 부처님이 앉아 계실 것이다. 여러분이 많이 보신 해인사나 화엄사, 불국사 등 큰 절의 대웅전에서 본 기억을 여기에 맞추기 바란다. 왜냐하면 법당 안에 모셔진 부처님의 형태도 각별하기 때문이다. 여기서는 표준이 되는 큰 사찰의 법당에 안치한 부처님의 경우로 설명하고 있다.

단상 연화좌에 앉아 계시는 부처님을 보라!

거룩한 상호 빛나신 얼굴 우뚝하시고
위엄과 신통 끝이 없으니
뉘라서 감히 같사오리까

단상 연화좌에 앉아 계시는 부처님 세 분은 법당에 따라 모셔진 부처님의 이름이 다를 수도 있다. 그러나 여기서는 불법(佛法)의 원리에 맞추어 말씀을 드린다. 즉 청정법신 비로자나불(淸淨法身毘盧舍那佛), 원만보신 노사나불(圓滿報身盧舍那佛), 천백억화신 석가모니불(千百億化身釋迦牟尼佛), 이 세 분을 모셨는데, 이 세 분은 사실상 지정된 위치가 따로 없다. 우리가 보는 바로는 일자(一字)로 앉아 계신다. 법에 맞게 앉아 계시자면 반드시 이 자(伊字∴)가 되도록 모셔야 한다. 이(∴) 자는 서로 상호보완적이란 뜻이다. 즉, 삼위일체(三位一體)란 뜻이다.

열반경에 이(∴) 자의 뜻이 잘 설명되어 있다. 절 법당 양측 중앙에 보면 둥근 점 세 개를 그려 놓고 밖으로 큰 원을 그린 모양을 볼 것이다. 이 자(伊字)의 뜻은 해탈, 열반, 반야의 뜻으로도 풀고 있다. 이 표식은 불교 철학의 삼위일체를 묘사한 대표적인 마크다. 이것을 원이삼점(圓伊三点)이라 한다. 우리가 많이 달고 다니는 만(卍) 자는 공간(空間)과 시간(時間)을 단적으로 명시함과 아울러 만 가지 덕을 상징한 표이다. 부처님 가슴에 드러난 상서로운 길상으로서 삼십이상 팔십종호(三十二相八十種好)라 하는 원만상호의 하나다. 이것은 흔히 불교의 깃발에 많이 사용한다. 만 자를 문자로 풀면 불경에 많이 나오는 시방삼세(十方三世)가 된다. 십 자(十字)는 완전한 공간(空間)을 말하고 ㄱ, ㄴ의 꺾임표는 돌아간다는 시간성의 표식이다.

    왜 불상을 일 자(一字)로 모셔도 안 되고, 수직으로 모셔도 안 되는가? 그것은 우주의 섭리가 파라미드형으로 윤전(輪轉)하기 때문이다. 그러나 편의상 우리는 평평한 단상 위에 나란히 모셔 놓고 경배를 드린다. 하찮은 물건에도 그 내면의 섭리는 반드시 이(∴) 자의 원리로 존재하고 있다. 돌이켜 보건대 첫째는 어떠한 꼴을 하고 있으며, 둘째로 어떠한 개성을 갖고 있으며, 셋째 그 모양과 성질은 마침내 공이 근본이 되어 있다. 이러한 원리를 사람에게서 대비해 보면 사람은 여러 형이 있고, 사람의 개성이 뚜렷하고, 본성은 필경 공적하다. 이와 같이 불법의 삼위일체설(三位一體說)은 법당에 모셔진 부처님의 이름을 통하여도 잘 설명되어 있다. 청정법신은 불성(佛性)으로서 법계에 두루 가득히 비추는 보광변조(普光遍照)하는 근본 바탕으로 만류만생의 본연계(本然界)이고, 원만보신은 성리계(性理界)로서 법계에 두루 가득히 원만하게 만 가지 덕성을 나툼으로 저마다 독특한 모양을 드러내 보이며, 천백억화신은 사리계(事理界)로서 법계에 두루 가득히 조화의 신통장으로서 온갖 만생과 만상을 토하고 삼키기도 하는 생멸(生滅)의 법칙을 말한다.

    삼배를 드리자. 불교의 삼(三) 자는 '원이삼점'의 요의(了義)에 기본을 두고 있다. 이것은 진리에 있어서 바르다는 뜻을 갖고 있기 때문에, 절은 반드시 삼배를 기준으로 삼고 있다. 해인사 큰스님의 삼천 배 육천 배 절 시키는 수행법은 성철 스님의 깊으신 생각에서 우러나온 방편이기 때문에, 우리들은 시키는 대로만 하고 볼 일이다. 반드시 인연 따라 절하는 예경의 공덕을 맛보며 불가사의한 절 공덕이 일어난다. 앉아서 비평만 하고 진리에는 통하지도 않는 철학적 논리만 찾거나, 드러누워서 합리만 쫓는 인간은 절하는 묘미를 모른다. 머리의 사유로 도통할 줄 알고 있는 엉터리들은 절하는 도리부터 배워야 한다.

모든 경전에서는 부처님을 향하여 삼배를 드리고, 부처님의 오른쪽으로 수천만 잡을 돌고 돈다고 되어 있다. 부처님 주위를 많이 돌수록 좋다는 기록이다. 고찰의 법당 내부 구조를 잘 살펴보면, 큰 절에는 반드시 부처님이 앉아 계시는 뒤쪽이 복도같이 툭 틔어 있다. 집안의 삼분의 일은 뒤로 틔어 놓았다. 그래서 신행자로 하여금 탑돌이와 같이 불상 주위를 마음껏 돌 수 있도록 잘 해 놓았다.

절 안의 모든 장식이나 법당 안의 엄숙한 장엄들은 정법시대가 지나가고 상법시대에 들어와서 엄청나게 믿음의 전당으로 발전하였다. 정법시대란 부처님의 뜻에 따라 그 뜻대로 마음을 닦고, 부처님의 배우심을 본받아 그와 같이 몸소 수행하며 부처님의 행사심을 보아 나도 그와 같이 수행을 하여, 마침내 부처님의 깨달음으로 들어가는 시대를 말한다. 정법시대를 일반적으로 말하기는 열반견고시대라고도 하는데, 오직 깨달음만을 최상으로 고집하는 시대를 말한다. 지금 우리가 보는 상법(像法)시대에 만들어진 절 유산은 지금과 같은 말세에 하근한 중생들이 지혜와 용기가 없어서 자기 내면으로 들어가는 데는 관심이 없고, 밖으로 나타난 외형으로만 심정이 흐르므로 저들의 실성한 자기상실증을 깨우쳐 주기 위하여 시청각물(視聽覺物)을 통하여 자각하게 하는 방편으로 생긴 불법이다. 그런데 이 상법의 대표 경전인 화엄경, 법화경 같은 대승경전에 의거해서 만든 것이 대웅전, 대적광전 등이고 그 외는 정토삼부경(淨土三部經)인 아미타경이나 지장경에 의해서 주로 발전했다. 정토삼부경 내에 있는 관무량수경에 보면, 열여섯 가지 극락세계를 관하는 관법(觀法)이 있다. 거기 적혀 있는 내용을 그대로 모방하여 절을 만들어 그림과 형상으로 법을 전한 것이 오늘날 우리가 보는 절의 유래다.

우리가 항상 경험하는 일로 아름다운 미인을 생각하면 저절로 연모의 정이 모락모락 일어나듯, 거룩한 부처님의 모습을 보고 상상만 해도 어지럽고 산만한 생각은 사라지고 상서로운 마음이 가득해진다. 바로 상음심리(想陰心理) 즉, 연상심리 현상을 향광장엄법(香光莊嚴法)이라 한다. 이러한 향광장엄 심리를 실현하기 위하여 시청각 교육장을 만들어 놓은 곳이 오늘날 우리가 보는 절의 모습이다. 향광장엄법이란? 관무량수경에 있는 부처님 말씀으로 비유하여 해설하면, 사람이 아무리 깨끗하게 몸단장을 하고 향수를 뿌렸다 해도 변소에 오래 있다가 나오게 되면 자연히 몸에서는 똥 내음이 배어 나오고 불결하지만, 향내 풍기는 절 법당에 오래 있다 보면 자연히 향기로운 내음이 온몸에 배어서 풍기게 되므로 주위 사람을 기쁘게 한다. 바로 이와 같은 큰 이익을 위하여 옛 선각자들은 오늘날과 같은 세지변총 시대(世智辯聰時代) 인간을 위하여 기가 막히게 훌륭한 시청각 교육장을 만들어 놓았다. 세상의 지식으로 말 잘하고 총명하고 명석한 시대에 사는 사람은 누구나 큰 절에 가서 오래도록 불상을 우러러 참배하고 나오면, 자연히 걸으나 서 있거나 앉으나 누웠거나 항상 그 절의 부처님의 인자한 모습과 상서로운 금빛 불상의 모습이 면면히 떠올라 머리에서 떠나지 않을 것이다.

옳다! 바로 이것이다. 우리들의 머릿속에 부처님의 심상을 만들어 주려고 시도했다. 절은 우리들의 머릿속에 부처님의 모습을 담아 주므로 자연히 염불(念佛)이 일어나기를 기다리고 있었다. 심중에 불상을 모신 사람은 이제 진정한 염불이 일어난 사람이다. 그 사람의 가슴 속에서 우러나오는 부처님 생각과 그 사람의 뇌리에서 사무치게 빛나는 부처님의 모습을 통하여, 그 사람은 이제 비로소 불성으로 심성이 탈바꿈한다. 바로 그것이 불심이고 그러한 불심에서 성불할 수 있는 불종자(佛種子)가 싹트는 것이다. 중생에게는 실로 불성이 없다. 이 안타까운 중생의 마음의 속성을 변형시키기 위하여 종교 예술이 생겼다. 이것이 상법시대(像法時代)가 만들어 주는 불법의 특수성이며, 부처님의 넓고 깊으신 불교 영상 문화의 신비로운 방편이다.

법당에 들어와서 보면 무엇보다 부처님들의 손 모양이 이상할 것이다. 그것은 일종의 수화(手話)이다. 어떤 분은 부처님이 계시는 우주의 방위를 육갑으로 짚고 계시다고 설명한다. 그러한 견해도 해로울 것은 없다. 그러나 굳이 해석하지 말기를 바란다. 왜냐하면 부처님의 미세한 표정 하나까지도 불가사의로서 인간의 두뇌로 해답이 되는 영역이 아니다. 한 예로써 만약에 가섭존자 같은 분이 부처님이 지으신 손의 결인을 보게 되면 즉석에서 불가사의한 지혜와 공덕을 얻는다. 만약에 초지보살이 보았다면 즉석에서 무생법인(無生法印 : 어떠한 감정이나 마음이 일어날 수 없는 불성의 자리)이 터득되어 필경 성불의 문턱에 이르게 된다. 만일 우리가 본다면 삼악도를 면하고 미래에 반드시 성불한다는 약속이 되어 준다. 이러니 어떻게 부처님의 손 모양 한 가지를 보고서 무엇이라고 단정하여 정의하겠는가! 다만 저 부처님은 누구시라는 상징의 수화로 읽어 두는 편이 좋을 것 같다. 그러나 이러한 부처님의 결인이 한결같지 않다는 점도 유의하기 바란다.

불상에 보이는 여러 형태의 결인은 체계적으로 정해진 법칙을 말씀한 경문이 없으므로 대체로 그런가 보다 하고 모두 어림하는 형편들이다. 특히 밀교에서 많은 결인이 전해 오는 것을 볼 수 있다. 그들은 그 분야에 전문가들이다. 그러나 부처님의 하시는 일은 부처님이 아니고는 알 수 없다. 우리가 많이 접하는 아미타불의 결인은 극락(極樂)의 상품상생(上品上生)을 뜻하는 수인으로 오른손 중지를 구부려서 엄지 지두로 중지의 손톱난 모서리, 즉 각근부(角根部)를 살짝 누르고 왼손도 같은 자세로 무릎 위에 손등을 얹어 놓은 모습이다.

부처님의 상호(相好)가 세인들의 모습과는 많이 다르다. 첫째 머리 부분이다. 머리숱도 흑인의 두발처럼 다발로 적당히 보기 좋게 틀려 있다. 색깔은 감청 빛으로 몹시 신선해 보인다. 두상은 정상 육계상(頂上肉髻相)이라 하여 머리 위에 살상투가 솟구쳐 있다. 그러한 특별한 상은 보살 지위에서 성불을 했을 때만 저절로 원만히 갖추어진다. 부처님께서 중생을 제도하실 적에 그 정상육계로 온갖 불가사의한 광명을 놓아 일체 중생에게 깨침의 에너지를 불어 넣는다. 부처님의 머리 모습은 일체 중생과 성현들의 머리를 뛰어넘은 특수한 모습으로 모든 공덕을 두루 다 갖추신 보신불의 머리 모습이다. 신비로운 부처님의 두정상은 부처님만 가진 불가사의한 지혜 신통의 보궁이다. 남보다 머리가 특수한 사람은 머리가 뛰어났다고 하는 말도 불상에서 보고 만들어진 말이다. 우뚝하게 튀어 올랐으니 말이다.

부처님 양쪽 곁에 입시하여 천관을 쓰고 계시는 분들이 보처보살이시다. 우측 보살은 우보처라 하고 좌측 보살은 좌보처라 한다. 머리에 관을 쓰고 계시면 보살이시고, 관이 없는 보살로는 지장보살(地藏菩薩) 한 분이 계신다. 그분은 이미 부처님의 경지에 도달하였으나 중생을 위하여, 십지(十地)라고 하는 보살 지위에 머물러 계신다는 상징으로 머리가 스님들 같이 반들반들하다.

십지보살이란 보살이 수행하여 불지로 올라가는 계위인 52위(位) 중 41위로부터 50위까지의 10위에 다다른 보살이라는 뜻으로 부처님 지혜를 생성하고, 능히 불법을 주지(住持)할 수 있는 보살의 지위이다. 그 지위를 지키어 가짐이 움직이지 않고, 온갖 중생을 짊어지고 교화 이익 주는 것이 마치 대지(大地)가 만물을 싣고 이들에게 윤택한 이익을 주는 것과 같다 하여 지장(地藏)이라 한다. 비유컨대 교통순경이 십자로(十字路)에서 만인에게 길을 안내함과 같은 분이 십지보살이다. 특히 지장보살님은 그 이름에 아름다운 뜻이 가득하다.

안인부동여대지(安忍不動如大地)
정려심밀여비장(靜慮深密如秘藏)

편안히 참고 기다리어 그대로 있음이 움직이지 않는 대지와 같고
고요히 생각함이 깊고 깊어서 신비로운 창고와 같도다

그래서 지장(地藏)이라 부른다고 간결한 문장으로 지장보살님의 크고 깊은 뜻을 밝히고 있다.
　십지 이상 11지와 12지 보살은 다 관을 쓴다. 천관이라고도 하고, 보관이라고도 하는 화려한 관을 쓰고 계신다. 그것은 보살마하살들은 성불(成佛)하기 위하여 자기 불국토(自己佛國土)를 높은 의식으로 장엄하고 있다는 형설이다. 세상에서도 장년이 되어 가정을 꾸려 나가기 위하여 들녘에 나가서 노역을 할 때 머리에 두건을 쓰거나 모자를 덮어쓰는 이치와 같은 것이다. 혹은 사람이 나라의 관직에 있다가 관모를 벗어 버리고 대자유인이 되는 것과 같은 이치로 보살은 관모가 있고, 부처님은 없다.
　가정에도 아내가 있어 가사를 보살펴 주듯이 진리의 세계에서도 보좌관이 있는 법이다. 그래서 법당 안에 들어가 보면 여자같이 부드럽고 인자하신 보살님 두 분이 부처님 곁에서 입시하고 있다. 이것은 삼라만상의 생태계의 신비를 그대로 묘사한 것이다. 자연계도 그와 같은 이치로 구성되어 있다. 음양(陰陽)의 특수 상대성원리에서 조화의 신성이 일어나는 상징을 보인 것이다. 두 손바닥을 마주치면 손바닥과는 상관이 없는 소리가 일어나듯이, 입시한 두 보살님의 특수성을 의미하는 지혜의 상징 문수와 거룩한 행위의 상징인 보현이 서로 만나게 되면 성불이라고 하는 부처님이 탄생하게 된다는 형설인 것이다. 혹, 절에 있는 보살님들이 남자냐, 여자냐 따지는 사람들이 더러 있다. 하여간 보살님들의 차림새와 상호가 다분히 여성적이기 때문

에 성의 대명사인 여성적인 모습을 보기만 해도 중생은 지대한 관심이 쏠릴 것이다. 이러한 문제를 따지는 사람들에게는 이렇게 반문하고 싶다. 얼음이 물이냐, 돌멩이냐? 물도 돌멩이도 아닌 것도 아니지만, 얼음 그 자체는 얼음이지 별다른 것이 아니다. 또 물어 보겠다. 나무가 서로 마찰을 하면 불이 난다. 이 불이 마찰이냐, 나무냐 물어 본다면 어떻게 대답을 하겠는가? 손뼉을 치면 소리가 난다. 그 소리가 손바닥이냐, 허공이냐 물어 보면 어쩌려는가? 무지한 사람은 진실로 옳게 물을 줄도 모른다고 한다. 그것이 의문의 대상이 되는지, 질문의 대상이 되는지를 모르기 때문이다. 의문은 본질적인 목마른 자의 소리요, 질문은 말장난이라는 부처님의 말씀이 있다.

　보살님들은 어떤 경우인가. 예로써 이해를 돕겠다. 물이 증발하여 수증기 상태가 되면 성문, 나한, 벽지불 경지이지만, 수증기가 한 번 더 증발하면 마침내 무엇이 되겠는가. 그것은 진공상태다. 그 진공상태는 초지에서 십지보살의 차원이다. 이 진공이 한 번 더 소멸해 버리면 완전한 무(無)가 된다. 바로 이 미묘한 무의 차원이 여러분이 보시는 부처님 곁에 입시해 계시는 대보살마하살이시다. 알겠는가! 그래도 남자다, 여자다, 성 분별에 관심이 생기는가!

불상(佛像)과 불화(佛畵)

불상이 앉아 계시는 뒤편에 높이 걸려 있는 그림을 후불탱화(後佛幀畵)라고 한다. 앞에 앉아 계시는 부처님을 시각적으로 심도 있게 도설한 그림이다. 여기서 여러분은 불화(佛畵), 곧 탱화에 대한 깊은 이해가 있어야 한다. 불화란 불교미술이다. 불교 신앙의 어떤 내용을 압축하여 그림으로 나타낸 것이다. 불탑(佛塔)이나 불상(佛像), 불경(佛經), 법기(法器) 등과 함께 불교 신앙의 대상이 된다. 특히 후불탱화에는 앞에 앉아 계시는 부처님의 이름의 내용을 도설(圖說)해 놓았다. 주로 대승경전인 화엄경이나 법화경, 열반경 등에 있는 말씀들을 간단명료하게 그림으로 표현한 것이다. 특히 극락전은 아미타경에서 보이신 아미타 세계를 그림으로 잘 표현해 놓았다. 이러한 모양을 통하여 우리는 보다 높은 의식 세계를 생각해 보아야 한다.

그러한 유형, 유색의 형설들은 결국 우리들의 내면을 모양으로 보인 자아 실상이므로 깊은 통찰이 있어야 한다. 우리들은 관습적으로 무엇이나 눈앞에 드러난 현상에만 관심을 집중한다. 여기서 돌이켜 보아야 하는 참다운 법당(法堂)의 의미와 후불탱화의 비밀은, 우리들로 하여금 앞에 드러난 상보다는 배경을 보라는 암시적 형이상학이다. 앞에 보이는 현상의 배경을 의식한다면, 우리는 금방 자기의 청정한 자성을 발견하게 된다. 쉽게 말하면 온갖 망상의 밑바닥을 한번 돌이켜 의식해 본다면, 바로 저기 뒷면에 걸린 후불탱화가 형설하는 내용이 된다. 지금 이 자리에서 여러분의 내면에 진하게 배어 있는 온갖 사념의 구름인 마음을 은밀히 주시해 보라. 그러면 곧 주시하는 자는 저기에 후불탱화와 같은 실재가 된다. 저마다 자기 내면에 후불탱화와 같은 신령한 무엇을 느낄 것이다. 묘하게 깨닫고 아는 초의식의 거울 말이다. 대원경지(大圓鏡地)라고도 하는 본 묘각의 거울이 훤칠하게 얼굴을 드러내 보일 것이다.

후불탱화는 비유하자면, 곧 큰 거울인 것이다. 온갖 것을 다 드러내 보이는 그 본 묘각의 거울 앞에는 온갖 세계와 응화신인 부처와 보살들의 법신(法身)인 진리의 몸까지 다 드러나 보인다. 우리 자성의 실상을 불상과 후불탱화로 기가 막히게 잘 표현해 놓았다. 부처님이 깨닫고 들여다본 진리의 세계(法堂)를 인간의 시각과 감각에 맞추어 알기 쉽게 가장 잘 묘사해 놓은 불교 박물관을 절에서는 법당(法堂)이라 이름했다. 법당은 깨침을 주는 신성한 영화관이다. 입체적인 육감을 통하여 사람을 불종자(佛種子)로 화생시키는 영성 회복의 도량이다.

보라! 불화를 그린 화판의 배경에, 공간이나 주불의 내용을 그림으로 그린 인물화에 그림자가 있는가를! 없다. 이것이 불교미술의 우월성이다. 공간이 없다는 것은 공간을 뛰어넘은 해탈상을 직설한 것이고, 그림에 그림자가 하나도 없는 것은 시간을 초월하는, 저 초상세계의 영원성을 그대로 도설한 것이다. '텅 빈 충만', '원만(圓滿)' 이것이 불교 미술의 종교성이다. 원근법을 쓰지 않은 영상법은 진리를 달관한 법안(法眼)으로 보이는 해탈세계를 묘사한 것이다. 칠색(七色)으로 그려진 색상의 조화를 보라. 얼마나 원색적인가. 오색의 오음(五陰 : 색, 수, 상, 행, 식)과 칠색의 칠식(七識 : 육근의 육식과 잠재의식)을 깨달음의 초의식으로 승화시키고, 진여(眞如)란 사실을 이렇게 자연스러운 색채로 시각화해 보였다. 색깔로 불가사의한 부처님의 방광상을 그것도 파장상으로 그려 놓았다. 이렇게 진리를 달관한 옛 선각자들의 지혜와 법안은 놀랍기만 하다. 누구나 빛나는 각성의 의식으로 보면, 세간과 출세간에는 무궁무진한 조화가 일어난다는 사실을 탱화에서는 꽃구름으로 묘사했다. 이화 같은 미술의 기법들은 깨달은 자가 아니고는 상상을 불허한다. 저 그림들은 석존께서 신통으로 간간이 보이신 사실들을 토대로 하여 그렸다. 부처님의 가피를 입은 화공들이, 저 엄청난 경문들의 내용을 입신의 경지에서 빛나는 각성으로 그렸다. 진리를 보는 법화삼매(法華三昧)에 들어 꿈같은 경지에서 영험한 것을 그렸다는 점에 유의하자. 법안으로 보면, 실제로 탱화에서 보는 바는 비유도 안 되는 불법(佛法)의 실상이 자상하게 보인다. 실로 법안으로 볼 수만 있다면, 불화에서 보는 시각으로는 얘기가 되지 않는다. 지금 우리들의 눈은 안타깝기 그지없다. 그림이나 필설이 어찌 가당키나 하겠는가. 바로 이 법당 안에 들어와 보면 맹인에게 그림 구경시키는 것처럼, 꼭 우리가 그와 같은 꼴이 되고 만다.

  부처님의 후광(後光)이나 원광상(圓光相)을 꿈속에서라도 홀깃 본다면 얼마나 좋겠는가. 혹, 어떤 사람이 간절한 마음으로 기도를 해 보라. 부처님의 위신력으로 반드시 영몽(靈夢)할 수 있다. 이것은 어디까지나 어떤 힘에 의한 영험이지 결코 자아발견은 아니다.

  부처님의 머리 후광상은 청록색으로 많이 쓰고 있다. 빛의 개념이나 색깔의 상념을 초월한 지혜의 빛을 인간 세상의 색상으로 표현한다는 것은 심히 어렵다. 그러나 높고, 깊고, 멀고, 아득함의 뜻을 표현하는 데는 청록색이 가장 적절하다. 무슨 말인가 하면 저 넓고 깊은 바다를 보라. 반드시 그 색깔은 푸른 녹색에 가깝다. 또 저 높고 큰 하늘을 보라. 그 빛깔은 청색으로 감청색에 가깝다. 바다는 한없이 넓고 한없이 깊음을 진리의 색인 청록색으로 심원함을 일축했고, 한없이 높고 무한히 넓은 하늘은 지혜의 지고함을 감청색으로 상징했다. 그렇다 실로 그렇다, 아, 모든 불보살의 원광상이여! 한없이 높고 무한히 깊음을 보여 주는 초상의 색상이여!

세상의 윤리 도덕은 사람들의 의식을 한없이 풍요롭게 하나, 밝은 의식을 자라게 하고 확장시킬 수는 없다. 그러나 불교의 계율만은 의식을 빛나게 하고 자아 성숙을 도와 준다. 그러므로 법당 안으로 들어갈 수 있는 사람은 무엇보다 도덕적이고 윤리적이며 율사다워야 한다. 그렇게 법다워지기 위해서는 도덕과 계율을 스승으로 삼아야 한다. 이것이 만법에 있어서 최상의 스승이다.

우리는 부처님처럼 위없는 공덕과 지혜와 신통을 얻기 위하여 살고 있다. 그렇게 최상의 삶을 위해서는 깨달음이 선행되어야 한다. 착한 일을 따르고, 악한 행을 추방하는 훈고학적인 덕목과 엄격한 계율의 신조로는 오천 년 인류 역사가 영적으로 하나도 달라진 것이 없었다. 왜일까? 신조와 율의에 앞서 가장 기본적인 대안으로, 사념의 분별심을 차단하는 지극히 중요한 명상이 학습되기 때문이다. 명상이 선행되어야 한다. 그 외에는 다 부질없는 희론이다.

사념을 자각하게 하고, 행위를 의식으로 변형시키는 명상인 참선으로써만, 도덕적이고 윤리적인 인간이 가능하다. 그래서 불교에서는 한적한 곳에 조용히 앉아 명상하는 선 수행(禪修行)을 먼저 시켰다. 이러한 좌선을 통하여 지혜와 해탈을 얻었다. 그러나 부처님처럼 무량한 공덕과 불가사의한 신통과 열반은 부처님의 법당 안에서만 성취된다. 이 말씀의 뜻은 대승경전의 가르침에서만 가능하다는 말이다. 그것은 법당이 대승경전의 내용을 그대로 담고 있기 때문이다.

여러분이 대웅전 법당 안에 사방으로 가득한 불화나 신중탱화를 이해하자면, 위에 설한 말씀의 뜻을 이해하면 금방 친숙해질 것이다. 불상의 자비롭고 엄숙한 기풍에서 도덕성을 읽을 것이고, 호법신중의 당당한 위풍을 보고서 청정계율에서 생기는 신기한 신통력을 느낄 것이다.

불법을 잘 아는 선지식들은 법다운 사람을 법당으로 인도하는 슬기는 있어도, 법단 안으로 밀어넣는 힘은 없다. 그런데 지극한 신뢰의 도덕률(道德律)은 신자로 하여금 법당 안으로 스스로 뛰어들게 하는 힘이 있다. 그래서 옛 말씀에 공덕이 없는 사람은 불법을 만나기 어렵다고 하였다. 바로 그 공덕력은 덕성스러운 거룩한 행과 청정한 믿음에서만 생긴다.

법당 안에 들어가면, 그때부터는 부처님의 지켜보심과 보살님들의 보살펴 주심에 의하여 불도성숙(佛道成熟)이 자연스럽게 일어난다. 즉, 불자(佛子)로서 자라게 된다. 이러한 밀교적 내용이 법당이 지닌 본래의 의미이다.

다시 불상을 잘 살펴보자. 부처님의 손 모습을 잘 보자. 청정법신 비로자나불의 손 모양의 일반적인 뜻은 생사(生死)와 열반이 하나요, 승속이 하나며, 일체가 곧 하나의 진리로 통한다는 불이법문(不二法門)의 수화이다. 그래서 오른손 검지를 왼손 주먹으로 감싸고 있다. 손은 둘이지만 하나로 꿰뚫려 있는 상징이다. 그러나 불가사의한 불상(佛像)의 지묘한 밀어(密語)는 다 알 수 없다. 우리가 부처가 되기 전에는 언급을 회피하자. 우측에 원만보신 노사나불의 손 모양을 잘 살펴보자. 양 손 엄지와 검지로 고리를 하여 서로 걸어 묘하게 하고 계신다. 이것은 화엄경의 본뜻과 같이 제불과 법계가 한 통속으로 서로 걸고, 물고, 안고, 감고, 돈다는 우주 일체의 섭리를 교묘하게 수화로 보이심이라 본다. 이 또한 저속한 범부의 소견이고, 더 높고 깊고 넓고 큰 뜻은 성불 후에나 얘기하자. 그 때도 말로는 안 될 것이고 노사나부처님처럼 그렇게 결인을 할 수밖에 없지 싶다. 좌측의 천백억화신 석가모니불은 오른손을 펴서 무릎 밑으로 내렸다. 이 수인은 보리수 아래서 마를 항복 받을 때 지신으로부터 증명을 하게 한 손 모양인 항마촉지인(降魔觸地印)이고, 왼손은 중생들의 소원을 골고루 풀어 준다는 여원인(與願印)을 하고 계신다. 화신불(化身佛)은 인간의 몸으로 부처님을 이루신 몸으로서 보리수나무 밑에서 마군을 항복받아 성도하신 후, 모든 중생의 등불이 되어 주셨다는 상징이다. 바로 이 세 분의 심오한 수인의 뜻을 조금이라도 음미해 보았다면, 참 진리의 모양을 확실히 짐작한 것이다. 비록 모양은 세 분으로 나누어 각각 다른 명칭으로 진리를 설파하고 계시나, 실은 한 분이신 세존이시다. 석가세존 자신의 불가사의한 깨달음의 세계를 제삼의 눈으로 설명한 것뿐이다. 그래서 불법의 진수를 형상을 통한 진리를 설명한 집이란 뜻에서 법당이라 하고, 이렇게 역사상 유례없는 위대한 깨달음을 얻으신 세존의 대영웅적인 업적의 전당이란 뜻에서 대웅전(大雄殿)이라고도 한다.

누구에게나 세존과 같은 삼신(三身)이 있기는 있다. 그러나 우리 것은 중생의 삼신이다. 즉 육체, 정신, 마음의 몸이다. 돌덩이에도 삼신이 있기는 있는데 돌덩이, 돌의 성질, 돌의 성품이 그것이다. 즉 정기신(精氣神)이다. 이와 같이 이해하면, 보고도 모르는 바보들이 절을 보고서 무당의 본산지라고 말하는 따위의 경거망동을 삼가할 것이다. 물 수(水) 자를 써놓고, 그 글자를 훌짝훌짝 목구멍으로 삼키는 바보 또한 천하에 없을 것이다. 또 그 글자의 뜻이 물이라는 것을 이해한 사람이 글자인 수(水) 자는 머리에서 사라졌으나, 그 글자의 뜻인 물 생각을 꿀꺽꿀꺽 마시는 정신병자 또한 천하에 한 사람도 없을 것이다. 이와 같이 절을 보고 우상이라 발광하거나, 다소 현명하여 그 절의 뜻을 좀 알았다고 해서, 불법은 뜻은 있지만 그 이상의 아무것도 아니라고 요상한 망언을 하는 어리석은 짓은 이 글을 통하여 깨끗이 사라질 것이다.

그 뜻 속에 내 몸과 뜻과 마음이 몽땅 녹아들어 가는 지혜로운 초의식의 행위만이 불법 그 자체란 사실을 알아야 한다.

대체로 큰 절에는 극락전(極樂殿)이 있다. 극락전의 삼존불보살(三尊佛菩薩)은 중앙에 아미타불과 좌보처 관세음보살, 우보처 대세지보살이시다. 후불탱화의 도설은 아미타경의 내용을 그려 놓았다. 불화(佛畵)를 보면 화가들의 의식 세계는 형상과 색상을 초월하고 있다는 생각이 든다. 그 분들은 머잖아 깨달음에 도달할 것이다. 이미 영혼은 깨어 있었던 분도 많았다.

그러나 화가들은 한 분도 깨달음의 재미를 자랑한 사람이 없었다. 그것은 스스로 깨달음을 숨긴 것이 아니라 자연스럽게 초의식의 향기에 취해 있었을 뿐이다. 스스로는 남들도 자기와 똑같은 밝은 영성을 가진 줄로 믿기 때문이며, 깨달은 자의 경지에서는 무엇 하나라도 부처가 아닌 것이 없다는 것을 알기 때문이다.

아미타불의 손 모양을 잘 보면, 어떻게 마음을 쓰고 어떻게 행동해야 극락정토의 제일 좋은 상품상생(上品上生)에 화생하는가 하는 것을 수인을 통하여 잘 말해 주고 있다. 부처님이 오른손이나 왼손을 들고 있거나 무릎 위에 놓은 위치는 각각 달라도, 손가락 중지를 접어서 엄지로 살짝 손톱 곁을 누른 것은 똑같다. 이 결인상은 상품상생인이라 이름하는데 공교롭게도 그 위치는 고전 침구학에서 말하는 심포경(心包經)의 중충(中衝)혈을 엄지로 누르고 있음을 주시할 필요가 있다. 심포경의 중충혈은 중지(中指) 손톱 각근부에 있는데, 이 혈(穴)은 인체의 혈기(血氣)를 돌리는 혈관을 총괄하고 있다. 다섯 손가락의 어머니격인 엄지가 마음의 통로인 심포경을 살그머니 누른 것은 결코 우연의 일치라 할 수 없는 신비로운 현상이다. 만법이 다 그러하려니와 마음의 혈기를 굽히지 않고는 어떠한 관문도 통과할 수 없다. 내가 제일이라는 미친 마음, 내가 제일 높다는 아만(我慢)을 꺾어 버리지 않는 한 세간에서 출세도 어렵거늘 하물며 불도에 있어서랴. 교만한 마음을 버리고 어머니의 감미로운 덕성으로 가득 넘친 내면의 진실을 굽혀 들어갈 때에 비로소 도(道)의 문도 열리고 극락의 문도 열린다. 잘난 사람, 못난 사람, 귀한 사람, 천한 사람 할 것 없이 저 아미타불의 상품상생인을 보고, 제발 나쁜 마음으로 가득 찬 심장을 떼어 버리고 지순하게 굽혀 들어가는 겸손한 마음과 자애롭고 효순한 마음을 얻어서 누구나 부처님의 손 안으로 사무쳐 들어가자. 저 등상불이 보여 주는 불가사의한 결인을 통하여 상품상생으로 왕생하자.

여기서 그 옛날에 아미타불, 관세음보살과 대세지보살이 이 지구상에서 남기신 전세의 인연설화 한 토막을 듣기로 하자.

인도 어느 지방에 마음씨 착한 내외가 살고 있었다. 결혼한 지 몇 해만에 아들 형제를 두었는데, 큰아들 이름은 조리(早離), 작은 아들 이름은 속리(速離)라 하였다. 이들 부부는 근면 성실해서 이웃으로부터 신임도 받았고, 인심 또한 후하여 재산도 증식하며 행복한 삶을 살았다. 그런데 이 집에 뜻밖의 불행이 밀어닥쳤다. 갑작스런 병고로부터 아내를 구하지 못한 채 남편 덕만 거사는 상처를 하게 되었다. 조리과 속리 형제는 그들의 이름처럼 일찍이 어머니를 잃는 아픔을 맛보게 된 것이다. 큰아들 조리는 일곱 살, 작은아들 속리는 여섯 살이었다. 덕만 거사는 고독을 달래기 위해, 그리고 어린 것들의 양육을 위해 새 장가를 들어야 했다. 상처한 지 얼마 되지 않아 주위 사람의 소개로 새 부인을 맞아들였다. 인물이 그만하고 마음씨 또한 사별한 아내처럼 착해 보여서 전처를 잃은 아픔을 쉽게 잊을 만도 하였다.

인생은 수레바퀴와 같아서 내외 중 어느 쪽이든 짝을 잃게 되면 삶의 행보가 기울어진다는 평범한 사리가 이들 부부에게는 맞지 않을 정도로 덕만 거사는 새 부인을 맞이한 기쁨에 즐거운 나날을 보내게 되었다. 그러던 어느 해 한발이 심하게 들어 농사가 어려웠는데, 마실 물마저 구하기 어려운 지경이었다. 덕만 거사는 대대로 살아오던 고향땅을 등지고 두 아들과 아내를 데리고 새로운 보금자리를 찾아 정처 없는 길을 떠나게 되었다. 그러나 어디를 가도 풀마저 말라 타버리고 초목이 성한 곳이 없었다. 들짐승, 산짐승들이 굶어 쓰러진 모습도 쉽게 볼 수 있었다.

덕만 거사는 오랜 여행 끝에 임시로나마 봇짐을 내려놓을 만한 해변 소도시에 다다랐다. 그 곳 역시 생활 조건이 좋은 편은 아니어서 살아가기가 무척 힘이 들었으나, 바다를 끼고 있어서 해산물 따위로 겨우 굶주림은 면할 수 있어 보였다. 그럭저럭 실속 없이 지나던 어느 날, 덕만 거사는 단단한 각오를 하게 된다. 이 곳 어촌에서는 도저히 식솔의 생계를 감당할 벌이가 마땅찮으니 타국에 가면 다소나마 낫지 않을까 하는 생각에, 이곳을 떠나 보기로 결심을 한 것이었다.

아들 형제에게는 새 어머니 말씀을 잘 들을 것과 남과 다투지 말고 형제간에 서로 아끼고 불쌍히 여기라 이르고, 새 아내에게는 고생이 많겠다는 동정과 아들 형제를 잘 돌봐 달라는 민망스러운 부탁을 하고 또 하였다. 외국 가 돈을 많이 벌어 그 동안의 고생에 보답하겠노라 위로도 했다. 두 아들과 새아내를 두고 벌이를 위해 멀리 타국으로 떠나야 하는 덕만 거사의 심중은 필설로 다할 수 없는 심경이었다.

이렇게 가족을 떠난 덕만 거사는 고생한 보람이 있어서 돈도 조금 벌게 되었고, 아들과 아내에게 줄 선물도 양껏 준비했다.

덕만 거사가 집으로 돌아오는 날이었다. 남의 집 헛간에서 굶주리며 헐벗고 살아온 아이들을 금방이라도 뛰어나와 좋아라 반기는 것 같았고, 아이들은 따뜻하게 보살피며 오로지 자기만을 기다리는 현숙한 아내가 금의환향하는 자신을 맞이하는 모습을 상상할 때마다 가슴이 뛰었다.

갯가의 날씨는 스산하기만 하였다. 집이랄 것도 없는 움막앞에 다다랐으나, 덕만 거사의 눈앞에는 달려 나오는 아이도 반겨 맞는 아내의 미소도 찾을 길이 없었다. 뜻밖의 허탈감으로 전신의 힘이 송두리째 땅속으로 빨려 들어가는 듯한 무력감에 사로잡혀 한참 동안 꼼짝 않고 서 있었다. 얼마 만엔가 나타난 아내의 모습은 자식을 위해 봉사하며 일편단심 남편을 기다리며 살아온 그런 현숙한 부인으로서의 자연스러운 몰골이 아님에 더욱 아연하였다.

"여보, 당신이 집을 떠난 지 얼마 아니 되는 어느 날, 조리와 속리가 밖을 나가 어디로 갔는지 행방불명이 되어……."

아내의 넋두리는 덕만 거사의 애타는 마음을 질식시켰다. 아득한 현기증

불상(佛像)과 불화(佛畵)

으로 쓰러졌던 덕만 거사가 정신을 차린 것은 한참이 지나서였다. 그 길로 아이들을 찾아 수소문하기 시작하였으나 온 동네 사람들은 한결같이 알지 못한다고 하였다.

아이들이 어리다고는 하나 집을 나와 길을 잃고 방황할 정도는 아니었다. 그러므로 타 지방으로 갔을 리는 만무하다. 계모로부터 학대를 받았다면 누군가가 계모의 악행을 귀띔이라도 해주련만 모두가 하나같이 "모른다."였다. 이럴 수가 있을까! 어린 것들이 주린 배를 채우자면 걸식한 소문이라도 묻어 나와야 할 터인데 전혀 종적을 찾을 수 없다니, 덕만 거사는 상상할 수 없는 불길한 생각에 몸서리쳤다. 계모가 서자에게 저지를 수 있는 온갖 사악한 행위가 차례차례 떠오르면서 아내와 작당할 수 있는 한 놈을 추리하기에 이르렀다. 그렇다. 뭍에서 아들의 기미를 찾을 수 없음은 바다로 나갔기 때문이다. 그렇다면 어부 둔치란 놈일 게다. 배도 있고 아내와 가까이 지낼 만한 놈은 둔치라는 작자뿐이다.

덕만 거사가 둔치의 목덜미에 작살을 들이대고 다짜고짜 소리쳤다.

"네 이놈, 가자!"

둔치는 스스로의 가책 때문이었던지, 죽음이 겁이 났던 때문인지 묻지도 않은 말대답을 순순히 하였다.

"나는 아주머니가 시키는 대로 했을 뿐입니다. 살려 주세요."

덕만 거사의 심중에는 누가 죄인이고 원수인가라는 사실에는 아무런 관심이 없었다. 그저 아들을 내다버린 곳만 일러 주면 그 뿐이라는 생각이었다. 계모가 꾸민 계략이냐 아니냐 하는 따위는 이미 중요한 것이 아니었다. 오로지 어린 자식들의 행방과 생사문제뿐이었다. "어서 가자!" 고 호통치는 덕만 거사를 배에 태운 둔치는 후들거리며 노를 젓기 시작했다.

조리와 속리가 뱃사공을 따라 어머니와 함께 무인도에 올 때만 해도 세상에 더 없이 좋은 어머니였고, 어부 아저씨였다. 육지를 떠나 큰 파도를 넘으며 어떤 섬에 당도하였을 때는 한낮이었다. 그날 따라 유별스레 자상한 어머니의 따뜻한 인정에 어린 것들은 뛸 듯이 기뻤다. 어머니가 점심을 장만할 때까지 조개도 줍고 해변의 풍경이나 구경하라는 계모의 이야기에, 천진난만한 어린 것들은 뛸 듯이 좋아하였다. 어디론가 다니며 한참 놀다가 배가 고파진 형제는 어머니가 기다리는 곳으로 달려갔다. 그러나 처음 배에서 내렸던 바위 근처에는 어머니도 뱃사공도 보이지 않았다. 바다를 바라보니 계모와 뱃사공은 이미 만경창파 저 너머로 가물가물 사라져 가고 있었다.

일곱 살배기 형과 여섯 살배기 동생은 무인고도에서 공포와 허기와 추위와 목마름으로 하루하루 죽음의 문턱으로 다가가고 있었다. 그리운 아버지 생각이 하늘 끝에서 바다 속까지 가득하나 어린 형제의 육신은 나약하고 무력하기 그지없었다. 암벽 돌섬이라 나무 열매 하나도 구할 길이 없었던 형제는 전신이 타는 듯한 굶주림의 고통과 싸우며, 하늘과 땅이 빙글빙글 도는 현기증 속으로 빨려 들어가고 있었다.

형 조리가 간신히 일어섰다. 누더기 윗옷을 벗었다. 반반한 바위 위에 윗도리를 폈다. 작은 돌 하나를 주워 왼손가락 하나를 깨뜨렸다. 어디에서 나올 피라도 있었을까마는 그래도 몇 방울 선혈이 배어 나와 그 피로 글을 써 나갔다.

"나는 세세생생, 어머니 없는 자에게 자비로운 어머니가 되어 주고, 굶주린 자에게 기갈을 채워 따뜻이 보살펴 주고……."

이렇게 쓰다가 마침내 열 손가락을 다 깨뜨렸으나 거룩한 소원을 다 쓰지 못한 채 쓰러지고 말았다. 아우 속리도 형의 거룩한 염원을 보고 자신도 최후의 힘을 내어 윗옷을 벗어 혈서를 썼다.

"나는 어머니 없는 자에게 훌륭한 누나가 되어 주고, 외로운 자에게 따뜻한 벗이 되어 주리……."

불상(佛像)과 불화(佛畵)

더 써 나아가지도 못하고 쓰러지고 말았다. 그러나 명경같이 맑은 정신으로 온 우주에다 거룩한 서원을 가득 메웠다.

얼마 만에 약간 정신을 회복한 조리가 아우의 죽음을 확인하고 혈서로 얼룩진 둘의 윗도리를 나뭇가지에 간신히 걸어 놓고, 형은 아우의 시신을 꼭 껴안고 한 많은 생애를 만경창파의 외로운 섬에서 애절한 최후를 마쳤다.

둔치가 수개월 전 왔던 섬을 기억하고 어린 형제를 내려 놓은 곳에 뱃머리를 댔다. 덕만 거사는 아들이 내렸다는 조그마한 섬의 바위만 보아도 온통 아들의 체취로 느껴져, 애절한 감격을 억누르지 못하고 "조리야! 속리야!"를 외치며 배에서 뛰어내렸다. 아들들이 헤매고 다녔을 거친 바위섬을 이리 뛰고 저리 뛰며 아들의 흔적을 찾기에 여념이 없었다. 예나 지금이나 인간의 본성은 이렇듯 자식에 대한 아버지의 지고한 사랑이 있는가 하면, 반면에 지은 죄를 잠시나마 벗어나 보고자 거짓과 위선으로 자기 보호를 할 양이면 그 악랄함이 무섭도록 지능적이고 교활해지는 면이 있는 것이다. 둔치는 덕만 거사가 섬으로 뛰어내리자, 부리나케 배를 돌려 도망가고 말았다.

그러나 참다운 위인들은 그런 자들과 아무런 시비를 하지 않는다. 그렇게 간악한 인간에게는 복수심이나 원한을 품는 것까지도 쓸데없는 정신 낭비이다. 인간 같지 아니한 인간에게는 심중에 어떠한 관심도 없다. 그들의 마음은 무량심(無量心)이기 때문이다. 덕만 거사도 지금 아들의 흔적을 찾기 위해 혼신을 다하고 있으므로 그까짓 사공 한 놈의 배 한 척에 마음 둘 바가 아니었다.

덕만 거사는 한참 헤맨 후에야 조그마한 나뭇가지에 펄럭이는 옷자락을 발견하게 되었다. 그 나무 밑에는 앙상한 자식들의 백골무더기가 부모된 자의 숨통을 끊어 놓고 있었다. 얼마 지난 후, 겨우 기력을 회복하여 두 어린 아들의 혈원(血願)을 읽고 자신의 옷자락에도 48대원을 써 나갔다. 전신을 찌르고, 째고, 깨고 하여 마지막 피 한 방울까지 다 떨어뜨려 광대한 부처님의 대비원을 썼다. 그것은 모든 생명에게 행복과 평화와 자유를 안겨 줄 거룩한 발원문이었다.

48대원을 가까스로 다 적은 덕만 거사는 아들이 걸어 놓은 혈원의 누더기 옷가지에 겹쳐 나무에 걸고는 그대로 쓰러지고 말았다. 두 아들의 해골을 부여안고…….

처절하도록 불쌍한 두 아들의 유해를 남김없이 쓸어안고 최후의 눈을 감았다.

애류 인생이 흘린 눈물로 만들어진 저 무변 대해도 붉게 타오르는 석양의 엄숙한 서광을 받아 빛나는 가운데, 삼부자의 슬픈 생애는 막을 내렸다. 옛날 옛적에 있었던 덕만, 조리, 속리 삼부자의 혈원은 그들의 영혼과 함께 우주가 다하고 중생계가 다해도 변함없이 그때에 발원한 아름다운 서원은 지금도 우리 곁에 있다.

이 얘기에 나오는 아버지 덕만 거사는 극락전 중앙에 안치해 계시는 아미타불로서 이미 10겁 전에 부처님이 되어 계신다. 맏아들 조리는 아미타불의 좌보처 보살로서 관세음보살이고, 작은아들 속리는 우보처 보살로서 대세지보살이라고 전한다. 그때의 못된 어머니 계모는 석가모니 부처님에게까지 세세생생 따라다니며 애를 먹인 제바달다였다고 한다. 악행의 대명사 제바달다는 온갖 악역의 명수다. 그래서 우리말에도 지독스레 말을 안 듣고 애를 먹이면 '제발 그러지 말라.' 고 말한다. '제발' 제바달다와 같은 존재가 되지 말라는 뜻으로 쓰여 왔으며, 제바달다를 의미하는 '제발' 의 어원은 불교 경전에서 빌려 온 말 같다.

호법선신(護法善神)

어느 절이나 법당 안에는 본존불과 불보살님들을 호위하고 진리를 지킨다는 신중탱화가 모셔져 있다. 신중탱화에 나오는 신중들을 화엄성중(華嚴聖衆)이라 부른다. 그것은 화엄경에 호명되는 많은 신중을 거기에 그려 모셨기 때문이다. 요즘 절에서 신장기도(神將祈禱)라 말하는 기복의 대상인 화엄성중은 세속에서 흔히 말하는 경찰관 격이나 군인 격이 아니다. 이 분들은 우리가 그들에게 예쁘게 보였다고 해서 사적으로 혜택을 베푸는 정치꾼이 아니다. 비유하면 대통령이 움직이면 저절로 호위병들이 따르듯이, 신장들은 물체의 그림자처럼 자연적인 진리의 현상으로 감응한다. 신은 특정한 사람이 신장을 필요로 하여 부르고 찾는다고 해서 제 마음대로 행동하는 황야의 무법자 같은 무속신이 아니다. 여러분의 공양이나 칭송에 의해 움직일 수 있는 신(神)은 법당 안에는 한 분도 존재하지도 않고, 또한 존재할 수도 없거니와 사사로운 조공에 마음이 통하여 쉽게 움직이는 신(神)이 있다면 글쎄올시다, 영험이 있을 는지.

일개 군인도 상관의 명령이 없으면 자기 집조차도 제 마음대로 가지 못한다. 여러분은 이 기회에 화엄성중과 면담할 수 있는 수속 절차를 꼭 알고 넘어가기 바란다. 대통령이 지방으로 시찰이라도 가려고 하면 며칠 전부터 그 지방 군경은 물론 유지들에게까지 비상이 내린다. 대통령 곁에 있는 호위관이라 할지라도 졸병은 그 부근에 얼씬도 못한다. 그와 같이 탱화 중앙에 위엄을 떨치고 서 있는 화두금강이나 금강저를 손에 들고 있는 밀적금강신 같은 분들은 부처님의 곁을 떠나지 않으므로 절대로 여러분의 사사로운 면회를 받지 않는다. 다만 그들은 모두 보살이니까 칭송, 찬탄, 공양하는 아름다운 기도야 신행자의 자유이니 얼마든지 좋은 심신수련이 된다.

공연히 요즈음 성행하고 있는 신장불공 같은 소리는 삼가하는 편이 현명하다. 그분들의 몸은 계체(戒體)이기 때문에, 내가 계(戒)를 갖춤으로 해서 청정한 마음이 일어나고, 그 마음이 곧 불성이요, 불법의 신성한 성중이 되므로 계를 갖추어 지킴이 곧 화엄성중과 자연스럽게 만나는 참된 기도가 된다. 다른 면회의 통로는 오직 부처님의 이름을 부르는 것 이외에는 없다.

여러분이 만약 경찰국장에게 부탁이 있다면, 대통령 이름만 들먹여도 경찰국장쯤이야 이웃집 친구 부르기보다 쉽다. 옛 속담에 "통싯간(변소)에서 개 부르듯 한다."는 말이 있다. 여기서 부르고 저기서도 부르고, 이 사람도 부려먹고 저 사람도 부려먹는다는 뜻이리라. 개 부르듯 불러들이자면 내가 힘이 있어야겠는데, 요령 있는 사람은 제 힘 말고도 남의 힘을 이용하여 잘도 신험을 얻는다. 이렇듯 도움을 받는 현명한 사람은 육군 참모총장을 부르고 싶으면, 대통령 이름 석 자로 볼 일을 깨끗이 다 본다. 꼭 이와 같은 이치가 신장탱화가 지닌 본래의 사명이다. 누구든지 그들에게 금강신이든, 화엄성중이든, 하늘의 대범천왕이든 간에 볼 일이 있으면 부처님 이름으로 볼 일을 처리할 일이다.

부처님 이름만 들먹이면 번갯불보다 더 빠르게 나타나서, 여러분의 심중에 숨어 있는 몹쓸 생각까지 족집게처럼 집어내고 지혜와 복을 대신 넣어 준다. 무슨 말인지 알아듣겠는가? 부처님 명호만 생각하면 온 법당이 그대의 심중에 가득 차거늘 화엄성중이 문제이겠는가. 향나무에서는 저절로 향기가 나듯, 태양이 저절로 빛을 발하듯, 여러분이 무섭게 봐온 신중들은 부처님의 그림자이다. 그러므로 그림자는 아무리 불러도 오지 않는다. 그림자의 주인공, 즉 부처님을 부르면 그림자는 자연스럽게 감응한다. 별청하지 말라. 신은 개별적으로 행동하지 않는다. 한다면 마귀다. 부처님의 이름만 불러라. 그러면 저절로 그대의 가정에, 그리고 그대의 주변에 항상 화엄성중이 머물러 계신다.

우리나라 웬만한 명산대찰에는 '원효'라는 이름의 암자들이 숱하게 많은 것은 신라시대 원효대사가 불교의 상징처럼 큰 봉우리를 이루었음을 오늘에까지 실증함이다. 여기서 원효대사와 의상대사의 일화 한 토막을 이야기하고자 한다.

의상대사께서 법형(法兄)인 원효대사께 자신이 받아먹는 하늘의 음식을 대접코자, 어느 날 은밀히 천공(天供)을 바치는 천녀에게 오늘 사시(아침 9시부터 11시까지)에는 원효스님의 공양도 함께 갖고 오라고 부탁을 해 놓았다. 원효대사는 원효암의 위치가 잘 말해 주듯이 항상 맑은 산수가 철철 넘치는 산중턱에 안거하신 반면, 의상대사는 세상의 오물에 염증이 나서 아예 산꼭대기가 아니면 낙락장송도 현기증으로 어지러울 듯한 기암절벽 위에 덩그러니 집을 짓고 하늘의 감로수와 향기롭고 빛나는 음식으로 신선 생활을 하셨다. 두 스님은 세존 당시 부처님의 큰 제자로서 동문수학한 대석학으로 이 땅에 근본 불교의 교지인 불종자(佛種子)를 뿌리기 위하여 다시 함께 이 동토에 오셔서 많은 절과 불교의 경전을 밝히셨다.

부처님의 뜻을 잘 아시는 그들이라 서로 사귄 도반도 꼭 세 사람으로 짝을 이루어 지내셨으니, 그 세 분이 바로 원효, 의상, 윤필거사였다. 이 세 분은 매월 몇 번씩 만나 서로가 체험한 도담(道談)을 주고받았던 것이다. 당시의 도담이란, 근세 스님들이 속칭 법담이라 말하는 소위 말도 글도 아닌 격외문답이 아니었다. 삼세제불이 주고받는 법담 가운데는 역대 조사와 같은 격외문구가 한 구절도 없다. 스님네는 말할 것도 없고 우리 모두 반성하자!

사시가 지나 오시가 되어도 도무지 천녀가 나타나질 않자, 다급해진 의상대사가 다소 불안한 표정을 보였다. 원효대사께서 "자네는 점심 공양을 대접하겠다 하더니, 이렇게 가만히 앉아 기다리기만 하면 어디서 음식이 날아온다던가? 이 사람, 오늘 배를 굶기는구만." 하고 농담을 하시면서 일어나 자신의 암자로 내려가셨다. 의상대사는 천녀와 약속이 이행되지 못한 것을 이상하게 생각하며 서 있는데 급히 나타난 천녀가 몇 번이고 죄송하다면서 음식을 내려놓았다. 의상대사는 천녀에게 "그만 가져가시오. 먹을 사람이 없으니 무슨 낭패란 말이오." 하였다. 그러자 천녀가 울먹이듯 올리는 말씀이 "스님, 저 밖을 내다보소서. 제가 감히 어느 구멍으로 출입할 수 있었겠습니까?"라고 했다.

의상대사가 뜰 앞에 나와 원효대사가 내려가시는 뒷모습을 보니 온 천지에 묘한 향내가 진동하면서 보배 구름이 가득한 가운데, 탱화에서나 볼 수 있는 화엄성중이 빛나는 갑옷을 입고 원효스님의 뒤를 따라 내려가고 있었다. 크게 놀란 의상대사는 천녀에게 이르기를 "내가 교만하여 보이는 것이 없더니 오늘 법형(法兄)이 화엄불국(깨달음의 공덕과 지혜로 가득한 세계)의 신비를 보여서 깨닫게 하였소. 내 어찌 또 하늘의 공양을 즐기겠는가. 그러니 두 번 다시 천공을 바치지 마시오."

보라, 화엄성중이 무엇인가를! 우리가 열 가지 계를 지키면 천신이 저절로 호위하고, 슬기로운 자가 이백오십 계를 지키면 해탈한 호법성중이 저절로 보살펴 주고 만일 보살이 몸과 마음과 생각까지도 기도문으로 바꾸는 팔만 세행을 지키면 화엄성중이 자연히 위호한다. 그러므로 지식 있는 신행가는 오계(五戒)라도 지켜서 지신(地神)으로 하여금 기쁘게 하여 친절한 가호를 받도록 할 것이요, 지혜 있는 사람은 십계(十戒)를 지켜서 천신중(天神衆)으로 하여금 춤추게 하여 그들의 위신력을 나눌 것이며, 수승한 사람은 이백오십 계를 지켜서 해탈성중으로 하여금 신통을 나투게 하여 해탈경을 나눌 것이요, 최상승 보살은 팔만 계행을 갖추고 지켜서 화엄성중과 화두금강신으로 하여금 필경 성불하는 도량을 보호받도록 하여야 할 것이다.

법당 안의 신중탱화는 이와 같은 내용으로 묘사되어 있다. 반대로 윤리적, 도덕적이지 못하며 모든 계행을 파하고 제멋대로 행동하고 자기중심적으로 생각하고 말 못할 버릇을 가지면, 우선 여래장이 도망가게 되고, 다음으로 일체 성중을 슬프게 하여 가련한 인간이 되며, 마침내 하늘과 땅으로부터 미움을 사게 되어 오나가나 재앙뿐이고, 필경에는 지옥의 불이 자기의 아방궁이 된다.

우리는 법당에서 큰 앎이 일어나야 한다. 왜 법당이라 하는지도 알아야 하고, 바르게 알고 바르게 행하는 길만이 공덕을 쌓는 일임도 알아야 한다. 뿐만 아니라 이러한 앎을 통하여 직업적 종교인들이 어떻게 말하며, 어떻게 행동하는지 통찰할 줄도 알아야 한다. 공덕은 빌어서 얻어지는 것이 아닌데도 사람들에게 복을 빌어라 해 놓고, 그들은 복을 빌러 온 사람들이 바치는 공물로 수입원을 삼는 현실을 면밀히 주시할 줄도 알아야 한다. '복을 비는 데 드는 비용'이라 하면, 줄여서 '복비'라고 해도 좋을까? 부동산 소개업자의 소개비도 '복비'라고 한다. 깨침으로 가는 우리는 '복비'를 놓고 복을 빌어 살 수 없다는 사실을 잘 알고 있다. "공덕은 짓는 것이다."라고 이르신 옛 성현의 말씀에 모두가 공감할 줄 알아야 할 것이다. '짓는다'라는 말은 선행을 받들어 가지고 행동한다는 뜻이다.

공덕은 텅 빈 아름다운 마음이다. 자기를 버리는 행위를 즐겨하는 사람을 덕성스러운 사람이라 한다. 고로 신장기도는 계행을 갖추고 지킴이 곧 최상의 기도임을 확실히 깨닫기 바란다. 계율의 본래 성품이 호법선신이다. 호법선신은 그의 몸에서는 세상의 만상이 다 나고 들고, 들고 나고 한다. 그 진공의 위신력에 기대지 말고 부처님의 몸인 여래장에 진공이 춤추며 엎드려 절하게 하라. 이 이상 바른 말은 없다.

나라에는 나랏님을 위시하여 정부 부처가 있다. 이와 같이 절에도 부처님을 위시하여 팔정도(八正道)의 응화인(應化人)으로 부각된 8대 보살이 부처님 주위를 옹호하고 있다. 또 8대 보살들 주위에는 부처님 제자들이 입시해 있다. 뿐만 아니라 그 주변에는 사대천왕과 호법성중이 가득하게 자리하고 있다. 이러한 형상은 없는 사실을 비유해서 상징했다는 속 좁은 소견이나, 일반적 상식으로 헤아려 꿈 같은 환상으로 주장하는 이단자가 생길까 심히 염려스럽다. 이러한 현상은 법안이라고 하는 특별한 눈에 비친 사실 그대로이며, 만상의 뜻을 생긴 그대로 도설화(圖說化)한 것이다.

불교 미술의 특징은 부처님 경전에 있는 기록을 토대로 해서, 신기에 도달한 화사(畵師)들의 육필을 통해 화면에 나툰 점이다. 그림의 구상을 잘 보라. 그림의 구도가 모두 원형이다. 부처님이 앉아 계시는 연화좌나 전신에서 발산하는 후광도 원형이며, 두부의 원광상은 더욱 그렇다. 이것도 진리의 생태를 그대로 표현한 것이다. 물리학에서 본 물질 세계의 내부도 그러하다. 원자핵이 유주하는 핵외 전자의 행동 반경이 부처님 주위에 빙 둘러 앉은 제자와 보살들의 모습과 같다. 특히 부처님 두부 정상에서 발산되는 신비로운 광명은 나선형인데다가, 그것도 파장상으로 묘사된 사실은 법안(法眼)으로 본 현자가 아니고서는 상상을 불허한다. 원(圓)과 나선(螺旋) 및 빛의 파장상 등은 놀랍기 그지없다. 현대 과학이 밝혀 내놓은 물질의 구성을 보아도 꼭 부처님 탱화의 구조대로 되어 있다.

불상이나 탱화에 보이는 부처님 눈동자는 진리에 눈을 뜬 증명법사(證明法師)가 붓끝으로 점을 쳤다 하여 점안(點眼)이라 한다. 동공(瞳孔)은 중심이 텅 비어 있다. 모든 영성과 만물의 실상을 점(點)으로 상징한 것이다. 이것도 진실을 달관한 법안이 열리지 않은 사람은 요지(了知)할 수 없다. 진리에 대하여 조금이라도 눈을 뜬 사람이라면, 법당에 들어와 깊이 생각해 보면 감복할 것이다. 신성한 종교는 과학이 뒷받침 된 깨달음의 산실임을 어떻게 부정할 수 있겠는가.

불보살의 얼굴을 자세히 살펴보자. 미간(眉間)에 흰 털로 된, 점같이 생긴 나선형 백호상(白毫相)을 볼 수 있다. 그리고 아랫입술 밑에도 역시 감청색 점을 볼 수 있다. 이 점도 자세히 보면 나선형으로 돌아가는 수염 무늬로 되어 있는 점임을 알 수 있다. 물론 수염을 상징한 것이다. 나선의 초점은 공(空)이다. 걸림이 없는 해탈법은 하얀 백색의 나선형이다. 초의식의 문, 백호상은 속이 빈 공(空)이다. 반면 세간의 유위법을 상징하는, 아랫입술 밑에 검푸른 나선형의 점(點)이 있는데, 이것 역시 길상(吉相)으로 세상의 이치를 설하고 있다.

법당 탱화에 보면 긴 수염이 있는 분은 사천왕뿐이다. 머리를 깎고 수염을 자른 스님네의 모습은 번뇌를 끊고 생노병사를 끊어 수명이 없다는 상징이다. 불화에 나타난 사천왕은 수명이 있으므로 수염을 길게 그렸다. 수명은 있으되 오래오래 장수한다는 뜻이기도 하다. 수명이 있다는 것은 천왕의 임기가 정해져 있다는 말과도 상통한다. 어떤 법당에는 지장탱화, 칠성탱화, 독성탱화(獨聖幀畵), 산신탱화(山神幀畵), 심지어는 죽은 신도의 영가까지도 안치해 놓은 곳이 있다. 거기에 나오는 신앙의 대상들은 다 수염과 장미(長眉)가 뚜렷한데 그 모양들은 위에서 설명한 수명과 연관된 상징이다.

사람의 오복을 독점하고 있다는 칠성각(七星閣)의 칠성탱화(七星幀畵)는 중국의 토속신앙을 불법으로 귀속시켜 놓은 신전이다. 어떤 종류의 신앙이든 불법 속으로 소화 용해시킨 선각자의 지혜가 경외스럽다. 토속신을 불법으로 교화시킨 그 증거로 치성광여래라는 분을 주불로 하고, 세월과 관계 있는 일광·월광 보살을 입시 보살로 등장시킨 기교는 불법에 달관한 보살이 아니면 상상조차 하지 못한다. 보살 지위 가운데 8지 보살부터는 종교를 마음대로 창출해 낸다고 하더니, 아마도 세존 이후에 나온 육신 보살들의 교화 방편인 것 같다.

산신각에 가 보라. 산신사상은 우리 민족의 단군신화에서 비롯되었다는 설도 있으나, 본래 인류는 일찍이 자연을 숭배하고 우주를 경배한 소박한 신앙에 그 기원을 두고 있다. 특히 동양인들은 산에 가면 산을 신처럼 받들고, 들에 가면 지신의 이름으로 경의를 표하고, 물에 가면 수신의 이름으로 경배했다. 일월성숙을 쳐다보며 신의 이름으로 신복한 경천사상에서 칠성각을 낳게 되고, 자연 숭배에서 산신각을 낳게 하였던 것이다. 일체를 신성으로 보고, 거기에 신성한 이름으로 명함을 붙여서 신앙의 전각으로까지 발전시킨 것이다. 이러한 만신사상이 있기까지 우리 민족의 눈물겹도록 소박한 정신이 지대했음은 두말할 여지가 없다 하겠고, 이렇게 인지가 개명한 오늘날도 극소수가 그러한 전통을 받들고 있다. 무속신을 깨달음의 불법으로 끌어들인 큰 목적은 인간의 무지한 사숭병(邪崇病)을 다스림에 있었다. 그런데 근세에 와서는 오히려 퇴속화된 절들이 사숭병의 온상지가 되고 있다.

불교 집안의 이러한 모습은 만법귀일(萬法歸一)의 법화사상(法華思想)으로써, 하나도 빠짐없이 불도로 수용한 불교의 바다 같은 화엄사상과 반야의 지혜로써 모두 소화 용해시킨 것이다. 종교의 우월성이라는 하찮은 상식을 떠나서 만 가지 법 중 무엇 하나 불법을 그 바탕으로 하지 않은 것이 없다. 마치 허공을 떠나서 별도로 무엇 하나 존재할 수 없는 절실한 실정을 그대로 수용한 것뿐이다. 어찌 보면 절은 만신교(萬神敎)같다. 그럴지도 모른다. 신(神)으로 본다면 일체가 다 신이다. 무엇 하나라도 신성(神性)의 영역에서 벗어날 수 있는 것이 있겠는가.

법기(法器)

법(法)은 쉬지 않고 흘러 가는 물의 섭리이다. 법에는 골치 아픈 세속의 유위법(有爲法)이 있고, 시원한 해탈의 출세간법(出世間法)인 무위법(無爲法)이 있다. 여기서 말하는 법기(法器)는 신성한 해탈의 도리를 담은 그릇을 말한다. 깨끗한 진리가 담긴 기물은 법기이며, 말과 글자에 깨달음의 신령한 영혼이 담기면 법구(法句)가 되고, 심신(心身)이 불심(佛心)에 잠기면 법신(法身)이 된다.

오늘날 우리가 보고 들어서 알고 있는 불교의 전체적인 모습의 대부분은 대장경에 있는 내용을 주로 시청각에 맞추어 보여 주는 것이다. 경전 중 최상의 경전이라 일컫는 화엄경(華嚴經)과 법화경(法華經)에서 많이 발췌하여 그 내용을 본따서 형상을 만들고 그림으로도 그리고, 문장으로도 만들어 종파를 만들고, 밀교적인 무속 신앙도 만들어서 지금까지 전해 온다.

지금 한국 불교계의 주류를 형성하고 있는 조계종은 인도의 명상법과 중국의 도교가 만나면서 새롭게 태어난 종파이다. 실제로 선종(禪宗)은 종교하고는 다소 거리가 있다. 그러나 조계종에서도 밀교적인 주술(呪術)과 교학적인 경문도 수학하고 있으므로 불교적이라 할 수는 있겠다. 모든 종교가 기물을 이용하는 독특한 의식이 있지만, 절에서 제일 많이 사용하는 목탁만 하더라도 실제로 그것이 무슨 소용이 있겠는가. 내면추구의 정신 수양에는 불

필요한 물건이다. 정법시대의 입장에서 보면, 석가모니불의 교리로는 꼭 필요한 법기(法器)가 밥 빌어먹는 발우를 제외하고는 하나도 없다 해도 과언이 아니다. 종(鍾 : 무거운 큰 종, 鐘 : 가벼운 작은 종) 치고, 북 두드리고, 요령을 흔드는 일련의 종교의식은 상법시대에 탄생한 요식들이다. 이러한 불교 의식을 행하는 데는 전설적으로 전해 오는 얘기가 있게 마련이다. 그 설화가 모든 법물(法物)이 생기게 된 발생 동기다.

절에서 종 치고 북 치는 이러한 요식의 종풍(宗風)은 그 기원이 상당히 오래된다. 그 유래의 시기를 짐작할 수 있는 기록은 중인도 사위국 바라문종인 불제자 협존자(脇尊者) 당시로 거슬러 올라간다. 협존자는 여래의 정법을 이어받은 가섭으로부터 11조(祖)가 되시는 분이다. 존자께서 한때에 중생을 교화하며 여러 지방을 순방하시다가 우연히 중천축 석가성에 있는 큰 절을 들르게 되었다. 그런데 절의 분위기가 너무 이상하였다. 그 절에 상주하는 스님들이 흡사 전쟁에서 패한 병사들처럼 기가 죽어 있었다. 뿐만 아니라 날마다 수시로 치는 종과 북도 치지 않고 경쇠와 목탁도 울리지 않았다. 이렇게 깊은 수심에 빠져 있으므로, 협존자께서 수상히 여기고 까닭을 대중에게 물었다.

사연인즉 이웃 지방에 사는 외도들과 임금님 앞에서 교리를 토론하여 지는 편은 자기들의 종풍을 선양하지 못하도록 약속을 했는데, 이 편이 외도의 달변에 졌다고 하지 않는가! 협존자는 사정 얘기를 듣고 나서 "모든 것은 내가 책임을 질 터이니 전처럼 종과 북을 울려라." 하셨다.

종소리와 목탁소리를 들은 외도들은 벌 떼같이 몰려와서 항의하였다. 절의 대중들은 범상찮은 객승에게 그 책임을 떠넘겼다. 이리하여 외도의 대표자와 협존자는 마침내 국왕의 입회하에 서로의 법력을 다시 겨루기로 하였다. 자신들의 교리의 우월성을 겨루는 변론의 시간이 다가왔다.

협존자가 외도의 대표자에게 말씀하기를 "지는 편은 어떻게 하기로 하겠는가?" 하니 외도 우두머리인 젊은 변사가 하는 말이 "혀를 끊기로 하자." 고 하였다. 존자는 "그것은 너무 가혹한 형이니 지는 사람은 제자가 되기로 하자."고 제의하자, 기고만장한 외도가 "좋다."고 하였다. 총명한 외도가 물었다.

"누가 먼저 말하기로 하겠는가?" 협존자가 조용한 어조로 말씀하셨다. "내가 나이도 많을 뿐 아니라, 이 자리에 먼저 왔으니 내가 먼저 말하겠노라." 외도가 "좋다."고 승낙했다.

협존자께서 왕과 많은 대중이 모인 앞에서 큰 소리로 외쳤다.

"오늘 이렇게 이 자리에 모인 것은 지금 천하가 태평하여 대왕으로 하여금 장수하시고 국토가 풍락하여 억조창생에게 재앙이 없게 함이로다."

이 말을 들은 서슬 푸른 무불통지의 천재 달사 외도는 졸지에 말문이 꽉 막혀 버려, 전신이 부서지는 신음을 삼키고 부들부들 떨고 있었다. 만생만민의 가슴에 지극히 지당한 축원을 토하는 데야 무슨 머리로 하늘의 큰 구멍을 틀어 막겠는가. 입이 하늘인들 무슨 말재주로 아니라고 할 것이며, 우주만한 간덩이로 아니라고 부인한다면 단박에 역적으로 몰려 꼼짝 못하고 죽을 판이었다. 기상천외의 저 늙은이가 문제도 대답도 아닌 만생공원의 호국애민의 축문을 내뱉을 줄이야! 외도가 원통해 땅을 구르며 분해하자, 협존자는 마명(馬鳴)이란, 이 젊고 총명한 외도를 은밀한 곳에 데려가서 여섯 가지 신통을 직접 보이니, 크게 감복해 불도에 귀의했다. 그가 다름 아닌 여래적전십이조(如來嫡傳十二祖) 마명보살(馬鳴菩薩)이시다.

《대승기신론(大乘起信論)》외에도 많은 불경을 펴내신 육신 보살이시다. 여기서 새로운 사실은 한국 불교의 호국사상은 협존자의 파사현정(破邪顯正)의 변론에서 그 기원을 찾을 수 있다.

목탁을 예로 들어 보면, 옛날 중국의 어느 스님이 지독하게 스승의 말을 아니 듣고 나쁜 짓만 골라서 하다가 죽었다. 제자의 죽음을 큰스님은 늘 가런하게 생각하였다. 큰스님께서 어느 날 배를 타고 바다를 건너게 되었는데, 그때에 큰 고기 한 마리가 파도 속에서 몸을 드러내었다. 그런데 그 고기의 등에는 이상하게도 큰 나무 한 그루가 자라고 있었다. 고기는 슬피 울면서 "스님 제가 생전에 스승님의 가르침을 거역만 하다가 죽어서 이 모양이 되었습니다. 스승님 제발 제 등에 난 나무를 없애 주소서." 하고 눈물을 한없이 흘리는 것이었다. 제자가 죽어서 나쁜 곳에 태어났음을 짐작하시매, 옛 제자의 애절한 구원의 소리를 받아들여 스님께서는 수륙재를 크게 올려 제자로 하여금 고기의 몸을 벗게 한 후, 죽은 그 고기의 등에 난 나무를 베어다가 고기 모양으로 목어(木魚)를 만들어 그 속을 비게 하여 스님네를 견책할 때에 두드렸다. 이것이 오늘날 우리가 보는 목탁의 발생 동기가 되었다 한다. 목탁을 두드린 것은 스님네들이 공부를 잘 안 하거나 계율을 파하게 되면 "너도 저 목어스님과 같은 꼴이 된다"는 뜻에서 각성하라고 매질 삼아 사용하였던 것으로 되어 있다. 그 후로는 그 목탁이 시간을 알리는 약속의 도구로도 쓰이다가, 언제부턴가 법당에까지 들어가서 독경, 독송 시에 장단을 맞추는 악기로 사용하기에 이른 것이다.

 이러한 전설적 유래는 불도 공부를 잘 하신 스님네가 참선 중에 삼매(三昧)에 들어 천안으로 본 영혼 세계의 얘기다. 삼매에 들 때는 흡사 묘한 비몽사몽간에 들어가는 것과 같다. 한없이 맑고 밝은 초의식의 영역으로 상승하는 각성의 경계를 말한다. 잠은 영혼의 침잠이요, 삼매는 의식의 비상이다. 그러므로 바다도 해탈한 분이 볼 때는 열반의 바다가 되고, 천상 사람이 보면 유리의 대지가 되고, 사람이 보면 시원한 물이 된다. 또한 저 물속에 사는 고기들은 자기들의 집으로 삼고, 아귀가 보면 활활 타는 불꽃으로 보인다고 한다. 이와 같이 허망한 마음으로 온갖 환상의 소견을 만들고 있다. 이러한 환상의 고통을 낱낱이 꿰뚫어 보는 천안(天眼)을 가진 스님네가 본다면, 바다의 용궁(龍宮)이 있고 우리가 육안으로는 볼 수 없는 해괴망측한 고기도 한량없이 많으리라. 바닷가에 살고 있는 아수라 같은 힘센 귀신류도 무수히 보일 것이다. 보통 사람들도 날이 궂은 밤에는 음산한 바닷가에서 이상한 소리도 듣고 허깨비 모양도 많이 본다.

선각자들이 이렇게 복잡한 세계를 낱낱이 알고 투시해 본 신화 같은 사실을 다양하게 표현해 놓은 작품들이 절에 있는 여러 가지 그림과 물건들이다. 염주의 유래도 보면 석존 당시에는 이러한 것이 없었을 것이라 생각된다. 경문 중에는 한 구절도 염주 얘기가 없다는 사실로도 알 수 있다. 후대에《목환자경(木患子經)》이라는 책이 나오면서 염주 만드는 법과 쓰는 법, 그리고 108 염주에 관한 얘기가 체계를 이루었다. 목환자(木患子) 또는 무환자(無患子)라고 하는 모감주 나무의 열매로서 그 열매에 구멍을 뚫고 실을 꿰어 이용했다고 하며, 이 나무는 중국이 원산지로 되어 있다. 인도의 보리수나무 열매도 염주로 사용하고, 우리나라에서는 율무 열매로도 만들어 쓰곤 하니 꼭 정해진 열매나 구슬이 있을 수는 없다. 염주 나무의 이름이 말해 주듯 우환이 없도록 해주는 무환자(無患子) 구슬이라 하니, 우리들의 마음이 이름처럼 그랬으면 얼마나 좋을까 싶다.

돌이켜 보면, 구도자가 무엇을 손에 든다는 일부터 무념(無念)으로 들어가는 데는 장애가 될 것이다. 하루에 염불을 몇 번 해야 한다는 수치감량은 도(道)에서 바라는 일이 아니다. 무심한 지경으로 몰입해 들어가는 평정심에 오히려 이러한 행위와 분별 사량은 걸림돌이 될 것이다. 그러나 세속에서 생각 없이 살아가는 늙고 병든 노약자에게는 무엇을 손에 든다는 그 자체가 무의식으로 빠져들기 쉬운 몽상을 맑은 정신으로 일깨워 주는 자극물이 된다. 손끝으로 민감하게 한 알 한 알 염주알을 굴리며 부처님 명호를 생각한다는 그 자체가 잠꼬대하던 흐린 정신을 깨어나게 한다. 나이가 많은 분들은 피로하기 쉽고, 없던 망령마저 일어나서 몸은 주책없고 마음은 나태한 데다 정신은 혼미하여 금방 하던 염불도 잊어버리곤 하니, 이때에 굵직한 염주알이나 똑딱똑딱 돌려 가며 불보살 명호라도 불러 보면, 저절로 마음이 밝아지는 효과를 볼 수 있다.

뿐만 아니라 스님네는 날이면 날마다 앉아서 세월을 보낸다. 참선하는 선방에 앉으면 보통 백 일 동안은 두문불출하기 예사이다. 공부 잘하는 스님네는 몸을 초개같이 여기고 건강을 돌보지 않는다. 그러다 보니 저절로 육신의 상태는 나빠지고 위장병이 생기기도 한다. 그런 염려를 방지하기 위하여 묘한 방편으로 고안한 것이 염주다. 옛 큰스님의 영정에 보면 반드시 목에는 백팔염주요, 손에는 굵은 단주를 들고 계신다. 그것이 바로 위장병을 예방하기도 하고, 무의식 속으로 빠져드는 마음을 일깨우고 염불 공덕도 생기게 한다. 이와 같이 염주에는 세 가지 공덕이 있다.

그런데 염주를 돌리는 것으로 어떻게 위장병이 낫게도 하고 건강을 지켜 주기도 하는가. 그 대답은 동양의학의 양생술과 침구학의 이론을 보면 알 수 있다. 예부터 잘못 먹어 체하거나, 과식을 하여 고통스러울 때는 보통 엄지의 소상혈(少商穴)을 따 주거나, 인지(人指)의 상양혈(商陽穴)을 따 준다. 오랜 옛날부터 전통적으로 내려오는 체증의 응급처방혈이었음을 미루어 보아도 열 손가락을 자극하는 염주 돌리기는 바로 만맥을 돌리는 생리학적 치료 효과도 있고, 염불을 하면서 염주를 돌리므로 제불의 법륜(法輪)을 굴리듯 마침내 염불삼매로 들어가 텅 빈 충만의 환희심도 맛보니 불자의 보배로운 장신구임에는 틀림없다.

근년에 있었던 실화 한 토막 나누고 넘어가자.

나이 많으면 저절로 호호백발에 허리는 구부러지고, 눈두덩은 쓰러져 가는 초가집 처마처럼 처지고, 마른 구멍은 젖어드는가 하면, 젖은 구멍은 말라들어서 정신적 육체적 괴로움은 날이 갈수록 심해지게 마련이다. 어느 해 봄날이었다. 홍천댁이라는 노파가 양지바른 뉘집 토담에 몸을 기대고 앉아 있었다. 초점 없는 눈으로 산인지, 하늘인지 분간할 수 없는 먼 곳을 멀거니 보고 하염없이 앉아 있었다. 그 앞을 지나던 어느 범상찮은 보살이 이 노인의 처량한 모습을 보고, 자신의 손목에 걸고 있던 단주 하나를 끌러 주며 "할머니, 갈 길이 바쁜데 무얼하고 앉아 있소!' 함께 늙어가는 처지였고, 무지하여 생각 없이 살아가는 듯한 홍천댁에게 남의 미래까지 걱정하는 인정이 끓어 넘치는 목소리로 물었다. "하긴 뭘 해, 할 일이 있어야지." 역시 홍천댁다운 무뚝뚝한 응답을 했다. 지나던 보살은 단주를 손에 꼭 쥐어 주며 "노는 입에 염불이라는데, 이렇게 돌려가며 염불이나 하세요." 했다. "염불? 할 줄을 알아야지." 홍천댁의 대답은 염불을 아니하겠다는 것이 아니고, 할 줄만 안다면 염불을 할 텐데 모르니 못한다는, 어쩌면 아쉬운 하소연처럼 들렸다. "그러면 할머니 생일이 언제지요?" 하며 보살이 물었다. "시월 초이레지." 홍천댁은 그렇듯 늙어 보였고 노망기가 있어 보였건만 자신의 생일은 잊지 않고 있었다. 지나가던 보살은 염주 돌리는 법을 자세히 일러 주고 즉석에서 염불하는 문장을 지어 구성진 목소리로 들려 주었다.

"금강산 어깨보살, 나무아미타불, 시월이라 초이렛날 자는 잠에 인도하소, 나무아미타불"

이렇게 몇 번을 거듭거듭 읊어 주고 떠나갔다. 그 날 이후 홍천댁은 염주를 손에서 놓지 않음은 물론, 입도 잠시나마 쉬는 법이 없었다.

"금강산 어깨보살, 나무아미타불, 시월이라 초이렛날 자는 잠에 데려가소, 나무아미타불."

남이 보아서는 한두 해나 더 살까말까 하던 홍천댁은 십 년을 훨씬 넘게 살다가 시월 초이렛날 저녁에 목욕하고 새 옷 입고 빙그레 웃으며 염주를 꼬옥 쥐고는 앉아서 잠자듯 운명하였다고 한다. 홍천댁의 자식들이 그 모양을 지켜보고는 하도 신기하여, 자기들도 어머니처럼 부처 죽음을 바란다면서 나무아미타불을 부르며 염주를 돌리고 있다 한다. 이와 같이 염주는 노인들에게는 신선한 법우(法友)가 되어 주고, 지혜로운 스님네에게는 진리를 전하는 법륜(法輪)이 되어 주고 있다.

깨달음으로 가는 길

삼장법사(三藏法師)

불상의 여러 가지 모습에 대하여 의문점이 많을 것이다. 그러나 엄청난 무지의 벽을 느낄 뿐 꼭 무엇이 알고 싶거나 묻고 싶지도 않은 것이 일반인들의 소박한 심정이다. 그저 이방인처럼 생소한 환경과 화려한 장엄물에 대한 신비로움에 감응하면서 무심히 젖어드는 기분이기가 쉽다. 부처님이 앉아 계시는 법당 안에 들어서면 전지전능한 신성에 짓눌려 졸지에 아무 생각도 없어진다. 그 마음이 곧 보리심(菩提心)이다.

법당에 들어서면 거룩한 분의 위엄 앞에 자신이 누구라는 이름마저 없어지고, 거울 같은 부처님 앞에 서고 보면 추하고 부끄럽기 짝이 없는 자신의 어두운 자화상이 금방 숨어버린다. 자기의 어둡고 추악한 과거의 그림자가 빛나는 부처님 금빛 속에 저절로 녹아 스며드는 묘한 신뢰와 경배의 심경이 곧 보리심(菩提心)이다.

조금 전 법당에 들어서기 전의 범람하던 사념들이 사라지면서, 소망도 절망도 미망마저 없는 무원(無願)의 심경을 느끼게 된다. 이 심경이 바로 불법을 잉태하는 보리심이다.

우리는 일생을 통하여 아무 바람이 없는 무원(無願)의 심경을 맛본 경험이 거의 없다. 지금 저 금빛 나는 부처님의 무량심에서 나오는 무량한 표정을 통하여 무심지경을 스스로 감응해 보는 것이다. 아무 원이 없는 바로 이 상태가 무아지경이다. 곧 깨달음의 씨앗을 품은 보리심이다. 서지도, 눕지도 않은 부처님의 안전된 좌상을 봄으로 중도에 머물러 움직이지 않는 중심성(中心性)을 우리는 지금 은밀히 느끼고 있다.

어디로 가고 싶지도 않고 그냥 이 자리에서 법당 속으로 녹아들고 있다. 도통이나 해탈이나 열반까지도 그 무엇도 생각 없는 묘한 무구(無救)의 심경을 지금 여기 이 법당에서 맛보고 있다. 바로 이 심경을 보리심이라 한다. 태풍의 중심처럼 공적한 마음에 빛나는 묘한 안정됨이 곧 보리심이다. 보리심은 인연과 자연과 우연(화합)이라는 세 가지 조건이 끊어진 마음을 말한다. 어떻게 인연과 자연과 우연을 끊을 것인가? 이처럼 '어떻게'라는 의문이 저 부처님처럼 밝은 의식의 중심으로 녹아 버린 묘한 각성(妙覺性)을 보리심이라 한다.

연꽃잎이 활짝 열리듯 모든 사념과 발원과 욕구가 자연스럽게 벗겨져 나가면서, 꽃잎 속에서 홀연히 향기와 아름다운 빛깔이 일어나듯 보리심도 그렇게 보이지 않는 본성으로부터 일어난다. 저 연화좌에 앉아 계신 금빛 몸매의 불상은 우리들 마음 가운데 일어난 보리심에서 큰 깨달음의 빛나는 모습을 상징해 보인 것이다.

근세에 이 땅에는 훌륭한 선지식이 몇 분 계셨다. 그 분들은 부처님의 발자취를 잘 밝혀 주셨는데, 특히 백용성 스님과 이광수 선생의 사촌 동생인 이운허(용하) 스님, 그리고 김탄허 스님을 들 수 있다. 불법을 잘 아시는 분을 선지식이라고 한다. 그러나 불법을 혼자 알기만 하고 세상 사람들에게 그 법을 전하는 지혜가 없으면 올바른 선지식으로 받들기에는 부족한 일면이 있다. 다행스럽게도 위 세 분 스님들은 사문(寺門)에서 말하는 삼장법사(三藏法師)라는 칭호에도 손색이 없으신 대사님들이셨기에 다시 한 번 경배드린다.

삼장(三藏)이란 경장(經藏), 율장(律藏), 논장(論藏)을 말한다. 그러나 이런 경우는 경학(經學)으로 본 삼장학설이겠고, 내면으로 본 삼장은 전혀 다르다. 성불의 견지에서 본 삼장은 그대의 몸이 여래장(如來藏)으로서 일거일동이 부처님 화신(化身)과 한가지여야 하고, 그대의 뜻이 여래장으로서 생각과 느낌이 보신불(報身佛)과 한가지여야 하고, 그대의 자성(自性)이 여래장으로서 청정법신(淸淨法身)과 한가지여야 한다. 이것이 내면으로 생각해 본 삼장에 대한 소견이다. 또 깨달음의 견지에서 본 삼장은 그대의 자성이 선정에 들어 있는 듯 초롱초롱하게 깨어 있고, 그대의 지혜가 경전과 같아 있고, 그대의 행함이 부처님 계율과 같아 있음이 곧 배우는 우리의 입장에 맞는 학인삼장(學人三藏)이 되겠다.

용성·운허·탄허 스님들은 그러하신 분들이셨다. 용성 스님은 꿈에 불경을 번역하라는 선몽을 받고 일생 동안 석경(釋經)에 매진하였으므로 본래 삼장이란 뜻에 충분하며, 운허 스님도 그러하였으려니와 열반하시면서 이르시기를 "내가 죽어 사리가 나오거든 수채 구멍에 집어 던져라." 하신 교훈만 보더라도 증상만(增上慢 : 도를 얻지 못하고 한 소식했다는 수도자)의 추태가 없었던 증거로 불자가 틀림없고, 탄허 스님은 방대한 화엄경을 완석(完釋)하시고 열반하셨으니 불자가 아니고는 감시 누구도 해낼 수 있는 영역이 아니므로 거듭 경배 드리는 바이다.

도의 실상을 은밀히 느끼시는 탄허 스님이 평소에 많이 쓰셨다는 말씀 한 구절을 소개한다. 사람마다 독특하게 입버릇처럼 사용하는 말씨가 있다. 어떤 이는 "할 말은 아닌데" 하면서 할 말이 아닌 말을 거듭거듭 하는가 하면, "솔직히 말해서"를 전제로 붙여 놓고 솔직하지 못한 말을 많이 하는 경우가 있다. 탄허 스님께서 평소에 자주 쓰시던 토속 말씨는 "글쎄올시다"이다. '글쎄올시다'는 이것인지 저것인지 도무지 양단 간을 종잡기 어려울 경우 자연 발생적으로 튀어나오는 아리송한 말투다. 그런데 진리로 들어가는 첩경에는 이 용어가 아니면 도무지 다른 언어로는 구사할 수가 없다. 진리(道)

는 말이나 글로는 표현이 안 된다. 다만 느낌(覺) 뿐이다. 언어로 표현되는 과학적인 물리에서 벗어나 깨침(覺)의 세계로 들어가는 첩경에서 나올 수 있는 말이 '글쎄올시다' 이다. 이것도 저것도 아닌 중립적 입장을 '글쎄올시다' 라고 하는 것 같으면서도, 이것이기도 하고 저것이기도 한 것을 '글쎄올시다' 라고 표현할 수도 있다. 그래서 서양식 표현으로는 이를 옮길 어휘가 없다. 서양인 들은 이것도 저것도 아닌 중립적 입장은 부정해 버리는 성품이 뿌리 깊게 내린 민족인 만큼, 이처럼 어중간한 말이 생길 수가 없다. 심지어 서양에서 발달한 종교는 이것 아니면 저것이라는 양극단의 논리를 취하고 있으니, 종교 사상이나 철학에서 나올 수 있는 '글쎄올시다' 와 같은 말이 성립될 수 없음은 두말할 것도 없다.

'글쎄올시다' 에서는 글쎄는 '그른 것 같기도 하고' 올시다는 '옳은 것 같기도 하다' 라는 긍정도 부정도 아닌 완전히 중립성(中立性)을 주장하는 '중성어' 인 셈이다. 그렇다고 해서 이 용어가 이것인 것 같기도 하고, 저것인 것 같기도 하다는 긍정적 모호성은 지니고 있을지언정, 그런지도 모르겠고 아니 그런지도 모르겠다는 부정적 무지(無知)의 용어는 아니다. 알기는 아는데 그 사실이 단순한 긍정이나 단순한 부정으로는 대답이 아니되는, 즉 말이나 글로는 표현도 안 되고 오로지 느낌으로만 깨닫고 아는 이해의 소관일 때 쓰는 용어이다. 이해의 다양성을 지닌 말이다.

깨달은 분에게 "신(神)이 있습니까?" 하고 물으면, 반드시 "글쎄올시다" 하시며 먼 산을 보거나 하늘을 멍하니 쳐다보셨을 것이다. 부처님 경우는 침묵으로 대답하신다. 부처님께서는 제자들의 물음에 대답하시는 방법이 네 가지가 있었다. 첫째는 직답(直答)이다. 그 물음의 내용이 양단시비론이었을 경우이다. 딱부러지게 긍정과 부정으로 '그렇다', '아니다' 로 대답하는 것을 말한다. 둘째는 반질답(反質答)이다. 되질문하면서 해답을 주는 방법이다. 셋째는 분별답(分別答)이다. 여러 가지로 분석하고 비교해서 이해를 통하여 해답을 주는 방법이다. 넷째는 사직답(捨直答)이다. 답을 대신해서 그대로 느끼게 하는 것, 즉 답할 것 없이 그냥 내버려 두는 것을 말한다. 제 스스로 시간이 흐르면 저절로 삶을 통하여 해답을 얻게 하는 방법이다.

'글쎄올시다'는 이것도 저것도 아니고, 아닌 것도 아닌 경우에 쓰이는 말이다. 우주의 보편성(普遍性)은 '글쎄올시다'로 되어 있다. 철저히 중립적이고 중성적이기 때문이다. 여기서 벗어나는 불법에서는 세 번 더 부정된 긍정을 부처님은 여래(如來)라고 말씀하셨다. 이러한 주장에 반론을 제기하는 사람도 있으리라. 그러나 긍정도 부정도 하지 말자. 여래(如來)란 본시 일곱 번 부정이 일어난 여덟 번째의 긍정인 신비의 영역이기 때문이다.

우리가 쓰는 '글쎄올시다'는 긍정과 부정이 다시 긍정되는 말이다. 그러나 '여래'는 여기서 긍정이 부정되었다가, 그것을 다시 두 번 반복한 긍정도 부정도 아닌 것도 아닌 미묘한 법계의 실상을 유추한 역설이다. 이것은 깨달음에서 오는 이해의 영역이지, 논리나 사고의 경지가 아니다. 이렇게 일곱 번 부정이 일어난 최후의 어떤 모습을 '여래'라고 부처님이 말씀하셨다. 이 여래를 굳이 말로 표현하자면 '글쎄올시다'인데 지구상의 유일무이하게도 우리나라에만 이 단어가 있다.

다시 '글쎄올시다'를 삼단논법으로 더듬어 보자. 손뼉을 쳤다. 그래서 소리가 났다. 그 소리는 어디서 나왔는가? 나온 자리를 규명해 보자. 왼손바닥? 오른손바닥? 그러면 손바닥과 손바닥 사이? 왼손, 오른손, 중간 어느 한 쪽에서 난 소리가 아니니 세 곳이 부정된다. 그러나 왼손바닥이 아닌 것도 아니고, 오른손바닥이 아닌 것도 아니고, 그 중간이 아니것도 아니니 세 곳이 다시 긍정되고 말았다. 사실상 여섯 번 부정이 일어난 셈이다. 이 여섯 번째 부정과 긍정을 버린 차원이 곧 칠부정이고, 이 부정이 다시 긍정으로 실현된 차원이 여래장(如來藏)이라고 하는 불가사의한 해탈 경계인 묘각장(妙覺藏)이다. 여기서 한 번 더 부정이 일어나면 무여열반(無餘涅槃)이 된다. 이것은 너무 당돌한 해석 같지만 이렇게라도 알아 두면 많은 지혜가 생길 것이다.

여래장이라 하는 곳은 진리의 밑바닥이다. 일반적 생각에는 손뼉을 치니까, 소리가 양 손바닥과 중간 지점에서 분명히 생긴 것처럼 알고 있다. 그러나 사실은 소리라고 하는 묘음보살(妙音菩薩)이 시방세계에 두루하여 어디로부터 오거나 어디로 가거나 있거나 없거나 하지 않고 그렇다고 항상 그대로 존재하지도 아니한, 그 무엇으로 실존하므로 사량분별(思量分別)은 세 번째 부정에서 이미 '스톱' 한다. 그러면 어째서 부정이 일어났다가 다시 긍정이 되고, 또 긍정도 부정도 아닌 것이 생기며 마지막에 '여래장' 까지 가버리는가?

잘 생각해 보자. 만약 소리가 어떤 꼴로 실존한다면, 제 스스로 항상 소리를 내어야 할 것인데 어찌하여 사람이 손뼉을 치도록 기다리는가! 왼손에 있다면 손바닥 스스로 소리를 내어야 하고, 중간 허공에 있다면 역시 손뼉이나 악기를 기다릴 필요가 없다. 그러므로 본래 소리의 성품이 시방 법계에 두루하여 편만해 있으므로 우리의 행위의 감량에 따라 응한다는 사실을 명쾌히 깨닫기 바란다.

불교 경전에서 불보살의 천백억화신설은 중생이 행하는 업보와 행하는 자의 감량에 따라 항상 불성(佛性)이 반응한다는 뜻에서 응화신(應化身)이라 풀었다. 관세음보살이 32응신(三十二應身)한다는 말씀도 같은 맥락에서 풀어야 하고, 지금 예로 든 소리의 묘음보살이 그와 같이 시방 법계에 몸을 나툼도 이같은 이치로 풀어야 한다. 소리나 물, 불 등 삼라만상의 모든 것이 일곱 번 부정이 일어나면 전부가 한통속이 되고 만다. 불과 물이 따로 있지 않으며 육체와 영혼이 별거해 있지도 않다. 전부가 원융하여 여일(如一)하게 되므로 여래장이라고 하였다. 이런 묘한 이치의 부처님 말씀은 능엄경에 소상히 기록되어 있으므로 경전(經典)을 통하여 깊은 깨우침이 있기 바란다.

신(神)이 있느냐는 질문에는 '있다', '없다'라는 소견의 영역을 벗어나, 있지도 않고 없지도 않은 중성어로 만들어진 '글쎄올시다'가 정답에 가까운 유일한 대답이 된다. 하지만 말이란 표현의 한계가 있고 뜻하는 바 의미가 협소하다. 그래서 현명한 사람은 침묵으로 대답하고 싶지만 중생은 침묵의 답을 싫어하고 또 불쾌하게 여기므로, 무언가 말로써 대답을 하자니 불가피하게 '글쎄올시다'로밖에 달리 대답이 없다. 그러나 깨친 분들의 경우 '글쎄올시다'라고 하시는 말씀은 해탈과 열반의 구경을 은밀히 의식하시면서 대답하셨던 게 아닌가 한다.

최고의 학문이라 할 수 있는 철학과 종교가 난해한 것은 논리의 대상이 아니란 점이다. 칠부정은 고사하고 두 변(이쪽 저쪽)의 부정이 긍정된 세속진리의 속성과 원리를 세상의 지식인들이 이해하지 못하기 때문이다.

우리는 진리의 심오함과 정신 영역의 지고함에 대해 보다 고차원적 고찰이 필요한 시점에 와 있다. 우리의 눈으로 보지 못하는 면이 육안으로 볼 수 있는 것보다 수적으로 훨씬 많다는 사실을 인정하는 것부터가 고차원적 고찰의 시작이다. 미진 중에도 세계 인구 수보다 많은 미생물이 존재할 수 있다는 사실도 우리 육안의 영역을 벗어나고 있다. 보지 못하고, 듣지 못하고, 느끼지 못하는 사실들이 우리가 자각하고 있는 현실보다 훨씬 양적으로나 질적으로 무량하다는 것을 귀띔하기 위해 많은 이야기를 하고 있다. 나아가 보지 못하던 것을 보고, 듣지 못하던 것을 듣고, 느끼지 못하던 것을 느끼도록 하기 위해 난해한 이야기를 하고 있는 것이다. 그러한 앎의 측면에서 꼭 밝히고 넘어야 할 지식의 장벽이 있다. 물질이 분해를 거듭하면 마침내 허공장보살(虛空藏菩薩)이 된다는 사실을 어림하면서, 지금부터 부처님이 왜 금빛 몸을 하고 있는가에 대하여 필설코자 한다.

금의 신비

흔히들 하는 말로 금은 불변하는 속성이 있으므로 부처상이 오래오래 퇴색되지 않고 유구히 보존되도록 하기 위하여 금으로 도금해 놓은 것이라고들 말한다. 중생의 소견으로야 백번 옳은 말이다. 그러나 여기서는 보다 본질적인 측면에서 이해를 돕고자 한다. 진리의 측면으로 보아도 불상은 금으로 도금을 해서 모셔야 된다. 그것은 진리를 상징하는 의미가 있음이고 다음으로 보는 이에게 무한한 영감을 일으키기 때문이며, 마침내 구경에 도달케 하는 보리심이 일어나기 때문이다. 또 도금을 한 불상은 부적과 같이 부불(府物)로서의 신비한 영험이 일어나는 특수성이 있다는 점이다.

금이 진리 그 자체일 수 있다고 한 것은 우주의 원소 중에서 금(金)은 본래 기본 원소이므로 무엇으로부터 가공된 것도 아니고, 가공될 수 있는 것 또한 아니다. 금을 만들어 보겠다는 온 인류의 의지가 오늘날 과학 문명을 끌어 왔지만 마침내 목적했던 바 금(金) 그 자체를 인공으로는 만들 수 없다는 결론을 얻었을 뿐이다. 왜 금(金)은 인간의 지혜로는 만들 수 없는가. 그 이유는 원소(原素)가 아니기 때문이다. 현대 물리학에서 아직도 금을 원소로 규정한다면 백천만 겁을 지나도 금은 만들 수 없다. 금은 원소가 아니다. 이를테면 원기(元氣)이다. 원기(元氣)란 본연에서 일어난 전기 같은 빛을 말한다. 금은 인간의 신령한 지혜의 빛을 받은 진공이 굳어져 변형을 이룬 것이므로, 인간의 지식으로는 납득하기 어렵다. 인간의 의식이 변형되면 여러 가지 물질이 될 수 있는데, 예컨대 고려 말 정몽주 선생이 이방원의 정치 테러로 죽자, 죽은 그 자리에서 대(竹)가 자라나온 것과, 또 조개 속에서 진주가 생겨 나오는 이치와 유사하다면 설명이 쉬울지 모르겠다. 실로 불가사의에 가까운 이야기이다. 금이 생긴 이치를 부처님 말씀에 의지하여 풀어 보겠다.

본래 묘하게 밝은 우리의 묘명(妙明)한 자성이 그 맑음 자체가 명묘(明妙)

해서 이 밝고 묘한 신비의 빛이 고요한 허공을 계속 비추게 되었다. 이 본 자성의 묘한 빛이 계속 비춤으로 해서 밝음과 어둠이 뚜렷하게 되었다. 이것이 음양오행학(陰陽五行學)에서 말하는 음양(陰陽) 차원이 생기게 된 원인이 된다. 시시비비와 이단은 여기서부터 시작된다. 본 자성의 묘한 빛이 허공을 계속 비춤으로 마침내 허공이 굳어져 빛나는 금성(金性)을 이루게 되고, 이 금성이 시방세계에 두루 가득하여 우주의 밑바탕인 자기장(磁氣場)이 되어 시방세계를 지탱하는 힘이 되고 있다. 이제 금성(金性)이 생기게 된 원인을 조금이라도 이해했을 줄 안다. 바로 이 우주의 모체가 되는 금성을 불상(佛像)이라 보면 된다. 그래서 요가에서는 요가의 시조를 금태신(金台神)이라 한다.

부처님의 모양을 나툰다면 본래 묘각의 자성을 원기(元氣)로 하여 육신을 만든다. 다시 말하면 인간은 사대원소에서 취한 물질로써 인간과 만물을 만들고, 천상 사람은 원소로써 색신과 만물을 만든다. 색계선천(色界禪天) 사람은 원기인 빛으로 몸을 만들고, 부처님은 묘명한 자성의 빛인 금성(金性)으로 본 묘각의 몸을 만든다. 이제 금성이 부처님의 몸을 이루는 근본임을 알았다. 그러므로 불상을 금색으로 도금해야만 부처님을 모시는 방편에 있어서 가장 합리적인 진리 그 자체가 됨을 이해하리라 믿는다.

다음으로 금빛은 보는 이에게 무한한 영감을 불러일으키므로 부처상에 금색 옷을 입힌다 하였는데, 금성의 빛은 온갖 빛과 색을 섭수(攝受)하는 힘이 강력하다. 그러므로 예부터 금(金)을 지니면 사기(邪氣)가 범접하지 못하는 것으로 알아 왔는데, 그러한 생각은 세상의 환전 가치물(換錢價値物)로서의 금이 아니라 금이 지닌 특수성으로 볼 때, 금(金)보다 더 전기나 자연 방선을 잘 흡수하는 물질이 없다는 사실을 알고 나면 이해가 쉽다. 금성은 이와 같이 전기뿐만 아니라, 사람의 심성을 이루고 있는 영자(靈子)를 섭수하여 본래 묘한 내면으로 하여금 신비로운 영험을 일으키게 한다. 그래서 절에 자주 다니면서 부처님을 많이 본 사람은 악도에 떨어질 우려가 없다.

셋째로 사람의 의식을 구경에 도달케 하는 신비로운 부물(符物)적 효과는 우리 주변에서 쉽게 접할 수 있는 현상이기도 하다. 십자가(十字架)를 들고 마귀를 쫓는 경우도 그렇고, 부처님에게 기도하여 영험을 얻는 경우도 그렇다고 보겠다. 신자(信者)들이 가슴에 십자가나 불상을 달고 다니는 것은 신비의 기적을 일으키는 매개체를 갖고 있는 셈이 되므로 부물(符物)과 같은 효과가 있다고 한 것이다. 금은 상서롭지 못한 기운을 몰아내는 힘이 있다. 그래서 어린 유아들이 먼 곳을 다녀도 금목걸이를 하면 전염성 병이나 환경에 민감한 신열이나 여타 악귀의 액난이 생기질 않는다.

이렇게 하여 부처님의 몸이 금색(金色)인 이유를 알아보았다. 여기서 믿기 어려운 체험담 한 토막을 얘기하고 넘어가자.

부물(符物)

경남 진주 가까운 곳에 정취암(情趣菴)이라고 하는 암자가 있다. 이 암자에서는 예부터 해괴한 사건들이 자주 일어났는데, 초창기에는 법당에 모신 불상(佛像)이 밤을 새고 나면 법당 앞 마당에 나와 있곤 했었다. 이 암자가 자리한 산은 기암절벽으로 산세도 영험스럽고, 경관 또한 한 소식 일어날 것같이 확 트여 신라 때부터 큰스님들의 도량으로 애용돼 왔다. 근년에 있었던 일이다. 젊은 두 수도승이 술을 거나하게 마시고 잔뜩 취하여 정취암으로 올라가던 중, 때 아닌 밤중에 무서운 산중에서 꽃다운 미녀를 만나게 되었다. 취한 사나이들은 불현듯 음탕한 색심이 동했다. 끓어 넘치는 색욕을 못 이겨 밤새 숲속에서 멋진 정사를 즐겼다고 한다. 다음날 아침 정신을 차려보니 자기의 그것은 온통 피투성이가 되어 있고, 그렇게도 잘나 보이던 미녀는 썩은 표주박이더란다. 두 젊은 수자는 흔히 하는 말로 도깨비에게 홀린 꼴이 되어 버렸는데, 그들이 암자의 이름이 말해 주듯 청정결백한 절의 성미를 진작 파악하고 있었더라면 그런 해괴한 일은 당하지 않았을 것이다. 벌써 절 이름이 부정한 것은 다 걷어차 버리고 깨끗한 것만 골라 잡아 가진다는 정취암(情趣菴)이 아니던가. 정취(情趣)의 본뜻은 청탁(淸濁)을 다 취하여 청정하게 정화시킨다는 뜻이다.

　어느 해 늦가을, 고향 친구인 효공 스님이 정취암에 머문다기에 만나러 가는 길이었다. 절이 좋아 산에 오르는 사람에게는 산이 좋아 산을 오르는 산악인들의 낭만 같은 것은 없다. 오로지 명산의 고찰을 통하여 신령한 신비와 만나는 초상세계의 아쉬움이 있을 뿐이다. 늦은 밤 산길을 헐떡이며 오르다 보니 어느덧 정취암 대문 앞에 이르게 되었는데, 대문이라고 하는 것이 흡사 늙은 할머니의 비뚤어진 입처럼 히죽 기울어진 채 반쯤 열려 있었다. 안으로부터 새어 나오는 불빛은 죽지 못해 깜박거리는 어슴푸레한 빛으로 적막한 산사의 음산한 법당을 지키고 있었다. 어둠이 깊은지라, 분명찮은 절 그림자밖에 볼 수 없는 괴괴한 산사의 고요를 깨웠더니, 나지막한 법당채 저쪽 어디서 두 사미승이 쪼르르 달려 나왔다. 스승의 함자를 듣자 친절한 목소리로 "스님은 잠깐 출타 중이십니다." 하고는 한밤중에 캄캄한 산길을 둘이서 스승을 모시러 나선다. 한사코 말렸으나 스승에게 기별이라도 할 양 마을로 내려갔다. 객이 홀로 법당에 들어가 부처님께 참배를 드리고 나서, 피로한 두 다리를 틀어 올리고 깊이 깊이 영혼의 파도 속으로 빠져 들었다. 긴 여행길의 여독 때문에 금방 몽롱한 심경으로 빠져 들었다.

　생각하는 머리나 느낌의 가슴이나 감각의 몸뚱이를 전체로 의식하며 의식과 무의식 사이를 오락가락하다가, 금방 퍼붓는 수면에 잠방구질 했다. 피로와 주림으로 아우성치던 육신과 온갖 사념의 나부랭이들이 희미한 의식 앞에서 난장판을 이루는 것을 가까스로 총총히 주시하고 있노라니, 엄청난 혼미의 굉음이 영계(靈界)에서 일어나면서 갑자기 법당 천장으로부터 전신이 묘해지는 붉은 금빛 광명이 햇빛처럼 쏟아져 내렸다. 순간 온몸은 고압에 감전이라도 된 듯, 만신은 굳어지고 정신은 아득하여 심신은 나무처럼 굳어 들었다. 평소의 경험으로 미루어 보아 심상찮은 심신의 이변을 느끼면서 더욱 그러한 자신을 주시하고 있었다. 이때에 스스로 잘 알고 있는 영혼의 세계로 빠져들고 있었던 것이다.

홀연히 이 세상의 괴로운 몸과 번뇌를 벗어나 영혼의 몸이라고나 할 경쾌한 영신(靈身)으로 몰입돼 갔다. 가끔 현재의 육신을 버리고 자재로운 영혼의 몸으로 변신을 하는 경험을 했다. 육신을 떠나 영신으로 변형을 이룰 때는 묘한 영감에 전율을 느끼면서 자신의 중음신이 뚜렷해진다. 묘한 자신의 차림새가 나타났다. 항상 긴 주장자를 들고 승복을 곱게 차려 입고 언제나처럼 똑같은 변신을 하고 서 있었다. 그때 느닷없이 안채로부터 젊은 비구니 하나가 미친 듯이 뛰어 나와 해괴한 괴성을 지르며 좁은 마당 가운데에서 서너 번 뛰어 오르는가 싶더니 큰 백여우로 둔갑했다. 웬만한 송아지 크기의 백여우가 살벌한 소리를 질러대니, 잠든 산천이 갑자기 요란하고 괴이한 현상들로 사방이 어지럽혀졌다. 사납기가 백호보다 더한 것 같았다. 그때에 나그네의 영신이 법당 마루로 태연히 걸어 나와 주장자를 세 번 탕!탕!탕! 두드리니 요지발광을 떨던 천 년 묵은 정령(精靈)의 변신 백여우가 펄펄 뛰면서 여러 번 뒤집더니 그만 사지를 쭉 뻗고 누워 버렸다. 요상하게 죽은 그 자취에서 안개인 양, 구름인 양, 연기 같은 요정의 정기가 아지랑이같이 증발하니 그 자리에서 홀연히 어여쁜 비구니가 본래 제 모습을 찾아 살아났다. 잠깐 사이에 일어난 환상에 전율하면서 전신을 떠는 순간, 현실로 돌아왔을 때는 긴 늦가을 밤도 희뿌옇게 새고 있었다. 먼 산머리 위에 희미한 선휘의 서기가 비치고 있었다.

사흘을 묵고 나그네가 하산하던 날 친구 효공에게 물었다. "이 절에 여승이 있지 않느냐?" 했더니 심히 놀라며 숨기고 있던 사연을 이야기하였다. 이렇게 해서 아랫마을 출신의 비구니 하나가 정신이 이상하여 정취암에 의탁하고 있다는 사실과 그 비구니에게 숨겨져 있던 슬프고 애절한 이야기를 듣게 되었다. "자네가 고칠 수 없던 그 비구니의 고약한 정신병은 이제 괜찮을 걸세. 앞으로는 이 절 주변에서 일어났던 도깨비 사건도 물론 아니 생길 테고." 하며 일러 주었다. 하산인사차 법당 안에 들어가 무심코 천장을 쳐다보게 되었는데, 그 순간 나그네는 하염없이 눈물을 흘리고야 말았다. 언젠가 그 옛날, 오늘을 생각하시고 오늘의 기적을 있게 한 법안이 열린 큰스님의 천리안에 감격하여 울었다. 그 옛날 천리안을 가지신 어떤 스님의 필적이 분명하다. 신묘장구대다라니를 범어로, 그것도 붉은 경면주사로 써 붙여 놓았다. 부적 삼아 붙여 놓은 다라니는 역사의 때를 까맣게 묻힌 채, 그 곳 법당 천장 중앙에 붙어 있었던 것이다. 저 부적으로부터 신비한 광명의 위신력을 맞이했던 것이라 생각하니, 그 신기한 신험 앞에 저절로 고개가 숙여졌고 그저 불법의 불가사의에 경탄할 뿐이었다. 그 도깨비의 정체는 음욕을 끊지 않고 오래도록 수도한 요승이 늙어 죽어 정령이 된 것으로 계행이 청정하면 범접을 못하나, 조금만 몸과 마음에 허점이 보이면 사람의 맑은 정기를 빼앗아 먹어서 사람으로 하여금 정신착란을 일으키게 하였다.

차제에 처음으로 불문에 들어와 공부하시는 스님들은 부디 큰 사문으로 들어가 공부하도록 권하고 싶다. 큰 절의 부처님 상은 사악한 인간의 근성을 불성으로 변화시키는 불가사의한 힘이 있다. 또한 부적과 같은 신비로운 부물(符物)의 신험도 한량없는 것이다. 아울러 큰 산에는 큰 짐승이 있고 큰 강에는 큰 고기가 있듯이, 큰 절에는 큰 스님네가 많이 계시므로 보통 사람들이 알 수 없는 불가사의한 신통으로 온갖 재앙과 악신의 장난을 없애버리는 위신력도 있는 법이다. 고로 초심자일수록 큰 절을 찾아야지, 사암이나 포교당 같은 곳은 힘써 피함이 좋다고 조언하고 싶다.

부처님 몸매의 상(相)은 서른두 가지 상(三十二相)이요, 보기 좋은 기품은 팔십종호(八十種好)이다. 저렇게 빛나는 금빛 몸은 불변의 지혜로서, 세세생생 뭇 인생들을 깨우쳐 주시고 보살펴 주신 공덕으로 생긴 몸이라 한다. 그러므로 부처님의 공덕신을 붉은 금빛 나는 보신(報身)이라 하고, 보신이 계시는 곳이라 하여 법당을 금당(金堂)이라고도 한다. 그럼 지금부터 부처님의 상호(相好)에 대하여 자세히 알아보자.

삼십이상 팔십종호(三十二相八十種好)

법당 안에 들어서면, 금빛으로 빛나는 부처님의 상호에 대하여 많은 생각들이 일어날 것이다. 이러한 의문과 이상한 느낌이 일어나는 것은 사찰의 막막한 신비로운 분위기에 비추어 보면 당연한 심정일지도 모른다. 이렇게 속속들이 의문 투성이로 되어 있는 것들을 보고도 무엇하나 꼬집어 물어 볼 게 없다는 것은 왜일까. 아는 것이 있어야 물어 볼 수 있다. 도무지 생면부지의 환경에 압도되어 무엇을 질문해야 할지조차 모르는 것이 오히려 정상이다. 그래서 여기서는 부처님의 상호(相好)에 대하여 이야기하고자 한다.

부처님 상호를 알지 못하고는 편견에 떨어진 요즘 불교를 구할 수 없다는 생각이다. 불법은 삼신(三身)을 근본으로 삼고 있으며 그것은 법신(法身), 보신(報身), 화신(化身)이다. 청정법신(淸淨法身)은 공적(空寂)한 열반신을 말하며, 원만보신(圓滿報身)은 불가사의한 공덕의 몸을 말하며, 천백억화신(千百億化身)은 무량한 지혜와 신통(神通)의 몸을 말한다. 이것은 불교의 삼위일체라 할 만한 것으로서 세속적 표현에 비유하자면 의(義:法身)와 체(體:報身)와 용(用:化身)을 뜻한다. 이 삼신을 원만히 구족했을때 비로소 성불할 수 있다.

사람에 비유하면 사람의 마음은 법신이 되고, 그 사람의 몸매는 보신이 된다. 그 사람이 지닌 재주와 삶의 형태는 화신으로서 용(用)이 된다. 가정에서 많이 쓰는 전자제품을 생각해 보면 불법의 삼위일체를 이해하는 데 보다 쉬운 비유가 될 것 같다. 전기는 의(義 : 法身)가 되고, 제품의 모양은 체(體 : 報身)가 되며, 쓰이는 용도는 용(用 : 化身)이 된다.

우주 본질 차원에서 삼위일체를 찾아 설명하면 공(空)은 체(體)요, 무(無)는 핵(核)이며, 허(虛)는 성(性)이다. 어떻게 하여 공(空)이 체(體)인가 하면, 모든 삼라만상이 다 공을 바탕으로 하여 어떤 모양을 이루고 있기 때문이다. 결국 무한한 공이 어떤 개성의 꼴을 취하고 있으므로 공(空)을 체(體)라고 하는 것이다. 만약 공을 근본 뼈대로 하지 않은 그 무엇이 있다면, 즉 공을 근본으로 하지 아니하는 존재가 있을 수 있다면 그것은 오로지 불성(佛性)뿐이다. 불성의 본질은 청정법신이 아니던가. 청정(淸淨)이란 글자 뜻이 청(淸)과 탁(濁)을 다 여읜 것을 의미하므로 저 진공까지도 사라진 불가사의 영역을 말한다. 이것을 부처님은 열반이라 이름했다.

어떻게 하여 무(無)를 핵(核)이라 하느냐 하면, 물질을 분해하면 공이 되고, 공을 한 번 더 분해하면 무가 되기 때문이다. 따라서 무는 공의 모체가 된다. 물질적 차원에서 본다면, 근본 핵심(核心)은 곧 무(無)가 되므로 무를 핵이라 푸는 것이다. 공이 없어질 때는 실로 신비로운 일이 일어난다. 핵 폭발보다 더 엄청난 묘음과 어마어마한 불이 일어난다.

무(無) 자를 자세히 보면 그렇게 보는 견해에 대한 구체적인 설명이 잘 나타나 있다. 무(無) 자를 하나 하나 분해하여 그 의미를 새기고 다시 맞추어 전체의 뜻을 음미해 보자. 우선 삐침(丿) 이 있고, 다음 가로지르는 삼(三)이 있고, 내리 그은 긋는 네 개의 기둥(丨丨丨丨)이 있고, 맨 밑에 네 개의 점(灬)이 있다. 여기서에서의 삐침은 비상하여 날아오르는 불꽃을 상징하는 의미이고, 三은 천(天), 인(人), 지(地) 즉 양극(陽極)과 중성(中性)과 음극(陰極)을 이름함이며, 내리 그은 네 개의 기둥은 우주 만물의 근본인 네 가지 큰 원소, 지수화풍(地水火風)이다. 밑에 있는 네 개의 점은 불 화(火) 자를 변형하여 쓴 것이므로, 지금까지 글자의 구성을 간추리면 무(無) 자는 '불무더기'가 된다.

무(無) 자 자체에서 삼라만상의 구성과 사대의 원소가 한 무더기 불로 사라지는 모습을 묘하게 설명하고 있다. 공이 없어진 무(無)가 일어난 상태는 인간의 텅 빈 마음같은 핵심(核心), 무심(無心) 하는 말과 같이 핵(核) 자, 무(無) 자에는 반드시 심(心) 자가 시녀처럼 따라붙는다. 그러므로 우리는 심(心) 자가 없는 핵이나 무 자를 쓰더라도 그 글자 자체가 이미 심(心)의 뜻이 내포되어 있음을 알 수 있다.

깨달음을 얻은 성인들이 열반하실 때에는 반드시 그의 육신이나 주위 공간에서 묘음이 일어나고 묘한 향기와 큰 광명이 일어난다. 그것은 성인이 해탈삼매력으로 몸을 벗고 의식이 진공으로 들어가 멸진정에 들어 스스로 닦은 지혜력으로 공상(공이 없어진 모양)을 한 번 더 멸해 버리면 청정한 무(無)가 드러난다. 이렇게 공에서 무로 대해탈을 일으킬 때에 일어나는 신비로운 자성의 소리와 불빛이 우리들 청각과 육안에도 보인다. 상서로운 범음과 방광이 사방에 가득함을 보게 된다. 환희로운 서광과 더불어 무(無)의 껍질도 사라지고 진신(眞身)이라 말하는 열반의 몸을 이룬다. 어찌 빛뿐이랴. 사람의 귀에는 더 없이 엄숙한 고요가 깃들지만 실은 우주를 진동시키는 묘음이 일어난다. 이 소리를 해탈음(解脫音)이라 한다. 조그마한 물질이 공으로 돌아갈 때의 파괴음도 대단한데, 하물며 공이 부서져 무(無)가 열반으로 사라질 때는 시방세계가 불가사의 광명과 묘음으로 가득해진다. 이러한 신비를 어떻게 표현하면 좋을까? 악성 베토벤은 한창 작곡할 시기에 청각을 잃었지만 보통 사람들이 들을 수 없는 의식의 소리를 들을 수 있었기에 명곡을 계속 작곡할 수 있지 않았을까 어림해 본다. 본래 음악은 귀로 하는 것이 아니라 내부에서 울려 나오는 내면의 소리를 느끼는 마음의 귀로 하는 예술이다. 초의식세계에서 전 존재로 울려퍼지는 묘음을 듣는 예술이다. 빛나는 의식의 파장음을 다루는 광음(光音)술이다. 베토벤이 월광곡(月光曲)이라 한 작명에 깊은 감명을 느끼는 바이다. 베토벤은 관음(觀音)을 할 줄 아는 진정한 음악가이다. 음(音)은 내면의 소리이며, 성(聲)은 우리의 입을 통하여 나오는 소리이다.

유사 이래로 이 세상의 큰 인물이 죽게 되면 지진이 일어나고, 성인이 열반하면 허공이 상하좌우로 흔들려 육종 진동을 일으킨다. 허공이 요동을 하면 그 허공에 더부살이하는 천체야 말해 무엇하리. 그때 일어나는 성광(聖光)은 비유키 어려우나 태양이 검은 먹덩어리가 된다 하니 태양빛도 제대로 못 보는 우리들 육안이야 이야기해 무엇하랴!

우리의 귀도 그 모양이다. 성자들의 영자가 공에서 무로 돌아갈 때는 태양계 1억 개가 일시에 해탈음으로 가득해진다. 그러나 우둔한 이 귀머거리들에게는 아무것도 들리는 바가 없다. 이만하면 이제 종교의 본질인 무(無)가 어떻게 생기며 신성한 무의 존재가 무엇인지, 빛과 소리의 예로써 살펴보아도 어림이 갈 것이다. 신비로운 무(無)가 없어진 묘각(妙覺) 상태를 무여열반(無餘涅槃)이라 한다. 이 지경을 어떻게 인간의 머리로 요지하겠는가.

허(虛)를 성(性)이라 보는 것은 무(無)가 사라진 상태를 생각해 보자. 도무지 무엇이라 분별이 불가능한 텅 빈 어떤 류의 성(性)만이 충만하게 되므로 허를 성(性)으로 푼다. 마음도 사라진 일종의 무심(無心)지경이 일어나는 허성(虛性)의 밑바탕을 불교에서는 허공장(虛空藏)보살로 대비시켜 놓았다. 그러므로 허(虛)를 여래장에서 일어난 묘각장(妙覺藏)의 성(性)으로 푸는 것이 합당하다. 우리 인생은 허망을 직업으로 삼고 있다. 허망을 즐기는 그 이유가 실로 불가사의며 애매모호하기 이를 데 없다. 그것은 허망(虛妄)이 곧 일종의 불성(佛性)이기 때문이다. 텅 빈 허망한 그 무엇이 망령되게 온갖 조화를 부린 것이 우리가 보는 삼라만상이요, 우리 인생의 허망한 마음이 아니던가. 게송 한 편 읊으며 저 인도의 영산(머리)으로 들어가자. 허망한 마음들을 위하여.

본래로 청정한 묘각 중에서
허망으로 인하여 일어났구나
생함으로 인하여 죽음 있나니
일어났다 없어짐이 허망이라네
이렇듯 허망에서 생긴 중생계
꿈 깨듯 깨어나면 필경 생사 없어라
멸(滅)을 인하여 생(生)이 있고
생을 인하여 멸이 있나니
생멸함을 망(妄)이라 하고
이 망에서 중생과 세계가 이루어졌네
각(覺)하여 망을 여의면 필경 생멸 없어라

 허는 성이다. 허망인 성으로 온갖 조화가 일어났다. 부처님의 교법은 다 중생의 미망인 허망한 성을 제거하기 위한 것이니, 천백억화신(千百億化身)을 허성(虛性)이라 말한다. 우리가 주관과 객관에서 벗어나고 편견과 선입견마저 버리자면 반드시 이러한 진리의 성질을 알아야 한다. 진리(眞理)에는 세 가지 특성이 있다. 그것은 정리(正理), 무리(無理), 망리(妄理)이다. 정리는 과학적인 증명과 논리가 가능한 것을 말한다. 합리적이고 이치에 부합하는 면을 진리의 한 면인 정리라 본다. 이 정리 측면이 부처님의 보신 차원이다. 진리에 있어서 도덕(道德)의 경지이다.
 무리(無理)는 삼매와 해탈 또는 열반과 같은 인간의 상식이 미치지 못하는 영역이다. 세속에서도 자주 일어나는 기적은 다 무리(無理)의 소관이다. 이것이 진리의 가장 아름다운 일면이다. 부처님의 경우로는 법신(法身) 차원이다. 진리에 있어서 진선미(眞善美)의 경지이다.
 망리는 허망하게 일어나는 삼라만상의 혼돈 상태를 말한다. 일종의 심리학이다. 불경의 주문(呪文)이나 부적(符籍), 외도의 주술은 다 망리의 영역이다. 허망한 병은 허망으로 다스린다. 이 망의 측면이 부처님의 화신(化身) 차원이다. 이것이 진리의 한 면인 학술(學術)의 차원이다. 이렇게 보고 이렇게 알면 무엇을 버리고 무엇을 선택할 것인가? 오직 진여(眞如), 여여(如如), 진실(眞實) 그대로를 편견 없이 보게 된다.

진여(眞如)
불만도 없고요
비난도 없지요
부질없는 평가도 내릴 것 없네요
여여(如如) 그것은 그냥 있는 그대로지요
사물 그 자체로서 만법이 다 드러나 있네요
진실(眞實)
나 이대로지요
그것이 그것이고 그 말이 그 말이예요

　부처님 상호(相好)를 배우는 관상(觀相) 얘기로 돌아가자. 상호라는 말도 삼십이상(三十二相)에서 따온 상(相) 자와 삼십종호(種好)의 호(好) 자를 붙여서 상호(相好)라 부른다. 모든 상학의 기본은 지금 읽게 될 부처님 상호에 그 기본을 두고 해석하고 있다. 서른두 가지 묘하게 생긴 길상과 여든 가지 보기 좋고 신비로운 기품을 상호라 한다. 이 상호에서 상(相)은 삼십이상을 기본으로 하고, 호감(好感)에는 팔십 가지 종류의 보기 좋은 기품을 기본으로 하고 있다.
　삼십이상과 팔십종호는 무엇이며, 어떻게 하면 저기 부처님과 같은 보기 좋은 몸매를 얻게 되는가? 하는 의문에 대하여 알아보자. 이 깊고 높은 교리를 들음으로 해서 우리는 왜 종교적이고 도덕적이며 윤리적이지 않으면 아니 되는가 하는 진리를 터득하기 바란다. 그러한 진리를 달관함으로써 불도에서 강조하는 육바라밀(六婆羅蜜)이라는 불신(佛身)완성을 위한 수행의 행동강령이 더욱 새롭게 돋보일 것이고, 우리의 삶의 목적이 분명해질 것이다. 그러므로 반드시 육바라밀을 닦아야 삼십이상과 팔십종호를 성취하여 성불한다는 지당한 도리를 확실히 깨닫게 될 것이다.

우선 상호를 원만히 갖추자면 초발심이 일어나야 한다. 여기서 말하는 초발심(初發心)은 오십 가지 착한 마음을 말한다. 초발심으로부터 백가지 착한 공덕을 구족하게 되었을 때, 상호 가운데 한 가지 몸매를 이룬다고 한다. 그래서 부처님 몸을 백복장엄(百福莊嚴)이라고도 한다. 여기서 오십심(五十心)을 알아보자.《금강삼매경(金剛三昧經)》에 있는 말씀으로 한 마음에 오십 가지 나쁜 점이 있는데 그 요점은 이러하다.

한 생각이 한 가지 마음을 도우므로 깨끗한 마음이 움직이게 되면 동시에 오음(五陰 : 色, 受, 想, 行, 識)이 같이 따라 일어난다. 이 과정에서 팔식(八識)이 오음(五陰)과 어울리면 복잡 미묘한 역학 관계로 오십 가지 허물이 일어나는데 이것을 오십악(五十惡)이라 한다. 그래서 십선부터 닦아야 하는데 십선(十善)은 몸으로 짓는 허물 세 가지, 즉 음행, 살인, 도둑질을 아니하고, 뜻으로 짓는 세 가지 허물, 즉 욕심 내고, 화 내고, 어리석은 뜻을 갖지 않고, 입으로 짓는 허물 네 가지, 즉 남을 욕하고, 악담하고, 이간질하고, 거짓말하지 아니함이 곧 십선이 된다. 이렇게 뜻으로 악한 마음과 입으로 악한 말과 몸으로 악한 행동을 아니하면 저절로 십선의 공덕이 생긴다. 이렇게 십선이 각각 백 가지 공덕을 이루면 부처님의 상호를 한 가지씩 차곡 차곡 쌓아 올라가게 된다고 한다.

이와 같이 초발심에서 백 가지 선심의 공덕을 닦아 삼십이상 팔십종호를 구족하게 되는데 이렇게 얻은 공덕의 몸을 대장부상(大丈夫相)이라 하고 원만보신(圓滿報身)이라고도 한다.

이렇게 청정한 삼십이상은 중생을 제도하기 위하여 여러 가지 모양으로 나타내 보이는 몸이기도 하다. 삼십이상도 부처님의 한 몸에 있지만 중생의 근기에 따라 보이는 삼십이 응신이 있으니, 위로는 부처님 몸으로 아래로는 사람 아닌 것까지 두루 다 보이게 하는 이와 같은 공덕의 몸을 우리도 성취해야 한다.

팔십종호는 우주 가운데 팔십 종류의 신(神)의 세계가 있는데 거기에는 신장(神將)들이 있고, 신장들은 누가 보아도 존경할 만한 독특한 기품을 한 가지씩 갖추고 있는바, 그 기품을 한 몸에 다 갖추고 계시는 부처님을 보면 모두가 환희심이 일어나 받들어 섬긴다고 한다.

부처님의 뛰어난 대장부상은 중생이 보게 되면 저절로 공경하는 마음을 일으켜 믿고 승복하며 순종하게 된다. 속세인 중에도 월등히 뛰어난 인품을 갖춘 사람은 언제 어디서나 모든 이로부터 저절로 대우 받고 존경 받는다. 지금 우리 몸은 오십 가지 악한 마음으로 만들어진 부정한 몸이다. 누구로부터 존경을 받기는커녕 자신으로부터도 사랑을 못 받고 학대받는 병 많은 몸이기 십상이다.

남을 돕기는 고사하고 스스로 자신을 이끌어감에도 어려움이 많은 게 보통 인간들의 형편이 아닌가. 이제 우리는 잘 생긴 상호를 만드는 법을 실천하여 원만한 상을 갖춘 노사나불이 되는 길로 나아갈 일이다. 초발심으로부터 오십 가지 마음을 바로 닦아 백 가지 공덕신(空德神)을 두루 갖추면 성불할 수 있는 몸을 이룬다.

잠깐 공덕(空德)과 공덕(功德)의 의미와 내용을 짚고 넘어가자. 공덕(功德)이라면 노동력을 제공한 대가로 노임을 받는 것에 비교할 수 있고 빈 '공(空)'자를 넣어 공덕(空德)이라 하면, 스스로 소유욕을 버림으로 하여 공으로 돌아감이 가장 덕성(德性)스러운 것임을 자각하고 몸과 뜻과 마음이 공으로 돌아갔을 때 얻어지는 해탈의 복을 뜻한 말이다. 공덕(功德)은 해탈도를 지향하는 구도(求道)면에서는, 즉 노동판에서 노동을 제공함으로써 결과적으로 제공받을 수 있는 수입 같은 공덕(功德)은 해탈도에서는 용납되지 않는다. 목적 의식과 전제 조건이 붙는 선행은 오히려 사악한 병으로 본다. 진리라는 말 자체가 진공의 이치를 뜻하고 있으므로 우선은 드러내 보이는 유(有)가 아니라 텅빈 공(空)으로 돌아가야 하고, 더 나아가서는 무심한 무(無)로 돌아가야 진리 그 자체와 합일이 일어난다. 진리 그 자체가 되었을 때 진공(眞空)인 자신의 진실(眞實)에서 무한한 공덕의 에너지가 샘물같이 솟아나는 것이다.

우주가 온통 들락날락하는 무한한 중생의 복락이 현묘한 허공의 창고로부터 넘쳐 흐르므로, 깨달은 성자들은 우리에게 늘 텅텅 비워버리는 비움의 미학을 깨알같이 쏟아 놓았다. 진공 그곳이야말로 진정한 복전(福田)이며 천국이 되기 때문이다. 그래서 노자(老子) 같은 분도 공덕지용(孔德之容)이란 말을 자주 하셨다. 이 말씀의 뜻은 아주 작은 구멍의 진공에서 유위법(有爲法)이 무한히 쏟아져 나오고, 우주와 삼라만상이 그곳으로 들어가고 나온다는 진리의 대역사를 설파한 글귀이다. 그래서 불경에서도 자주 말씀하신 공덕(功德)의 의미와 내용을 살펴본 결과로 미루어 보아 여기서는 공덕(空德)으로 쓰기로 한다. 이러한 공(空)의 진덕(眞德)을 의미 깊게 새겨 간직함이 부처가 되는 길이요, 하나님이 되는 길이다. 우리 인생은 다생다겁으로부터 빌어먹던 습관에서 만들어진 말들 때문에 항상 거지처럼 마냥 얻어나 먹고사는 식의 공덕(功德)은 성자들의 가르침도 아니려니와 군자가 갈 길도 아니다. 공덕(功德)의 역학적 위선(僞善)으로는 아무리 덕성스러운 도덕군자가 되려고 해도 안 된다. 영겁이 가도 도덕적인 사람이 되기 어려울뿐더러 순수한 미덕도 일어나지 않는다. 오직 무위행(無爲行) 즉 '조건 없는 행위' 만이 덕성스러운 인간을 만들고 복덕 많은 재벌을 만든다. 그러므로 비움의 뜻에서 공덕(空德)으로 고쳐쓰고 있음을 알자. 비움의 미덕은 무심히 분별심 없이 행하는 것이다.

보라, 불도의 육바라밀을. 자기를 버리고 공으로 돌아가는 덕목이 아니던가. 남에게 베풂에 있어 결과를 기대하지도 않고, 선행하는 자기를 의식하지도 않는다. 좋은 일을 하려고 애를 쓰게 되면 우선은 남으로부터 칭송을 받고 주어진 명리로 하여 비행기를 탄 맛은 보겠지만 소유욕을 버리지 않는 한, 여기서 말하는 부처님의 삼십이상과 팔십종호는 얻지 못한다. 선의 베풂을 누구에겐가 주고 나서, 그로 인해 생기는 복으로 겨우겨우 주린 배나 채우는 세속의 오복이나 가꾸자는 목적의식이 가득한 공덕(功德) 얘기는 해탈도에서는 금기 사항이다. 공덕(功德)과 공덕(空德)의 소견 차이처럼 시원찮은 윤리가나 도덕군자입네 하는 자들이 저 인도의 라즈니쉬 성자께 모조리 작살나는 이유가 바로 이런 사고의 차이에 있다. 그들은 다 안팎으로 실패했다. 게송 한 편을 외우면서 본 얘기로 돌아가자.

상호시 (相好詩)

지금여기 삼십이상 팔십종호를
뜻있는자 위하여서 이글쏩니다
상법불교 그도리가 어떠하온지
부처님의 경전보며 소견폅니다
세간법과 해탈법도 삼위일체로
불교에는 공적한 몸 열반신이고
원만보신 노사나불 공덕신이며
지혜신통 무량한 몸 천백억화신

이와 같이 구족하게 삼신갖추어
삼세제불 칭찬받는 세존되리라
과거제불 초발심때 세존님 뵙고
어찌하면 그와같은 상호얻나요
구족상호 다갖추신 세존님말씀
너희들이 나와같은 상호얻자면
고통받는 무량중생 구제하여라
육바라밀 고루닦아 삼신이루면
시방제불 칭찬받는 세존되리라

32상 대장부상(三十二相 大丈夫相)

32상을 갖춘 대장부의 상(相)은 대단히 상서롭고 좋은 상으로서 이런분은 살아가는 운 또한 매우 좋아서 관상가들이 이런 분을 본다면, 말문을 닫고 절을 하는 출중한 미남상이다. 이런 상호를 갖추신 분이 속세에 머물러 산다면 정치학도가 아니라도 이 세상을 통솔하는 전륜성왕이 된다고 한다.

불교에서 말하는 보살마하살은 세세생생 남을 위해 살아가시는 거룩한 분을 말함이다. 우리말로는 '크게 보살펴 주시는 성자' 라는 뜻이다. 이런 분들이야말로 우리가 궁구하는 해탈과 깨달음을 이미 성취하신 분이다. 다만 성불(成佛)의 문턱에서 자신의 불국토를 장엄하시는 분들이다. 비유컨대 나한과는 이제 갓 태어난 아기이며, 벽지불은 소년이고, 초지(初地)에서 십지(十地)까지의 보살은 청년이고, 십지(十地) 이상 보살마하살은 장년으로서 이제 자기의 가정을 꾸려 나가야 하는 것과 같다. 보살마하살은 뭇 생명만 구하는 것이 아니라 깨달음을 이미 성취한 성자들을 성불로 인도하므로 개사

(開土), 대사(大士), 고사(高士), 시사(始士) 등으로 부른다.

보통 보살을 각유정(覺有情)이라고 부르는 것은 많은 중생에게 깨달음을 주기 때문에 붙여진 이름이다. 십지(十地) 이상 보살은 누군가 열반을 구하면 열반을 주고, 부처를 구하면 부처를 이루게 한다고 경문에 잘 명기되어 있다. 그래서 각유정(覺有情)이라 하는 것이다. 만약 이 세상에 보살이 몸을 나툰다면 어떤 유형일까? 누가 뭐래도 보살마하살은 우리 세속인의 견지로 보고 이해함이 수월할 것이다. 사실상 보살마하살은 우리 주변에 많이 보이는 분들이다. 우리의 상식과 천만 리나 떨어져 있는 불가의 탱화나 전설의 보살과 같은 거리감을 줄이기 위해서라도 우리들 중 누군가 하나쯤은 육신 보살이라고 믿어 둠이 좋겠다.

인류를 위해 애쓰는 많은 사람들 또한 보살이다. 유복자를 위해 한 생을 기쁜 마음으로 다 바치는 홀어머니의 거룩한 희생 정신을 우리는 많이 보아 왔다. 이들이 곧 육신 보살이다. 오로지 순리대로 살며 자기를 버리는 훌륭한 삶을 살아가는 지극히 소박한 분을 우리 주변에서 쉽게 발견할 수 있지 않은가? 그들이 참다운 보살이다.

지금부터 설명하는 삼십이상은 부처님 말씀을 조금 풀어 설명하는 것에 불과하니 원문에 나타난 그대로 새겨 보기로 하자.

(1) 족하안평상(足下安平相)

발바닥이 편평하다. 만일 보살마하살이 계행을 가지며 흔들리지 아니하면서 보시하는 마음을 버리지 아니하며, 진실한 말에 머물기를 수미산 같이하면 이러한 모양을 얻게 된다.

(2) 수족지두천폭륜상(手足指頭千輻輪相)

만일 보살마하살이 부모와 화상(和尙), 어른에게 내지 축생에게까지 법답게 재물로 공양하거나 공급하면, 이러한 업의 인연으로 손바닥, 발바닥에 수레바퀴 같은 천 개의 둥근 선이 생기게 된다.

(3) 수지섬장상(手指纖長相)

　손가락이 길고 곱고 윤택한 모양

(4) 신단직상(身端直相)

　몸이 곧고 단정한 상

(5) 족부고호상(足趺高好相)

　만일 보살마하살이 생명을 죽이지 않고 훔치지 않고, 부모와 스승에게 항상 환희한 마음을 내면, 이러한 업의 인연으로 세 가지 잘생긴 몸매를 얻으니 그 한 가지는 손가락이 가늘고 길 것이며, 다음은 발꿈치가 길며, 그 다음으로는 몸이 방정하고 곧다. 이 세 가지 모양은 같은 업의 인연이다.

(6) 수족유연상(手足柔軟相)

　만일 보살마하살이 부모나 스승이 병들었을 때에 손수 씻고, 돌보고 안마하여 주면 이런 업의 인연으로 손과 발이 부드럽고 곱게 된다.

(7) 수족만망상(手足縵網相)

　만일 보살마하살이 네 가지로 거두어 주는 사섭법(四攝法 : 慈・悲・喜・捨)으로 중생을 끌어들이면, 이러한 인연으로 손가락 발가락 사이에 비단결 같은 막이 흰거위처럼 된다.

(8) 족근만족상(足跟滿足相)

　발 뒤꿈치가 원만한 상

(9) 신모상마상(身毛上摩相)

　만일 보살마하살이 계율을 가지고 법을 듣고 보시하기를 만족함이 없이 하면, 이러한 업의 인연으로 관절이나 복사뼈가 통통하고 원만하며 몸의 털이 위로 쏠리게 된다.

(10) 천여녹왕상(腨如鹿王相)

　만일 보살마하살이 지극한 마음으로 법을 듣고 바른 교법을 연설하면, 이런 업의 인연으로 사슴왕의 다리와 같아진다.

(11) 견원만상(肩圓滿相)

　　어깨가 둥글고 원만한 상

(12) 수수과슬상(垂手過膝相)

　　손이 무릎 아래까지 내려가는 상

(13) 정상육계상(頂上肉髻相)

　　머리에 살상투가 있는 상

(14) 양액원만상(兩腋圓滿相)

　　만일 보살마하살이 모든 중생에게 해치려는 마음을 내지 않고 음식에는 만족함을 알며 보시하기를 좋아하고 병든 이를 보살펴 주고 약을 주면, 이런 업의 인연으로 몸이 원만하기가 나구타나무와 같이 손이 무릎 밑을 지나고 정수리에 육계가 있으며 겨드랑이가 펑퍼짐하게 된다.

(15) 마음장상(馬陰藏相)

　　만일 보살마하살이 두려워하는 이를 보면 구호하여 주고 헐벗은 이를 보고 옷을 벗어 주면, 이런 업의 인연으로 남근이 몸 안에 숨어 있게 된다.

(16) 모공청색상(毛孔靑色相)

　　모공이 푸른 색을 나타낸다.

(17) 피부세활상(皮膚細滑相)

　　피부가 곱고 부드럽다.

(18) 신모우마상(身毛右摩相)

　　만일 보살마하살이 지혜 있는 이와 친근하고 어리석은 이를 멀리하며 누가 묻는 일에 대답하기 좋아하면 몸의 털이 오른쪽으로 쏠리게 된다.

(19) 신금색상(身金色相)

　　온몸이 금색으로 빛난다.

(20) 상광일장상(常光一丈相)

만일 보살마하살이 항상 의복, 음식, 와구, 의약, 향, 꽃, 등불 등으로 남에게 보시하면, 이런 업의 인연으로 몸이 금빛과 같고 늘 몸에서 광명이 두루 열 자 높이로 난다.

(21) 칠처원만상(七處圓滿相: 兩足下, 兩掌, 兩肩, 頂中)

만일 보살마하살이 보시할 적에 보배로운 것들을 아낌없이 버리되 복전인가 아닌가를 따지지 않으면, 이런 업의 인연으로 일곱 군데가 원만하게 된다.

(22) 유음상(柔音相)

만일 보살마하살이 보시할 때에 마음에 의심을 두지 않으면, 이런 없의 인연으로 부드러운 음성을 얻는다.

(23) 신여사자상(身如獅子相)

만일 보살마하살이 법답게 재물을 구하여 보시하면, 이런 업의 인연으로 뼈마디가 원만하고 사자의 윗몸과 같고 팔과 팔꿈치가 원만하고 가늘게 된다.

(24) 치백제밀상(齒白濟密相)

이빨이 조밀하고 흰 모양

(25) 구사십치상(具四十齒相)

만일 보살마하살이 이간하는 말과 욕설하는 말과 성내는 마음을 여의면, 이런 업의 인연으로 40개의 이가 희고 깨끗하고 가지런하고 조밀하게 된다.

(26) 사아백정상(四牙白淨相)

만일 보살마하살이 모든 중생에게 대자대비하면, 이런 업의 인연으로 네 개의 어금니가 희고 크게 된다.

(27) 협거여사자상(頰車如獅子相)

만일 보살마하살이 항상 베풀어 주기를 원하는 이에게 달라는 대로 주면, 이런 업의 인연으로 사자와 같은 뺨을 얻게 된다.

(28) 인중진액득상미상(咽中津液得上味相)

만일 보살마하살이 중생들이 달라는 대로 음식을 주면, 이런 업의 인연으로 최상의 맛을 느낄 수 있는 미각을 얻게 된다(독약을 먹어도 양약이 된다).

(29) 광장설상(廣場舌相)

만일 보살마하살이 스스로 열 가지 선한 일을 행하고 남에게까지 교화하면, 이런 업의 인연으로 넓고 긴 혀를 얻게 된다.

(30) 범음심원상(梵音深遠相)

만일 보살마하살이 다른 사람의 단점을 들추어 내지 않고 정법을 비방하지 않으면, 이런 업의 인연으로 범음의 음성을 얻게 된다. 하늘 가득히 울려 퍼지는 음성을 범음이라 한다.

(31) 안첩우상상(眼睫牛上相)

만일 보살마하살이 원수나 미운 이를 보고 기쁜 마음을 내면, 이런 업의 인연으로 속눈썹이 검붉게 된다.

(32) 미간백호상(眉間白毫相)

만일 보살마하살이 다른 이의 덕을 숨기지 않고 잘한 일을 드러내면 이런 업의 인연으로 양미간의 백호상을 얻게 된다. 만일 보살마하살이 이렇게 32상을 얻을 업의 인연을 닦으면 깨달음의 보리심이 퇴전하지 않게 된다.

80종호(八十種好)

우선 팔십(八十)이라는 수치의 발생 근거를 살펴볼 필요가 있다. 우리 말로 살펴보면 간단하다. 팔방미인상(八方美人相)의 팔(八)과 우주의 원만수(圓滿數) 십(十)을 곱하여 팔십이 되었다. 앞으로 필설할 팔십종호의 설명도 삼십이상의 공덕론과 별다르지 않다. 그러나 글귀의 내용에 따라 약간 다르게 표현되기는 하겠지만, 기실 내용상 의미는 큰 차이가 있을 게 없다.

(1) 손톱이 가늘고 길며 엷은 구릿빛으로 광택이 있다.
(2) 손·발가락이 둥글고 부드러워 마디가 나타나지 않는다.
(3) 손과 발이 비슷하게 고와서 차별이 없다.
(4) 손과 발이 원만하고 부드럽고 광택이 있다.
(5) 힘줄과 혈관이 깊이 숨어 겉으로 나타나지 않는다.
(6) 복사뼈가 겉으로 나타나지 않는다.
(7) 걸음걸이가 반듯하고 코끼리 걸음과 같다.
(8) 걸음 걷는 모습이 엄숙하여 사자와 같다.
(9) 걸음걸이가 조용하며 지나치거나 느리지도 않아 소의 걸음 같다.
(10) 걸음을 걷거나 멈추는 것이 위엄이 있어 모든 존재를 감동시킨다.
(11) 뒤를 돌아볼 적에 몸을 반드시 오른쪽으로 돌린다.
(12) 팔과 다리가 원만하여 둥그스름하고 묘하게 생겼다.
(13) 뼈마디가 연결됨에 관절의 모습이 없고 마치 용이 몸을 사려 고리를 만듦과 같다.
(14) 무릎이 견고하고 묘하여 원만하다.
(15) 남근은 색상이 좋으며 위세가 구족하여 원만하고 청정한 데다 몸속에 숨어 있다.

(16) 몸과 팔다리가 윤택하고 부드러워 때가 묻지 않는다.

(17) 몸매가 엄숙하여 돈독하고 언제나 겁약하지 않다.

(18) 몸과 팔다리가 견고하여 탄탄하고 잘 연결되어 있다.

(19) 몸과 팔다리가 단정하고 엄숙하며 원만하다.

(20) 몸매가 선왕(仙王) 같아서 단정하고 깨끗하여 티가 없다.

(21) 몸에 광명이 있어 환하게 비친다.

(22) 배가 원만하고 부드러워 여러 모양을 지어도 장엄하다.

(23) 배꼽이 깊고 오른쪽으로 돌았으며 둥글고 묘하고 깨끗하여 광택이 있다.

(24) 배꼽이 오목하거나 두드러지지 않고 두텁고 동그랗고 묘하다.

(25) 살갗이 깨끗하고 용모가 바르다.

(26) 손바닥이 부드러우며 또한 발바닥이 편평하다.

(27) 손금이 곧고 깊으며 분명하여 끊어지지 않는다.

(28) 입술이 붉고 윤택하여 빈바과(頻婆果)의 열매 같다.

(29) 얼굴이 길지도 짧지도 크지도 작지도 않으며 원만하고 단정하다.

(30) 혀가 연하고 구릿빛같이 부드러우며 넓고 길다.

(31) 목소리가 깊고 웅장하며 위엄 있음이 사자와 같이 명랑하고 밝다.

(32) 음성이 묘하고 아름다워 구족한 것이 깊은 골짜기의 메아리와 같다.

(33) 코가 높고 곧으며 콧구멍이 보이지 않는다.

(34) 이가 반듯하고 깨끗하며 희다.

(35) 송곳니가 둥글고 희며 점차로 날카롭게 되어 있다.

(36) 눈이 맑고 깨끗하여 검은자위와 흰자위가 분명하다.

(37) 눈이 크고 길어 푸른 청련화(清蓮華 : 눈 모양이 푸는 연꽃잎 모양)같다.

(38) 속눈썹의 위아래가 가지런하고 숱이 많다.

(39) 눈썹이 길고 촘촘하며 가늘다.

⑷0) 눈썹이 잘 쓸리어 검붉은 수정빛 같다.

⑷1) 눈썹이 빛나고 윤택하여 초승달 같다.

⑷2) 귀가 두텁고 크다.

⑷3) 귀가 길며 귓볼이 늘어져 있다.

⑷4) 두 귀가 아름답고 가지런하며 흠이 없다.

⑷5) 용모를 보는 이마다 공경하는 마음이 우러나게 한다.

⑷6) 이마가 넓고 원만하여 아름답고 훌륭하다.

⑷7) 윗몸이 사자와 같이 위엄이 있다.

⑷8) 머리카락이 길고 검푸르고 촘촘하다.

⑷9) 머리카락이 향기롭고 부드러우며 오른쪽으로 꼬여져 있다.

⑸0) 머리카락이 헝클어지지 않는다.

⑸1) 머리카락이 단단하여 부서지지 않는다.

⑸2) 머리카락이 매끄러워 때가 끼지 않는다.

⑸3) 몸매의 견고함이 나라연(那羅延 : 천상의 힘센 역사)보다 수승하다.

⑸4) 키가 크고 몸이 단정하다.

⑸5) 몸과 팔다리가 수승하여 견줄 사람이 없다.

⑸6) 몸매가 아름다워 여러 사람이 보기 좋아한다.

⑸7) 얼굴이 넓고 원만하여 보름달 같고 깨끗하며 맑다.

⑸8) 얼굴빛이 화평하여 찡그리거나 푸르거나 붉지 않다.

⑸9) 살갗이 깨끗하여 때가 없고 냄새가 나지 않는다.

⑹0) 털구멍에서 아름다운 향기가 풍긴다.

⑹1) 입에서 향내가 난다.

⑹2) 목이 둥글고 아름답다.

⑹3) 몸에 솜털이 검푸르고 빛나며 깨끗하기가 공작의 목덜미 같다.

⑹4) 법문하는 소리가 듣는 사람의 많고 적음에 따라 알맞게 조절되므로

듣는 이가 편안하다.

⑹⑸ 정수리를 볼 수가 없다.

⑹⑹ 손가락 사이에 분명한 엷은 막이 생긴다.

⑹⑺ 발가락 사이에 분명한 엷은 막이 묘하게 생긴다.

⑹⑻ 보행시 발이 땅으로부터 네 치쯤 뜨며 (천안으로 보았을 때) 발자국마다 무늬가 나타난다.

⑹⑼ 신비로운 정신력(精神力)으로 자신을 지키며 다른 사람의 부축을 받지 않는다.

⑺⑽ 위덕을 널리 펼치어 나쁜 마음이 있는 중생은 놀라워하고, 무서움에 떨던 중생은 편안함을 얻는다.

⑺⑴ 음성이 중생들의 마음을 화평하고 기쁘게 한다.

⑺⑵ 여러 중생들의 말로써 그들이 좋아하는 대로 법문을 설한다.

⑺⑶ 한 말소리로 법문을 하시되 여러 중생들이 자기의 소견에 따라 제각 기 다르게 알아듣는다.

⑺⑷ 법을 말씀하시매 차례가 있고 반드시 인연이 있으며 말의 선택에 실 수가 없다.

⑺⑸ 중생들을 평등하게 보아 착한 일은 칭찬하고, 악한 일은 나무라지만 치우쳐 차별하여 사랑하지 않는다.

⑺⑹ 온갖 일을 먼저 관찰하고, 뒤에 실행하여 모범이 됨으로써 착하고 깨 끗함을 알게 한다.

⑺⑺ 상호(相好)가 구족하여 여러 사람이 존중함이 끝이 없다.

⑺⑻ 정수리의 뼈대가 굳고 원만하다.

⑺⑼ 얼굴이 항상 젊거나 늙지 않아 한결같다.

⑻⑽ 손, 발, 가슴에 상서로운 상이 있고, 환희한 덕상이 구족하므로 그 무 늬가 비단결 같고 빛은 주홍 같다.

이상으로 삼십이상과 팔십종호를 살펴보았다. 부처님의 상이 이와 같이 거룩하다. 그러므로 절에 모신 불상은 위에서 밝힌 상호와 비슷해야 함은 말할 나위가 없다. 아무렇게나 조성하여 모시는 행위는 심히 유감스러운 불경죄에 들 것이며 함부로 불상이나 탱화를 조성하고 그리는 일을 삼가야겠다.

명부전(冥府殿)

큰 사찰에는 대웅전을 위시하여 비로전, 미륵전, 팔상전, 관음전, 나한전, 지장전(혹은 명부전)과 그 외에 각(閣) 자가 붙는 칠성각(七星閣), 독성각(獨聖閣), 산신각(山神閣), 다음으로 당(堂) 자가 붙은 용왕당(龍王堂), 조왕당 등이 있다. 이렇게 독립된 전(殿)·각(閣)·당(堂)을 운영할 정도면 큰 사찰이고, 그렇지 못한 사찰도 대단히 많다. 따로 전각을 세울 처지가 안 되는 작은 사찰에서는 한 개의 법당 안에 범벅이 되어 법당 내부가 마치 신들의 전시장인 양 되어 있는 곳이 있다. 그뿐인가, 죽은 사람들의 사진과 위패(位牌)가 한쪽 벽면을 가득 메운 법당도 쉽게 볼 수 있다. 보통 심량이 넓지 않은 사람은 넘치는 신들의 영상 때문에 질식할 것 같은 불안과 불쾌감을 느끼기도 한다. 이 시대의 지성인들 앞에 어쩌자고 그토록 떠벌려 놓는 것인지, 참으로 한심한 생각이 앞선다.

무속 근성에 젖은 어리석은 신도 천만 명을 가졌다 하더라도 부처님을 보고, 부처님과 같이 거룩하게 되어지기를 아쉬워하며 깨달음을 얻은 분들을 칭양, 찬탄할 줄 아는 지식 있는 신도 한 명을 당해 내지 못하는 법이다. 노보살들의 쌈지에서 가까스로 세상 구경을 하는 돈 몇 푼보다 근면 성실한 지성인이 적으나마 건네주는 수표 한 장이 액수가 더 높은 법이니, 보다 지각 있고 사고력이 있는 절집 불자가 심히 아쉬운 이 시대이다. 이러다가 앞으로 불교가 설 땅을 어디서 찾을 수 있을 것인지.

지금부터 지장전으로 들어가 보자. 오늘날 한국 불교의 기복적인 무속성이니 많은 근거를 두고 있는 온상지가 바로 이 지장전 이다. 명부전이라고도 하는 이 지장전은 염라국을 형설하고 있으며, 그 염라국은 지금 우리가 보는 저 태양 광선이 미치지 못하는 하방세계에 있다. 천상세계를 제외한 지옥, 아귀, 축생, 인간을 다스리는 곳이다. 저승세계는 꿈속을 생각하면 이해가 쉽겠다. 보통 사람들은 꿈을 흑백으로 꾼다. 천연색으로 꿈을 꾼다면 그 사람은 상당히 영성이 맑다는 증거다. 기도를 하거나 믿음을 통하지 않는다 하더라도 깨끗한 계행을 잘 지키면 상서로운 꿈을 꾸며, 그것도 컬러TV를 보는 것 같은 심안으로 영혼세계를 볼 수 있다.

명부전에 한 번쯤 가 본 사람이라면, 죽어서 가보지 않은 저승세계를 의식하면서 공연히 심각해지기 십상이다. 옛날부터 들어온 저승 얘기의 소재가 전부 명부전에 전개되어 있다. 인도의 전통 토속 신앙과 지장경에서 밝힌 기록에 의하여 지장전 내부가 꾸며져 있기 때문이다.

어쨌든 명부전은 그 누구에게도 기분 좋은 곳은 아니다. 사람의 삶이란 대체로 선악이 균형을 이루고 있다. 사람이면 누구나 죄의식이 없는 사람이 없다. 그래서 명부전에 들어서면 저절로 살아오면서 지은 숨은 죄악까지도 드러나, 지금 당장 벽화 속의 나찰들이 시퍼런 창칼로 자신을 날름 찍어다 펄펄 끓는 지옥 용암에다 던져 버릴 것 같은 환상에 모골이 송연해지곤 한다. 웬만큼 착하게 살았노라고 자부하던 사람도 명부전에 발을 들여놓으면 어쩐지 뒤가 섬뜩해진다. 지금까지 살아오면서 자기 자신만 알고 있는 악한 짓들이 명경같이 드러난다. 자비롭다는 불보살이 인간의 나약한 심리에 겁이나 줄려고 실제 보지도 못한 사실을 보인 것일까? 무엇 때문에 이같은 인형극을 만들어 보였을까? 왜 이렇게 으시시하여 발을 들여 놓기도 싫어지는 음산한 전각(殿閣)을 만들어 놓았을까? 실제로 저승이 있는가, 없는가? 이같은 숱한 의문에 대하여는 그대가 꿈이 있는가 없는가를 먼저 알아야 한다. 꿈이 없다면, 잠을 자지 않으면 꿈이 없듯이 깨달음을 얻은 분을 제외하고는 지옥과 천당을 면할 사람은 한 사람도 없다. 꿈을 꾸고도 꿈꾼 줄을 모르는 잠꾸러기들은 더욱 생각해 볼 일이다. 분명한 사실은 초의식으로 깨달음을 얻기 전에는, 천당, 지옥이 그대의 심장처럼 따라다닌다. 이렇게 구구한 종교 얘기도 꿈만 깨면 아무것도 없다. 꿈은 잠을 자지 않으면 없다. 이와 같이 우리는 무엇보다 어서 잠에서 깨어나야지만 저 지장전도 일장춘몽으로 돌릴 수 있다.

세존께서 성도하신 후, 몇 해만에 어머니 마야부인을 만나뵈려고 천상으로 올라가실 때 세존께서는 실제로 육신을 갖고 가셨다. 장소는 여기서 상방으로 서른두 개의 태양계를 지나 도리천(忉利天)이라 하는 하늘 궁전 도리천궁에서였다. 이때 마야부인과 일체 말세 중생을 위하여 부처님과 지장보살님과의 대담을 엮은 경전이 있으니 그것이 지장경이다. 이 땅의 불교 신자치고 지장경을 한두 번 안 읽은 신도는 없을 것이다. 그래서 지장경의 내용은 잘 아실 것이다.

세존께서는 육신을 갖고 천상세계로 여행하셨다. 인류 역사상 최초로 인간이 천상에 간 기록임을 지장경을 통해 알 수 있다. 우주복도 우주선도 없이 말이다. 이때에 영산(靈山)에서는 야단이 났다. 세존이 감쪽같이 사라진 사건이었으니 제자들 사이에서는 대혼란이 일어났다. 큰 제자들이 모여 세존의 종적을 사방으로 수소문해 보았지만 별무소득이었다. 마침내 빛보다 빠른 목건련 존자의 우주항공술인 신족통(神足通)에 기대해 보기로 했다. 천안제일(天眼第一)이라는 아나율의 소견을 물으니 지상에는 아니 계신다 한다. 이제 상방 천상세계를 뒤져 보는 수밖에 없게 됐다. 신통제일(神通第一) 목건련에게는 우주의 끝, 무색계천까지는 마음대로 쏘다닐 수 있는 대단한 공행술은 있으나 보살들처럼 다른 부처님 국토를 자유로이 내왕할 수 있는 불가사의한 신통력은 없었다.

목건련은 세존께서 계실 만한 사천 왕국을 방문하였다. 그러나 천궁은 온통 텅텅 비어 있었다. 이상히 여겨 도리천까지 한 계단 높여 상방으로 비행해 보았다. 아니나 다를까 도리천궁이 온통 축제 분위기로 빛나고, 시방에서 대보살마하살과 온갖 하늘의 왕들이 다 모여 있고 무량억 중생이 가득히 모여 부처님 법문을 듣고 있음을 보고, 어찌나 기뻤던지 세존 곁으로 다가가서 아뢰었다. "세존이시여, 세존께서는 어찌하여 저희들을 버리고 이곳 천상에 와 계시옵니까? 어서 귀환하소서." 목건련은 반가움의 눈물을 흘리며 애원했다. 세존께서는 "오냐, 내려가마. 앞으로 100일만 있다가 갈 터이니 먼저 가서 모두에게 나의 안부를 전하여라."고 분부하셨다. 천상의 석달(100일) 같으면 세상 시간으로는 700년이 넘는데, 세존이 말씀하신 100일은 우리가 사는 세간 시간이었지 천상 시간은 아니었을 것이다. 천상 시간은 해를 기준으로 하지 않고 한 은하계가 한 바퀴 도는 것을 하루라 한다.

천국에서 보면 여러 개의 태양들이 마치 고운 비단에 보석을 깔아 놓은 듯하다. 도리천궁은 밑바닥에서 천상의 공간층을 향하여 태양이 위로 비추므로 흡사 유리로 된 대지에 빛나는 보석을 깔아 놓은 것 같다. 천상세계는 하나의 공간권을 궁(宮)이라고 표현한다. 천궁(天宮)이란 하나의 특수 공간권을 말한다. 목건련은 세존의 분부를 받고 즉시 일어나 세존의 발에 예경하고 세존께 거듭 내려오실 것을 간청한 뒤, 영산회상으로 하강하여 많은 제자와 국왕, 국민들에게 유사 이래 없는 희대의 우주 여행에 대한 신통한 뉴스를 전해 주었다 한다.

세존이 지구를 떠나 천상으로 비상하여 오를 때, 부처님이 사람의 모습을 가지고 그대로 천상에 오르는 모습을 제일 먼저 본 중생으로는 정거천인(淨居天人)이었다. 정거천인은 색계 사선천(四禪天)에 있는 사람이었다. 아마도 세존께서 도리천으로 상승해 올라가실 때에 정거천인과 같은 몸을 응용하신 게 아닌가 한다. 색신을 나툼에 있어서 걸림이 없는 몸매로는 색계 사선천의 초광자로 만든 몸이 가장 이상적이었을 것 같다. 그 좋은 예로서 정거천인이 지상에 내려와 세존의 입상을 만들 때에 인간의 육신을 가진 사람의 모습으로 내려왔다. 사람으로 변신한 정거천인이 세존이 도리천에 오르실 때에 신비로운 부처님의 몸매를 목격한 것은 유리 같은 투명한 인간상이었다. 정거천인이 그 모양을 처음 자기가 본대로 투명한 세존의 모습을 본따서 조성했다는 사실이다. 육신을 투명체로 변형시켜서 천상에 오르실 때의 세존의 모습을 정거천인이 조성한 그러한 불상을 모방한 것이 지금 우리들이 만들어 모신 불상 중에 여래입상(如來立像)이다. 여래입상을 잘 보면 전신이 잘 투영된 모습 그대로이다. 자세히 보면 세존의 몸매가 전부 유리 인간처럼 투명체로 묘사되어 있다. 완연히 32상 80종호를 잘 반영해 보이고 있다.

    오늘날 우리가 부처님을 조성해 모시게 된 최초의 유래가 되며, 정거천인이 만든 도리천궁 변화신 여래입상이 마침내 모든 등상불의 비조(鼻祖)가 된다. 세존은 이러한 등상불의 휴유증을 적이 근심하시어 제자들에게 누누이 말씀하시기를 교법과 계율로써 스승을 삼고, 불상을 만들거나 이상한 상징을 숭상치 못하게 하였다. 그러나 제자들이 부처님을 숭모한 나머지 그냥 있지 못했다. 세존 재세시에 잠깐 도리천에 법을 전하기 위해 석 달 동안 지구촌을 떠난 사이에도 부처님을 보고 싶은 그리움에 견디지 못해 인도의 우전왕 같은 이는 전단향나무로 높이 5척(尺)되는 크기의 불상을 조성하여 모셔놓고 아침저녁으로 참배를 드렸으며, 바사닉왕도 이에 질세라 붉은 금빛이 서리는 자마금(紫磨金)으로 5척의 형상을 조성하여 예배 공양하였다. 오늘날 세존의 영상을 그린 그림이나 조각한 불상은 중생의 큰 믿음의 대상이 되고 있다. 이 믿음이 우리가 접하고 있는 절의 모습이라면, 절은 우리 모두의 마음을 그대로 재현한 것이므로 비록 형상뿐인 부처님을 섬길지라도 세존의 본 뜻을 유념하여 받들어 행해야 한다.

여러분들이 아침저녁으로 외우는 관자재보살은 물을 보고 "불이다" 하면 즉석에서 실제로 불이 되며 불을 보고 "돌이야" 하면 즉시 돌로 굳어 버린다. 보통 보살 지위인 8지 보살부터는 관자재지경에 들어가 삼라만상은 물론 온갖 불가사의를 만든다. 다만 이러한 정신술을 눈 먼 중생에게 보이게 되면 공연히 마음에 상처만 줄까 하여 절대로 과시하지 않을 뿐이다. 항차 부처님 같은 분이야 어떠하겠는가. 인간에게 비칠 때의 세존은 평범한 인간상을 하고 있지만 거룩한 상호는 인간왕으로 보이고, 천상 사람이 세존을 볼 때는 하늘 사람 가운데 제일 높은 하늘 사람으로 보인다. 귀신 무리가 본다면 귀신왕으로 보이고, 짐승이 보면 사자왕으로 보인다 하니 도대체 부처님의 정체는 무엇일까? 굳이 모양을 가진다면 32상 80종호요, 본래의 모습은 없는 것이 바른 모양이다.

세상에서 깨쳤노라 하는 도인들이 얻은 경지는 기껏해야 나한과에 지나지 못한다. 그분들은 마치 어린애가 이제 가까스로 잠을 깨어난 차원에 불과한데, 부처님께서 얻으신 성불과 자신이 얻은 한 소식이 같은 줄 알고 함부로 하는 말들이 범람하고 있다.

부처님께서 삼 개월 동안 지장경을 다 설하시고 하강하실 때에 있었던 얘기가 있다. 이 이야기 속에는 철없는 중생을 세존께서 얼마나 가엾이 여기시고 일거일동을 주의하셨던가 하는 깊은 자비심이 드러나 보인다. 세존이 접시 비행기 같은 연꽃을 타고 도리천으로부터 막 내려오시려는 순간, 색계 사선천의 정거천인이 세존 앞에 나타나 큰 절을 올린 후, "세존이시여, 제가 누구보다도 제일 먼저 세존께서 도리천궁으로 오르시는 모습을 보았고, 이제 또 제가 누구보다도 먼저 세존께서 하계로 내려 오심을 보았나이다." 하고 스스로 경사스러움을 감추지 못해 기뻐하니, 세존께서는 무표정한 모습으로 정거천인에게 이르시기를 "아니다. 그대가 제일 먼저 나의 참된 모습을 본 자가 아니다. 저 나무 밑에서 고요한 평화 속에 머물러 있는 나의 제자

수보리가 참으로 내 모습을 제일 먼저 보았고, 지금도 보고 있느니라." 하셨다 한다.

보라, 일종의 정신술인 신통에 만족하거나 나름대로의 앎의 소견에 만족해 하는 것은 참된 불법의 가르침이 아니라는 사실을 지적하신 대목이다. 아울러 여래의 참 모습을 보려면 모양으로 보려고 하는 색심이나 애달프게 그리워하는 마음만으로는 볼 수 없고, 저 나무 밑에 앉아서 선정에 머물러 있는 수보리처럼 자기 마음을 주시하고 있노라면, 숱한 마음들이 깊은 내면의 각성으로 변형을 이루면서 공적한 평화가 일어 났을 때, 여래의 참 모습에 접근한 것이며 멀리서나마 세존을 본 것이 된다.

정거천인이 본 세존의 모습은 어디까지나 정거천인이 가지고 있는 자기와 같은 몸으로 보았을 뿐이다. 만일 시방의 여래가 본다면 청정한 여래의 법신으로 보았을 것이다. 보는 자의 마음에 따라 나타나 보이는 불신인데 어떻게 정해진 참 모습이 별도로 있겠는가? 그래서 세존께서 정거천인에게 자신의 도리천 여행을 제일 먼저 본 이는 수보리라 하신 것은 본래 청정한 해공의 법신 차원에서 하신 말씀이며, 수보리의 해공삼매(解空三昧)가 소승법 가운데 가장 여래의 법신에 가깝다는 말씀이다. 다시 지장전으로 얘기를 돌리자.

지장전(地藏殿)에 들어가 단상 한가운데 금빛으로 빛나는 지장보살을 뵈면, 미신스럽고 두렵던 마음에 저절로 신뢰와 안도감이 일어난다. 그러나 그 주위를 살펴보면 전설적인 염라국의 모색이 그대로 재현되어 있으며, 무엇보다 지장보살의 머리가 다른 보살과는 판이하다.

그것은 이 세상에 나서 살다가 죽고, 죽어서 다시 태어나는 중생들의 고뇌를 돌보아 주는 분으로 원대한 부처님의 발원을 상징한 지장보살만의 독특한 모습으로 반드시 스님의 머리 모습을 하고 있다. 지장보살은 항상 사바세계의 법신으로 상주해 계시면서 온갖 불사를 짓는다고 한다. 선한 사람은 해탈로 인도하고, 악한 사람은 선근을 심게 한다. 법신이란 모든 진리와 뜻의 몸을 말하며, 청정한 우주의 몸이라 하면 이해가 더 쉬울 것이다. 지장보살을 위시하여 좌우로 열 분의 대왕이 앉아 계신다. 우리가 흔히 말하는 염라대왕은 지장보살의 왼쪽에 앉아 계시는 분이다.

사후세계의 모양은 명부전에 잘 표현되어 있다. 일찍이 인도에서 민속신앙으로 전해 온 염라사상을 석가세존 때에 와서 세존께서 다시 그 전설의 허와 실을 잘 밝혀 놓은 경이 지장경이다. 중생을 위하여 저승의 세계를 소상히 밝혀 죄악의 실상을 열어 보이시고, 그러한 죄악상을 지장보살로 하여금 구원받게 하셨다.

석존께서는 인생 문제의 뛰어난 해결사로서 나고 죽는 심각한 의문을 다 풀어 놓았다. 이러한 전설적 저승 얘기가 서구의 천주교로 가서는 연옥 사상이 되었는데 이름만 조금 바뀌었을 뿐 의미는 비슷하다. 과연 지옥이 있을까? 정말 사후세계가 있는 것일까? 하는 의문이 인간의 머리로는 풀리지 않았다. 부처님께서는 사람이면 누구나 한 번은 생각해 보기 마련인 생의 중차대한 의문과 의심스러웠던 토속 신앙을 지장경에서 명쾌히 밝혀 놓으셨다. 지장전(명부전)은 지장경의 내용을 간략히 탱화로 도설하고, 여러 가지 모형으로 형설한 곳이다. 이와 같이 부처님은 인간이 볼 수 없는 영혼세계를 자상히 밝히셨다.

지옥과 천당이 생기는 기준은 마음 가운데 있는 애정으로서 애정의 경중에 의하여 차등이 결정된다. 애정이 많으면 인간세상 밑으로 떨어져 축생, 아귀, 지옥의 삼악도가 형성되고 애정이 적거나 없으면 욕계, 색계, 무색계로 올라가는 상승 단계를 형성한다. 부처님은 능엄경에서 애정의 경중에 따라 지옥과 천당이 생기는 25유(二十五有 : 25차원의 존재계)의 세계가 이루어짐을 밝혀 두셨다. 그러므로 구도자들이 금욕 생활을 기본으로 함은 동서양이 같다. 기독교에서 아담과 이브로 창세설을 삼은 것이 진리적임은 모든 마음 가운데 애정이 원죄임을 알았기 때문에, 성자들의 가르침도 한결같을 수밖에 없다.

독신 생활이 최상의 길이다. 오늘날 독신자들이 많이 늘고 있는 현상은 세계적인 추세로 앞으로 이 세상이 바람직한 구도의 도량이 된다는 좋은 소식으로 본다. 혼자 살아가는 지혜로운 삶의 범행(梵行)이라야 더 높은 천국으로도 가고 해탈로도 간다.

지장경에서 잘 밝힌 바와 같이, 인도의 고대 토속 신화가 세존의 불가사의한 빛 속에 적나라하게 다 드러나 보이므로 사후의 얘기가 거짓이 아님이 밝혀졌다. 윤리와 도덕을 숭상하고 죄악을 징벌하는 권선징악의 불가피한 삶의 철학을 부처님께서는 직접 시청각을 통하여 보여 주셨다. 이것을 후대 사람이 기록한 책이 《지장경》이다. 온갖 것이 신이 아닌 것이 없는 만신 사상은 곧 삼라만상 모두가 한 마음으로부터 도피하지 않으면 이러한 고뇌의 지옥과 환락의 천당이 속절없이 따라다닐 것이다. 그래서 부처님께서는 마음을 털어버리는 해탈 교법을 많이 설하셨던 것이다. 불교에서는 해탈 열반을 구경으로 삼고, 극락을 이상으로 삼았다.

"정말 지옥과 천당이 있을까?", "죽으면 그만이지 있기는 무엇이 있을려구?" 하는 생각을 떨쳐버리지 못하는 이에게 또 묻고 싶다. "꿈을 꾸어 보았느냐?"고.

염라국의 영계 체제는 속세의 윤리관에 의한 법정과 흡사하다. 신통한 사실은 우리의 영혼세계도 꼭 현세의 법정과 유사하다는 사실이다. 저승에서 선악의 경중을 심판할 때에 선동자와 악동자가 심판대에 나와 선악을 증명하고, 법관격인 대왕이 판정한다는 장면도 현실의 법정과 같다.

이러한 사실은 우리 내면의 심리 현상이 그와 같기 때문이다. 우리가 양심이라 말하는 마음의 거울, 즉 업경대(業鏡臺) 앞에서 어떻게 행동을 하려면 저마다 마음 가운데 양심(兩心)인 선심(선동자)과 악심(악동자)이 번개같이 나타나서 이러쿵저러쿵 시비를 하다가, 우리의 주인공격인 마음이 악동자의 주장에 한 표를 던진다면 만장일치로 악행으로 가결이 난다. 만약 염라대왕격인 본심이 선동자의 변론에 손을 든다면 또한 선행으로 결론이 내려진다. 저승의 업경대는 양심의 거울이다. 영혼세계의 명칭으로는 업경대이지만 심리학의 이름으로는 잠재의식이 밑바탕, 즉 함장식이다. 명부전의 열 분 대왕 가운데 염라대왕이 다섯 번째 중앙에 앉아 있음은 곧 양심(兩心)을 상징하며 우리의 영혼세계에 중심성으로 실재한다는 말이다.

함장식인 의식의 창고(염라국) 속에서는 우리가 꿈꾸면서 살아온 온갖 추억의 미세한 잠재의식까지도 다 기록된다. 그래서 참말이든 거짓말이든 다 입력되고 어떤 행위든 다 녹화되기 때문에 선과 악 구별 없이 기록된다. 진실 그대로를 다 드러낸다. 우리가 수도를 강조하고 마음 닦는 수양을 중요시하는 이유는 궁극적으로 업경대(자성) 그 자체가 되기 위함이다. 한 예로써 과학문명의 발달과 함께 인간의 마음을 추적하여 기록하는 심령과학에서는 양심을 읽는 기계를 만들었다. 거짓말 탐지기가 그것인데 아직은 피시험자의 말이 거짓말인지 아닌지를 확실히 판단하는 차원은 아니다. 거짓말을 하면 이러한 현상이 많고, 참말을 하면 저러한 현상이 나타남을 참고로 하여 판독자가 범죄심리를 어림하는 정도이다. 마음의 세계가 얼마나 애매모호한 것인데 그렇게 쉽게 기계적인 정답이 나오겠는가. 그러나 거짓말 탐지기에 대한 기대는 크다.

우주를 감싸고 있는 우리의 영혼 제8식인 함장식의 세계는 참으로 불가사의다. 한 예로써 비라도 뿌리는 음산한 밤길을 쓰러져 가는 외딴 흉가 앞을 홀로 걷노라면 이상한 울음소리와 괴상한 망령의 환상이 앞을 가린다. 물론 취중에만 볼 수 있는 환각이다. 이러한 환각에 빠지는 이유는 그 곳에는 언젠가 실제로 기구한 애혼의 사연이 있었기 때문이다. 어떤 인간이 본의 아니게 억울한 죽음을 당했거나, 해괴망측한 어떠한 원한이 사실과 같이 녹화된 곳이다. 아니면 집을 지은 재목에 누가 목을 매어 죽었거나, 그 땅에 그 어떤 망혼의 잠재의식이 사무쳐 있음이다. 허공과 물질 속에는 녹음도 되고 영상도 되는 신비가 있다. 어떠한 영매의 입력이 자연적인 환경적 조건과 살아 있는 인간의 혼미한 영혼이 서로 만났을 때, 그 물질들을 통하여 그때의 모습이 그대로 재현된다. 이러한 현상은 술에 취하거나 잠에 취해 정신이 혼미했을 때와 심약한 사람의 영혼에게만 반영된다. 모든 물질, 아니 저 허공까지도 포함해서 녹화 필름처럼 다 기록해 두는 묘한 성품이 있어서 어떤 인간의 피맺힌 한이 그곳에 영상과 녹음으로 기록되어 있다가, 자연의 신비적인 주기와 주파수가 맞으면 그때의 상황이 자연적 현상으로 방영될 수 있는 것이다. 어느 곳이든 이러한 애혼의 넋이 담겨 있는 공간이 있을 때, 그 영매가 요하는 자연의 조건이 갖추어지면 괴상한 무엇을 보게 된다. 그러한 환상을 본 사람들이 물건에 귀신이 붙었다느니 어느 지역에 도깨비가 출몰한다느니 하게 된다.

예나 지금이나 음침한 산간이나 인적이 드문 외지에서 불행한 사건들이 자주 일어난다. 그렇듯 비명에 생을 잃은 망령은 그 주변에 있는 물질에 스며들어 세월없이 한탄하며 울부짖으나, 뉘라서 그들의 애혼을 달랠 수 있겠는가. 이러한 현상은 장식(藏識)이란 우리들 마음의 의식이 시방세계를 두루 싸고 있으므로 어느 세계 어느 곳이든 이생 저생의 애틋한 망령의 사연이 그대로 입력된다. 이러한 영혼이 필요로 하는 혼몽한 환각적 조건을 갖춘 사람이면 누구나 현실같이 보게 되는 것이다. 이와 같이 인간의 슬픈 영혼의 저승세계에 대한 환상적 전시장이 곧 명부전이다.

부처님께서는 어머니를 위하여 도리천에 올라가셨다. 도리천상에 화생하신 어머니를 뵙고 그곳에서 대신통 변화를 일으켜 시방 제보살을 다 모이게 한 후, 중생으로는 알 수도 없고 있을 수도 없을 것 같은 법을 설하시고 제보살마하살에게는 불가사의한 중생 구제의 법문을 설하였다. 지장보살은 다름 아닌 세존의 무한한 본원력을 상징하는 대원본존불로서 부처님의 내면적 염원을 지옥고 중생 구제의 한 면으로 드러내 보이신 보살이었다.

지옥과 천당이 과연 있으며, 있다면 어떠한 과학적 논리로 증명할 수 있을까? 하는 의문은 《능엄경》에 자상히 기록되어 있다. 대단히 놀라운 사실은 능엄경에서는 지옥과 같은 환각이 생기는 원리에서부터 현대 물리학에서 증명이 되는 많은 과학적 해답이 들어 있음을 아울러 소개한다.

선악에 따라 육체에 반연되는 모든 정신 감각의 현상은 우리의 육근에서 생긴 육감이 살아온 습성 여하에 따라 선하면 아름다운 이상세계가 영감으로 일어나지만, 애정적인 육정으로 흘러서 탐내고, 화내고, 미워하는 온갖 어리석고 추악한 행위들에 의하여 악몽 같은 정신분열증이 생긴다. 놀라고, 미치고, 절규하고, 찌르고, 불붙고, 끓고, 꽁꽁 얼고 하는 지옥고 현상은 꿈속의 악몽 같기도 하고, 술이나 마약에 중독되어 발생하는 환각증 같기도 하다. 세상에 흔히 있는 일로서 어떤 사람이 술에 취해 맑은 정신을 잃었을 때, 홀연히 도깨비한테 흘려 밤새 산속을 헤매다가 다음날 아침 자기와 싸우던 괴물을 붙들어 매어 놓은 나무에 가 보면 그것은 별것도 아닌 나무등걸이나 비(빗자루) 같은 것임을 확인하고 하도 어이가 없어 허허 하고 헛웃음을 토하지만, 막상 그 지경을 당한 당시 본인의 고통이야 오죽했을 것인가. 이와 같은 정신세계의 환상을 가지고 사실이었다느니 아니었다느니 말로 떠들어 밝힐 수 있겠는가? 우리가 항구적이라고 태산같이 믿는 현실도 꿈인데 말이다. 그러므로 우리는 하루속히 환상인 마음의 요술에서 깨어나야 한다. 부탁하노니, 지장경을 잘 읽어 보고 곁들여 능엄경을 해독하고 나면 스스로 명부전을 잘 이해할 수 있을 뿐만 아니라, 부처 되는 길이 환하게 보인다.

우리는 애정을 무척 좋아한다. 지옥의 온상지라고 하는 남녀간의 사랑에 대한 정의를 부처님의 말씀을 통하여 정리하면서, 명부전 얘기는 여기서 중단했으면 싶다. 왜냐하면 명부전은 어머니 역사로 시작하였고, 그 어머니 역사의 근원은 애정의 표시 방법인 성행위에 있기 때문이다. 오늘날에 와서는 사랑 행위가 변태적 현상으로까지 타락하고 있는 실정이니, 꼭 사랑의 정체를 밝혀 뜻있는 사람의 길잡이가 되길 바라는 마음이다. 오늘날의 문화 전반을 유심히 관찰해 보면 섹스 그 자체이거나, 섹스와 관련되어 있으므로 가히 섹스문화라 해도 과언이 아니다. 중생이면 누구나 좋아하는 사랑이라고 하는 심각한 문제를, 긴 역사를 통하여 볼 때, 라즈니쉬를 제외하고는 누구도 용감하게 떳떳이 밝히지 못했음을 부끄럽게 여기며, 부처님이 우리 인간의 차원에서 밝힌 경문을 읽어 보자.

애욕(愛慾 : 凡夫의 사랑)

부처님께서 기원정사에서 하신 설법이다. 국왕이 행차할 때는 반드시 대신들이나 시종들이 뒤를 따르는 것과 같이, 사랑이 있는 곳에는 반드시 번뇌가 따르는 법이다. 물기가 있는 땅에서 초목의 눈이 잘 트이듯, 사랑은 모든 번뇌의 싹을 잘 트게 하는 것이다. 소위 세상의 사랑이라는 것을 깊이 관찰해 볼 때, 범부의 사랑은 아홉 가지로 나눌 수가 있다.

1. 채무를 다 청산하지 못함과 같다.
2. 나찰녀(羅刹女)와 같다.
3. 묘화(妙華) 줄기에 독사가 감기는 것과 같다.
4. 악식(惡食)을 억지로 먹는 것과 같다.
5. 음녀(淫女)와 같다.
6. 떡갈나무와 같다.
7. 상처에 생긴 혹, 암(癌)과 같다.

8. 폭풍과 같다.

9. 혜성(彗星)과 같다.

이 아홉 가지를 자세히 풀어 보면

첫째, 채무를 청산하지 못함과 같다는 것은, 가령 가난한 사람이 돈을 꾸어 쓰고 빚에 몰려 고생하다가, 열심히 돈을 벌어서 겨우 원금을 갚으나 밀린 이자는 계속 남아 언제까지나 고통을 받는 것과 같은 것이다. 한 번쯤은 사랑을 버려야 한다고 마음을 먹고 실천해 보지만, 사랑의 달콤함을 끝내 못잊어 항상 붙어 다니면서 방해를 한다. 그래서 깨달음의 길로 들어갈 수가 없는 것이다.

둘째, 나찰녀(羅刹女)와 같다는 것은, 나찰녀는 자기가 낳은 아기를 잡아먹는다. 사랑의 나찰녀도 이와 마찬가지로 사람이 선근(善根)이라고 하는 자식을 낳으면 옆에서 그것을 잡아먹는다. 잡아먹을 선근이 없어지면 그 사람을 잡아먹고 지옥, 아귀, 축생으로 떨어지게 하는 것이다.

셋째, 묘화 줄기에 독사가 감기는 것과 같다는 것은, 천성화(天性花)를 사랑하는 사람은 그 꽃피는 초목의 뿌리 근처에 독사가 있어도 독사의 독은 별로 상관하지 않고 꽃을 꺾으려다가 독사에게 물려 목숨을 잃게 된다. 범부 역시 마찬가지다. 오욕(五欲)의 꽃을 함부로 탐해서 거기에 무서운 사랑의 독사가 도사리고 있는 것을 깨닫지 못하는 것이다. 그 결과 사랑의 독사에 물려서 지옥, 아귀, 축생에 빠진다.

넷째, 악식을 억지로 먹는 것과 같다는 것은, 사람이 상한 음식을 무리하게 먹은 까닭으로 복통을 일으켜 설사를 하고 마침내 죽는 것과 같이, 사랑의 음식 또한 마찬가지이다. 이것에 애착을 느끼면 지옥, 아귀, 축생으로 떨어지는 것이다.

다섯째, 음녀와 같다는 것은, 사람이 음탕한 여자와 놀아나서 그녀의 교태와 아양에 홀려서 정신을 못차리다가, 결국은 패가망신하여 빈털터리가 되면 여자로부터 버림을 받는다. 범부가 사랑의 포로가 되면 모든 선법(善法)을 빼앗기고 지옥, 아귀, 축생으로 떨어지는 것이다.

여섯째, 떡갈나무와 같다고 하는 것은, 이 나무는 등나무의 일종으로 씨를 새가 먹으므로 육질 부분은 새의 영양분이 되는 대신, 씨는 새 똥에 섞여 나무 밑둥에 떨어지거나 바람에 흩날려 씨앗이 떨어져 생장하면서 큰 나무에 엉겨 붙어 그 나무의 성장을 방해하여 마침내는 나무를 시들어 죽게 하는 식물이다. 사랑의 떡갈나무 역시 이와 같아서 범부의 온갖 선법(善法)의 나무에 붙어서 착한 선근을 죽게 한다. 그 결과 지옥, 아귀, 축생에 빠지고 마는 것이다.

일곱째, 상처에 생긴 혹과 같다고 하는 것은, 상처가 생기면 그 속에 혹과 같은 살이 생기는데, 이것을 치료하려고 많은 애를 쓰게 된다. 만약 환자가 그 혹의 치료를 게을리 하면 그 속에 구더기가 생겨서 생명이 위태롭게 된다. 범부의 몸과 마음은 혹과 같은 상처인 것이다. 사랑도 역시 이와 같다. 사람이 사랑이라고 하는 혹의 치료를 그르치면 지옥, 아귀, 축생으로 빠져 버리는 것이다.

여덟째, 폭풍 같다고 하는 것은, 폭풍은 산을 무너뜨리고, 나무 뿌리를 송두리째 뽑아 버린다. 애욕이라는 폭풍도 역시 그러하여 부모에게 악심을 품고 보살의 근본을 날려 보낸다.

아홉째, 혜성 같다고 함은, 혜성이 나타나면 백성들은 반드시 기근이나 질병 때문에 고통을 받는다. 사랑이라는 혜성도 이와 같이 모든 선근의 뿌리를 끊어 버려서 사람에게 고독, 기근, 번뇌라는 병을 안겨 준다. 생사의 바다에서 표류하는 고통을 가져다 준다. 범부의 사랑이란 참으로 이러한 것이다.〈대반열반경 제12권〉

어떤 자식

현존해 있는 사람의 체험담이다. 6·25는 지나간 과거이지만, 지금의 7, 80대에게는 결코 지나간 과거사일 수만은 없다. 당시 모 부대 대대장으로 있던 허 중령의 이야기이다. 상부로부터의 작전 지시를 토대로 대대참모들과 작전회의 끝에 필승의 전략을 갖추고, 전투를 지휘하고 있었다. 그러나 작전과는 달리 전황은 뜻밖에 불리한 상황으로 돌아가고 있었다. 허 중령은 자신의 연락병으로 작전을 전달하던 이 병장을 불러 보고 내용을 다그쳤다. 이 병장의 보고 내용을 다시 검토해 본 결과, 이 병장이 허위 보고를 했다는 사실을 알게 되었다. 잘못 보고된 전황으로 인해 아군이 치명적인 타격을 입었다는 사실에 허 중령은 분노하고 있었다. 권총을 빼어 들었다. 이 병장은 살려달라고 애원했다. 때가 전시였던 만큼 중령이면 군법을 거치지 않고도 총살형에 처할 수 있는 특권이 부여되어 있었다.

"대대장님 저는 8대 독자입니다. 살려 주십시오."

이 병장은 허 중령의 군화발목에 엎드려 매달렸다. 그러나 허 중령은 지휘관으로서 한 사람의 오류로 인하여 많은 부하를 잃게 된 데 대해서는 용서의 여지가 없었다. 이 병장이 자신의 연락병이었던 만큼 그에 대한 인간적 친밀감이 없었던 바도 아니다. 그리고 그가 8대 독자라는 사실을 누구보다도 잘 아는 터였다. 그러나 공과 사는 분명히 해야 했던 것이다. 숱한 목숨들이 이 병장 한 사람의 거짓 보고로 낙엽처럼 사라져 간 것이다. 탕! 손가락에 힘을 주었다. 대단히 냉철한 용장으로서의 잔인한 기질이었다. 그의 단호하고 대담성 있는 군인 정신으로 인하여 그의 이마에는 별 두 개가 빛나게까지 되었다.

전쟁도 끝나고 세월은 흘러 허 소장(허 중령)의 큰아들이 대학에 입학한 그 해 여름이었다. 장군의 아들로 아버지를 닮아 기질도 대단했던가보다. 아들

녀석은 부산의 이름난 해수욕장에서 무리하게 위험지구를 돌파하여 파도와 사투를 벌이다가 그만 익사하고 말았다. 물과 불은 다루어야지 맞서 싸우면 안 된다. 함께 노닐 듯해야 한다. 물의 움직임에 함께 어우러져야 한다. 불도 마찬가지다. 공연히 불에 함부로 대들지 말고 함께 춤을 추듯 느긋하게 불의 성질을 잘 읽고 같이 행동해야 한다. 불을 보고 불같이 설치다 보면 놀라게 되고 허겁지겁하게 되어 영락없이 그들의 밥이 되고 만다.

허 소장의 아픈 마음은 날이면 날마다 아들이 죽은 해운대 바다의 파도와 더불어 몸부림쳤다. 어느 부모가 아니 그럴까만, 자식에 대한 애정이 유별났던 허 소장은 외동아들을 잃고 보니 미친 사람같이 설쳐댔다. 범어사 말사인 미륵암에서 아들의 죽음을 빌어 주는 천도재를 올리는 마지막 날이었다. 사람이 죽으면 염라국에서 일곱 번 재판을 받아야 하는데, 저승의 7일이 우리 인간의 시간으로는 49일이 된다. 하루 한 차례 죄와 복의 경중을 따져 보고 죄보다 선이 많으면 선한 곳에 태어나게 하고, 불행하게도 악이 더 무거우면 악도에 나게 하는 작업이 염라국에서 이루어진다. 바로 그 광경이 명부전에 많이 도설되어 있다.

속세에서도 형제나 친지나 자식이 범법자가 되어 형무소에 갇히게 되면 부모나 일가친척은 돈자루를 들고 다니며 연줄을 찾아 다닌다. 판검사를 만나 해결의 실마리를 풀고 유리한 재판 결과를 얻어내기 위해 갖은 수단을 다 쓴다. 현 세태와 같이 저승에도 흥정 과정이 있다. 방법의 차이는 있지만 마찬가지다. 이승과 저승의 교량 역할을 절들이 하고 있다. 인연이 중한 동기로서 사자(死者)가 좋은 곳에 태어나도록 권속들이 절을 통하여 빌어 올리는 의식이 사십구재이다. 절에서는 저승의 일까지도 돈이 아니라, 복(福)이라야 한다. 선의(善意)의 행이라야 한다. 저승의 사자들은 복을 뇌물로 먹으며 선행(善行)이라는 자가용을 타고 다닌다. 저들에게 돈을 주느니, 우리가 직접 그 돈을 불우한 사람에게 나누어 주므로 생기는 복을 뇌물로 써야 한다. 목탁을 쳐 가면서 염불복을 짓든지, 자기들 스스로가 직접 불공을 드려야 한다. 요즈음같이 제삼자가 대신 징을 치고, 북을 침으로 해서 저승에서의 복을 대부할 수는 없다. 저승의 법도에는 선이나 악을 짓는 대부가 용납되지 않는다. 소위 인간 변호사의 변론이 통하지 않는다는 말이다. 바로 당사자 자신이 변론을 해야 한다. 혹자들이 하는 말처럼 자기들 천도는 자기가 해야 한다는 말이다. 현세의 법정 사건도 그러하지 않을까? 공연히 브로커를 사서 이상한 잔꾀를 부리다가 오히려 낭패를 당하기 쉽다.

공덕은 남이 대신해서 닦아 주거나 빌어 줄 수 있는 성질의 것이 아니다. 우리가 할 일은 계행이 청정한 스님이나 도고한 화상에게 공양을 잘 드리고 정성껏 보시했을 때 생긴, 그 공덕을 직접 당사자들의 망인에게 회향하면 영험이 일어난다. 죽은 망령의 일가친척이 직접 저승의 망령을 위하여 헌신적으로 뛰어다니면서 온갖 선행을 베풀어야 한다. 저승에서의 금화는 인간의 소박한 정성이다. 귀하고, 천하고, 많고, 적음이 없다. 그렇게 하면 그 정성의 대가로 저승에서 필요한 저승 달러가 이승에서 저승으로 송달되어 저들의 소원을 충족시켜 준다. 염불을 하고 경도 읽고 목탁을 치든 북을 치든 당사자 스스로가 하여야 한다. 이러한 바른 가르침은 지장경에 잘 명시되어 있으므로 꼭 읽어 보기를 권한다. 설령 당사자 자신들이 복을 닦아 주어도, 망인은 칠분의 일밖에 혜택을 받지 못한다고 되어 있다. 망자를 위해 복을 빌고 닦는 자가 칠분의 육을 가져간다고 한다.

그런데 피도 살도 아니 섞인 스님네가 어떻게 천도를 시킨다는 말인지 돌이켜 볼 일이다. 설령 어떤 도인이 있어 망령을 구한다 하더라도, 그 가족들에게 경전대로 일러줄 도리밖에 더 있을까. 무리한 논리를 펴본다면, 우리가 그 도인에게 복을 지었을 때, 보통 인간에게 복을 지었을때의 복덩어리보다 조금 더 큰 힘을 갖는 것뿐이다. 사실은 망인이 살아생전에 죽음을 맞이한 긴박한 상황에서라도 부처님께 참회하고 염불했다면, 무슨 재식(齋式)

이 필요하겠는가. 스스로 염불을 할 수만 있다면 더 말할 나위가 없으련만, 구처 없이 잡혀간 몽매한 혼령을 위하여 천도재라도 올리는 것이다. 이렇게 하는 것이 살아 숨쉬는 생존자의 당연한 도리다.

한참 천도재의 거룩한 행사가 벌어지고 있을 때였다. 허 소장은 부처님께 절하고 눈물을 흘리며 떨리는 몸으로 일어나 절하려는 순간, 쿵하고 쓰러져 버렸다. 함께 기도하던 스님이 대단한 영적 지견을 갖추었던 모양이다. 옆에서 기도 중이던 가족들이 놀라 수선을 떠는 통에 엄숙했던 분위기가 혼란스러워지려 하자, 스님이 주위 사람들에게 이르기를 "가만히 내버려 두라." 하였다. 그러고는 정해진 예식을 다 마쳤다. 망자의 친부가 기절한 상황에서도 스님의 위신력으로 모두들 침착할 수밖에 없었다.

허 장군 눈앞의 단상 위에는 뜻밖에도 죽은 아들이 빙그레 웃고 서 있었다. 몽매에도 자식을 그리워하던 아버지는 너무 반가워 놀라고 있는 순간, 아들은 아버지를 반기는 것이 아니라 야유어린 조소를 머금고 있지 않은가. 아! 너무 반가워 손으로 아들을 잡으려 하자, 단상에 서 있던 아들은 점점 모양새를 달리 하면서 아들이 아닌 다른 사람으로 변해 갔다. 이럴 수가! 허 장군은 앗! 하고 비명을 질렀다. 그는 아들이 아니었던 것이다. 처음엔 분명 자기의 아들이었는데, 지금 저 사람은 21년 전 "대대장님 저는 8대 독자입니다. 살려 주십시오." 하고 애걸복걸하던 이 병장이 아닌가. 가슴에 박힌 총알을 안으며 부릅뜬 흰자위에 원망과 저주와 사무친 통한을 허공에 새기며 쓰러져 죽어 갔던 이 병장이 지금 단상에서 날 보란 듯 야유를 보내며 서 있었다.

"허 장군! 당신은 아직 나를 잊지는 않았을 겁니다. 당신의 지금 심정이 21년 전의 우리 어머니, 아버지의 심정이었음을 알아야 합니다. 내가 당신의 독자로 태어나 온갖 사랑과 정성을 한 몸에 받으며 살아온 것은 같은 부모로서의 아픔을 느끼게 하려 했던 것입니다. 내가 이 생에 나온 것은 당신의 심장을 씹어 보려고 나왔을 뿐입니다. 내 어느 생까지라도 당신이 나에게 행한 것처럼 나도 기필코 그렇게 해주리라는 한을 지금껏 품고 있었습니다. 그러나 이제 당신네 부부가 나에게 바친 정성과 불전에 베푼 은혜로 나는 여한 없이 부처님 나라로 환생합니다. 부디 안녕히 계십시오."

"아, 이 병장." 하고 소리치다가 깨어난 허 장군은 넋을 잃고 앉아 있었다. 인생의 무상과 인과응보의 추상 같은 섭리에 아연실색하여 명부전에 마냥 그대로 앉아 있었다.

요즈음 대부분의 사찰들은 천도재가 들어오지 않으면 경제적으로 상당히 곤란을 겪는 것으로 알고 있다. 그러나 절대로 해서는 아니 되는 일이 한두 가지가 아니다. 한 재에 수백만 원씩 흥정이 되고 거래가 이루어 지는 현실을 어떻게 받아들여야 할지, 가끔은 당혹감을 감추지 못한다. 저승은 지극한 정성만 필요하다는 사실을 명심해야겠다.

기회가 있어 모 재벌의 천도재 요식을 함께 보게 되었다. 만감이 설레는 순간이었다. 요즈음 이러한 절의 요식들은 도인들이 천안으로 실제로 죽은 영혼을 보고, 그때 그 망혼의 근기에 맞추어 목탁도 치고 요령도 흔들었다. 만약 그 혼신이 아직도 죽음의 고통에 취해서 무의식에 빠져 있다면 목탁을 치든가 종을 쳐서 악몽을 깨웠다. 만약 그 혼령[中陰神]이 신식이 혼미해서 앞을 보지 못하면 요령을 흔들어 청각으로 앉을 곳을 유도해야 했다. 그래도 그 망령이 이생의 습성으로 혼돈에 빠져 맑은 정신을 회복치 못하면 주문을 외워서라도 혼신의 식견을 밝혀 주어야 한다. 중음신이 제 몸뚱이를 의식 못해 허우적거리면 종이로 만든 인형에라도 안치시키는 온갖 주술과 밀교적 결인이 주효한 영험을 주므로 그렇게 해야 한다. 만약 중음신이 몹시 주려 음식을 보나 식음을 잘 못하거나, 보지 못하여 먹지 못하면 시식진언(施食眞言)으로 저들의 업보대로 촉식(觸食)이든, 사식(思食)이든, 의식(意食)이든 시켜 주어야 한다. 더 생각해야 될 점은 지금 재를 올리는 증명법사는 망혼이 지금 이 법당 안에 와 있는지 없는지 하는 점을 살펴야 한다. 재벌의 마나님이 죽어서 재를 올리다 보니 돈으로 차려진 제물이 법당 안에 가득했다. 그런데 살아서 시집가듯 죽어서 좋은 곳에 가실 망혼이 지금 이 시각에도 자기 집 안방에서 평소의 애용물을 들추고 있는 모습을 보고, 과연 이 재를 맡은 법사스님들께서 이런 형편을 생각이나 해 보았는지에 대하여 심각하지 않을 수 없었다.

어떤 망혼은 죽은 즉시 인도 환생을 하기도 하고, 공덕이 많은 영혼은 이미 스스로 염불한 복력으로 극락도 간다. 죄악이 지중한 인간은 죽는 즉시 염라왕국에 가서 심판받을 시감마저 없어 우주 여객선인 블랙홀에 휘말려 저 먼 타방 우주세계 무간지옥으로 직행해 버린다. 그러한 사실을 가족이야 알건 모르건 간에 망인을 위하여 인간이 해야 할 도리만은 해야 한다. 망인의 천도를 빌어 주는 49재는 지극히 당연하고 아름다운 일이다. 그러나 남의 집 재물을 생각없이 먹고, 거기에 쌓인 돈을 함부로 사용함을 생각하면 기가 막힐 때가 더러 있다. 그러나 이 땅에도 훌륭하신 스님네가 많이 계시므로 부질없는 걱정으로 그쳐 주기를 바랄 뿐이다.

제불보살의 신통

육체로 살고, 정신으로 살고, 마음으로 사는 참으로 고달픈 사바세계의 우리 같은 중생을 위하여 지장보살님은 부처님 몸만 제외하고는 온갖 몸을 다 나투시면서 우리에게 많은 교훈과 이익과 행복을 베푸신다. 그러나 과연 어떻게 우리에게 접근하며 어떤 모양으로 은혜를 베풀어 주시는가. 어떤 방법으로 우리에게 친근하여 선도하시는가 하는 것에 대해 살펴보자.

지장경을 읽어 보면, 수많은 부처님과 무량한 보살님들이 각각 백천만억의 몸을 나투어서 우리와 더불어 미진한 티끌 속에 살고 있는 바이러스 세균까지도 돌보아 주시고 구제하여 준다고 기록되어 있다. 우리가 본 절에 계시는 부처님처럼 생긴 분이나 그림이나 불상에서 보아온 보살이 실제로 모양을 나투어서 자기나 누구를 구제해 주는 일을 본 사람이 썩 드물기 때문에, 많은 일반 사람이나 신자가 의문을 갖고 있으면서도 부처님에 대한 전폭적인 믿음 앞에, 자신의 무지한 의문을 묻어 버리면서 막연히 맹신할 뿐이다. 경전의 내용을 순진하게 믿어 버리고 만다. 어떠한 이해가 와 닿아서가 아니라 지고지대(至高至大)하신 부처님에 대한 우주적인 공력 앞에 의심 같은 무지는 대부분 숨어 버리기 때문이다. 사실 우리 상식의 판단 기준에 비추어 본다면 불경을 납득하기 어려운 점이 무한히 많다. 그러나 우리의 의문 중 몇 가지 예로써 불보살님들의 불가사의한 신통은 과연 어떻게 이루어지며, 실제로 어떻게 신통을 보이는가를 생각해 보자.

그러기 위해 우선 알고 넘어가야 할 문제가 있다. 우리는 주파수 10사이클 이하에서 나는 소리나, 1만 사이클 이상의 소리는 듣지 못한다는 사실이다. 귀의 청각은 들을 수 있는 주파수가 극히 한정돼 있다. 시각도 0.7미크론에서 0.36 미크론에 이르는 빨강, 주황, 노랑, 초록, 파랑, 남색, 보라색만 볼 수 있으며, 이보다 짧은 파장인 자외선, 엑스선, 감마선, 우주선과 이보다 긴 파장인 적외선 따위는 육안으로는 전혀 볼 수 없다는 사실을 명심해야 한다. 또 만일 불보살님들이 몸을 나툰다 하면 대우주적인 몸이라는 사실이다. 시방세계라고 하는 엄청난 우주를 그들의 모공 속에 넣고 다니는 몸이라는 사실을 조금이라도 상상할 수 있다면 도움이 되리라.

지금부터 차근차근 깊이 생각해 보자. 여러분은 공기에 대하여 얼마나 감사한 마음을 가지고 사는가. 인간의 타산으로는 공기의 공덕을 셈할 수도 없거니와 육안으로는 잡히지도 않는다. 공기가 가지는 앎과 지혜에 대해 생각해 본 적이 있는가? 우리들의 둔한 머리나 육신으로는 미미하게 느낄 뿐 감사하다는 생각이 전혀 일어나지 않았다. 이 공기는 허공장보살(虛空藏菩薩)의 몸에 있는 미세한 세포 하나이지만, 만생에게는 공기가 바로 생명이다. 그래도 우리는 공기에 대한 은혜를 감지할 수 없었다. 보살의 몸이나 마음이나 의식은 이미 신통유희장(神通遊喜藏 : 우주 대자연의 법칙)에 머물러 '나'라는 아상이 없기 때문이다. 다시 말하면 우주의 대섭리에 머물러 계신다. 그래서 인간의 머리로 아무리 허공을 누비고 들쑤시고 다녀도 허공의 지혜를 어떻게 알 것이며, 허공에 대한 감사를 느낀다는 것이 어찌 가능하겠는가. 옛 선인들은 하늘에 절했다. 그냥 묵묵히 감사의 절을 올렸던 것이다. 요즈음 인간들이야 공기를 감사하다 할 리 없다. 오히려 하늘에 대고 온갖 방정을 떤다. 고얀 놈들! 천벌을 받을라. 어디다 대고 삿대질인가!

우리는 자기가 어디에 의존해서 존재하고 있는가에 대해 생각해 보아야 한다. 불가(佛家)에서는 사람의 머리에 대고 절하지 않는다. 머리는 꺾어 버리고 가슴을 누르고 허리를 접고 무릎을 굽히고 머리와 손으로 발에 대고 예경한다. 족례(足禮)는 어느 민족도 갖고 있지 않으나 불법(佛法)에서는 족례(足禮)가 있었다. 그러나 우리는 발에게 얼마나 감사하며 살고 있는지 스스로 돌이켜 볼 일이다. 전도몽상(顚倒夢想)의 환상에 미쳐 버린 인류사는 발을 제일 천시했다. 하인같이 천민같이 주인이 시키면 시키는 대로 일하고도 임금 한 푼 아니 받아도 발님은 단 한 번의 노사분규도 안 했다. 온갖 모욕을 당해도 세경 한 푼 안 받아도 한마디의 욕구불만이나 대꾸마저 없었다. 발은 인류사 앞에서 몹쓸 대가리(大伽利)의 야망 충족으로 불타는 명령에 온갖 충성을 다해 왔다. 이렇듯 모순된 무지를 깨달은 대각자 세존님은 족례(足禮)를 했다. 발에 대한 아름다운 전설이 한 편 전해지고 있다.

한 사람이 뜨거운 모래벌판을 걷고 있었다. 앞서 간 사람의 발자국이 선명하게 보였다. 그 발자국은 범상치 않았다. 삼십이상 팔십종호(三十二相 八十種好)를 갖추신 전륜성왕이나 부처님이 아니면 가질 수 없는 위대한 족적임을 알았다. 순간 경탄의 환호성과 함께 발자국에 엎드려 절을 했다. 그 발자국 자체가 지니고 있는 신비 앞에 엎드려 절한 것이다. 그는 수십 년간 설산에서 인간의 운명을 예견하는 관상술을 배우고, 이제 막 인간 세상으로 내려오는 길이었다. 그런데 스승에게서 말로만 들었고 책에서 그림으로만 본 추상화 같던 발자취가 그의 눈앞에 실제로 전개되어 있었으니 놀라움을 금할 수 없었다. 족적을 추적하여 앞으로 나아갔다. 오래된 발자국은 아니었다. 갈수록 살아 숨쉬는 신비로운 발자국의 향기에 더욱 심취하였다. 얼마나 갔을까, 발자국은 사라지고 그 발자국의 주인공이 아니라 한다 해도 숨길 수 없는 신성한 존재가 저 숲속의 나무 밑에 홀로 단정히 앉아 영원한 삶의 향기에 취해 있었다. 환한 얼굴 우뚝한 인품은 설산 같았고, 그 분의 주위로부터 일어나는 평화로운 고요는 온 우주를 잉태하고 있었다. 객은 성자의 뛰어난 상호(相好)에 감탄한 나머지 세존의 발에 무수히 절을 했다.

"성자여, 성스러운 성자의 발을 소인의 눈으로 똑똑히 보게 하소서. 저는 이러한 발을 전설에서만 듣고 읽었나이다. 이 영광스러운 만남을 어찌 다 감사하오리까!"

그는 세존의 발바닥을 한 번 자세히 볼 것을 원했다. 그때에 세존께서 조용히 말씀하셨다.

"착한 남자여, 그것은 나의 과거의 모습입니다. 수만 생을 살아온 나의 과거의 기록입니다. 그러나 이 발로 나의 참 모습을 기록할 수는 없습니다. 지난 과거에 있었던 일이 지금의 나일 수가 있겠습니까? 그러하니 흘러간 과거나 오지 않은 미래에 관심이 많은 그대는 세상으로 돌아가서, 그대가 배운 과거 이야기로 많은 사람에게 희망과 깨우침을 주시오."

세존의 말씀을 들은 관상학도는 못내 아쉬워하며 돌아섰다. 오던 길을 다시 걸으며 그 발자국을 부여안고 입 맞추었다.

땅에 감사해 보았는가? 땅과 입을 맞추고, 거기에 뿌리를 내리고 지순하게 살아온 당신의 발에 고마움을 느껴 보았는가? 땅에 말뚝을 치고, 금을 긋고, 내 것이다 네 것이다 하며 재산 증식에 미쳐 온갖 수선을 피워 온 인간이여! 절하라, 지장보살(地藏菩薩)의 세포인 이 땅에 절하라. 그리고 이 땅과 더불어 살아온 그대의 발에 족례(足禮)하라! 일찍이 우리 선조들은 매년 추수가 끝나면 안택(安宅)이라 하여 집과 땅에 감사했다. 집안을 지켜 주는 가택신(家宅神)에게 제례를 올렸다. 불경(佛經)에 나오는 신(神)은 모두 대보살님들의 화신으로 대보살마하살이다. 온갖 중생들을 크게 보살펴 주는 분을 보살마하살이라 한다.

밥은 40일이나 49일까지 안 먹어도 생명을 유지할 수 있다. 40일 굶은 예는 예수님의 기록에서 볼 수 있고, 석가모니불의 고행상에서 볼 수 있다. 그러나 물은 이레(7일)를 아니 마시면 생명 유지에 치명적인 지장이 오는 것으로 알려져 있다. 보통 사람은 7일도 못 가고 그 안에 죽기가 십상이다. 이와 같이 소중한 물을 누구 한 사람 관심을 갖고 감사해 본 일이 별반 없을 것이다. 오늘날 수질 오염 운운하며 식수가 불결한 것으로 알려지자 생수를 찾는 이가 늘어나고 있고, 수질 관리 책임을 지고 있는 부서의 몇 안 되는 사람들이 수질 보호 어쩌고 하는 것은 어느 쪽이든 물에 대해 진정으로 소중함을 느끼는 관심이라 할 수 없다. 생명뿐만 아니라 인간의 부정한 마음까지 알뜰히 씻어 주고 보살펴 주는 수질의 불명 용수보살(龍水菩薩)의 공덕을 상상할 수 있겠는가? 이렇게 궁구해 들어가면 알 것이다. 저 단청집 대청 안에 앉아 계시는 불보살은 우리들이 공양이랍시고 받들어 올리는, 소망의 피로 물든 밥이나 받아먹고 있을 불보살님들이 아니란 사실이다.

생명의 근원인 태양의 공덕도 실상은 일광보살이고, 달의 공덕은 월광보살이며, 빛과 열의 공덕장은 화광보살(火光菩薩)인데 그 공덕을 어떻게 사유나 하겠는가.

또 우주 질서의 신비인 무주보살(無主菩薩)의 신통력을 어떻게 짐작이나 할 것인가. 신성으로 이름해 본 주신, 야신, 허공신, 천신, 지신, 해신, 산신들은 모두가 부처님의 분신이고, 그 분신이 보살이며, 그 보살의 분신이 또한 신성(神性)들임을. 오늘날 우리가 아는 물리학은 지지보살(地持菩薩)의 몸에서 세포 하나를 찍어내 가지고서 야단하는 것이라는걸 알면 그대도 대단한 지성인이다. 현대 물리학에서 말하는 전자(電子)는 옛말로 천신(天神)과 풍신(風神)의 아들 화광동자(火光童子)란 사실을 알면 원자(原子), 전자(電子), 광자(光子)라 이름하는 이유를 알게 될 것이고 공자(孔子), 맹자(盟子), 관자(管子), 노자(老子) 하는 성자들이 이름이 지닌 자 '자' 자의 깊은 뜻을 알 것이다.

그러면 과연 불보살은 어떻게 몸을 나투어 중생을 구제하실까?

착하다고 소문난 청년 하나가 어느 날 야릇한 성 충동을 이겨내지 못하고 여자와 만나기로 은밀히 약속한 시장 안 어느 골목을 찾아 발길을 옮기고 있었다. 본래 시장이라는 곳은 여러 사람들이 붐비는 곳이지만 그 많은 사람들 가운데 유독 다리를 저는 자기 또래의 청년이 앞에 가고 있었다. 갈 지(之) 자 걸음을 하며 안타깝게 걷고 있는 이 청년에게 눈길을 주고 걷는데 시장통 좁은 골목길 안에서 몸이 불구한 한 색시가 뒤뚱거리는 청년을 반색하며 나타났다. 서로는 사랑이 깊은 양, 여자는 그 청년을 부축하고는 동화 속에서 피어나는 꿈 같은 정담을 나누며 즐거운 얼굴로 어디론가 가고 있었다.

이 모습을 지켜보던 지혜로운 청년은 가던 길을 멈추었다. 그의 머리속에는 이 모든 현상이 우주의 교리요, 교훈으로 보였기 때문이다. 자기가 지금 가고 있는 목적지도 절름발이 청년과 같다는 사실에 소스라쳤고, 지금 가는 길이 옳은 길이 아님을 알면서도 충동에 이끌려 가고 있는 자신을, 눈앞에 보이는 현실의 불행한 모습을 통하여 자각했다. 지금 나는 정도(正道)가 아닌 사도(邪道)를 헤매고 있지 않을까? 이렇게 스스로를 반성하고 꾸지람 하기에 이르렀다. 오늘의 이 걸음이 잘못되면 자신의 앞에서 전개되고 있는 절름발이 인생이 바로 자신의 먼 미래의 모습이 아니라고 부정할 수 없는 일이 아닌가. 아니면 자신의 전생이 저런 절름발이였는지도 모를 일. 이 세상은 인생의 운명을 보여 주는 우주의 극장이며, 대자연은 마음을 보여 주는 묘명한 거울이다. 눈앞에 드러나 보이는 상대방의 허물은 생생한 나의 현재와 미래를 깨닫게 하는 교육방송이다. 인과응보로 만들어지는 만생의 운명을 현실의 살아 있는 진실한 배역들로 하여금 절실하게 보여 주고 일깨워 준다. 내가 바른 길을 아니 갔을 때, 나의 두 다리는 필경 저 모양이 될 것이다. 누구나 사랑의 달콤함은 황홀하지만, 사랑의 마약이 그 마취력을 상실했을 때는 자신들의 쓰라린 추억의 추악한 몰골만 남을 게 아닌가. 아니다! 내가 지금 저 사람들이 겪는 것과 같은 불행한 운명을 진정으로 피하고 싶다면 지금 이 길로 아니 가야지 하며 마음을 돌이켜 집으로 돌아갔다.

이 지혜로운 청년을 보자. 지혜는 문수동자요, 집으로 돌아선 걸음걸이는 보현동자. 세상 만상의 길은 곧 도(道)이며 대우주 자연의 생동감 넘치는 질서와 리듬과 조화의 현장은 우주의 진리문이다. 온갖 소음은 우주의 진언이고 법음이다. 이 이상 무엇을 어떻게 설명할 것이며 깨우쳐 줄 것인가. 이렇게 여실히 보여 주고 깨우쳐 주는 불가사의 신비의 광장을 부처님은 여래신통장(如來神通藏)이라고 말씀하셨다. 바로 이대로가 진여(眞如)이고 진리라는 뜻이다.

예나 지금이나 하늘을 보고 천기를 예측하는 것도 우주의 교훈이며 그 무대의 총감독은 불보살로서, 우리 앞에 드러나 보이는 모든 현상은 불보살의 불가사의 신통력이다. 생동감 넘치는 현실이 아니라도 인간의 약속으로 만들어진 사물의 이름이나, 인간의 생명이 지니고 있는 교훈 또한 깊은 철학이 있는 것이다. 이미 작고하신 분에 대하여 미안한 이야기지만, 과거 경북도 교육감을 지낸 바 있는 김주만 선생의 이름이 의미하는 기구한 운명이 새롭게 느껴져 살펴보고자 한다. 선생의 이름 석 자를 양해 없이 지면에 게재함은 대단한 실례인 줄 아나 꼭 함자를 밝혀야 겠다. 그 이유는 불보살의 미묘한 설법은 이미 우리들이 지닌 이름으로 암시해 주기도 한다는 실증적 예를 보이기 위해서이다.

본디 김씨(金氏)는 금씨라 해야 옳다. 만고에 금(金)을 '김'이라고 색음해야 될 이유가 없다. 금(金)은 우주 만물의 바탕을 이루는 금성(金性)으로서 진공장(眞空藏)을 금(金)이라 했다. 그런데 옥편에도 없는 글자를 조선조에 이르러 이성계가 "금은 임금을 금이라 하느니라." 하는 이유 하나로 금(金)을 금으로 발음하지 말고 '김'으로 읽으라 한 것이 오늘날까지 그냥 김이라 불리고 있다.

김주만 교육감의 사건은 당시 대다수 국민이 그 내막을 알고 있다. 그러니 사건 내용을 수다스레 들먹일 필요는 없겠고, 선생의 이름을 음훈차법(音訓借法)으로 읽으면 '돈주만'이라는 음역이 가능해진다.

'김 교육감의 운명은 돈 주면 안 된다' 라는 음의(音意)로 풀어볼 때, 평소에 돈거래에 각별히 주의했어야 했을 것이다. 그러나 인간의 운명은 무의식 속에서 일어나므로 이름이 암시하고 있는 자신의 운명이 그러한 사실에 휘말릴 줄은 생각지도 못할 사건이 생겼다. 경북고등학교에서 미친 학부모와 늑대 같은 교사 사이에 시험지를 돈을 받고 거래한 사건이 발생하여 김주만 선생님은 교육감직을 그만두게 되었다. 김주만 선생님은 저다지도 못된 교사들의 죄상을 한 몸에 짊어지고 청빈한 교육자상 앞에 순교의 생을 마치셨다.

지명(地名)에서도 이와 같은 설법이 부지기수다. 1983년 일본 '쓰시마' 상공에서 소련이 쏘지 말아야 할 미사일로 우리 항공기에다 만고에 못할 짓을 했다. '사할린'에서 어처구니없는, 사죄를 아니할 수 없었던 비통한 그 업보로 소련은 앞으로도 상당한 아픔을 맛볼 것이다. 그 지명이 또한 우리말 뜻으로는 '쓰지 말라' 라고 해 놓았다. '사과하라', '사죄하라'의 '사할린'이 아닌가. 일본 사람도 지금쯤 깊이 생각해 보아야 할 지명이다. 이와 같이 한 언어 속에는 만 가지 뜻이 담겨 있다. 우리말로는 그 이름 속에 숙명적인 어떤 현실이 그대로 녹화되어 있다. 역사속에 침몰한 영웅들의 이름을 한번 살펴보자. 히틀러는 정신이 휙돌아버렸기 때문에 불교의 만(卍) 자를 휙돌아가게 이렇게 그려가지고, 이것을 나치의 국기로 써먹었다. 마침내 정신병자로 국제적으로 지탄을 받는 히틀러, 휙 틀려버린 짓으로 하여 역사의 준엄한 심판을 받고 있다. 이와 같이 이라크의 후세인은 먼 후세까지 후회스러운 사람이 되었다. 국명이 아름다우면 그 민족성과 아울러 온 국민이 풍요로운 향락을 누리며 잘 사는 것을 볼 수 있다. '아세아'는 이웃끼리 찝적거리며 이웃을 아프게 하며 살아왔고, '아프리카'는 얼마나 가슴 아픈 민족들이 모여 사는 검은 대륙인가. 남의 가슴을 아프게 하면 아프리카 같은 오지에 나서 유랑민의 신세가 되는 숙명적인 사연이 우리말에 있다.

    삼국지에 나오는 제갈공명은 물에서 노는 고기를 보고 전쟁의 전황을 파악했고, 의미 없이 불어오는 바람에서 전투의 승패를 읽었다. 우리는 며칠 전부터 일러 주는 꿈이라는 몽류경에 비치는 그림자를 보고도 깨닫지를 못한다. 불보살님이 우리들에게 깨우쳐 주고자 할 때는 꿈이라는 몽유센터를 이용하여 다양하게 암시를 주지만, 도무지 앎이 없어 우리는 깨닫지를 못할 뿐이다. 일단 꿈이 어지러우면 삶이 바르지 않고 마음이 애욕에 빠져 있다는 징조이며, 만약 꿈이 상서로우면 심원한 진리에 뜻을 두고 마음이 편안하여 행실이 깨끗하다는 징조로서 현실의 삶이 풍요로워지게끔 되어 있다. 설화집에 있는 신기한 꿈 얘기 한 토막을 들어 보자. 이 또한 불보살이 우리에게 보여주는 단막극이다.

꿈

두 원숭이가 양쪽 산 기슭에 궁전을 짓고 살았다. 궁전이래야 큰 나뭇가지이지만, 거기서 각기 500마리의 권속을 거느리고 평화롭게 살고 있었다. 양지마을의 붉은 원숭이 왕은 깊은 잠 속에서 흉몽을 꾸게 되었다.

갑자기 주위가 소란해지면서 신하 원숭이들이 황급히 소리질렀다. 어서 이곳으로부터 피신해야 한다고 진언했다. 왜냐고 물어보려는 순간, 사방에서 인간나라의 군사들이 물샐틈없이 포위하여 들이닥쳤다. 그물에 갇힌 붉은 원숭이 집단은 한 마리도 빠짐없이 다 죽게 된 것이다. 끌려간 곳에는 기름 가마가 화산처럼 끓어 오르며, 그 기름 가마솥으로 죽어가는 동족의 처절한 아우성이 아비지옥의 소리를 내고 있었다. 원숭이 왕은 두렵고 겁이 나서 숨이 막힐 지경이었다. 무자비한 군사들이 신명나게 원숭이들을 하나씩 가마솥으로 집어던져 넣을 때마다 비명소리가 허공을 흔들고, 이를 지켜보는 원숭이들의 몸부림이 지축을 흔들었다.

놀란 원숭이 왕이 꿈을 깬 것은 자신이 가마솥으로 던져지는 순간이었다. 붉은 원숭이 왕은 이튿날 몇 마리의 대신을 대동하고 건너 음지마을 흑색 원숭이 왕을 찾아갔다. 두 원숭이 왕은 서로 아끼고 사랑하기가 형제 같은 사이였으므로 못할 말이 없었다. 붉은 원숭이 왕은 간밤의 악몽에서 겪은 무서운 이야기를 전해 주고 아무래도 이곳이 불길하니, 두 마을 원숭이들은 함께 먼 타국으로 거처를 옮기자고 제안했다. 이 소리를 듣고 있던 흑색 원숭이 왕은 가가대소하면서 "이 친구, 꿈을 믿고 이렇게 좋은 낙원을 버리려 하다니 실없는 소리 그만하게나." 하였다. 붉은 원숭이 왕은 겸연쩍은 꼴로 돌아올 수밖에 없었다. 내심 안타까운 마음이야 컸지만 자기 권속만이라도 데리고 양지마을을 떠날 수밖에 없었다.

이 소식을 전해 들은 흑색 원숭이 왕은 땅을 구르며 춤을 덩실덩실 추었다. 남쪽 친구의 땅이 항상 탐이 나던 터에 꿈을 이상히 여겨 제 스스로 거처를 옮겨갔다 하니, 그곳은 저절로 흑색 원숭이들의 보금자리가 되기 때문이었다. 마침내 흑색 원숭이는 권속들을 이끌고 텅 빈 남쪽 동산으로 이사를 하기에 이르렀다.

한편 나라에서는 이상한 소동이 일어났다. 임금이 괴상한 피부병을 앓고 있었는데 의술로써는 도무지 치료가 될 것 같지 않았다. 임금은 백관에게 명을 내리기를 저마다 피부병 치료에 좋은 특효약을 한 가지씩 구해오라 하였다. 이때 대신 하나가 교묘한 꾀를 찾아 냈다. 옛날에 시골에서 농사를 짓고 살았을 때, 추수기만 되면 원숭이란 놈들이 몰려와서 다 지어 놓은 논밭을 짓밟아 폐농을 시키곤 하였는데, 그때마다 생각하기를 '언젠가는 저 원숭이들을 다 죽여 버리리라.' 하였었다. '옳다, 보복은 이때다.' 그는 나라의 병사들을 동원하면 원숭이를 다량 포획할 수 있으리라는 묘책을 세우고 임금님께 아뢰기를 "소신이 소문을 듣자 하니, 원숭이 기름이 명약이라 하온데 한 번에 500마리를 잡아다가 가마솥에 오랫동안 푹 고아서 고약을 만들어 피부에 바르면 신효한 효험을 볼 것이라 합니다." 예나 지금이나 명약은 의학적 근거가 부실해야 하고 평범한 사리에도 어긋나 보이며 이상야릇하고 비합리적이고 비과학적인 약이라야 명약이 된다. 임금도 제조 원료가 원숭이라야 한다는 점과 500마리라야 한다는 숫자적 술수가 효험이 있으리라 싶었던지, 그 교활한 대신에게 지휘권을 주어 군부대 하나를 이끌게 하였다.

지혜로운 붉은 원숭이 왕은 자기가 당해야 할 업보를 친구 흑색 원숭이 왕에게 대신하게 한 꼴이 된 설화의 내용이다. 지혜 없는 흑색 원숭이는 마침내 붉은 원숭이가 꾼 꿈과 똑같은 신세로 끓는 기름 가마 속으로 500마리의 권속과 더불어 던져졌다.

보살마하살은 우주의 질서 의식을 몸으로 삼고 시방세계에 군림하면서 온갖 방편으로 천백억의 몸을 나투어 만 가지 법문을 지금 이 순간에도 하고 있지만, 우리의 무지가 늘 앞을 가려 앎이 없을 뿐이다. 불보살님들은 어떤 중생에게는 향기가 되어 그들의 삶을 풍요롭게도 한다. 후각이 뛰어난 축생이나 미생물의 생태계를 보면 묘향보살(妙香菩薩)의 무변신을 어림하기 어렵지 않다.

밀양군 무안면에 소재한 사명대사의 '땀 흘리는 비석' 이 주는 설법은 인류의 비애를 신성에 도달할 분이 촉감으로 보이신 기적의 물적 증거이며, 경기도 용문사의 은행나무는 중생의 슬픈 소리를 묘음(妙音)으로 보이신 신기한 현증이다. 어찌 이뿐이겠는가. 자연의 생태계가 그대로 불보살의 몸이 아니라면 이와 같이 온갖 것에 두루 공평하게 사심없이 모든 것이 공존할 수 있겠는가. 우리들의 마음이 돌이나 흙이나 나무에 있다면 늘 심술궂게 욕심을 내어 온갖 투쟁을 일삼아 세계가 살아남지 못하리라.

이번에는 북극지방에 서식하는 땅쥐의 예를 들어 보자. 이 얘기를 읽어 보면 불보살님이 어떻게 시방 제국토에 빈틈없이 그 몸을 나투시는가를 어림할 것이다. 해빙기가 되어 얼음이 녹으면 북극이 가까운 곳이라도 푸성귀가 돋고 겨우내 움츠렸던 여러 종류의 미물들이 저마다 활개를 치며 새 기운을 맞이한다. 북극의 땅쥐들도 먹이를 찾아 지상으로 나와 활발한 먹이 사냥을 시작한다. 그러나 땅쥐들에게는 천적이 많다. 하늘을 나는 거의 대부분의 조류들에게는 입맛 나는 먹잇감이다. 그러니 땅쥐는 봄기운을 맞이하여 권속과 동족이 모이는 잠깐의 즐거움도 촌각을 다투는 초긴장 상태일 수밖에 없다. 때문에 무리 중 가장 나이 많고 경험 많은 노장 들쥐는 높은 둑에 올라서서 사방을 경계한다. 상당 종류의 야생동물은 경계 초병 하나쯤 세워 두는 것이 예사이다. 그러나 땅쥐의 경우는 경계 임무 외에 하나밖에 없는 목숨을 걸고 침입자를 외부로 유인해야 할 타고난 천성이자 주어진 의무가 있는 것이다. 그야말로 목숨을 기꺼이 버려야 한다.

독수리가 공중에서 자기들의 무리를 향해 하강해 오면, 무리를 보호하기 위하여 초병 땅쥐는 괴성을 질러 동족에게 알림과 동시에 높게 뛰어올라 독수리를 현혹한다. 이때 늙은 땅쥐는 꾀를 내어 무리들의 반대 방향으로 공격자를 유인한다. 그리고는 마침내 자기의 생을 독수리에게 제공함으로써 많은 동족을 구해내는 것이다. 그야말로 살신성인(殺身成仁)이 아닐 수 없다. 이와 같은 헌신의 삶은 인간도 갖기 어려운 이타정신이라 아니할 수 없다. 이러한 마음은 불보살의 희생정신의 파편이 들쥐에게 스며들어 일어나는 일로 그렇게 동족을 위해 희생하므로 해서, 마침내 그들도 목숨이 끝나면 천상에 다시 나고 필경에는 성불로 들어간다.

불보살님들의 만 가지 방편문 가운데 영혼의 몸으로 시방세계에 가득히 존재하면서 중생을 구제하심은 더욱 불가사의다. 우리가 위급한 상황에 빠져 있을 때, 우연의 일치인 것처럼 묘하게 그 급박한 상황으로부터 모면하게 되는 경우가 더러 있다. "휴! 하마터면 큰일날 뻔했잖아." 하는 경우 말이다.

불한당도 보살

근간 외국의 텔레비전을 보면, 이와 유사한 프로그램을 만들어 신성의 기밀을 영상화하여 시청자들로 하여금 무언가 신성을 느끼게 하려고 애쓰는 것을 볼 수 있다. 동서고금을 통하여 어느 민족을 막론하고 그 시대의 기준으로 본 착한 사람과 악한 사람이 있어서 권선징악의 도덕과 법률이 있어 왔지만, 한 개체가 전적으로 착하다거나 반대로 전적으로 악한 사람은 없었다. 그것은 불보살의 신성한 영성이 급박한 상황에 따라 악한 사람도 적재적소에 불보살을 대행하는 인물로 응용할 때가 있기 때문이다.

어느 해 여름, 마을 앞 개천에서 밤새 내린 큰비로 개울물이 불어서 어린 학생 한 명이 급류에 휩쓸린 채, 무력하기 이를 데 없이 물속으로 곤두박질

치고 있었다. 그 장면을 목격한 사람도 많았다. 그때 마을에서도 불한당(不汗黨)으로 이름난 청년이 번개같이 윗도리를 벗고 급류 속으로 뛰어들었다. 한참 악전고투하던 불한당은 물길이 조금 느려지는 지점에서 어린 것을 옆에 끼고 냇가로 기어 나왔다. 죽음 직전에 이르렀던 어린 것을 내려 놓고는 그 또한 한동안 의식을 가누지 못하였다. 불한당짓이나 하며 동네 사람들로부터 인간 대접을 못 받던 그 청년은 칭송과 격려 속에 마을의 영웅이 되었음은 물론이요, 자신의 내면에서도 최선의 양심이 솟구쳐 난폭한 습성을 꺾고, 지금은 고향의 발전을 위해 헌신하는 유지가 되어 있다. 그때의 용기는 난폭성이 변형을 이룬 선의 행동이었으니, 세상에서 착하다고 이름만 근사한 용기가 없는 보통 사람은 구경만 하였고, 다른 사람은 어림도 못하는 행동을 그 불한당은 실천할 수 있었던 것이다. 이것은 시방(十方)에 두루한 자비의 불성으로써 항상 밝게 주시하는 보살심이 어린 것의 비명과 더불어 순간적으로 그곳을 지나던 용기 있는 청년의 의식 속으로 들어간 것이었다. 불한당보다 더 비열한 인간이라 하더라도, 그들의 심장으로 대비심이 들어가 그들의 육신을 통하여 구제하였을 것이다. 만약 선근이 있는 사람이 그처럼 물에 빠져 허우적거리게 되어 급박한 상황이 벌어졌을 경우, 그 근방을 지나는 사람이 없다 해도 불성은 돌이나 나무덩굴을 이용하게 한다. 지형지물로 하여금 묘한 기적을 이루게 한다. 이렇게 일거양득이 아니라 일거만득이 일어나게 하는 것이 불심(佛心)이다.

불성(佛性)은 내가 누구라도 이름도 없이 온갖 기적으로 만생의 크나큰 은혜로 나타날 뿐이다. 그러나 우리의 무지한 눈에는 지금까지 기적과 요행의 정체가 무엇인지, 그 뿌리가 무엇인지 알아내지 못했다. 불보살의 불가사의 대신통은 하지 않는 양 일어나고, 되어지지 않는 양 되어지는 특성이 있기 때문이다. 우리의 마음속을 들여다보자. 악한 생각에 머물러 있으면 금방 우리의 육신은 마귀의 소굴이 되고, 불심(佛心)으로 가득하면 아름다운 서원으로 환희와 희망이 일어난다.

  과연 나는 누구인가 살펴보자. 나는 누구도 아니고 그 무엇도 아닌 텅 빈 집과 같을 뿐이라는 사실을 알 수 있을 것이다. 실로 나라는 주인공이 별도로 존재한다면, 그 주체성은 왜 보이지 않는가. 그저 빈집일 뿐이다. 우리의 몸뚱이에는 숱한 객(객진번뇌)이 잠시 머물다 소리 없이 가는 격이어서, 우리의 몸뚱이는 나그네의 집이므로 온갖 생각이 설치다가 사라지고, 그런가 하면 상상도 못했던 거룩한 마음도 머물다가 또 종적도 없이 떠나간다. 이와 같은 수만 생을 빈 배와 같이 흘러흘러 떠내려 온 것뿐이다. 잠시 배를 몰고 다닌 그 뱃사공이 누구였든 빈 배는 빈 배일 뿐이다. 잠시 뱃사공인 주인공은 객일 뿐이다. 그래서 불보살님들의 불가사의 신통력은 빈 배에 잠깐씩 올라타고서 훌륭한 뱃사공이 되어 실속없는 몸뚱이를 다양하게 이용한다는 사실을 깨달아야 한다. 사람뿐만 아니다. 만생과 만물 가운데 유정과 무정, 유상과 무상, 유색과 무색, 그리고 마음과 불성까지도 다양하게 이용한다. 숙달된 운전수라면 어떤 차든 움직일 수 있는 이치와 흡사하다. 고로 자신에게 일어나는 불가사의한 사건에 대해 절대 자만하면 안 된다. 자신의 의지력으로 이루어진 일이 아님에야 아무 가치가 없기 때문이다.

  텅빈 무(無)의 충만이 여래장(如來藏)이다. 이것이 신성과 우주의 실제 모양이다. 그러므로 모든 존재는 '나'라는 개성이 없으며, 그 없는 무(無)의 묘용이 만덕을 갖춘 불성인 것이다. 불보살(佛菩薩)의 마음인 불성(佛性)은 만 가지 덕과 만 가지 선(善)으로써 결정된 자성(自性)이다. 이 자성은 무량한 변화를 짓지만 조금도 변함이 없는 것이 불가사의한 특징이다. 불성(佛性)은 온갖 모양을 드러내 보이는 덕성을 갖고 있으며, 우주의 사대(四大 : 地 · 水 · 火 · 風) 성질을 자성(自性)으로 하기도 한다. 성(性)은 신성과 만류의 근본성질을 이루기도 하며, 인연(因緣)으로 성립되는 원천적인 성질을 갖고도 있다. 모든 것을 요지하고 성취하는 성자성(成自性)의 특성이 있으므로 마침내 성불(成佛)

도 하고, 모든 중생의 소망과 욕구가 저절로 이루어지는 현실이 바로 불성인 성자성(成自性)의 신비인 것이다.

성(性)이란? 만류의 근본이라고 한다. 성(性)은 여래장이기도 하다. 우리의 본연(本然) 가운데서 식(識)의 성질을 가진 밝게 아는 깨달음과 앎의 식성(識性)인 밝게 아는 진아(眞我)가 곧 성(性)이며, 곧 묘명(妙明)한 각(覺), 즉 묘각(妙覺)이다. 성(性)에 대하여 어렴풋하게나마 더듬어 보고 넘어가자. 어렵고 난해한 본성은 어떠한 변론으로도 납득시킬 수 없다. 다만 느끼게 할 뿐, 언젠가는 깨닫게 되는 것이기도 하다. 느낌의 심오함을 말이나 글로써 모두 전달한다는 것은 불가능하다. 깨달음은 느낌으로 알 뿐이다. 그래서 묘명(妙明)한 묘각(妙覺)이라 하는 것이다.

연못 신의 깨우침

지금 우리는 불보살님들이 어떻게 천백억의 몸을 나투어서 중생을 구제하는가 하는 의문을 풀고 있다. 여기에 너무나 아름다운 깨달음을 풍자한 이야기가 있다. 불보살의 위신력을 보여 주는 한 편의 드라마를 들어 보자. 구도자 한 분이 전염성 눈병을 앓고 있었다. 눈두덩이 부어올라 앞을 잘 볼 수도 없었다. 그때 누군가 지나가는 말로 이르기를 "그 눈병은 청련화가 많이 피어 있는 연못에 가서 눈을 크게 뜨고, 청련화 향기를 눈에 쏘이면 낫는다." 하므로 구도승은 아픈 눈을 억지로 떠 가며 간신히 청련화가 만발한 고요한 연못가에 이르렀다. 흐드러지게 만발한 청련화의 아름다운 모양새도 장관이려니와 청신한 기품에서 흘러 나오는 싱그러운 향기는 눈으로 보지 못하는 천녀의 향수 같았다. 연못 주위가 청련화 향기로 자욱했으나 한 홉이라도 더 많은 향기를 눈에 쐬어야 좋겠다고 생각한 구도승은 바람을 마주 안고 섰다. 눈에 청련화향 뜸질을 하기에는 안성맞춤이었다.

한참을 두 손가락으로 눈을 딱 벌리고 서 있는데 어디선가 "도둑놈아! 누구 맘대로 내 허락도 없이 남의 청련향을 훔치는고!' 하며 깜짝 놀랄만큼 큰 소리로 호통을 치는 것이 아닌가. 연못에 절로 핀 청련화를 그것도 뜯어 가는 것도 아니고 주변에 그냥 넘치고 있는 향기를 좀 쏘이기로 사람을 이렇듯 놀라게 할 수 있단 말인가? 구도승은 슬그머니 화가 났다. "여보시오, 저절로 가득한 향내음 좀 맡기로 이렇게 사람을 놀라게 하고 모욕을 주며 시비를 걸 수 있단 말이오?" 하고 맞은편 언덕을 건너다 보니, 흰옷을 입은 백발노인이 이쪽을 응시하고 서 있는 게 아닌가. 구도승의 대꾸가 채 끝나기도 전에 "땡초야! 이 세상 만물에 주인공이 없는 것이 어디 있다 하더냐. 나는 이 연못을 지키는 신(神)이다. 그대가 내 허락도 없이 눈을 뒤집고, 나의 향기로 무지한 눈병을 치료코자 하였으니 도적이 아니고 무엇이더냐." 하고 호통이 터졌다. 듣고 보니 아차 싶었다. 일체가 다 하나의 신성인데, 내가 어찌 이다지도 무례했던가 싶어 구도자는 내 것이라고 할 것이 아무것도 없는 동시에 저마다 독특한 개성과 자성이 갖추어 있음을 깨닫자 "소승이 잠깐 무지했나이다. 연못의 신이여, 이 눈병을 고칠 수 있도록 도와주소서." 하고 용서를 청하였다. "네 병은 무지에서 오느니라. 그 썩은 고기 눈에 무슨 애착이 그리도 많은가. 그대의 육신도 썩은 송장이려니와 바로 보지도 못하는 눈알을 무엇에 쓰려고 구차스럽게 고치려 하느뇨? 그 더러운 마음부터 이 연못에 집어던져라." 하며 어찌나 냉엄한 쇳소리로 꾸짖는지 구도자는 고개를 들 수가 없었다. 두말도 못하고 합장하며 고개를 숙이고 서 있었다.

그때에 그곳을 지나던 한 농부가 있었다. 그는 연못 속으로 대뜸 들어가더니 잠방이를 걷어 올리고는 팔뚝만한 연근을 쑥쑥 뽑아 제꼈다. 순식간에 연못의 아름다움은 엉망이 되어 버렸다. 한참 부산을 떨던 농부는 연근을 한 아름 안고 나와 어디론가 가버렸다.

연못 신도 수도승도 물끄러미 바라만 보고 있었다. 순간 구도자는 배알이 꼴려 오는 것이, 저 신(神)이라고 하는 영감탱이는 편견이 심해도 이만저만이 아니구나 싶었다. 자기에게는 어차피 날아가 버릴 모양도 없는 향기를 핑계 삼아 핏대를 올려 가며 창피하게 모욕을 주더니, 저 농부는 아예 연못에 들어가 연꽃밭을 엉망으로 만들어도 본체만체하니, 연못 신의 속셈이 얄미워지기 시작했다.

"연못 신이여, 저는 모양도 색깔도 없는 냄새 하나 가지고 그토록 꾸짖으시더니, 저 촌부는 연꽃을 뿌리채 뽑아가도 본체만체하시는 연고는 무엇이오이까?"

그는 볼멘 목소리로 항의했다. 연못 신은 혀를 서너 번 차고는 말했다.

"어리석은지고, 너는 개똥을 주머니에 넣고 다니는 사람을 보았더냐. 쓸모없는 인간에게 어인 관심이 그리도 많은고. 내가 너를 꾸짖음은 네가 쓸 만한 인간인 것 같아 관심을 가진 것뿐이다. 어서 철부터 들도록 할 일이로다."

이번에야말로 망치로 얻어 맞은듯 수도승은 아찔한 현기증을 느끼며 털썩 주저앉고 말았다.

"연못 신이여, 제발 저의 구도의 길을 열어 주소서."

슬피 울며 엎드려 큰 절을 드리자. 연못 신은 "어리석도다. 네 길은 네가 알아서 갈 일이 아니더냐. 무슨 할 짓이 없어 너를 따라다니며 이래라저래라 하겠는가. 깨침의 길은 스스로 홀로 가며 자각하는 길이니라." 하였다. 마치 코 앞에서 울려퍼지는 소리 같기도 한 우주의 소리, 범음(梵音)이 구도자의 전신을 감싸 안았다. 천지는 순간 황혼의 금빛으로 찬란했고, 앞을 내다보기조차 힘들었던 두 눈은 광명으로 가득했다.

보라! 천백억 화신을. 이 신화의 무대에 등장하는 인물들을 유심히 볼일이다. 눈병을 앓는 구도자, 눈병을 낫게 하는 비방을 일러 준 사람, 호수, 연꽃,

명부전(冥府殿) 391

향기를 실어다 준 바람, 연못 신, 농부, 마침내 지혜의 눈, 이 모든 시나리오는 자연 발생적으로 일어난 사건 같지만 불보살이 우주적인 몸으로 나툰 깨침의 진솔한 명연기를 본 것이며 진리적인 시청각 교육의 단막극이라 함이 옳겠다. 이 간략한 게임에서도 숱한 보살이 등장하고 있음을 잘 음미해 보아야 겠다.

해인삼매(海印三昧)

《지장경》은 이 세상에서 설하여지지 않은 경전 가운데 대표적인 경이다. 《화엄경》의 경우는 지상에서부터 하늘나라로 법회 장소를 옮겨 가며 설법을 하시고, 다시 지구로 돌아온 우주 일주의 경문이다. 그런 반면 《법화경》은 지상에서 시방세계를 집결시켜 설법하신 경전이다. 그런데 유독 지장경만은 도리천궁에서 설하여 거기서 마치셨다. 그것은 불가사의로서 부처님의 깊은 뜻이려니와, 중생 소견으로 유추해 보건대 도덕성의 공덕은 전부가 도리천궁의 신통장(神通藏)을 이룬다는 사실이다. 그러므로 도덕성의 실상을 보여 주기 위한 부처님의 밀행(密行)의 기록이 지장경이 아닌가 한다. 부처님이 도리천에서 지장경을 설하심은 선악의 실상을 보여 주시기 위함이라 믿는다. 아울러 비도덕적인 인간의 심상은 밑으로 삼악도(三惡道)라고 하는 고통의 성품을 만듦으로 해서, 이로 인하여 마침내 지옥, 아귀, 축생이라는 과보를 낱낱이 받게 된다는 섭리를 도리천에서는 누구나 보고 믿기 때문이다.

높은 산에 올라가면 이쪽저쪽이 다 보이듯이 도리천궁에서는 세상의 인과응보가 잘 보인다. 때문에 윤리 도덕성의 성품이나 비도덕성으로 비롯되는 나쁜 인과응보는 성불하신 부처님이 아니시면 녹화 필름처럼 이렇게 보여줄 수 없으며, 부처님의 대원경지에서만 드러나 보인다고 한다. 부처님의 빛 속에서만 드러나 보이는 보살이 있다. 남섬부주 세계에 대비원력으로 존재해 계시는 보살로 부처님의 대원본원으로 화현하신 지장보살(地藏菩薩)님이시다. 지장보살님은 남섬부주라고 하는 이 하방 우주세계를 구슬처럼 한 손에 들고 계신다. 반가부좌상으로 묘사해 놓은 지장후불탱화의 도설은 법안으로만 보이는 진리를 사실화한 그림이다.

옛날 중국의 묵자(墨子)도 세상 사람들의 소망을 풀어 주시는 바쁜 나들이로 해서 그분의 발바닥이 부르트고 짓물러서 한 번도 성한 날이 없었다고 한다. 항차 지장보살님의 불사(佛事 : 중생을 성불로 인도하는 일)야 어떠하시랴! 이 세상 지구의 감옥만 아니라, 타방 우주세계의 무간지옥인 무기수 형무소까지 쉴새없이 드나드시기에 바쁘시다. 절에 가 보면 불상들 가운데 반가부좌상을 한 분이 몇 분 계신다. 반가부좌상의 뜻은 반가부좌한 한쪽 다리는 반은 삼매(三昧)에 머물러 계신다는 의미이고, 반대로 한쪽 다리를 내린 것은 부지런히 몸소 행차하심을 형설하신 것이다. 한마디로 풀면 깊은 삼매에 빠져 나몰라라 하고 열반에 들지 않고, 항상 우리들의 곁에서 같이 생활하면서 고요한 신통유희삼매에 머무신다는 뜻이다. 조선시대 토정(土亭) 이지함 선생 같은 분도 말하자면 반가부좌한 인생을 사셨다. 이런 분이 명실공히 보살의 분신이다.

지장경을 읽어 보면 두 가지 마음이 뚜렷하게 일어난다. 하나는 무한한 믿음이고 하나는 불교로부터 도망가고 싶은 종교(宗敎) 기피증이다. 그 중간층은 그저 그런가 보다 하는 무종교인으로 남는, 죄의식으로부터 한시름 놓는 편의주의 층이다. 우리나라 불교는 지장경의 내용을 빙자한 기복성이 농후한 종교다. 신행(信行)에는 반드시 믿음과 이해가 하나로 똘똘 뭉쳐 진실한 행을 통한 체험의 지혜가 자기 성숙의 길이 되어야 한다. 이것이 바른 믿음이요, 올바른 도리이며 이 길이 불도(佛道)다. 그런데 대다수 신자의 속성을 살펴보면 불상 앞에서 행운을 바라는 형편이라서 딱하기 그지없다. 부처님께서는 자신의 종지가 무속화될까봐 매우 걱정하셨다. 부처님의 염려하신 바가 바로 이 맹신이다. 그래서 무지한 믿음은 날이 갈수록 무지만 태산같이 쌓이고, 믿음 없는 지식은 날로 날로 사악한 악지식만 넘친다고 하셨다. 올바른 신행자들은 세상 밑바닥에서 부처님의 가르침을 본받아 참선 수행을 통하여 자기로 돌아가는 불법의 핵을 잘 닦고 있다.

절로부터, 어떤 믿음의 신앙으로부터 도망가고 싶은 유형은 대체로 지식인들로서 이들은 자기 자신을 잘 이해한다. 누구나 신앙을 앞세우지만 실제 삶에 있어서는 종교의 가르침에 반하고 있다는 사실이다. 따지고 보면 현실에서는 종교의 도덕률과 계율에 접근하기가 몹시 괴롭다는 본능 때문이다. 행치 못할 바에야 믿으면 무엇하느냐 하는 궤변이 자신의 죄악상을 잘 변명해 주고, 부정적인 면을 잘 합리화해 주기 때문이다. 그러나 행치는 못해도 거룩하고 위대한 가르침에 경배하고 찬탄하는 마음만 있어도, 마치 개가 되어도 미국 백악관을 제집처럼 휩쓸 수 있는 부시 대통령의 애견 같은 존재가 된다는 사실을 알고 넘어가자. 돌이라도 불당의 주춧돌이 될 것이고, 새가 되어도 대낮에 나는 독수리 같은 새가 된다. 믿음은 태양을 머리에 이고 사는 복락을 받는 법이다. "행하지 못할 바에야 경전을 읽으면 무엇해?" 이렇게 자기 합리화로 속단하지 말자. 영국의 천문학자 호킹 박사는 몸은 비록 불구라도 우주의 신비를 느낄 줄 알았기 때문에 그의 명성은 나폴레옹보다 더 값지다 할 수 있다. 불행한 몸에 앎마저 변변찮았으면 오나가나 남에게 천대받는 인생이 되었을 것이다. 이 세상에 기구망측한 인생의 전생을 보면 "믿으면 무엇해?" 하면서 신비를 느끼는 믿음의 복락마저 몽땅 털어먹은 결과이다. 이것은 진리를 불신한 과보임을 또한 깨달아야 한다. 인과응보의 엄연한 실상 앞에는 머리가 만 개라도 부정하지 못하리라. 비록 교리를 모르는 맹목적인 믿음이라 하더라도 부처님이나 모든 성자들을 좋아하고 우러러 칭송하면, 그 사람은 세세생생 지혜는 없어도 몸매가 아름답고 건강하며 오복이 구족하게 된다. 이런 사람이 사업을 하면 반드시 성공한다. 마침내 대재벌이 되면 똑똑하다는 천재들이 밤낮으로 그 사람 앞에 머리 숙여 절하리라.

　사람이 도덕성을 상실하게 되는 경우가 많다. 도덕성을 파괴하는 데 제일 강력한 힘을 가진 것이 성도덕이다. 성도덕이 문란하게 되면 가장 심각한 문제는 자기 내면의 맑은 심성이 상실된다. 그로 인하여 마침내 모든 공덕을 잃게 된다. 이런 경우를 당하면 누구나 종교에 대한 심한 거부감이 일어난다. 날이 갈수록 변태 심리로 난폭한 생각이 흙탕물같이 일어난다. 그럴수록 성인의 가르침과 거룩한 이들을 힘써 가까이하고 칭양, 찬탄하는 마음을 갖자. 모든 허물은 옛 성자도 다 경험한 일이다. 그들도 쓴맛, 단맛을 다 보고 나서 성자로 변신한 것이다. 그분들은 어떠한 경우라도 밝은 마음을 회복하는 정도(正道)를 깊이 신뢰하고 사랑했다. 바른 것을 높이 우러러보는 믿음을 잃지 않았기 때문에 성공했다. 과거세에 문수보살님도 여자로 태어나서 간통하여 낳은 자식을 버린 일이 있었다고 한다. 그 속죄의 일환으로 불경(佛經)을 많이 써서 공덕을 쌓아 마침내 불지(佛地)에 올랐다고 한다. 또 석가모니 부처님의 전세에도 인간이 할 수 있는 일은 무엇이나 다 하였지만, 항상 바른 도(道)의 진리에 깊은 뜻을 두어 신심을 잃지 않은 공덕으로 마침내 성불하신 기록이 불전설화집에 보인다. 라홀라의 어머니 야수다라 부인의 전세에 있었던 이야기 한 토막을 들어 보라. 인간의 삶은 후회와 참회가 쌓여서 성인으로 한 발 한 발 전진한다는 좋은 본보기가 될 것 같다. 불도(佛道)의 성불론(成佛論)을 바탕으로 한 경우에 말이다.

야수다라의 전생

삼형제가 살았다. 그들은 모두 장가를 들어서 아름다운 아내를 가졌다. 그런데 오랫동안 비가 오지 않아 한발이 심하였다. 곡물이 자라지 못해 기근이 들어 고향에서는 살 수가 없어, 삼형제가 숙의한 결과 먹고 살 수 있는 곳을 향해서 길을 떠나기로 작정했다. 몇 날을 먹지도 못하고 굶주림이 심각하게 되자 맏형이 아내를 죽여 살점을 나누어 주었다. 그러나 며칠 못 가서 아사의 지경을 당하자, 둘째형이 다시 아내를 죽여서 고기를 나누어 먹었다. 다음은 막내 아우의 차례였다. 동생은 아무리 생각해도 자기가 죽는 편이 훨씬 수월했다. 사람이 사람을 죽여서 자기의 생을 보전한다는 소행이 무섭고 두려웠다. 더욱이 사랑하는 아내의 인생이 불쌍해서 도저히 아내를 죽일 수가 없었다. 아우는 형님들이 잠든 틈을 타서 아내와 도망을 쳤다. 내외는 며칠을 가다가 마침내 먹을 것이 풍성한 산촌에 형님들 몰래 숨어서 살게 되었다. 그곳에는 먹을 것도 많고 산세 또한 아름다웠다. 마을도 가까이 있었다.

거기서 이들은 소아마비로 다리가 불편한 젊은이의 토막집에 임시로 거처를 정하게 되었다. 막내의 아내는 남편이 산에 가서 먹을 것을 구해 올 동안 그 젊은 청년과 다정하게 지냈다. 그렇게 남녀가 유정하다 보니 자연 정을 통하게 되었다. 날마다 절름발이 남자와 못할 짓을 하며 시간을 보내다 보니 남편에 대한 혐오감이 커져 갔다. 애정은 외눈박이여서 한쪽에 빠지면 다른 한쪽이 미워지기 마련, 자기의 부정이 탄로나면 자신에게 불리해진다는 우려 때문에 간교한 생각이 마음 밑바닥에 깔리었다. 부인은 남편이 자기를 지극히 아껴 주고 사랑하는 인자한 마음씨를 악용하기에 이르렀다. 어느 날 남편에게 청하여 등산을 가자 하였다. 천품이 소박한 남편은 아내의 모처럼의 소망을 풀어 주기 위하여 험준한 등산길을 더듬어 힘겹게 정상까지 올랐다. 가까스로 최상봉에 올라 만상을 내려다보니 너무나 경관이 좋았다. 기암절벽 반석 위에 앉아 있던 아내가 현기증 나는 절벽 끝에 피어 있는 참꽃을 꺾어 달라고 남편에게 부탁했다. 순진한 남편은 용기를 내어 낭떠러지 끝에 서서 그 꽃을 꺾으려 했다. 그 순간, 뒤에 서있던 아내는 남편을 사정없이 떠밀어 버렸다. 부인은 계획이 성사한 기쁨에 만족해 하면서 돌아왔다.

천길 낭떠러지에서 돌덩이처럼 굴러 떨어진 사나이는 비명을 지르며 사정없이 내려 꽂히고 있었다. 어떻게 무엇을 느낄 사이도 없이 큰 소나무 가지에 큰 충격을 느끼며 다시 한 번 폭포로 만들어진 웅덩이에 풍덩 하고 빠졌다. 얼마 동안 넋을 잃고 어디론가 한없이 떠내려 갔다. 정신을 차렸을 때는 어떤 장사꾼에 의해 구제된 뒤였다. 불행한 사나이는 장사꾼에게 자초지종을 이야기하였다. 장사꾼의 도움으로 건강을 회복한 셋째는, 어느 날 장사꾼의 수레를 얻어 타고 풍요로워 보이는 이국의 경치도 볼 겸 세상 움직임도 살필 겸 시내 구경을 나가게 되었다.

그때 이 나라에는 전왕이 승하하고 왕의 대권을 이어받을 후계자가 없었다. 이 막중한 국사로 인하여 고관대작들이 모여 구수회의를 한 끝에 왕사이기도 한 국사(國師)에게 상의를 하게 된다. 국사인 도사 왈 바로 오늘 사시에 남문에 가서 기다리면 제왕이 될 훌륭한 덕을 갖춘 왕재가 지나가리라는 점괘가 나왔다는 것이다. 이 예언대로 도사와 나라의 대신들이 큰 남문 한켠에서 귀인이 나타나기를 기다리고 있었다. 그때에 상인의 마차가 남문으로 들어서자 도사가 수레 위에 앉은 가련한 이방인 사나이를 가리키며 "저 분이 이 나라의 왕이 되실 분이옵니다." 하고 소리쳤다. 그러자 온 나라의 군신과 백성들이 엎드려 절하며 맞이했다.

졸지에 왕이 된 사나이는 나라를 잘 다스려서 백성의 아프고 가려운 데를 구석구석 잘 위무하였으며, 민생을 잘 살펴 백성의 자유와 평화는 말할 것도 없었다. 하늘이때를 맞춰 비를 내려 주어 농사가 잘 되었고, 세상은 평화로운 낙원으로 더욱 새롭게 바뀌었다. 국민을 다스림에 있어서는 오계십선

(五戒十善)으로 국기를 삼았다. 이것은 부처님들의 기본 율위다. 불법으로써 정사를 보니 하늘과 땅은 나라를 지키고 백성에겐 축복을 내렸다. 이웃 나라의 백성들이 흠모하여 이민 오는 자가 한량이 없었다. 왕의 옛 아내도 절름발이를 등에 업고, 자원이 풍부하여 살기 좋은 이 나라 저자에서 걸식을 하며 다녔다. 세상에 다니면서 "나는 이 남편을 등에 업고 기근을 피해 왔습니다. 불구의 남편을 가진 나의 기구한 고생을 불쌍하게 여겨 주옵소서." 하면서 남편을 팔며 구걸을 하고 다녔다. 눈물로 호소하므로 사람들은 그의 여성다운 품위와 정숙함을 가상히 여겼다.

이 모양을 본 주위 사람들이 그녀를 불쌍히 여긴 나머지 열녀로 추대키로 하였다. 불구의 남편을 지극하게 봉양함을 보고 시중 사람들이 모두 나라에 진정을 올렸다. 왕비가 이 보고서를 읽어 보았다. 그 나라는 국왕의 치정이 어질고 현명하여 착한 사람에게는 후한 은상(恩賞)을 내렸기 때문에 왕비의 심중도 퍽이나 기뻤다. 잘생긴 여인이 다리를 못쓰는 사람과 산다는 것도 대단한 일인데 그 남편을 업고 다니며 구걸을 한다니, 같은 여성으로서 그냥 듣고만 있을 수가 없어 왕비는 친히 그 부인을 불렀다. 부인의 행적을 직접 듣고 보니 너무나 갸륵하였다. 열녀상을 내릴 만한 현부인임이 분명하므로 왕비는 왕에게 큰 상을 내려줄 것을 간청하였다. 국왕도 그 부인을 친히 만나보고 싶어서 그 부인을 궁정으로 안내하라 했다. 왕이 부인을 보자, 단번에 옛날 자신의 아내였음을 확인하고 너무나 뜻밖이라 조용히 말했다.

"부인, 나를 알아보겠소?"

예절 바르게 숙였던 고개를 드는 순간, 부인은 너무나 놀랍고 두려워 입을 열 길이 없었다. 입장이 난처하게 된 국왕은 측근들에게 저 부인이 자신의 옛날 아내였다는 사실과 그 당시에 있었던 얘기를 다 털어놓았다. 그러자 대신들이 소리를 높여 "사형에 처해야 합니다."라고 말했으나 왕은 "모든 진리를 깨달은 분들은 일체를 불쌍히 여겨 자비를 베풂을 최상의 보배라고 가르쳤습니다. 나는 비록 자신의 목숨을 잃을지언정 어질고 자비로운 불도의 가르침에 어긋나는 짓은 하지 않을 것이오." 하였다. 국왕은 부처님의 자비로 그 부인을 용서했지만, 왕비는 그녀의 추악한 행위를 용서치 못하여 먼 타국으로 추방을 시켰다.

그때의 왕은 지금의 석가세존이고 그때의 부인은 야수다라였다고 전한다. 불구의 남편은 제바달다라 한다. 보라, 이와 같이 어느 누가 허물이 없겠는가! 그러므로 종교가 있는 것이고 가르침이 있는 것이다. 항상 뉘우치고 반성하며 바른 교리에 깊은 신뢰가 있기를 바란다. 믿음의 힘과 공덕은 마침내 성불(成佛)로 인도한다. 그 어느 날엔가 그대는 저절로 자연스럽게 죄악을 멀리하고 온갖 선행만 행하여 가지는 때가 반드시 오리라. 세상에는 종교와 상관없이 착하게 사는 사람이 대부분이다. 바른 삶을 우주의 진리로 굳게 믿는 사람들이다. 우주의 섭리에 계합하는 올바른 위인이 이 세상에는 많음이다. 종교를 빙자한 나쁜 마음들이 보여 주는 환멸을 느껴본 사람들일수록 종교를 멀리한다. 선행을 삶의 근본으로 삼고 사는 인생의 길은 인도(人道)라고 한다

위도 아래도 보지 않고 오로지 인간의 도리에만 충실하고 사람의 본분에 최선을 다하는 지극히 당연한 인자(仁者)의 길도 쉽지는 않다. 유교가 바로 인도(人道)의 학문(學問)이다. 유교는 우주의 성리(性理)에 충실하라는 가르침이다. 사람이 되는 교리로는 유교 이상이 없다. 온 인류의 양심을 이루고 있는 공자(孔子)의 사상을 불교에서는 상세히 영상화해 놓았다. 그것은 인간이 죽어서 천상을 가나 지옥을 가나 항상 그 이름은 '사람' 이다. 사람의 형태에 기형의 군더더기가 달렸을 뿐이다.

절에 있는 벽화나 지장전에서 보여 주는 지옥에서 고통받는 지옥도(地獄道)를 잘 보라. 또 지옥에서 지옥 인간을 다스리는 온갖 유형의 옥졸들의 인상착의를 잘 보라. 저 모두가 사람의 형태를 기본으로 해서 천태만상을 이루

고 있음을 증명하고 있다. 반대로 천상이나 극락도 매한가지다. 이로 미루어 본다면 공자의 인생관은 범부들의 소견이 아님을 알 수 있다. 또 지옥이나 천당, 극락까지도 이 세상에서 인간이라면 누구나 다 경험하고 늘 보아온 대자연계의 현상과 조금도 다르지 않다는 점이다. 다만 질적인 차이밖에 없다. 천당과 극락을 돌로 비유하자면 같은 돌이라도 천당과 극락은 다이아몬드같이 빛나는 아름다운 돌이고, 지옥은 같은 돌인데도 벌겋게 단 용암과 같을 뿐이다. 이와 같이 인간 세상의 의식을 기본으로 하여 학설을 주장한 인본주의(人本主義) 인생관은 지극히 바른 견해다. 공자는 인생관을 모양으로 드러내 보이는 인격주의에 맞춘 반면, 부처님은 내적인 인간 본연의 자아(自我) 실현에 근본을 두고 거짓된 자기로부터 해방되는 해탈 교리를 잘 밝히신 분이다. 그래서 공자의 인상착의나 불교미술에서 보여 주는 불보살의 인상착의가 별로 다르지 않다. 특히 불상(佛像)이나 불화(佛畵)에서는 불보살님들이 앞가슴을 훤하게 드러내어 젖가슴을 보임으로 해서 엄청난 치부를 드러내 보인 듯 하여, 이 모양을 처음 보는 우리 어머니들은 가슴이 섬짓했을 수도 있을 것이다. 소중한 것은 숨기고 감춤으로써 도덕성이라고 하는 신비로운 공덕이 자라난다. 깨달음의 보리수(菩提樹)라는 나무는 공덕수(功德水)라는 물을 먹고 자라나며, 공덕수는 부끄러워하는 겸손한 마음에서 일어나는 것이다.

요새같이 치마 끝이 염치없이 올라가는 슬상가상시대(膝上加上時代)에는 감춤의 미덕 얘기가 오히려 쑥스럽게 생각된다. 홀랑 벗고 치부 과시나 즐기는 나체 과시 경쟁 시대에서는 인격으로부터 생기는 공덕 얘기는 통하지 않는다. 오로지 황홀한 낭만과 변태적인 퇴폐만 만연하여 마침내 인류는 공덕의 에너지가 고갈됨으로 자연계가 황폐되어 지구도 파멸의 종착역에 도달하고 말 것이다.

공자는 외향적인 인격을 통하여 내면의 도덕심을 은밀히 자라게 하신 성자다. 도덕성은 의식을 풍요롭게 한다. 이 세상의 과학자도 공자같이 인간의 모습에서 공덕을 길러 내는 신성한 성리학 분야에 신경 쓸 시대가 곧 오리라 믿는다. 마치 표고버섯이 참나무에서 자라나듯 공덕은 도덕성이라고 하는 윤리적인 행위에서 자라나는 신비로운 초의식의 에너지다. 이 도덕성이 온 갖 기적과 이적을 나툰다. 윤리 도덕을 가지면 완벽한 행운을 보장 받는다. 오늘날 우라늄이라는 광물도 그 효능이 엄청나다 하지만, 인간의 인격을 통한 심성에서 자라나온 도덕성인 공덕은 그야말로 불가사의다. 노자(老子)께서 자기의 사상을 한마디로 도(道)라 하지 않고 도덕(道德)이라 하여 덕(德) 자를 하나 더 붙인 데 대하여 깊은 이해가 있어야 한다. 진실로 옳게 깨달은 사람은 해탈지견인, 도와 풍요로운 환희의 모체인 덕(德)을 안다. 공덕(空德)이라고 하는 말은 덕의 모양을 좀 더 구체적으로 표현한 고유명사다.

    그래서 성인은 도덕의 비단옷으로 항상 자기를 숨기고 치부를 감추는 아름다운 예절과 행실을 생명으로 여긴다. 삼라만상의 생태계를 보라. 무엇 하나 숨기고 감추고 덮어 주지 않고도 자라나는 게 있는가? 한 톨의 씨앗도 흙으로 덮어 주어야 자라나서 한 송이 꽃을 피운다. 우리 또한 태어날 때 어머니의 비밀스러운 내원궁 안에서 숨어 있다가 나왔다. 우리 눈으로는 볼 수 없는 귀로만 잡히는 소리의 비밀도 모든 물질 속에 깊이 숨어 있다가 나온다. 그대의 수면도 거적 같은 것이라도 몸뚱이를 덮어 주어야 잠이 잘 온다. 보라! 무엇 하나 비밀한 창고에서 나오지 않는게 있는가. 그래서 불교 경전에는 지장(地藏)보살이라는 장(藏) 자가 부지기수로 나온다. 알겠는가, 장(藏)의 의미를! 불보살들의 도덕성의 비단옷으로, 청정계율의 금란가사로 몸을 감춘 큰 도포의 의미를 음미하라! 윤리도덕의 비단에다 부처님의 황금률로 수놓은 빛나는 금란가사란 사실을!

육환장(六環丈)

지장보살님의 손을 보면 반드시 육환장(六環丈)이 들려 있다. 다른 대보살님들은 다들 연꽃을 한 송이 들고 계시며, 혹 어떤 보살은 독특한 보물을 하나씩 갖고 계신다. 그런데 지장보살님만은 지팡이를 들고 계신다. 그 지팡이와 지팡이에 달려 있는 여섯 개의 고리를 살펴보자. 여섯 개의 고리는 지옥, 아귀, 축생, 인간, 아수라, 천상 이렇게 육도 중생세계를 의미하며, 굳이 고리로 표현한 것은 모든 진리가 고리 모양의 바퀴로 되어 있기 때문이다. 법륜(法輪)이라는 말이 바로 이것이다. 이 진리를 잘 응용한 우리 과학 문명은 바퀴 문화로 이루어져 있고, 그것으로 세상을 시끄럽게 만들어 놓았다.

무엇이나 돌고 돈다. 인간의 마음도 쉴새없이 돌고 모든 물질의 구성도 둥근 세포로써 항상 생동한다. 저 해탈의 열반세계도 돌고 도는 바퀴 문화를 잉태하고 같이 춤추고 있다. 움직이지 않고, 돌지 않는 그 자체로 돌고 돌아 굴러 가고 있다. 이심전심(以心傳心) 또한 이 쪽에서 저 쪽으로 흘러 움직여 돌아간다는 뜻이다. 빛의 흐름도 목도할 수 없는 속도로 돌며 나아가지만, 마침내 원을 그리고 만다. 부처님 후광을 그린 그림을 잘 살필 일이다. 옛날 도인들이 부처님 몸에서 발산하는 광명을 실제로 몽중에서라도 보고 그렸기 때문에 대해탈의 광명 구름을 기가 막히게 묘사해 놓았다. 그래서 간곡히 부탁하오니 이를테면 절에 갈 때는 고찰을 방문토록 권하는 것이다. 요즈음같이 술 먹고 고기 먹는 그림장사들이 그린 그림에 무엇이 있겠는가! 양심 있는 화공이라면 적어도 탱화를 그릴 때만은 목욕재계라도 하고 그릴 것이다. 적은 정성이나마 깃든 손으로 그린 불화나 불상은 다소 볼 것이 있겠으나, 본래 불화는 빛나는 정신으로 그린다. 잘 보라! 빛의 고리를, 부처님의 원광상을, 원광의 파장상까지도 묘사한 기법을 잘 보아야 한다. 법안을 가진 화사(畵師)들은 영혼의 눈으로 보고 그렸다. 여기서 말하는 영혼은 깨침의 초의식을 말한다. 그러므로 진리답게 그렸다.

　어떤 이가 어느 날 붓다에게 물었다.

　"세존이시여, 깨달음이란 무엇입니까?"

　세존의 대답은 뜻밖에 간단하였다.

　"챠라이 베티 챠라이 베티 — 계속 걷고 또 걸어라, 절대로 멈추지 말고 영원히 여행하라."였다.

　보라, "진리가 무엇입니까?" 깨달음을 얻은 세존의 시각을 어느 구도자가 물었다. "항상 움직이는 것이니라." 그렇다. 우리는 너무나 정적인 부동(不動)에 미쳐 왔다. 침묵의 죽는 연습을 계속해 온 것이다. 죽은 송장 같은 고요를 안고 그것을 진리인 양 여기면서 구도자연했다. 아니다, 저 지장보살님의 지팡이처럼 항상 그 무엇을 위하여 그들에게 든든한 지팡이가 되어 주어야 한다. 지장보살님처럼 항상 움직이는 우주의 지축이 되어 우주의 질서를 지켜 주어야 한다. 육환장 용두 양쪽에 세 개씩 여섯 개의 고리가 의미해 주듯이 우주의 에너지인 삼음삼양(三陰三陽)을 한 손에 쥐고 만생에게 물심(物心)양면으로 자양분이 되어 주어야 한다. 육도(六道 : 지옥, 아귀, 축생, 아수라, 인간, 천상)를 상징하는 육환장으로 중생에게 지팡이가 되어 주고, 그들에게 육바라밀을 가르치는 교봉이 되어 성도로 이끌어 주어야 한다.

　육환장(六環丈)! 만생의 길잡이이며 생노병사(生老病死)에 시달린 가련한 중생의 앞길을 헤쳐 주는 지팡이다. 늙고 병든 노약자에게는 팔다리가 되어 주고, 외로운 길손에게는 의지할 벗이 되어 주는 지팡이이다. 지장보살이 잡고 있는 그 지팡이는 지옥도 두들겨 부수고, 머나먼 곳도 신통을 부려서 지척같이 끌어당기는 신기롭기 이를 데 없는 보배로운 지팡이이다. 석장(錫杖)이라고도 하는 이 육환장과 같은 지팡이에 대한 눈물겨운 얘기를 잠깐 들어보자.

　세존께서 걸식을 하려고 아침 일찍 시중에 나가시다가, 노구를 지팡이 하나에 의지한 채 빌어먹고 다니는 불쌍한 노인을 보시게 되었다. 세존께서 말세 인간들과 그 노인을 위해 친히 지어 주신 '내 자식은 지팡이' 라는 시(詩) 한 편에 얽힌 사연이다.

늙어 구부러진 허리를 간신히 지팡이 하나에 의지하며 고령에 굶주린 뱃속을 채워 보려고 이 집 저 집을 기웃거리는 노인은 초췌한 몸에 누더기 사리를 걸치고 박정한 세상의 인심을 한탄하며 절룩거리는 다리로 구걸을 하고 다녔다. 세존께서 이 모양을 보고 하도 측은하여 노인에게 물었다.

"노인장, 댁에는 아들도 딸도 없습니까?"

얼른 보아도 처자식이 없거나 그토록 빈궁하게 살 것 같지는 않아서였다. 노인은 몸을 겨우 가누며 말하였다.

"아들딸 장가, 시집 보내고 재산마저 다 주고 나니 이 늙은 몸 하나 의탁할 곳이 없습니다."

짓무른 눈에 무심찮은 눈물을 보였다. 홀로 된 늙은 애비를 자식들이 돌보지 않으려 하니 구처없이 이 집 저 집 신세지며 구차스럽게 이 꼴로 산다고 하소연하였다. 본래 누구나 성자 곁에 다가가면 자비로운 어머니 곁에 간 것마냥 편안하여 못할 말, 숨길 말이 없어진다. 저절로 혜초(흙이 썩은 물)같이 썩은 마음이 쏟아져 나온다.

세존께서는 기박한 노인의 얘기를 들으시고 크게 한탄하시며 깊은 생각에 잠기셨다. 과거, 현재, 미래를 통해 인생사의 가장 큰 죄악인 불효를 생각하시고 그 노인과 불효자식들을 위하여 다음과 같은 '내 자식은 지팡이' 라는 게송을 지어 주셨던 것이다. 그리고는 이 글을 외워 가지고 사람이 많이 모이는 시장에 가서 큰 소리로 읊으면 반드시 좋은 일이 생길 것이라 일러 주셨다. 노인은 열심히 외웠다. 그리고는 가락에 장단을 맞춰 구성지게 불렀다. 노인의 노래를 듣는 사람들은 너무나 감동하여 돈도 주고 입을거리도 주었다. 우리도 들어 보자.

내 자식은 지팡이

아들을 낳았다고 기뻐하면서
재물을 모았다가 나누어주고
장가들여 제짝을 지어주어도
이제와서 아비는 헌신짝신세

입으로는 아비라고 부를지언정
마음에는 자비가 도무지없네
귀신보다 박정한 자식새끼는
죽어가는 아비를 박대하누나

양식이 들어있는 소중한궤짝
다파먹고 버리는 빈포대같이
마소만도 못한것 내자식들이
아비를 집에서 내몰았구나

버림받고 쫓겨난 늙은아비는
지팡이에 의지해 문전에서서
초로같은 목숨을 이어간다네

이제사 의지할것 지팡이하나
섰거나 걷거나 오직지팡이
어두우면 충실한 안내자되고
냇물의 여울도 알려준다네

내자식은 이제야 지팡이로세
지팡이가 이제는 자식이라네
나무아미타불

이 노랫소리를 듣는 구경꾼 속에 큰아들이 끼어있었다. 그 처량한 노인이 다름 아닌 자신의 아버지임을 보고, 참회의 눈물을 흘리며 집으로 모셔가는 향기로운 일이 있었다 한다. 지장보살님의 저 지팡이는 불효자식으로부터 쫓겨난 부모에게 행복도 안겨 주고, 무간지옥에나 갈 불효자들을 개과천선시켜 효자로 재생시켜 주시는 법력을 가득 담고 있다. 이제 우리 모두 지장보살께 예배드리고 물러 가자. 좁은 가슴과 신통찮은 머리로 불보살님네의 불가사의한 신비를 단적으로 표출한 불상이나 탱화를 보고 계속 문답을 나누어 보았자, 의문은 대답을 낳고 답이 또한 의문이 되므로 번거로운 머리를 깊이 숙이며 조용히 물러가 대원본존 지장보살님의 아픈 마음을 새기면서, 우리 주변에 가까이 살아 계시는 부모님과 이웃부터 존경하는 아름다운 마음으로 꽃다발을 만들어 지장전에 올려 보자.

해인(海印)

제불보살과 마찬가지로 지장보살님도 앞가슴을 확 열어 놓았다. 독특한 불보살의 의상에 주의를 기울이자. 한결같이 불보살의 상의에서는 왼쪽 어깨는 물론 팔까지 가리워져 있다. 그것은 좌(左)를 신성시(神聖視)한 상징으로서 신성은 숨기고 감춤이 옳음을 형설하고 있다. 우측에 대해서는 인도에서뿐만 아니라 세계적으로 공통된 밀어가 있는데, 업(業)을 짓는 죄악의 상징으로 공약되어 있다. 그래서 모든 죄악은 숨기고 감추면 더욱 자라나므로 모든 성자의 가르침에는 죄악을 남에게 드러내 보여 참회하는 미덕을 가르쳤다.

불교에서는 죄를 지었을 때, 스승과 대중 앞에 나아가서 자기의 죄악상을 낱낱이 털어놓고 속죄를 바라는 참살(懺殺) 혹은 포살(布殺)이라는 제도가 있다. 죄악을 죽이고 참회하여 새롭게 선근(善根)이 태어난다는 뜻이다. 포살이라는 말은 계율의 그물로 몸과 마음의 허물을 건져서 전부 생포해 죽인다는 뜻이다. 이래서 천주교에는 고해성사(告解聖事)가 있고 개신교도들도 회개법이 있다. 불교에서는 참회(懺悔)라 한다. 참(懺)이란 죄(罪)를 뉘우친다는 참죄(懺罪)란 말이고 회(悔)란 거룩한 성인의 뜻으로 개심(改心)한다는 뜻으로 회개(悔改)라 한다. 불보살이 우측 어깨와 가슴을 드러낸 것은 죄악은 반드시 드러내고 거룩하고 착한 일은 엄격하게 빈틈없이 감추고 숨기라는 뜻으로 왼쪽 어깨와 가슴은 참하게 감추고 있다.

우리말로 흉부를 '가슴'이라 한다. 사람의 가슴은 그 생긴 골격의 모양새가 묘하게도 아닐 비(非) 자와 닮아 있다. 진리의 실상이 그렇게 존재해 있듯이 아닌 비실제(非實際)의 글자이다. 그러므로 가슴은 조건없는 사랑이 일어나고 행복이 일어나는 곳이다. 걸림없는 자유와 편견없는 평화가 샘솟는 곳이다. 모든 종교가 가슴의 사랑을 구심점으로 하고 있음은 종교가 그 가슴으로부터 나왔기 때문이다. 모든 종교가 거기로부터 나왔기에 성직자와 신자들은 저마다 자기의 가슴에 만자(卍字)를 달고 십자(十字)도 긋는다. 그것은 가슴이 지닌 중도적인 중립성의 비실제성 때문이다. 조용히 앉아 계시는 불상을 잘 보라. 그 앉은 모습에서 삼등신으로 되어 있는 윤곽을 뚜렷이 볼 것이다. 그것은 상부의 두부와 중부의 가슴과 하부의 하복부를 말한다. 다시 말하면 두부(頭部)와 흉부(胸部) 그리고 하복부(下腹部)가 된다. 인체의 각 부위에는 독특한 영혼이 깃들어 있다고 전한다.

예를 들면 사람의 인체에서 배꼽은 정신(精神)이 깃드는 곳이라 했다. 그래서 배꼽을 신궐(神闕)이라 한다. 즉 정신세계의 왕국이라는 뜻이다. 예부터 모든 도가(道家)의 수행법으로써 배꼽 밑 두 치쯤에 위치한 단전(丹田)이란 곳에 정신을 집중하는 단전호흡법(丹田呼吸法)이 있어 왔다. 옛날 신선도(神仙圖)를 잘 살펴보노라면 윗가슴에서부터 아랫도리 치부까지 옷깃을 활짝 열어 젖혀 하복부 배꼽이 빠끔하게 눈을 치뜨고 가슴을 쳐다보고 있는 모양이, 볼수록 보는 이로 하여금 웃게 만든다. 큰 배통에 텅 빈 공기를 잔뜩 채운 듯한 대복(大腹)을 두들기며 함지박 웃음을 토하는 어떤 신성의 해학적인 제스추어를 보노라면 저절로 폭소가 터진다. 무(無)와 공(空)의 정신세계가 저리도 좋을까 싶을 것이다.

단전(丹田)이라 하는 이곳은 애욕의 바다라 하여 그 이름을 정기(精氣)라는 기(氣) 자와 몸에 살아 있는 정혈(精血)의 피를 상징하는 해(海) 자를 붙여서 기해(氣海)라 한다. 기해란 이름이 말해 주듯 우리의 정신은 바다의 파도처럼 쉼없이 물결친다. 일찍이 인도의 요가와 동양의 선도(仙道)에서는 단전을 통하여 신성한 정신세계로 몰입하여 애욕으로부터의 성 초월을 하였다.

우리의 가슴에는 단중(壇中)이란 이름을 가진 혈명(穴名)이 있다. 이곳은 양쪽 젖꼭지를 기준해서 흉골 중앙 지점에 해당되는 곳이다. 여기서는 사람의 마음인 종기(宗氣)가 일어나는 곳이며, 이곳으로부터 모든 종교가 발생했고 사랑과 행복이 샘솟는 곳이다. 그래서 모든 종교의 상징이 이곳에 있다. 불교의 만(卍)자, 기독교의 십자가(十字架)와 성모의하트상 등 모두 가슴의 심해(心海) 단중에서 보인 것은 마음의 바다 심해에 많은 진리가 춤추고 있기 때문이다. 이러한 맥락에서 형설한 것이라 본다.

사람의 머리에는 수해(髓海)라는 곳이 있다. 이곳을 일명 백회(百會)라고도 한다. 사람의 모든 혈기가 다 모이는 곳이란 뜻의 혈명(穴名)이다. 여기를 머릿속 뇌수(腦髓)의 바다라 한다. 다시 말하면 의식의 바다이다. 이렇게 우리의 육체에는 세 곳의 큰 바다가 있다. 하복의 정신의 바다 기해(氣海)가 있고, 가슴에는 마음의 바다 심해(心海)가 있고, 두부의 골수에 내재한 의식의 바다

수해(隨海)가 그것이다. 우리의 몸에 바다가 있으므로 고해(苦海)라는 말이 있다. 이 세 곳의 고해가 해탈의 초의식을 만나면 열반의 바다가 된다. 그러므로 불경에는 바다 얘기가 많이 나온다. 법당의 장엄에서도 바다 그림을 많이 볼 수 있다. 특히 화엄경에서 무수히 나오는 해(海) 자의 어의(語意)를 알 것이다. 가야산의 해인사(海印寺) 해인삼매(海印三昧)는 다 우리들의 영혼의 바다를 의미한 것이며 삼해(三海) 삼단전(三丹田), 즉 하단전(下丹田)·중단전(中丹田)·상단전(上丹田)의 바다를 의미한다. 이 세 곳을 하나로 통일시켜 대해탈하는 수행과 이렇게 닦은 무량한 삼매를 총칭하여 해인삼매라 한다.

　불보살님의 머리는 특수하게 생겨 있음을 볼 수 있다. 부처님의 정수리에 있는 백회혈(百會穴) 자리는 마치 아침 해가 대양에서 떠오르는 것 같은 모습이다. 보살님네는 부처님의 우뚝 솟은 육계(六髻 : 살상투)상에는 미칠 수 없으나 부처님의 두상을 닮아 가고 있다. 이러한 모습은 우리 중생들의 의식을 뛰어넘어 있다는 좋은 암시도 되려니와 실로 초상세계로 뛰어 오른 불가사의한 길상이다. 머리 위에 솟은 머리는 무엇을 의미할까? 그것은 불보살님의 불가사의한 의식세계는 종교를 뛰어넘은 최상승의 영역임을 암시하고 있다. 이러한 모습은 초상세계의 신비로운 몸매를 보인 것이다. 부처님의 팔만대장경은 다 저 뛰어난 머리로부터 넘쳐 나온 경문이다. 그곳으로부터 묘법의 말씀이 나왔고, 불교의 지혜와 신통과 공덕이 나왔다. 지금 우리도 저 부처님의 지혜의 바다, 신통과 공덕의 바다 속으로 녹아들자. 그러기 위해서는 더 높은 의식의 영산(靈山), 설산(雪山)으로 오르고 또 오르자! 히말라야 산 같은 높은 정수리는 거룩하신 부처님의 머리로서 모든 여래의 신비로운 묘법이 그곳에 다 충만되어 있다. 그래서 모든 보살마하살이 저 부처님의 높은 정수를 향하여 한없는 난행과 고행을 감수하며 최상승의 불법을 구하는 것이다. 고해(苦海)에 빠져 있는 중생을 위하여. 고해(苦海)의 고(苦) 자는 어머니의 자궁을 의미하며, 상형문자가 말해 주듯 고해는 하단전의 기해(氣海)를 지칭한다. 그곳은 자궁이 있고 그 자궁으로부터 나오는 날, 인생은 고생(苦生)의 길이다. 고해로부터 삶과 죽음이 없는 최상의 열반의 바다, 열반해(涅槃海)로 들어가는 해인삼매(海印三昧)의 길이 불도다. 이 해인삼매(海印三昧)에서 화엄경(華嚴經)이 나왔다.

왜 불보살은 젖가슴을 드러내 보였을까? 왜 불보살은 배꼽 밑을 꽁꽁 동여맸을까? 사람의 인체 중 배꼽 밑의 단전에서는 성기를 통하여 '오르가슴'이 일어나는 곳이다. 이 애욕의 황홀한 불꽃을 해탈로 가는 지혜의 불꽃으로 변형을 시키는 수련이 단전호흡법이다. 정열의 불꽃이 지혜로 빛날 때 가슴의 심해(心海)에는 찬란한 사람과 행복의 태양이 떠 오른다. 우리의 가슴이 밝은 오색 빛으로 가득할 때 머리의 정수리에서는 환희의 꽃구름이 일어난다. 이러한 사실을 법당 후불탱화에서 잘 묘사하고 있다. 수해(隨海)인 의식의 바다에서 일어난 상서로운 구름을 법운(法雲)이라 한다. 이러한 사실을 불교 미술에서는 잘 설파하고 있다. 부처님의 정수리로부터 일어나는 팔만사천 가지 색상의 광명상이 그것이다.

모든 진리는 이쪽과 저쪽인 양극을 버렸다. 양단을 취하는 것은 실패이기 때문이다. 어떠한 사실을 버리고 피한다는 표현보다는 전부를 긍정적으로 받아들여 소화시킨다는 편이 진리의 속성에 가깝다. 그러한 진리의 만다라적인 존재가 되기 위해서는 양단에 치우쳐 편견에 병든 우리는 도(道)의 중립성(中立性)을 배우지 않으면 안 된다. 그래서 모든 종교에서는 가슴만 선택했다. 머리와 배꼽 밑은 계율을 상징하는 보승으로 차단시켰다. 불교 수행승들은 최상단의 머리카락을 무명초라 하여 잘라 버렸다. 삭발이 의미하는 본취지가 머리의 생각을 잘라 버린다는 뜻이다. 신통제일 목건련이 부처님을 만나 법문을 듣고, 즉시에 머리와 수염이 떨어지면서 스님이 되었다 함은 바로 이러한 사실을 시적인 설화로 전하는 말이다. 사고의 번뇌가 멸한 상징으로 즉석에서 머리가 깎이고, 생노병사의 수명이 없어졌다는 비유로 수염이 즉석에서 스스로 떨어졌다고 전해 온다. 스님네의 단발은 번뇌를 끊었다는 사실을 잘 말해 주고 있다. 아울러 배꼽 밑의 성 센터는 묶어 버렸다. 결혼하지 않는 독신 생활이 그것이다. 인체에서 중앙에 위치한 사랑의 집, 가슴은 모든 종교의 신전이 되고 있다. 그러므로 보살님네의 앞가슴은 보배 영락으로 장식되어 있다. 가슴에서 종교의 신비가 일어나는 것은 가슴의 심장에는 종기(宗氣)가 생기는 특수성 때문이다. 중생의 머리는 말이 너무 많다. 수다쟁이다. 머리는 용처럼 조화롭다. 배꼽 밑은 신두(腎頭), 거북(龜)처럼 생긴 그 무엇이 깊은 바다(氣海) 밑에서 귀신처럼 밤이면 더욱 음란하게 설친다. 그래서 머리의 용(龍)과 아랫배 밑의 거북(龜)을 멀리 내쫓을 수도 없고, 너무 가까이 할 수도 없어서 불교에서는 절 안으로 흡수하여 불법으로 잘 교화시켜 놓았다. 신두(腎頭)격인 거북에게 법당의 주춧돌이나 탑신을 업혀 공덕을 닦게 했다(계율을 의미함). 또한 경문이나 비문을 새긴 무거운 비석을 지게 하여 음탕하게 설치지 못하게 하였다. 머리격인 용(龍)은 육중한 법당 지붕을 등에 업혀 놓고 여의주 같은 법문을 설하게 하여 공덕을 닦게 했다. 또한 지붕을 머리 위에 씌워 불법을 옹호하는 천룡(天龍)으로 교화시켜 놓았다.

가슴은 말이 없다. 가슴은 음흉하지 않고 그냥 느끼기만 한다. 가슴은 거울과 같이 비추기만 한다. 법당은 가슴과 똑같이 만들어 놓은 상징학이며 그와 같은 해부학적 명칭을 갖고 있다. 위에서 말씀한 단중(壇中)이란 부처님의 앉아 계시는 위치가 된다. 실제로 법당 내부의 장엄물의 이름이 침구학(鍼灸學)에서 말하는 경혈(經穴)의 이름과 매우 유사하다.

가슴에는 종기(宗氣)가 있다. 마음의 가르침인 종교가 가슴의 종기에서 비롯되었으므로 종교(宗敎)라 한다. 이것이 종교라는 단어가 생기게 된 말의 어원이 된다. 중생계와 세계가 심장에 깃든 마음에서 나와서 마음으로 돌아가므로, 마음이 만법의 근본이 된다. 그래서 부처님의 만다라 만(卍) 자는 가슴에 있다. 부처님의 눈 모습을 잘 보라. 높은 코끝을 통하여 가슴 쪽을 보고 있다. 그리고 아랫배의 배꼽을 보라. 성자의 배꼽은 가슴 쪽을 바라보고 있다. 우리가 불상에서 보는 불보살상에서는 허리에 맨 보승의 허리띠로 꽃무늬 매듭을 만들어 배꼽을 가리고 있다. 그 보승의 꽃은 결승문자(結繩文字)로서 배꼽을 상징하고 있다. 누구나 태어날 때는 보배로운 탯줄을 몸에 매고 나왔기에 말이다. 배꼽은 위쪽의 넓은 가슴을 우러러보고 있다.

  배꼽의 모양도 각양각색이다. 배꼽의 눈시울이 치떠 있으면, 그 사람의 동생이 사내아이라는 사실도 무심찮은 진언(眞言)이다. 불상에 부처님의 눈은 가슴 쪽을 굽어보고 배꼽은 가슴을 치떠 보고 있다. 그것은 그 가슴에 '마음'이 있기 때문이다. 그래서 부처님의 자비로운 연민의 사랑, 사랑 자(慈) 자는 머리와 눈이 마음이 있는 심장 쪽으로 굽어보고 있는 상형문자이다. 슬피 사모하는 마음의 글자 슬플 비(悲) 자는 가슴 밑의 심장을 상징했다. 슬픈 마음은 눈물이 된다.

  어째서 우러러 사모하는 마음에서 눈물이 나는가? 눈물이 생기는 섭리도 하늘에서 비가 내리는 이치와 같다. 배꼽 밑의 기해에서 가슴으로 증발한 애정(愛情)의 증기가 하늘격인 두부 의식의 바다로 상승했다가 하늘과 땅 사이의 공간격인 따뜻한 가슴을 만나면, 하늘에서 비가 내리듯 눈물이 되어 가슴의 바다, 심해로 흘러내린다. 이것이 눈물의 신비다. 그래서 종교는 눈물의 역사다. 기독교의 통곡의 벽은 한 많은 인생에 있어서 보다 적극적인 고해성사로 마음의 벽을 무너뜨리는 신성한 눈물의 벽이 되고 있다. 모든 괴로움을 한 방울의 눈물로 씻어 버릴 수도 있다. 회포를 풀고 안타까운 원한을 푸는 데는 눈물보다 더 값지고 강력한 세척제는 없을 것이다. 그래서 기도하는 마음은 눈물이 난다. 그 눈물은 수만 생을 살아오면서 얼어 버린 애류 인생(愛流人生)의 고뇌로 만들어진 빙산이 따뜻한 사랑의 빛에 녹아내리는 현상이다. 불교의 용어로는 업장이 녹아내리는 좋은 징조인 것이다. 울어라! 웃는 악인은 있어도 우는 악인은 만고에 없다. 울면서 남을 해친 사건은 인류

역사상 한 건도 없다. 인간에게 가장 신성한 물질은 눈물이다. 그 눈물은 가슴의 종교이기 때문이다.

불상에서도 보는 바와 같이 우리의 몸을 세 등분하여 보면, 하복부 차원은 성 센터가 된다. 여기는 정신이 일어나는 곳으로 이 정신이 선악의 양극을 만나면 묘한 정신 현상이 생긴다. 좋은 쪽으로는 번갯불 같은 성적인 황홀이 되고, 나쁜 쪽으로 무한한 괴로움이 된다. 이 성 센터를 빛나는 행복으로 변형을 시키기 위하여 성적인 정열을 불법의 선정으로 승화시키면, 부처님의 좌대와 같은 사랑과 행복의 금련화가 된다. 그래서 누구나 금욕 생활을 하면 꿈에 연꽃을 보게 되고, 음탕하면 항상 깊은 수렁으로 빠지는 캄캄한 악몽을 꾼다. 꿈속에 연꽃을 본다는 것은 삼악도를 면하고 천상에 난다는 길조이다. 이런 사람이 악도에 떨어진다는 것은 있을 수 없다.

가슴의 마음이 선악의 양극단으로 흐를 때, 좋은 쪽으로는 흐뭇한 사랑이 일어나고 나쁜 쪽으로 마음이 쏠리면 암담한 비애를 느낀다. 이 가슴이 불법인 경문을 만나면 무한한 선열(禪悅)을 느낀다. 또 머리의 의식이 선악의 양극단으로 치우치면 두 가지 심리 현상이 뚜렷해진다. 어두운 편으로는 심한 고독이 되고 밝은 편으로는 즐거운 환희가 된다. 머리의 의식이 부처님의 영감을 받으면 해탈삼매를 이룬다. 이러한 사실을 절 안의 법당 내부에다 절묘하게 묘사해 놓았다. 부처님의 좌상을 보라. 결가부좌로 하단전의 욕정의 문을 잠그고, 빛나는 얼굴로 가슴을 보며 열린 가슴으로 여성적인 종교를 삼고 있음을 여실히 보이고 있다. 단중에서 피어난 찬란한 연꽃 좌대와 가슴에서 일어난 무량한 사랑의 광명상과 머리의 의식에서 피어난 삼매의 꽃구름은 지고한 의식의 조화를 보인 것이다. 이 모든 신비는 다 우리의 마음이 만들어내는 엄숙한 도리임을 알자! 위의 머리와 아래의 단전이 중심의 가슴으로 돌아간 분 앞에 절하자. 절에 모신 부처님상이 바로 해인(海印)이다. 기해(氣海), 심해(心海), 수해(隨海)가 삼위일체(三位一體)로 되신 분의 모습을 보인 것이다. 정열이 황홀한 신비로 꽃 피어오르고 머리의 초의식이 해탈의 법운으로 피어나 꽃비 되어 가슴으로 내릴 때, 중도(中道)의 가슴에는 풍요로운 사랑과 깨달음의 마음이 찬란한 대양을 이룬 분. 아, 시아본사 석가모니불.

장엄상(莊嚴相)

초의식의 상징

명상을 하거나 앞으로 명상에 관심이 있는 사람은 법당에 안치되어 계시는 불상을 잘 보라. 불보살님들의 좌상(座相)의 모습과 같은 앉음새로 앉아서 참선을 해보라. 그러면 색다른 감상의 신비 속으로 녹아들며 산란한 마음이 묘한 침묵 속으로 스며 들어감을 느낄 것이다. 불상에서 보는 바와 같이, 가슴을 열어젖혔다는 상징부터가 마음의 문(門)이 열렸다는 표시가 아니겠는가. 고대 윤리관에 의하여 젖가슴을 꽁꽁 동여 매었던 우리 옛 여성의 정숙했던 모습도 다시 없는 미덕이겠지만, 불상에서는 고래로 남성이 만들어 놓은 율의(律儀)에 의해 오랜 세월 동안 굳게 닫혀 있던 여성의 폐쇄된 마음을 활짝 열린 가슴의 의상을 통하여 해방시켰다. 인도와 중동을 제외한 아시아와 서양이 도통에 어려움이 있는 이유 중의 하나가 의상 심리 탓이라고 보는 우스갯소리도 있다. 의복의 모습을 보면 도통하기는 글렀다. 서양 의상은 멋이나 부리면서 말괄량이처럼 발랄한 면은 있으나 내면의 자유와 평화의 드넓은 정신세계로 들어가는 데는 상서롭지 않다.

 인도의 옷을 보라. 그들은 우리들 같이 동여매는 법이 없으며 허리도 없다. 사리 하나로 둘둘 몸을 사려서 걸치고 다닌다. 하나의 옷감으로 전신을 감았다가 한 끝만 풀면 전신이 훌렁 벗어진다. 이와 같이 얽히고 설킨 복잡한 인생의 심성까지도 한 맥락만 끄르면 저절로 확 풀린다. 이것은 무엇을 뜻하는가. 사람의 심리는 형이상학으로 만들어져 있으므로 복잡한 마음을 풀어 헤치는 형이하학적(形而下學的)인 의상 철학이 인도인에게는 있다는 말이다. 입성을 통하여 굳은 아집을 벗어버리는 정신철학이 있는 고유한 의상이다. 그들은 오른쪽으로 감긴 사리를 역으로 돌리면 풀리는 해탈법도를 평소에 입고 벗는 복식으로 생활화하고 있었다. 인도인은 벌써 옷 입는 요령에서부터 붓다가 나오도록 민속화되어 있었던 것 같다. 신발을 사용하지 않는 것도 그렇고, 숟가락이 없는 것도 그렇다. 그들의 삶은 깨침의 정신 철학으로 뿌리내려 있다.

불상을 보라. 보살이나 붓다는 우리와 같은 신발을 신지 않는다. 접시비행기처럼 생긴 연꽃을 타고 둥둥 떠다니기 때문이다. 불보살의 신발은 꽃신이다. 꽃신을 신고 다니는 사람은 귀족이거나 신선들이다. 그들의 꽃신은 인간의 붉은 피로 물들인 꽃신이 아니다. 저 성인들의 신발은 어디에도 물들지 않는 신성한 마음의 꽃신이다. 그러므로 불보살은 어디를 다녀도 발자국이 없다. 발자취가 없으므로 발자국 소리 또한 없다. 그와 같이 이름 없이, 소리 없이 모양 없이 항상 우리들의 곁에서 무량한 초의식의 몸을 나투어 쫓아다니지만, 오고감을 우리는 알 길이 없다. 무아행자의 신발은 연꽃으로 상징되어 있다. 물불을 가리지 않고 어디든 출입하지만 아무런 상이 없다. 그림자처럼 흔적을 남기지 않는 무아행자의 보살행을 연꽃으로 묘사해 두었다.

우리들은 마음도 신발을 신고 다닌다. 그 마음의 속성이 육체처럼 부정하기 때문에 마음에까지 신발이 신겨져 있다. 그래서 꿈속에서까지 신발 때문에 영혼이 고통을 받거나, 좋은 신을 신고 즐거워하는 일이 생긴다. 그러나 불보살은 신발이 없다. 맨발이다. 신발이 있다면 진리로 만들어진 칠보의 꽃신이다. 남을 구제하기 위하여 최상의 깨달음을 위하여 뛰어다니기 때문에 진리의 공덕으로 생긴 연꽃 신발이 스스로 받들고 다닌다. 온갖 중생이 감사한 마음으로 받들어 섬기는 마음의 신발이기 때문이다. 온갖 중생이 감사한 마음으로 받들어 섬기는 마음의 신발이기 때문이다. 우리는 신발을 신고 다니지만, 불보살은 신발이 스스로 받들고 다닌다. 우리는 자기의 욕구를 채우려고 악착같이 뛰어다니지만, 불보살님은 만생을 기르고 만법을 받들기 위하여 왕래하신다. 그러므로 신발이 스스로 받들어 모신다. 중생은 '신고' 성자는 '받드는' 이쪽과 저쪽이, 마음 있음과 마음 없음이 이렇게 다르다. 받든다는 신발에 대해 깊은 의미를 음미하자. 불보살님은 모두를 존경하고 그들의 발에 절을 하며 저들을 높이 숭앙해 받들어 모시는 인과응보로 생긴 진리의 꽃신임을 알자.

탱화에 보이는 보살이나 신중들의 복장이 고대 중국 신선들의 의상을 많이 닮아 있음을 볼 수 있다. 그것은 중국인의 대륙적인 폭넓은 도량에서 유래한 은유적인 의상이 아닐까. 만약에 미국인이 꿈에 불보살을 본다면, 아마 양복을 입고 등장할지도 모른다. 천주교인이 죽으면 자신들의 성복을 입은 성신들이 영접하는 모습을 볼 것이다. 저승 또한 인간세상을 반영한 즐겁고 고통스런 의식의 환영이듯 말이다. 기독교인이 부처님 보기는 쉽지 않지만 예수나 천주의 모습은 어렵잖게 본다고 한다. 이와 같이 신성의 복색은 반드시 그 민족 고유의 문화와 전통에 바탕을 두고 그려지고 만들어진다는 사실에 유의하자. 사실 서양인이라 해서 도포에 갓을 쓰지 말라는 법이 없고, 동양인이라 해서 핫팬츠를 못 입으란 법은 없다. 그러나 문제는 인류 문화의 외면적인 면에 의미가 있는 것이 아니고, 그 모양새야 어떠하든 그 복색이나 표정에 나타난 묵시적인 감화에 더 큰 교훈이 있다.

부처님을 제외하고 모든 보살은 찬란한 관을 쓰고 계신다. 그것은 보살님들의 머릿속은 법계라고 하는 진리 세계와 불국토라고 하는 초이상 세계를 장엄해 나가는 분이라는 뜻이다. 십지(十地)보살부터는 자연지(自然智)나 성문연각지(聲聞緣覺智)가 아닌 부처님의 지혜인 불지(佛智)를 일으키는 단계이다. 그러므로 십지보살(十地菩薩) 이상은 관을 씌워서 불지로 꽃 피우는 머리라는 상징으로 형설되어 있다.

귀를 보면 귀고리가 달려 있다. 여성들의 장신구처럼 보인다. 그러나 보살들의 귀고리는 만법의 진리로 만들어진 칠보의 귀고리다. 물질을 보배라 하지 않고 아름다운 마음을 보배로 여김은 모든 종교의 근본 사상이다. 그래서 진정한 의미의 칠보(七寶)는 전의식의 육식과 잠재의식인 칠식과 아뢰야식이 불법의 지혜로 빛남을 뜻하는 물질적 상징이다. 칠보는 금, 은, 유리, 자거, 마노, 산호, 호박이다. 그 칠보로 단장한 십지보살부터는 관자재가 일어난다는 뜻에서 보배로 장엄한 모양을 보인 것이다. 그러므로 삼십이응신(三十二應身)이 되는 보살에게는 귀고리가 달려 있다. 그 귀고리 하나에도 무궁무진한 뜻이 있으므로 필설로는 다 할 수가 없다. 간략히 짚고 넘어가자.

성인 성(聖) 자를 풀어 보면 그와 같은 내용이 숨어 있다. 문체의 내용이 '귀의 구멍에 맡겼다.' 로 되어 있다. 이와 같이 귀고리가 상징하는 첫째 의미는 십지보살부터 성인(聖人) 계위에 든다는 형설이다. 성인은 소리를 보며, 듣는 자를 본다. 관청(觀聽)을 하며, 듣는 자가 아니라 듣는 그 자체를 보는 자이다.

둘째는 십지보살의 상징이다. 왜냐하면 귀는 면부에서 십자(十)로 통하기 때문이다. 이목구비는 십자로 상통되어 있다.

보살상의 가슴에는 불법의 온갖 칠보 영락으로 가득하다. 또 이 모양을 보고 사행 심리에 민감한 여성들이 모방하여 법당에 앉아 계신 보살의 흉내를 낸다. 중생의 속성인 근사 의식(近似意識)으로 자신들의 못생긴 구석을 메운다. 이러한 허세는 철없는 속인들의 보상 의식으로 부풀어 오른 악세서리다. 여성들의 보배 목걸이가 부귀와 미모의 과시라면, 보살님네의 목걸이는 무량대비심으로 아름다운 모성애를 보인 것이다. 자비심 그 자체가 보배 영락이다. 보살님들의 가슴에 드리운 목걸이는 구지보살(九地菩薩)의 지위를 상징한 것이 아닐까? 구지(九地)로 보는 이유 중 하나는 얼굴에서 목구멍까지 아홉 개의 구멍이 있다. 얼굴에 일곱 군데가 있으니 이는 누구나가 육안으로 쉽게 판단할 수 있고, 목안에 식도와 기관지, 둘이 있으니 모두 아홉 구멍이 된다. 그래서 우리말로 목구멍(頸九孔)이라 한다. 만 가지 덕성과 지혜 가득한 보살님의 가슴을 어떻게 다 알 수 있겠는가. 구지보살의 목에서 흘러나오는 법음의 신비라든지, 그 가슴에서 샘솟는 여래의 무량심인 사랑과 연민의 정을 짐작이라도 하면서 넘어가자. 우리가 진실한 보살상을 이해하고 있다면, 우리 주변에서도 살아 숨쉬는 육신 보살을 만날 수 있다. 그런 분은 지금 이 순간에도 무량 난행으로 고생을 하고 계시며, 세인들처럼 잘난 외모와 부귀에 허세나 떨면서 다니지 않는다.

   부처님상을 제외하고 보살상들은 필수적으로 양 손목에 팔찌가 걸려 있다. 이것 또한 사치품이 아니라 일종의 계급장으로 알자. 팔지보살(八地菩薩)의 상징이다.

   노자(老子)의 신지삼보론(身持三寶論)에 보면 자비(慈悲), 검약(儉約), 겸허(謙虛)를 주장하고 있다. 이것은 노자의 세 가지 보배로운 장신구이다. 불교(佛敎) 미술에 나타난 장신구는 많고도 다양하다. 귀고리니 팔찌니 하는 것이 본래는 아름다운 덕성을 상징하는 장신구에서, 신비한 부물(符物)로 신성시해 온 것이 마침내 사치로, 그리고 부의 상징으로 오용된 것은 부족한 인간들의 근사 의식에서 비롯된 견해와 허구 의식의 결정이라 보아야 할 것이다. 이러한 사치 심리는 노자의 검약, 겸허, 자비 정신을 보배로 보는 신지삼보에도 어긋나거니와, 모든 것을 버리는 불도(佛道)의 보살 정신에는 보통 이율배반이 아니다. 팔찌(臂環)는 팔지보살을 상징하고 있으며 팔지(八地)부터 섭수중생(攝受衆生)할 수 있는 능력이 있다. 모든 중생을 불도로 인도할 수 있는 경지이다. 팔지보살의 경지부터는 초지에서 칠지까지의 일체 보살과 성문, 벽지불이 터득한 득도의 경지가 되고, 그들이 열반이라 생각하는 자리가 되고 있다. 팔지보살은 일체 중생을 포용하여 보리심을 잉태시켜 불자(佛子)로 탄생케 하는 무량한 공덕력과 신통력을 갖고 계신다. 이것이 팔찌의 본뜻이다.

많은 탱화에서 대보살님들의 손에는 한 송이의 연꽃이 들려 있는 것을 볼 수 있다. 이는 그분들이 법왕자(法王子)로서 다음에 필히 성불(成佛)한다는 일생보처보살의 징표다. 한 생만 보좌관 임무를 수행하다가, 즉 한 부처님 불법시대만 그 부처님의 법을 펴다가, 다음번에는 자신이 성불하여 자기의 불법 꽃송이를 활짝 피게 한다는 뜻이다. 보살님들이 입고 있는 옷이 여성답게 발끝까지 보기 좋게 드리운 것은 은덕상(隱德相)을 도설한 것이다. 또 몸에 보승(寶繩 : 보배로운 끈)이 주렁주렁한 것은 성불은 인연의 줄로 이루어지기 때문이다. 불법은 인연법이라서 어느 중생이든 보살의 선근의 보승에 걸리면 반드시 구제받는다는 표식이다. 실로 인간도 태어날 때는 탯줄이라고 하는 보승을 걸치고 나온다. 탱화에 있는 남순동자의 모습을 보면 잘 도설되어 있다. 줄의 조화 또한 대단한 것임을 느끼게 한다. 인간이 신들과의 오해도, 영혼들과의 만남도, 사무친 원한도 무지갯빛 비단 줄로 해원(解怨)을 한다. 무녀의 손에 들린 보승은 보살의 몸에 걸친 보배로운 인연 줄을 저들이 무속화한 것이다. 보승을 사람의 목숨인 명줄이라고도 한다. 인간의 의식이 신비의 세계로 들어갈 때 오색 무지개와 같은 징검다리로 상징되기도 하는 보승이 보살의 전신에 걸쳐 있다. 오욕의 풍요로 오염된 세상에는 썩은 인간들의 훌륭한 출세줄이 되고 있는 현실의 퇴색된 보승을 음미해 보자.

시초가 없는 때로부터 허망한 마음의 습성으로 훈습된 것이 우리의 식(識)이다. 우리 내면의 장식(藏識)에서, 앞에 드러난 육식(六識)과 잠재의식인 칠식(七識)을 만들었다. 이곳 장식에는 무명(無明)이라고 하는 마음이 머물고 있다. 그러므로 뭇 생명의 환각인 마음의 병을 제거하기 위하여 불보살(佛菩薩)은 온갖 형태로 애를 쓰고 계신다. 우리가 영감으로 느낄 수 있는 인간의 양심이 곧 제불보살(諸佛菩薩)의 몸이다. 그러므로 만생의 양심은 높은 의식으로 지향하고자 한다. 만생이 얼마나 정도(正道)를 아쉬워하는가! 좀더 높이 향상되고자 하는 절실한 욕구는 불보살들이 우리들을 고차원으로 인도하고자 하는 내적인 몸부림이다. 밖으로는 온갖 사물의 형상을 통하여 더 높은 초의식으로 인도하고 있다. 모든 종교와 더불어 우리 절집도 전부가 불보살의 육신이다. 이 엄숙한 진실을 느끼며 밖으로 보이는 가르침을 자세히 보자.

명부전의 지장보살님뿐만 아니라 관세음보살도 좌우에 시립한 동자와 관을 쓴 나이 많은 왕이 있다. 지장보살님에게는 좌측 손과 같은 도명존자(道明尊者)와 우측 손과 같은 무독귀왕(無毒鬼王)이 있다. 이같은 모습은 세상의 정치 기관에서도 쉽게 볼 수 있는 비서 같으나 법안(法眼)의 차원에서 보면 신성의 현상이므로 세속적인 견해로 풀 수 있는 바가 아니다. 그들의 권위를 세우는 비서거나 심부름꾼이 아니라 지장보살 한 분이 지닌 권능을 세속의 법도로 보인 것이다. 지장보살님의 왼손으로는 일체 중생으로 하여금 불법으로 자기 자성을 밝히게 하여 부처님의 열반도로 인도해 주신다는 뜻이고, 한편으로는 시방세계에 만재한 나쁜 영자(靈子, 귀신)들의 독기(나쁜 에너지)를 없애 줌으로써 선량하고 건전한 인류애의 정신으로, 혹은 신선한 에너지로 정화시켜 주신다는 뜻이다.

불신천귀(佛神天鬼)

여기에서 신(神)과 귀(鬼)의 차이에 대해 밝혀야 겠다. 신은 일반적으로 우주신을 뜻한다. 혹자는 궁극의 유일신 개념으로도 본다. 모든 존재의 근본 바탕을 신으로 보며, 도(道)라는 말이나 부처나 하나님 등도 같은 차원의 맥락에서 본 이름이라 억측하고 있다. 근본은 같은 동성이명으로 보는 이가 더러 있으나 하나님과 신은 차등성이 전혀 없지 않다. 더군다나 부처와 신과 하나님은 현격한 차별이 있다. 종교인이라면 누구나 자신의 종교에 대하여 우월성을 부여하기 마련이지만 객관적 기준을 가지고 판단하자면 이렇다.

신은 흔히 쓰이는 말이며 정확히 표현을 하자면 신성(神性)이다. 신과 성(性)이라는 복합어로서의 뜻이 따로 있는 게 아니고, 신이 곧 성이고 성이 또한 신이라는 뜻이다. 우리가 알고 있는 성에도 일곱 가지 특성이 있다. 일곱 가지 특성 중 어떤 유형의 특성을 가진 성(性)인가 했을 때, 만선만덕(萬善萬德)의 성품을 지닌 성(性)을 신성(神性)이라고 부른다. 신(神)의 성격을 띤 성(性)이라는 말이다.

신은 무엇이며 정체는 어떤 것인가. 신(神) 자를 우선 파자로 풀어 보면 볼 시(示) 자에 납 신(申) 자가 붙어 형성된 글자이다. 납 신 자의 뜻은 사방으로 다 통하되 천상천하(天上天下)로 통달했다는 글자이다. 신(神) 자의 본 뜻은 '전체를 다 보는 자' 라는 내용이 된다. '전체를 다 보는 자' 라 하면 불(佛) 자의 뜻과 비슷하게 보인다. 불(佛) 자의 뜻은 '보는 자' 이다. 신(神) 자와 불(佛) 자가 의미로는 아주 흡사하다. 그러나 신(神) 자는 인격화(人格化)되어 있지 않은 영혼 상태를 의미하고, 불(佛) 자의 본뜻은 사람이로되 인간성(心性)이 일곱 번 부정된 차원에서 여덟 번째 긍정의 비실재인 그 무엇의 차원이다. 언설문자는 세속의 불가지론(不可知論)인 두 번 부정되는 차원에서 끊어진다. 하물며 일곱 번 부정을 상상하겠는가. 사유의 대상도 아니지만, 이러한 의미를 기록할 수밖에 없다. 그러면 하나님과는 어떻게 다른가. 우주에는 반드시 천주가 있다. 보통 대범천왕(大梵天王)을 하느님이라 한다. 그렇다면 우주의 상식이 되어 있는 인격화한 있는 천왕(天王)을 굳이 진리 전체의 뜻으로 부각시켜 보려는 착상은 과대망상에 불과하므로 더 이상의 변론은 유식과 무식의 궤변만 쌓일 뿐이다.

신(神)에 대해서는 화엄경(華嚴經)에 무수히 나온다. 화엄경에 나오는 신들은 지장경(地藏經)에 등장하는 신과는 그 존재성과 개념에 차이가 많다. 화엄경에서의 주신(晝神), 야신(夜神), 허공신(虛空神) 등은 십지이상의 대보살마하살이다. 비유하자면 사람은 같은 사람이라도 개성과 인격에 차등이 있듯이, 일반적인 신들의 이름과 화엄경에 등장하는 신들은 차이가 있다. 두루 통달해 다 깨닫고 아는 자성이라는 점에서는 같은 영역에 속한다고 볼 수 있다. 그러나 불성(佛性)은 신성(神性)의 영역에서 한번 더 신성의 허물을 벗어 던진 경지라고 보아야 옳다. 즉 하늘의 태양 그 자체가 불이라면, 그 태양에서 쏟아져 나오는 빛이 신인 셈이다. 그러므로 불(佛)과 신(神)은 동질인 것 같으면서도 그 차원이 다르다는 얘기다.

하나님의 차원을 살펴보자. 우주와 내가 하나로 되는 범아일여(梵我一如) 차원을 최상의 구경으로 하여 우주와 내가 하나로 된 차원을 하나님의 경지라고 어떤 종교에는 정의한다. 문제는 우주도 나도 하나 되고 말고 할 것도 없는 열반을 취득해야 한다는 것을 알아야 한다. 뿐만 아니라 이것마저도 한 번 더 범아일여(梵我一如)가 된 자에게 법복 삼아 벗어던져 주어야 한다. 구경, 해탈, 열반을 훌쩍 집어던지고 나면 열반이라는 것까지 없어진다. 열반까지 없어진 상태를 무여열반(無餘涅槃), 혹은 대반열반(大般涅槃)이라 한다. 이 차원이 성불(成佛)의 경지이고 불(佛)이라고 하는 글자가 의미하는 전체의 뜻이 된다. 다시 말하면 하나님이나 신성한 신(神)의 영역에서 한 번 더 뛰어 올라가서 아무것도 남은 것이 없다는 것까지 남은 것이 없는 무여열반이 대각(大覺)이다. 이 경지가 곧 불이며 불성이 지닌 불가사의 대해탈 경지이다. 이렇게 어렵고 난해한 말이 이해가 되었는지 모르겠다. 이해는 허물이 없다. 모든 지식의 허물을 벗은 확 트인 마음의 평화가 이해(理解)다. 해탈의 징조는 보다 많은 이해다. 앎을 통하여 이해가 일어나고 이해를 통하여 해탈이 일어난다. 해탈을 통하여 열반이 일어나므로 앎을 축적만 하지 말고 앎을 통과하여 이해를 확장하자. 그런 의미에서 앎을 실어나르는 말을 하고 있다.

말이나 글에는 불성이 없지만 불성인 뜻이 말이나 글자를 타고 내려와 듣거나 읽는 이를 싣고 자유와 평안의 초의식의 나라로 올라간다. 평화로운 뜻의 나라로! 비유하면 국가 유공자를 위해 대통령이 비서관에게 대통령 전용차를 보내서 그들을 청와대 접견실로 안내토록 하는 이치와 흡사한 것이 말이나 글이다. 그러므로 부처님의 경전은 모두가 불국토(佛國土)로 가는 값비싼 우주선이다. 이렇게 깊고 높은 뜻을 그림이나 형상으로 설명한 모양이 절에 있는 불보살상이다. 저 단상 위에서 불철주야 서 있는 비서관들이 부처님의 뜻을 실어 나르는 기사들이다. 저들은 부처님 진리로 만들어진 응화신이다. 이와 같이 사유하고 뜻과 같이 수행하는 것이 불자의 사명이다. 모양을 통하여 그 뜻을 읽고 그 뜻의 실상에 경배해야 옳다. 이렇게 보고 이렇게 생각하지 않은 채 절만 한다면 잘 돼야 재수 좋은 오복을 얻고, 못 되면 예언자나 무당이 되는 수가 있다.

귀신(鬼神) 얘기를 할 차례다. 귀(鬼) 자를 보고 사려 깊은 의사라면 금방 와 닿는 게 있으리라. 의사들은 병원체를 관찰 또는 규명하기 위하여 현미경을 통하여 여러 종류의 세균과 미생물을 숱하게 관찰하여 왔기 때문이다. 세균이나 바이러스 등의 확대 사진을 보면 귀(鬼) 자와 그 모양새가 비슷하다. 그래서 신성(神性)을 지닌 미세한 생명체를 말한다. 귀신의 종류가 무량한 것은 우리가 살고 있는 이 세상 전부가 핵자라고 하는 귀신으로 만들어져 있기 때문이다. 모든 물질(物質)의 구성체는 모두가 귀신인 줄 알면 된다.

혼(魂)이나 백(魄)은 귀성(鬼性)이 한 번 더 변형을 이룬 것이다. 혼백(魂魄)의 특성은 육방으로 진동하는 동적(動的)인 특성이 있다. 혼(魂)은 양성으로서 높이 뜨는 성질이 있다. 백(魄)의 성질은 음성으로서 수평으로 폭발하는 화학성(化學性)이 있으며 인간에게 있어서 산만한 정신이 그것이다. 그래서 혼비백산(魂飛魄散)이라는 옛말은 혼의 수직운동과 백의 수평 운동의 성질(性質)을 근사하게 읊은 말이다. 이러한 사실을 잘 증명해 주는 사실로서 무녀들에게 신이 내리면 상하좌우(上下左右)로 몹시 전율하면서 떨게 된다. 다 혼백(魂魄)이라는 미세한 정신 물질의 핵 운동과 같은 조화이다. 사람의 마음이 한 단계 밑으로 퇴화된 것이 신령(神靈)이고 신령이 다시 한 번 변성을 이룬 것이 귀신이다. 귀신이 한 번 더 둔갑(遁甲)을 하면 혼백이 된다. 혼백이 한 번 더 괘변(卦變)을 이루면 입자(粒子)가 되고, 입자가 모이면 물질이 된다. 이렇게 구구한 이론은 다 중생의 소견일 뿐 불타(佛陀)의 지견(知見)이 열려야 옳게 본다.

지장보살님 양 옆으로 앉아 계시는 시왕(十王)들은 다 남섬부주에서 십종(十種)의 나고 죽는 생류(生類)들을 총괄하고 있는 분들이다. 이들은 각각 맡은 바 부처(部處)가 있다. 그래서 명부전을 시왕전(十王殿)이라고도 한다. 일설에는 열두 대문을 지나 염라궁에 들어가 보니 열두 대왕 앉아 있더라는 얘기도 있다. 저승을 잠깐 스쳐 온 사람들의 꿈 같은 얘기도 귀담아 들어 두면 그 또한 좋은 상식이 될 것이다.

능엄경에 보면 중생이 열두 종류를 이루는 십이류생(十二類生)에 관한 설명이 상세히 기록되어 있다. 능엄경에 있는 글귀를 통하여 세계(世界)와 중생(衆生)이 어떻게 해서 생기는가의 원천적인 생원(生源)을 다음 장에서 밝히겠다. 하나님이라고 하는 어떤 존재가 공작물을 다루고 만들 듯 세계와 중생을 창조했다라고만 알고 있는 사람들의 소박하다 못해 투박한 무지를 위하여 쉽게 풀어 볼 작정이다.

십이인연법(十二因緣法)

생사고뇌의 원죄

세계와 중생계가 생기는 그 까닭을 알기 위해서는 먼저 12인연법을 홀깃이라고 짚고 넘어가야 하겠다. 12인연법은 불교의 중요한 깨우침의 교지이며, 세계와 중생계의 생원에 대한 까닭이 여기서 밝혀지기 때문이다. 본론으로 들어가기에 앞서 법수인 12라는 숫자가 생기게 된 근본을 알아보자. 우리가 보는 공간의 사방과 시간의 3세(과거·현재·미래)가 서로 곱하여(4×3=12)생긴 수치이다. 동양 철학의 뼈대라고 하는 음양학에서 말하는 천간(天幹) 10(十)과 12지지(地支)의 근본도 여기서 나왔다. 본론으로 들어가자.

사제법(四諦法), 십이인연법(十二因緣法)과 육바라밀법(六波羅蜜法)은 불도를 이루는 세 가지 방편으로 불교를 가르치신 석가세존의 삼승도(三乘道)의 요체가 되고 있다. '사제법'은 일반 중생을 위하여 설해진 법문으로 고집멸도(苦集滅道)를 말한다. 인생은 '괴롭고' '공하고' '무상하고' '내가 없다는', 세속의 모든 존재를 텅빈 공으로 보게 하여 마침내 번뇌가 사라지고 생사가 없는 고요한 초의식의 평화 속에 머물게 하는 나한과(羅漢果)의 차원이다.

'12인연법'은 수승한 근기를 가진 사람을 위하여 설하신 법문이다. 자연의 법칙과 중생의 근본인 무명(無明)을 소멸시키는 명상법이다. 12인연의 근본을 완전히 달관하여 소화시키면 벽지불과(辟支佛果)를 얻는다. 벽지불과는 공적한 묘각성의 멸진정(滅盡定)을 얻는 열반법의 차원이다. 스승 없이 홀로 자연의 섭리를 보고 깨달았다 하여 벽지불을 독각(獨覺), 혹은 연각(緣覺)이라고도 부른다

'육바라밀법'은 최상승의 대승보살을 위하여 설하신 것으로 보살이 제불 세계와 중생 세계를 빈틈없이 다니면서 자연의 지혜, 여래의 지혜, 부처님의 지혜와 공덕과 신통을 구족히 두루 갖추어 성불하는 도법을 말한다. 사제법을 얻어 공적한 무아에 안주한 나한과를 소멸시킨 벽지불이 얻고 있는 멸진정에서 일어나는 열반 경지는 중생의 도과에서 본다면 최상이 된다. 그러나 성과(聖果)인 보살승(菩薩乘)에서 본다면 낮은 경지이다. 비유하자면 잔잔한 호수 위에 아름다운 그림을 그린 것과 같은 수준이 벽지불과이다. 보살승부터는 소과들이 수행하는 사제법과 벽지불이 버린 12인연법을 그대로 다 수용한다.

소승법을 섭수하여 부처님의 지혜로서 본 묘각성인 상(常), 낙(樂), 아(我), 정(淨)으로 변형을 시키는 수행을 한다. 일종의 의식 연금술이다. 그렇게 수행함으로써 모든 악법은 빛나는 지혜로 변형이 되고 아름다운 선법은 화려한 불국토 장엄구로 만드는 과정이 보살도이다. 그래서 보살을 가르치는 대승경전의 이름들은 크고 거룩하다는 대(大) 자의 뜻을 가진 마하(摩訶)와 찬란한 장엄을 뜻하는 빛날 화(華) 자가 쓰여 있다. '아뇩다라삼먁삼보리'라고도 말하는 보살도가 구족하면 불승(佛乘)에 올라간다. 불지(佛地)에 올라가서 시방삼세 제불의 모든 지혜와 공덕과 신통과 자비를 두루 원만히 갖추고 나서도 대외적으로는 여래십호(如來十號)를 갖추어야 한다. 열 가지 이름이란, 여래(如來), 응공(應供), 정변지(正偏智), 명행족(明行足), 선서(善逝), 세간해(世間解), 무상사(無上士), 조어장부(調御丈夫), 천인사(天人師), 불세존(佛世尊)이다. 그래서 소승과는 깨쳐야 하므로 각교(覺敎)라 하고, 불도는 이루어야 한다고

해서 성불(成佛)이라 말한다. 세존이 어떤 어른인지 이제 알겠는가!

저 세상에 소문난 도인들이 깨쳤다고 말하는 경지는 술취한 사람이 술이 깬 경지와 같은 속된 '깨달음'이다. 이것을 부처님의 성불과 같다고 보는 저 어리석음을 여기에 밝혀 두는 바이다.

12인연법이란? 원문을 그대로 적어 놓고 다시 생각해 보자.

무명연행(無明緣行)하고 행연식(行緣識)하며
식연명색(識緣名色)하고 명색연육입(名色緣六入)하며
육입연촉(六入緣觸)하고 촉연수(觸緣受)하며
수연애(受緣愛)하고 애연취(愛緣取)하며
취연유(取緣有)하고 유연생(有緣生)하야
생연노사우비고뇌(生緣老死憂悲苦惱)니라.
무명멸즉행멸(無明滅則行滅)하고 행멸즉식멸(行滅則識滅)이요
식멸즉명색멸(識滅則名色滅)하고 명색멸즉육입멸(名色滅則六入滅)이요
육입멸즉촉멸(六入滅則觸滅)하고 촉멸즉수멸(觸滅則受滅)하며
수멸즉애멸(受滅則愛滅)이요, 애멸즉취멸(愛滅則取滅)하고
취멸즉유멸(取滅則有滅)이요, 유멸즉생멸(有滅則生滅)하고
생멸즉노사우비고뇌멸(生滅則老死憂悲苦惱滅)이니라.

12인연법은 그 내용의 골자가 일체 중생이 태어나는 과정의 미세한 인연설이고 영성을 가진 생명이 어떻게 태어난다는 과정을 잘 밝힌 연기설이다. 시간적으로 길게는 무량겁이 12인연설이요, 짧게는 찰나가 12연기설이다. 생사의 고통과 삶의 고뇌가 우리들 인생이다. 이러한 삶과 죽음의 괴로움에서 해방하는 길은 '나'라는 존재의식이 생겨난 그 근원을 앎으로 해서 그 해결의 실마리를 잡을 수 있다는 대각 세존의 설법이다. 언제 어디서 어떻게

생겨났는지 알 수 없는 허망한 무명(無明)에서 비롯된 우리 인생의 생사고뇌의 원죄(原罪), 그것은 허망한 '무명'이다. 그러므로 원초적인 무명(無明)만 제거한다면, 열두 가지 요망한 조건반사가 스스로 분해되어 영원한 평화 속에 휴식할 수 있다는 이것이 부처님의 뛰어난 깨침이다. 대각 세존이 아니시고는 인류 역사상 누구도 이 12인연법은 상상하지도 못했다.

불교에서 많이 쓰는 용어가 무명(無明)이다. 12연기설에서 근본이 되는 이 무명은 어떤 배경 설명도 없이 느닷없이 대두된다. 그러면 무명(無明)은 과연 무엇일까? 그 무명(無明)은 어디로부터 왔으며 무명의 실상은 무엇일까?

지금부터 무명의 뿌리 없는 근본부터 알아보자. 무명이란 단어의 실상을 이해치 못하고는 수만 생을 두고 연기의 내용을 읽고 외운들 무슨 깨침의 신험이 일어나겠는가. 무명으로 생겨난 인간은 참으로 무지하고 묘한 것이다. 인간의 육체는 물질을 먹고 살지만, 그 영혼은 성인의 경문을 음미하고 자란다. 그러므로 경문을 이해했다고 해서 단박에 깨치지는 못하더라도 경문의 글귀 어의만이라도 확실히 옳게 알고 삭여야 한다. 자신들의 영혼에 각성을 일으킬 지혜를 집어 넣어 주어야 한다.

무명(無明)이라 이름하는 것은 큰 바다에서 우연히 파도가 일어난 것처럼 묘각(妙覺)의 바다에서 일어난 한 개의 물방울과 같은 것이다. '무명(無明)'이라 부를 수밖에 없는 이유는 본래로 청정하고 묘명한 각성의 밝음이 오히려 허물이 되어 허망하게 상대적으로 어둠이 생겼기 때문이다. 본디 밝음은 본묘각의 성품과 동질이지만, 허망하게 생겨난 어둠은 본각과는 근본적으로 다르다. 이것이 본질론에서 생겨난 동(同)·이(異)의 미묘한 함수관계이다. 누구나 진리를 조금이라도 이해하자면 먼저 동·이(同異)의 묘의(妙義)를 요지(了知)해야 한다. 동·이의 심오한 의미를 비유해 보면, 본래 묘각을 태양이라 한다면 태양 자체에서 발산되어 쏟아져 나오는 빛은 본각(本覺)의 묘명성(妙明性)이다. 이 빛이 밝은 그 자체가 명묘(明妙)하기 때문에 그것이 오히려 허물이 되어 어둠이 상대하게 되었다. 여기서 밝음의 명(明)은 본각과 다르지 않다. 이것이 동(同)의 본래 뜻이다. 그러나 어둠은 본각과는 근본적으로 다른 성질을 띤 이성(異性)이므로 이(異)라 표기하고 있다.

자! 그러면 지금부터 잘 들어 보자. 본래 묘각은 우리가 말하는 빛의 개념과는 같지 않으나 명성(明性)은 같으므로 동(同)이다. 상대적으로 드러난 어둠은 근본적으로 밝음의 빛과는 이질성이므로 묘명성의 반대인 이성(異性)이다. 그래서 종교에서는 어둠은 버리고 밝은 촛불은 신성시해 온다. 본래 묘각은 선(善) 그 자체는 아니지만 선성(善性)은 동질이므로 선은 만교만인(萬教萬人)의 종지(宗旨)가 되고, 악은 근본적으로 본각의 본성과는 다르므로 모든 성자와 만인이 버린다. 또 본성은 자비가 아니지만 따뜻한 연민심은 본묘각의 자성(慈性)과는 동질이므로 자비는 모든 종교의 근본이 되고, 애정의 사랑은 자성이 변질된 이질인 변태성이므로 애정과 섹스를 멀리한다. 본각은 깨끗하고 향기로운 그 자체는 아니지만 청정하고 향기로움이 본성과 같으므로 정화수와 향은 신성시하고 부정한 물건과 악취는 멀리한다.

본묘각은 고요와 적정은 아니지만 그 묘각의 신비로운 침묵과 신선한 고요와는 같으므로 침묵과 적정을 신성시하고 소음과 요란을 멀리한다. 본각은 정(靜)적인 것은 아니로되 정성(靜性)은 무동의 본성과 같고 동(動)은 본성의 이질(異)이므로 정숙을 취하고 동요를 멀리한다. 이와 같이 성인들의 편견은 우리들이 생각하는 이질의 이견이 아니라 근본인 본묘각으로 우리들의 무명(無明)을 회복시키려는 진리에 수순하는 가르침인 것이다. 그러므로 속담에도 '진리는 우리 선(善)의 편이다.' 라고 하는 말이 있다. 무명(無明)은 본묘각의 묘명성에서 허망하게 일어난 이질이다.

그러므로 대양 같은 여래장도 바다가 사람의 시체를 그냥 두지 않고 육지로 밀어내듯 무명의 결정인 섹스와 모든 악(惡)을 뱉아 버린다고 한다. 이 말씀의 뜻은 열반경에 보면 여래장은 여근(女根)을 뱉아(吐) 버린다고 씌어 있다. 지금 말씀드린 동(同)과 이(異)의 본뜻을 잘 모르면 세상에 파다하게 퍼져 있는 깨달음으로 가는 서적 중에 중도론(中道論)이랍시고 써 놓은 이론들은, 마치 흑백론의 근본이 되는 선과 악을 둘 다 혼합해 버린 무분별 차원을 중도로 보거나, 둘 다를 축구공처럼 멀리 차 버린 무관심 가운데 묘한 뜻이 거기에 있는 양 횡설수설해 놓았다. 깨달았다는 분들이 전연 부처님의 밝은 지견을 보지 않고 소견을 세워 오류를 범해 놓았다. 중도(中道)는 선악(善惡) 차원에서 악(惡)을 밟고 지선(至善)으로 올라 선 사람이, 다시 말하면 깨달음으로 가는 데 절대로 지켜야 할 계(戒)를 완벽하게 갖춘 사람이 깨달음의 본각과 동질성을 가진 선(善)에 머물다가, 선이란 그 자체와 선의에 대한 높은 의식, 이 양자가 동시에 묘한 무관심 속으로 사라진 빛나는 초의식을 중도(中道)라 한다.

또 한 예로써 지극히 효성스러운 사람이 효자라는 의식과 효순한 행위가 둘 다 묘한 각성 속으로 사라진 상태를 중도(中道)라 할 수 있다. 또 한 예로 소음을 버리고 적절한 산중에 들어가 산심의 고요한 적정에 들어 신심이 정묘로운 선정의 맛을 즐기다가, 선정의 묘미를 의식하는 자각과 몸과 마음에 가득한 고요가 동시에 묘한 초의식 속으로 사라진 상태를 중도라 할 수 있다. 다시 말하면 동(同)은 취하고 이(異)는 멀리하여 동(同) 속에 머물다가 동(同)과 더불어 유념하는 깊은 의식을 돌이키어 본묘각의 그 무엇 속으로 들어가는 것을 중도라 하고, 중도를 통하여 깨달음을 성취했다 하여 성도(成道)라 한다. 이것이 중도(中道)의 본뜻이 된다.

무명(無明)이란, 본묘각성의 반연으로 밝음(明)과 어둠(昧)이 혼합된 혼돈 상태를 무명(無明)이라 한다. 본래로 묘명한 묘각이 명묘한 밝은 빛으로 인하여 상대적으로 허망하게 생긴 어둠(暗)과 범벅이 되어 마치 맑은 하늘에 구름이 낀 현상과 같음을 이름하여 '밝음이 없다'는 뜻의 무명(無明)이라 한다. 그러므로 무명(無明)이란 본묘각과 같은(同) 밝음과 상대적으로 생긴 이질(異質)의 어둠이 한 바구니(藏)에 잉태되어 있는 모습을 말한다. 또한 비유로 맑은 물에 흙을 넣어 흙탕물이 되고 나면 두 가지가 부정된다. 본래 맑은 물이 맑은 성품을 잃으므로 물도 아니요, 본래 흙이 흙도 아니다. 그 상태를 통칭 '흙탕물'이라 한다. 이와 같이 우리들의 본래 밝은 자성도 어쩌다가 흙탕물이 된 것과 같이 혼탁하여 무명(無明)이란 이름으로 우리 인생의 슬픈 속사정을 밝히고 있다. 맑은 정신이 술에 취한 것 같고, 밝은 정신이 잠에 취한 것 같은 우리들의 마음을 무명이라 한다. 이와 같이 무명은 어떠한 논리나 정의가 있을 수 없다. 시시비비가 녹아 버린 무엇이며, 부정도 긍정도 아니되는 애매모호한 무엇이 무명이다. 곧 우리들은 밝은 묘각이 온갖 분별심으로 물든 마음이다. 불가사의한 혼미의 무명(無明)을 해설한다는 것은 심히 어려운 일이다. 다만 스스로 자신의 내면을 보면 컴컴한 장독 속 같음을 느낄 뿐이다. 이만하면 무엇인가 잡히는 바가 있을 것으로 믿으며 본론으로 들어가자.

　12인연의 글귀를 한 자 한 자 그 본문(本文)의 뜻부터 풀어 가면서 해설을 도울까 한다.

열두 가지 수레바퀴

'무명연행(無明緣行)' 본성의 밝음과 이질인 어둠이 서로 오래 상대(相待)하여 동(動)이 생겼다. 곧 행(行)이 일어난 동기가 된다. 이 뜻이 무명연행(無明緣行)이다. 무의식인 무명이 까닭 없이 흔들려 동요가 일어난다는 뜻이다. 여기서 연(緣) 자의 자의(字義)를 잘 알아야 한다. 연(緣)은 반연(攀緣)을 의미한다. 반연이란 일종의 조건반사이다. 거울에 비친 물상의 전체적인 인연의 상관관계를 말한다. 무명이 조건 없는 반사에 의해 행(行)이 되었다. 행(行)이란, 본각과 동질성을 가진 고요(靜)가 이질의 동(動)이 된 글자다. 행(行) 자의 글자의 짜임새가 말해 주듯 행(行) 자의 좌변의 彳자는 우측에서 좌측으로 돌아갈 '척' 자이다. 우측변의 亍자는 좌에서 우로 돌아갈 '촉' 자이다. 이 두 글자 '척촉'의 성문(成文) 뜻을 통털어 다닐 행(行) 자로 읽고 있으나, 감고 안고 돌아갈 '행' 자로 음역하면 더욱 진솔한 뜻이 된다. 이와 같이 모든 진리와 삼라만상이 돌아가고 있다. 음양학(陰陽學)에서 말하는 태극도(太極圖)가 사실은 12인연법을 도설한 연기표이다. 이 태극도설은 무명연행(無明緣行)의 뜻을 철학적으로 잘 표현한 진리도(眞理圖)이다.

'행연식(行緣識)' 하고, 무명(無明)의 고요함이 요동함으로 말미암아 식(識)이 일어났다. 묘각의 바다에 돌을 집어 던지니 풍덩 소리가 났다는 얘기다. 밝음과 어둠의 상대에서 고요함이 요동하여 바람이 생긴 얘기다. 본래 우리의 묘각은 부동하고 동하고자 없는 무동이며 본래로 고요하였건만, 허망한 명암의 조건반사에 의하여 동요가 일어나 묘각의 바다를 자극하니 묘각의 바다에 파도격인 식(識)이 일어났다. 식(識)은 의식과 무의식을 잉태한 글자이다. 의식은 본묘각성과 동질(同)이나 무의식은 묘명성이 변질된 이질인 심성(心性)이다. 지금 이 12인연의 연기설은 맑은 하늘에 구름이 겹겹이 끼어 마침내 빗방울이 떨어지는 현상으로 연상하길 바란다. 계속 묘명성이 전도몽상하는 타락을 연설하고 있다. 마치 태양 빛이 멀고 먼 허공을 비추다가 마침내 절대 무한의 어둠 속에 본래 밝은 빛을 잃는 비유이므로. 그러므로 12인연은 열두 번이나 본성이 전도몽상되는 과정의 설명이 되고 있다. 그런 줄이나 알라!

이 의식과 무의식의 식(識)창고에서 '식연명색(識緣明色)' 하며, 명색(名色)은 분별심이다. 세계와 중생계가 다 명색(名色)에서 나왔다. 명색(名色)은 유색과 무색을 통칭한 말이다. 여기서 보통 우리가 말하는 색심(色心)이 일어난다. 색심인 마음(摩陰)은 그 수성의 기본이 되는 다섯 가지 특성이 있다. 그래서 불교 미술에서는 오색을 쓰고 있다. 오색(五色)을 깊이 있게 다룬 것은 12인연의 연기설에 기본을 두기 때문이다. 무엇이 마음(摩陰)의 다섯 가지 색깔을 가진 속성인가. 색음(色陰, 靑), 수음(受陰, 黃), 상음(想陰, 赤), 행음(行陰, 白), 식음(識陰, 黑)이다. 그래서 다섯 가지 큰 그늘로 된 것이 '마음'이라 하여 마음(摩陰)이라 쓰고 있다. 다시 원문을 보자.

'명색연육입(名色緣六入)' 하고, '마음을 통하여 여섯 군데 기관이 생겼다.'는 말이다. 이 뜻을 광의적으로 어렵게 생각하면 무한한 학설이 나온다. 우리는 오로지 우리들의 체질과 심리에 대입시켜 경문의 문의에 맞추어 생각하고 이해하는 쪽이 현명하고 옳은 지견이 될 것이다.

우리가 어머니의 태중에서 자라 나오는 과정의 모습을 상상하면 도움이 된다. 명색의 마음을 담은 색신(色身)이 생기면 눈, 코, 입, 귀, 몸의 뜻인 정의(精意)가 내왕하는 통로가 생긴다. 다시 말하면 육근육정(六根六情)이 열리는 과정의 설명이 된다. 다시 원문을 보자.

'육입연촉(六入緣觸)' 하며 '육근으로 육정의 감을 느끼며 되며'

'촉연수(觸緣受)' 하고, '우리들의 몸뚱이 여섯 구멍의 감촉은 온갖 감상을 받아들이며'

'수연애(受緣愛)' 하며 '받아들임의 감촉을 통하여 좋아하고 싫어함이 생기며'

'애연취(愛緣取)' 하고 '애정으로 인하여 갖고 싶어지며'

'취연유(取緣有)' 하며 '모든 조건을 취하여 갖춤으로 해서 마침내 하나의 개성체를 이루며'

'유연생(有緣生)' 하며 '모든 조건을 갖춤으로 하나의 생명체가 태어나게 된다.'

'생연노사우비고뇌(生緣老死憂悲苦惱)' 니라. '나라는 존재가 태어남으로 말미암아 늙고 병들어 죽으며 근심, 슬픔, 고달픔, 괴로움이 있게 되느니라.'

여기에 무슨 해설이 더 필요한가!

그러므로 생노병사와 근심, 슬픔, 고통과 번뇌로부터 해방되자면 생사의 근본이 되는 무명(無明)을 우선적으로 제거해야 한다. 생사의 근심을 소멸하기 위해서는 법대로 수행을 해야 한다. 거꾸로 역리로는 근본으로 돌아갈 수 없다. 그래서 일종의 마음인 무명을 먼저 제거해야 한다는 뜻에서 수심(修心)이란 말이 있고, 그 다음으로 수행(隨行)이란 말이 있다. 우선은 마음이고 그 다음이 행이란 뜻이다.

이와 같이 윗물이 맑아야 아랫물이 맑다는 속담도 여기 이 12연기설에서 나온 말이다. 그래서 무명이 멸하면 행위가 소멸되고, 행위가 소멸되면 의식이 사라지고, 의식이 적멸하면 색심이 사라지고, 색심이 없어짐으로 육정이 사라지고, 육정이 소멸됨으로 촉감이 없어지고, 느낌이 사라짐으로 받아들이는 감성이 없으며, 감성인 수음(受陰)이 없어짐으로 사랑이 사라지고, 애정이 없어짐으로 가지고 싶은 취욕이 소멸되고, 갖고 싶은 소유욕이 사라짐으로 있을 것이 없으며, 없는 고로 태어날 존재가 없나니, 늙고 병들어 죽어야 할 부질없는 근심, 걱정과 번뇌가 어디에 있겠는가!

그렇다면 어떻게 해야 불가사의한 무명인 마음을 제거할 수 있는가? 바로 이 무명을 밝히는 기술이 부처님의 명상법들이다. 일명 참선이라고도 말한다. 마음을 비우는 명상의 선수행(禪修行)만이 마음의 산들을 허물어 버리는 신비로운 핵폭탄이 되고 있다. 명상기법들에서 만들어 지는 선정(禪定)이란, 실로 보배로운 블랙홀이 되고 있다. 고요의 바다와 같은 선정은 마음의 찌꺼기들을 몽땅 집어삼켜 소화시키는 미묘한 힘이 있기 때문이다. 뿐만 아니라 캄캄한 무명의 창고에 문짝을 활짝 열어젖히는 신기한 열쇠가 명상이다. 묘각의 하늘로 날아오르는 우주선과 같은 것이 명상이다.

인생이란 무엇인가? 대답 없는 물음이여, 명상을 하라! 그러면 그대의 본질적인 의문과 대답이 깨어지면서 시원한 해탈이 일어나리라!

나는 누구인가? 허망한 무명에서 비롯된 의문이여, '참선'을 하라! 그러면 너의 원죄(原罪), 무명이 어제의 그대이며, 지금은 그 누구도 없음을 알리라! 어리석음의 극치에서 빚어 나온 물음이여, 우주 대자연을 누가 만들었는가? 그것은 그 스스로가, 나는 나 스스로 만들었다는 사실을 자신의 이름으로 명색히 밝힌 지가 오래다. 그 대답은 자연(自然)이다. 자연(自然)이란, '제 스스로 그와 같이 존재했다.'는 말이다. 자기 스스로가 창조주며 주인공이란 사실을 우주 대자연은 자신의 이름으로 신분을 밝힌 지가 이미 오래다. 그 스스로가 누구인가? 무명(無明)이다.

무명에서 비롯된 자연으로부터 해방되는 비법이 있다. 그것이 명상이다. 침묵하는 명상이 아니고는 절대로 무명으로 야기된 온갖 고뇌로부터 해탈되는 다른 길은 없다. 기독교에서 말하는 절대자는 모든 인연과 자연과 우연이 다 끊어지는 바로 이것, '명상'이다. 명상을 직업 삼는 집안이 종교의 사원이다. 명상과 같은 존재 그 분들이 '절대자'이다.

부처님은 누구보다도 모든 존재의 근본을 해결하는 위대한 해결사다. 저 억척 같은 무명을 닦아 내고 깨뜨리고 증발시키고 소멸시키는 세 가지 독특한 명상법을 밝히셨다. 즉 몸과 뜻과 의식을 증발시키는 삼매(三昧)와, 행위와 사념과 마음을 닦는 '비바사나'가 그것이다. '비바사나'는 관조(觀照)법이다. 또한 안팎과 자신을 전체로 의식하는 총총히 깨어 있는 법이다. 이것을 '사마타'라 한다. 즉 성성각오법(惺惺覺悟法)이다. 이외에도 무수하다. 그러한 방편은 모두 무명을 소멸시키는 참선법이다.

부처님의 종지(宗旨)는 명상하는 참선법에 그 기본을 두었다. 세상의 일반 종교에서는 12인연법이 무엇인지도 모른다. 있는 줄도 모르니 말해 무엇하랴! 그러므로 참 해탈로 가는 열반의 길은 영영 멀게 되었다. 저들의 수행 강령을 보면 마음을 가지고 마음을 다스리려 하는 훈고학적인 방법으로 수양(修養)을 하고 있다. 그러므로 점점 무명인 마음만 비대하게 되었을 뿐이다.

슬픈 일이다.

어떤 종교는 고행을 통하여 몸을 죽이고, 기도를 통하여 마음을 끌어다 내버린다. 종교적 삶의 신조와 금기를 통하여 정신과 마음을 풍요롭게는 하나, 무명을 쓸어내 버린다는 것은 불가능하다. 근본 무명을 빛나게 하는 도는 명상뿐이다. 곧 참선이다.

이러하므로 우리들은 참으로 행운아들이다. 어쩌다가 부처님의 옳은 가르침을 만나게 되었다. 이 한 가지 기적과 같은 만남을 통하여 참다운 불자가 되어지이다.

12연기게 (十二緣起偈)

무명을 타파하는 12연기법
보는자 관점따라 앎이다르나
분분한 이론들의 근본요체는
생멸하는 그도리를 밝히심이라
육안으로 본다면 생태학이고
천안으로 보면은 창세설이다
혜안으로 본다면 해몽학이며
법안으로 보면은 법륜이지만
불안으로 본다면 여래장일세

세계가 생기는 까닭

우리가 말하는 본성(本性), 혹은 자성(自性)을 마음이라고 칭한다. 마음은 아니지만 어디까지나 편의상 마음이라 지칭하는 것이다. 근본을 깨닫는 성품의 특성으로 본다면 묘하게 밝다고 해야 옳다. 또 그 근본 자체의 특성인 깨닫는 각(覺)으로 말하자면 밝음 그 자체가 심히 묘하다. 성각(性覺)인 본성은 반드시 밝지만으 허망하게도 밝음으로 인하여 밝혀야 할 이유가 생겼다. 즉, 밝은 까닭으로 밝혀야 할 바가 성립되었다. 다시 말하면 밝게 비춰 주는 거울 그 자체는 묘하게 밝아 아무런 하자가 없는데도 불구하고, 그 거울 자체가 하나의 존재이므로 이것으로 인하여 온갖 물상이 비춰지는 의혹이 생긴 것과 같다는 말이다. 마치 짐승이 거울에 비친 자기 모습을 보고 의혹이 생긴 것이 마치 거울이 있기 때문에 의혹이 생긴 것과 같다는 뜻이다.

밝음 때문에 상대적으로 어둠이 성립된다. 이 어둠이 또한 밝음으로 인하여 허망하게 발생된 것으로 허망한 현상을 내었다. 본래 근본에서는 같고(同) 다름(異)이 없는 가운데서 불꽃처럼 치열하게 본질과 다름을 드러내고 말았다. 묘(妙)하게 밝음 그 자체는 밝음으로 족할 뿐 어둠과는 상관이 없었는데, 허망하게 밝음은 본성과 같고(同) 어둠은 본각과 다름(異)이 생겼다. 저 다른 것(異)은 다른 특성인 이질성(異質性)을 지니므로 이 다른 이질성으로 비롯하여, 다시 여기서 동질성과 이질성이 일어나 또 이와 같이 반복되므로 같은 것도 없고 다른 것도 없는 허망한 중성(中性)을 세우게 된다. 이렇게 복잡하고 혼란함이 서로 오랫동안 상대(相待)하므로 해서 저절로 피로함이 생기고, 피로함이 오래되어 마침내 마음의 파편인 번뇌의 티끌(塵)을 일으켜서 스스로 그 자성의 모양이 혼탁하게 되었다. 이로 말미암아 티끌 같은 번뇌가 동(動)하여 일어나서는 세계(世界)가 성립되었고, 번뇌가 고요히 가라앉아서는 허공(虛空)이 되었다. 그래서 허공은 어딜 가나 같고(同) 세계는 어딜 가나 다르다(異). 저 동이(同異)가 없는 것이 참으로 옳은 유위법(有爲法 : 세간의 진리)이 되었다.

우리 각성(覺性)의 밝음(陽)과 텅빈 허공의 아득한 어둠(陰)이 서로 오랫동안 상대(相待)하여 마침내 요동함이 생겼다. 이 원리가 음(陰)과 양(陽)이 생기게 된 원인이 되고 있다. 이러한 요동이 생김으로 하여 바람이 일어났다. 즉 풍륜(風輪)이 일어나 자전력(自轉力)이 생겨 스스로 허공계를 지탱하고 있다. 이 풍륜이 시간과 공간을 붙들어 잡고(執持) 유지하게 되는 것이다. 다시 말하면 감싸안고 서로 돌고 있는 것이다. 이 원리가 오행(五行)에서 풍(風), 목(木)이 생기게 된 인연이다.

허공으로 인하여 요동(搖動)이 생기고, 본각(本覺)의 밝음(明)을 받은 허공이 굳어져서 금성(金性)이라 하는 특수한 자기장이 생겼다. 그래서 금보(金寶)는 우주의 기본 원소로서 시방세계를 받들고 있다. 금성(金性)은 밝은 각(明覺)이 굳어져서 생긴 것이다. 그러므로 금륜(金輪)인 자기장이 세계를 보호하고 지탱한다. 이것이 금(金)이 생기는 원천적인 인연이고 오행에서 금(金)이 생기는 이치이다. 본각을 굳혀서 금보가 되고, 밝음과 어둠이 상대하여 움직임이 생겨 바람이 된 풍과 우주의 자기장인 금성(金性)이 서로 마찰하여 마침내 화광(火光)이 일어나게 되었다. 화성(火性)으로 인하여 오행에 화(火)가 생기게 된 원인도 되고 오늘날 전기 문화의 원천이 된다.

금보인 금성의 밝은 빛은 윤택하고 차가운 광채를 낸다. 화광은 위로 치솟아 마치 떡시루를 찌듯 금성(金性)을 찌므로 자연히 차가운 금성에서 물이 생기게 된다. 이것이 수소(水素)가 생기게 된 인연이며 오행에서 말하는 수(水)가 생기는 내용이다. 이 수륜(水輪)이 시방세계를 싸고 머금어서 항상 윤택하게 한다. 화(火)는 위로 치솟고, 수(水)는 항상 밑으로 흘러내림으로 하여 물과 불은 서로 밀어내므로 기압이 생겼다. 중력장인 기압으로 말미암아 이 세상에 단단한 물질이 생기게 되었다. 이것이 대륙이 생긴 원인이 되고, 오행에 있어 토(土)가 생성되는 동기가 된다. 수성(水性)이 많아 젖은 편은 큰 바다가 되고, 수성이 적어 마른 편은 섬과 육지가 되었다. 이런 이치로 대해(大海) 중에는 항상 화산이 일어나고 대륙과 섬에는 늘 강하(江河)가 흐른다.

수의 세력이 화(火)보다 약하면 엉키고 굳어져서 높은 산이 된다. 그러므로 산의 돌을 맞부딪치면 불꽃이 생기고 녹이면 물이 된다. 또 흙의 세력이 물보다 약하면 쑥빛이 올라와서 초목(草木)이 된다. 그러므로 나무가 타면 흙이 되고, 쥐어짜면 물이 된다. 이렇게 상호보완적으로 활동하매, 아무것도 없는 곳에서 필경 무엇이 발생하여 번갈아 가면서 서로 종자(種子)가 되고 있다. 이러한 인연으로 세계가 서로 상속한다고 부처님이 말씀하셨다. 지금까지 세계가 성립되는 과정을 부처님 경전을 빌어 들었다. 다음은 중생이 생기는 까닭을 알아보자.

뭇 생명이 생기는 까닭

중생은 본각의 밝음이 밝음으로 말미암아 허물이 되는 것이니, 허망한 그 자체가 성립되면 본성의 성리(性理)가 허망을 뚫고 나아가지를 못한다. 마치 태양의 빛(理)이 구름을 뚫고 나가지 못함과 같다. 성품인 이(理)가 허망을 뚫지 못하는 인연으로 듣는 것은 소리를 벗어나지 못하고, 보는 것은 색(色)을 벗어나지 못한다. 우리들의 육감인 색(色), 향(香), 미(味), 촉(觸)의 망령된 기관이 보고(見), 깨닫고(覺), 듣고(耳), 알도록(知) 나누어져 열려 있음은 서로 얽히고 합하고 떠나면서 결국 본성이 허망을 뚫고 나가지 못한 채 사라지기 때문이다. 밝음을 보아서는 색상을 일으키고, 어떤 색상을 보고는 머릿속에 그와 같은 모양의 영상을 이룬다. 만약 보는 견이 서로 다르면 미워지고 생각이 같으면 사랑한다. 사랑을 상대에게 흘려 넣어서는 씨가 되고 상념을 받아들여서는 태(胎)가 되는데, 서로 교접하여 생명체를 발산할 적에 같은 업을 끌어당겨 흡수한다. 생명체가 잉태되는 과정을 자세히 알아 보자.

우선 생명체가 잉태되기 전에는, 중생의 경우는 중음신(中陰身)으로 존재한다. 중음신은 꿈속에서 보는 자기의 모습으로 이해하면 쉽다. 이 중음신에는 두 가지 종류가 있는데, 그 중 하나가 착한 업으로 생긴 과보이다. 이런 중음신은 이 세상에 살아 있을 때 보던 눈처럼 환하게 다 보고 그것이 무엇인지를 모두 판독한다. 즉 각관(覺觀)이 있는 것이다. 또 하나는 악한 업보와 신식(身識)이 혼미하여 생긴 과보로 좋은 느낌이 하나도 없고 악한 알음알이만 있어서 보지도 깨닫지도 못하는 버러지 같은 촉감만 있는 중음신이다. 두 가지 중음신이 부모가 교접시 그 곁에서 정사하는 모습을 다 보게 되는데 이상하게도 어머니에게는 지극히 사랑함을 품게 되고 아버지에게는 몹시 미워함을 품게 된다. 이때에 아비의 정수(호르몬)가 오르가슴을 타고 자궁으로 흘러 들어갈 적에는 아비의 성적 황홀감이 마치 중음신인 자기의 생리 현상으로 착각하면서 입태한다고 한다. 어머니에 대한 사랑, 아버지에 대한 미움, 자기의 성적 환희, 이런 것들과 인연을 맺게 되면서 중음신이 본래 갖고 있던 전세의 오음(五陰)은 사라지고 후생(后生)의 오음을 새로 갖추게 된다. 그래서 우리는 전생을 모른다. 전생을 전연 의식하지 못하는 원인을 비유하자면 밀랍(벌꿀 찌꺼기)으로 글자의 모양(字型)을 만들어 진흙에 박아 붙은 흙판을 불에 구우면 밀랍의 글자는 녹아 없어지고 음각된 자형만 또렷하게 남는다. 이와 같이 전세에 기억된 삶의 역사인 밀랍은 사라지고 흙으로 된 글씨체가 새로 생김과 같아서 과거의 오음, 즉 마음을 모르게 된다는 것이다. 이 말씀은 열반경에 있다. 이것들이 태(胎)로 나고 알(卵)로 나고, 습기(濕)로 생하며 변화(化)해서 생기는 네 가지 통로를 따라, 인연 따라 업보 따라 스스로 선택하여 태어난다. 중음신은 육안으로는 볼 수 없다. 초의식의 천안(天眼)을 얻으면 이 중음신을 현실같이 보므로 죽은 후에 다시 태어나는 영혼을 다 본다.

중음신은 세 가지로 먹는다. 생각의 느낌으로 먹어서 배부른 것, 그래서 제삿밥은 맛이 없다. 촉감으로 먹는 것, 그래서 제삿밥이나 떡시루에는 어떤 자취가 간혹 생긴다. 의식(意食)으로 먹는 것, 그러므로 제사 음식은 대체로 김이 나지 않는다. 이 세 가지로 먹는 것을 사식(思食), 촉식(觸食), 의식(意食)이라 한다. 중생이 사생(四生)으로 태어날 때에 애정(愛情)으로 태(胎)로 나고, 상념(想念)으로 알(卵)로 나고, 감(感)하여 화합하여서는 습생(濕生)과에 들며, 서로 반하여 떠남으로 이탈(離脫)하여 생기는 화생(化生)과가 있다.

애정(情)과 상념(想)과 결합(合)의 연모와 싫어짐(離)의 서로 변화할 때, 각자의 중음신이 생의 습성으로 생긴 개성의 업(業)으로 하여금 사생(四生)을 받게 된다. 그때에 죄의 경중에 따라 날기도 하고 가라앉기도 하는데, 그것은 중음신의 업의 성품을 따른다. 이런 인연으로 뭇 생명이 서로 연연 상속을 계속하게 된다.

우리의 마음 가운데는 생각과 애정이 맺혀서 사랑을 능히 여의지 못하므로 모든 세간의 부모와 자손이 서로 낳고 낳아서 끊어지지 않나니, 이런 것들은 음욕의 탐이 근본이 된다. 탐하는 애정이 아기자기하여 탐하는 생각을 능히 그치지 못하므로 세간의 태생(胎生), 난생(卵生), 습생(濕生), 화생(化生)이 힘의 강하고 약함에 따라 번갈아 가면서 서로 잡아먹나니, 이것은 살아생전에 죽여서 잡아먹는 탐욕이 근본이 된다. 사람이 양을 잡아먹으면 양은 죽어 사람이 되고, 사람은 죽어 양이 되곤 하는 중생의 종류 즉, 십종생류(十種生類)가 있다. 뭇 생명들이 나고 죽고 하면서 번갈아 와서 서로 먹되 악업(惡業)으로 서로 다시 끝도 한도 없는 미래제(未來際)를 다하게 된다. 이런 인연으로 백천 겁을 지나면 생사(生死) 가운데 있게 된다. 대각 세존이 아니면 이렇게 다 알지 못한다. 우리가 아는 인류 역사상 석가세존의 말씀을 능가할 경전이나 인물이 있었던가? 돌이켜 보건대 인류 역사상 두 분의 성자가 있다. 옛날 석가세존과 금세기 라즈니쉬가 있다. 라즈니쉬가 석가세존께 올린 경배의 글귀를 직접 읽어 보자.

"나는 고타마 붓다를 사랑한다. 나는 그에게 경배한다. 그는 나에게 종교의 본질을, 종교의 알맹이를 보여 주었다. 그는 불교를 시작한 사람이 아니다. 불교는 하나의 부산물에 지나지 않는다. 그는 최초로 전혀 다른 종류의 종교를 이 세상에 꽃피워 놓은 사람이다. 그는 최초로 종교가 아닌 종교, 종교라는 틀을 갖지 않은 종교를 시작한 사람이다. 그는 종교가 아니라 종교적인 삶, 신이 아니라 신성(神性)을 이야기했다. 인간 의식의 역사에 있어서 가장 위대하고 근본적인 변화이다."

누가 뭐라 해도 라즈니쉬는 문수보살(文殊菩薩)이시다. 그래서 늘 경배한다. 이런 말을 하면 농담 잘 하시는 라즈니쉬 성자께서는 "웃기는 소리한다. 나는 누구도 아니다. 나를 굳이 이름을 붙인다면 '전체'이다."라고 조롱할 것 같으나 그래도 대 지혜의 측면으로 본다면 문수는 문수다!

지금까지 위에서 읽은 세계와 중생계가 생기는 인연을 해설해 놓은 글 속에서 그 내용이 금방 납득이 안 된다고 속상해하지는 말자. 진리의 말들은 금방 이해가 안 되는 것이 정상이다. 왜냐하면 경험만이 정확한 대답이 되기 때문이다. 그래도 많이 듣고 많이 읽어 놓으라고 말하고 싶다. 그 불가사의한 진리의 씨앗들이 우리의 내면에서 철 따라 꽃을 피울 때면 우리의 내면은 바로 천국의 꽃밭이요, 그 많은 진리의 지식들이 열반 하늘의 불꽃놀이가 될 날이 오기 때문이다.

다문제일(多聞第一) 아난존자 일대기

이와 같이 나는 들었다

불법은 아난의 입을 통하여 나왔다. 그러므로 아난을 아는 일, 불법을 아는 길이 된다. 그런 의미에서 팔만대장경을 줄줄 외운 부처님의 시자 아난존자를 먼저 소개함이 순서이겠다.

    모든 사찰 법당에 들어가 후불탱화를 보면 잘 생긴 젊은 미남이 합장을 하고 부처님 우측에 서 계신다. 얼굴빛이 희고 아름답다. 불전에 모신 주불의 내용에 따라 다소 차이는 있으나 부처님 뒷쪽이나 앞쪽 우측에 서 계신 분이 아난존자다. 좌측의 늙은 노자상(老子相)으로 묘사된 분이 바로 가섭존자이시다. 모든 경전의 시작은 여시아문(如是我聞)으로 되어 있다. 여시아문의 주인공이 아난이다. 아난이 '이와 같이 들었노라' 하고 입으로 연설해 놓은 말들이 경전(經典)으로 만들어진 것이다.

    원래는 아난다(阿難陀 : Ananda)라고 쓴다. 이것은 약칭하여 우리는 보통 아난이라 부르는데, 우리말로 바꾸어 보면 환희(歡喜), 경희(慶喜), 무염환희(無染歡喜)의 뜻이 된다. 물들지 않고 때묻지 않는 영광스러운 기쁨의 존재라는 뜻을 가진 이름이다. 실로 그 이름처럼 살았던 분이 아난존자였다. 아난은 부처님께서 성도하시던 12월 8일 새벽에 출생, 세존의 깨달음과 더불어 이 세상에 환생한 분이다. 마치 태양이 떠오르면 그 빛도 동시에 일어나 빛을 발하듯 아난은 곧 붓다의 빛이었고 또한 그와 같은 삶을 다하셨다. 바로 이러한 인연이 대신통이요, 대기적이다. 붓다의 깨침과 아난의 탄생은 온 인류와 만류에 경사가 아닐 수 없었다.

석존과의 인연을 보아도 사촌이 된다. 세존의 부친이신 정반왕의 셋째 아우, 각반왕의 둘째 아들로 태어났던 것이다. 그해가 세존께서 34세 되시던 해였다. 아난은 제바달다의 친동생이기도 하다. 각반왕의 큰아들 제바달다와 작은아들 아난을 생각해 보노라면 진리의 참 모습이 보이는 듯하다. 최선과 최악은 손의 양면이라는 사실이 여실하지 않은가. 우리들의 내면이나 주위의 모든 조건들은 반드시 이와 같이 만나고 있음을 이해하고 선과 악, 미와 추, 행복과 불행이 하나로 공존함에 공연히 심각하게 마음 쓰지 말자. 다 무상한 것이기 때문이다. 아난이 사촌형님인 붓다와 친형인 제바달다 사이에서 한없는 존경과 한없는 비애를 느끼며 최상의 도를 향하여 꾸준히 수행해 가듯 양쪽 다 보며 살아가자.

부처님 연세가 55세 되던 해에 아난은 21세가 되고 이때에 세존의 시자로 발탁되어 25년간 부처님을 시봉하면서 일체의 불법을 수지하여 기억하였다가, 후일 우리가 보는 대장경을 만드는 대 역사를 이루어 냈다. 아난이 출가한 시기가 8세라는 설도 있으나 그러한 사실은 그리 중요한 논란거리는 아닌 줄 안다. 여기서 아난존자가 부처님의 시자로 발탁되는 과정을 잠깐 보면 참으로 아름다운 인간미를 배울 수 있다. 막상 아난 자신은 시자 되기를 꺼려했던 것으로 알려져 있다. 시자삼조(侍者三條)라는 별명이 붙어 다녔던 아난은 스스로 부처님을 모실 수 있는 자격이 없다 여겨 수차 사양하였던 것이다.

목건련과 사리불, 그리고 수보리 같은 대제자들이 시봉할 사람을 물색하였으나 마땅한 사람도 없었거니와, 세존 또한 스스로 수행할 수 있는 기력이 충분하다 하시며 시자 둘 것을 달갑잖게 여기셨다. 그래도 대제자들은 부처님의 의중을 헤아리고 불법을 위하여 마침내 목건련이 선정에 들어가서, 부처님의 깊은 마음을 알고자 할 때, 홀연히 세존의 몸에서 큰 광명이 일어나더니 숲속에 앉아 있는 아난의 몸을 비추고 있지 않은가. 잠깐의 삼매에서 본 상서로움으로 미루어 세존의 뜻은 아난이 시봉자로서 적격이라 생각하고 계심을 알고는 아난에게 다시 가서 말하였다.

"아난아, 그대가 부처님을 받들어 모시는 시자가 됨이 어떠냐?"

아난이 겸손하게 답하였다.

"소승은 감히 세존을 모실 수 있는 자격이 못 됩니다. 부득이 저를 택하셨다면 저에게도 세 가지 조건이 있습니다. 이 조건을 세존께서 받아 주신다면 부처님을 모시는 시자가 되겠습니다."

세상에 지고한 분에게 가까이 가는 영광스러운 행운아가 조건을 내걸다니 도대체 걸맞지 않다 여기면서도 "그것이 무엇인가?" 묻게 되었다. 아난은 다음과 같은 조건을 들었다.

첫째, 부처님이 가시는 곳은 어디든 따라가게 해주실 것, 둘째, 초대받는 곳에는 홀로 가지 않겠다는 것, 셋째, 부처님이 쓰시던 옷이나 물건은 무엇이라도 받지 않을 것이었다. 목건련은 아난의 세 가지 조건을 가지고 세존을 뵈었더니, 부처님께서 쾌히 승낙하셨다 한다.

평소에도 세존께서 아난을 칭찬하시기를 '나의 제자 아난 비구는 시(時)를 알고 물(物)에 밝아서 의심이 없다. 한 번 보거나 들은 바는 잊지 아니하여, 많이 들어서 지혜가 넓고 심원하여 광원(廣遠)하다. 매사에 잘 참고 견디며 윗사람을 공경하고 잘 받드는 사람은 아난 비구다." 하셨다. 그래서 주위에서 아난을 일러 '아난봉불칙수지 경전봉지 좌우(阿難奉佛勅受持 經典奉持 左右)'라 찬양했다. "아난은 부처님을 잘 받들어 모시고 부처님이 말씀하신 경전을 받들어 가지며 언제나 몸에서 떠나지 않게 하였다"는 뜻이다. 아난이

다문제일(多聞第一) 아난존자 일대기

출가하여 꾼 꿈이 일곱 가지가 있다. 이것을 아난칠몽(阿難七夢)이라 하는데, 이 신기한 꿈을 부처님께서 친히 해몽하신 기록이 있다.

첫 번째 꿈이 기울어진 못에서 불이 활활 타오른다는 것인데, 부처님이 해몽하시기를 당대(當代)의 비구(比丘)는 악도(惡道)로 치성한다는 뜻이라 하셨다. 두 번째 꿈에 해와 달과 별이 모두 져버리는 것은 부처님이 입멸하신 후에 모든 성인이 따라서 입멸하여 뭇 생명의 안목이 없어진다는 뜻이라고 말씀하셨다.

세 번째, 비구(比丘)가 부정한 구렁 속에 있고 백의(白衣)가 머리를 내미는 꿈은 출가한 비구가 죽어서 지옥에 떨어지고 속가에 사는 신도(白衣)가 천상(天上)에 난다는 뜻이라 풀이하셨다. 네 번째 꾼 꿈에는 여러 마리의 멧돼지가 전단림을 주둥이로 마구 파 넘기면서 쳐들어 왔는데, 이것은 당대의 백의(白衣)가 탑이나 절에 쳐들어와 스님네를 비방하고 훼방하는 것이라 풀었다.

다섯 번째는 아난의 머리 위에 수미산을 얹었으나 조금도 무겁지 않았다 하니, 이것은 부처님이 열반하신 후에 아난이 출경사(出經師)가 되어 한 구절도 잊지 않고 다 기억한다는 뜻이라고 해몽하셨다. 여섯 번째 꾼 꿈으로 큰 코끼리만 보이고 작은 코끼리는 나타나지 않은 것을 이야기하자, 해몽하시기를, 장차 나쁜 종교의 사견이 치성하여 불법을 파하고 덕있는 사람은 모두 숨어 버리고 나타나지 않는다는 뜻이라고 하셨다.

일곱 번째의 꿈은 사자왕(獅子王)의 머리 위에 일곱 개의 긴 털이 있고, 스스로 땅에 쓰러져 죽어 있는데 일체의 금수가 다들 두려워하건마는 사자왕의 몸에서 생긴 벌레가 나와서 사자의 시체를 먹어버리는 꿈이었다. 이것은 부처님이 열반한 뒤, 석가모니 불법을 닦는 제자의 수덕(修德)하는 마음을 악마가 요란시키지는 못하되, 불제자(佛弟子) 스스로가 나쁜 법을 행하여 부처님 참된 법을 파괴하게 된다는 흉조라고 설명하셨다.

부처님께서 이르시기를 아난의 일곱 가지 꿈은 앞으로 불제자가 법(法)을 버리고 부처님의 가르침에 의지하지 않음을 나타내 보인 것이라고 개탄하였다.

아난은 그 인품이 출중하고 상호가 아름다운 미남이어서 여자들의 유혹이 많았지만 워낙 의지가 굳어 수행을 차질없이 완성하였다. 그래서 부처님께서 문수보살에게 말씀하시기를 "아난이 나를 섬긴 지 20여 년 동안 여덟 가지 불가사의를 고루 갖추었다. 첫째는 여래(如來)의 옷은 비록 낡은 것이라도 절대 받지 않았고, 둘째 부처님을 배알함에 시간을 맞추었고, 셋째 시주로부터 특별한 초대를 받고도 그들의 집에 홀로 가지 않았으며, 꼭 가야할 때는 대중과 더불어 같이 갔다. 넷째는 여인(女人)을 보고도 음욕을 내지 않았으며, 다섯째 불법을 듣고는 두 번 다시 묻지 않았고, 여섯째 부처님이 정(定)에 드신 것을 알았고, 일곱째 여러 회중이 법(法)을 듣고는 이익―도과와 지혜 공덕, 신통 등―을 얻은 것을 알고, 여덟 번째는 부처님이 말씀하신 교법을 모두 기억하는 것 등이다."라고 하셨다.

뿐만 아니라 세존께서 지칭하신 '아난팔법(八法)'이라는 것도 있다. 첫째는 신근(信根)이 견고하고, 둘째는 그 마음이 정직하고 질박하며, 셋째는 몸에 병이 없으며, 넷째는 항상 부지런히 정진하고, 다섯째는 심념(心念)이 구족하고, 여섯째는 마음이 교만하지 않으며, 일곱째는 선정과 지혜(智慧)를 성취했으며, 여덟째는 듣는 대로 깨닫는다. 부처님이 거듭 말씀하시기를 아난은 이 여덟 가지 교법을 모두 갖추었으므로 12부경(十二部經)을 잘 간직하고 있다고 말씀하셨다.

세존이 열반하시자 아난의 슬픔은 대단하였다. 홀로 오랫동안 이곳 저곳에서 수행하던 중 법형(法兄)인 가섭존자께서 주창이 되어 부처님의 말씀을 경전으로 펴 내기 위하여 왕사성 밖에 있는 필발라굴에서 500명의 성승(聖僧)들이 모여 경전(經典)을 결집하게 되었다. 그런데 큰 문제는 이때까지 아난이 깨달음을 이루지 못했다는 사실이었다. 경전부(經典部)에서는 모든 법(法)

이 아난에게 있었으나, 중생심으로부터 해탈하지 못한 아난의 마음을 가지고는 엄청난 법을 펴내는 대불사(大佛事)를 시작할 수가 없었다. 초인의 의식이 아니고는 해낼 수가 없다는 사실을 가섭은 잘 알고 있었다. 부처님의 이심전심법으로 터득하는 해탈삼매의 멸진정인 열반법만은 가섭의 전문분야였지만 경학에 있어서는 아난이 으뜸이었고, 티베트로 흘러간 밀교의 진수는 부처님의 아들 라홀라가 전문가였다. 극소수가 수중하는 열반법이나 밀교의 신통(神通)보다도 대다수의 중생을 위하여 부처님의 뜻을 그대로 실어다가 말세까지 전해줄 수 있는 경전은 대단히 중요한 것이다.

그래서 가섭은 아난의 깨우침을 몹시 기다리던 중이었다. 아난이 경전을 만드는 집회가 있다는 소문을 듣고 필발라굴로 찾아왔다. 그곳에 모인 성자들은 저마다 신통한 재주를 한 가지씩 갖고 있었으므로 결집에 필요한 모든 준비가 다 되어 있었다. 아난이 경결집회(經結集會)의 주장격인 가섭을 찾아가 자신도 한몫을 담당하겠다고 하였다.

"아난이여, 자네는 아직 번뇌의 근본을 벗지 못했다. 그러니 지금 추진 중인 결집회에는 참가시킬 수 없구나."

가섭은 냉정히 거절하였다. 그러자 아난은 가섭에게 묻기를 "부처님께서 사형(師兄)에게 법(法)을 전하실 때에 금란가사 말고 따로 또 무엇을 전하신 것이 있었습니까?" 하였다. 아난의 생각으로는 가섭은 겨우 부처님의 금란가사밖에 받은 게 없지 않느냐? 나는 부처님의 법(法)을 전부 수지하고 있는데, 경(經)을 결집하는 데 있어서 나를 제외시킨다는 것은 유감스럽다는 뜻이었다. 그러나 가섭의 의중은 부처님으로부터 받은 말이나 물건이 깨달음에 도움이 되는 것은 아니므로, 아난에게 있어서는 새로 태어나야 하는 깨달음의 밝은 자성계발이 선행되어야 지금까지 쌓아 온 그의 지식이 금빛으로 빛나게 된다는 사실을 깊이 깨닫고 있는 터였다.

아무리 풍요로운 황금대지를 가졌다 해도 하늘이 환하게 밝아 있지 않으면 한밤중과 같아서, 보석이 천하에 두루 차 있다 한들 무슨 의미가 있겠는가. 그와 같은 입장이 아난의 실정이었다. 아난의 불성이 활짝 열려 빛을 환하게 발하는 날, 온 세상 천지는 황금벌판으로 변형을 이룬다는 사실 때문에 가섭은 아난의 깨침의 순간을 총총히 기다리고 있었다. 아난의 그 하찮은 물음에 엉뚱한 역설을 가섭이 터뜨렸다. 가섭은 절 밖을 손가락으로 가리키며 "아난아, 저 문밖의 찰간(刹竿) 대를 꺾어 버려라." 하였는데, 아난은 경전 외의 가섭의 교외별전법(敎外別傳法)을 이해할 수 없었다. 이것이 오늘날 간화선(看話禪) 즉, 화두(話頭)의 시초였다. 이것은 잠을 깨듯 깨침의 소관이지 문자나 말의 의미로 해독하는 해답의 논리가 아니었다.

　가섭은 퉁명스럽게 말하고는 쓰다 달다 말도 없이 냉정히 안으로 사라졌다. 삼장결집(三藏結集)을 진행하고 있는 필발라굴 밖으로 쫓겨나오다시피 한 아난은 사흘 밤낮을 앉아서 '찰간 대를 꺾어 버려라' 하던 가섭의 말을 생각하느라 몸과 마음이 불타고 있었다. 사흘 동안 먹지도 자지도 아니하고 앉아 있노라니 전신의 피가 거꾸로 도는 듯하였다. 나흘째 되는 새벽녘에 극심한 피로 때문에 잠간 누우려는 순간, 마음이 사라지면서 깨달음의 빛이 일어났다. 불타던 깨침의 정열은 대자대비의 환희로, 온갖 욕망은 연민의 정으로, 온 우주가 사라지고 시방 법계(法界)가 활짝 열렸다. 상상치도 못했던 그 무엇 안으로 모든 존재가 녹아 들었다. 아난은 감격한 나머지 가섭의 방으로 달려갔다. 동굴 문을 두드리며 소리쳤다. "사형! 사형! 이제 왔습니다! 이제 왔습니다." 이 소리를 듣고 가섭도 기뻐하면서 "자네가 깨달음을 얻었다면 열쇠 구멍으로 들어오게나." 아난은 즉시 열쇠 구멍으로 뛰어들었다. 이렇게 아난은 가섭으로부터 깨침의 자극을 받고 아라한과를 얻고, 후일 가섭이 창안한 독특한 교외별전의 이심전심법을 제자 상나화수에게 전했다. 그것은 사념을 부수고 초의식으로 몰입할 수 있는 깨침의 미학이다.

　아난은 가섭으로부터 마음이 사라진 깨달음을 얻고 그날로부터 경전을 만드는 필발라굴에 들어갔다. 오백 명의 대아라한과 아난이 삼장결집(三藏結集)에 중요한 인물이 되어 불사를 시작하였다. 아난은 부처님의 49년에 걸친 설법을 잘 수지하였기 때문에, 아난이 없다면 경전은 만들어질 수도 없을 정도였다. 가섭은 우선 부처님이 설법하시던 사자좌부터 설치하고, 아난으로 하여금 부처님의 앉으시던 사자좌에 앉아서 부처님이 하시던 설법을 그대로 재연토록 하였다.

아난은 부처님 생존 시 법문하실 때와 똑같은 모습을 그대로 대중에게 보이기 위해서 몸과 입과 뜻을 법답게 하는 사등(四等)을 고루 갖추었다. 무엇이 사등(四等)인가? 인자한 표정이 부처님의 사랑하심과 같고 불쌍히 여기는 대비심(大悲心)은 삼세제불과 같고, 중생의 마음을 기쁘게 하심이 제불의 대희(大喜)와 같고, 아낌없이 베풂이 제불의 대사심(大捨心)과 동등하게 몸과 말과 뜻을 고르게 함이다. 이와 같이 아난이 자신이 부처님과 똑같이 닮은 모습과 부처님의 네 가지 무량한 마음으로 안팎을 고루 갖추게 되었던 것이다.

그리고 난 후에 설법하였다. 그런 고로 설법하는 내용에 있어서 여래와 쓰시는 글자가 같고, 하시는 말씀이 같고, 설하시는 법(法)이 같고, 몸이 또한 제불의 설법하시는 모습과 똑같았다. 이것을 자등(字等), 어등(語等), 법등(法等), 신등(身等)이라고 한다. 아난은 여래와 똑같은 사등(四等)을 법답게 갖추고 설법을 하기 위하여 사자좌에 앉아 사무량심(四無量心)으로 뜻을 고르고 조용히 사자후에 들어갔다. 사부대중을 두루 돌다 본 후, 경건히 허공을 우러러 위로 무상정각(無上正覺)을 이룬 부처님을 생각하는 순간 걷잡을 수 없는 눈물이 흘러내렸다.

그때에 문득 환한 광명(光明)이 사방에서 일어났다. 아난존자의 얼굴에서도 빛이 환하게 일어나면서 그 빛이 온 대중에게 두루 비치었다. 그리고 곧 아난존자의 입을 통하여 신비롭고 감미로운 범음(梵音)으로 법문이 흘러 나왔다. 아난존자께서 사자좌에 앉아 설하신 첫마디가 여시아문(如是我聞)이었다. "나는 이와 같이 들었노라" 이다. 이때부터 부처님의 대변자로서 부처님의 온갖 법이 아난존자의 입을 통해서 흘러나왔다. 아난과 부처님이 하나가 되어 아난은 팔만대장경을 장중하게 설할 수 있었던 것이다.

언젠가 모 대학 교수 한 분이 모든 경전은 부처님이 떠나신 후, 평범한 인간들이 만든 것이므로 종교나 경전도 인류 역사가 만든 가공품이라면서 가볍게 취급하는 듯한 내용의 이야기를 하였다. 유감스럽게도 진리의 소리는 초의식을 통하여 흘러나온다는 사실을 전혀 모르는 분이 아니었던가 싶다. 경(經)이 무슨 연구서적처럼 보였거나 학자 몇 명이 둘러앉아 쑥덕거리며 써 나가는 논문쯤으로 보였다는 사실, 즉 그렇게밖에 모르고 있다는 무지의 일면을 단적으로 보이고 있었다. 그래서 교수님에게 이렇게 물어 보았다.

"교수님, 이십 대에 명도라는 점치는 이에게서 돌아가신 아버님의 육성을 들어본 일이 있지요?"

"예! 살아계실 때의 걷는 모습과 말씀하시는 흉내까지 그대로 냅디다. 뿐만 아니라 제가 살고 있는 집 모양까지 와 본 듯이 알았습니다. 참 신기했습니다."

보라! 지혜도 없는 하찮은 아기 혼신이, 중매자의 몸에 접신된 상태에서 점을 치는 점쟁이도 이와 같거늘, 하물며 깨달음을 이룬 분들의 초능력이야 어떠하겠는가? 이와 같은 사실로 미루어 보아도 불경이 여러 석학들의 지식이 모여 만들어질 수 있겠는가? 부처님의 마음이 아난과 같은 가슴을 만나면, 아난의 입을 통하여 붓다의 금구성언(金口聖言)이 샘물처럼 흘러나온다. '아난' 이라고 하는 매개체로서의 인간은 방송국의 안테나에 지나지 않음을 알아야 한다. 불경이 인간의 어두운 상식으로 만들어진 것이 아님을 신복해야 한다. 지금 이 시간에도 붓다의 법문이 어떠한 인간의 육신을 매체로 하여 흘러나가고 있을 뿐이다. 글을 쓰는 개체는 연주되고 있는 악기거나 프린터에 불과하다.

아난존자께서 멸도(滅度)에 들려고 하실 적에 있었던 전설적 기록을 살펴 보자. 당초 아난존자는 마갈타국에 계셨는데 멸도의 시기가 되자 이웃 나라 인 폐사리성으로 가고자 하였다. 그 이유에 대해서는 전혀 기록이 없다. 마갈 타국과 폐사리성의 국경에는 긍가하(恆伽河)라고 하는 큰 강이 있었는데 강 이름을 긍가하라 하게 된 내력이 애닯다. 아비 없는 자식을 잉태한 긍가녀(恆 伽女)가 고향 사람들의 눈길을 피해 먼 곳으로 피신코자 강을 건너던 중, 급격 히 불어난 사나운 강물에 빠진 아들을 구하려다 모자(母子)가 함께 물에 휩쓸 려 불귀의 객이 되었다. 훗날 사람들이 두 모자의 죽음을 애달피 여겨 긍가하 라 부르게 되었다고 하는데, 긍가녀는 죽는 즉시 자식을 끝까지 구하려다 따 라 죽은 공덕으로 화락천궁에 환생했다는 부처님의 말씀이 있다.

아난존자께서 긍가하에 도착하여 배를 타고 강의 가운데 쯤 나아가고 있 을때, 이 소식이 마갈타국의 왕에게도 전해지고 폐사리성의 왕에게도 전해 지게 되어 양 강변에는 두 나라의 왕과 신하 그리고 군사들이 진을 치는 상 황이 벌어지고 있었다. 마갈타국의 왕으로서는 평소 존자의 덕을 깊이 흠모 하여 존경해 오던 터에 존자께서 갑자기 마갈타국을 버리고 폐사리성으로 가신다 하니 너무 놀라 강변으로 달려 나온 것이었다. 강 가운데 배 위에 조 용히 앉아 계시는 아난존자를 보자 합장 배례하며 간곡히 청하여 가로되 "존자시여, 이 나라를 버리시나이까. 제발 저희 나라 백성을 불쌍히 여기사 돌아와 주소서." 간절한 마음으로 절규하고 있었다.

한편 폐사리성의 왕도 평소에 존자를 지극히 경모해 오던 터라 뜻밖에 존 자께서 자국으로 오시고 있다는 경사스러운 소식을 접하자, 황급히 강변으 로 달려 나와 환영코자 하였다. 아난존자께서는 양국의 왕들의 심중을 헤아 리시고 배 위에 앉은 채 홀연히 삼매에 들어갔다. 초의식의 삼매력으로 자신 의 몸을 공중으로 들어 올려, 허공에서 다시 화광삼매력(火光三昧力)으로 진 공의 불을 일으켜 자신의 육체에 불을 붙였다. 마침내 존자의 육신이 신비로운 불꽃으로 변했다. 존자의 화광신(火光身)은 미묘한 소리를 내면서 불꽃이 두 쪽으로 갈라지는가 싶더니 양쪽 강변으로 날아갔다. 이 모습을 지켜보던 두 나라의 왕들은 혼절한 듯 꼼짝을 못하였다. 존자의 묘공신(妙空身)인 법신(法身)의 신통력으로 자신의 몸을 두 쪽으로 양분하여 타고 남은 사리를 두 나라의 왕들 앞에 똑같이 나누어 주었다. 마갈타국 왕과 폐사리성 왕은 경탄해 마지 않다가 떨리는 몸으로 자국으로 돌아와 아난존자의 반신사리(半身舍利)를 각각 보배함에 봉안하여 큰 탑을 세워 후세에까지 전하고 있다. 이 전설은 모든 경전을 후세에까지 전하신 아난존자에 관한 최후의 이야기이다.

용궁불교(龍宮佛教)

용수보살일대기(龍樹菩薩一代記)

석가세존께서 대각을 이루시고 모처럼 희유하게 성취하신 성불(成佛)의 경지를 잘 밝히신 경전이 있다. 그 불경의 이름이 대방광불화엄경(大方廣佛華嚴經)이다. 우리말로 간단히 풀어 보면 '다방면으로 광장설을 하신 부처님의 빛나는 장엄의 경' 이 된다. 보통 화엄경(華嚴經)이라 부른다. 화엄(華嚴)이란 '빛나는 초의식 장엄' 이라는 뜻이다. 절들의 화려한 모습을 생각하면 장엄(莊嚴)의 본래 뜻이 입체적으로 와닿을 것이다. 화엄경의 골자는 누구나 성불을 하면 이 몸과 뜻과 마음이 경에서 밝히는 바와 같이 화신(化身), 보신(報身), 법신(法身)과 같다는 것과, 그와 같이 되자면 어떠한 수행의 과정을 거쳐야 하는가를 구체적으로 밝히신 경전이다. 석가세존께서 수만 생을 통하여 불가설 불가설 차원의 깨달음을 축적하여 완성하신 묘각장엄(妙覺莊嚴 : 초의식장엄)의 화장세계(華藏世界 : 화려하고 풍요로운 부처님 세계)를 보이심과 아울러 이러한 장엄의 과정을 해인삼매(海印三昧)라고 하는 정신 예술의 무대를 통하여 보여 주고 있다.

    화엄경의 가장 어렵고 난해한 점은 부처님께서 성도(成道)하신 날로부터 2주만에 설하셨다는 전설이다. 다른 경전처럼 부처님의 제자들이 가득 모인 가운데서 세존이 직접 육성으로 설하신 경이 아니라는 점이다. 또 한 가지 사실은 이 경이 세존이 열반하신 후에 가섭에 의해 편찬된 것이 아니라, 불멸후 5~6백 년경에 용수(龍樹)라는 분의 머리와 손을 통하여 완성됐다는 기록이다. 바로 이러한 수수께끼 같은 비밀을 독자들에게 풀어드리고자 이 글을 쓴다.

모든 경전의 서두에 반드시 나오는 여시아문(如是我聞)의 주인공 아난은 이 경이 펼쳐지는 순간에는 겨우 생후 14일이 되는 젖먹이였다. 그러므로 이 화엄경은 경의 내용만 불가사의가 아니라 지구상에 존재하게 된 그 과정이 또한 심히 난해하다. 그러므로 이 화엄경만은 법화경(法華經)과 아울러 반드시 불안(佛眼)으로 보아야 한다는 점이다. 그러나 우리는 부처님의 눈이 없다. 보살이 가진 법안(法眼 : 진리를 보는 눈) 역시 우리들에겐 있을 수 없다. 그러니 죄송스러운 변명이지만 앞을 못 보는 맹인의 특수한 영감을 잠깐 빌어 생각해 보자. 우리의 시각으로 굳어진 고정관념으로 이 경의 내용을 보려 하거나 알려고 하면, 엄청난 혼란이 야기된다. 그래서 맹인의 예민한 영감을 잠깐 빌어다 보자고 하는 것이다.

대각 세존의 묘각장에서 일어난 빛을 비유하면 부처님의 주위에 가득한 한량없는 부처님과 대보살 그리고 천이백의 제자들이 모두 빛과 같은 존재이다. 아난과 같은 빛나는 영혼들은 세존의 분신과 같은 빛이다. 세존이 존재하는 곳이면 어디라 할 것 없이 그곳에 함께 있다. 깨달음의 법안으로 보면 생사가 여일하여 나고 죽음의 벽이 없다. 아난 같은 존재가 세상에서 육신을 갖고 있건 없건, 이제 막 태어난 핏덩이 아기이든 간에 깨어 있는 영혼은 공간과 시간의 개념이 없다. 실례로써 누구나 꿈속에서는 신기하게도 시간의 이쪽과 저쪽을 곧잘 여행한다. 과거에 있었던 일도 보고 미래에 닥쳐올 일도 본다. 그런데 하물며 세존의 묘각장에 빛과 같은 신령한 존재들에게 있어서랴! 그렇다면 성도하신 세존이 보름만에 설하시게 되는 화엄회상에서 젖먹이 '아난'의 영혼이 화엄경을 직접 들었다 해도 아무런 모순이 없지 않은가! 여기에 역설적 모순이 있다면, 어떻게 우리가 생각지도 못한 내일, 모레 있을 사건을 미리 꿈속에서 볼 수 있었는가 하는 점이다.

화엄경은 부처님의 육성이 아니다. 비유를 하면 어떤 거룩한 국왕이 새로 건설한 궁전을 장엄하게 장식해 놓고 만인이 보는 가운데서 낙성식을 하는 것과 같은 경이다.

세존께서 성도하신 그날로부터 2주일 동안 부처님은 불가사의(不可思議) 선정(禪定)에 들어 있었다. 여러 날 침식을 잊고 침묵 속에 머물러 계셨다. 세존과 더불어 온 우주가 신비로운 고요 속에 잠들어 있었다. 보름만에 가부좌를 풀고 자리에서 일어나는 순간, 부처님이 되신 자신을 확인하는 불안(佛眼)이 열렸다. 삼라만상과 우주와 법계를 보니 여태까지 보지도 듣지도 못했던 시방제불의 국토와 불법이 활연히 열렸다. 그때에 부처님이 부처님으로서의 체험하신 일면을 후일 아난에게 조금 말씀하셨을 수도 있다. 이러한 사실이 흡사 세존께서 이칠일 후에 세존의 입을 통하여 직접 말씀으로 설해진 경전처럼 전해 온다.

이와 같은 전설은 비유하면 누구나 잠에서 깨어나면 꿈속의 정신세계와 현실의 의식이 판이하게 다른 것과 같다. 세존도 성불하시고 얼마 동안은 긴 잠에서 깨어난 사람처럼, 절대 차원의 지극한 평화 속에 머무는 공백 기간이 있었다. 전통 도가(道家)나 선종(禪宗)에서는 이 기간을 보림기(保任期)라 한다. 흡사 범부들이 곤한 잠에서 막 깨어나 잠시 동안 어리둥절하다가 정신을 차리는 순간과 같은 것이다. 부처님도 성도를 하시고 보니 말할 수 없고 생각할 수도 없는 초이상세계와 부사의한 부처님들의 신비와 더불어 하나로 원융하여 영원한 환희(常樂)와 청정한 자아(我淨)가 찬란히 빛나는 화엄법계장(華嚴法界藏)임을 깨닫고 이 사실을 밝히는 과정에서 우리가 평소에 경험하는 자기와의 주고받는 대화 즉 자문자답(自問自答)과 같은 형식으로 설해진

경전이 화엄경이다. 부처님은 자문아답(自問我答)을 한다. 부처님은 자아를 성취했기 때문에 '자문아답'이 된다. 부처님의 마음의 응화인으로 부각된 대보살과 진아격(眞我格)인 삼존불(三尊佛)이 세존의 한 몸에 갖추어져 있다. 그래서 불경에서 보는 바와 같이 불보살이 등장하여 주고받는 대화로 경전이 성립되어 있다. 그러나 중생의 '자문자답'은 사념과 의식의 망상인 번뇌(煩惱)이다.

'부처님을 알 자는 부처님밖에 없다.'는 제불의 말씀과 같이 '나를 알 자는 나 자신밖에 없다.' 나를 나같이 알고 이해할 자는 나밖에는 그 누구도 없다. 이러한 우리의 상식으로 미루어 보면 '화엄경'은 석가세존 자신의 '자문아답'의 기록이다. 부처님을 화엄경의 실상같이 알 자는 석가세존 그가 아니면 누구도 상상을 하지 못한다. 그래서 달리 설명할 용어가 없으므로 자문아답(自問我答)이란 신생 용어를 만들어 쓰는 것이다.

부처님의 마음은 전부가 부처요, 부처님의 뜻은 전부가 대보살마하살이며, 부처님의 생각은 전부가 해인삼매(海印三昧)이다. 삼매(三昧)는 일종의 최면이다. 마음 가진 우리들에게는 최면 상태와 유사하고 수도하시는 스님네의 삼매는 무의식을 벗고 초의식에 머무는 정신술이며, 보살의 삼매는 대열반으로 들어가는 반야용선이다. 부처님의 삼매는 어떻다고 말할 수는 없으나, 모든 대승경전이 부처님의 삼매로부터 일어난 상서로운 광명 속에 펼쳐진 기록이란 사실이다. 그 예로써 법화경(法華經)은 무량의처삼매(無量義處三昧)로부터 설해졌고, 지금 이 화엄경은 해인삼매로부터 드러난 사실을 적은 글이다. 백천만의 강물이 모인 곳을 바다라 이르듯 백천만 종류의 온갖 삼매를 해인삼매라 한다. 부처님이 말씀으로나 글로 남기지 않은 이 화엄경은 부처님의 함장식(龍宮) 속에 기억되어 있는 것을 염부제라고 하는 이 지구상에 펼쳐 보인 용수보살(龍樹菩薩)이라는 성자에 대해서도 아득한 의문이 앞설 것이다. 그러므로 용수를 아는 길이 우선되지 않고서는 참 불법을 알 수 없다.

맹신에 익숙한 순박한 우리의 머릿속에 무지의 신념이 돌부처가 되어 있는 현실 앞에 용수(龍樹)라는 신비로운 나무가 우뚝 서 있다. 용수는 조화로운 나무다. 아는 것만큼 불법을 주는 나무다. 그러므로 용수를 알아보자.

화엄경은 가섭존자를 주축으로 하여 오백 성중이 필발라굴에서 집필한 경전이 아니란 사실에 대해 조금 더 알아보자. 부처님의 지혜를 인격화한 웅화인으로 별명된 문수보살의 결집으로 만들어진 것이 화엄경이라 한다. 문수보살이 집필한 화엄경은 그 수량이 엄청나다. 총 3부(三部)가 있다고 한다. 그 첫 일부가 십삼천대천세계(十三千大千世界) 미진수의 게송과 십사천하(十四天下) 미진수 품이 있으며, 다음 일부가 사십구만팔천팔백 게송과 일천이백 품이 있다고 하며, 마지막 일부가 용수보살이 용궁에서 갖고 나온 것으로 지금의 화엄경이다. 해중에 용장(龍藏 : 용궁에 소장)되어 있는 것을 우리가 살고 있는 염부제에 글자로 보인 때가 불멸 후 오백년 경이며, 이 분이 곧 천축의 제14대 조사(祖師) 용수보살이시다.

화엄경 삼부(三部) 가운데 이부(二部)는 세상 사람들이 알고 이해할 바가 아님을 용수보살이 관찰하시고, 마지막 후부만 외워 가지고 용궁에서 나와 남인도에서 화엄경을 전포했다. 이 경전이 천 년이 지나서야 중국으로 전해져 왔으며 또 중국에서 우리나라에 온 것은 신라 때이다. 그 이름도 고명하신 원효 · 의상스님이 화엄학의 대가이시다. 그러면 지금부터 화엄경 삼부 가운데 마지막 용장품(龍藏品)을 몽땅 외워 가지고 지상으로 돌아와 화엄경을 널리 전파한 용수보살의 일대기를 들어 보자.

용수전(龍樹傳)의 기록을 가지고 '용수'를 잘 알 수는 없다. 이러한 전기는 소설적 기록이 아니라, 다분히 신화적이며 신원을 소개하는 약력에 지나지 않기 때문이다. 그 분을 알차게 알 길은 없다. 다만 용수와 같은 존재가 있다면 역사성과는 상관도 없는 영적인 교감을 통하여 서로 공명할 것이다.

용수는 남인도(南印度), 혹 서인도 사람으로 바라문가에서 태어났다. 본명은 나가르주나(Nagrjuna)이며 용맹(勇猛) 또는 용승(龍勝)이라 번역한다. 보살은 어려서부터 총명하여 일찍이 인도에서 가장 오래된 네 종류의 베다(吠陀)인 바라문교의 성전을 다 외우고 천문, 지리 등 모든 학문에 두루 통달했으며, 일체의 경서와 도술에도 체득하지 못한 것이 없었다. 20대 장년 시절에는 인생의 향락은 정욕을 만족하는 데 있다 여기고 친한 벗 세 사람과 함께 마술을 가르치는 술가(術家)에 찾아가서 몸을 숨기는 은신술을 배워가지고 흥청망청 주색에 탐착하여 살았다. 마침내 그 도가 지나쳐 나중에는 왕궁에까지 숨어 들어가, 임금의 애첩 궁녀들을 희롱하기에 이르렀다. 마침내 국왕이 궁중에서 은밀히 자행되는 괴이한 음사를 알고는 이 도깨비 장난 같은 사건의 정체가 무엇인가를 알기 위하여 왕사인 도사에게 물었다. 도사가 혜안으로 범죄자의 정체를 알고는 왕에게 대답하기를, 이 괴이한 사건의 주범은 20대의 젊은 술사들이라 하고 그들을 참살할 묘책을 은밀히 일러 두었다.

  용수는 여느 때와 같이 친구 셋과 왕궁에 숨어 들어갔다. 궁녀들이 기거하는 깊은 내실로 은신술을 부려 교묘히 잠입해 들어갔다. 궁녀들을 환각 상태에 빠뜨려 놓고 농락질을 하려는 순간, 뜻밖에 왕이 나타나 벽력 같은 호령과 동시에 사방의 문이 잠기면서 무시무시한 검객들이 방안의 공간을 난도질한다. 독 안에 든 쥐의 신세가 된 친구들은 엉겹결에 백방으로 은신술을 썼으나 한 친구는 민첩하게 벽 면으로 잠적하다가 사방벽 내면에 숨겨둔 비수에 찔려 절명하고, 또 한 친구는 날쎄게 천장으로 뛰어올라 피했으나 거기에도 밤송이 같은 창검이 꽂혀 있을 줄이야! 우둔한 친구 한 사람은 술수를 잃고 머뭇거리다가 무사의 사나운 칼춤에 난도질이 되어 버렸다. 용수(龍樹)는 용케도 임금님의 등 뒤에 붙어 은신했다가 천신만고 끝에 겨우 살아서 도망하기에 이르렀다.

  용수는 이 사건으로 죽음의 위험을 간신히 면하고 이리저리 도망을 다니며 생각해 보니 모든 욕락은 괴로움의 근본이 됨을 뼈저리게 깨닫고 출가를 결심했다. 마침내 용수는 지금의 히말라야산으로 들어갔다. 깊은 산중을 헤매다가 우연히 흙으로 만든 탑을 발견하고 그 탑 속에 기거하며 오래 수도하신 늙은 비구스님을 뵙고 그 노승의 따뜻한 가르침을 받았다. 노스님은 용수에게 대승경전(大乘經典)을 보라고 권했다. 용수는 그것을 받아 가지고 감명 깊게 읽고 외우고 쓰기를 즐겨 하였다. 그러나 비록 송지애락(誦持愛樂)하여 그 경전의 뜻은 알겠으나 실제로 경전의 뜻과 같은 경지를 얻지 못하였다. 용수는 산중의 적멸도법이 마음에 와 닿지도 않고 적정열반도에서는 더 이상 얻을 것이 없다 여기고 다시 세상으로 내려왔다. 여러 나라를 두루 다니며 불법의 큰 도를 구하였으나 역시 얻지 못하였다.

용수는 스스로 생각하기를 불경이 비록 묘하다 하나 세상 사람들이 가까이 할 수도 없고 알지 못하므로 불교의 혜택을 누리지 못함을 보고 내심 발원하기를 '내 미진함을 무릅쓰고 반드시 대승경전을 강설하여 승속간에 두루 통하는 불법(方等經)을 가르쳐 주리라.' 하였다. 그날로 새로 법복을 만들어 입고 현실에 맞는 교계(敎戒)를 세웠다. 그러나 세월이 지나며 곰곰이 생각해 보니 스스로 행하고자 하는 불법이 전통 불법과는 맞지 않았다. 왜냐하면 용수 자신이 알고 있는 대승불교(大乘佛敎)는 온 인류가 같이 닦을 수 있는 대중과 함께 하는 불법인 반면에 당시 전통 불법은 출가 위주로서 해탈열반법만을 국집하는 전형적인 소승불교였기 때문이다. 공연히 대승론을 주장하다 보면 기존 종단으로부터 이단시되어 말썽만 생기겠다 여기고, 홀로 고요한 곳에 숨어 살기로 하였다. 그래서 아름다운 호숫가에 초옥 한간 지어 놓고 그 집의 이름을 수정방(水精房)이라 했다. 용수는 여기서 홀로 자연과 더불어 지내면서 어떻게 하면 보다 새롭고 넓고 큰 대승보살도(大乘菩薩道)를 펼 수 있을까를 생각하였다. 밑으로는 뭇 생명을 이롭게 하여 불도로 인도하고 스스로는 최상의 불도(佛道)를 이루는 대승보살도를 간절히 구하였다.

'그때에 불법(佛法) 가운데 대룡보살(大龍菩薩)이 용수(龍樹)의 뜻을 어여삐

여기고 곧 용수를 데리고 바다로 들어갔다.'

이 대목이 용수의 전기 중에서 가장 난해하다. 간단히 설명하면 '용수보살이 불법 가운데 초의식을 통하여 해인삼매(海印三昧)에 들어갔다.' 로 해독하면 된다. 누구나 수행을 통하여 삼매(三昧)에 들어가면 아무것도 없는 텅 빈 적멸의 열반 상태가 아니다. 마치 영화관에 들어가서 온갖 영상을 보는 것과 같다. 삼매라는 특수한 의식 시스템은 신비롭기 이를 데 없다. 모든 대승경전이 삼매 속에 비춰진 진리의 현상이란 사실에 유의해야 된다. 지금 여기 용수보살도 해인삼매를 통하여 부처님 함장식의 응화인 대룡보살을 따라 용궁으로 가고 있다. 삼매 속에 들어가서 보는 신비로운 환상은 우리의 현실보다 더 진실한 영원불멸의 진리의 실상들이다. 속인 같으면 상서로운 꿈 같은 영험이지만 삼매를 조금이라도 경험한 사람은, 모든 경전이 현실의 감각적인 그 무엇보다도 진실한 무한한 신성이란 사실을 알 것이다.

'용수가 바다에 들어가 대룡보살이 안내하는 궁전에 들어가 보니 궁전 가운데 칠보로 된 빛나는 함이 하나 있었다.' 는 말을 우리들 상식으로 해독을 하면 '용수가 부처님의 위신력을 받아 해인삼매에 들어가 보니 빛나는 칠보(七寶:칠식)로 장엄한 함장식의 함이 하나 있었다.' 로 번역이 된다.

'대룡보살이 그 함을 용수에게 열어 보이니 그 속에는 모든 방등경(方等經)의 심오한 뜻을 가득 담은 경전과 무량한 묘법전이 한량이 없었다. 용수가 그것을 받아 가지고 그 용궁에서 90일 동안 많은 서적을 읽고 통달하였다. 그 많은 경들을 기억하고 이해함이 심히 많았다.'

전기의 내용을 보면 우리들 상식으로는 용수보살이 바닷속 용궁에서 90일 동안 불경 공부를 한 것처럼 읽혀진다. 그러나 사실은 용수보살의 육신은 어디도 가고 온 일이 없다. 아흔 날 동안 수정방(水精房)에 앉아서 식음을 전폐하고 삼매라는 생사초월의 지묘한 심경에 머물러 있었다. 이러한 초의식 정신세계의 초능력이 아니고는 아무리 총명하고 기억력이 '아난' 같다 하더라도 방등경이라고 하는 온갖 법에 두루 다 통하는 그 많은 경전을 외우거나 상상한다는 것은 불가능이다. 왜냐하면 방등경은 세간법과 출세간법, 그리고 최상승법에 두루 다 통하여 일반 경전과 같이 특정한 진실을 밝히는 단과 별의 설법이 아니기 때문이다.

'대룡보살이 용수에게 묻기를 〈경(經)을 모두 보았는가?〉 하니 용수가 대답하되 〈그대의 함 속에는 경전이 한량이 없으나 내가 그 동안 읽은 서적이 염부제보다 십 배나 더 많다.〉 하였다. 대룡보살이 만족히 여기고 용수를 남천축(南天竺)으로 다시 돌려보내 주었다.'

전기의 마지막 부분의 뜻은 용수보살이 대룡보살로 비화된 부처님의 함장식 속에 있는 수많은 경전을 조금 보고 다시 부처님 함장식의 응화인 대룡보살을 따라 현실로 돌아오는 의식세계의 활동을 현유적인 설화로 기록한 내용이다.

용수보살은 해인삼매에 들어 용궁에 비장되어 있었던 방등경을 기억해 오는 신비로운 꿈 같은 영험을 얻고 불법의 요의를 크게 깨달았다. 경험으로 미루어 보건대 이 붓이 동양의 침구학계의 신인(神人) 사암도인(舍岩道人)을 따라 석굴로 들어가 그 바위 속에 감추어진 침경(鍼經) 일체를 보고 홀연히 현실로 돌아와 침책을 쓴 일이라든가 어느 때 천녀로부터 여의주를 얻어 삼키고 불법을 거침없이 이야기하는 등의 영험이 용수의 용궁 기행의 전설과 함께 좋은 실례가 된다.

용수보살이 용궁에서 기억해 가지고 온 화엄경의 양은 우리가 살고 있는 지구와 같이 빛이 아니 나는 흑성 세계, 즉 염부제의 십 배가 넘는 수량이었다. 그 많은 경전 중에서 소 털의 호리 하나만큼 글로 적어 전해 오는 것이 지금의 화엄경(華嚴經)이다. 용수보살은 이 화엄경을 세상에 전포함으로써 많은 외도들의 학설을 부수고 그들로 하여금 옳은 불법에 신복케 하였다.

그러므로 동양의 불교는 용궁(龍宮)의 불법, 화엄불교(華嚴佛敎)이다. 그래서 절들의 모양은 용궁(龍宮)을 상징하고 있다. 이제 알겠는가! 왜 절들이 용(龍)으로 가득한가를! 남천축으로 돌아온 용수보살은 남천축에 있었던 오래된 철탑을 발견하고 그 속에서 《금강정경(金剛頂經)》을 얻었다. 이러한 현실적인 이적과 영험을 통하여 화엄경(華嚴經)과 아울러 대승경전(大乘經典)을 12대 조사 마명(馬鳴)보살의 뒤를 이어 널리 홍포하였다. 이로부터 불교의 근본인 대승불교가 크게 선양되었고 후세 사람들이 그를 제2의 '석가'라 칭송하고 있다. 저서로는 《대지도론(大智度論)》 100권, 《십주비바사론(十住毘婆沙論)》 17권, 《중론(中論)》 4권, 《십이문론(十二門論)》 1권 등이 있다.

용수보살은 과거세에 이미 성불하신 묘운상불(妙雲祥佛)이라 한다. 이러한 말씀은 불안(佛眼)으로 보시고 하신 말씀이다. 보살은 B.C. 212년 중국 진시황 35년에 입적했다고 전한다. 보살은 타고난 천명을 다하지 못했다는 두 가지 전설이 있는데, 하나는 어떤 소승의 스승이 용수의 교명함에 심히 유감하므로 그들의 질토와 분노를 잠재우기 위하여 스스로 고요한 방에 들어가 매미가 허물을 벗고 날아가듯 해탈삼매력으로 홀연히 앉아서 입적했다는 얘기와, 서역기십(西域記十)에 적힌 얘기로는 인정 태자를 위하여 자경(自刎 : 스스로 목을 찔러 자결함)하였다 한다. 이러한 전설의 사실 여부야 어떻든 간에 보살은 어떻게 오래 살고 어떻게 죽었느냐에 뜻이 있지 않고, 누구를 위하여 법답게 어떻게 살고 어떻게 죽느냐에 깊은 의미가 있을 뿐이다. 용수보살은 상기 두 전기가 시사하는 바로 미루어 보아, 진리를 위하여서는 신명을 가볍게 버릴 수 있었다는 대승보살도의 아름다운 최후의 모습이 되고 있다.

이렇게 만들어진 화엄경이 중국으로 넘어오는 과정에서 큰 교량 역할을 담당한 이통현 장자에 대해서 알아보자.

이통현 장자(李通玄 長者)의 일대기

구례 화엄사(華嚴寺)는 불교의 최상경인 화엄경(華嚴經)이 전체적인 구성과 내용을 어림할 수 있게끔 절의 규모가 짜여져 있다. 세상에서 놀라워하는 윤회의 비밀이라고 증언하는 책자들의 그 실증적 유물로도 유명한 각황전(覺皇殿)은 지금도 우람하고 웅장하다. 불가사의한 대각(大覺)의 세계를 열어 보인 화엄경(華嚴經)을 알기에 앞서 앞에서 소개한, 화엄경(華嚴經)을 부처님 대신 설한 용수보살과 아울러 그 경론(經論)을 중국어로 집필하신 이통현(李通玄) 장자(長者)의 인간적인 면과 영적인 높은 차원을 알아 둠이 좋겠다. 모든 경전 속에 있는 뜻이, 어떠한 인간을 통하여 전해져 왔는가에 대하여 다소라도 알면 경전을 신뢰하고 이해함에 도움이 될 것이다. 그런 의미에서 인도 말로 되어 있는 경전을 중국어로 번역하여 그 뜻을 논(論)하고, 어려운 단어들을 풀이한 소(疎)를 쓰신 이통현 장자의 발자취를 더듬어 보자.

이야기는 당(唐)나라 현종(玄宗) 27년 3월 그믐께 있었던 일로 시작된다. 과객이 지팡이를 끌며 어깨에는 책 상자를 잔뜩 짊어지고 걷고 있었다. 한참 후 걸음을 멈춘 곳이 태원우현(太原盂懸)이라는 곳이었다. 마을의 이름은 대현(大賢)이라는 동네였다. 그 마을에는 고산노(高山奴)라고 하는 덕(德)을 베푸는 어진 분이 살고 있었는데, 그는 항상 덕을 숭상하고 훌륭한 선비나 도사님들을 사모하여 기회만 있으면 그런 분들을 모셔다가 공경히 대접하기를 게을리 하지 않았다고 한다. 이통현 장자가 바로 이 고산노의 집으로 들어섰다. 고산노는, 차림이야 허름하지만 범상한 분이 아님을 한눈에 직감하고 예(禮)로써 맞아들였다. 숱한 명인 달사들을 많이 접견해 온 고산노의 관찰력도 대단했던 모양이다.

기록에 의하면 장자의 키는 일곱 척 두 촌(七尺二寸)이며 광미(廣尾)라, 눈길이보다 반달 같은 눈썹이 더 길었고 눈빛은 맑고 푸르며 입술의 붉은 빛은 부처님의 입술과 다르지 않았다고 한다. 긴 수염이 보기 좋게 윤택하였으며 머리카락 빛은 검푸르고 터럭 끝은 좌측에서 우측으로 누웠으며 살결이 곱고 부드러워 아름답기 비할 데가 없었다고 한다. 또한 팔이 무릎 밑까지 내려와 수하슬하상(手下膝下相)이며 긴 팔이 둥글고 곧아서 원직상(圓直相)이었다. 코는 높고 곧게 둥글어 고상한 기품이 수미산 같고 넓은 이마와 깨끗한 연꽃 잎 같은 눈 모습하며, 사자의 턱, 사자의 어깨, 기품과 자태가 특이하여 묘색이 구족치 않은 곳이 없었다고 하니, 이 장자야말로 전설적인 보살님들의 상(相)인 삽십이상(三十二相)과 팔십종호(八十種好)를 두루 갖추신 분임을 기록을 통하여 어림할 수 있겠다.

머리에는 벗나무 껍질로 만든 관을 쓰고 삼베로 만든 옷을 입으시고 긴 하의와 너른 소매, 허리띠를 하지 않아 늘상 허리를 풀고 걸으시며 평소에는 신발을 벗고 다녔다고 전한다. 일상 생활에 있어서는 손님이 온다고 하여 마중하지 않고, 간다고 하여 배웅하지도 않아 사문(寺門)에서 쓰는 문자처럼 퍽이나 유유자적하였던 모양이다. 모든 것을 인간의 천심에 맡기고 한없이 너그럽게 보아 주고 조금도 남에게 이래라저래라 충고하심이 없었다 하니, 실로 대자유를 실천하신 분이시며 참으로 바른 깨달음을 얻으신 성자였던 것 같다.

고산노는, 거룩한 현자임을 전신으로 느끼고 지극한 정성으로 모셨다. 고산노 자신이 이러한 현성을 오래도록 흠모해 왔고 친히 봉양코자 함이 소원이었기에, 이 장자를 별당에 특별히 모셔서 편안히 머무르게 하였다. 이 장자의 식음은 속인과 달라서 아침 한 끼만 드시는데, 그것도 큰 대추 열 개와 잣나무 잎사귀를 음건(陰乾)하여 가루로 만든 것을 섞어 떡으로 만들어 먹었다. 소일함에 있어서는 일체 외인과는 사귀지 않고 문을 닫고 홀로 머무르기를 즐겼으며 글을 쓰는 데 있어서 조금도 시간을 허송함이 없었다. 이와 같이 3년 동안 고산노의 집에서 집필하다가, 어느 날 아침에 고산노의 집을 나와 길을 떠나셨다.

　그길로 남쪽으로 50리를 가다가 마 씨(馬氏)라는 사람이 경영하는 고불당(古佛堂)에 이르렀다. 장자는 손수 고불당 곁에 토굴 하나를 얽어 만들고 그곳에서 단정히 앉아 고요히 침묵하기를 십 년, 어느 날 다시 경서(經書)와 필수품을 챙겨 어디론가 길을 떠나셨다.

　마씨의 고불당 토굴를 떠나 삼십여 리를 가다가 한 씨의 별장에서 짐을 풀고 쉬게 되었다. 이 곳이 지금의 중국 관개촌(冠蓋村)이다. 한씨의 별장에서 얼마간 묵었는지는 알 수 없으나, 어느 날 혼연히 호랑이 한 마리가 나타나 정원에 엎드린 채 이 장자를 우러러보면서 어서 길을 떠나자는 시늉을 하였다. "내가 앞으로 논(論)을 지어 화엄경의 종지(宗旨)를 해석하려 한다. 그대가 가능하다면 나를 위하여 편안히 머물러 글을 쓸 만한 곳을 선택하여 다오." 하고 장자가 이르자 호랑이는 벌떡 일어났다. 경전을 싼 짐꾸러미를 호랑이 등에 싣고 범이 가는 대로 맡겼다. 얼마를 가던 호랑이는 신복산(神福山) 기슭을 한참 바라보더니 무슨 감을 잡았는지 곧바로 30여 리를 더 내려갔다.

　신령스러운 호랑이가 걸음을 멈춘 곳은 천연의 토감(土龕)이었다. 자연적으로 생긴 토굴 앞에서 호랑이가 스스로 꿇어 엎드려 머물거늘, 장자가 곧 봇짐을 거두어 토굴 안으로 옮겼다. 범은 자신의 의무가 다 끝났음을 알고 조용히 일어나 장자(長者)를 몇 번인가 우러러보며 아쉬운 듯 등을 돌렸다. 흙벽돌집 같은 토감이 깨끗했고 생김이 둥글며 사방으로 여덟 자, 높이가 열 자 쯤은 되었다. 방안이 넓고 깊어서 아늑하였다. 토감 근처에는 식수로 할 마땅한 개울이나 샘이 없었다. 그런데 장자께서 토감에 도착하시던 날 밤에 갑자기 천지가 검은 구름과 큰 바람으로 가득하더니 뇌성벽력과 폭풍우가 몰아쳤다. 아침에 보니, 토감 부근에 서 있던 수백 년은 됐음직한 늙은 소나무 하나가 큰 바람에 날려 뿌리가 뽑힌 채로 멀찌감치 나뒹굴어져 있었다. 소나무가 자리잡고 있던 곳에는 큰 웅덩이가 생겨 있었는데 소나무 뿌리가 뽑혀 나가면서 생긴 것이다. 물의 깊이가 수십 척이 되고 둘레가 50여 보가 되었다. 실로 놀라운 기적이었다. 더욱 놀랍고 신기한 사실은 그 물의 빛깔과 맛이었는데, 감미롭기가 서로(瑞露)와 같았다 하니, 오늘날의 아이스크림과 비슷했던 모양이다. 빼어난 물빛이 얼음알같이 밝고 맑았으니, 세상 사람들은 이 신기한 기적의 샘물을 보고 감탄하여 이르기를 장자지(長者地)라 이름했다 전한다.

지금도 그 물은 그대로이며 수정같이 맑고 청정하다. 더욱 이상한 것은 물이 넘치거나 줄어드는 법이 없다고 한다. 진실로 진리와 같은 샘이며 청정법수의 신비를 간직한 못이다. 장마도 가뭄도 타지 않으므로 한발이 심할 때는 세인들이 이 곳에 몰려와 기우제를 올리곤 하는데, 만생의 기갈을 채워주는 신령스러운 못이기도 하였다고 전해져 지금도 그런 풍속이 행해지고 있다.

장자께서 화엄경의 본뜻을 밝히시는 화엄론(華嚴論)을 지으시는 밤이면 장자의 마음이 현묘(玄妙)지경에 이르러 입안으로부터 형광등 빛 같은 흰 빛이 쏟아져 나왔다. 불가사의한 백광(白光)이 토감 안을 대낮같이 밝혀 그것으로 등촉을 삼아 화엄론을 쓰시는 작업을 하셨다 하니, 세인의 두뇌로는 이해가 어려운 사실이다. 이렇게 산에서 머무신 지 얼마 아니 되어 어디서 왔는지 알 수 없는 여인 둘이 나타났다. 얼굴이 아름답고 단정하여 세인이라 볼 수 없을 정도였다. 빛나는 얼굴이 절묘한, 꽃다운 15~16세 쯤 되어 보이는데 둘의 입성이 탱화에서나 볼 수 있는 보살들의 대포(大布)에다 흰 천으로 머리를 내려 어깨까지 내린 모습은 흡사 관음보살상 같았다. 그들의 성씨가 무엇이며, 어디서 온 누구인지, 사는 거처가 어디인지 묻는 이도 없었겠지만 기록 또한 없다.

두 여인은 장자의 생활을 위하여 물을 긷고 향(香)을 사르며 종이와 붓을 공급하여 드렸다. 해가 떠서 질 때까지 정갈한 음식과 반찬을 장만하여 드렸는데 장자께서 다 드시기를 기다렸다가, 다시 그릇을 거두어 어디론가 사라지므로 그들의 행방을 아는 이가 없었다. 그렇게 시봉하기를 5년 동안 한 번도 빠짐없었고 장자께서 논(論)을 지어 다 마치시니, 두 여인도 곧 자취를 감추었다고 전한다.

화엄구전(華嚴舊傳)에 전하는 바에 의하면, 동진국(東晉國) 삼장 불타발타라(佛駄跋陀羅)가 강도(江都)에 있는 사사공사(謝司空寺)에서 경을 번역하실 때, 푸른 청의(靑衣)를 입은 두 동자(童子)가 절 앞에 있는 정원 늪에서 홀연히 나와서 범승(梵僧)를 받들어 섬기는데, 향(香)을 사르며 물병을 날라 혼자 살아 가시며 수도(梵行)하시는 스님의 좌우를 떠나지 않다가 매일 저녁 때가 되면 다시 늪 속으로 잠몰하곤 했다. 날마다 이렇게 하기를 일과로 삼더니, 스님께서 화엄경(華嚴經)의 번역이 다 끝남에 이르러서야 연못 속으로 영영 자취를 감추었다고 전한다. 이 전설은 여러 면에서 이통현 장자의 설화와 유사한 점이 많고 상통하는 바가 있어 적어 보았다.

이통현 장자께서 하루는 주석하시던 토감(土龕)을 떠나, 옛날 잠시 머물던 마을을 찾아가셨다. 마침 여러 이웃 친족들이 모여 즐겁게 노는 것을 보시고 그들에게 말씀하시기를 "그대들은 이 곳에서 오래 오래 머물며 잘 살아라. 나는 이 세상을 떠나 돌아가고자 하노라." 하였다. 이 말씀을 들은 대중들은 깜짝 놀라 놀이를 멈추고 서로 얼굴을 마주보면서 모두가 슬픈 표정이 되었다. 장자의 말씀은 열반에 들겠노라는 말씀이라, 저마다 놀라면서 이구동성으로 애원하기를 "제발, 이 곳에 오래 오래 머물러 주십시오." 하고 간청을 하였다.

장자께서 조용한 말씀으로 일러 주시되 "비록 백 년을 같이 있다 하더라도 마침내 언젠가는 서로 헤어져야 하느니라." 하였다. 이 말씀을 듣고 대중들은 즐겨 놀던 일을 잊고 좋은 음식을 장만하여 장자를 따라 산으로 들어갔다. 토감에 다다라 다시 말씀하시기를 "가고 머무름이 항상 같은 것이니, 너희들은 저마다 집으로 돌아가거라." 하였다. 깨달음을 얻으신 분들의 말씀이라 속인은 알 수 없으나 어떤 큰 힘의 감화와 묘한 분위기에 눌려 마을 사람들의 발길을 돌리려는 순간, 사방에서 상서로운 안개가 일어나서 천지가 자욱한지라 도무지 지척을 분간할 수 없게 되었다. 만상의 풍경을 분별치 못해 길 가던 사람들이 모두 이상하게 여겼는데, 그 이튿날 마을에서 나이 많은 어른이 주축이 되어 전날 갔던 사람들을 데리고 다시 장자의 토감을 찾기에 이르렀다. 토감(土龕) 앞에 와서 보니 장자께서 방 가운데 단정히 앉아 계시는데 자용(姿容)이 단엄하셨다. 모두들 예경을 드리고 자세히 보니 이미 석상처럼 굳어 있었다.

그 날이 3월 28일이며 장자의 세수(世壽)가 96세였다. 동네 사람들이 가까이 가려고 하니, 굴 입구에 큰 뱀이 또아리를 틀고 있었다. 눈을 부릅뜨고 입을 한껏 벌리고서는 감히 접근을 허용하지 않겠다는 위용이었다. 경계가 삼엄함을 보고 모두들 합장하며 정성껏 빌었다.

"이제 우리들의 장자의 전신을 거두어 예로써 장사를 치르고자 하오니, 바라건대 신령한 위엄을 거두사 저희들이 하고자 하는 일을 성취케 하소서."

뱀이 이 뜻을 받아들였음인지 몸을 감추고 나타나지 않았다.

나이 많고 덕이 높은 기구(耆舊)가 중인들을 인솔하여 장자의 상여를 메고 슬피 울며 장지를 큰 산 음지에 정하고 돌을 쌓아 무덤을 만들었다. 크고 견고하게 정결한 묘를 만들었다. 이것이 곧 신복산(神福山)에 있는 서다란야(逝多蘭若 : 절 이름)이니 현존하는 사찰이다.

이통현 장자께서 몸을 버리고 은화입적(隱化入寂)하시던 날과 장사를 치르고 성분(成墳)할 때 연기 같은 구름이 가득 끼고 암곡(巖谷)이 진동하였으며 흰 학이 날아와 슬피 울고 두 마리의 사슴이 밤새도록 서로 울부짖으며 나는 새와 달리는 짐승들이 모두 슬피 울어 그 울음 소리가 골짜기를 가득 메웠다.

이웃마을 사람들도 이 소식을 듣고 상복을 입고 추도하되, 높은 하늘을 잃은 양 슬퍼하며 애도의 정을 끊지 못했다. 매년 장자(長者)의 분묘에 제(祭)를 올리는 날에는 묘소 위에 흰구름이 일어나서 21일 동안이나 자욱했다. 실제로 이와 같은 일이 있어, 참으로 생사가 여일(如一)함을 역력히 보이시는 교훈이 아닐 수 없다.

장자께서 생존 시 해마다 삼월 말을 기하여 시방 성현(聖賢)에게 공양을 베푸셨는데, 여인에게 음식을 맡기지 않으시고 매사에 정성을 다함을 소중히 여기셨다. 심지어 대추씨와 쌀뜨물에 이르기까지 함부로 버림을 허락지 않으셨다. 재 올린 음식은 고루 나누어 주시되, 개나 돼지에게까지 두루 주셨다. 이와 같은 정성과 재물을 올리는 법이 지금까지 끊이지 않고 전해져 오고 있다. 오늘날 절에서는 이렇게 하는 의식을 재(齋)지낸다 하고, 불공이라 칭하고 있다.

이 장자의 태생지나 부모가 누구인지는 전해지는 바가 전혀 없다. 다만 이름이 이통현이고 중국의 창주(滄州) 사람이라는 사실밖에 없다. 도(道)의 세계에 있어서는 출신 성분이나 이름 따위가 티끌 같을 뿐이다. 자신의 존재를 숨김을 근본으로 삼고 이름없이 살다 가는 것을 덕목(德目)으로 아는 불도에서는 더욱 그렇다. 사기(史記)에 이 장자에 대한 내용이 있어 첨부해 둔다.

당 태종(唐 太宗) 9년 2월 6일 광초(廣超)라는 스님이 서다란야(逝多蘭若)에서 장자가 지으신 논 2부(論二部)를 얻었다. 하나는 대방광불신화엄경론(大方廣佛新華嚴經論) 40권이고, 하나는 십이연생해미현지성비십명론(十二緣生解迷顯智成悲十明論) 1권이다. 그뒤 광초스님이 병주(幷州)와 분주(汾州)에 두루 유포하였다. 그뒤 광초스님의 문인(門人), 도광(道光)스님이 스승의 뜻을 계승하여 두 론(論) (화엄경과 십명론)을 어깨에 지고 스승과 함께 연(燕)·조(趙) 두 나라에 다니시면서 밝게 알리시니, 후대에 남북학인(南北學人)들로 하여금 다 이 장자의 논문(論文)을 열람케 하여 참고토록 하였다.

장자의 종(宗)을 이어가게 한 것은 광초(廣超)스님과 도광(道光)스님 두 분이 애써 유포하신 공이다. 장자의 논하신 바가 훌륭하여 경의 뜻에 통관(統貫)하였다. 법신(法身)을 드러내 보여 성해인 성품의 바다가 끝없이 사무침에 곽달(廓達)하여 찰진세계(刹塵世界)를 지나되 동(動)하지 않는지라 변함이 없고 한결같았다. 모든 교의 가르침을 분석하고 해석하여 근본 흐름을 다 화엄경의 상승(上乘)으로 통합(通合 : 融鎔)하여 이 화엄(華嚴)에 회통(會通)하여 놓음으로써 후학이 길을 잃고 헤맬 때 길을 얻게 하고, 교(敎)에 막힌 자로 하여금 그 기미(幾微)를 알게 하시니, 참으로 비로자나 부처님의 가르침으로 돌아가게 함이요, 화엄(華嚴)의 일월(日月)이라 하겠다. 만일 성인(聖人)이 이와 같이 세상을 불쌍히 여겨 이 국토에 강생하시어 혼돈과 어둠을 밝혀 환하게 열어 보이고 인도하지 않으시면, 누가 능히 바다같이 큰 경전을 자세히 조목조목 번역하여 큰 뜻을 가진 범부에게 지도하고 가르쳐 주랴.

이 장자의 행하시고 머무신 바가 현철(玄徹)하여 진실로 심원함을 궁구(窮究)키 어려우니, 허공으로도 그 무엇으로도 측도하기 어렵고 비유키 어렵거늘, 하물며 그 끝을 헤아려 구할 수 있으랴. 근년에 원점스님이 특별히 방산(方山)에 가서 장자의 유적을 알아보려고 돌로 된 무덤에 절을 올린 후 토굴을 찾으니 토굴 앞에 소나무 세 그루가 섰는데, 한 그루는 이미 말라 죽고 두 그루만 살아 있었다. 이것은 장자께서 손수 심으셨던 것이다. 장자께서 입적하시려는 즈음에 한 그루는 말라 죽고 두 그루만 남은 것이다. 거기에 신령스러운 학이 집을 지어 살고 있었다. 또 수양(壽陽) 땅 남쪽 해수촌(解愁村)에 살고 있는 이사원(李士源)이라는 이를 만나 보았더니, 이 장자의 논(論)을 널리 전한 광초스님의 집안 조카이었다. 이사원 씨가 옛날 이 장자의 초상화(眞容圖)를 보여 주어, 이것을 받아 보고 예배드리고 돌아왔다고 한다.

이런 것으로 미루어 보아 화엄론(華嚴論)을 쓰신 장자의 실존적 사실에 만족할 수 있었다. 아울러 금세기 이 시대에 살다 가신 탄허(吞虛) 큰스님께 경배하지 않을 수 없다. 입이 닳도록 칭송하고 찬탄해야 할 지대한 업적으로는

80화엄경(八十華嚴經)을 다 번역하시고 가신 덕분에, 이렇게 이 장자의 불가사의(不可思議)한 행적과 화엄(華嚴)의 실상(實相)을 어렴풋이나마 접할 수 있게 되어, 이 고마움을 어찌해야 할지 모르겠다. 위의 내용은 탄허스님께서 번역하신 화엄경에 있는 글임을 밝히면서, 누구나 한번 읽고 새롭게 불법(佛法)을 접할 수 있길 바란다.

관세음보살(觀世音菩薩)

대비 관음의 슬픈 염원

관음전은 관세음보살님이 주인이시다. 관세음보살이라 하면 누구나 어머니 같은 훈훈함을 느낀다. 그렇다. 불교 집안의 어머니 같은 분이시다. 부처님의 어머니 이름이 환상이라는 뜻의 '마야'이다. 가톨릭의 성모의 이름은 '마리아'이다. 아무래도 마야 부인이 후세에 저쪽 양반들을 위해 예수님의 어머니로 환생했던 게 아닌가 싶기도 하다. 진리는 이렇게 묘한 연극으로 보인다. 그러므로 참 진리의 만남은 신통한 해학과 유머가 가득하다. 살아 있는 진리는 이렇듯 고체가 아니다.

영원한 삶의 도(道)는 한마당의 춤이다. 그래서 절에 모셔 놓은 불상들은 살아 움직이는 사람의 형상이다. 그러한 사실은 불상만이 갖는 특징으로 양손의 모양에서도 볼 수 있다. 영원한 삶의 환희가 손끝에서 너울거린다. 빛나는 지혜의 눈으로 본다면 정중동(靜中動)이다. 우주요의(宇宙了義)의 신선한 운치가 가득 넘친다. 절묘하게 조성한 관세음보살상을 잘 보라. 곱고 부드러우며 만덕만선의 온갖 신비를 가득 담고 있다. 여성적인 아름다움으로 진리의 참 모습을 보여 준다. 진·선·미를 한 몸에 다 갖추신 거룩한 자태에 화려한 의상은 시방세계로 사무치는 사람의 숨결이다. 지혜로 가득한 빛나는 머리에는 제불 세계를 하나의 관으로 묘사하여 쓰고 있다. 이러한 진리의 은은한 풍자부터 슬기가 넘친다. 보관 밑으로 흘러내린 감청색 머리결이 폭포처럼 굽이치는 모습에서 모든 남성의 거치른 구애의 정열이 사무쳐 녹아 흐르고, 전신에 휘날리는 장신의 보승에서 아들딸 보살피려고 광속으로 다니시는 대비관음의 슬픈 염원이 엿보인다. 가만히 앉아 계시는 자애로운 모습에서도 깨침의 향기가 신비의 세계로 피어 오르는 듯하다. 자기를 버린 연민의 손끝으로는 우주를 악기 삼아 묘음을 자아내고, 자비로 빛나는 저 관음상은 숭고하기만 하다. 거룩하고 단엄한 상호와 빛나는 관의 모습에서 우주 법계의 조화로움을 읽고 머리 위의 살상투는 상념을 초월한 수승한 묘법의 지혜를 간직한 두상임을 짐작할 수 있다.

　구례 화엄사 원통전(圓通殿)으로 잠깐 들어가 보자. 여기의 관음상은 모처럼 눈에 띄는 불상 중의 한 분이다. 이러한 불상을 대하게 되면 경외감과 신성한 침묵의 고요만이 마음에 가득해진다. 저 유명한 미륵반가사유상은 마음이 맑은 자가 본다면, 즉시에 심오한 환희에 만감이 사무쳐 녹아 빛나는 의식으로 마음 아닌 저쪽을 은밀히 느낄 것이다. 이것이 사유(思惟)의 본래 의미다. 사유는 어떤 말로도 표현이 되지 않는다. 저마다 미륵반가사유상을 접하는 순간 번갯불처럼 일어나는 신비로운 심경이 그것이다. 바로 그런 각성의 느낌을 이끌어 내기 위해 불상을 모시는 것이 아닐까. 거룩한 불상은 보는 이로 하여금 어떤 상념도 설치지 않는 고요한 마음을 느끼게 한다.

　이렇게 신성한 도량으로부터 일어난 무심을 보리심(菩提心)이라고 한다. 장엄한 법당이 우리에게 주는 목적이 또 있다면, 불상을 마주하는 이의 마음에 거룩한 부처님의 영상을 심어 주자는 데에 보다 큰 목적이 있을 것이다. 누구나 훌륭한 성인을 머릿속에 떠올리게 되면 저절로 몸과 마음이 경건해지고 지고한 이상으로 가득해지기 때문이다. 그래서 불상(佛像)은 철학적인 지적 감각과 시적인 예술성에 신경을 써서 조성해야 하고 신선한 도량에 모셔야 한다. 무엇보다 법당 내부가 정결하고 향기로운 고요로 가득해야 한다.

화엄사 원통전의 관음보살상 앞에서는 은은한 신성을 누구나 느낄 수 있다. 관음전에 들어왔으므로 관세음보살에 관한 경전의 말씀을 들어 보자. 부처님 당시에 관세음보살이 실제로 육신을 가지고 계셨느냐 하는 의문을 가진 사람들이 지배적이다. 당연히 의문을 가져 보아야 하고, 마땅히 큰스님들에게 설명을 청하여야 한다.

우리는 자기 마음을 보고 아는 청정한 자기의 자성이 다름 아닌 관음보살인 줄 믿고, 그 믿음을 확신할 수 있는 내면의 성찰이 있어야 한다. 자기가 부처요 보살이라는 굳은 신뢰가 뒷받침되자면 자성 회복의 침묵이 절대로 있어야 한다. 자아발견의 침묵은 명상이다. 우리 말로는 참선이다. 별도로 산중의 고적한 절간이 아니더라도 항상 마음의 눈으로 자기를 주시하고 살면 된다. 늘 깨어 있으면 된다. 깨어 있다는 말은 자기를 전체로 의식한다는 말이다.

이렇듯 우리의 삶을 전체적으로 주시하며 사는 길이 절대적이며, 의식하는 삶이 만교 만법의 진수이다. '자각하며 사는 길!' 이 이상의 도리는 아무것도 없다. 불타의 길은 간단하다. 늘 깨어 있는 자기를 전체로 의식하는 길이다. 행위를 보고 마음을 보고 이렇게 존재하는 삶이 반야심경의 요지이다. 이같이 사유하는 앎이 관자재보살이란 이름의 본래 뜻이다. 우리도 항상 관자재보살과 같이 살고, 그와 같이 살다가 이 몸을 버리면 영원히 떠날 수 없는 관자재성이 우리의 본성임을 알 것이다. 이같은 묘법의 실상을 깨닫고 그대가 곧 관음임을 몸과 뜻과 의식에 주지시키는 날, 비로소 부처님의 은혜를 갚는 날이 된다.

우리는 잡다하고 거대한 조직 속에서 살아가고 있다. 가정, 이웃, 학교, 친척, 사회, 국가 모두가 조직이다. 마찬가지로 붓다의 깨달음 내부도 한 마디로 부처(佛)라 하지만, 그 내용이 무량하다. 이 세간의 법칙이나 해탈 세계의 섭리가 모두 한가지이다. 비유하면 수천 개의 강줄기도 바다라는 이름 위에는 흔적이 없다. 우주의 온갖 천체도 미진 같은 진공 속에서는 티끌로도 존재할 수 없다. 그러나 그 진공이 조화를 부리면 온갖 만상이 나온다. 이와 같이 붓다 주위의 그 많은 부처와 보살은 세존의 깨달음 안에 있는 법성의 실상이다.

여기 관세음보살은 본묘각장(本妙覺藏)에서 비롯한 육근(六根 : 眼, 耳, 鼻, 舌, 身, 意) 중에서 귀를 본 묘각의 고향으로 돌이킨 분이다. 듣는 성품을 회복시킨 분이 관세음보살이시다. 무시겁 전에 관세음여래라는 분으로부터 귀를 통하여 도를 닦는 법을 배웠다. 듣는 성품을 돌이킬 적에 소리가 있고 없음을 동시에 다 듣는 것을 의식하여 본묘각으로 회복시켰다. 항상 자기 내부에서 소리를 듣는 자를 듣는, 즉 마음의 눈으로 보는 수련을 통하여 여래장에 들어간 분이시다. 일체 중생의 소리를 항상 관조함으로 일어나는 불가사의 묘지력(妙智力)으로 중생에게 기적이 일어나게 하는 분이시다. 소리를 관(觀)함으로 원통을 이룬 보살이란 뜻에서 이근원통(耳根圓通) 관세음보살이라고도 한다. 세존 당시, 부처님의 묘한 광명 속에는 항상 나타나셨다. 또 스스로 무변신을 실제로 나투기도 하였다. 부처님 귀의 자성이기도 하며, 우리에게는 청각의 신비력이므로 관세음보살이 김 가인가, 이 가인가 하며 출생성분을 굳이 따지지 말자. 부처님 당시에 누구의 자손으로 태어났는가 하는 의문은 세속의 인습으로 인한 의심이다. 관음의 법신을 비유하면 전기와 같다고나 할까. 전기는 본래 우주에 두루하다. 그러나 볼 수는 없다. 누가 어떻게 개발해 쓰느냐에 따라 나타나는 꼴이 다르다. 어둠을 밝히기도 하고 열을 내기도 하고 물체를 돌리기도 한다. 이와 같이 보살성도 중생들이 마음을 어떻게 쓰느냐에 따라 감응한다.

관세음보살이 티베트에서 언제 어디서 어떻게 출생했다 하면 그것은 어디까지나 티베트 중생의 소견과 깜냥에 따라 반응한 역사적 사실이 되겠고, 또 어느 때는 중국 어디에서 예쁜 여자로 나타나 어떻게 중생을 구했다 하면 이 또한 관음보살의 32응신의 일면인 것이다.

신라 때의 원효·의상 대사와 같이 동해 앞바다에서 수월관음(水月觀音), 혹은 해수관음(海水觀音)을 친견했다는 얘기를 공연히 현실과 같은 사실인지 아닌지를 알아보려고 기도를 해보았자, 무지개를 잡으려고 쫓는 꼴밖에 되지 않는다. 관음보살은 산울림처럼, 그림자처럼 필요에 의하여 잠시 몸을 나툰다. 중생의 소견에 따라 잠깐 환상의 몸으로 나투었다가 사라진다. 서른 두 가지의 독특한 몸매로 나타나서 중생을 구제하시는 관세음보살의 신비를 깊이 이해하고 바른 실상을 관할 줄 알아야 한다. 또 다른 이름의 해수관음의 실상관(實相觀 : 실제의 모양을 마음의 눈으로 봄)은 바다에서나 강에서나 폭포에서 일어나는 모든 물의 소리를 자신이 듣고 있는 자성을 한 번 더 내부에서 의식하면, 마침내 소리와 듣는 자가 동시에 사라지고 지묘하게 신령한 저 광명한 여래장에서 진짜 관세음보살이 살며시 윙크하며 반겨 줄 것이다. 이것이 진정한 의미의 해수관음이다.

수월관음(水月觀音)은 천 강에 천 개의 달 그림자가 비치듯 관세음보살의 원각성(圓覺性)은 천만 사람의 마음의 강에 뚜렷이 비치어 나타난다는 뜻이다. 그러므로 우리의 마음 가운데 불보살이 묘각성으로 있음을 확신시키는 관음보살의 별명들이다. 이렇게 내면의 실상을 이해하고 의식한 사람이 바로 진짜 관세음보살을 친견한 사람이다. 공연히 물증 없는 얘기를 불법인 양 하지 말자. 원효나 의상은 진신 관음을 보았다고 전한다. 그 얘기의 뜻은 위에서 설한 바와 같이 관음의 실상관(實相觀)을 했다는 말씀이 된다.

전해 오는 이야기에 원효대사가 관세음보살과 데이트를 해보고자, 소문을 좇아 금강산 어딘가로 육신 관음을 찾아나선 적이 있었다. 금강산 가까운 어느 산촌을 지나다가 마을 아낙들이 모여 수다를 떨며 빨래하는 옆을 지나게 되었다. 원효대사는 본래 천성이 훈훈하고 인간미가 넘치는 낭만적인 객기가 있었던 모양이다. 언제고 어디서나 잠깐 지나치는 사람들과도 농담도 잘 나누시고 사람 사는 정리도 깊었다. 긴 여로에 목도 출출하여 대사(大師)는 걸걸한 목소리로 "보살님들, 물 한 바가지 보시 좀 하시구려." 하였더니 그 중 젊은 아낙이 흐르는 물 한 바가지를 선뜻 떠 주는데, 입을 대고 마시려고 보니 여자의 생리 물이 가득 들어 있지 아니한가. "대사님, 애욕의 물을 마셔 보시구려." 하듯이, 그 부인의 심한 야유 섞인 얼굴이 비춰 보였다. 대사의 대평 들판 같은 보살심으로도 고약한 거부감이 일어났다. 먹는 체하다가 쏟아 버리고 손수 맑은 물을 떠 목을 축이고는 뒤도 돌아보지 않고 어느 큰 절에 도착하셨다. 불제자라면 으레 법당에 들어가 참배를 드린다. 예불을 올리고 무심히 불상을 쳐다보니, 아미타불 옆에 앉은 관음보살이 아무래도 초면이 아니었다. "대사, 내가 누군지 모르시겠소?" 하고 묻기라도 하는 양 은근한 미소를 보내 오고 있었다. 아니, 이런 재변이 있나. 저 마을 빨래터에서 생리수 공양을 한 바로 그 아낙이 아닌가. 순간 원효 스님은 "아이구, 원효야! 눈 좀 떠라." 하며 혼자 껄껄거리고 웃었다고 한다.

　원효대사는 출가 전, 경주 석굴암에 갔다가 절이나 짓고 탑이나 만들며 돌로 부처나 조각하는 불교의 야단스럽고 불합리한 풍조에 대해 심히 유감스러워 불물(佛物)들은 보기만 해도 불쾌하였다. 속으로 생각하기를 '인도에서 태어났다는 석가모니라는 사람은 돌사람인가?' 하며 혼자 중얼거렸다. 석굴암뿐만 아니라 경주 일대 산악을 보자면 온통 돌부처들이라 산천에는 멀쩡한 바위가 하나도 없으니, 그런 생각을 할 법도 했겠다. 배알이 꼴리는 걸 참으며 돌아서려는데 발이 움직여지지 않았다. 거동을 해 보려고 젊은 혈기로 몹시 허우적거렸지만 힘을 쏟을수록 땅속으로 몸 전체가 더욱 빨려 들어가기라도 하는 듯 발바닥은 땅에서 조금도 떨어지질 않았다. 부처님의 신험이 벼락같이 피부에 와 닿자, 담이 큰 원효스님도 졸지에 소스라치게 놀라 소리 내어 빌었다. "부처님, 용서해 주십시오. 이제 부처님의 신험을 알았습니다." 하고 그 자리에서 석불에게 삼배를 드리고 나니 그제야 발이 움직였다. 그 길로 집에 돌아온 원효는 만 가지 삶을 포기하고 불도에 귀의하기로 마음을 굳혔다 한다. 이러한 영험은 원효 같은 대승 보살의 근기가 아니면 아무나 체험할 수는 없다.

원효대사보다 연하인 의상대사가 동해 낙산사에서 관세음보살을 친견했다는 꿈 같은 얘기는 의상대사처럼 기도하면 누구나 현실로 관세음보살을 만나게 된다는 것을 말해 준다. 염불하는 사람의 세 가지 큰 인연 중에 항상 어디에서나 불보살 만나기를 원을 세우면, 불보살의 신통력으로 언제 어디서나 은밀히 밀회할 수 있다는 성인의 약속도 있고 경문에도 명백히 서약이 되어 있다. 그 세 가지 큰 인연이란, 첫째 항상 염불하는 사람은 몸과 뜻과 의식이 부처님의 법신과 보신과 화신과 동일하게 되는 성불의 공덕이 있고, 둘째 그 사람이 제불보살과 만나기를 원하면 그 사람의 눈에만 은밀히 보게 한다는 공덕이 있으며, 셋째, 그 사람이 죽음에 이르게 되면 시방 제불이 와서 맞아 데려가므로 죽음이 편안하고 죽어서도 불국토에 태어나는 것이다.

이러한 제불의 공신력 때문에 모두가 성인의 명호를 지극한 마음으로 부르는 것이다. 의상대사의 경우처럼 관세음보살과의 만남은 우리에게도 언제나 가능하다. 열심히 염불하자. 허망과 거짓은 우리의 전유물이고, 성인의 약조는 진실불허(眞實不虛)이다. 진실하므로 거짓이 없다. 진정(眞正), 진실(眞實), 진언(眞言)은 성인의 주민등록증이다.

《능엄경》에 보면 관세음보살님께서 직접 부처님 앞에 나타나 자신은 과거세에 이근원통법(耳根圓通法)을 닦아 마침내 원통(圓通)을 이루었다는 기록이 있다. 또, 《법화경(法華經)》에서는 부처님께서 친히 말씀하시기를 관세음보살의 법신(法身)은 32응신을 나투어 온갖 중생에게 악법을 제외한 온갖 소망을 다 들어 주고, 마침내 열반과 성불까지도 성취케 하여 준다고 하셨다.

이 두 경전과 관음경(觀音經)을 소의경으로 하는 관음 신앙은 세계적으로 발전해 오고 있다. 가톨릭의 성모 사상은 두말할 여지 없이 불경의 관음 신앙이다. 특히 동양의 종교적 사상의 저변에는 거의 대부분 관음 불교의 맥이 흐르고 있다.

화엄사의 관음전은 그 현판 액자에 원통전(圓通殿)이라 새겨져 있다. 그것은 관세음보살이 과거세에 육신으로 수행하실 적에 육근(六根) 가운데 귀로써 도를 닦아 불지(佛地)인 원각지(圓覺地)에 들어가서 32응신을 나투는 훌륭한 도를 두루 통했다는 뜻이다. 그러한 뜻에서 붙여진 명칭이 이근원통(耳根圓通)인데, 약칭하여 관음전을 원통전(圓通殿)이라고 한다. 혹은 관세음보살을 대성자모(大聖慈母)라 하는 것은 어머니와 같은 마음을 대표하는 뜻도 있으려니와 보다 높은 뜻은 성인 성(聖) 자에 있다. 즉 성인 성(聖) 자를 파자로 풀이해 본 '귓구멍에 맡겼다.' 는 의미로써 더 큰 뜻이 있다.

관세음보살님은 수도하실 적에 요즈음같이 마음을 굴리는 '이 뭐꼬?' 하는 화두로써가 아니라, 귀로써 들을 수 있는 온갖 소리를 그대로 의식하는 관청(觀聽)을 하였다. 마침내 귓구멍에 맡긴 수행의 공덕으로 32응신을 나투어 불쌍한 중생을 구제하여 주시는 어머니와 같은 자비한 분이란 뜻에서 성모(聖母)라는 이름이 붙었다. 그래서 어떤 절에는 성(聖) 자가 쓰인 관음전이 있기도 하다. 성모전 또는 대성전이라 하기도 한다. 보통 부르는 바로는 대성자모(大聖慈母)이다.

《천수경(千手經)》하면 관음경을 말한다. 웬만한 불자치고 천수경 못 외우는 이가 별로 없다. 천수경의 원 이름은 '불설천수천안관자재보살광대원만무애대비심다라니경(佛說千手千眼觀自在菩薩廣大圓滿無碍大悲心多羅尼經)' 이다. 이 경을 읽어 보면 관세음보살이 과거세에 발원한 원력으로 지금 현재 팔만 사천의 손과 눈과 머리 등으로 중생을 구제하고 있다는 사실을 소개한 글이다. 바로 그 다라니가 누구나 외우는 신묘장구대다라니(神妙章句大多羅尼)이다. 관세음보살도 이 경문을 외우고는 초지(初地)에서 팔지(八地)로 단번에 뛰어올라 온갖 공덕과 신통을 다 갖추어 소원대로 중생을 건지신다는 경이 바로 천수경(千手經)이다.

　절에 가면 여러 모양의 관세음보살상을 보게 된다. 어떤 절에는 관세음보살의 몸 하나에 얼굴이 열한 개나 붙어 있고, 손이 또한 천 개로서 손마다 구고구난(救苦救難) 처방의 독특한 상징물을 한 가지씩 형설해 놓고 있다. 과연 이러한 상징은 무엇이며 그렇게 해서 모셔 놓아야만 되는가? 하는 의문은 대부분 지성인들의 머리에서 많은 의혹을 일으키고, 시대에 뒤떨어진 기복적 성향이 농후하여 좋지 않은 인상을 주기도 한다. 그렇다고 그것을 납득시킬 만한 충분한 자료도 없으니, 일반 신도들의 믿음이 결국 의문을 낳고 의문이 다시 불신을 낳는다. 설령 의문이 생겨 스님들에게 물어 본다면 아쉬운 답변만 있을 뿐이기 때문에 아예 불교에 대해 고개를 돌리는 사람이 없지 않다. 이 땅의 불교가 의문을 숭상하는 종교가 된 이유에 대하여 우리 모두가 관심을 가지고 해결의 실마리를 찾도록 해야 한다. 바른 지견과 이해 부족에서 비롯된 상법불교(像法佛敎)의 온갖 모순이 천수경 속에 있다.

　관세음보살을 십일면보살이라고도 하니, 그 뜻이 무엇인가부터 알아보자. 천 가지 재주를 가진 사람 내지는 상황에 따라 능수능란한 처신술을 가진 사람을 천의 얼굴을 가진 사람이라 한다. 이와 비슷한 뜻으로 받아들이자. 여기 한 자루 붓의 진솔한 고백을 들어 보고 얘기를 계속하자.

　　어느 세계
　　어느 명산에
　　관세음 살아계신다 해도
　　우리 마음을 제외하고는
　　관세음보살 같은 존재는 없다

십일면보살(十一面菩薩)

　십일면보살(十一面菩薩)이란 무슨 뜻인가. 왜 뜻으로 보자고 하는가? 실제로 한 몸에 열한 개의 머리가 달린 그러한 기형의 인간은 인류 역사상 한 사람도 없었기 때문이다. 설령 있었다 하더라도 그러한 사람은 괴물이지, 성인일 수는 없지 않은가? 그러므로 뜻으로 보는 법안(法眼)이 없으면 불교는 요상한 유령의 집으로 남에게 구경거리밖에는 되지 않는다.

　지금도 유명한 대사찰에는 이러한 모양을 많이 모셔 놓고 있다. 무지한 믿음이, 불교의 대명사처럼 굳어진 마음들이, 이해 없이 불상만 모시고 있으니 심히 안타까운 심정이다. 무지하나마 소박한 맹신으로 믿음을 삼는 측면의 아름다움도 이 붓은 잘 안다. 맹신의 공덕은 일단 무지한 사람을 무의식으로 유도하여 초의식으로 깨어나게 하는 묘한 각성력이 있음도 잘 안다. 그러나 이 세대와 차세대에게 보여줄 상법불교를 욕되지 않게 하기 위해서는, 반드시 밀교적 맹신의 전통에 대한 명쾌한 해명이 요구되는 시점에 와 있다. 이렇게 밝은 지성 사회에서 잘못하면 부처님이 인도에서와 같은 봉변을 또 당할까 적이 염려되는 바이다. 어찌해야 이 땅의 절들을 지혜로 빛나게 하고, 저 앎이 없는 눈들에 부처님의 지견을 그대로 보여줄 수 있을까 해서 이 글을 쓰고 있다.

　십일면보살이란 열한 개의 얼굴을 말하며, 열 개의 얼굴은 십지보살들의 모습이고, 한 개는 부처님의 얼굴을 뜻하고 있다. 곧 관세음보살의 묘지력(妙智力)과 신통력이 우주에 두루하여 일체 중생의 소견에 따라 삼십이응신(三十二應身)으로 반응할 때에 온갖 모양으로 보인다는 섭리를 철학적으로 이름 지은 관세음보살의 별명이다.

　먼저 왜 십일면이라 이름하는지, 그 명칭에 부여된 의미부터 이해하도록 하자. 불경에서는 우주에 가득한 신성을 표현할 때 시방(十方)이란 말을 자주

쏜다. 바로 이 시방에다 자기 자신의 중심 방위 중방(中方)이 하나 더 붙으면 십일방(十一方)이 된다. 이 십일방을 십일면(十一面)이라 한 것은 어느 방위에서 보더라도 보는 사람 쪽에서는 한 면밖에 볼 수 없으므로 십일방을 십일면으로 부른다. 방위(方位)로서의 시방은 사방(四方)에다 네 간방(間方)을 더해서 팔방(八方)이 되고, 다시 상·하방이 가해지면 곧 시방(十方)이 되는 것이다. 이 시방은 어디까지나 우주적인 두루 원만한 상태를 수학적으로 표시한 것이고, 신성에 있어서는 중심방위(中心方位)가 만류의 기본 심성자리가 되므로 관세음보살을 11면 보살이라 불러서 관세음보살의 진법신(眞法身)이 머물고 있는 상주처를 구체적으로 설명한 것이라고 본다.

혹 12면 보살상도 있다. 그것은 시방삼세(四方×三世)의 12류생의 모습을 그대로 다 보인다는 의미의 이름이다. 이렇게 보면 관세음보살이 머물고 계시는 주소가 밝혀진 셈이다.

그렇다면 우리의 가슴 중심(中心) 바로 그 자리가 관세음보살이 상주하는 관음도량(觀音道場)이며, 성모관음이 들고 계시는 감로병은 어머니의 유방이다. 그러므로 우리의 가슴이 십일면보살이 머물러 계시는 자리가 아닌가! 우리들 가슴 속이 관음도량일진대, 어디로 가서 관음보살을 찾아야 하고 어디메서 십일면보살, 그를 만날 것인가. 십일면보살이란 명칭이 우리에게 귀띔해 주는 밀교적 가르침은 '너희들의 가슴 보얀 젖이 나오는 곳, 바로 거기에 백의관음(白衣觀音)이 있다.' 이다.

여기서 마음을 가다듬고 조용히 귀를 기울여 보자. 지금부터는 관음보살을 친견하는 얘기이므로 거부감을 버리고, 편견도 버리고 지순하게 빈 마음으로 얘기 속으로 감응해 따라오면 금방 관세음보살을 친견할 수 있을 것이다. 관음(觀音)이란 소리를 듣는 묘각성을 말한다. 모양이나 사념은 진리가 아니라는 얘기는 불교의 상투적 술어가 아니던가. 그렇다면 마음을 가다듬고 정신을 주시하며 따라오라! 각자의 귓구멍으로 따라 들어오라! 여기가 보타락가산에 있는 보타굴이다. 이 안에 관음의 진신불이 계신다. 자 생각해 보자. '보살' 이란 '보살피다' 의 준말이다. 듣는 소리도 일종의 물건이다. 무형의 물건인 것이다. 우리의 청성(聽性)은 소리가 있으면 듣는다 하고, 소리가 없으면 못 듣는다고 말한다. 여기서 빨리 깨달아야 할 것이 있다. 잘못된 인식에 빠져 허망한 착각에서 헤매고 있다. 소리가 없으면 없는 고요를 느낀다.

바로 이것이 관음이다. 소리가 있고 없고와는 아무 상관도 없이 항상 듣고 있는 문성(聞性)이 곧 우리의 자성이다. 이 놈의 자성으로 말미암아 수만 생을 고생하고 있다. 그래서 우리가 자성으로 아는, 이 듣는 성품을 제거하기 위해서 관세음보살은 과거세에 소리가 있고 없음과는 상관없이 늘 깨어 있는, 듣는 성품과 소리를 듣는 그 청각을 주시하는 자가 홀연히 사라지면서 묘각의 대원경지가 드러났다고 한다. 그러므로 우리도 지금부터 항상 자기 내면, 즉 십일면 중심에 안주해 있는 듣는 성품을 주시하며 살아가자. 소리를 의식하는 것이 아니라 듣는 성품을 마음의 눈으로 본다는 뜻이다. 이렇게 사유하는 심수심법을 관청(觀聽)이라 하고 이근원통법(耳根圓通法)이라 한다.

관세음보살님을 일명 천수천안관자재보살(千手千眼觀自在菩薩)이라고 한다. 그것은 만 가지로 베풀어 주시는 분이란 뜻과 그렇게 할 수 있는 자재력을 구체적으로 통칭한 법명이다. 다사다난한 중생을 백방으로 보살피는 자를 의미하고 있다. 중생의 입장에서 보아도 세속의 복잡한 생활 속에서는 정말로 손이 천 개 만 개라도 모자라고, 몸이 천만 개라도 부족하다. 만생의 부질없는 안타까운 고뇌를 구제하기 위해서 관음(觀音)이 관자재로 변신을 했다. 그러므로 우리 내면은 천수천안관자재보살성으로 되어 있다.

그러면 실로 어떻게 우리 내면에 관자재보살로 머물러 계시는가. 평소의 우리 마음을 잘 살펴보자. 자기가 슬플 때는 슬퍼하는 그 자를 주시하고, 행복할 때는 행복해 하는 그 자를 주시하고, 걸어다닐 때는 걷는 그 자를 주시하고, 놀 때는 노는 그 자를 주시하고, 잠잘 때는 잠자는 그 자체를 주시하고, 이렇게 밥 먹고, 행동하고, 기도하고 경 읽고, 장사하는 것까지도 총총히 전체로 주시하는 그가 관자재보살이다. 이와 같이 누구나 자기 내면에 항상 지켜보는 관자재성만 자각한다면 어떤 행위도 문제가 되지 않으며, 어떠한 사념도 아무런 허물이 되지 않는다. 오로지 초의식인 관자재성으로 깨어만 있으라.

깨어만 있으란 말은 항상 찬찬히 자기의 전 존재를 주시하라는 얘기이다. 주시(注視)란 말은 의식(意識)하라는 말이다. 바로 그 주시하는 자가 자신의 전지전능(全知全能)한 불성으로서 성불로 이끄는 관자재보살이다. 듣는 자와 의식하는 자가 하나가 될 때, 그대는 관음과 친견이 이루어진 것이고 십일면보살과 데이트가 된 것이다. 마침내 관자재보살과 합일이 이루어진 것이다.

천수천안관자재보살(千手千眼觀自在菩薩)상을 많이 모시고 있는데, 천수천안관자재보살상을 만들어 모시는 이유는 무지몽매한 사람들을 쉽게 깨우쳐 주려고 한 것으로, 천 개의 손과 천 개의 눈을 손바닥에 새겨서 설명한 불상을 말한다. 열한 개의 얼굴에 수많은 손을 만들어 모셔 놓고, 의미도 모르면서 불상을 숭배하는 그 마음이 얼마나 지성스럽고 숭고한가. 저렇듯 순진한 숭배자들의 머릿속에 지혜의 빛이 스며들 수만 있다면 얼마나 좋을까 하여 이 글을 쓴다.

절 안의 모습은 사람의 마음이 천수천안이라는 뜻에서 그렇게 묘사해 놓았을 뿐이다. 지혜로운 사람은 밖의 것을 보며 안의 것을 깨닫고, 마음 가운데 있는 것을 보고 바깥 것을 이해한다. 우리 마음은 술에 취한 듯 비록 번뇌망상에 혼돈된 현상이지만, 그래도 그 밑바탕 근본은 본래 명묘한 불성과 다르지 않다. 그러므로 마음의 무궁무진한 조화를 어림해 보면, 천수천안관자재보살의 실상이 자명해진다. 이와 같이 우리는 지금 쓰고 있는 마음을 돌이켜 봄으로써 절 안의 모습이나 부처님의 교리를 이해해야 한다. 이와 같은 목적에서 불교의 심오한 교리를 여러 가지 장엄으로 형설한 것이 오늘날 절의 모습이다.

우리의 손을 보라! 밥도 옷도 글도, 그리고 오늘날 지상의 온갖 문명의 이기(利器)도 모두 우리들의 천수천안에서 흘러 나왔다. 우리의 손에 눈보다 밝은 영감이 있음을 알아차려야 한다. 눈을 감고도 손으로 더듬어 사물을 판별해 낸다는 사실을 의식해야 한다. 천수천안관음상이 말해 주는 보다 높은 뜻은 손으로 만 가지 일을 하면서도 마음의 눈으로 자신이 움직이고 있는 손의 행동을 주시하라는 것이다. 마음도 육체도 의식도 전체로, 제삼의 눈으로 보란 뜻이다. 잠깬 사람처럼 말똥말똥한 눈초리로 깨어 있으라는 말이다. 그래서 관음보살의 손바닥에 눈을 한 개씩 새겨서 깨어 있는 의식 행위를 형설해 놓았다.

말과 글이 없거나, 있어도 서로 의사가 잘 소통되지 않았을 미개한 시대에 발달한 상형문자와 대부 상법시대(像法時代) 등상불 문화는 보편적 의사 표시 방법이었다. 그런데 지금까지도 온갖 모양으로 활자화해 놓은 상법불교의 진정한 뜻을 밝히지 못하고 있다. 순진하게도 온갖 금붙이로 불상만 융숭하게 만들어 모셔 놓고 영험만 과시하는 형편이다. 어리석게도 맹신하는 신도들 머리 숫자나 자랑하는 식의 모든 종교는 대오각성해야 할 소지가 많다. 진리의 진정한 뜻도 모르면서 믿는다는 것만으로 기적이나 신비가 일어난다면 그것이야말로 기적이요, 신비다.

우리의 삶의 풍요나 영적 깨달음이나 내면에 자리한 지고한 평화가 그저 무조건 믿고 숭배하는 신앙심만으로 내적 평화와 삶의 풍요가 얻어진다면, 달라이라마의 나라 티베트는 지금쯤 지구상에서 가장 풍요로워야 한다. 맹신으로 영적 깨달음이 이루어진다면 얼마나 좋겠는가. 그러나 성불의 길은 부처님에 대한 높은 신뢰와 진리에 대한 깊은 이해로 무한히 넓은 행을 통하여 성취된다. 이것이 신(信), 해(解), 행(行), 증(證)이다.

내면에 자리한 신성한 평화가 믿고 절하는 행위로만 얻어진다면, 오늘날 과학 문명은 웃다가 죽을 것이다. 그렇다고 신(信) 없는 이해도 마찬가지다. 맹목적인 기도에서 인간들의 불타는 욕구가 간혹 이루어지기도 한다. 이런 면에서 본다면 맹신의 기도가 무조건 의미 없는 것은 아니다. 기도는 최상의 미덕이다. 과학적인 아름다운 믿음에 지혜가 있다면 얼마나 좋겠는가. 아무리 좋은 보석이라도 미묘한 색상과 화려한 빛이 없으면 값어치가 없는 것이다. 아무리 광막한 하늘이라도 빛이 없으면 허공의 진가를 잃고 만다. 지혜 없는 믿음은 이와 같은 법이다. 그러나 신앙과 같은 허공이 된다는 것, 그것 자체만으로도 태양을 잉태할 수 있는 소지가 있는 것이다. 이와 같이 무지한 믿음이라도 있는 사람은 언젠가 밝은 태양을 자식처럼 소유할 것이다. 그러므로 먼저는 맹목적인 믿음이라도 있어야 되고, 그 다음이 이해다. 이해 다음에는 해탈의 지혜가 일어난다. 이를테면 믿음과 이해가 도반이 되면 얼마나 좋겠는가. 그래야만 광속보다 빠른 깨달음을 얻기 때문이다. 천수천안관음보살의 손바닥을 보면 눈이 하나씩 그려져 있다. 그 눈의 상징은 손으로 하는 행동을 총총히 의식하는 깨어 있음을 말한다.

천수천안관자재보살은 산중 절에 있거나 하늘에 있는 신이 아니라 바로 나 자신이 가진 무한한 가능성의 자성이다. 그러므로 이미 이 우주가 생기기 이전에 천수천안으로 되어 있는 우리들 마음을 잘 갈고 닦아 천수천안과 같은 존재가 되어야 한다. 이것이 제불보살님들이 우리들에게 전하고자 했던 본래의 뜻이다. 그래야 자기 내면에 평화가 일어나고, 나아가서는 가정과 세상이 극락으로 되는 것이다.

천수천안을 믿는 사람은 자기 마음을 지켜보는 자를 뜻하고 있으므로 우리가 몸으로 무슨 짓을 하든 세세히 지켜만 보면, 그것이 바로 천수천안이 아니고 무엇이겠는가. 이렇게 항상 자기 자신을 주시하며 사는 사람은 공자나 윤리가들이 그렇게도 억척스럽게 바라고 충고해 오던 도덕성이 저절로 행동화된다. 아름다운 미덕이 자연스럽게 일어난다. 도덕성이나 깨달음은 어떻게 하고자 하는 의도적인 욕구에서는 얻어지지 않는다. 어떻게 하고자 함에서가 아니라 어떻게 하고자 하는 의식을 주시하는 무위심(無爲心)에서만 성취된다.

　공자와 그의 제자가 주고받은 대화를 들어 보자. 공자의 제자 한 사람이 아내와 다투게 되었다. 마누라의 잔소리에 견디다 못해 벌컥 화를 내며 세간 몇 개를 집어던진 모양이다. 성내는 마음은 불꽃처럼 일어났다가는 금방 식는다. 분심이 졸지에 사라지고 나면 냉정한 깊은 허무가 앞을 가려 만단 수심에 빠진다. 공자의 큰 제자로서 공자님의 산상수훈격인 인(忍) 자가 뇌리에서 후회의 칼날이 되어 선비의 가슴을 쑤시고 후볐다. 제자는 자신의 가련한 마음을 달래 보려고 공자님 앞으로 갔다. "스승이시여, 어떻게 하면 잘 참을 수 있겠습니까?" 하고 공자에게 물었다. 공자께서는 "네가 사람이면 참을 것이요, 네가 사람이 아니면 참지 못할 것이다." 하였다. 제자가 말하기를 "참으로 참는 것은 어렵고도 어렵습니다. 능히 잘 참는 사람을 참다운 사람이라 하겠나이다." 공자와 그 제자의 대화를 보면 참으로 그럴 듯하다. 병든 마음에 보약 같은 감미로운 말씀이다. 본시 교활한 마음은 이렇게 좋은 성인의 의식을 먹고 자란다.

　천수천안관자재보살은 우리 내면에서 우리 마음을 빠짐없이 읽고, 보고, 느끼고, 아는 자이다. 즉 묘각성(妙覺性)이다. 그러므로 화가 날 때는 화 나는 마음을 주시하라. 억지로 참으려 하지 말라. 화 나는 마음을 의식하는 순간 그대는 공자님의 덕목을 초월한다. 공자는 감정을 사고로써 다스리려고 했던 어리석음을 저지른(물론 공자님의 깊은 뜻은 따로 있지만) 첫 번째 성인이다. 우리는 불교의 교화 방편인 시청각을 통하여 내부로 들어갈지언정, 밖으로 환상을 만들어 놓고 그 환상을 쫓는 짓은 삼가야 한다. 공자께서 "참

아라." 한다고 하여 의도적으로 감정을 강압적으로 억제하지 말라. 억압적인 의지력으로 분노를 짓밟지 말라. 폭력적인 적개심으로 마음의 모순을 제거하려는 꼴이 되고 만다. 정신 폭력으로 감정을 제거하고 나면 자제했던 그 의지가 도리어 울화가 된다. 오히려 지성적인 자제력이 강력한 분노가 되어 결국 무서운 교만이 된다. 그러므로 분노가 치밀 때는 내부에서 일어나는 감정을 촘촘히 마음의 눈으로 주시만 하라. 그러면 그대는 영원히 분노로부터 자유로워진다. 분노가 없어진다는 말이 아니다. 분노를 잉태하고 있는 마음 밖에서 스스로 깨어 있음으로 해서 항상 마음의 감정들을 자유롭게 다룰 수 있다. 우리 마음에서 화 내는 마음을 밉다고 추방시키고 나면, 마치 성냥불이 초가삼간을 태웠다고 해서 성냥을 지구상에서 없애버린 것과 같다. 불이 없고 나면 당장 생식을 해야 하는 북극 곰의 신세가 된다. 그러므로 우리들의 마음에 있는 감정과 사념을 지혜 불의 기름이 되게 하자. 옛날에 사광이란 음악가는 음악은 귀로 하지 눈으로 하는 게 아니라 하며 스스로 눈알을 빼어 버리고 평생 남의 손을 빌어서 살아갔다. 이와 같이 우리 마음을 몽당팽개치고 나면 어리석은 인생이 되고 만다. 마치 수행자들이 절대 지켜야 할 대금률인 생리 때문에 자신의 생식기를 자르는 꼴이다.

숫자에 있어서 다섯 가지 특성을 짚고 넘어가야겠다. 불교 경전에는 수학이 많이 나온다. 가(加 : +), 감(減 : -), 효(爻 : ×), 괘(卦 : ÷), 무량(無量), 무수(無數) 이렇게 여섯 가지 수학용어를 쓰고 있다.

그런데 그 쓰임이 다섯이다. 첫째, 법수(法數)이다. 이것은 불경(佛經)의 교의(敎義)에 표현한 숫자를 말한다. 집단 체제를 이룬 제자가 있다는 표현으로는 500제자설과 위에서 말씀드린 십일면(十一面)이나, 8만 4천 법문이라든가, 8만대장경이라 이름하는 경우처럼 수로써 표현한 말씀들은 다 법수(法數)로서 셈을 세는 숫자로 보면 안 된다. 다시 말하면 구족원만을 법수로 말할 때는 8만 4천이라 표기한다. 진리의 구성 요소를 분석하면 8만 4천으로 구족된다. 둘째로 역수(易數)가 있는데 흔히 철학관에서 많이 쓰고 있는 음양오행(陰陽五行) 수리를 말한다. 셋째는 운수(運數)다. 우주 천체의 주기로는 천운(天運)이 있고, 사람의 생리로 정해진 주기의 신운(身運 : 生, 年, 月, 日, 時)이 있다. 넷째는 술수(術數)가 있다. 이치를 푸는 그 실현 방법의 수리를 말한다. 다섯째는 이수(理數)가 있다. 물리학에서 쓰는 수학을 의미한다.

　이와 같이 불교의 천수천안은 그 이름이 지닌 수학상의 의미가 말해 주듯 진리를 수학적으로 표현한 아름다운 수시어(數詩語)이다. 천수천안의 실상은 곧 우리 마음의 자성이다. 마음의 무한한 가능성을 관자재보살이라 이름했다. 이렇게 자기자신 속에서 관자재보살을 확신하는 이해가 곧 바른 믿음이다. 이러한 바른 지견에서 보는 이해와 바른 지견에서 생긴 신념이 곧 불심이고, 보리심이다. 이와 같이 올바른 보리심은 지혜로운 마음의 땅에서 싹이 돋아나야 아뇩다라삼먁삼보리수가 된다. 그 나무는 무한한 자유와 평화로 가득한 깨달음의 보리수이다. 이 나무에서 한 번 더 대해탈의 꽃을 피우면 꽃은 꽃이로되 세상의 꽃이 아니므로, 불경에서는 법화(法華), 화엄(華嚴)의 빛날 화(華) 자로써 꽃 화(花) 자를 대용하고 있다. 꽃 화(花) 자가 영성이 없는 물질의 꽃이라면, 빛날 화(華) 자의 꽃은 만류의 근본인 심오한 영성의 빛남을 상징한 꽃이다. 영혼의 꽃이다. 그러므로 부처님의 의식세계는 전부가 다 찬란한 환희와 빛나는 평화와 무한한 지혜의 광명으로 충만되어 있다. 그래서 시방세계에 충만한 부처님의 의식세계를 화장세계(華藏世界)라 한다. 이와 같이 우리 내면의 세계, 즉 불성의 불가사의한 실상을 유감으로 표현하면 다음과 같다. 시각으로 보면 묘명하고, 청각으로는 적정하고, 후각으로는 청정하고, 미각으로는 담연하고, 앎으로는 활연하고, 의식으로는 묘각(妙覺)이다. 무의식으로는 암담하고, 초의식으로는 보광변조(普光徧照)이다.

백법(白法)

관세음보살을 백의관음(白衣觀音)이라고도 부른다. 하얀 옷을 입은 관세음보살상을 말한다. 그림이나 석고로 하얗게 만들어 절에서 많이 모시고 있다. 인간의 경우라면 자신들의 취향에 맞추어 옷을 해 입기 때문에 아무런 관심사가 되지 않으나, 성인의 경우에는 의상의 색깔 하나에도 매우 깊은 말씀이 있으므로 지금 여기서 그 뜻으로 살펴보기로 하자. 뜻을 보는 눈을 법안(法眼)이라 하고, 진리인 의미를 몸을 삼고 있는 분들이 보살님들이다. 그러므로 법안이 없으면 보살의 법신을 볼 수 없다. 그래서《무량의경(無量義經)》에서는 제보살마하살들을 법신대사(法身大士)라 이름하였다.

백의관음이라 하여 흰옷을 입은 관음상이 있다. 그 색상이 의미하는 바는 무량하다. 무엇보다 백의의 상징은 서쪽에 있는 보살이라는 뜻이다. 왜냐하면 서방(西方)을 색상으로는 음양오행에서 백색으로 대비하고 있기 때문이다. 관음은 역시 서방정토의 대보살마하살이기 때문이다. 이와 같이 어디에 계시는 누구라는 것을 상징한 표색임을 알고 다음으로는 진리의 색임을 알아야 한다.

불경에 보면 백법(白法)이라는 말도 있고, 백불(白佛)이라는 이름도 있다. 백색은 만 가지 색상을 드러내 보이는 본자성에 비견할 만한 독특한 특성을 갖고 있다. 따라서 본질적인 밑바탕이라는 뜻을 내포하기도 한다. 모든 법이 드러나 보인다는 뜻에서 백법(白法)에 들어갔다는 경구(經句)가 대승경 곳곳에 있다. 백불(白佛)이라 하면 하얗게 도색한 청정법신 비로자나불을 볼 수 있다. 비로자나불이 백불(白佛)이다. 백법(白法)에 들어간 사람은 백불(白佛)을 볼 수 있다. 이와 같이 우리 본연의 구원실상(久遠實相)을 백불(白佛)로 많이 표시하고 있다.

색으로는 만법의 구경을 표시할 때, 백색밖에 달리 상징할 색깔이 없다.

모든 색이 그냥 정지한 상태에서는 자신의 개성의 색상을 드러내 보인다. 그러나 오색이나 그 많은 색깔이 원판을 돌리듯 움직이게 되면 하얗게 보인다. 이와 같이 진리는 부동이 아니라 항상 유동이다. 다만 유동하는 그 법칙이 부동일 뿐이다. 그러므로 항상 움직이고 살아서 춤추는 불법을 백법이라 한다. 그래서 공(空)으로 돌아간 나한님들도 하얀 석고로 많이 조성해 모셨다.

백색은 우주 진리의 원색이므로 진리로 들어간 분들을 색상으로 설명해 보인 것이다. 이 모든 표현 방법은 선각자들의 법안에서 비롯된 깊은 철학이 있는 상징적 표색임을 알아야 한다.

보통 황금색 부처님상이 많은 것은 앞에서 언급한 바와 같이 진리의 차원과 아울러 우주의 바탕이 되는 에너지 차원으로 황금색에 대한 이해를 도왔다. 여기서 짚고 넘어가야 할 것은 백불(白佛)이 비로자나불이라면, 금불(金佛)은 원만보신 노사나불이라고 해야 옳다. 흔히 극락세계의 아미타불로 일견함도 황금빛 찬란한 불국토 차원에서는 바른 지견이다. 또한 비단채색 불상은 화신불로 일견할 수 있다.

조각이나 그림에서 보이는 하얀 얼굴의 성자상은 전부 위에서 이야기한 진리의 내면에 이르렀다는 암시임을 기억하면 절을 이해하는 데 도움이 될 것이다. 특히 아난존자의 얼굴색이나, 지장탱화에 보이는 도명존자나, 전설의 인물 나반존자상 등은 다 하얀 얼굴로 도색되어 있다. 그것은 세속의 때를 말끔히 씻고 나한과를 넘어선 분들로 읽으면 좋을 것이다. 우리도 얼굴이 희고 밝으면 귀상이라 하고 신관이 좋다 하여 행복한 사람으로 점친다. 그러므로 백색(白色)은 종교인의 성의(聖衣)로도 많이 쓰인다. 돌이켜 보건대 신라의 이차돈 같은 성자는 그의 잘린 목줄기에서 백혈(白血)이 치솟아 기적을 보임으로 해서 신라에 불교를 융성케 한 분이다. 그러므로 우리 한국 불교는 백혈법(白血法)이라 해도 무리가 없을 것이다. 사랑의 붉은 피가 백혈로 변한 것을 세상에서는 젖이라 하고, 종교에서는 감로수라 한다. 우리는 이것을 먹고 자라났다. 어머니의 붉은 피가 지극한 사랑의 염력에 의하여 백혈로 변한 것이 젖이다.

그 젖을 먹고 자란 것이 포유동물과 인간이다. 삶도 흰 젖을 먹고 자라나듯 모든 종교의 자라남도 순교자의 붉은 피가 아닌, 진리의 피 백혈을 먹고 자라났다. 그들의 피가 숭고한 사랑의 백혈로 이변을 일으킴으로 해서 오늘날 지구촌에는 굵직한 종교역사가 존재하고 있는 것이다. 실제로 하얀 우윳빛 피가 아니라 하더라도 참 진리를 위해 흘린 피를 백혈이라고 신성시하여 그렇게 불렀다. 그 흘린 피의 목적이 온 인류에게 사랑을 불러 일으켜 진실로 돌아가게 하는 지혜로운 헌혈이라면, 그 피는 숭고하고 신성하므로 백혈이라 불렀다. 모든 종교의 순교자의 피는 모두 백혈(白血)이다. 진리의 피이기 때문이다. 그러나 자기의 신이 제일이라고 독단을 부리는 외도들이 흘린 피는 정복자의 폭력 근성을 버리지 못한 비린내 나는 피일 뿐이다.

이런한 내용을 적절히 묘사한 그림이 있다. 백의관음성모상(白衣觀音聖母像)이다. 하얀 웨딩드레스를 입은 예쁜 신부 같은 관음상이다. 곱디 고운 손에 감로병을 들고 다른 한 손에는 여성을 상징하는 버들가지 하나를 살며시 휘어 잡았다. 보라, 손에 든 감로병은 어머니의 젖을 상징했다. 모두가 젖을 먹고 자라났다. 청련과 홍련을 타고 선 발밑에는 어린 동자 하나가 감로병을 우러러보면서 합장하고 있는 영특한 모습도 놓쳐서는 안 된다. 이것은 분명 사람이 모태에서 자라나는 현상을 묘사한 그림이다. 어린 것의 목 뒤로 살아 춤추듯 활기찬 보승의 신비로움은 곧 모태의 탯줄을 의미한다. 청련과 홍련은 동맥(動脈)과 정맥(靜脈)을 나타낸 것이다. 간혹 홍련과 백련을 딛고 선 상도 있다. 그것은 중생의 애정과 성인의 사랑을 뜻한다. 그 무엇 하나 우리들의 현실임을 부정할 수 없다. 절에 있는 그 많은 상징들도 지극히 당연한 우리 내면의 실상들이다.

신(神)이 말했다는 신(神)의 세상, 천국 얘기도 듣고 보면 인간 세상의 비약에 지나지 않는다. 이상에 치우친 시적인 비유 설화일 뿐이다. 일반적인 개념의 신은 사람의 정신 혹은 영혼을 대변하여 일컫는 말이다. 사람과 신을 분리시킬 수 있는 이론가도 없을뿐더러 본래 그런 사실이 없다. 진실은 인간이 곧 신이요, 신이 곧 인간이다. '내가 너의 속에, 너희가 내 속에, 내가 하나님 속에, 하나님이 내 속에……'

역부여시(亦復如是 : 그것이 그것이다), 이것을 각자(覺者)는 여래(如來)라 하였던가!

어머니에게는 흰 피가 있다. 어머니의 양 젖꼭지에서는 흰 젖이 나온다. 달콤한 그 젖 맛의 묘미는 어떠한 유전공학으로도 만들 수 없다. 그 젖은 바로 신성, 그 자체이기 때문이다. 그러므로 인간은 어머니의 젖을 먹고 자라야 한다. 그래야 인류는 성자다워지고 그 마음이 진리다워진다. 모든 인간이 다 과학박사가 된다 하더라도 한 송이 꽃을 창조하지 못하며, 어머니의 젖 한 방울을 만들지 못한다. 그것은 그 자체로서의 생명력을 가진 신성이기 때문이다. 이러한 신성은 모두 마음의 소산물이다. 마음으로 만들어지는 것은 과학의 차원을 능가해 있다. 사람의 마음인 사랑이 곧 하얀 젖이라는 사실을 알아야 한다. 모든 종교의 생명력을 사랑에 기준을 맞추는 현실적 상황을 깊이 이해해야 한다. 이 자비심(慈悲心)의 결정이 감로수인 젖이라는 사실에 유념해야 한다. 그래야 인류는 여성에게 감사할 줄 알게 된다. 성인은 모든 여성을 어머니로 본다고 한다. 현자는 누이로 보며, 인자(仁者)는 친구로 보고, 중생은 아내로 보고, 짐승은 자궁으로 본다. 같은 여자를 봄에 보는 중생의 근성에 따라 비춰지는 상이 이렇게 다르다.

우리는 여성을 성모로 보아야 한다. 여성을 성적 소유욕으로 보아 온 남성의 기질이 신성에 가까운 영성을 지배해 왔다. 정복자적인 남성의 이러한 우월감이, 오늘날 우리가 보는 난폭한 붉은 피의 역사를 만들었다 해도 과언이 아니다. 이제는 우리의 역사를 하얀 잉크로 쓰자. 기왕이면 흰 종이에 하얗게 그냥 두자. 이것이 대각자들의 인생관이었다. 하얀 종이를 그대로 둔다 함은 동정남(童貞男), 동정녀(童貞女)로 그냥 살게 하자는 뜻이다. 이것이 참 종교의 인생관이며 성모관(聖母觀)이다. 자유와 사랑과 평화의 상징인 여신상(女神像)을 다시 한 번 생각해 보자. 우리 인류의 이상은 백의관음보살(白衣觀音菩薩)의 대비 사상에 근거를 두고 있다.

우리말에 순천백성(順天百姓)이란 대비관음(大悲觀音)의 인류애적인 사랑을 일컬음이다. 우리는 백의관음의 혈손들이다. 특히 우리말에는 관자재보살을 의미하는 주시어가 있다. '보자'가 그것인데 '먹고 보자', '자고 보자', '살고 보자', '죽고 보자', '눕고 보자' 등 세계 어느 나라 말에도 없는 어떻게 하는 행위를 보자는 주시어가 있다. '보자'는 말은 '글쎄올시다'와 함께 온 인류가 자기로 돌아가는 귀소 본능의 진리어이다. '보자'의 민족, 백의민족(白衣民族)이여, 이제 정신 좀 차리고 자기 나라 말부터 살펴보자. 관음(觀音)을 해보자! 백의관음보살의 혈손이라는 자부심을 좀 가져 보자! '보자'라는 말뜻은 자기의 마음을 보고, 행위를 보고, 어리석은 무지마저도 마음의 눈으로 보자고 한 말이다. '보자'는 말의 어원은 보살(菩薩)정신에 그 어의(語義)를 두고 있다. 이것이 불교의 관자재보살이란 이름으로 우리에게 보여 주는 깨침의 가르침이다.

부처님의 마음은 하얀 피로 엮어진 자비심이요, 중생의 마음은 붉은 피로 물들여진 사랑이라 한다. 피는 피로되 부처님의 피는 달고 향기롭고 빛나며 희다. 중생의 것은 비린내가 나고 탁하고 붉다. 관세음보살이 타고 있는 홍련 또는 청련 내지는 백련의 색깔이 갖는 의미를 심미안으로 다시 생각해 볼 일이다. 뿐만 아니라 관음이 꽃을 밟고(乘:타고) 있다는 점 또한 무심히 넘어갈 문제가 아니다. 탄다는 것(乘)은 우리들의 마음이 그 물체 속에 들어가 있는 것이 아니라, 그 물체 밖에서 보는 자로 멀찌감치 떨어져 있다는 형용사이다. 의식이 물심(物心) 밖에 벗어나 있으면서 그것들을 잘 관찰한다는 뜻이므로 진실로 '보는 자'로 남게 되면, 항상 둥둥 떠서 타고 다니는 꼴의 해탈심을 얻는다. 근심거리가 있다 하여 근심 속에 내가 들어가지 않는 슬기가 바로 관자재보살이다. 그 근심의 마음 상태를 주시하면 주시자는 항상 둥둥 떠 다니는 본래의 실존상이 된다.

빛나는 보석을 보고, 성인의 무욕을 잘못 알고는 더럽다고 차 버리는 청빈 결벽중 환자를 더러 본다. 이런 사람은 억만 겁을 살아도 진정한 청정 결백의 상태를 얻지 못한다. 극단으로 마음이 기울어져서는 아무것도 이루어낼 수 없다. 보석이 아름다운 것은 사실이다. 그 아름다움을 찬미하는 빛나는 마음은 성인의 마음이다. 또한 인간의 본능이다. 아름다운 것은 아름다운 마음을 만드는 힘이 있으므로 찬란한 보석은 값진 것이다. 성인의 뜻을 왜곡되게 받아들여 '보화는 모두가 돌덩이이니라.' 한다고 해서, 그 보석이 지닌 아름다움마저 부정하는 행위와 혐오하는 심리는 무서운 염세적 신경증의 일종이다. 어떤 미련한 사람에게 탐욕을 버리는 심리적 치유법은 될지 몰라도, 연꽃을 타고 다니는 대승불보살의 초연한 심상에는 도달하지 못한다. 늘 타고 다녀라. 공연히 가죽 군화를 신고 설쳐 대지 말고 늘 맨발로 타고 다니도록 하여라.

탄다는 것(乘)은 밖에서 보는 자로 남는 것이다. 빛나는 보석이 황홀하다면 황홀해 하라. 가지고 싶다면 욕심을 '부려 보자.' 도둑질이 하고 싶으면 '해보자.' 무엇이든 '해보자', '해보자'라고 하는 말은 스스로 행동하는 행위와 마음의 내용까지 깊은 내면에서 은밀히 주시해야 한다는 말이다. 그렇게 되면 놀라운 사실을 알게 된다. 저 천수천안상이 그대로 자기 본묘각의 자성임을 깨닫게 된다. 즉시에 행위와 마음이 변형을 이룬다. 천수천안관음상(千手千眼觀音像)을 보면 아픈 자에게 약을 주는 모습이 있다. 그와 같이 자기 마음을 관(觀)하는 즉시 아픔의 고통도 즉시에 가벼워진다. 성적 흥분으로 몸서리칠 때에도 즉시 그 아쉬운 마음의 흥분 상태를 관(觀)하게 되면 금방 불 같던 욕정이 졸지에 슬기로운 행복감으로 변형을 이룬다. 이 사실이 천수천안상에는 잘 묘사되어 있다.

천수천안상에서는 어떤 사람이 아내를 구하면 여자를 주는 모습으로 형설되어 있다. 어떤 놈을 죽이고 싶다면 그 생각을 지우려 하지 말고 일어나는 마음에 절대로 브레이크를 걸지 말라. 마음에는 제어 장치가 없다. 생각하고 미워하고 있는 감정 그 놈을 가만히 의식해 보라. 즉시에 밉고 괴롭던 마음이 변형을 이룬다. 이러한 내용을 경문에 밝히기를 '증오심이 많으면 관세음보살을 불러라. 관세음보살이 즉시에 응신을 나투어 감응해 주신다.'라고 적혀 있다. 진실이다. 꼭 "해보라!" 자기의 마음과 행위를 관(觀)해 보라, 이름을 부르라 한 것은 무지한 사람은 의식의 눈으로 마음을 보는 관(觀)하기가 어렵기 때문에, 더군다나 관(觀)하는 방법을 글이나 말로 우리들의 사고에 주입시킨다는 것은 불가능에 가까웠기 때문에 구처없이 우리말로 이름을 불러라 한 것임을 알고, 우리는 마음의 눈으로 관(觀)하도록 하자.

관세음보살은 세상 소리를 관한다는 뜻이다. 불교는 마음 닦는 방편으로 관법(觀法)을 많이 다루고 있다. 여타 외도들은 무조건 주문처럼 신의 이름만 외우고, 기도문이나 줄줄 외우면 된다고 한다. 그것은 무지몽매한 중생에게는 공신력이 있는 말이다.

관세음보살을 소리내어 부르라 한 것은 무슨 내용일까? 관(觀) 자의 본뜻은 '마음의 눈으로 본다.' 는 것을 의미한다. 돌이켜 보는 반조 없이 그냥 부르는 것만으로는 저마다 타고난 성격 개조가 잘 되지 않는다. 소리내어 부르는 자신을 관(觀)할 수 있어야 한다. 불교 경전을 읽어 본 분들이 우리에게 관세음보살을 부르면 온갖 병고와 역경을 무사히 넘긴다고 경문을 그대로 직역하여 전해 주고 있지만, 그렇게 말씀하시는 그 스스로가 체험을 통하여 증득해 놓은 영적인 소득이 무엇이 있는지 잘 생각해 보면 부끄러워진다.

이 책은 모든 이로 하여금 바른 불지견(佛知見)을 주고자 함에 그 목적이 있다. 한 인간의 사견(邪見 : 삿된 소견)이 아니라, 선각자들이 시각화해 놓은 절과 불법을 통하여 부처님의 지고하고 은밀한 가르침을 느끼고 이해하면 바른 불지견이 된다. 관조하는 지혜는 자신의 내면에 변형이 일어남을 느끼게 한다. 염불과 주문을 그냥 소리 내 외우면 자칫 환각적 최면에 빠지기 쉽다. 흔히 염불 수행 중에 많이 보이는 영험 위주로 숭상하다가는 다 점쟁이가 되고 만다. '항상 주시하라', '항상 관세음보살을 불러라' 이 두 말씀의 문구는 서로 다른 뜻을 가진 것 같지만, 한 가지 의미를 다르게 표현한 말일 뿐이다. '불러라', '보라'는 말뜻 또한 심오한 면이 있다. 잘 음미해 보자. 애들이 어디론가 가서 보이지 않는다. 그때는 애들 이름을 불러서 부모 곁으로 오게 한다. 이와 같이 우리들 산란한 마음 자식들이 오만 방정을 떨면서 불원천리 하고 설친다. 그때에 그 마음의 파편들인 육정, 육감을 안으로 불러들여야 한다. 불러들이는 방법이 자기 내면을 지켜보는 관자재보살인 마음의 눈이다. 그러면 즉시 밖에서 놀던 철부지가 "예!" 하고 달려오듯 온갖 망령된 마음의 고뇌들이 내면의 심오한 침묵 속으로 불려 들어와 단잠을 이루게 된다.

이러한 내용의 소설적 의미를 한쪽의 화면에다 도설한 관음탱화를 보면, 관세음보살도 유복자 하나를 데리고 있는 것으로 그려져 있다. 그가 남순동자(南巡童子)다. 그 동자는 곧 우리들 마음의 상태를 형설한 영혼 세계의 청사진인 것이다. 보라, 남순동자(南巡童子)란 이름이 지닌 뜻이 위에서 설명한 내용을 흔쾌히 증명해 주지 않는가. '남'은 '드러남'이다. 없던 것이 일어난 것이 '남(南)'이다. 멀리 두루두루 살피고, 두루 편재한 진실을 관찰하여 일어나는 신령한 영성을 남순동자로 묘사해 놓은 관음상에 경배한다. 이렇게 그림으로까지 자상하게 설명을 해서 알기 쉽게 전했건만, 오늘날 일반 신도들이 막연히 돈이나 놓고 절이나 하면, 탱화에 보이는 그 동자가 모든 소원을 신통하게 풀어 준다고 무턱대고 믿는다. 이것이 지금까지 불교 신자들이 신행해 온 불교의 암담한 실정이었다.

탱화에 나타난 남순동자는 누구일까? 정말 관음의 유복자일까? 그에 대한 해답을 화엄경에서 선재동자(善財童子)가 53선지식을 만나려고 남방으로 순행하는 과정에서 인도 남쪽 바다 보타락가산에 거주한다는 관음보살을 친견한다. 그때의 장면을 탱화로 도설한 것이다. 선재(善財)가 곧 남순동자가 아닌가 싶다. 그러나 경문에 나타난 사실적 인물이 지닌, 보다 깊은 의미로 남순동자는 다름 아닌 우리 내면의 밝은 의식이다. 이 맑고 밝은 영성이 남순동자이다.

남순동자격인 우리의 지혜는 스스로 일으킨 온갖 생각이나 만 가지 잡스러운 행위를 지켜보는 본성이다. 혼미한 사념과 행위에 빠져 번뇌하는 우리 마음을 반조해 보는 초의식으로서 우리들의 심성을 본각의 묘각장으로 인도하고 끌어 넣는 역할을 무난히 잘 해내는 초의식의 영성이다. 다시 말하면 남순동자는 우리 마음 밖에 존재하는 맑은 초의식의 활동을 인격화하여 그려 놓은 것이다. 이것이 관음상에서 보이는 남순동자상의 본래 의미이다. 그러므로 항상 주시하라. 주시하는 행위는 남순동자의 사명이지만, 주시한 후에 일어나는 불성은 보는 자인 관자재보살이다.

육신 보살(肉身菩薩)

관세음보살이 지구상에 실존한 기록으로는 B.C 250년경 티베트에서 묘장왕의 셋째 딸, 묘선공주로 출생하시어 아미타불 불법을 널리 편 육신 보살로 지금까지 전해지고, 티베트 불교의 개조(開祖)로 숭앙되고 있다. 우리가 많이 보는 관음탱화의 모습은 그때의 전설적 내용을 그린 것이 많다. 탱화에서 보는 관세음보살의 왼손에 들고 있는 수양버들 가지, 남순동자, 해상용왕, 오른손에 든 보배병, 그리고 염주를 물고 나르는 관음조 등의 상징들은 다 관세음보살이 세상에 잠깐 묘선공주로 태어나 육신 보살로 수행하실 적에 주위에서 벌어졌던 인연들을 그림으로 묘사해 놓은 것이다. 수양버들을 보배병에 꽂은 그림은 더욱 사실적이다.

관세음보살이 득도할 때 아미타불로부터 친히 감로병을 받았다. 아미타불이 그 보배병을 주시면서 "감로병 속에서 버드나무 가지가 자라면 그대는 세상을 하직하고 중생 제도를 마음대로 할 수 있는 법신보살이 될 것이다."라고 예언을 하셨다. 그 보배병을 법당에 잘 모셔 놓고 감로병 속에서 버드나무가 실제로 자라날까 하면서 날이면 날마다 모두들 두려운 마음으로 기다렸다. 이때에 그러한 기미를 알아차린 장난꾸러기 동자가 수양버들 가지 하나를 꺾어다가 아무도 몰래 그 병에 꽂아 놓았다. 어린 것이 장난 삼아 저지른 사건을 무심치 않은 신험이라 믿고 '기적'이라고 온 대중이 놀라는 가운데 묘선 보살은 전적으로 자신이 육신을 버리는 날로 믿고 스스로 부처님 뜻을 받들어 열반에 들어갔다. 그리하여 지금은 법계에 머물면서 온갖 중생의 고달픈 소망을 풀어 주시는 보살이 되어 있다. 버들가지로 인하여 관음보살이 육신을 버렸다는 사연 때문에 지금도 우리나라에서는 관음보살 같은 어머니가 돌아가시면 반드시 여성을 상징하는 버드나무 지팡이를 짚고 울었다.

알고 보면, 이러한 풍습도 관음 신앙에서 비롯되었다. 당시 버들가지로 심술을 부린 동자는 크게 후회하고 공부를 잘 해서 훗날 초의식의 행자로 군림하였다. 그가 곧 남순동자이다. 남순동자는 화엄경에 나오는 선재동자이기도 하다. 그가 누구이든 우리는 그 그림 속에 숨어 있는 깊은 뜻을 통하여 내 자신이 선재동자가 되는 길만이 삼세제불의 본 소망일 것이다. 허공을 나는 '관음조'라는 파랑새는 묘선공주가 구도를 할 때 따라다니면서 여러 가지로 배움을 받은 새이다. 이와 같이 성자들의 삶의 무대는 한없이 넓다. 작게는 벌레에서부터 나는 새에 이르기까지, 똑같은 인격체로서 서로 대화도

하고 사랑도 나누면서 진리를 향하여 같은 도반으로 살아가는 모습을 불화나 불경에서 많이 볼 수 있다.

　이렇게 우주를 하나의 인격체로 느끼며, 우주 밖으로 뛰어 나가려는 성자들의 지극한 도약의 고행을 보면 저절로 경배심이 우러나온다. 불교신자들의 생각으로는, 우리같이 관세음보살에서 지극한 믿음을 가진 자에게만 관세음보살이 시현하시어 많은 영험과 깨우침을 준다고 믿기 쉽다. 또 기독교인들의 생각으로는 하나님은 자신들의 전지전능한 아버지이므로 이교도나 비신앙인들에게는 절대로 혜택을 주지 않고, 언젠가 그들이 죽으면 지옥에나 처넣을 것이라 생각할 것이다. 그러나 그렇게 하고 싶어도 안 되는 것이 우주의 섭리요, 성자들의 심성이다. 신성의 그림자인 하늘을 보라. 허공이 누구의 소유물이 될 수 있는가? 또한 누구를 사랑하고 미워할 수 있는가? 우주는 우리 마음 같은 심리로 되어 있지 않다. 우리들 마음이 아닌 신령한 그 무엇이다. 그것은 '있다', '없다' 하는 분별심으로 인식할 수 있는 어떤 실체를 갖고 있지도 않다. 이렇게 있지도 없지도 않는 우주의 신성은 긍정도 부정도 아닌, 그 생각이 두 번 부정이 일어난 차원도 아니며 또한 아닌 것도 아닌 긍정으로 일곱 번째 부정을 긍정한 비실재의 그 무엇이므로, 이렇게 불가가의한 우주의 신성을 공연히 인간들이 자기 종교에다 끼워 맞추어 자신들의 소유물인 양 허풍을 떨어 보았자 소용이 없다. 진리는 철저한 중립이므로 어느 누구의 소유도 아니고 어떤 집단으로 소속될 정당 같은 것은 더욱 아니다.

　그래서 관세음보살은 어떤 사람이 하나님 만나기를 염원하면 그들이 생각하는 하나님으로 시현해 보이고, 누가 또 마호메트 보기를 원한다면 즉시 그 사람의 소망하는 마음이 관음성이므로 그의 소망대로 응하여 마호메트로 나투어 설교를 한다. 예수님을 만나기를 원한다면 즉시에 그 사람의 생각의 소리 그대로 메아리처럼 반응하여 예수로 화현하며, 산에 가서 산신령을 만나기 원하면 저들이 바라는 산신령으로 보여주며, 그들의 조상을 만나기 원하면 그들의 조상의 모습으로 응신한다. 이렇게 보살성은 상대방의 심리에 따라 메아리처럼 응한다는 사실을 깊이 이해하자. 그래서 관음보살은 무한한 가능성을 소개할 때에 늘 때와 장소에 따라 그 사람의 소견대로 응신(應身)한다고 직설해 놓았다. 모든 성자는 이와 같은 진리를 따른다.

이렇게 이해하면 쉽다. 기독교인이 하나님이나 예수님을 꿈에 만나기는 쉽다. 그러나 그들이 부처님이나 스님을 보기는 그렇게 쉽지 않다. 지극히 좋아하는 경우에만 시현되는 것이 아니라, 지극히 미워해도 보이는 수가 있다. 그러나 알지도 보지도 못한 미국인 모 씨의 아버지를 꿈에 본다는 것은 근본부터 불가능하다. 인류의 본성은 우주 법계에 두루하므로 중생의 소견과 앎을 따라 그 사람의 상상대로 반응한다. 즉 마음과 생각을 따라 그대로 나타난다. 그래서 관세음보살은 32응신한다고 자기의 천성과 위신력을 소개하고 있다. 소리의 성은 누구의 전유물이 될 수 없다. 비유하자면 기독교인이 목탁을 두드린다고 그 목탁 소리가 달라지지 않고, 불자가 교회의 종을 쳐도 그 종의 소리는 변하지 않는 것과 같다. 지나는 바람이 낙엽을 쓸어 가는 소리든, 풀벌레가 풀잎을 갉아먹는 소리든 그 소리의 성품은 충신과 역적을 가리지 않는다. 더욱이 소리 자신에게 누가 믿고 절하며 돈을 많이 털어 놓았다고 해서 소리의 성품은 인심을 쓰지 않는다. 다만 지극한 정성으로 소리를 창조한다면 그 지극한 정성이 빚어 내는 아름다운 묘음이 그 사람의 입이나 손끝에서 반응할 뿐이다. 이와 같은 법계의 성질을 안다면 부질없는 편견이나 이단이 있을 수 없고, 어떠한 선입견도 생길 수 없다.

불교 신행자들은 신앙 생활 속에서 많은 이적과 영험을 경험한다. 기독교 신자들도 마찬가지이다. 심지어 사도를 믿는 광신자들도 한가지 이다. 다만 같은 악기라도 묘한 손끝이 있으면 음악성이 넘치는 소리가 흘러 나오고, 거친 손길이 다룬다면 거친 소리가 날 뿐이다. 이렇게 다루는 이의 소견과 행위의 업보에 반응하는 그 무엇이 진리의 본성이다. 관세음보살이라 하는 모든 중생의 모성애도 그와 같다. 소리를 다루는 성질에 따라 묘음보살이 감응하듯이 만생의 대자비인 모성애의 반응도 그렇게 이루어진다. 그러므로 슬기로운 자는 모든 신성에 감사할 줄 알아야 하고, 삶에 항상 경건한 기도가 있어야 저절로 삶이 풍요로워진다.

어느 절에 가면 '영험이 있다' 하면서 신도가 인산인해를 이룬다. 좋은 예로 팔공산 미륵부처님의 인기는 예나 지금이나 대단하다. 영험 있는 부처상이나 도사에게 다니는 사람들의 얘기를 들어 보면 한편으로는 가련하고, 한편으로는 갸륵한 생각이 가슴을 메운다. 설령 영험을 받아 재수가 생겨서 돈푼이나 벌어 잘 살다가 어쩌다가 사업이 부진해 부도가 났거나 어떤 사람은 공들인 덕분으로 큰아들은 명문대학에 합격하고, 이듬해 영험 있는 절에서 기도를 했는데도 작은 아들은 불합격했다면 우주 섭리의 형평원칙으로 생각해 볼 때, 치성드린 정성과 공양물 일부분이라도 '바람'을 이루지 못한 신자에게 반환이 되어야 옳다. 적어도 세상의 상식으로는 그렇다. 그런데 이상하게도 종교성을 띤 미신류에 있어서는 어떤 경우든 잘못된 것에 대한 도덕적 책임감이나 손해 배상 같은 것은 용납되지 않는다.

악독한 귀신이 따로 있는 게 아님을 자각하자. 무서운 귀신이 멀리 있는 게 아니다. 믿음의 동기가 나쁘면 언젠가는 반드시 자신의 종교를 배신하게 된다. 모든 종교는 우리의 마음을 닦아 내는 마음 정화에 큰 뜻이 있다. 욕심 없는 깨끗한 마음이 아니면 모든 신성은 멀리 도망간다. 밝게 아는 현자가 옳은 가르침을 주어도, 기복 장사꾼들의 교활한 술수에 걸려 헤어나질 못한다. 신험을 구하는 신자들은 지혜가 없으므로 믿음이 오히려 독이 되어 평범한 삶마저 망치는 예가 많다. 때가 되면 무지한 세대는 저 산 넘어갈 것이고, 21세기 이후로는 새로운 사리자(舍利子)들이 이 세상을 살아갈 것이다. 그때는 오늘날 성황을 이루었던 믿음의 전당은 무지한 종교 역사의 유적지로서 차세대에게 좋은 교육 자료가 될 날이 올 것이다.

　생각해 볼 일은 이상하게도 모든 신앙은 영험과 이적을 절대적으로 믿고 있다는 사실이다. 그러나 종교의 본래 목적은 자기 내면의 기적밖에는 아무것도 바랄 것이 없다. 자기가 자기 마음을 자유자재로 다루고 이용할 수 있는 대 자유인이 되는 데 큰 목적이 있다. 기적이나 영험은 누구에게나 일어날 수 있다. 하다못해 돌이라도 집에 모셔 놓고 지극한 마음으로 절하며 온갖 주문을 읽으면 돌이 공중을 날아다니게도 할 수 있다. 그것은 돌이 지니고 있는 무의식이 기도하는 인간의 지극한 마음과 만나서 교감함으로 이상한 일이 생긴다. 무의식이 초의식의 자극을 만나게 되면 그 물건이 인간의 의식과 같은 파장을 타므로 그 사람의 염력에 따라 온갖 묘기가 일어난다. 예를 들자면 기독교인들의 대집회(부흥회 등)에서 간혹 허공에 십자가가 나타나면서 빛을 내고 상서를 보이는 경우와 같다. 이러한 현상도 다 알고 보면 하나도 신기할 게 없다. 인간의 염력과 우주의식이 만들어 낸 동업 현상이기 때문이다. 불교 신자는 십자가를 보는 쪽보다 만(卍) 자나 불상이나 원광상(圓光相)이 보일 것이다. 이것은 다 신령한 초의식과 인간의 잠재의식이 만나는 과정에서 일어나는 신기루 같은 상서이다.

　설사 자신이 허공을 날아다닌다 한들 무엇하며, 예수나 부처가 날마다 허공에서 발광(發光)을 한다 한들 무엇할 것인가. 진정한 성자는 특별한 불연(佛緣)이 아니면 절대로 기적이나 이적을 보여 주지 않는다. 그러한 환상은 뭇 인생들로 하여금 사악한 호기심만 자라게 할 뿐이다. 누구를 위해서도 이로운 일이 아니므로 성자들은 심히 경계하시고 염려하셨다. 외도들의 신통술은 오늘날의 축전지만도 못한 환술이다. 우주의 중립적인 섭리와 인간이 지닌 초능력에서 일어나는 지적 얘기를 실례로 조금 소개하겠다. 아무쪼록 인간은 인간답게 보통 사람으로 사는 것이 제일 좋다. 그저 평범하게 살아가

자. 이렇게 살아가는 사람은 날이면 날마다 기적과 영험을 체험한다.

기적이 일어난 사람들 가운데는 어떤 종교와도 상관 없는 사람들도 많다. 여러분 주위의 사람들 중에도 이런 일이 많을 것이다. 종교를 신비의 창고처럼 여기는 대부분의 사람과는 달리, 보통 사람으로서 종교가 무엇인지 모르는 사람이 종교적인 삶을 사는 경우가 예상외로 많으며 그런 사람 중 한 사람의 이야기를 들어 보자.

기적을 만드는 마음들

처가에 가기 위해 두 아들과 함께, 네 식구가 오붓하게 승용차를 타고 여행을 즐기고 있었다. 옛 시절 결혼 당시는 호젓한 오솔길이었던 산모퉁이가 이제는 자동차가 다니는 대로가 되어 있었고, 한때는 원색적인 행복을 안겨 주었던 시적인 시골길이 낯선 이국 땅과 같은 관광 코스가 되어 있었다. 생소한 길 모퉁이를 무심코 도는 순간, 가족을 태운 차는 벼랑 끝을 넘어 수십 길 낭떠러지 아래로 떨어지고 있었다. 이렇게 긴박한 찰나에 사십 평생 살아온 삶의 발자취들이 현재에서 과거로 역회전한다. 그간 살아온 일생이 얼마나 순식간이었는지를 느꼈다. 삶의 흐름이 멎는 체념에서 오는 침묵을 의식하면서 감당할 수 없는 파멸의 굉음과 충격을 전신으로 받아들이고 있었다. 얼마나 시간이 흘렀을까. 지척을 분간할 수 없는 어둠 속에서 한 사람, 두 사람 부서진 차창 틈으로 몸을 비집으며 밖으로 나왔다. 만신창이로 짓이겨진 차체에서 어찌 산 목숨이 기어나왔는지 스스로들 의아해 했다.

보라! 이것이 기적이다. 이 사람들은 구차스럽게 무엇을 요상하게 믿는 기질이 아니었다. 자기 중심이 워낙 뚜렷하였다. 오직 사람이 사람으로서의 도리를 지켜 최선을 다하는 인생을 살아왔을 뿐이다. 지성미로 세련된 현대판

신사는 더욱 아니다. 남다른 학식을 머리에 넣고 다니는 유식한 사람도 아니다. 그저 매사에 분명하고 틀림이 없는 사람이었다. 별 도리 없이 망가진 아까운 새 차를 버릴 수밖에 없었다. 복된 삶, 이것만이 이승과 저승을 하나로 관통시켜 주는 가장 훌륭한 징검다리이다. 아름다운 인간의 삶이 만들어 준 기적의 가정은 오늘도 행복하게 잘 살고 있다.

"신이여! 당신은 어느 편에 한 표를 던지셨나이까!"
아내와 처남을 한꺼번에 잃은 50대 중반에 접어든 어느 가장의 믿음에 대한 깊은 회의의 절규이다. 아내는 열심히 절에 다녔다. 중생의 소망을 아주 잘 들어 준다는 절을 다녀오던 길에 아내와 처남을 잃는 참변을 당하게 되었다. 그의 가슴에 짙게 드리운 의문의 부르짖음은 신앙에 대한 깊은 장막이었다. 신자들은 무엇보다 믿음에 정성을 쏟는다. 특히 부처님, 예수, 하나님을 신봉하는 절, 교회, 성당 같은 믿음의 대상에 들이는 정성은 유별나다. 그러면 우리가 우리의 가정에 쏟는 정성은 얼마만큼 될까. 종교에 올리는 정성을 조금만 나누어 우리의 가정에 보시를 한다면 보다 많은 복을 얻을 수 있지 않을까? 그렇게 하는 것이 지극히 당연한 줄 알면서도 못하는 마음들을 어찌하면 좋은가. 아내와 처남이 한 가지 소원은 꼭 들어 준다는 절에 갔다 오다 소백산 길목에서 졸지에 참변을 당했다.

신(神)은 누굴 위해서도 한 표를 던지지 않는다는 점에 유의하자. 우리들이 생각하는 그런 유형의 신은 만고에 없다. 없는 그 자체가 신령한 신이다. 공연히 우리가 발자국 소리도 없는 신에게 박수를 치고 투표를 한다. 이러한 무지가 만들어 내는 자연의 기적과 불행의 이적이 지금 이 순간에도 얼마나 많이 벌어지고 있는지 돌이켜 봄도 없다. 스스로가 노력하여 일이 잘 되어도 신의 덕분이고, 잘못된 결과에 대해서는 정성 부족으로 돌릴 바에야 진작부터 그냥 그대로 가만히 있을 수 없을까? 가만히 있을 수만 있다면, 침묵 그 자체로 몸을 삼고 무심으로 영혼을 삼고 있을 수만 있다면, 자기의 진솔한 자성이 무량한 행운을 안겨줄 것이다. 그대의 신은 그대의 붉은 피의 정성을 거부하며, 그대의 피로 얼룩진 지폐 냄새를 특히 싫어한다. 자기 내면으로 조용히 돌이켜 봄이 가장 아름다운 기도다. 가장 큰 보시는 자기 마음을 버리는 일이다. 무욕을 최상의 지보로 여기며 살자. 이것뿐이다. 세속을 살아가는 우리는 진리를 사랑하는 마음으로 아내를 사랑하고 절에 가는 기분으로 남편을 대하는 순간, 온 가정에 기적이 일어난다.

저마다 자기가 믿는 종교가 절대적으로 옳다고 생각한다. 입이 마르도록 정도(正道)라고 칭송을 한다. 만날 그렇게 만인 앞에 가서 내 종교가 제일이라고 흥분해 보았자 남는 것은 무덤 속 같은 그대의 가정뿐이며, 날이면 날마다 교당에 앉아 공을 들이고 빌어 보았자 허망한 꿈만이 자랄 뿐이다. 혹 어쩌다가 굶주린 마음에 영험한 꿈 몇 토막을 꾸고는 그것을 신비로 여기며 신바람 내봤자 남는 것은 집 잃고 헐벗은 동화 속에 나오는 공주 신세일 뿐이다. 무지한 믿음으로부터 경험 있는 사람은 금방 이 말에 공감할 것이다.

참으로 아름다운 설화가 있다. 자기로 돌아가는 얘기 한 토막을 들어보자. 어떤 구도 여승이 여러 제자를 이끌고 굴속에서 살고 있었다. 달도 없는 깊은 밤에 등불을 켜들고 굴 밖에 나와 무언가 열심히 찾고 있었다. 나이 많은 여승은 평소 눈이 어두웠는데, 희미한 등불 하나로 무언가 찾는 모습은 답답하도록 신중하였다. 제자들이 곁에 와서 무얼 도울까 싶어 등잔불 밑을 살펴보았다. 그러나 아무것도 눈에 띄는 것이 없었다. 스승이 하도 샅샅이 뒤지며 심각하게 살피므로 제자 하나가 여쭈었다.

"무얼 그리도 열심히 찾으십니까?"
"가만 있거라, 중요한 것을 잃었다!"
"중요한 것이 무엇입니까?"

관세음보살(觀世音菩薩) 509

제자가 되물었으나 스승은 아랑곳하지 않고 온 마당을 비로 쓸 듯 샅샅이 살펴 나갔다. 슬기로운 제자 하나가 다시 물었다.

"그 귀중한 물건을 어디서 잃으셨는지요?"

"내가 바늘을 저 굴 안에서 잃어버렸지."

그러자 제자들이 말했다.

"그러시면 굴 안에서 찾으셔야지. 왜 밖에서 찾으시는지요?"

노승은 굽은 허리를 펴면서 침침한 밤 하늘을 향해 말했다.

"글쎄 말이다. 내가 너희들의 구도하는 꼴을 보고 망령이 들었나 보다."

그리고는 고개를 치켜든 채 조용히 굴 안으로 들어갔다. 우리도 제발 그 노승의 발길을 따라 자신들의 동굴 속으로 들어가자. 이 길밖에는 길이 없다.

시방제국토 무찰불현신(十方諸國土 無刹不現身)

시방 모든 국토에 빈틈없이 몸을 나투어 중생들의 소망을 풀어 준다는 관음의 묘지력을 우리의 피부에 와 닿은 실례로써 소개하고자 한다. 예로부터 불보살의 화현으로 볼 수 있는 군자와 귀재들이 부지기수로 많았다. 그러한 역사적인 인물로서 조선시대 박문수 어사가 그 좋은 예가 되겠다. 박 어사가 암행차 경북 문경에 갔다가 기인을 만나 민생의 애절한 원한을 풀어 주었다는 내용에서 잘 볼 수 있다. 박문수라 하면 당시의 명탐정이요, 인간과 귀신의 아픔까지 두루 보살핀 신통방통한 신화적 인물이다. 조선시대 역사의 많은 암행어사 비화 중에는 다른 어사들의 뛰어난 행적까지도 몽땅 박문수의 치적으로 휩쓸려 버린 감이 없지 않으나, 옛 시대에 뛰어난 준재들의 재담이나 기행은 두고 두고 생각해 볼 가치가 있다.

조선조 인물 중에는 인간과 신 사이의 교량 역할을 했던 기인이 몇 분계신다. 특히 화담 서경덕 선생의 신기한 일화는 늘 새롭다. 어느 날 학동들이 밖에 나가 휴식을 즐기는 사이, 웬 백발 노인이 화담 선생의 등뒤에 대고 큰 절을 올리며 "선생님 문안 드리옵니다. 모든 것이 인과응보입니다. 용서하여 주옵소서." 한다. 들은 체 만 체, 뒤도 안 돌아보는 젊은 화담 선생의 뒷그림자에 다시 정중히 절을 올리고는 조용히 노인은 물러섰다. 이 모양을 주위의 친구 몇이 보고서 너무나 괴이하여, 무심히 돌아앉아 자기 일을 보는 화담 선생에게 물었다.

"화담, 자네는 오늘 따라 어찌 그리 선비답지 못한가. 그 노인은 백수가 넘게 보이고 또 자네를 극진한 예로써 방문하였거늘 어인 일로 예를 갖추지 않는고?"

화담 선생은 심각한 얼굴로 말했다.

"자네들 눈에는 그 노인이 누구로 보이는가?"

반문을 받은 친구들은 어이없어 하면서 화담의 다음 말을 기다렸다.

"그 노인은 묘향산 산신령일세."

모두 놀라며 물러간 뒤에 선생은 제자 학동 하나를 불러 너의 부모님을 모셔오라 일렀다. 그 학동은 수대에 걸친 독자였는데, 화담 선생은 그 독자에게 곧 화가 미치게 되리라는 것을 알고 부모를 불러 화를 모면토록 해줄 요량이었다. 찾아온 학부모에게 독자 아들이 호랑이에게 물려가 요절하게 생겼으니 아이를 살리는 길은 한 가지 있는데, 그것은 나무묘법연화경(南無妙法蓮華經)을 수지 독송하는 일이니 지금부터 일 주일 동안 밤낮으로 계속 읽으라고 일러 보냈다. 그 학동의 부모는 너무 놀라워 집에 도착하는 대로 집안을 정결히 하고 밤낮없이 경을 읽었다. 학동의 어미는 글을 몰라 나무묘법연화경 제목만 외우고, 아비는 더듬거리며 경전을 계속 외웠다. 그러기를 일 주일, 새벽녘에 큰 산짐승이 호성을 토하는 바람에 마을 사람 모두가 놀라는 소동이 있었다. 이 짐승이 어린 생명을 하나 물어가야 할 모양인데,

어찌된 영문인지 큰 바다가 가로 놓여 학동의 집에 이를 수가 없었다. 그 시절에는 산이 깊어 호랑이가 많았고, 호승갈 목숨(호랑이로 인해 저승가는 목숨)이 요즈음의 교통사고 같았던 모양이다. 요즈음은 운명재천(運命在天)이 아니라, 운명재차(運命在車)란 유행어가 만연되고 있기도 하다. 학동은 무사했고 훗날 그 소문으로 인하여 더욱 화담 선생을 신 이상으로 숭배하게 되었다.

조선시대 송도삼절(松都三絶)이 있는데 용의 딸이 박 진사의 피리 소리에 남편에 대한 정절을 끊은 사연을 지닌 박연폭포가 그 하나요, 천마산 지족선사를 무릎 꿇려서 파계시킨 고약한 황진이가 그 하나며, 의절을 끊은 두 여인의 무릎을 꺾어 여자의 못된 망령을 끊게 한 화담 선생이 그 하나라 한다. 그중 송도삼절의 진수는 화담 선생이 아니었던가 싶다.

선조 당시 명신으로 많은 전설을 남긴 오성은 친구가 저지른 강간 치사 사건 재판을 앞두고 근심하였다. 친구를 구제할 수 있는 묘한 방법을 강구하느라 고민 중에 있었다. 그 친구는 명문 대가의 과부를 건드려 그녀를 죽음에 이르게 했다는 죄를 쓰고 있었는데 이 사건이 조정에까지 물의를 일으키게 되자, 오성 혼자의 힘으로서는 구제하기 어려운 상황이 되었다. 재판 날 아침 일찍이 오성은 선조대왕께서 자주 산책하시는 길목을 지켰다. 선조대왕을 만나 사정 이야기를 해볼 양이었다. 예상했던 시간이 되어 선조는 산책을 나왔고 오성과 마주치게 되었다. 평소 오성은 풍부한 재담과 넘치는 재치로 항상 선조를 즐겁게 하였다. 선조께서 먼발치에서 보니 보기만 해도 우습고 반가운 오성이 오늘은 어인 일인지 무거운 침묵에 싸여 있다. 묵묵히 예만 갖추는 오성을 대하자 선조는 "오성, 무슨 일로 그렇듯 우울하시오." 하고 물었다.

"아니옵니다, 전하. 이 세상사가 아니옵니다."

이 대답을 들은 선조는 야릇한 궁금증까지 생기게 되었다.

"그렇다면 저승에서 생긴 일이란 말이요?"

선조는 오성이 자아내는 분위기에 금방 심취했다. 오성은 됐다 싶어 즉석에서 우화 한 토막을 연출했다.

"오늘 아침 등청을 하려고 문밖을 나서는데, 황소 엉치에 달라붙은 진드기 한 마리와 모기 한 놈이 서로 다투는 소리를 들었습니다."

"허! 참, 오성은 그런 미물의 소리를 다 듣는다 하니 과연 오성이오, 그래 무어라 다투었소?"

"진드기는 밤새 저희 집 황소의 피를 너무 많이 빨아먹은 나머지 배가 불러 터져 죽을 지경이었지요. 그때 진드기가 모기 한 놈을 붙들고 하는 말이 '모기야 모기야, 그 연약한 주둥이로 두터운 쇠가죽에 박지 말고 내 뱃가죽은 얇고 부드러우니 내 뱃속의 피를 빨아 먹어라.' 하였습니다."

"그래, 모기란 놈이 그리하겠다 하던가?"

"아니옵니다. 모기가 그 말을 듣고 소스라치게 놀라며 한다는 말이 '왱왱, 싫어 싫어.' 하며 달아나려 하니까 진드기가 붙들고 통사정을 하는 것 아닙니까?"

"그래 뭐라고 사정을 하던가?"

"진드기란 놈이 하는 말이 '오성 대감 집 황소 놈은 뇌물을 얼마나 잘 받아 처먹었는가 피가 어찌나 단지, 내가 그만 깜빡했지 뭐냐. 나는 네가 아다시피 항문이 없잖니. 그러니 너의 긴 주사 바늘로 내 궁덩이를 푹 찔러다오! 하지 않겠습니까?"

"그러니깐 모기란 놈이 뭐라 하던고?"

선조께서 다그쳐 묻자, 오성은 천부적인 익살을 보이며 말하였다.

"애~앵~앵~ 에그머니나! 큰일날 일을 나보고 하란 말이냐? 너의 주인 오성 대감은 이미 나 있던 구멍을 뚫은 친구가 강간죄로 고생을 해도 살려내지 못하는데 만약 내가 너에게 본래 없는 구멍을 내 보렴. 내 신세는 어찌 되겠니? 위잉~ 하고 몸서리를 치면서 달아났습니다."

선조대왕은 이 희대의 명대신, 명코미디언 오성의 자지러진 유머를 차마 다 듣지 못하시고 말했다.

"오성! 오성! 그만하게, 자네 집 황소 엉덩이에 붙은 진드기와 문병(蚊柄) 생원이 그렇게 도덕군자일진대, 어찌 자네 친구가 강간죄를 범했겠는가. 됐네, 됐어! 자네 맘대로 잘 처리하게."

박문수가 태어날 때의 인연 설화가 있다. 박문수의 아버지는 오랫동안 자식이 없어 애를 태우고 있던 중 인간의 운명을 생각해 보니 불가사의한 공덕이 없어 자식을 얻지 못함을 알고 많은 재산을 유감없이 털어 불쌍한 사람들에게 보시도 하고, 거지들이나 가난한 이웃들에게도 재물을 많이 나누어 주었다. 어느 날 시장에서 가련한 나병 환자를 만나 후히 대접함은 물론 집으로 데리고 와 한방에서 같이 자기까지 하였다. 이렇게 며칠을 잘 묵고 미련 없이 떠나는 걸인을 보면서 박 생원은 자신의 소행이 이상하게 소문이 나돌까봐, 떠나는 젊은 나환자에게 "여보게, 부탁이 하나 있네." 하며 당부하기를 "자네 어디 가서든 이 박 생원과 한 방에서 동침했다는 소문은 퍼뜨리지 말게." 하였다. 그러자 이 말을 들은 총각 문둥이는 "생원님, 서방(西方)의 문수보살이 왔다 갔다는 소문은 내지 마시오." 하고는 총총히 사라졌다. 그 후로 부인에게 태기가 있어 길상스럽게 태어난 분이 박문수(朴文秀)라는 이야기이다. 문수라는 이름도 그 부친이 기인으로부터 듣고 지었음이 분명하다.

어느 날 암행차, 문경을 지나던 박문수가 산씨(山氏)라고 소개하는 몸집이 우람한 노인과 주막집에 마주 앉아 밤이 이슥하도록 막걸리를 나누고 있는데, 갑자기 관아의 나졸들이 나타나 "여기 침이라도 놓을 줄 아는 사람은 없소이까?" 하였다. 그러자 산씨 노인은 지긋이 눈을 감으며 허리띠에 달린 침대롱을 넌지시 보여 준다. 나졸들이 알아차리고 "노인장, 아이들 경풍을 다룰 줄 아시오?" 하고 물었다. "글쎄올시다. 내가 한 번 침을 놓으면 평생 감기도 않지 않고 건강할 수 있지. 헌데 침값이 천 냥이니 당신 상관에게 전하여 허락을 받아 오게." 나졸은 천 냥이 문제가 아니라, 아이만 나으면 만 냥이라도 괜찮을 것이니 어서 가자고 성화가 이만저만이 아니었다. 마지못해 일어서는 산씨를 쳐다보고 앉아 있는 박문수를 향해 산씨가 말하기를 "박씨도 같이 따라갑시다. 당신이 같이 가면 나도 갈 것이로되, 당신이 동행치 않는다면 나 또한 가지 않으리." 하며 뜻밖에 동행을 강요하였다. 박문수는 당초 자신의 신분을 은폐하기 위해 고의적으로 통성명을 할 때에 자신의 성을 김씨라 소개하였는데, 이 노인은 이미 자신의 성씨며 신분을 다 알고 있는 듯하여 내심 적이 놀라며 "예, 노인장 같이 가시지요." 하고 나졸들과 노인의 뒤를 따라 나섰다.

 문경 현감의 외아들이 갑자기 경기가 나서 다 죽어 있는 것을 노인은 대소롭잖게 침 한 대로 살려 놓고 현감으로부터 천 냥짜리 약속어음을 받아 쥐었다. 비범한 수완으로 거금을 받아낸 노인과 박문수는 밤이 이슥해서야 밖을 나왔다. 노인은 느닷없이 "박문수 자네는 나를 좀 따라와야겠네." 이제는 숨긴 이름까지 들추며 은밀한 명령을 하였다. 심히 놀란 박 어사는 졸지에 반사적으로 엄청난 위신력에 끌려 산씨 노인을 따라 어디론가 가고 있었다. 박문수로서는 기이한 노인의 행동에 반항할 아무런 힘이나 의심할 정신도 없었다.

 야심한 밤이라 지척이 불분명한데 노인의 팔을 잡고 어디로 얼마나 어떻게 왔는지, 잠깐 사이에 두 사람은 깊은 산속 송림이 우거진 기암절벽 밑에 당도해 있었다. "여기에서 자네와 헤어져야겠네. 이 어음은 자네가 가지게." 놀란 문수는 무언가 사연이 있다 싶어 시키는 대로 할 수밖에 없었다. 주는 어음을 공손히 받아 가지는 순간, 산씨 노인은 연기처럼 사라졌다. 장부다운 체구에 위풍이 당당한 그 산씨 노인은 졸지에 산이 되어 버렸다. 후세 사람들이 그 노인의 신분을 산신이라 하지만 허공에서 사라졌다면 천신이라 했을 것이고, 바다에서 사라졌다면 용왕이라 했을 터, 방향도 알지 못하는 심산 어디에 서게 된 박문수는 잠시 정신을 가다듬기 위해 심호흡을 하는데, 어디선가 소녀의 가냘픈 흐느낌 소리가 들렸다. 문수는 애절한 울음소리에 이끌려 갔다. 깊숙한 석굴 저 안쪽에서 불빛이 합장하고 앉아 기도하는 소녀의 애달픈 모습을 신비롭게 감싸고 있었다.

어린 소녀의 사연인즉, 문경 관아의 아전(衙前)인 아버지가 조정에 바칠 돈 천 냥을 포탈했다는 누명을 쓰고, 오늘 그 돈 천 냥을 갚지 못하면 죽게 되었다는 것이었다. 이렇게 절박한 아버지의 운명을 알아차린 어린 딸이 부모 몰래 집을 나와 이렇게 무서운 산속에 와서 저렇듯 신령님께 빌고 있지 않은가! 아버지의 목숨을 구해 보겠다는 효성스러운 소녀의 기도가 천지신명을 움직였고 박문수를 감동시켰다. 기도한 지가 스물 하루가 되는 날이며 기도를 마치는 날이자, 바로 오늘이 아버지의 최후의 날이었다.

박문수는 효성스러운 어린 소녀의 손을 꼭 잡고 하산하면서 새벽을 열고 밝아 오는 신령한 금수강산에 감개가 무량했다. 박 어사는 다시 한 번 주흘산(主屹山) 천왕봉을 우러러보았다. 천왕님의 넓은 가슴처럼 편평한 석벽은 떠오르는 아침 햇살을 받아 염부단금 빛이었다. 박 어사의 자비로운 눈에는 찬란하게 빛나는 석벽 위에 신비롭게 빛나는 글귀가 뚜렷하게 나타나 보였다.

靈山昔日 如來囑(영산석일 여래촉)
威振江山 度衆生(위진강산 도중생)
萬里白雲 靑嶂裡(만리백운 청장리)
雲車鶴駕 任閑情(운거학가 임한정)
故我一心 歸命頂禮(고아일심 귀명정례)

그대와 나는 옛날 옛적에
영산에서 부처님에게 부촉받기를
너희들은 위신력을 강산에도 떨치어서
저 불쌍한 중생들을 구제하여라
만리에 가득한 흰구름이
청산 구석구석을 감싸 주듯
구름을 수레 삼고 학을 멍에하여 천만 리를 다니면서
저 중생들 슬픈 마음 편안하게 하여 주어라
그대와 나는 옛날 부처님의 당부하신 사명을
일심으로 머리 위에 받들어 행하는도다

박 어사가 이 글귀를 보고 너무 놀라며 그 뜻을 깊이 깨닫고 이 한 목숨 다할 때까지 일심으로 세상의 불쌍한 민생을 위하여 있는 힘을 다 바칠 것을 더욱 맹세하였다. 갸륵한 효녀의 소원은 천 냥을 갚음으로 하여 모두가 해결되었다. 만생의 가슴에 감명을 주는 이 이야기는 값진 전설을 남겼다.

옛날 영산에서 석가세존으로부터 부촉받은 사명을 다하기 위해 이 강토의 구석구석을 보살펴야 했고 민생의 그늘진 아픈 곳이 있다면 오늘날 여객기와 초음속기와 같은 구름을 수레 삼고 학을 멍에 삼아 타고 천만 리 멀다 않고 다니면서 중생의 아픈 마음을 보살펴야 했다. 이 길만이 부처님의 은혜에 보답하는 길이요, 여래의 사명을 머리 위에 받드는 일이었다.

보라. 이렇게 관세음보살은 시방의 모든 국토에 빈틈없이 바삐 다니면서 중생의 소망과 아픈 상처를 다스린다. 우주가 붓 그 자체일지라도, 이 오묘한 불보살님의 하시는 일을 글이나 말로 표현할 도리는 없다. 다만 조용히 감사하는 마음으로 역사의 흐름 속에 그 분들은 어떻게 몸을 나투어 어떤 중생을 어떻게 구제하는지를 생각이라도 해 보자.

박 어사가 말년에 이르러, 또박또박 말을 배우는 손자와 이런저런 이야기 끝에 손자의 질문을 받게 되었다.

"할아버지, 할아버지는 어사또였다고 하셨는데 좋은 일만 하시고, 잘못한 일은 없었습니까?"

"있지, 지금도 그때의 실수가 가슴에 남아 나를 아프게 한단다."

그러자 손자가 물었다.

"그 일이 무슨 일이었습니까?"

"오래된 일이다. 어느 날 충청도를 순시하고 낯선 고갯마루 세 갈래 길에 당도하였는데 느닷없이 예닐곱 돼 보이는 소년이 황급히 뛰어오며 당부하는 말이 '아저씨, 제가 윗길로 갈 터이니 누가 제가 간 곳을 묻거든, 아랫길로 갔다고 일러 주세요' 하는 거야. 말끝도 다 맺지 못하고 소년은 윗길로 사라져 갔고, 뒤따라 나타난 험상궂은 무뢰한이 내 목에 칼을 딱 들이대며 소년이 간 곳을 대라는 것이었어. 엉겁결에 나는 소년이 사라져 간 윗길을 가리키게 되었고, 곧이어 어린 것의 찢어지는 비명소리를 들었지. 지금도 난 늘 그때의 악몽으로 가슴 아파한단다."

잔뜩 긴장하여 호기심 가득한 눈빛으로 듣고 있던 손자가 할아버지의 무지한 임기응변에 질색을 하며, 손바닥으로 방바닥을 탁 치면서 말했다.

"나는 할아버지가 명어사라기에 얼마나 지혜로운가 했더니, 별 수 없었구만 쯧쯧."

혀까지 차 가며 할아버지 박문수를 나무라듯 말하는 것이 아닌가. 손자의 거동이 너무나 가관이라서 문수가 물었다.

"그러면 너 같으면 그렇게 졸지에 일어난 상황에서 어떻게 처신했겠느냐?"

그러자 손자는 벌떡 일어나 눈을 감더니 맹인이 지팡이를 짚고 더듬거리는 시늉을 하는 게 아닌가. 박문수는 인생 말년에 어린 손주로부터 크게 깨닫고, 참 지혜가 무엇인가를 알았다고 한다. 이와 같이 불보살은 온갖 몸을 이용하여 우리 앞에 나투지만 중생이 다만 알지 못할 뿐이다.

작년에 서울 모 대학에서 정년 퇴임한 노교수의 말이 생각난다.

"나는 평생을 교단에서 지식을 쌓아 왔습니다. 이제 나는 지식의 무거운 짐을 벗어 버리고 지혜를 배우는 삶의 세상으로 돌아갑니다. 이제는 지혜로운 인생을 살렵니다."

지혜는 자기 내면에서 일어나는 슬기이다. 밖에서 들어가는 것은 지식이다. 지혜는 태양 빛처럼 발산되는 것이다. 그러한 지혜를 일으키자면 항상 몸과 뜻과 마음을 해방시켜 주어야 한다. 자유롭게, 편안하게 춤추도록 해야 한다. 그렇게 하노라면 자연히 내면에 있는 무한한 지혜의 빛이 일어난다. 참 지혜가 일어나는 날, 등불 앞의 어둠처럼 몸과 뜻과 마음이 지혜의 에너지로 용해되리라. 지금까지 예로 든 역사 속의 인물을 생각해 보노라면, 불경에 많이 나오는 여러 불보살과 선재동자가 우리 속에 항상 있음을 알 수 있다. 지금 이 순간도 불가사의가 부단히 일어나고 있다. 이것이 다 불가사의 해탈 경계에 머물러 있는 불보살의 대 신통인 것이다.

밥도둑의 과보

어느 해 봄, 친구 부인이 잘 아는 사이라면서 몸집이 뚱뚱한 아주머니 한 분을 데리고 와서 소개했다. 그 아주머니는 몇 달 동안 20여 명의 부두 노무자들에게 하루 세 끼씩 밥을 해주는 식당을 했다. 애들과 먹고 살기 위해 쌀이며 찬거리를 외상으로 얻어다 정성들여 식사 제공을 해 주었다. 그런데 하룻밤 사이에 밥값을 떼어먹고 다들 도망가고 말았다. 그 아주머니에게는 쌀값이며 찬값이며를 남겨둔 채 감쪽같이 도망을 간 것이다. 부인은 죽고 싶은 심정과 아울러 밥 도둑놈들을 죽이고 싶은 만가지 마음이 들끓어 몹시 괴로운 심정을 하소연했다. 그래서 이렇게 일러 보냈다. "아주머니, 몸집이 우람하니 쉬 죽지는 않을 터, 오곡을 삶은 물을 마시며 두문불출하고 '관세음보살'을 불러 보시오."

부처님 재세 시에 사위국왕이 세존을 찾아와 기이한 사건 이야기를 하였다.

"세존이시여! 며칠 전 저희 나라에서 한 마리의 소에 사람 셋이 목숨을 잃었습니다. 소의 주인이 소에게 여물을 먹이려다 뿔에 받쳐 숨지자, 다들 괘씸한 소를 장터에 끌고 나가 팔고 말았습니다. 그 소를 산 새 임자가 소를 몰고 집으로 오다가 그만 또 봉변을 당했지 뭡니까. 그 사람도 뜻밖에 목숨을 잃고 말았습니다. 그 사람의 아들이 아버지를 잃고 격분하여 그 소를 죽여 고기는 다 팔아버리고 머리만 남겨 두었는데, 웬 사람이 한사코 그 머리를 사겠다 조르니 아들은 그냥 주다시피 싸게 팔아 버렸습니다. 그 소 머리를 산 사람은 소머리를 둘러매고 집으로 가다가 시원한 나무밑에서 잠깐 쉬었다 갈 작정으로 나뭇가지에 소머리를 걸어둔 채, 땀을 말리다가 그 사람도 그만 즉사하고 말았습니다. 글쎄 그 나무에 걸어둔 소머리가 떨어지면서 그 사람의 머리를 치는 바람에 뇌진탕으로 그 자리에서 즉사했답니다. 세존이시여, 이러한 인연은 무슨 까닭으로 일어납니까? 어떻게 소 한 마리가 사람의 목숨을 셋이나 빼앗아 갑니까? 이것은 어떠한 연유로 생긴 사연입니까?"

세존께서 조용히 국왕이 전하는 말을 다 들으시고 나서, 그 소와 죽은 세 사람과의 전세 인연을 말씀하셨다.

"과거세에 혼자 어렵게 사는 노파가 밥장사를 하고 있었다. 그때에 먼 타향으로부터 돈을 벌겠다고 그 고장에 와 날품팔이하는 세 사람이 외로운 노파집에 하숙을 하게 되었다. 몇 달 동안 밥을 먹고 잠도 자곤 하였는데 고향으로 떠나는 날, 세 사람은 밀린 숙박비를 갚기 싫어서 공모하던 끝에 돈을 다 준 것처럼 말을 꾸며 되려 식당 노파에게 대들었다. 순박한 늙은이는 영악한 사내 셋을 힘으로도, 입으로도, 법으로도 당해 내지를 못했다. '네 이놈들 두고 보아라. 내 반드시 너의 세 놈을 내손으로 죽이고 말리라.' 하고 한을 품은 채, 노파도 죽고 그 사내들도 죽어서 마침내 이 세상에서 다시 만났느니라. 지금 얘기한 그 소는 그때의 그 노파요, 죽은 세 사람은 밥값을 떼어먹은 그 자들이니라. 이와 같이 인과응보는 누구도 피할 길이 없느니라."

왕과 대중이 이 말씀을 듣고 모두 엄숙한 진리에 탄복하며 숙연하였다.

한동안 잊고 지내던 차에 뚱보 아주머니가 커다란 사과 상자 하나를 껴안고 찾아왔다. 만면에 희색이 가득했다. 전신으로 반기는 몸짓으로 다가오며 얼른 알아보란 듯 '나 밥 도둑이오!' 한다. 사연인즉 염불 단식 일주일이 되던 날 새벽에, 누가 찾아와 주인을 찾으므로 나가 보니 일꾼들에게 일을 일을 시키던 십장 김씨가 식대 300만 원을 가지고 와서 그저 용서해 달라는 말뿐이더란다. 밤마다 조상으로부터 혼이 나게 꾸중을 들은 얘기도 언급하면서 말이다. 보라, 불보살은 이렇게 조상의 몸을 빌어 가지고도 깨우쳐 주고 마음을 밝혀 준다.

절로 가는 길에서 하고자 하는 얘기는 어떻게 하면 일반 대중이 절의 모습과 내용을 통하여 자신의 영혼 세계를 잘 이해할까 해서 변변찮은 도움말을 하고자 함이며, 아울러 부처님 가르침의 본 취지가 어디에 있는가를 절 내부의 사실적 물증을 통하여 알아보고 스스로 내면으로 들어가는 길잡이로 삼게 하고자 함에 있다. 그러나 막상 불법을 남에게 설명한다는 그 자체가 몹시 어렵고 무리도 없지 않다. 다만 일반 대중에게 불법은 이런 것이고, 절은 이러한 뜻으로 만들어졌구나 하는 일반상식을 전함에 더 큰 목적이 있으므로 독자들도 그렇게 믿고 넘어갈 줄 믿는다.

본디 불교는 어떤 모양을 멀리한다. 형식을 제일 무시한다. 뿐만 아니라 우리의 주간이나 객관적 관념을 제일 금기시하고 있다. 더욱 나아가서는 우리가 매일 쓰고 담고 다니는 마음까지도 저 수채구멍에 집어 던진다. 그러니 무슨 양식(樣式)과 의식(儀式)이 있으며, 절대라는 어떤 류의 사상이 별도로 있겠는가. 진정으로 불교적인 사람이 되고자 한다면 문제는 지극히 간단하다. 지금 당장 자기의 코끝을 보고 앉아서 들락날락하는 호흡을 의식하고 있으면 된다. 그 자체로서 백점짜리 불교 인생이 된다. 다름 아닌 자기 자신과 마음의 생태를 은근히 주시하는 의식만 있으면 된다. 세상이니 종교니 하는 생각 나부랭이들을 지그시 관조하는 그 자체가 완전한 깨달음이다.

그런데 이상하게도 모든 모양을 부정하는 절집에서 오히려 온갖 잡동사니를 긁어 모아 복잡미묘하게 신성시해 놓은 무속적인 환상술은 정말 염증이 난다. 불교를 빙자한 전설적인 유래에서 비롯된 자질구레한 신앙을 통하여, 설령 신령으로부터 금화를 받았다 해도 그것은 실물이 아닌 꿈이다. 꿈은 자기 생각을 원료로 해서 만들어진 환상적 사생아라는 사실에 대해 웃어 넘길 수 있는 지성과 대담성이 있어야 한다. 부처님의 밝은 지혜와 바른 지견을 믿는 굳은 신념이 없으면, 마침내 전부 무속이 된다. 칠성각에서 아들을 얻고 독성님이 영험을 주어서 손자가 일류대학에 합격했다 해도, 그들은 스스로가 그러한 소망이 성취될 수 있는 복력과 조건을 갖추었을 때에만 이루어진다. 이것은 평범한 우주의 섭리다. 그것은 어떤 신앙과 상관없이 우주의 밑바탕인 여래장(如來藏) 가운데 편재한 관세음보살의 묘지력의 섭리로 이루어진다. 평소에 그들이 무엇을 어떻게 했느냐에 따라 그들이 좋아하는 꼴로 반응했을 뿐이다. 다시 말하면 누가 무슨 재료로 어떤 집을 지었다 해도, 그것은 다 허공이 만들어 놓은 재료이듯 무엇 하나 허공의 섭리에서 벗어날 수 있는 것은 없다. 공(空)과 무(無)를 생명으로 하는 불교 집안에서 오히려 너무 요상하게 야단법석을 펴 놓으니, 초발심자로 하여금 불법을 제대로 터득케 하는 데 적잖은 어려움이 있다.

　이렇게 모순과 이율배반으로 되어 있는 불법의 말세 현상에 대해 우리는 많은 각성이 있어야겠다. 그것은 간단하다. 입을 가만히 두어 여러소리 하지 말고 머리로는 여러 분별하지 말고, 자기 자신이 지금 당장, 지금 여기, 이 현장에서 자기 현재를 의식하는 관자재보살이 되어 있는 길이다. 그러면 저절로 반야심경의 뜻과 똑같이 온갖 것이 부정된 후에 일어나는 '아뇩다라삼먁삼보리' 인 절대 긍정의 진실이 드러난다. "아! 이제 알겠다. 아~ 이제야 알겠다. 자기 자신을 바라보면, 그것이 저 해탈로 가는 모든 것을 이루는 저 성스러운 깨달음이라는 것을!'

　"아제 아제 바라아제 바라승아제 모지사바하"

연화좌(蓮華坐)

    연화는 불교의 꽃으로 상징되어 왔다. 그래서 연꽃 하면 불교를 생각케 된다. 그렇다면 연화에 대하여 그 의미하는 바를 살펴보자. 연꽃을 연하(蓮荷), 혹은 연화(蓮花)라고 쓴다. 그러나 불법에서는 꽃 화(花) 자를 쓰지 않고 유독 빛날 화(華) 자로 쓰고 있다. 그 이유는 연꽃 하(荷) 자나 꽃 화(花) 자는 식물의 꽃을 일컫는 이름일 뿐 영성의 꽃을 의미하는 글자로는 쓰지 않기 때문이다.

    특히 불법은 처음부터 사념의 응어리인 티끌을 가지고 다루기를 멀리한다. 근본적인 마음(心)을 다루고 있으므로 아름다운 마음이 변형을 이룬 꽃이라는 뜻에서 빛날 화(華) 자를 쓰고 있다. 마음의 꽃을 의미한다. 경의 이름도 화엄경(華嚴經), 법화경(法華經) 하는 빛날 화(華) 자의 글자가 뜻하는 바로 미루어 보아도 경전이 뜻하는 바가 짐작이 갈 것이다. 인간 내면의 마음의 꽃은 흡사 전구로 만든 꽃처럼, 실제로 찬란한 빛을 발한다. 지상에 있는 꽃(花)은 별이나 해 같은 빛을 지니고 있지 않다. 빛깔과 향기와 조화로움은 있어도 빛을 발산하지는 못한다. 그래서 빛을 내지 못하는 지구상의 꽃으로는 진리의 꽃, 마음의 꽃에 비추어 근사할 뿐 사실상 비교가 안 된다. 그래서 마음을 다루는 불법의 세계에서는 영성의 꽃을 의미하는 빛날 화(華) 자를 불가피하게 쓰고 있다. 모든 경전에 보면, 부처님이 설법하실 때 천상에서 뿌리는 꽃비는 향기와 빛과 아름다움과 묘한 멜로디까지 가득 담고 있다. 신비로운 화음성(華音性)의 꽃이다. 영혼의 꽃이다.

연꽃은 물속에서 자라나서 물위에다 한 송이 청순한 아름다움을 피우는 꽃이다. 보면 볼수록 참으로 묘하다는 생각이 드는 꽃이다. 꽃 그 자체로 말하면 꽃의 세계에서 왕이라 해도 손색이 없다. 그런데 하필이면 왜 더러운 웅덩이에서 자라는가 하는 의문이 생긴다. 연잎이나 연꽃잎은 한 방울의 물방울도 용납하지 않는다. 물체 위에 뜬 수은 방울처럼 연잎 위의 방울은 언제든지 흘러내릴 준비를 하지 않으면 안 된다. 향기 또한 유별나다. 청정연화목상(淸淨蓮華目相)이라 하는 불보살님네의 수려한 눈 모습으로도 비유되는 꽃잎의 모양은 보면 볼수록 자기 내면을 보게 하는 힘이 있다. 부처님을 생각하노라면 저절로 연꽃 생각이 따라 일어난다. 불보살님들이 앉은 좌대나 서 있는 발밑에는 반드시 연화가 신발처럼 받쳐져 있다. 최고의 신성에 대한 인간들의 경배 정신에서 비롯된 종교의 의식이거니 하고 막연한 믿음으로 위장해 덮어 두기에는 너무나 아까운 뜻이 있기에 여기서 생각해 보기로 하자.

세상 만물은 그 무엇 하나 의지하는 바탕이 없는 것이 없다. 우리가 살고 있는 지구는 무한한 허공을 의지해 머물러 있고, 저 끝없는 허공은 미진 같은 진공 속에 머물고 있다. 티끌 같은 진공은 우리들 심성으로써 전체로 드러내 보이는 견성(見性)에 의지해 있고, 견성은 식(識)에 의지해 있으며, 식은 묘각(妙覺)에 의지해 있고, 묘각은 의지한 곳 없는 여래장(如來藏)에 그냥 그대로 머물러 있다. 이렇게 머물고 의지하는 주지(住持)하는 근본 바탕을 궁구해 본다면, 불보살님이 앉아 계시는 연화좌는 여래장인 구경(究竟)의 상징이 되고 있다. 왜냐하면 불보살님은 묘각을 증득하신 분들이기 때문이다.

여래장, 그곳에서 일어선 분들이 이 세상에 나와서 온갖 모양을 나투어 우리를 구제하신다. 이러한 불출세의 요묘한 뜻을 연화좌에 앉은 불보살상으로 형설하고 있다. 그렇다면 연화좌의 위신과 공덕은 엄청나게 높은 차원이다. 그렇다. 부처님네가 불사를 지어 설법하실 때에는 반드시 연화좌대부터 먼저 설치해 놓았다. 그것은 무엇이나 구경해탈의 묘한 불법을 근본으로 한다는 뜻이다. 설령 사자좌(獅子座)를 놓았다 하더라도, 사자좌 그 위에는 반드시 천 폭의 연꽃이 받들고 있다. 불보살이 그 위에 앉아 모든 불사를 지으셨다. 법문하실 때는 연화좌를 사자좌라 부르기도 하지만, 실은 연꽃 좌대 밑에 사자의 모양을 그림으로 그리거나 조각해 놓고 있다. 그것을 사자좌라 했다. 이렇게 하찮게 보이는 꽃을 최상의 경지인 구경으로 비약시킨 데는 그만한 뜻이 있을 것이다. 붓다들은 일체가 부처님으로 보인다고 하는 진실한 지견을 우리에게 여러 각도에서 보여 주기 때문이다.

　부처님에게 올리는 공양 중에 목숨과 몸을 제외하고는 꽃 공양이 최상의 것으로 알려지고 있는 이유를 먼저 알아야 한다. 성불도 한 송이의 꽃처럼 피워 내야 하기 때문이다. 꽃 한 송이의 신비를 여래장이라고 하는 구경의식으로까지 대비시킨 데는 그만한 이치가 충분히 있다. 그 좋은 실증으로 인간이 제 아무리 머리를 써도 꽃 한 송이의 신비를 알지 못하며, 그것을 만든다는 것은 연금술보다 훨씬 더 어렵다. 인간의 지혜로는 염색체 하나를 만들기조차 어렵다. 우리의 본래 묘각에서 피어난 지고한 그 무엇을 손끝으로 만들어 보겠다는 시도 그 자체가 불가능하기 때문이다. 연꽃은 인간의 본질을 상징하는 마음이다. 마음을 깔고 앉은 분이 붓다이다. 마음 밖에서, 마음을 마음대로 운용하시는 분이 세존이시다. 마음을 깔로 앉은 세존만이 마왕(마음)을 항복받은 분이다. 어째서 마음을 연꽃으로 대비해 보는가. 마음이 연꽃 같은 특성을 지니지 않았다면 어떻게 우리 마음이 이렇게도 신비로울 수 있겠는가. 마음은 온갖 신통을 다 부린다. 온갖 조화를 다 부리다가도 금방 허공처럼 텅비어진다. 그런가 하면 또 금세 천만 리 밖의 애인 곁에 가기도 하고 금방 자기의 배꼽에 가기도 한다. 그런가 하면 신성한 마음으로 불경을 읽고, 불경을 읽으면서도 육체의 소리인 밥 생각을 한다. 밥을 먹으면서도 흘러간 옛 추억을 뒤적거리고…….

이런 식으로 마음의 연꽃은 도무지 어디에도 가만히 머물러 집착하지 않는다. 연꽃에 티끌이 묻지 못하듯 말이다. 마음이 본드처럼 유착성을 지녔다면 연인을 생각할 때는 그 연인의 모습만 생각하게 되므로 마음이 다른 데로 방황을 한다는 것은 쉽지 않을 것이다. 보라! 잠시도 마음은 그냥 있지 않는다. 연인의 얼굴을 생각하는가 하면 금세 애인의 온 육체를 더듬다가는 훌쩍 나비처럼 날아 어디론가 미련없이 간다. 한 마디로 마음은 유랑민이다. 이것이 연꽃 같은 불성을 지닌 마음이다. 이 황야의 번지 없는 무법자가 천 폭의 꽃잎을 가진 마음이다. 이 마음을 부처님의 연꽃 좌대로 가공을 해 나가는 길이 불도다.

꽃은 자고로 환상(幻想)의 대명사로 혹은 요정의 꽃 요화(夭花)로 나쁘게도 비유되어 왔지만 좋게는 붓다의 꽃신으로도 상징되어 왔다. 불보살의 꽃신, 꽃좌대란 무엇을 의미하는가? 그 마음속에 불성이 앉아 있다는 뜻이다. 속된 우리의 변태적 광기 속에도 요지발광을 하는 난폭한 그 마음속에도 거룩한 불성이 앉아 있다는 뜻이다. 부처님이 깔고 앉아 계시는 연화좌대의 상징은 깨달음의 밑바탕 여래장을 의미하고 있으며, 딛고 선 연화상은 중생들의 마음속에 숨어 있는 불성의 상징이다. 그러나 저러나 앉았거나 섰거나 그 본질은 동일한 불성임을 묘설하고 있다. 연꽃을 법안으로 본 게송 한 편을 지어 본다.

연화게(蓮華偈)

부처님 미묘법을 연화라하네
연꽃은 부처님의 묘법같아요

흙썩어 생긴연근 선근이되고
청렴한 연잎사귀 방등경같아
대승도 보살님네 평등심같네
정결코 아름다운 꽃잎사귀는
부처님 위요하신 보살마하살
둥글고 원만함은 여래장같고
곱고도 부드러움 대자대비심
꽃받침 법상같아 반야바라밀
대방광 화엄경의 요의가되고
연밥은 실상같아 묘법연화경
담연한 연못이랴 대반열반상
한송이 백련화에 불법다있네
부처님 연화좌에 항상계심은
제법의 실상들이 그러함이며
우리들 마음자리 또한그러해
불자는 머리숙여 경배합니다

칠차원(七次元) 너머

세속에서는 사차원(四次元) 얘기로 물질세계를 이해하고 있다. 물리학에서는 물질계의 억만분의 일도 안 되는 미진 중의 세포 하나를 가지고 지금도 씨름 중이다. 사고 부재만이 사차원이 편히 쉬는 아방궁이다. 차원이란, 물과 불을 비교할 때와 같이 완전히 독립된 개체성을 띤 것을 말한다. 동질의 술을 먹으면서 소주와 막걸리의 차이를 두고, 먹는 차원이 다르다는 말을 쓰면 곤란하다. 지금 얘기하고 있는 연화 차원은 팔차원이다. 공간에는 사차원의 사대(四大)가 있다. 그것은 질소(地), 수소(水), 탄소(火), 산소(風)라 설하고 있다. 여기에 공대(空大)가 하나 더하여져서 오차원이 된다. 이 공이 어디서 왔는지 그 출처만 알면, 현대 물리학의 숨통이 터지는 지름길이 된다. 또한 정신세계로 들어가는 신비의 첫 관문이기도 하다. 이것은 우리의 지식이나 사고가 미치는 영역은 아니다. 그 사고의 바탕이 공인 것은 사실인데, 이 공이 과학에서 말하는 물질이면서 아닌 것이다.

문제의 핵심은 여기에 있다. 이 오차원을 표현하기 위해서는 현재 우리가 쓰고 있는 단어부터 수정을 가해야 한다. 새삼스럽게 새로운 단어를 만들 필요는 없다. 옛 선각자들은 뛰어난 이론 물리학자였다. 미래에 필요한 많은 용어들을 개발해 두었다. 긍정도 부정도 아닌 말이 그것이다. 이를테면 역부여시(亦復如是 : 그런 것 같기도 하다), '글쎄올시다', '아마 그런가 보다(如如)' 등이다. 다시 말하면 중립성을 일컫는 중성어인 셈이다. 즉 이것도 저것도 아닌 것을 인정하는 긍정의 표시 삼각형(△)을 편의상 삼각지(三角知, △ : 理解의 별명)라 해보자.

수천 년 동안 인류는 이것 아니면 저것이라는 OX 시험 답안 의식 교육을 전문으로 받아 왔다. 이러한 교육 속에서 자라온 현대 지성의 사고로는 보다 높은 의식 차원으로 도약할 수 없다. 온갖 존재는 OX 로만 되어 있지도 않다. 이러한 절대 선택의 사고방식 때문에 저마다 자기로 돌아가지 못하는 고정관념의 벽을 안고 있다. 하루속히 밝은 지성 교육자가 많이 나와서 이 엄청난 인류의 OX 병을 O도 X도 아닌 것을 이해하는 우주 의식으로 해방시켜야 한다. OX만이 정답이 아닌 삼각지(△) 표로 정답이 될 수 있는 폭넓은 이해와 이를 위한 새로운 교육을 통하여 시시비비를 뛰어넘는 사고 전환이 있어야 한다.

예를 들자면 꽃 한 송이가 피었다. 그러면 그 꽃은 나무에서 나온 것인가,

뿌리로부터 나온 것인가, 아니면 땅속에서 나온 것인가 하는 문제에서 OX식으로는 정답이 나오지 않는다. 이쪽과 저쪽을 다시 긍정도 부정도 아닌 이해 표(△) 삼각지가 의미하는 진솔한 이해의 확신에서 진정한 해답이 나온다. 비유와 같이 꽃나무에서 꽃이 나온 것이라 대답하면 국집이 된다. 또 뿌리에서 왔다 해도 결과는 마찬가지이며 땅에서 왔다 해도 마찬가지다. 이 세 곳을 부정하면 허망이 된다. 그러므로 이것도 저것도 아닌 것도 이해 표인 삼각지 표(△)로 세 곳의 조화로움의 신비를 긍정하는 인식의 표현이 있어야 진리의 답이 된다. 이러한 이해를 바탕으로 보다 넓은 의식의 확장이 있어야 온 인류는 지성스러워진다. 이 세상에 무엇 하나 삼각지(△)로써 긍정도 부정도 아닌 긍정으로 되어 있지 않은 것은 없다.

일찍이 불경에서는 이러한 진리의 섭리 때문에 이(伊 : ∴) 자를 계발해서 썼다. 이렇게 인간의 의식이 물질 차원에서 긍정도 부정도 아닌, 아닌 것도 아닌 긍정의식이 있어야 온 인류는 다툼이 없어지고 이단과 편견이 없어져 국가나 사회나 가정이 화목해진다. 세상의 진정한 평화는 삼각지(△)의 사상에서만 보장된다. 여기서 한 번 더 부정이 일어나면 다이아몬드형의 육각형(六角形)인 육차원의 무심한 선정의 차원이 일어난다. 삼각지의 긍정이 부정되면 바로 여기가 침묵이다. 마음이 사라진 침묵의 차원이다. 종교의 침묵을 알겠는가! 여기서 한 번 더 부정을 긍정하게 되면 적정(寂靜)이 된다. 침묵이 사라진 정묘로운 의식 상태다. 팔각형의 칠차원이 된다. 곧 식(識)의 차원이며 여기서 한 번 더 긍정의 부정을 긍정하게 되면 팔차원의 적멸(寂滅)이 되고, 12면체의 원형질인 묘각장 대원경지(大圓鏡地)가 일어난다. 그래서 어떤 신상(神像)에 보면 두부 원광상을 12면체로 그린 후광상이 있다. 마치 여러 개의 별을 상징하듯 했지만 사실은 지극지묘한 내면 실상의 적멸상을 기하학적으로 묘사한 것이다. 다만 철학적으로 도설했다는 점이 일반 원광상과 다른 점이다. 이 같은 이론은 둥근 연화좌에 앉아 계시는 측면으로 살펴보았다. 본시 해탈도의 부정과 긍정의 이해 공식인 기하학을 기세간의 공학에 응용한 것이 오늘날 과학이다. 우리가 지성스러워지고 침묵할 줄 알면, 마침내 내면에 적정이 일어나서 지고한 깨달음의 적멸이 자기가 되는 성불의 그 날이 올 것이다.

인류는 일찍이 욕구 충족을 위하여 모든 것을 부정만 하고, 그 부정이 긍정된 자유와 평화와 사랑을 절대로 용납하지 않았다. 전쟁 외에는 용납한 것이 없음을 상기해 보자. 이러한 OX 상대성 논리 때문에 사람의 의식 구조도 사느냐 죽느냐에 승부를 거는 도전 근성이 인간의 본질이 되었다. 이러한 이단적 OX 역학이 정신 문화면까지 깊이 잠식하여 인류의 상식이 되어버렸다. 그러므로 무엇이든 극단 논리로 흘러가고 있다. 예냐 아니냐, 이것이냐 저것이냐 식이다. 이러한 힘의 투쟁 논리는 별(☆)들의 전쟁 역사에서만 긴요하게 쓰여 왔다. 전쟁의 투쟁 의식에서 비롯된 흑백 문화가 오늘날 인류의 저변에 깊게 깔려 있다. 그러다 보니 신성해야 할 학원에서까지 OX를 가르치고 있다. 진리의 세계가 아니라 하더라도 만상 가운데 미진에 이르기까지 모든 존재는 맞다 틀리다는 식으로 정답이 되는 존재는 하나도 없다. 문답 없는 실재만 존재할 뿐이다. 죽음 아니면 승리를 쫓아다니던 전쟁광들의 환각이 빚어낸 극단논리가 오늘까지 계승되고 있다는 사실을 생각해 보면 웃다가 죽을 일이다.

이(∴) 자와 같은 뜻을 가진 것으로 우리나라에는 일찍이 훔(△) 자가 있었다. 진리에 있어서 중립성의 뜻을 표현하는 중성음의 대표적 표기였다. 언제 어떻게 이 글자가 없어졌는지 모른다. 우리에게 꼭 있어야 할 문자이다. 만류 본질을 표기하는 중성의 소리글자이기 때문이다. 훔(△) 자와 같은 의음(意音)의 소리를 나타낸 한글은 훔(△) 자 외에도 많이 있었다. 진리의 중립성을 직설한 진리문이 옴, 훔이다. 옴은 흡입(吸入), 충만의 음이고 훔은 토음(呼音) 즉 충만을 비우는 음이다. 이것은 삼라만상의 생멸을 음(音)으로 묘사한 진언문이다. 그래서 절의 벽화에 나타내 보인 신상이나 사자상들을 잘 보면, 대체로 입술을 딱 벌려 ㅇ자 모양과 입을 굳게 다물은 ㅡ 자 모양이다. 이것은 모든 진리는 호흡하는 숨(壽) 속에 다 있다는 뜻이다. 절의 신상에서 보이는 입 모습은 ㅇ, ㅣ, ㅡ, △, ㅁ이다. 이 다섯 가지 글자가 곧 옴이 되고 훔이 된다. 오음(五音)의 모체가 되기도 한다.

어떤 지식인은 이렇게도 말한다. 요즈음 동양 철학을 하는 사람이나 종교에 종사하는 사람(성직자)들이 왜 현대 과학이 개발해 놓은 용어를 도용하느냐고 반박한다. 우주 법계의 진리는 부처나 예수가 있건 없건 상관없이 항상 그대로 존립하고 있음을 알아야 한다. 하물며 과학자 한 두 사람이 벼룩의 간을 뒤집어 본 얘기 같은 과학 술어 몇 마디를 네 것, 내 것으로 나누어서 써야 한다는 저 어리석음을 어쩌면 좋겠는가. 저 과학자들도 진리를 풀어 가는 과정에서 남이 독창적으로 개발해 놓은 용어를 많이 빌어 쓴다. 누구나 현대인을 위한 이해에 도움이 되는 술어가 있다면 그것을 빌어 쓰는 것은 누구의 말이든 상관없다. 특수 용어에 특허 상표가 붙어 있지 않은 한 말이다. 2000년 전에는 지금처럼 말이 그렇게 중요한 의사 전달의 수단이 아니었다. 뛰어난 과학자는 물질의 이면을 본 사람이다. 깨달음을 이룬 사람은 태어나기 전에 존재했던 자기 영자의 과거사부터 미래에 있을 자신의 후사를 현재를 보듯 빤하게 본다.

진리를 다루는 사람은 진리적인 사람을 만나면 침묵으로 대화를 나누고, 신적인 사람을 만나면 주술 같은 소리로 의사를 나눈다. 보통 현대 과학 상식으로 무장된 사람을 만나면 보통 사람이 만들어 놓은 과학 용어를 사용한다. 그래야 일반 사람이 알아 듣는다. 프랑스의 물리학자이면서 종교 사상가인 파스칼의 이야기를 들어 보자.

"내가 자신의 존엄성을 찾아야 될 곳은 공간이 아니고 사색의 영역이다. 내가 만일 몇 개의 세계를 소유한다면, 나는 더 이상 아무것도 필요없다. 우주는 공간을 통하여 나를 원자처럼 삼켜버릴 것이다. 그러나 나는 사색을 통해 세계를 이해한다."

여기서 사색은 명상의 잘못된 번역이 아닌가 싶다. 사색은 사념의 장난이다. 명상은 사고 주시(思考注視)이다. 명상은 공간인 우주를 이해하는 과정에서 우주 밖에서 우주를 본다. 명상은 이렇게 진실의 공을 직시하기 때문이다. 명상을 통하여 우주 밖에서 우주를 보아야 인간의 무지가 숨통이 터진다. 현대 물리학의 대가 에팅톤은 "물질이란 깊이 분석해 들어가면 들어갈수록 사념에 지나지 않는다는 것을 알 수 있다. 물질은 사념의 응결 현상에 불과하다는 것을 알게 된다. 사념과 물질은 동질이다."라고 하였다. 지혜로운 견해이다. 진리는 아무리 추구해 보아도 사고로는 바른 해답이 없으므로 깨달음을 이루신 세존의 말씀을 들어 보자. 거듭 당부드리는 바, 이 글은 일종의 신성 세계로 가는 정보로 알고 넘어가야 한다. 깊은 이해는 수도를 통해서 체험해야 하며 문자를 통해서 진리를 터득하거나 깊은 이해가 일어나지는 않는다. 말과 글은 뜻을 귀띔해 주고 지혜로운 행위가 일어나도록 도울 뿐이다.

오차원에서 생기는 공(空)은 여래장 중에서 성품이 깨닫는 각(覺)의 진공과 성품이 공인 진각이 본래 청정하여 그대로 우주에 두루 변재하여서 그것이 중생의 마음을 따르고 아는 깜냥을 따른다. 온갖 의식 현상을 말한다. 육차원에서는 전체로 드러내 보이는 견성(見性) 차원이다. 여기서 견성에 대한 시 한 수를 들어 보자. 부처님의 게송이다.

견 성 게 (見性偈)

견성이란 무엇일까 부처님말씀
온갖마음 다비추니 견성이라네

동하거나 멸하거나 없어짐없고
오고갈곳 없으므로 여래장일세
혼란없고 걸림없어 분석못하네
본다는것 여의어서 분별심없네

견(見)은 드러나 보일 '현' 자로 해독하길 당부한다. 우리가 보는 시력과는 다른 뜻을 갖고 있다. 이 견성은 여래장 중에 명경같이 드러내 보이는 성품인 각(覺)의 밝음과 우리 마음 저쪽 건너 도피안(到彼岸)으로 표현되는 신성한 영역을 말한다. 각의 정기인 밝게 보는 것이 본래 청정하여 우주에 두루 충만하여 있는데 이것이 중생의 마음을 따르고 그 아는 바 정도를 따른다. 즉 중생의 심리 현상을 말한다. 그 견성이 눈으로 가면 봄이 되고, 귀로 가면 들음이 되는 이치이다. 지금 얘기하고 있는 주제는 물질 세계에서 영혼의 세계를 지나 깨달음의 본각으로 올라가는 단계(차원) 이야기를 하고 있다.

칠차원의 식(識)이다. 이 식은 여래장 중에 성품이 식인, 밝게 깨닫는 진식(眞識)과 밝게 아는 알음알이인 각명(覺明)의 진식이 묘한 깨달음으로 밝게 우주에 가득하여 있으면서, 시방의 허공을 삼키고 뱉아낸다. 그러므로 어찌 식이 있고 없을 곳이 따로 있겠는가. 인간들의 생각하고 행위하는 지음(業)을 따라 나타나는 것을 세간이 무지하여 인연이니 자연이니 화합이니 말하지만, 모두 이것은 식심으로 분별하고 헤아리는 것인지라 다만 말뿐이니 전혀 실다운 뜻이 없다고 부처님께서 말씀하셨다. 팔차원은 근본 여래장이다. 말하자면 그렇다는 뜻이다. 부처님께서 게송으로 읊으신 시 한 수를 읽으며 진실로 진리의 실상이 연화좌에 비교될 수밖에 없는 불가사의한 진실을 깨닫자. 연꽃잎은 8엽이다. 팔차원과 무관하지 않을 것 같다. 이 글귀에 부처님의 육성이 담기는 시대가 올 것이지만, 지금은 여러분의 신성한 영감으로 이 좋은 게송의 향기와 소리를 함께 음미하기 바란다.

칠대여래장(七大如來藏)

너는원래 그러함을 알지못했네
여래장의 그가운데 색의성품을
색의성품 본래부터 진공인것을
공의성품 원래부터 참된식인걸
본래부터 청정하여 법계에가득
중생들의 마음따라 앎이다르며
깜냥대로 지음따라 응하는일을
업연으로 순리따라 일어나는일
세간사람 앎이없어 하는말들이
인연이라 자연이라 말하지마는
식심으로 분별하는 말과글자들
도무지 허망하여 실의가없네

불법 가운데 말씀한 글자 하나하나에 담겨 있는 뜻과 우리가 육안으로 보는 연화좌대 하나에도 무궁무진한 불가설 차원의 무량한 법문이 깃들어 있음을 이해시키기 위해, 묘한 진리(妙法) 현상 열 가지를 특성별로 말씀하신 부처님의 십여시(十如是)가 있다. 그것은 어떤 현상이나 성품이나 물체나 가진 힘이나 이루는 작용이나 원인이나 인에 따르는 연분이나 어떤 결과나 결과로 빚어진 응모나 필경에 구경의 묘한 이치가 어떠한 존재 그 무엇에든지 십여시(十如是)가 꼭같이 갖추어져 있다고 잘 설명하셨다. 그러므로 만법은 십여시인 무량의(無量義)를 다 갖추고 있음을 생각해 보면, 앞에서 서술한 것들은 지극히 미미한 추상에 지나지 않는다. 그러나 이러한 글귀가 많은 독자로 하여금 절을 다소라도 이해하고 절을 조금이라도 앎으로 해서 무지에서 비롯되는 잘못된 편견과 불만을 부수고, 좀 더 밝은 새로운 각성의 눈으로 전부를 긍정적으로 받아들이면서, 대해와 같은 평등심을 저마다 이루어 다 같이 바라밀이 되고 찬불가가 되길 바란다.

선원(禪院)

금기의 성역

이 곳은 선객(禪客)을 제외하고는 일체 외인의 출입이 용납되지 않는 곳이다. 절 안에서 가장 엄숙한 금기의 성역이다. 주야로 항상 기승기승한 정적이 가득한 도량이 선원(禪院) 혹은 선방(禪房)이다. 수만 생을 혼란 속에 살아온 중생의 요란한 마음을 특별한 공간을 통하여 내면에 휴식을 심어 주자는 이곳은 본래 절이 지니고 있는 목적과 사명이 가득한 곳이다.

　선원은 연꽃의 열매와 같다. 비유하면 흙탕물을 그릇에 담아 오래 두면 저절로 맑은 물은 등청하게 되고 흙은 가라앉게 된다. 이와 같은 자연의 섭리를 정신 수양하는 방편에 응용한 곳이 절 안의 선원이다. 그러므로 선원의 주위 환경은 어느 구역보다도 성역이라 할 수 있다. 바람이 오고감에 자취가 없듯, 선실에 계시는 스님네는 발자국 소리 하나 없이 일거수 일투족이 민감하게 깨어 있다. 깨어 있다는 말은 초롱초롱한 밝은 의식을 말한다. 선원에 있는 스님들과 함께 선실로 따라 들어가 보자. 먼저는 발자국 소리를 죽여야 하므로 발뒤꿈치를 들고 빙판을 걷듯 하여야 한다. 신발도 부처님 모시듯 정성스레 모셔야 한다. 걸음걸이에서부터 뜨락에 신발을 벗어 놓는 일거일동이 예리한 깊은 침묵과 일치해야 하며 지극한 정성을 들임이 면도칼 같은 정신이 번뜩이지 않으면 선원에 임할 수 없다. 그렇지 않으면 설령 선방에 앉았다 하더라도 세속에서의 망동이 갑자기 고요를 만나게 되면 졸지에 내면이 몹시 요란해지면서 도무지 고요의 압박을 배겨낼 수가 없다.

선방에 들어서면 옷자락 소리까지 죽여야 한다. 선실을 요양원 정도로 생각했다가는 요절나기 십상이다. 선원장의 고고한 도풍이 벌써 무언가 위엄을 암시하는 가운데 여러 스님네가 자신들의 자리로 돌아가 앉는 모습을 보면, 도(道)란 말이 아니구나 하고, 노자의 말씀 '도가도(道可道)요' 하는 말의 바른 뜻을 알게 될 것이다. '도다운 사람이 도다.'라는 노자의 진리문이 확 와 닿을 것이다. 그러므로 지금부터 자신들의 마음이 의식의 머릿속으로 그림자 없는 바람처럼 살금살금 스며들어 가게 하자. 지극한 의식이 관조하는 행위가 바로 도(道)임을 알 것이다. 옷깃을 스치는 바람소리까지도 읽을 것 같은 정숙함이여, 그대의 머릿속에서 파도처럼 일렁이며 토해 내는 온갖 사념의 낱말들이 선실에 명멸하고, 지고한 영혼들의 소슬히 빛나는 침묵 앞에 온갖 불안이 질식해 버릴 것이다. 강물이 바닷속으로 사라지면서 어떤 표정도 보일 수 없듯이 스스로의 내면에 있던 엄청난 자존심이 구처없이 어떤 힘 속으로 휘말려 들어감을 의식할 것이다.

오랜 수련을 통하여 단련된 도골(道骨) 스님들의 흰벽을 안고 숨소리마저 죽여 가며 단정히 앉은 모습에서 '아! 도가도(道可道)로구나!' 하고 감탄할 것이다. 도다운 그 모습 자체가 바로 도인 것이다. 공연히 선원밖에서 도(道)가 어떻고 선(禪)이 어떻고, 해탈 열반이 어떻고 해왔던 자신들이 가관일 것이다. 완전히 종교에 대하여 착각을 하고 있었다는 사실을 느낄 것이다. 현 조계종 선찰은 달마대사의 후손들이다. 저마다 벽을 안고 코끝을 보며 화두(話頭)를 머리에 떠올리고 있다. "나는 누구인가?" 하고 자신들의 존재에 심각한 의문을 던진다. 참선은 심리학이나 자기를 분석하는 자아탐구가 아니다. 오히려 그 반대가 목적하는 바다. 나는 누구인가 하는 그 자에 대한 신분 확인이 아니라, 그렇게 묻고 있는 본질을 촘촘히 의식하노라면 내밀하게 묻는 자와 은밀하게 감지하는 자를 전체로 의식하게 된다. 묻는 자와 의식하는 양자 간에 촘촘히 영감의 간격이 벌어지는 묘한 심경이 일어난다. 마침내 그 누구도 아닌 그 무엇도 아닌 신령한 자성이 드러난다. 그렇게 되면 "나는 누구냐?"고 묻는 생사윤회하던 마음과 팔식의 장식(藏識)인 밝은 각성이 분리되어 사라지고 미묘한 본각이 홀연히 드러난다. 반대로 묻는 자와 의식하는 자가 합일이 되면서 깊은 무의식에서 만생의 피로를 확 풀고 실컷 자고 일어난 사람처럼 마침내 깨어나는 묘명한 경지가 있기도 하다. 어떠한 사고나 사념으로 일어나는 경지가 아니라, 사념과 의식이 송두리째 사라지면서 꿈을 깨는 듯한 자각 현상이 깨달음의 신비이다. 이것은 필설의 소관이 아니다.

누구나 처음 참선을 하면 오히려 생각지도 못했던 한없는 번민이 앞선다. 화두를 들든, 염불선을 하든, 어떤 방법을 취하더라도 금방 의식하던 주제를 단박에 잊어버리고 마음의 방황은 평소보다 현저히 심해진다. 그럴 때면 짜증스럽고 권태롭기 그지없다. 공연히 조용한 벌집을 건드려 놓는 격이 되고 만다. 고된 노동은 늦도록 하기 쉬워도 수도승들의 선원 생활만은 소름이 끼치도록 힘든 것이다. 마침내는 참선 그 자체가 두렵기도 하여 참선 자세로부터 도망가고 싶은 참선 기피증이 생기기도 한다. 가만히 앉아 있는데도 육신의 고달픔은 부잣집 머슴의 게으른 궁둥이 같고, 농사꾼도 장사꾼도 아닌 할 일 없는 스님네의 심신은 무엇이 그리도 아쉽고 바쁜지 두서없이 설레이는 마음병과 애욕으로 굶주린 몸뚱이는 온갖 고뇌의 비지땀을 흘리게 한다. 이러저러한 심신의 본능이 한 풀 꺾인 스님들이 이 선원에 입방하므로 우리는 불가지론의 정신 영역을 잘 극복하신 스님들에게 큰 절을 올리는 것이다.

한번 자리에 앉으면 최소한 2시간은 배겨내야 한다. 보통 사람에게는 죽는 것만큼이나 힘이 들지도 모른다. 앉기가 무섭게 달려드는 번뇌병과 조금이라도 정신이 초점을 잃으면 오음벽인 색마와 잠 벌레가 달려들어 절구통 같은 몸뚱이가 풀무질을 한다. 제멋대로 뒤뚱거리고 끄덕거릴 적에는 큰스님의 긴 죽비가 잠 벌레를 쳐죽이나 그것도 잠깐이다. 선방에서 고생해 보지 않은 속인들은 감히 불법을 이러쿵저러쿵 희론할 것이 못됨을 여기에 와서 한 시간만 앉아 보면 세상에서 무엇이 가장 어렵고 가장 힘든 것인 줄을 저절로 알게 된다. 선원에 앉아 보아야 참을 인(忍) 자를 제대로 맛보게 된다. 아무래도 좋다. 누구나 선방에 가서 공상만 피우다 와도 좋고, 선방에 앉아서 수마(睡魔)와 투쟁을 하느라고 꺼떡꺼떡 졸다가 와도 세속의 어떤 잠보다 달고 값진 것인 줄 안다.

그렇게 해봄으로써 무엇이 수도(修道)인가를 확실히 감 잡을 수 있다. 인생의 진가를 선을 통하여 어림할 수도 있다. 번뇌 망상과 육체의 고달픔과 심신의 괴로움을 진실로 잡을 수 있는 곳이 선방이다. 마음이 무엇인지, 그 마음의 정체를 확실히 잡을 수 있는 곳도 선방이다. 그러므로 선원은 불교의 생명인 깨달음(覺)을 맛보게 하는 곳이다. 깨달음 그 자체가 되는 날은 요원하다 하더라도 적어도 자기가 무엇인가를 확실히 통찰할 수 있는 자기와의 만남의 광장이 될 수 있는 최상의 공간이 선원이다. 자기를 안다는 것, 이 이상의 공덕과 미덕과 도덕은 없다. 그러므로 선(禪)에는 진공(眞空)과 선정(善定)과 미덕(美德)이 하나로 되는 신비로운 환희의 열반이 있다.

큰 절에 가면 반드시 선방이 있다. 선은 일종의 명상이다. 부처님은 출가 수행의 기본을 명상이니 선이니 하고 말씀하시지는 않았다. 보통 삼매(三昧)라 하여 몸과 뜻과 의식을 여일하게 하여 평정심으로 들어가게하는 방법과 비바사나 하는 관법과 사마타라고 하는 집중법을 대체로 많이 쓰셨다. 우리는 부처님이 통상적으로 이름하신 삼매나 비바사나, 사마타에 깊은 관심과 이해가 반드시 있어야 한다. 오늘날 불교의 종지(宗旨)요, 생명인 참선 수행이 뭐가 뭔지 잘 모르겠다는 큰 이유가, 현재 스님네가 부처님 말씀대로 참선을 아니 하시고 경전대로 수행을 아니하시는 데 큰 문제가 있다. 경전을 도외시하는 풍조의 병폐 때문이다. 아마 이것이 편견에 병든 교외별전(敎外別傳)의 참 모습이 아닐까!

중국의 선법에서 불교의 명상법과 도교의 공(空) 사상이 만나서 사생아같이 탄생한 것이 화두선법(話頭禪法)이다. 이 화두선법을 그대로 불법의 진수인 양 무조건 받아들여 부처님의 수승한 백천만 가지 바른 명상법을 잊고 말았다. 한국의 명상 풍토는 천편일률로 '조사선'이라고 하는 간화선법(看話禪法)만을 고집하는 형편이다. 조사선만이 활줄같이 바로 부처가 된다는 터무니없는 고정관념에서 많은 스님네가 화두 참구에 골머리를 앓고 있다. 세상에 어떤 바보가 자기 아버지의 말씀을 버리고 똑똑한 남의 집 머슴의 얘기를 믿겠는가. 우리는 아침저녁으로 "지심귀명례 시아본사 석가모니불(至心歸命禮 是我本師 釋迦牟尼佛)"한다. '이 몸과 마음이 다하도록 석가모니 부처님을 나의 본 스승으로 삼겠나이다.' 하고 세 가지 큰 맹세를 하고 있다. 이것이 삼귀의(三歸依)다. 그런데 어찌하여 이 땅에는 석가모니불의 참선법이 무엇인 줄도 모르게 되었는지 통탄스러운 일이다.

부처님의 제자라면 부처님의 말씀 외에는 누구의 말도 따르지 말아야 조석으로 드린 예불이 거짓이 아니 된다. 경전대로 수행을 해야 마음의 문이 열린다. 자고로 옳은 스님네는 부처님이 설해 놓으신 경전에 있는 말씀대로 수행하신다. 지금도 지각 있는 스님들과 무명 거사들은 소문 없이 부처님의 정도에 머물러 계신다. 그러한 공덕으로 이미 무학에 들어가신 훌륭한 거사나 스님들도 많다.

잠깐 부처님 재세 시에 있었던 실화 한 토막을 들어 보자.

부처님께서 '깨침이란 거짓'이라고 불평을 하는 두 비구에게 너희 스승을 데리고 오너라 하시니, 두 수행승은 자기의 스승들을 모시고 부처님 앞에 나타났다. 다름 아닌 대제자 사리불과 목건련이었다. 부처님께 공손히 삼배를 올리고 양켠에 모두 비켜 앉으셨다.

"사리불과 목건련은 듣거라. 너희들은 제자들을 어떤 수심법으로 어떻게 가르쳤느냐? 지금 저 두 사람은 나에게 거짓 진리를 펴고 있다면서 불법이라는 게 모두 허망한 환상이 아니냐고 망언을 하였다. 이렇게 비방한 죄로 둘다 무간지옥에 들어가게 되었다. 저들이 말하기를 삼 년간 스승의 지시대로 계율도 청정히 지켰고 삼매도 착실히 닦았건만 도무지 달라진 것은 아무것도 없고 오히려 마음의 번민만 태산 같을 뿐, 스승님들이 말하는 해탈의 깨달음은 일어나지 않았다며 나의 가르침이 다 거짓이 아니냐 하였다. 두 스승은 대답해 보라."

사리불이 먼저 대답하였다. "저는 제자에게 부정관(不淨觀)을 시켰습니다." 하니 곁에 있던 목건련도 대답하였다. "저는 수식관(數息觀)을 시켰습니다." 그때에 세존께서 두 어린 비구에게 묻기를 "너희가 속세에 있을 때 무슨 직업을 가졌더냐?" 하시니 사리불의 제자가 대답하기를 "금방에서 세공업을 하였습니다." 하였고, 목건련의 제자는 "똥을 퍼내는 직업을 가졌었습니다." 한다. 세존께서 불문에 들어온 정신연령이 낮은 두 어린 제자들에게 각각 수행하는 법을 고쳐 일러 주시기를 사리불의 제자에게는 숨쉬는 호흡을 느끼게 하는 수식관법을 일러 주시고, 목건련의 제자에게는 부정관법으로 서로 바꾸어 일러 주셨다. 부정관법은 사람의 몸은 더러운 똥주머니로서, 육근으로부터 더러운 냄새와 오물이 나오는 불결한 추물로서의 사람을 주시하게 하는 법이다. 마음의 눈으로 찬찬히 부정한 육신을 살피게 하여 육신에 대한 깊은 애착을 끊게 하는 해탈법이다.

수식관법은 호흡을 의식케 하는 법이다. 이렇게 하여 일주일 뒤에 두비구승은 자신들의 스승님을 모시고 세존 앞에 다시 나와 큰 절을 올리고 환희의 눈물을 흘렸다. 스승과 제자는 깨침의 기쁨을 세존께 올리니 세존이 인가하시기를 '아라한'이 되었다고 하시자, 두 큰 제자는 "세존이시여, 어찌하여 저희들의 가르침에서는 깨침이 일어나지 않고 세존께서 고쳐 주시자 곧 깨달음이 일어났나이까?" 하고 물었다.

"그 사람의 직업을 보아서 그 사람의 근성을 읽고 그 사람이 익힌 습관을 잘 살펴 수심법을 일러 주어야 한다. 사리불 너의 제자는 정교한 세공업을 하여 익힌 세심한 습성에 의하여 숨쉬는 호흡을 의식케 하면 깨치기가 쉽고 목건련의 경우도 마찬가지다. 온갖 부정한 것을 많이 보고 살아 왔기에 스스로 자신을 변소의 똥통같이 보고 읽기는 쉬운 일이다. 이와 같이 가르침에 있어서 아무리 좋은 가르침이라 하더라도 그 사람의 적성에 맞지 않으면 아니 되고 또 가르침의 내용이 삼세 제불의 결정한 뜻인 본묘각심(本妙覺心)에 의지하지 않으면 아니 된다. 초학으로 배우는 사람이 본디 자기 내면의 묘각심인 인지심(因地心 : 마음 밑바탕)을 의식하지 않고는 무량겁을 닦아도 별 수 없느니라. 인지심은 자기 내면의 밝은 식심을 말한다. 모든 사념과 행위를 의식케 하므로 오음이 근본 마음자리로 회복된다. 인지심은 깨어 있는 의식이니라. 어떤 방편을 쓰더라도 그 내용이 깨어 있는 초롱초롱한 의식 상태로서 성성각오(惺惺覺悟)에 기본을 두어야 하느니라."

육조스님께서는 자기 마음을 의식케 하는 식심견성론(識心見性論)을 펴셨다. 이 역시 인지심(因地心)에 기본을 두고 있다. 달마대사의 면벽관심(面壁觀心)도 자기가 마음의 눈으로 자기 내면을 보는 수심법이다. 역시 인지심은 근본 마음 밑자리에 기본을 두고 있다. 그렇다면 화두도 "이 뭐꼬?" 하는 마음의 의문점을 계속 의식으로 주시하면 자연히 인지심에 접근한다. 옳게만 의식하면 굳이 화두가 나쁜 방편은 아니다. 그러나 대다수 수행자가 경험해 본 공안(公案)은 화두를 의심하면서 계속 그 의심의 마음을 굴리는 작업에 지나지 못한다. 계속 의문을 분발시킨 결과가 되고 말았다. 혹은 그 화두로 어쩌다가 무학에 이른 슬기로운 분도 없지 않으나, 깨달음은 방편에 따라 천양지차가 생긴다. 깨달음도 각양각색이다. 관음보살같이 원통(圓通)이 되어야 가장 바람직한 깨달음이다.

부처님의 삼매는 몸과 뜻과 의식이 혼연일치하여 마침내 마음의 장벽을 무너뜨리고 근본 자성의 빛 속에 머물게 하는 수행법이다. 자기 자신이 어디서 무슨 행위를 하고 어떠한 사념을 가지든 전 존재로 자신을 관조하는 지극히 평범한 수행법이 삼매(三昧)다. 이 방법은 행위가 의식이 되게 하고, 사고와 사념이 의식 속에 머물게 하는 늘 깨어 있는 법이다. 깨어 있다는 말은 항상 자신을 의식하는 그 마음의 각성 상태를 말한다. 사마타를 지(止), 지식(止息), 적정(寂靜), 능멸(能滅)이라 번역한다. 우리 마음 가운데 일어난 망념을 쉬게 하고 마음을 한 곳에 머물게 하는 것 이것을 지(止), 정(定)이라 한다고 모든 불교사전(佛敎辭典)은 풀고 있다. 여기서 해설한 사마타의 설명을 뒷받침하기 위하여 선(禪) 자를 한 번 살펴볼 필요가 있다. 선 자를 파자로 풀어 이해를 돕고자 하는데, 왜 하필이면 파자로 해설코자 하느냐고 묻는 사람이 있을지 모르겠다.

인류가 사용하고 있는 숱한 문자 가운데 진리문이라 할 만한 글자는 한문이 으뜸이기 때문이고, 특히 우리의 사고와 의식은 한자 문화권에 익숙하므로 한자로 이해를 돕고자 한다. 그러나 만약 서양 사람을 상대로 한다면 영어나 서반아어로 풀 것이다. 한문은 본래 철학으로 만들어진 글자다. 내용과 의미와 뜻을 한데 묶어 또 다른 전체의 진실을 나타내기 때문이다. 실례로써 선(禪) 자 우변의 볼 시(示)는 마음의 눈으로 본다는 글자이다. 옆의 단(單) 자는 어떻게 보라고 하는 구체적인 설명까지 제시하고 있다. 두 개의 콧구멍으로 들락날락하는 호흡을 가슴 밑으로 내려 저 단전까지 길게 들이쉬는 숨과 내쉬는 숨을 의식하라는 글자이다.

부처님께서 처음 출가하셔서 명상 수행을 하실 때에 마음을 맑히는 참선 방법 수백 가지 중에서 제일 먼저 수행해 보신 것이 예로부터 전해 오는 호흡법이었다고 한다. 호흡법 중에서도 단전(丹田)호흡을 선택하셨다. 세존께서는 오랜 수행끝에 단전호흡의 장단점을 직접 경험해 보신 결과 진정한 해탈로 가는 수련에 있어 전통적인 호흡 방법으로는 모순이 있음을 체험하셨다. 인위적인 호흡 조절 방법에는 여러 가지 신체적 장애도 없지 않았다. 사고나 사색을 통해서 무의식으로 몰입하는 것이 아니라, 처음부터 사념이 아닌 의식을 통하여 사념을 제거하고 초의식으로 뛰어 오르자면 호흡을 어떻게 하느냐 하는 호흡 기교론이 아니라, 호흡을 의식하는 깨어 있는 방법이 최상의 정도가 됨을 밝히셨다.

숨을 어떻게 쉬느냐가 아니라, 자연스럽게 들고나는 호흡을 그냥 그대로 의식만 하는 호흡법을 세존은 제자들에게 전수하셨다. 깨달음을 이루는 세 개의 길 가운데 염불이나 주문 혹은 무관심의 명상을 통하여 무의식으로 들어가서 마침내 초의식을 발견하는 견성법(見性法)이 있고, 천주교에서 행하고 있는 사랑과 헌신의 길을 통하여 빛나는 초의식을 발견하고 마침내 본묘각의 덕성과 합일하는 길이 있기도 하다.

세존과 마하비라가 실천 수행한 여래선법인 대승의 수행법이 있다. 자신을 망각하는 길이라고도 하며, 깨달음과 합일이 되는 동화의 법칙이라고도 하는 것으로서 늘 깨어 있는 길이 있다. 세존과 마하비라와 같이 무엇을 하든 항상 주시하고 있는 방법이다. 지극히 주의하기 때문에 그들이 하는 행동은 그들로부터 떨어져 있게 된다. 그 어떤 행위나 사념에 빠져 있지 않고 동화되지도 않은 채 남아 있는, 최고 절정의 깨어 있는 의식 상태에 머물러 있는 수행법이다. 우리의 의식이 만일 무의식 속으로 빠져들게 되면 마침내 꿈이 된다. 그러므로 우리가 무의식 상태로 살고 있는 현실의 삶을 의식 속으로 녹아들게만 하면, 이것이 깨어 있는 수행법이며 깨달음을 성취한 부처님의 경지와 같아진다. 이것이 석존의 각성법(覺性法)이었다.

그래서 세존께서 12월 8일 새벽에 별을 보고 깨달았다는 대각의 순간을 시적으로 표현한 말씀 가운데 위와 같은 내용이 가득 담겨 있다. '새벽'이란 새로운 깨달음을 의미한다. 별을 상징한 것은 깰 성(惺) 자가 지니는 철학적 언어 감각에서 진술된 신성한 상징설이다. 마음이 샛별같이 깨어(惺) 있는 순간 지묘한 대각 세존이 된 것이다.

　달마대사의 관심일법총섭제행(觀心一法總攝諸行)도 세존과 마하비라와 같은 맥락의 선법이다. 우리말로 그 뜻을 풀면 '마음을 보는 이 한가지 도리는 만 가지 수행법을 다 섭수한다.'는 뜻이기도 하며 그 수행의 행동강령도 설명되어 있는 말씀이다. 일체의 진리와 행위를 마음의 눈으로 항상 주시하면, 일체 모든 진리와 행위가 그 속으로 녹아든다는 뜻이다. 필경 공적한 청정묘각장으로 다 수습되는 관심일법이 달마대사의 수행관이었다.

　아! 통쾌하여라. 달마대사는 법자로서 세존의 뜻을 그대로 전한 불자가 아닌가. 그래야 달마(법)다운 불자(佛子)다. 그러므로 법과 닮은 달마가 아니던가! 육조 혜능스님도 한가지다. 그 역시 식심견성(識心見性)이었다. 식심분별을 하나도 남김없이 드러내 보이는 거울 같은 그 무엇이 불성이다. 그렇게 의식하는 행위에서 깨달음의 경지가 일어난다고 솔직히 간단 명료하게 설파하고 있다. 화두(話頭)도 의심을 굴리지 말고 의심을 각성하는 의식을 통하여 초의식으로 유도한다면 좋은 방편이 된다. 그러므로 선지식들의 현명한 지도에 따름이 대도이다.

　삼매나 사마타는 불교의 생명인 깨달음의 문을 여는 열쇠이다. 그러므로 마음을 보고 존재하는 성자는 생각생각이 다 삼매이고 사마타이므로 곧 그 사념들이 찰나찰나에 열반에 든다고 한다. 그러나 우리는 부질없는 습성으로 마음이 혼돈되고 산만한 정신 속에 휘말려 심신이 피로하여 잠시도 고뇌에서 벗어나질 못한다. 이러한 망집에서 벗어날 수 있는 최선의 대도가 참선(參禪)이다.

　중생이면 누구나 호흡을 한다. 이 호흡을 의식하는 관심을 통하여 몸 밖으로 온갖 모양이 스스로 사라짐을 선이라 하고, 안으로는 심의식(心意識)이 어지럽지 않음을 정(定)이라 한다. 고로 선정의 모양을 공삼매(空三昧)라 하며, 무명의 속성인 의심을 부수는 지혜의 모양을 무원삼매(無願三昧)라 하고, 전부를 탈탈 털어 버리는 대자유인의 모양을 무상삼매(無相三昧)라 한다. 그러므로 불교는 깨어 있는 무념을 '종(宗)'으로 삼고, 무상을 '체(體)'로 하며, 어떤 진리도 세우지 않고 고집한 바 없는 무주(無主)를 근본으로 삼았다. 여기 이 무문(無門)에 들고자 하는 자는 절로 가는 일주문(一柱門)에서 선악의 편견을 집어던지고, 불이문(不二門)에서는 의식인 종교를 버리고, 법당 안에 앉거든 초의식의 자아마저 버리자. 이 세 가지 삼사(三捨法)은 마음과 뜻과 의식이 설 땅을 잃게 하며 마침내 저 피안의 여래장에 들게 한다.

네 가지로 참선하는 사종선법(四種禪法)이 있다고 한다. 첫째는 우부소행선(愚夫所行禪)이라 한다. 성문 연각이 닦는 법을 말한다. 수행 요령은, 내가 없고 괴롭고 무상하고 이 몸은 부정하다고 관하는 법이다. 이렇게 내가 없고 공하고 무상하고 부정하다는 생각을 굳게 믿고 집착하여 점점 닦아 올라가서 마침내 무상적멸정(無相寂滅定)에 이르는 우둔한 우부(愚夫)들의 수도법이다.

두 번째는 관찰의상선(觀察義相禪)이다. 인무아(人無我), 법무아(法無我), 즉 나도 없고 밖으로 일체 만법도 없다는 아공(我空), 법공(法空)을 관찰하는 수행으로서 모든 현상을 전부 그렇게 관찰해서 안팎으로 공적(空寂)한 멸진정(滅盡定)에 이르는 법이다. 사람의 영혼도 필경 공적상이요, 물질은 더 말할 나위도 없다. 이와 같은 공적상을 제일의(第一義)라 한다. 본래의 공적상이 처음 드러난 현상에서부터 필경 무상으로, 무상에서 자연히 적정해 버리는 지혜의 눈을 통하여 멸진정에 들어가는 수행법을 관찰의상선(觀察義相禪)이라 푼다. 여기서 의(義) 자의 정의를 알기 위하여 의(義) 자를 파자로 풀어 보면 팔정도(八正道)의 덕성이 본래 나(我)라는 글귀가 된다. '팔왕아(八王我)'가 의(義) 자의 파자 문구이다. 불교에 있어서의 팔정도가 만들어 주는 덕성의 신비로움은 바로 빛나는 공적상이다. 그래서 의를 속된 이해로는 인덕(仁德)으로 풀고 의를 도리라는 의미로 해석하고 있다.

세 번째 반연진여선(攀緣眞如禪)은 높은 의식 차원이다. 존재로부터 여러 번 부정이 일어난 사람들의 의식 수준이다. 나도 없고 진리도 없는 안팎이 함께 없는 것, 아공(我空), 법공(法空), 이무아(二無我)이다. 이것을 있다 없다로 분별하면 허망한 생각이니, 생각 없이 있는 그대로를 보는 것이 진여. 이와 같이 알면 이무아(二無我)도 없다 하는 분별의 생각은 일어나지 않으므로 '나' 라는 아(我)나 만상의 법성(法性)을 있는 그대로 아무런 소견도, 불만도, 믿음도, 주관도 없이 그대로 보는 선법을 반연진여선이라 한다. 여래장에서 반연된 환영이 자아며, 모든 사념은 만법인 법성이다. 그러므로 있는 그대로를 담담히 지켜보는 법이다. 그것이 저것이고, 저것이 이것이기 때문이다. 도무지 근본이 없는 식심분별인 줄 알고 초연히 달관해 있는 밝게 깨어 있는 혜명(慧命)의 선법이다.

네 번째로 여래청정선(如來淸淨禪)이다. 불지(佛智)에 들어 스스로 깨달은 거룩한 지혜의 삼종락(三種樂)에 머물면서 모든 중생들을 위하여 부사의한 일을 한다. 제보살마하살의 법과 일체 법의 현상이 바로 붓다의 참선 현상이므로 우리의 소견으로 이해가 되거나 지식으로 알 수 있는 영역이 아니다. 그저 그런 줄만 알아도 대단한 공덕이 된다. 여기서 말하는 삼종락(三種樂)이란 천락(天樂)과 선락(禪樂)과 열반락을 말한다. 대승선법게송(大乘禪法偈頌)을 한 수 듣고 넘어가자.

어리석게 불도닦는 저사람들은
다섯경계 없어짐을 열반이라네
부처님과 보살들은 불도닦을때
아뢰야식 돌이키어 본각지얻네

자기맘이 부처보살 법인줄알아
이내맘을 불법비로 촉촉이축여
선정으로 마음청정 깨끗게하고
지혜로써 마음속을 밝혀나가세
그러므로 복과지혜 두루갖추어
그어느 날 성불하는 대승이라네

삭발염의와 오경(削髮染衣五頸)

먼 역사의 전설

'삭발염의와 오경(五頸 : 목, 양손목, 양발목)이 지닌 의미'에 대하여 생각해 본다. 머리 깎고 회색 한복 입고 수행하시는 스님들의 모습을 보면 만감이 아로새겨진다. 단발이란 예부터 굳은 결의의 의사 표시로서 보통 용기 있는 자가 아니면 해내지 못하는 일이다. 더욱이 입성마저도 허무와 무의미로 염색된 무정한 회색 옷을 입는다. 그렇게 흰천에 염색한 복색은 세속적 인연을 파했다는 의미로 칠색(七色)을 혼합한 무색으로 보기만 해도 무심해지는 색상이다. 일반 종교에서는 세속을 많이 따르므로 입성이 별반 이질감을 주지 않으나 우리 불교 집안만은 유별하다. 이색적인 면이 너무 많다. 절의 모색도 초세적이고 그 무엇 하나도 이 세상이 아닌 딴 세상 같거니와, 스님들의 모습 또한 먼 역사의 전설 속에서 원초의 삶을 그냥 그대로 소슬히 지키고 있는 듯 하다. 이 절이야말로 만생의 귀소 본능에서 우러나오는 귀의불(歸依佛)의 고향이요, 나무불(南無佛)의 본향이다.

지금 현재 지구상에는 많은 종교가 있지만, 종교 같은 종교는 별반 없다. 종교적인 종교는 누가 뭐래도 불교와 천주교다. 무엇보다 속죄의 삶을 살아가게 해주는 성직자로서의 복장부터가 권위와 품위가 있고 신선하다.

또 종교의 생명이요, 성직자로서의 기본이 되고 있는 결혼을 하지 않는다. 인생에 있어서의 가장 심각한 독신 생활부터가 만인의 신뢰와 존경을 불러일으킨다. 이렇게 우뚝한 삶과 앎이 바로 신(神) 그 자체가 되기 때문이다.

지금 출가하여 산사에서 득도식하시는 행자님들의 심정을 돌이켜 보건대 값진 기적의 순간이 된다. 오늘날까지 세상에서 살아온 어두운 마음을 상징하는 무명초(머리털)를 밀어 버릴 때는 만단수심과 결의가 설레인다. 자비로 우신 계사스님이 짐승잡는 보습과 같은 사나운 칼로 수 많은 밤을 꽃 피워 온 꿈 많은 미련의 긴 머리칼을 사정없이 밀어 버릴 때는 절의 벽화에서 본 금강역사 같은 대단한 용맹이 아니고서는 웃을 수 없다. 누구나 머리 깎고 계 받을 때는 눈물 꽤나 흘렸을 것이다. 그 눈물을 본석해 본다면, 애정의 결정인 빨간 피일 것이다. 수만 생을 살아오면서 애정 증식으로 불어난 애류인생(愛流人生)의 꽃다발인 머리칼이 잘리면, 깊은 잠재의식으로부터 쏟아지는 눈물은 홍수를 이룬다. 이렇게 한 인간이 누겁 전세로 흘린 눈물이 사해의 바닷물보다도 많다고 한다. 꿈 많던 머리에서 무작스레 싸악 싸~악 하고 세속의 야망이 몸부림치며 애석하게 떨어질 때는 숨막히는 좌절감과 생애에 있었던 한 많은 아롱진 꿈들이 애류의 홍수에 질식한다. 묵은 속습의 애달픈 심정이 담방구질하며 절벽 같은 미지를 향해 무진장 떠내려 간다. 이것이 진정한 의미의 세례다.

이렇게 전신으로부터 터져 나오는 이 눈물이 무명을 이룬 억겁 생사의 악습을 씻어 버리는 순간에 한 영혼은 새로 태어난다. 수계식(受戒式)은 만생의 무의식인 업장을 말끔히 세탁해 버리고, 보석 같은 머리에 빛나는 초의식으로 환생케 하는 순간이다. 끈질긴 머리카락처럼 수만 가지 애착으로 꽃 피워 온 머리 다발을 무성하게 기르고도 구도자연하는 자신의 모습을 생각해 보면 참으로 가관일 것이다. 어림 반푼어치도 없는 저속한 종교인의 현실

참여라는 그럴 듯한 미명 아래 교활한 마음의 변명에 추호도 관심 갖지 말자. 누가 뭐래도 속인 같으면 속인이고, 개 같으면 개다. 극소수의 대승론자들이 주장하는 수행자의 순세론(順世論)은 구도자도 시대 의식을 따르자는 것이 아니라, 세상 인간들의 악습을 그대로 수순하자고 하는 천마 외도들의 달콤한 유혹의 소리다. 수도승은 절대적으로 구도자다운 미덕이 있어야 한다. 사람이 굳이 늑대 가죽을 뒤집어쓴다는 것은 어떤 면으로 보나 언어도단이다. 짐승이 사람의 옷이나 부처님의 가사장삼을 곱게 차려 입을 수는 있다. 그것은 매우 바람직한 교태다. 왜냐하면 원숭이 근성은 진화론 법칙에 준하면 사람도 될 수 있듯이, 언젠가는 부처도 될 수 있는 좋은 습성을 기르기 때문이다. 그러나 사람이 짐승의 탈을 쓴다는 것은 분명한 타락이다. 원숭이가 부처가 되듯이 사람이 짐승이 될 확률이 매우 높다는 얘기가 되기 때문이다.

   성직자는 성신의 숭고한 덕성을 대신하는 성의(聖衣)를 반드시 입으므로 해서 자연히 신과 같아진다. 그러므로 신부(神父)라 한다. 신의 대부(代父)라는 뜻이다. 스님네도 계율을 대변하는 법의(法衣)를 제수함으로써 몸과 마음이 해탈의 향기를 가득 담은 법신(法身)이 된다. 종교의 모든 의식은 인간의 몸과 마음과 뜻을 신성하게 변형시켜 주는 무한한 정신력을 내포하고 있다. 요즈음 이상한 구도자들처럼 외형을 전적으로 무시하고도 종교가 바라는 덕성과 사랑과 평화가 혼란한 가슴에도 안기리라 믿는다면, 마치 아버지 없이도 자식이 생긴다는 이교도 같고, 껍질이나 잎이 없는 나무에도 꽃이 피고 열매가 생긴다는 광신자 같다. 그것은 영원한 거짓은 얻을지언정 꽃과 같은 해탈과 열매와 같은 열반은 얻지 못한다.

   천주교에서는 세 가지 색을 성의의 복색으로 선택하고 있다. 진리를 상징하는 백색과 묵상의 검정색과 무념의 회색을 다루고 있다. 스님들의 복색의 상징으로는 사랑과 평화와 환희의 주황색, 용맹과 정진과 해탈의 밤색, 무상과 무념과 침묵의 회색을 상징적으로 쓰고 있다.

생명의 통로, 오경

스님들이 입고 있는 복장의 색상이나 옷 입는 자태는 여러 모로 보아 무심찮다. 심상찮다 함은 신체의 오경(五頸) 오목에서 발목에 매는 대님부터가 수도자로서의 정신 안정에 가장 이상적이기 때문이다. 한복에서 필수적으로 매는 발목의 대님이 서양인에게는 목에 매는 넥타이와 같다. 서양 사람은 키가 크고 목이 길기 때문에 목을 보호하기 위하여 넥타이가 발달했다. 긴 목을 따뜻하게 보호해 줌으로써 두뇌의 정신 기능을 활달하게 도와주었다. 반대로 키가 작고 목이 짧은 동양 사람은 목은 목이로되 발목을 잡아 매어 주어야 한다. 상부에 목을 묶어 준다면 심각한 정신 신경 장애 현상이 생긴다.

경부(頸部)에는 동양 침구학에서 말하는 우리 인체에서 가장 중요한 특수 혈자리인 인영혈(人迎穴)이 있다. 짧은 목을 매게 되면, 이 인영혈을 자극하게 된다. 인영혈은 목울대 선상 양쪽 옆에 있는 혈로서 경부 대동맥 혈관선상에 있다. 이곳은 만져 보지 않아도 사람이 분노하면 핏대 오른다는 말처럼, 혈관이 노장하면서 인영혈자리가 많이 뛰는 것을 볼 수 있다. 사람을 교살(絞殺)할 때도 인영혈을 압박하여 차단함으로 최소한의 안락사가 되는 혈자리이다. 누구나 인영혈자리를 깊이 누르면 즉사한다. 그러므로 땅달막한 자라 목에 넥타이를 맨다는 것은 자살행위나 진배없다. 이 인영혈자리는 전신 신경통이나 정신안정에 많은 공헌을 하는 혈이다. 그래서 옛 성자들은 반드시 묵시적으로 목에 염주나 보물 목걸이를 걸고 다녔다. 그것은 미미하나마 경항부(頸項部)에 부드러운 자극을 줌으로써 뇌신경 안정에 다소의 정신적 효험을 주었던 것이다.

서양 사람이 많이 매고 다니는 넥타이는 그들의 입장에서 본다면, 신체적 조건과 민족성의 우월성이 돋보이는 것이라 할 수 있으며 머리로만 산다는 사고형의 보기 좋은 기품도 되고 있다. 그러나 거북 목의 한국 사람들이 이 넥타이를 맨다는 것은 무리다. 더구나 큰 키에 긴 목이 아니면 볼품도 시원찮다. 신체 조건상 무익한 줄 안다. 생각해 볼 일이다.

사람의 몸에는 생명줄인 목줄과 같은 명칭이 다섯 군데가 있다. 이것을 오경(五頸)이라 부른다. 오목은 수족에 있는 발목과 손목 그리고 상부에 있는 신성한 목줄을 말한다. 이 곳은 생명의 통로인 숨통이 있으며 수명의 명줄이 되고 있다. 손목과 발목에는 육체와 정신 기능을 조절하는 기혈(氣血)의 관문이 있다. 특히 이곳은 머리의 뇌신경과 가슴의 심장 기능의 반응을 조절하는 묘한 효능을 가진 특수혈 부위다.

한복을 입으면 반드시 대님을 매어야 한다. 대님을 매는 주위의 발목에는 두부에 직접 영향을 주는 묘한 혈이 가득하다. 그래서 일찍이 동양의 선사들은 발목을 적당히 묶어 줌으로써 구도 탐구에 몰두하는 스님들의 두뇌의 기능을 여러 측면에서 도왔다. 이와 같이 우리가 입는 의식의 법도에도 양생철학(養生哲學)이 있어 수도인의 마음 수양에 깊은 영향을 주었다. 구도의 열의에 불타는 스님네가 항상 심사숙고하며 화두 참구에 머리를 굴리다 보면, 필연적으로 유발할 수 있는 경향 두통(頸項頭痛)이 있다. 이와 같은 상기 두통을 치료하는 명혈이 발목에 있다. 바깥 복사뼈 옆에 있는 혈로서 머리를 상징하는 대명사로 그것도 대륙적인 시어로 지칭한 곤륜혈(崑崙穴)이 발목 뒤축에 있으며, 앞쪽에는 사람이 허약하면 흔히 신경쇠약으로 허깨비를 볼 수 있는 환각증을 다스리는 구허(丘墟)와 상구(商丘)혈이 있다. 특히 신경쇠약에서 오는 정신불안증이나 심장성 질환은 여기서 효험을 많이 얻는다. 그러므로 마음 수양을 생명으로 하는 절 집안에서는 정신건강을 위한 일환으로 이와 같은 한복의 특수 행장을 잘 애용해 왔다. 다리에 행건을 차고 산을 오르내리는 스님들이 천리 길을 걸어도, 다리가 별로 아프지 않은 것은 이러한 신체가 지닌 신비한 혈을 잘 응용한 생활의 지혜 덕분이다. 무엇보다 행건끈으로 슬관절 부위를 돌려 매게 되면 부인성 두통이 잘 다스려진다. 그것은 무릎 뒤쪽 슬와부에 있는 위중혈(委中穴)이 지닌 치효력으로써 두중 두통에 뛰어난 효험이 있다. 무공해의 무명실 끈이 이와 같은 특수혈을 자극함으로 해서 신효한 물리 효과와 아울러 심신의 안정을 얻는다.

손목에는 단주를 걸고 다닌다. 수시로 단주를 벗겨 잡고 손끝으로 염주알을 한 알 한 알 굴리면서 부처님을 생각한다. 이러한 신수심법(身修心法)이 주는 신선한 영향은 정신세계의 값진 안정과 밝은 의식을 확장시켜 준다. 뿐만 아니라 스님네가 수계식을 할 때에 반드시 팔목에 쑥으로 뜸뜨는 연비가 있다. 이 곳은 손목 횡문(橫紋) 선 위 두 치 이상의 위치에서 행해지고 있다. 이 혈의 이름은 내관혈(內關穴)이다. 굳이 내관혈 자리가 아니라도 그 부근의 자리는 심장과 정신에 지대한 영향을 준다. 지극히 지순한 사람들에게 흔히 유발되는 선량증(善良症)도 이곳에서 치유된다. 무엇이 선량증인가. 죄악의 강박증과 선의의 소심증과 구도의 긴장증이 그것이다. 이러한 정신 불안을 잘 조절해 주는 혈이 손목위에 있다. 옛 선사들이 수계자에게 반드시 연비혈로 심포경(心包經)이라고 하는 마음의 경혈에다 쑥뜸질함은 생체 심리학에 밝으신 지견에 통하신 바 있음이로다.

연비(煙臂)의 유래는 법화경 약왕보살본사품에서 보이신 말씀에서 비롯되었다. 과거세에 약왕보살이 한쪽 팔을 태워 시방제불께 공양한 데서 유래되었다. 이렇게 손목이나 팔뚝 살갗을 태우는 연비를 함으로써 신체의 불균형은 물론 마음의 병을 다스려 주었다. 그러므로 영적으로는 무량한 공덕을 얻고, 수련함에 있어서 신체의 장애를 해소시켰던 것이다.

이와 같이 종교의 정신세계에서는 옷의 색깔에서부터 옷매무새가 한결같이 깊은 깨달음의 신비가 되고 있음을 소개하여 둔다. 특히 결가부좌를 했을 때, 양다리 안쪽에 있는 삼음교(三陰交)가 몹시 압박을 받게 된다. 이것은 신심 수련을 하는 여스님들에게는 생리를 다스리는 명혈이 되고 있으므로 자주 결가부좌하심이 매우 좋은 자세임을 밝히면서, 불가사의로 돌아가시는 스님들의 모습에 절한다.

향로전(香爐殿)

산사의 새벽을 여는 소리

새벽 세 시에 일어나 세수하고 법복 입고 목탁 들고 법당 앞에 경건히 서서, 자근자근 쳐 올리는 목탁 소리는 실로 감개가 무량하다. 새벽이 열리는 산사의 신선한 이 향기는 깨침의 여운을 느끼게 한다. 새벽 하늘은 초롱초롱 깨어 있고, 대지의 산천 계곡은 침묵으로 목탁소리와 염불을 복창하다. 고요함이 유별난 꼭두새벽에 덜 깬 잠을 이끌고, 절 대중의 아쉬운 잠을 깨우는 향로전(香爐殿) 스님의 직분도 결코 쉬운 일은 아니다.

향 사르고 목탁 치며 불전의 예불을 총책임 맡고 있는 스님의 거처가 향로전이다. 혹 다른 명칭의 이름도 있을 것이지만 같은 맥락의 이름일 것이다. 보통 노전스님으로 칭하는 스님은 첫째 목청이 뛰어나서 염불하는 음성이 심산 계곡에서 흘러나오는 청정 벽계수 같은 부드러운 수성음이 아니면 맑은 솔바람 소리이거나, 진동하는 우뢰음이 아니면 신비로운 범음이다. 세상의 가수들도 나름대로 개성 있는 음색을 지녔다. 그들은 음색 이전에 빼어난 음악성이 있다.

노전스님의 독경소리는 듣는 이의 가슴에 와 닿음이 예사롭지가 않다. 스님네라 하면, 뭐니뭐니해도 염불 하나는 잘하고 볼 일이다. 목청이 좋아야 한다. 출가한 스님은 인물이 좋아 보았자 위험만 따를 뿐이다. 그러나 염불하는 소리가 청아하고 구성지면 보살들의 신심이 자지러진다. 음성 좋은 스님은 어딜 가도 인기만점이다. 염불소리가 뛰어난 스님은 목석 같은 사람도 불교에 환희심을 일으키게 한다. 어찌 사람의 귀에만 환희심이 날 것인가. 계행이 청정한 스님의 염불소리 한 마디는 만겁생사의 때를 벗겨 주고, 위로는 범천에까지 모든 성중의 환희를 더해 주며, 밑으로는 지옥에서 벌어지는 고통을 멎게도 하는 최상의 염불공양을 하게 되니, 노전스님의 공덕은 한량이 없다.

제 아무리 염불소리가 듣기 좋은 경우라도 그 분이 계행을 파하게 되면, 그 소리에 이미 균열이 생겨 고장난 라디오의 잡음 같아서 사람의 귀로도 들어 주기 곤란한 경우가 생기는데, 이런 경우 영험이 천상 사람이나 신중에게는커녕 버러지에게도 음향의 공덕이 미치지 못하여 아귀의 비웃음 소리 같아진다 하니, 노전스님의 수행이 얼마나 청정해야 하는가를 짐작할 수 있다. 그래서 향로전에 계시는 스님은 출가 연륜이 높으신 큰스님네가 도맡아 해 오셨다. 지금도 그렇다. 그래서 우리는 노전스님에게 큰 절을 올린다.

향로전이란 향을 피우는 집이라는 뜻이다. 향을 사르는 그릇이 향로다. 본래 불전에 올리는 최상의 향(香)은 몸으로 행하는 계율과 뜻으로 닦는 선정과 마음으로 투득하는 지혜와 해탈이며 초의식으로 터득하는 해탈의 경지를 알고 보는 해탈지견향이다.

선신들이 향을 좋아하고 특히 호법선신 중에는 향 내음으로 살아가는 건달바 무리가 있다. 이들은 음악을 전공하는 음악신이라 한다. 불법을 찬양하고 진리의 노래를 부르는 신들이다. 묘한 악기로 진리의 음악을 연주하는 음악신 외에도, 향 내음으로 배를 불리는 신중을 위해 향을 사르어 올리는 것을 향 공양이라 한다. 그러나 실로 부처님이나 보살 그리고 나한 벽지불들은 무엇을 먹지 않는다. 이미 숨 쉬고 배를 채우는 잡다한 번뇌는 사라진 지 오래다. 법당에 향을 피우고 촛불을 밝히는 일련의 예물 공양은 모두 호법선신들에게 유효 적절하게 감응이 되므로, 불전에 베푸는 모든 예물을 공양물이라 한다.

특히 다기에 담아 올리는 물을 정화수 공양(井華水供養)이라 한다. 인도지방은 샘물만이 식음이 가능하였던 관계로 샘물을 사용했다는 유래에서 정화수(井華水)라 한다. 즉 남쪽 나라의 샘물이라는 뜻으로 풀고 있다. 불전에 올린 정화수는 아귀나 목마른 귀신에게 있어서 감로수가 되지만, 일반 물은 그들에게는 불로 보인다 하니, 박복한 속인들이 복짓는 일로 정화수 공덕에 얽힌 아름다운 얘기가 전해지고 있다. 아무것도 베풀 것 없는 박복한 인생이 공부 잘 하신 스님에게 하찮게 여겨지는 물 한 그릇 올리고도 죽어서 화락천궁에 환생한 설화를 보더라도, 부처님은 불쌍한 생명들에게 고루 미칠 수 있는 해탈의 길을 베풀어 놓으셨다. 향로전 스님은 이와 같은 복전(福田)을 담당하고 있다. 향 피우고 촛불 밝혀 다기 올려 목탁 치며, 제불보살 불러 모셔 시방 중생 위하여 아침 저녁 발원문을 올리는 그 정성 얼마나 거룩하고 감사한지 알기나 하고 넘어 가자.

성불(成佛)의 세 가지 큰 공덕에 신덕(身德 : 32相과 80種好), 심덕(心德 : 十力 四無所畏 八十佛共法 大慈大悲), 세덕(世德 : 如來十號)이 그것이다.

성불해서 주어지는 열 가지 이름이 있다. 본래 공양의 원어는 이 여래십호(如來十號) 가운데 두 번째 이름으로서 응공(應供)이라는 불명이다. 응공은 공양에 응한다는 말씀이다. 남이 주는 음식을 그냥 공짜로 받는다는 말씀이 아니고, 중생으로 하여금 어떠한 소원이나 공양물을 받을 수 있다는 말이다. 예를 들면 대통령은 자신의 권력으로 백성의 소망과 안위를 보장해 줄 수 있는 것과 같다는 뜻이다. 응공이 가능한 수행승이나 성직자의 지위는 자신의 공덕과 지혜와 신통력으로 공양한 자로 하여금 모든 욕구와 고난을 해결해 줄 수 있는 위신력을 갖춘 분이어야 한다. 본래는 아라한과에 오른 분이 응공의 자격이 조금 가능하여, 이와 같이 깨달음을 얻은 불제자를 절에서는 복전(福田)이라 한다.

다시 말하면 일체 중생에게 모든 지혜와 신통과 복덕을 마음대로 줄 수 있는 분을 응공이라 하며, 그런 분을 복전이라 한다. 공양(供養)의 본래 뜻은 이러하다. 공양자는 복과 지혜로 풍요로운 삶을 얻어 즐기고, 응공자(應供者)는 몸을 보양하여 정신 수양을 기른다는 뜻이다.

방장실(方丈室)

절에 가면 집채마다 독특한 한자 명칭의 방(房) 이름이 붙어 있다. 그 중 방장실(房丈室)이라 하면, 주지실(住持室)을 말한다. 방장이란 석존당시 유마힐거사가 사방 10척 되는 작은 방에 3만 2천의 사자좌를 벌려 놓고 법문을 하신 일에서 유래한 이름이다. 작은 방의 대장부라는 뜻으로 풀면 쉽다. 유마힐보살이 그러한 존재였다. 방장실에 계시는 주지에 대해 그 어원부터 정확히 알아야겠다.

열반경에 있는 부처님 말씀을 빌자면, 부처님 손으로 글의 이마를 만져 주심을 주지(住持)라 한다.

"부처님 여래의 주지하는 힘을 그에게 지어 주심이니, 만일 여래가 보살을 위하여 주지하는 힘을 지어 주시지 않는다면, 외도(外道)와 성문과 벽지불과에 있는 소승들이 마사(摩事)에 떨어져서 벗어나지 못할 것이며, 마침내는 아뇩다라삼먁삼보리를 얻지 못하리라. 그러므로 부처님 여래 응공 정변지께서는 큰 자비로써 여러 보살을 거두어 주시느니라. 보살은 자신들의 본원력이 청정함에 의하여 삼매에 들고 지위를 받는데, 초지에서 십지에 이르는 동안 부처님의 신력으로 주지하심을 지어 주시느니라."

주지의 본뜻에 대한 이해가 되었는지 모르겠다. 경전에도 주지라는 말씀이 자주 나온다. 예를 들어 이해를 돕겠다. 한문에 하늘 천(天)이라는 글자를 보고 순간 새파란 허공을 생각하면 세상의 논리로는 형이상학이 되고, 여기서는 주지의 내용과 유사하다. 새파란 하늘만 의식하고 글자에 생각 없는 상태가 주지다. 글자에 관심이 쏠리는 것이 아니라, 그 글자가 제시하고자 하는 뜻을 상상하고 그 뜻 속에 마음이 머물러 있으면, 그것이 주지라고 경전에서 해설하고 있다.

이것은 유위법적(有爲法的) 비유이고, 무위법(無爲法)에서는 '공' 그 자체가 되어 정묘한 공장(空藏)에 그대로 머물러 있는 것을 '주지' 라 말한다. 우리 몸의 육정, 육감에서는 눈으로 봄이 있거나 없거나, 귀로는 소리가 들리거나 아니 들리거나, 코로는 냄새가 나거나 안 나거나, 입으로는 맛이 있거나 없거나 몸으로는 닿임의 감각이 있거나 없거나, 뜻으로는 앎이 있거나 없거나 그러한 상대적 감상에 관심이 머물러 있는 것이 아니라, 상대적인 양면성의 감상을 동시에 전부 다 관장하고 항상 느끼고 깨닫고 있는 묘한 느낌의 각성에 머물러, 항상 밖으로 흐르는 감정을 의식하는 그윽한 묘각심에 머물러 그대로 지키고 있으면, 이것이 바른 의미의 주지다. 성문이상은 다 이 묘각의 자성에 머물러 바로 그 묘각성 자체가 되어 있다. 그러나 우리의 마음은 눈 깜짝할 사이에 자신도 몰래 청정한 자성이 육근으로 월장을 하여 눈, 코, 몸, 뜻으로 심정이 폭포처럼 쏟아져서 단번에 감정으로 흘러 빠진다. 육감, 육정에 담방구질하며 번지 없는 유랑자 신세가 된다. 그래서 우리 마음의 유동상태를 불보살님들은 말씀하시기를 유루중생(有漏衆生)이라 이름하여 불렀다. 저쪽 해탈의 보리심에 머무는 주지(住持)해 있는 분들을 무루성과(無漏聖果)라 한다. 새지 않는 성인의 지위라 했다. 한쪽은 줄줄 새고 한쪽은 맑은 하늘처럼 모든 것이 증발하여 청명하다는 뜻이다.

이와 같이 주지의 본뜻은 대단하다. 상당한 성과(聖果)를 얻으신 분의 영적인 지위의 이름이다. 그러니 요즈음 절집의 우두머리는 주지(住持)가 아니라 사장(寺長)이라 해야 옳다. 절의 어른으로서 모든 책임을 다 하시면서 절 대중의 안위를, 성과(聖果)의 직위에서 아니라 세상의 권위를 가진 사장(社長)과 비슷하므로 사장(寺長)이라 함이 옳을 듯싶다.

가섭존자의 영생기(迦葉尊者의 永生記)

절 안에서는 법당 다음으로 높이와 깊이를 가진 집이 염화실(拈華室)이다. 대체로 한 소식했다고 소문난, 조실스님네가 독거하시는 별채다. 염화실은 절 안 깊숙한 곳에 아담하게 위치해 있고 문설주 위에 걸린 액자만 보아도 소슬한 도풍의 운치가 자지러진다. 도고하신 노스님네가 견성했다는 인가를 통하여 전법의식을 거치신 후, 염화실의 주인이 되므로 절 문중에서는 조실(祖室)스님이라 한다. 불법 문중에서는 최고의 스승이시고 지도법사이시다. 그러면 염화실의 원어, 염화미소(拈華微笑)에 대한 유래를 알아보자. 불교에 관심이 있다면, 이 전설은 상식이므로 구구한 설명은 생략하겠다.

  부처님께서는 성불하시고 불안으로 자신이 깨치신 영적 경계와 불법을 보신 즉, 도무지 중생들에게는 이 불가사의 법을 전하실 수가 없었다고 한다. 심지어 보살들까지도, 십지 이하는 불지(佛地)를 전할 길이 없었다. 그것은 보살들이 갖고 있는 법안을 가지고도 부처님의 경지는 구름 속에 가리워진 달그림자를 더듬는 격이라 불법을 그대로 전함에는 상당한 어려움이 있었다. 불지(佛智)에 이른 보살들도 그럴진대 항차 육안으로 모든 것을 보아야 하는 시각 중생들이야 말할 나위가 있겠는가. 그래서 생각 끝에 과거의 불타들은 어떻게 법을 설하여 중생을 깨우쳐 주셨는지를 살펴보니 세 가지 차원으로 지도하셨음을 보고 이 방편이 가장 이상적이었음을 생각하시고, 그때부터 부처님 차원의 불법은 물론, 보살들의 대승도까지도 잠시 보류하시고 이성과(異性果)로써 일단 중생들부터 구제키로 하셨다. 이성과는 범부로 하여금 우선 번뇌를 끊게 하고, 마음의 다섯 경계 오음(五陰)을 멸하게 하는 해탈법을 말한다. 이렇게 하여 낮은 차원의 소승과라고 하는 사과(四果)를 택하셨다. 즉 수다원과, 사다함과, 아나함과, 아라한과이다. 이 위에 벽지불과가 있는데, 이 벽지불과는 부처님의 제자 가섭존자와 대제자들은 이미 터득하고 있었다.

벽지불과부터는 멸진정(滅盡定)에 들 수 있다. 이미 마음이 사라지고 없는 가장 수승한 초의식 영역이다. 마음의 뼈대, 오음(五陰)이라고 하는 색수상행식(色受想行識)이 모두 사라진 경계라 하니 범부 중생의 소승과로서는 최상의 경지다. 이 경지에 가섭이 먼저 도달해 있었다. 그러나 보살승의 불가사의 공덕과 지혜와 신통을 가섭은 갖고 있지 못했다. 그러하니 부처님의 지혜해(智慧海)와 공덕해(功德海)와 무량신통해(無量神通海)를 어떻게 생각이나 하겠는가. 여기서 해(海) 자를 쓰는 이유는 바다는 온갖 강물을 다 받아들여 여일하게 하나로 됨과 무궁무진하게 많음을 상징하고 있다. 화엄경에 많이 쓰이는 해(海) 자의 뜻이 바로 이것이다. 또 바다에는 여덟 가지 불가사의가 있다고 한다. 바다는 전부를 다 지닌 보고(寶庫)임을 의미한다.

중생이 잔뜩 술에 취해 있으니, 술부터 깨게 한 방편이 오늘날의 출가제도다. 출가하여 열심히 선바라밀(禪波羅密 : 참선수행)을 닦으면 마음에서 벗어나고, 더 나아가 적정공삼매(寂靜空三昧)를 익히면 보살도(菩薩道)를 얻게 된다. 이것은 본시 부처의 공부가 아니다. 부처의 공부는 백천 삼매를 닦아야 하고, 무량 난행고행을 통하여 공덕상(空德相)인 금색신여래(金色身如來)가 되어 가지고도 어떻게 형언이 아니 된다.

한 번은 부처님이 법회를 하시는데 가섭이 또 늦게야 나타났다. 거지 꼴을 한 가섭이 진지하게 법문을 듣고 있는 대중 속으로 걸어 들어오므로, 마음을 가지고 살아가는 온 대중이 이미 마음이 없어진 가섭을 야유조로 바라보았다. 그때에 세존이 연꽃 한 송이를 뽑아 들고 나를 보라는 시늉으로 대중의 시선을 연꽃에다 집중시켰다. 성도(聖道)에는 계급 사회 같은 차등이 없다. 깨달음의 세계에는 우리 마음의 세계와 판이하게 다른 게 있다. 피안(彼岸)의 저쪽은 무등등(無等等)이라서 평등하다는 그것까지도 없는데, 이 세상은 유등등(有等等)하여 천차만별이다. 부처님이 설법을 하시는 도중에 가섭이 들어오니 법회 대중의 분위기가 갑자기 술렁거렸다. 그때에 부처님께서 꽃 한 송이를 드시는 것을 오늘날 우리가 직접 보았다면, 지금까지 전해 오는 전설적 얘기는 전혀 판도가 달라질 것이다.

부처님의 마음을 어떻게 헤아릴 수 있을까마는 그냥 그대로 들어 두자. 분명한 사실은 가섭존자를 알아보지 못하는 대중에게 '가섭은 나의 법 가운데 꽃과 같은 존재'라는 의미도 없지 않았을 것이다. 대중들은 부처님의 표정을 통하여, 그리고 손에 든 한 송이 연꽃의 의미 속으로 온갖 마음이 녹아들어갔을 것이다. 가섭은 법회 때마다 지각생이었고, 늘 누더기를 걸치고 다녔으므로 남이 얕잡아 보기 일쑤였다. 가섭존자께서 이제는 역사 속의 인물로서 탱화나 경전상에 대단한 인물로 부각되어 나오니, '가섭존자'라 하면 이름만 들어도 우리가 깜짝 싶어, 온갖 경의와 호감이 넘쳐나지만 오늘날 그러한 두타행자의 옷차림이나 마음 없는 자의 무애행(無碍行)을 직접 본다면, 너나 없이 경배심은커녕 온갖 험담이 나올 것이다. 이렇듯 우리의 마음은 간사하다.

이때 가섭이 부처님의 꽃을 보고 빙그레 미소를 지었다. 이것을 후세 사람이 염화미소(拈華微笑)라 하여, 지금도 한소식했다는 분들이 마치 유생들이 공자연(孔子然)하듯이 공연(孔然)히 가섭인양 그 문구를 애용한다.

잠을 깬 사람은 두 가지를 다 안다. 하나는 잠을 깬 줄을 알고 잠 깬 사람들을 또한 알아본다. 그러나 잠든 사람은 두 가지를 다 모른다. 하나는 자는 줄을 모르고, 꿈을 꾸면서 꿈꾸는 줄을 모른다. 다만 부처님과 가섭 사이에는 이와 같은 깨침의 미학이 오간 것뿐이다. 다른 뜻은 아무것도 없을 줄로 안다. 부처님은 특정한 개체, 즉 어느 한두 사람에게만 은밀히 법을 전하는 식은 취하지 않는다. 오히려 그러한 요식을 멀리한다. 부처님이 꽃을 드시니 대중들의 분분한 마음은 부처님이 암시하는 꽃 속으로 빨려 들어갔고, 가섭은 이쪽에서 보고만 있었다. 가섭이 미소했다고 전하는 이유는 부처님의 수어(手語)를 가섭이 알아차리고 눈웃음으로 답했다고 알아 두자. 이렇게 알면 깨달음에 이른 분들의 대화 요식이 무진장하게 다양함을 저절로 알게 된다. 법을 전하는 은밀한 전법(傳法) 요식이었다기보다 사고 없는 이와 깨어 있는 분의 통상 쓰는 묵시적 수어로 읽어 두자.

'꽃 한 송이를 들자, 가섭이 웃었다.' 여기 염화미소를 빛내 주는 또 한가지 사건이 있다. 가섭과 부처님 사이의 밀어 중에 다자탑사반분좌(多子塔寺半分座)가 전해 온다. 부처님께서 다자탑사에서 법문을 하시는데, 그날 역시 비렁뱅이 같은 두타영감이 너절한 차림으로 어슬렁거리며 뒤늦게 법회장으로 들어서니, 사부대중의 분위기가 금방 술렁거렸다. 마음 없는 자의 설움도 보통이 아니겠나. 잠자던 개가 공연히 달을 보고 짖어대듯 기계적인 마음들이 또 소란스러워졌다. 누구 한 사람 가섭에게 앉을 자리를 내 주지 않았다. 그때 부처님께서 하시던 말씀을 멈추시고 앉아 계시던 자리를 반을 나누어 가섭에게 내 주셨다. 이것을 본 가섭이 빙그레 미소하여 성큼 세존의 곁에 가서 조용히 앉는 것이 아닌가. 이 모양을 본 대중은 앞이 캄캄하였다. 지식과 윤리와 도덕으로 무장된 대중들의 눈에는 언감생심이었다. 어린애를 예로 들어 보자. 귀염둥이 손주가 백발 할아버지의 수염을 잡고 그네를 타는가 하면, 상투를 잡고 풍악놀이를 해도 할아버지는 손자가 하는 짓이 언짢기는 커녕 마냥 즐거워하는 모습을 보아도 알 수 있다. 손자가 그런다고 가문을 망치는 것도 아닐뿐더러 그렇게 망나니같이 보이는 그 녀석이 자라서 또 하나의 가문을 꽃 피워 나간다.

부처님께서 능엄경에 설해 놓으신 말씀 가운데, 가섭은 마음 없이 온갖 것을 다 안다 하셨다. 또 가섭은 그 몸을 마음대로 나툴 뿐이지 실제적 몸을 갖고 있지 않다고도 하셨다. 타방에서 온 외계인처럼 부처님의 빛 속에서만 드러나 보일 뿐이다. 특히 부처님의 경우는 다섯 개의 눈으로 보고 말씀하시고, 가섭존자의 경우는 적어도 세 개의 눈을 갖고 계시므로 우리 눈으로는 도무지 볼 수도, 알 수도 없는 분임을 명심하면 다소 가섭존자를 이해하는 데 도움이 될 것 같다. 눈뿐만 아니라 말도 우리는 육성이지만, 하늘 사람은 전파음이고, 나한의 소리는 색계선천의 범음(梵音)이며, 보살부터는 묘음(妙音)으로서 해탈음이기 때문에 불가사의한 영역이다. 의사만 전달하는 소리가 아니고 온 법계의 체성 그 자체이므로 부처님 음성, 불음(佛音)은 필로써 표현할 길이 없다.

그래서 부처님과 가섭의 대화는 세상의 소리가 아니고, 자성의 빛으로 울려 나오는 광음(光音)이므로 우리들 귀로는 아득하게 아무 소리도 들리지 않는다. 사실은 부처님과 가섭이 주고 받는 대화는 서로 침묵하고 있다 해도 우주에 그 묘음이 가득해진다. 누구나 오랫동안 말을 하지 않고 참선 수행을 잘하면, 저절로 타심통이 열려 남의 마음의 소리를 우리들이 말하는 소리보다 더 확실하게 이해하고 듣는다. 그런데 부처님과 가섭이 어떤 모양을 보인 것은 단지 우리들의 시각 때문이었다. 육안 중생의 시각에도 어떤 깨우침을 주고자, 부처님의 무량심에서 행동으로 보이심이다. 그러므로 공연히 그 행위 자체를 애매모호한 신비에만 가둘 것이 아니다. 우리 같은 육감 중생에게도 부처님과 가섭의 뜻을 고루 나누어 갖도록 함이 본래 부처님의 뜻일 것이다.

부처님의 가섭에게 자리를 양보해 준 것은, 가섭도 부처님의 자리를 대신

해서 이 땅에 불법을 널리 펴고 전하실 미래에 있을 일을 미리 만인 앞에 보였을 뿐, 별도로 가섭에게만 은밀히 전했다는 법은 한 구절도 없다. 그런 식으로 전해질 진리란 있을 수 없다. 불법에 감추고 숨길 것이 있다면 자기가 전생에 누구였다는 자랑 따위는 숨기고 있다가, 자신이 죽을 때에 은밀히 제자에게 유언할 수는 있다고 하셨다. 부처님께서 숨기고 감춘 것은 아무것도 없다. 쉽게 말하면, 앞 못 보는 아들에게 무엇을 감추고 숨길 것이 있겠는가. 불법을 비법(秘法)이라 말한 것은 그 진리 자체가 신비해서 보일 수 없는 진리의 특성을 읽은 것이지, 세속의 상식처럼 숨기는 비밀이라는 것과는 상관이 없는 단어이다.

부처님이 보실 때에는 가섭 같은 사람이야말로 불법 가운데 참다운 불자요, 출가자로서 모범이며 자랑스러운 꽃이라는 사실을 보이셨고, 부처님 회상에서 둘도 없는 존재임을 만인에게 보이셨다. 가섭의 두타행을 귀감으로 삼도록, 부처님은 열반하신 후에 관 속에서 발을 가섭에게 보여 주심으로 증명해 보이셨다. 가섭은 잠도 공동묘지에서 잤다. 죽은 시체들과 같이 있음으로 해서 망령들을 천상에 나게 했다. 만생에게 깊고 얕은 연을 맺어 그들로 하여금 후대에 성불을 약속했다. 언젠가는 문둥이의 썩은 손가락이, 그가 들고 있던 죽그릇에 빠진 것을 대접받고 서슴없이 마셨다. 어떤 경우라도 저들로 하여금 복을 짓게 했다. 그 인연 공덕으로 그날로 흉칙한 문둥이는 몸을 버리고 화락천궁에 화생케 하는 등 대보살마하살들이나 행할 법한 보살행을 걸림없이 해냈다. 부처님 제자 중 두타행이라 하는 청정행에 뛰어난 분이었다. 의식주(衣食住)에 티끌만한 염착도 없이 청빈한 행을 통하여 자기 불국토를 장엄해 나가는 가섭과 같은 존재는 누구나 석가모니가 앉은 연화좌에 앉을 수 있다는 교훈으로 부처님이 대중에게 앉은 자리를 내어 보여 줌이지, 별도의 묘법을 전할 것이 있음을 의식하고 가섭에게만 은밀한 기행을 보인 것이 아니었음을 알자.

세존께서 가섭에게 꽃을 들어 보이고, 옆에 와 앉도록 자리를 양보하신 것을 일종의 전법 의식(傳法儀式)으로 판독하지 말자. 부처님은 전하실 법이 있다면, 만중생과 제불보살이 보는 앞에서 정식으로 부촉을 하신다. 전설적으로 전래되어 오는 조사들의 전법 요식이 흡사 부처님과 가섭의 삼처전심(三處傳心)과 같은 맥락으로 오해하지 말자. 오조(五祖) 홍인대사는 육조에게 무슨 전법의 징표를 전하여 후일 전법 쟁탈사를 낳게 하였으니, 참으로 우스꽝스러운 전설이다. 세상의 어떤 바보가 잠 깬 사람을 보고 "너는 이제 잠을 깼구나. 자, 여기 잠을 깼다는 확인증이 있으니 꼭 갖고 다녀라. 누가 너에게 자고 있느냐 깨어 있느냐 하고 묻거든, 그 증거로 이 확인증을 부처님이 발급해 주시더라고 말해라." 할 것인가, 그래도 육조 혜능스님은 현명했다. 육조 자기 대에서 심증으로만 가능하고 물증으로는 있을 수도 없는 득도 쟁탈사를 끝냈으니 말이다.

다자탑사 반분좌(多子塔寺 半分座)를 빛내 주는 가섭존자의 전설 중에 연착 사건으로 일어난 기적적인 이야기가 또 있다. 부처님께서 열반에 드셨다. 늦게야 이 소식을 듣고 달려온 가섭은 여래장자로서 마땅히 지켜보아야 할 도리임에도 세존이 열반에 드시는 것을 보지 못했다. 세존의 관을 붙들고 한없이 통곡을 하니, 관 속에 들어 있던 세존의 발이 두 번 관 밖으로 나왔다 들어갔다 하였다. 이것을 본 가섭이 울음을 그치고 여래의 맏아들로서 모든 불사를 무사히 치르는 상주가 되었다고 한다. 쌍림양족상(雙林兩足相)은 이 장면을 일컬음이다. 이것 역시 가섭에게 전한 부처님의 비밀법이라 풀고 있다. 가섭이 울음을 그친 것은 부처님의 법신을 사실로 보았기 때문이다. 대반열반이라는 것은 속인의 죽음과는 달리 항상 그대로 여기 있음을 노골적으로 보이심이고, 또한 가섭으로 하여금 부처님의 발자취를 가섭 자신이 그대로 넓게 펴서 후대에까지 전하라는 부촉의 교훈으로 받아들였기에 가섭은 세존 입멸 후, 곧 삼장을 결집(結集)하는 일을 착수했다. 굳이 육성을 필요로 하지 않는 가섭인지라 부처님의 두어 번 내민 발을 통하여 부처님의 뜻을 받아 읽고 현실로 그 뜻을 옮겼다.

보라. 팔만장경을 뉘라서 그만한 대업을 해내겠는가. 또 경전의 내용은 전부가 부처님의 발자취이다. 사위성 밖에 있는 필발라굴에서 5백 성승과 함께 해낸 그 엄청난 불사! 지금까지 가섭존자를 어떻게 존재해 계시는지 아무도 모른다. 알 수 없는 일이다. 불교(佛敎)는 가섭존자의 위대한 업적이다. 세존의 장자인 가섭존자의 최후에 대한 어떠한 기록도 전설도 없다. 그러나 믿는다. 지금도 설산에 있음을. 앞으로 56억 7천만 년까지 그대로 멸진정에 머물러 계시다가 부처님으로부터 전수받은 금란가사를 그대로 갖고 계시다가 지구가 한 번 더 대변혁을 이룬 뒤, 천상세계를 방불케 할 만큼 대륙과 바다가 보배로 변화를 이루게 되면 미륵불이 출세하게 되고 그때에 가섭이 부처님의 유품을 갖고 조화로운 용화세계에 나타나신다. 그때의 사람이 수명이 8만 세라 하니 제발 우리도 그때 화생하여지이다.

미륵부처님이 성도하신 후에 히말라야산 정상을 양손으로 잡아당겨 산이 두 쪽으로 갈라지면 그 속에서 가섭이 나온다고 한다. 그렇다면 앞으로 큰 지각변동이 일어나서 신대륙이 형성되어도 설산은 그대로 있을 것 같다. 그때 56억 7천만 년 전의 가섭존자를 본 미륵시대 사람들이 석가 때의 가섭을 구경할 것이다. 미륵부처님이 손바닥에 가섭존자를 올려 놓고 서로 얘기를 주고 받는 모습을 보고 놀랍고 신기해 하면서, 미륵부처님께 묻기를 세상에 저렇게도 작은 사람이 살았던 시대도 있었습니까? 한다. 히말라야 산의 높이가 8,848미터이다. 그런데 그 산이 미륵불의 가슴께에 닿는다 하니 지금 인간을 미륵시대 사람이 본다면 형체를 알아보기나 할는지. 지금도 미륵불상은 어마어마하게 크게 조성해 모신다. 미륵시대 사람의 눈에는 얼른 띄지 않는 가섭을 용화세계 사람들이 하찮게 여기고 경멸함을 미륵불이 보시고 대중에게 일러 말씀하시되 "너희들은 보지 않았느냐. 코끼리는 덩치는 크지만 사자의 새끼를 보고 두려움을 느낀다는 것을. 이와 같이 석가모니불 시대의 사람은 이렇게 작았지만 모두 사자와 같은 지혜와 용맹이 있었느니라. 너희들이 못 믿겠다면 내 너희들로 하여금 보게 하리라." 하시고는 "가섭아" 하고 미륵불이 가섭을 부르시니 "예" 하고 가섭이 대답한다. '네가 내게 전할 것이 없느냐?' 하니 가섭은 석가세존의 금란가사 한 벌을 미륵불에게 받들어 올렸다. 물론 부처님 손바닥에서이다. 석가모니불이 걸쳤던 가사를 미륵부처님 손가락에 갖다 대어보니 한 손가락도 채 덮히질 않는다. 이 모양을 본 대중이 놀라움을 금치 못하며 하는 말이 "그러면 그때의 부처님이 저 가사를 몸에 두르고 다니셨단 말씀입니까?" 놀라워하니 미륵부처가 대답하기를 "그렇단다. 그러나 그 몸이야 크고 작음이 무슨 의미가 있겠는가. 이제 너희들이 그때 석가모니 부처님의 상수제자를 보면, 그 위신력과 공덕을 알게 되리라." 하시고는 가섭에게 "가섭아, 네가 지금 저 많은 대중을 위하여 부사의한 신통을 보여라." 부처님의 말씀이 끝나기가 무섭게 개미만 하던 사람이 어느새 하늘로 날아오르는가 싶더니, 금방 우주를 꽉 메울 듯 큰 몸이 되어 허공에서 앉고, 걷고, 눕고, 발밑으로는 불을, 머리 위로는 물을 분사하는가 하면, 그 몸이 없어졌다가 또 하늘에 가득하고, 작게는 미진에 이르다가도 크게는 일월을 덮어 버리는 것이었다. 물 위를 평지같이 걷고, 땅속을 물속처럼 들락날락하며 한 몸을 수천만의 몸으로 나투는 등 부사의한 신통 변화를 미륵세계의 사부대중이 보고는 놀랍고 두려워 스스로 감탄하며 합장하고 절하였다. 모두가 예경을 올리며 찬탄해 마지 않았다. 56억 천만 년 전의 석가모니의 제자 가섭이 이렇게 온갖 불사를 짓고는 홀연히 미륵불 앞에 나타난다는 석가세존의 말씀인 경문을 우리가 읽어본 것으로 미루어 보아, 가섭존자는 지금도 우리와 호흡을 같이 하고 계실 것이다.

    가섭존자는 세존 당시에 스스로 말씀하시기를 자신이 얻은 멸진정의 위신력으로 손가락 튕기는 사이의 찰나를 무량겁으로 여긴다 하였으니, 그분에게 무슨 56억 7천만 년이라는 시간이 있으며 또 무슨 별도의 생존공간이 따로 있어 오고 가고 할 바가 있겠는가. 깨달음의 초의식세계는 듣고, 읽고, 만지고 하여 느껴지는 바가 아니다. 오도송(悟道頌)이나 격외문답 식의 법담으로는 진정한 깨달음의 낱말이나 글귀가 될 수는 없다. 그저 옛 선객들의 깨침을 음미하는 회심곡으로 들어 두면서 우리는 스스로 자기 자신의 마음으로 보고 아는 관자재보살이 되어 있노라면, 삼처전심은 다름 아닌 나의 법신이 된다. 다시 말하면 꽃으로 보임은 불법의 지혜상이요, 자리로 보임은 해탈의 열반상이요, 발로 보임은 마하반야의 공덕상이 아닐까? 이것이 염화실의 진정한 삼처전심의 요의(了義)가 아니겠는가. 머리로, 가슴으로, 발로 이렇게 전신으로 보이신 불법삼장(佛法三藏)의 참뜻이 여기에 있다

가섭의 출생

마하가섭은 마갈타국의 바라문 출신이었다. 본명은 필바라(畢波羅)이다. 이 필바라라고 이름한 가섭존자의 탄생 유래에 대한 신기한 부처님의 말씀을 들은 다음 본론으로 들어가자.

가섭이란 바라문 계급의 성씨이다. 아버지 가섭장자는 상당한 재산가로서 나라의 재벌이었는데, 일점 혈육이 없어 부부는 매일같이 필바라수신(畢波羅樹神)에게 제물을 베풀어 놓고 아들 하나만 점지해 달라고 빌었다. 수십 년을 두고 애원하였건만 도무지 기별이 없자, 가섭장자는 슬그머니 화가 치밀었다. 도대체 신이 있는 것인가 없는 것인가. 있다면 이만큼 공양을 올리고 정성을 바쳤는데 하다못해 딸이라도 하나 점지해 주시든지, 아니면 시답잖은 개꿈이라도 꾸게 하여 쓰다 달다 무슨 신험이라도 보여 주어야 할 게 아닌가. 우리집 필바라수신은 남의 정성만 받아 먹고 교감하는 바가 없으

니, 이 모양으로 그냥 넘길 수는 없다. 만약 오늘밤까지 아무런 영험을 보이지 않으면 신이 없는 허망한 나무인 줄로 알고 베어 버려야겠다고 마음먹었다.

"필바라수신이여, 기회는 오늘 저녁까지이니 알아서 살피소서."

이렇게 가섭장자가 필바라나무와 사생 결단을 내겠다고 고하였다. 나무신이 이 말을 듣고 전전긍긍하다가 허겁지겁 일월궁에 올라갔다. 사천왕들께 애원하기를 "천왕이시여, 저는 가섭장자의 집에 있는 필바라수신입니다. 가섭장자가 자식 하나 얻게 해달라는 어려운 소청을 들어 주지 않는다 하여 오늘밤으로 담판을 짓고자 하는데, 저의 신력으로는 그들 부부에게 아들을 점지해 줄 수가 없어 어떻게 함이 좋을지 몰라 이렇게 왔습니다." 수신의 사정 이야기를 들은 사천왕이 자신의 천안(天眼)으로 사주세계(四州世界)의 형편을 두루 살피더니 "필바라수신이여, 우리의 능력으로도 가섭의 가문에 자식이 될 만한 복력 있는 자를 구할 수가 없구려. 그러니 제석천왕께 부탁해 보도록 하세." 하고는 제석천왕 앞으로 나아갔다. 사천왕은 가섭 집안과 필바라수신의 어려운 사정을 말씀드렸다. 제석천왕은 132개의 태양계를 총괄하시는 위신력과 너그러운 마음으로 금방 삼매에 들었다. 삼매의 눈인 혜안으로 찰나에 132개 태양계 내의 중생의 마음과 복덕과 지혜를 다 달관하시고 나서 "천왕이여, 나의 눈으로도 가섭 집안에 갈 만한 자식이 없구료. 나의 위신력으로는 가섭장자의 소망을 들어 줄 수가 없소만, 내가 잠깐 대범천왕님께 부탁드려 보겠소." 하신다. 색계 두 번째 하늘에 계시는 대범천궁(大梵天宮)에 나타나시어 무량광명으로 빛나는 대범천왕의 거룩한 대장부 상호 앞에 엎드려 남섬부주 지구촌에서 벌어진 필바라수신의 역경을 설명하고, 대범천왕님의 위신력으로 가섭장자의 소망인 아들 하나를 선별해 주실 것을 간곡히 부탁드렸다.

대범천왕이 법안으로 잠시 살펴보더니 "지금 막 수명을 다한 범천이 하나 있는데 내가 잠시 그분에게 가서 그분의 의사를 물어보고 오겠소." 하면서 선천(禪天)의 빛나는 고요와 원만한 광명의 몸으로 계시는 범천과 대장부상을 구족한 대범천왕은 몇 마디 대화를 나누었다.

"범천이여, 그대의 수명은 이제 얼마 남지 않았소. 웬만하시면 저 하방 세계에 있는 지구촌에 가서 한 세상 수도하시다가 오시면 어떠하시겠소?" 정중히 말씀드렸다. 늙은 범천이 실색을 하며 "저 부정한 지구촌은 싫습니다. 그러나 대범천왕이 하시는 말씀이니 한 가지 조건만 승낙이 된다면 그리하지요. 내가 지상에 내려가면 부부 인연을 맺을 것이온데 절대로 결혼은 아니할 것입니다. 대범천왕께서 이 소망을 보장해 주시겠다고 허락하신다면 내려가겠습니다." 대범천왕은 어찌나 기쁜지 "그야 염려하지 마시오. 내가 책임지고 그대의 신분을 지켜 주리라." 이렇게 하여 협상은 끝났다.

사천왕궁에서 초조히 기다리던 나무신의 귀에 이 기별이 전해지자, 수신은 기쁜 마음으로 지상으로 급히 내려와 가섭장자의 집에 당도하니 두 내외는 제물을 거두고 침실로 막 들어가고 있었다. 그때에 온 집안이 대낮보다 더 환하고 천지가 찬란한 빛 속에 가득하여 부인이 놀라 일어나 밖을 내다보았다. 방금 재를 오린 필바라 나무 위에서 큰 광명이 일어남을 보고 있노라니, 그 빛 속에서 신선같이 거룩한 성자 한 분이 부인 앞으로 다가오고 있었다. 부인은 감격하여 합장하고 큰 절을 올렸다. 옆에 자던 남편이 놀라는 기척에 부인도 잠을 깨었다. 부부는 꼭 같은 꿈 얘기를 하며 뜰 앞에 선 필바라 수신의 위신력에 감사하며 거듭 합장하였다.

그렇게 하여 태어난 아들의 이름을 필바라나무신의 공덕에 의하여 자식을 얻었다 하여 '필바라' 라 지었다. 필바라가 성장하여 혼기가 되니 또 한 차례 큰 소동이 일어났다. 가섭의 몸은 색깔이 붉은 색을 띤 금빛이었는데, 며느릿감도 금색신(金色身) 여성을 구해야 된다 하여 금을 녹여 여자의 모양과 똑같이 조각을 하였다. 이 금으로 만든 여인상을 장자의 시종들이 가마에 모시고 마을마다 다니면서 이런 아가씨가 있으면 나오라고 소리쳤다. 그러기를 수개월 어느 촌락을 지나는데 웬 처녀가 우연히 밖으로 나왔다가, 가마 위의 금 조각의 여인을 보는 순간 금상의 여인이 가마 위에서 땅으로 걸어 내려와 구경나온 그 처녀와 한 몸이 되고 말았다. 구경꾼들과 장자의 시종들이 이 광경을 지켜보고 놀란 나머지 장자에게 급히 이 소식을 전하게 되었고, 장자는 서둘러 그 처녀와 필바라를 결혼시켰다.

결혼까지는 좋았으나 첫날밤부터 이들 내외는 별거를 고집하는 소동이 일어났다. 필바라 부부는 서로가 아끼고 사랑함은 여늬 사람이 흉내도 못낼 정도였지만 몸을 섞는 일만은 질색이었다. 그래서 서로 약조하기를 밤에는 교대로 잠을 자지 않기로 하였다. 남편이 자면 아내가 곁에서 지키고, 부인이 자면 남편이 그렇게 하기로 단단히 약정을 맺었다. 그 실천이 얼마나 철저하였던지 부모들도 더 이상 간섭할 도리가 없었다. 그러던 어느 날 필바라가 부인이 잠든 모습을 보고 있는데, 어디서 나타났는지 큰 독사 한 마리가 부인 곁으로 살금살금 다가가고 있었다. 필바라는 부인을 깨울까 하다가 깨우는 것보다 뱀을 쫓는 것이 급선무다 싶어 윗도리를 벗어 뱀을 덮어 싸가지고는 바깥 마당에 내어던져 버렸다. 이러한 북새통 속에 필바라의 손이 부인의 손에 닿았는데, 이것이 이들 부부의 최초의 육체적 만남이었다. 이 바람에 깜짝 놀라 일어난 부인이 냉색을 하여 "여보, 당신은 어찌하여 부부의 지중한 언약을 깨뜨리는 거요." 하며 질색을 하고 따졌다. 남편 필바라가 낯을 붉히며 마당 한가운데로 도망치는 뱀을 가리키니, 부인은 감격하여 눈물을 흘렸다. 정갈한 삶을 살아가는 한 예이지만, 우리 중생도 마음을 잘 다스려 청정심으로 돌아갈 날이 빨리 오면 얼마나 좋을까!

마하가섭은 부모님이 돌아가시자, 자신은 물론 부인도 구도의 길로 들어섰다. 가섭존자에 대해서는 모두가 잘 알다시피, 부처님을 만나기 전에도 자신의 문하생이 세존의 제자보다 많았다. 그들은 모두 불도에 입문하여 성과를 이루었다. 마하가섭존자의 수행함이 어떻게나 청정했던지, 부처님이 여러 번 고행을 그만하라고 말리기까지 했다 한다. 늘 주위로부터 비난도 없지 않았고, 한때는 삭발도 아니한 채 누더기를 걸치고 다니므로 승려 사회에서도 멸시를 받았다. 그럴 때마다 부처님은 사부대중의 무지한 눈을 깨우쳐 주기 위하여 가섭의 도고한 권위를 여러 면으로 암시해 보이셨다. 마음이 없어진 사람과의 대화는 침묵이며 형설인 것을 몇 차례나 보이셨다. 안경이 필요 없고 보청기가 필요 없는 사람, 통역이나 수화가 없어도 진리를 보고 묘음을 경청하는 가섭존자의 묘각심, 그것이 삼처전심의 유래가 되었다. 그러므로 마하가섭존자는 말도 글도 아닌 불법을 후대에 전한 큰 일을 하셨다. 이러한 분들은 모두 보살이시다. 가섭의 부인 금색 여인(金色女人)은 전세의 숙업으로 기구한 운명의 여인이 된다. 막상 남편 가섭과는 살도 대어 보지 않았지만 오백의 외도들에게 그리고 사악한 국왕에게 참혹한 간음을 당한다. 나쁜 임금으로부터 일 년 내내 매일같이 육신의 수청을 들어야 하는 처절한 수모를 감수해야 한다. 그러나 마침내 부처님을 만나 성과(聖果)를 성취했다. 불법의 비구니 회상에서 금련화(金蓮華)와 같은 존재였다고 전한다.

　가섭존자는 오늘날 선(禪)의 시조가 된다고 한다. 그분의 삼처전심이 말이다. 머리로, 가슴으로, 발로 삼처가 도다운 사람을 도인이라고 한다. 이러한 도인이 곧 도가도(道可道)이다. 그래서 불교의 묘의(妙意)는 가섭 그 자체였다. 가섭과 같은 성자, 중국의 노자는 설산으로 들어간 후 소식이 없다. 그들이 바로 도가도(道可道)이다. 금세기의 성자 라즈니쉬는 생사 없는 서쪽으로 가시는 길목에서 자신의 가슴에 든 묘법의 진수를 다 털어 놓으셨다. '내가 바로 노자다.'라고까지 하신 성자께서 《내가 사랑한 책들》에서 이렇게 말씀했다.

　"고타마 붓다를 사랑한다. 나는 그 누구보다도 붓다를 사랑한다. 평생을 두고 나는 그에 대한 이야기를 했다. 다른 이에 대해 말할 때도 나는 그의 이야기를 했다. 이것은 나의 진실한 고백이다. 붓다를 끌어들이지 않고는 예수에 대해 말하는 것이 불가능했다. 붓다를 끌어들이지 않고는 마호메트에 대해서도 말할 수 없었다. 내가 그의 이름을 직접적으로 언급을 했건 아니했건 그것은 중요하지 않다. 나로서는 붓다를 말하지 않고서는 다른 무엇을 말하는 것이 불가능하다. 나는 그의 살이요 뼈며 골수다. 그는 나의 침묵이며 동시에 나의 노래다."

이 가슴은 반가움에 울고 있다. 생애에 처음으로 살아 있는 성자의 옳은 말씀에 감격하여 눈물 흘린다. 라즈니쉬로부터 꼭 듣고 싶은 고백이었다. 그 말씀이 그 분의 육성을 통하여 벌써 들렸고 또 더 크게 여기서 진언(眞言)이 되어 들린다.

이 붓은 외롭지 않다. 두렵지도 않다. 일찍이 살아 있는 노자를 만나 보았기에 두려울 것이 없다. 흑판에 쓴 하얀 글이 바로 이 우주 대자연이 되고, 종이 한쪽에 그린 그림이 묘법의 노래와 춤과 향기가 되어 신비의 조화를 이루며, 허공에 그리는 진언이 해탈삼매의 진경이 되는 그런 위대한 스승을 이 붓은 귀가 아닌 눈으로 보았노라! 말이나 글자가 아닌 진실을 말이다!

삼소굴 얘기들

가섭존자가 삼처전심에서 세 번 웃은 깨침의 미소로부터 유래된 불교 선방의 애명 삼소굴은 통도사 극락암에도 있다. 삼소굴이란 이름이 지닌 뜻에 비하여는 좀 걸맞지 않은 감은 있지만 기와집 별당에서 오래 주석하시던 경봉 큰스님께서 삼세 여래의 어김없는 발자취 따라 열반하실 때에 남기신 법어가 있다.

오랫동안 큰스님 곁에서 친자식도 하기 힘든 시봉을 해오시던 효성스럽기로 소문난 시자 스님이 슬픈 얼굴로 묻기를 "스님이 가시면 보고 싶습니다. 어떤 것이 스님의 참 모습입니까?" 하고 스님의 영적인 실상을 묻자, 스님께서는 불법 가운데 진수로 여기는 석존의 빛나는 침묵의 향기를 가득 담은 삼소굴에서 터득하신 가섭존자와 같은 미소를 지으시며 대답하시기를 "야반삼경(夜半三更)에 대문 빗장을 만져 보거라." 하셨다.

이 말씀의 뜻은 만류의 근본인 청정묘각의 실상을 제자로 하여금 감각적인 느낌을 통하여 자각케 하고자 남기신 법어이다. 큰스님께서 평소에 깨치신 바, 느낌을 제자로 하여금 깨칠 수 있는 방법을 주신 말씀이다. 법어는 깨달음 그 자체를 후학에게 힌트 삼아 표기해 보인 선시(禪詩)다. 그러므로 법어는 세상의 상식으로는 알아듣기 어려운 말씀이다. 이러한 법어는 ○× 같은 정답은 없다. 다만 깊은 잠은 깨듯 깨침(밝은 자성이 드러남)을 얻어야 바른 해답이 구해진다. 법어는 이 글같이 분석적 논리나 이해 추구의 학설로는 바른 앎이 아니 된다. 우리의 머리나 좁은 가슴의 느낌으로는 법어가 요구하는 바, 바른 깨달음은 아니 일어난다. 머리의 의식과 가슴의 마음이 사라진 후에나 고질병이 나아서 심신이 쾌활하듯 깨달음이 진실로 현증된다.

그러나 우리는 이렇게 값진 법어를 다소라도 이해를 얻어 냄으로써 내적인 영험의 지혜가 되게 한다. 대승의 바른 깨달음은 뛰어난 슬기를 통하여 자기의 본질인 자성을 자각할 수 있게 한다. 자성을 자각함으로 해서 빛나는 지혜로 하여금 허망한 마음이 본묘각장으로 올라갈 수 있다. 깨달음으로 가는 길만은 다른 방법이 없다. 오로지 신령한 지혜로 영험되는 그 무엇이 깨달음이다. 큰스님의 법어 글귀는 저마다 갖고 있는 자성상(自性相)을 어림하여 영적 교감을 불러일으키게 하는 말씀일 뿐이다. 큰스님의 법어는 여래의 청정묘각을 이루고 읊은 글귀는 물론 아니다. 큰스님이 현유적(現喩的)으로 표현한 야반삼경(夜半三更)은 실재한 자성상(自性相)을 보인 것이다. 의식과 무의식을 전체로 하나로 깨닫고 아는 본묘각까지를 삼단 은유로 묘사하고 있다. 깊은 밤과 밝은 낮의 그 첩경까지를 '야반삼경'으로 풀고 있다. 야반삼경이란 무의식에 대비시킨 밤과 밝은 의식에 비유한 낮과 대문 빗장격인 그 중간에 실재한 묘각성을 의식케 한 말씀이다. 의식과 무의식을 하나로 꿰뚫고 있는 깨달음의 초의식을 의미심장한 현유로써 큰스님은 알기 쉽게 말씀하셨다. 자아실상의 경지를 우리가 흔히 보는 대문의 비유로써 대비시켜 이해를 주고자 하셨다.

여기서 비유한 빗장은 항상 깨어 있는 본래의 밝은 묘각장(妙覺藏)이다. 다시 말하면 어두운 밤이나 밝은 대낮을 환하게 전체로 깨닫고 아는 그 자가 다름 아닌 우리의 자성상(自性相)이다. 여기서 비유한 대문짝의 빗장이다. 밤과 낮을 깨닫고 아는 자가 여기서 표현한 양쪽의 대문짝을 하나로 꿰뚫어 끼워 놓은 대문의 빗장격이다. 바로 지금 여기에 깨침의 핵심이 있다.

본래로 묘하게 밝게 깨어 있는 자성을 의식한다면, 대문의 빗장과 같은 그 자성을 은밀히 느낄 수만 있어도 큰스님의 제자가 진실로 보고 싶어한 경봉스님의 영혼의 참 모습을 더듬은 것이 된다. 여기서 말하는 영혼은 세속인의 망령을 읽은 말이 아니다. 본자성을 별명했을 뿐이다. 귀신과 혼동하지 말자.

큰스님의 본성을 살그머니 느껴 본 얘기가 '빗장을 만져 보거라'가 된다. 대문의 빗장을 한 단계 더 높이 부처님의 경계로 비약하면 여래장이 된다. 여래장의 경지에서는 야반삼경이 어디 있으며 만져 볼 빗장이 어디메인가. 그 전부이기에, 말하고 생각하고 의식하면 벌써 맑은 하늘의 구름이 된다.

깨달음은 느낌과 생각의 사념(思念)으로 터득되는 바가 아니다. 오로지 지혜의 밝은 초의식의 눈으로 깨달음의 묘각을 지묘하게 달관하면서 맑은 의식으로 꿈을 깨우듯 묘한 자성을 각성케 한다. 이러한 사리자(舍利子)와 같은 지혜로운 영적 의식 행위를 큰스님은 '빗장을 만져 보거라'로 귀띔하고 있다. 깨달음은 밝은 의식의 눈으로 '본다', '보거라'의 가르침에 있다. 이 주시어에서 깊은 내면의 성찰로써 거울같이 드러내 보이는 견성(見性)을 발견해야 한다. 스님이 전하고자 한, 본 유시에 주시해야 한다. 전체로 드러내 보이는 마음의 밑바탕을 보아야 한다. 불법은 무궁하다. 그러나 깨침은 간단하다. '보거라' 이것이 전부이다!

삼박자를 두루 갖추신 큰스님께 뜻과 맘을 조건 없이 꺾어 굽혀 절한다. 스님은 몸이 장부상이요, 지혜로는 경학에 무불통지하시고 선학에 있어서는 깨침을 한 몸에 다 지녔으니, 명왈 삼장법사이시다. 이렇듯 원만하신 불자님을 생전에 뵙지는 못했으나 법어(法語)를 통하여 스님의 참 모습을 어림하오니, 밝고 향기로운 경배심이 온 누리에 사무친다.

깨달은 분들은 사고 없는 깨달음을 생각 많은 중생들에게 귀띔해 주는 과정에서 최대한 간단 명료하게 진실을 밝힌다. 흡사 전보를 치듯 시인이 시어를 남기듯 한다. B.C. 327년에 실제로 육신 보살로 계셨던 마명보살(馬鳴菩薩)이 열반하시면서 그 제자에게 남기신 전법게(傳法偈)가 또한 그러하다. 그 원문을 보면 다음과 같다.

隱顯卽本法(은현즉본법)
明暗元不二(명암원불이)
今付悟了法(금부오료법)
非取亦非離(비취역비리)

이 글귀를 우리말로 풀면 다음과 같다.

은밀히 다 드러내 보이는 그 무엇은 만법의 근본이로다.
그것은 명암의 차원을 다 드러내 보인다.
지금 내가 이 깨달음의 요의법을 너에게 말하노라.
이것은 가지고 버려질 수 있는 성질의 것이 아니로다.

마명보살은 팔만장경의 본 뜻을 이렇게 간명하게 설파하셨다. 가섭존자로부터 13조가 되시는 가비바라존자에게 전한 전법게(傳法偈)이다. '전법게'란 별다른 것이 아니라 최후로 남기신 진리의 말씀을 말한다. 은밀히 전하는 암호 같은 것이 아니다. 부처님이 마지막으로 남기신 가르침과 같은 것이다.

영진각 조사(影眞閣祖師)

깨침의 미학

육조 혜능스님의 5세손 마조(馬祖) 백장선사(白丈禪師) 법어 얘기다. 인과응보가 있느냐, 없느냐 하는 의문에 관한 유명한 일화다. 인과응보가 있기는 분명히 현실적으로 있는데 그렇다면, 도를 깨달은 분도 인과에 떨어지느냐, 아니냐 하는 의문이 이 이야기 속에서 명쾌히 밝혀지고 있다. 오만 년 전에 이 지구상에 출현하신 것으로 전해 오는 가섭불 당시에 도를 닦는 한 늙은이가 있었는데, 그에게 누가 와서 "도를 얻은 사람도 인과에 떨어집니까?" 하고 물었다. 이에 그 노인은 가볍게 직답하기를 "불락인과(不落因果)니라." 했다. '인과에 떨어지지 않는다.' 는 뜻이다. 그때의 그 노인은 실로 인과가 있는 양 떨어지고 아니 떨어진다는 고정관념의 인식으로 인하여 오백 생 동안 여우의 몸을 받고 있었는데 중국 당나라 때 백장선사(白丈禪師)의 법문을 듣고, 누세의 깊은 회의를 풀게 된다.

   백장선사는 일단 그 노인으로 하여금 이해가 아닌, 깨침을 주기 위하여 그의 몸과 마음을 먼 과거로 돌이키게 한다. 노인은 과거에 자기에게 인과를 묻던 그 사람으로 돌아가 백장선사에게 "깨달은 사람도 인과에 떨어집니까?" 하고 물었다. 백장선사는 그 옛날 그 노인으로 돌아가서 개오(開悟)의 각성(覺惺)을 가득 담은 법어(法語)를 준다. "불매인과(不昧因果)니라." 이 말씀에 여우의 화신인 노인은 찰나에 문답의 속성을 가진 마음으로부터 해탈을 얻었다. 즉석에서 크게 깨닫고 곧 열반에 들었다.

깨달은 사람은 인과가 있느냐 없느냐 하는 미혹의 마음이 없거늘, 하물며 무슨 인과에 떨어지고 말고가 있겠는가! 백장선사에게는 문자나 언어의 감각을 뛰어넘은 강력한 초능력인 각성의 위신력과 주술적인 진언(眞言)이 있었다. 그러므로 도에 무르익은 사람을 만나면 단번에 깨치게 하였다.

깨달음을 이룬 사람에게는 마음의 요술인 인과응보 같은 혹업(惑業: 미혹한 분별 망심으로 지음)은 없다. 무엇이 있어야 떨어지고 떨어지지 않고가 있을 게 아닌가, 마치 꿈 같은 인과응보다. 처음부터 잠이 없는 사람에게 꿈꾸는 얘기는 있을 수 없듯이, 영원히 잠이 없어진 사람에게 누가 묻기를 당신이 앞으로 꿈꿀 것인가. 아니 꿀 것인가? 질문하는 꼴이 된다. 본래 없는 토끼의 뿔 같은 얘기가 된다. 이것이 불매인과(不昧因果)의 의미이다. 원문을 그대로 해석하면 '깨달음은 잠이 아닌데 어떻게 꿈 같은 인과가 있겠는가?' 하는 뜻이다.

그 옛날 불락인과(不落因果)라 대답한 노인은 자신이 얼마나 우매하였었나를, 바로 그 순간에 해답이 아니라, 무지한 무명의 마음이 사라지면서 신비로운 광명이 우주를 삼켜버리는 영험을 체득했다.

노인은 백장선사로 인하여 즉석에서 불매인과(不昧因果)의 저쪽을 보았으며 인과에 들 수 없는 만류본질인 불성을 느꼈다. 졸지에 있다. 없다 하는 시시비비와 난삽한 상대성에서 홀연히 벗어나 항상 스스로 빛나는 자성 쪽으로 분별망심이 사라지니, 인과응보란 이름조차 있을 수도 없는 신령한 영원성에 편안히 머물게 되었다. 아~ 이 얼마나 아름다운 깨침의 미학인가!

적멸보궁(寂滅寶宮)

영원한 진리

아! 걸림없이 시원하고, 텅비어 환희롭다. 조건 없이 편안하고, 이유 없이 마냥 즐겁다. 온갖 비합리를 신뢰한 마음이 사라진 평화로운 그 무엇으로 무한히 행복하다. 꿈 같은 삶을 돌이켜 보건대, 수만 생을 부질없이 할딱거렸다. 온갖 삶의 고뇌로부터 무거운 욕심의 짐을 지고 바둥거렸다. 그 어느 날 삶과 죽음의 허무로부터 영원히 자기로 돌아가고파, 삶과 죽음이 간섭하지 못하는 조용한 절간에서 텅 빈 불법의 고요에 몸을 담가 보았다. 그런데 오히려 이상하지 않은가. 물에 사는 고기가 대륙에 나온 듯 느닷없이 마음이 질식할 듯 설친다. 육체와 마음을 비유해 보면, 육체는 100미터를 10초 이내로 주파하고 살았다면, 산간의 적막 속에서 드러난 마음은 온 우주를 광속으로 뜀박질하지 않는가.

이 어인 일인가. 고요한 곳에 이르니 더욱 내부는 요란하고, 들에서 야생마처럼 살 때는 오히려 마음은 무엇엔가 취해 편안했었다. 세속에 서는 육체라는 시녀가 집어 넣어 주는 물욕을 즐기며 마음 편히 살았다. 오욕의 보신탕으로 마음은 비대했고 풍요로웠다. 그런데 산승(山僧)의 길, 깨침의 침묵은 육체와 영혼의 굶주림으로 후들거리기 시작한다. 마침내 영육의 빈곤이 의미하는 욕망을 부수는 괴벽한 심리는 사나운 늑대 같아진다. 늑대는 밤낮없이 울부짖는다. 배부르면 사나운 심성이 자라나고, 배고프면 처량한 회심곡 소리를 낸다. 늑대가 호랑이로 변신하는 데는 상당한 명상 수행의 시간이 필요했다. 그래서 좀 깨쳤다 하는 분들은 신성하게 사나워진다. 절의 벽화에서 보아온 금강역사들같이 거칠고 냉정하다. 그래도 한 소식했다는 분들은 사자의 사촌쯤이라도 되니까, 제법 사자후도 한다. 호랑이는 암수분별이 엄격하다.

그와 같이 산중의 냉정한 호심(虎心)은 세속의 욕정으로부터 초연하다. 호랑이의 기질은 높은 산 깊은 골짜기를 아방궁으로 삼고, 도무지 들판으로 나올 줄 모른다. 무아의 낙에 심취해 있기 때문이다. 산중의 고요와 자기의 침묵이 합일이 일어날 때, 호랑이 선사들은 사자로 변신한다.

사자는 평원을 좋아한다. 그래서 인도 같은 대평원을 가진 나라에서는 사자후를 하는 도인들이 간간이 나온다. 사자는 점잖으며 가족도 거느릴 줄 안다. 혼자 있을 줄도 알지만 넓은 자기 영토를 지킬 줄도 안다. 먹이를 길게 늘어뜨려 중생의 고달픈 번뇌도 털어 줄 줄 안다. 대장부다운 모습으로 산만한 마음들을 항복받고, 밝은 지혜로 바른 길을 드러내 보인다. 불도로 회향한 보살들이다. 벽지불격인 호랑이의 눈 모양은 공 도리에 머문 해탈승처럼 둥글고 사납지만(공적함을 즐기는 비유), 보살승에 비견되는 사자의 눈 모습은 세모진 이 자형으로 공 도리가 사라지면서 무심한 가운데 지혜가 일어나는 대사들처럼 방편 지혜의 눈을 가졌다. 사자의 넓은 앞가슴은 용맹으로 정진하는 대사와 같이 천적이 없다. 이때부터 공적한 삶을 버린다. 구도승들이 번뇌 없는 평화로움을 즐기다가 중생의 고뇌를 짊어지는 것같이, 이때부터 텅 빈 마음의 공(空)은 그들의 몸이며, 공(空)이 비눗방울처럼 한 번 더 꺼져 버리면 무심한 마음 없는 자유로운 행위(無爲行)가 일어난다.

이때에 법신인 열반의 몸이 된다. 다시 더 육바라밀을 닦아 열반신까지 사라지면 적멸보궁(寂滅寶宮)이 된다. 금빛으로 찬란히 빛나는 보배로운 궁전이라는 뜻이다. 적멸보궁이라 예술적으로 표현한 이름은 즉 무여열반경을 말한다. 마침내 성불한 자리의 아름다운 예명이다.

적멸보궁으로 가자. 부처님 배꼽 밑의 단전(丹田)과 같은 월정사(月精寺)에 잠시 쉬었다가 온 우주와 더불어 최상승의 길을 떠나자. 월정사란 절 이름이 말해 주듯, 달을 보라고 했을 때 손가락을 따라 시선이 가다가, 손가락끝을 뜀틀 삼아 하늘로 높이 뛰어올라, 마침내 둥근 달 그 자체에 정신이 녹아든 그런 사람들이 지금 적멸보궁으로 올라갈 수 있다.

부처님의 가슴에 만다라(卍)와 같은 상원사(上院寺)에 계시는 문수보살(文殊菩薩)께 참배하고, 부처님 얼굴의 미간백호(眉間白毫)와 같은 중대(中臺)의 적멸보궁(寂滅寶宮) 안으로 들어가자.

태고시의 언어 다라니

오대산(五臺山)은 태고의 밀림을 오래도록 간직한 산으로 남한에 있는 큰 산 중에 뛰어난 명산이다. 크고 웅장하여 명산이기도 하려니와 불교의 진수라고 할 수 있는 적멸보궁이 있으므로 또한 제일이다. 울울창창한 송림은 상상만 해도 시원하다.

불교는 나무(南無)로 시작한다. 실재 나무(木)와 밀접한 관계가 있다. 산에 자라는 나무와 불교의 진수인 무(無)로 돌아간다는 나무(南無)와는 동의어다. 실증적 예로는 세존이 무우수(無憂樹)라는 나무 밑에서 태어나, 보리수(菩提樹)라는 나무 밑에 앉아서 깨치고, 쌍림수(雙林樹) 밑에서 누워 열반하셨음을 보아서도 알 수 있다. '나무'는 불교의 나무(南無)와 조금도 다르지 않다. 우리 민족은 예부터 풀 한 포기, 나무 한 그루를 보고도 부처님 생각을 했던 민족이었다. 이렇게 삼라만상과 인간의 심성까지도 부처님의 뜻과 일치시켜 보았고, 일상생활에 쓰는 말에 부처님의 뜻을 새겨 써 온 민족은 한민족이 유일하다. 그래서 우리말 중에는 불교 교의를 그대로 잉태하고 있는 단어가 많다. 그런 고로 우리말은 언어 다라니(言語多羅尼)이다. 언어 다라니는 말 속에 만 가지 뜻을 담고 있다는 뜻이다. 게송 한 편을 들어보자.

나무(南無)

나무라 부르심이 무슨뜻일까
부처님 출세하면 무로가시고
제불법 무와같아 무여열반상
나무불 석가모니 미묘법문은
무우수 나무에서 열렸습니다
나무법 석가모니 팔만장경은
보리수 나무에서 피었습니다
나무승 석가모니 해탈법문은
사라수 쌍수에서 보였습니다
말법중 불도닦는 불자들이여
불법이 무엇인가 알고싶거든
나무가 지닌뜻을 깊이새겨서
나무서 불도이룬 세존님같이
만생의 기둥되어 살아갑시다

앞으로 출현하실 미륵부처님은 미래의 희망이요, 인류의 꿈이다. 그 부처님은 용화수(龍華樹)라는 나무 밑에서 성도(成道)하시므로 일명 용화교주라 하고, 그때의 세계 이름을 용화세계라고 말한다.

배꼽 차원의 월정사에서 밝은 달과 같은 우리들의 마음 너머 자성을 보았다. 애정이 사랑으로 정화된 깨끗한 심성을 보았으면 가슴과 같은 상원사(上院寺)로 가자. 여기서 말하는 심성은 청정한 우리의 본래 묘각에서 일어난 오음(五陰)의 성품을 말한다. 그러므로 심성 하면 글자에 머물지 말고, 그 글자가 가리키고 있는 우리들의 본묘각성을 내면에서 면밀히 의식해야 상원(上院)에 들어갈 수가 있다. 상원(上院)은 불법 가운데 해탈의 출세간법이 머무는 곳이 된다. 그러므로 옛날 세조가 문둥병을 치료한 곳도 상원이었다. 출세간의 불가사의한 신통이 아니면 세조의 창병은 절대로 고칠 수 없었다. 설화에는 문수동자(文殊童子)가 나타나서 몸을 씻어 주어 나았다고 한다. 세조는 그 은혜로 상원사를 짓고 문수보살과 문수동자상을 모셨다고 한다. 바로 이러한 사실이, 불도에 있어서 최상승의 적멸보궁으로 가는 길만은 지식이 있고 지혜로워야 한다는 절대원칙을 보인 것이다. 세조는 지혜로웠다. 불법의 지혜로써 속죄의 생을 마쳤다. 그것처럼 우리도 자기 자성의 청정한 밝은 의식을 지혜를 통하여 상원에다 맞추어야 한다. 지혜는 태양 빛 같아서 어둠 속으로 태양 빛이 스며들어 가 밝은 광채를 더해 주듯 우리의 무지와 미망으로 얼룩진 마음을 본묘각으로 밝혀야 한다. 지혜로 보는 묘한 관찰지(妙觀察智)로 마음을 돌이켜 초의식으로 빛나게 하여야 한다. 그것은 그대 의식이 완전한 느낌(覺)으로 머물러 있으면 된다.

만물의 중심

이제 대승요의경(大乘了義經) 차원에서 보고 듣도록 하자. 자신에게 충만한 청정한 자성을 전체로 느끼고만 있으면, 원각(圓覺)이라는 경(經)이 높은 의식의 자동승강기가 되어 소리도 없이 그대를 적멸보궁이 있는 중대(中臺)로 올려 놓는다. 중대에만 이르면 열반경(涅槃經)의 차원에 올라섰다는 얘기가 된다. 부처님 얼굴의 미간백호(眉間白毫) 차원에 올라선 비유가 된다.

만물의 중심은 비어 있다. 비어 있는 작은 공간이 하나의 우주를 형성하고 있다. 동서남북 아래 위는 중심의 변방이다. 주변은 한없이 윤회한다. 시초가 없는 때로부터 돌고 돌아서 둥근 굴렁쇠처럼 끝이 없다. 깨달음을 얻으면 둥근 바퀴를 버린 것처럼 시(始), 종(終)이 사라지지만, 깨닫지 못하는 한 언제 끝날지 모르는 수레바퀴 인생이다. 이 혼돈과 혼미로 우회전하는 중생 세계의 수레바퀴를 찬란한 금빛의 진리바퀴로 변형시키는 법이 무량의처삼매(無量義處三昧)에서 나온 묘법연화경(妙法蓮花經)이다. 그 법성을 법륜(法輪)이라 한다. 반대로 돌아가는 좌전성(左轉性)을 가진 법륜의 해탈성은 항상 돌지만 늘 그 자리이다. 조금도 중심은 변할 수 없다. 그것은 법륜의 중심이 가진 심오한 해탈성이기 때문이다. 그 뜻을 비유한 곳이 이 오대산의 중대이다. 중대는 오대산(五臺山)이라는 이름의 이치를 만들고 있다. 사방사대(四方四臺)의 암자 가운데 있는 집이 중대다. 사대(四臺)에 이 중대가 하나 더하여져서 오대가 된다. 왜 대(臺)라 하는가. 대(臺)라는 집의 의미는 '길(吉)한 집안에 이른다(至)' 는 뜻이다. 전 존재가 영광스럽고 행복스러운 집에 이르렀다는 뜻이다. 길한 집이라면 세속에서야 청와대(靑瓦臺)가 되겠지만, 불법에서는 오대산의 중대 적멸보궁이다. 실은 우리 머릿속이다.

우리는 지금 진실로 영원히 행복한 집으로 가고 있다. 자기 중심으로 몰입하고 있다. 풍요로운 태풍의 눈으로 들어가고 있다. 웅장한 산세가 에워싼 가운데 연대(連臺)처럼 솟은 곳에 중대가 자리하고 있다. 중대의 산세가 흡사 만개한 원형의 연꽃 중심에 위치해 있다. 북쪽 큰 산 주룽에서 풍운 조화를 일으키며 연꽃 속에 나붓이 내려앉은 모양이 용머리(龍頭)와 여상하다.

그 용머리 위에 덩그러니 자리한 집이 바로 중대다. 중대의 정문 위에 현판이 있다. 그 필적은 아홉 살 난 동자가 썼다고 하여, 액자 모서리에 구세서(九歲書)라 밝히고 있다. 누가 보아도 적멸보궁(寂滅寶宮)이라고 쓴 필체는 문수동자가 썼구나 싶도록 감탄스럽다. 아홉 살 난 동자가 썼다는 놀라움과 아울러 구세(九歲)에 담아 놓은 뜻이 심원하기 때문이다. 구(九)는 구족을 말하고, 또 구경을 뜻하고 있다. 구(九)와 십(十)은 한 가지 공(空)으로 통하는 합일의 첩경이다. 구와 십이 서로 통하는 철학적 표현이 있다. 의상대사의 법성게(法性偈)에 '구세십세호상즉잉부잡란격별성(九世十世互相卽仍不雜亂隔別成)' 이라는 구절이 그것이다. 여기서 표현한 구세는 과거에서 보는 과거, 현재, 미래의 삼세, 현재에서의 삼세와 미래로서의 삼세를 통털어 9세라 하였다. 시간성의 구세와 공간성의 시방(十方)을 구세 십세(九世十世)라 하였다. 시간성의 구세와 공간성의 시방의 십세가 하나의 적멸보궁으로 용해되어 버리면, 시공(時空)이라는 세계가 원융하여 분별이 없어지면서 적멸보궁이 된다. 그 보배로운 궁전으로부터는 무진장한 불법의 진리가 일어났다 꺼졌다, 들락날락하므로 보전(寶殿) 또는 보궁(寶宮)이라 한다. 그러므로 이 적멸보궁은 예부터 지금까지 변함도 움직임도 없이 끝없는 사랑과 무한한 행복과 불가사의한 평화를 가득 안고, 머물러 있을 곳 없는 그 자체로써 안주(安住)해 있다.

  의상대사의 법성게가 말해 주듯이 이제 부처님의 구부경(九部經)이 십자(十字)가 되는 중심으로 멸해 들어가는 그 첩경의 순간이 왔다. 그래서 구세 소년이 써야 하고 아홉 살박이가 썼다고밖에 표현할 수 없는 필적의 적멸보궁은 우리에게 불법의 무한하고 오묘한 신비를 깨닫게 한다. 구세 소년은 문수동자다. 문수동자는 제구식(第九識)을 상징하고 있다. 팔식(八識)인 장식(藏識)을 지나 구식인 구경의식(究竟意識)에서는 마침내 대해탈과 대열반이 일어난다. 그러므로 구세서가 적멸보궁이란 이름이 된다. 가장 아름다운 시적인 비유이다. 실제 인간인 아홉 살 난 소년이 썼거나 아니 썼거나 그것은 불법에서는 중요하지 않다. 역사성이란 죽은 무덤의 기록일 뿐이다. 인간의 사고에만 있다.

　해인사 대장각으로 들어가는 정문 위를 잘 보면, 불법을 크게 구부(九部)로 나누어 보는 구광전(九光殿)이라고 쓴 글씨를 볼 수 있다. 전(殿)은 집안 내부에 거룩한 장엄이 가득하다는 뜻의 글자이다. 해인사 팔만장경은 다 육식에서부터 구식(九識)의 신비로운 조화를 설파한 글이다. 그 구식이 적멸하여 빛을 발하는 날, 적멸보궁이 된다. 여기서 식(識)이란 무엇인가. 간단하게라도 짚어 볼 필요가 있겠다. 식(識)이란? 구경(究竟)인 여래장 중에는 식이 성(性)으로 되어 있는데, 그 식성은 밝게 아는 알음알이와 밝게 깨닫고 분별하는 진식이 있다. 이 진식의 묘하게 두루 깨닫는 묘각성이 진리계(法界)에 담연하여 시방세계에 두루 가득하다. 이 묘각성이 시방 허공을 삼키고 토(吐)한다.

　식(識)이 생기게 된 그 생원(生源)은 우리들의 망상이 인(因)이 되고 앞에 드러나 보이는 환경(緣)이 조건으로 되어, 이 인과 연이 화합하여 생긴 것이 식(識)이다. 이것은 시초가 없는 때로부터 배워 익힌, 이것을 장식(藏識)이라 하고 여기서 칠식을 내는데, 칠식은 전의식(前意識)이라 하는 우리 육체에 붙어 있는 육근(六根)의 육식(六識)과 우리가 잠재의식이라고 하는 기억 창고 말라식(末那識)을 통틀어 칠식(七識)이라 한다. 팔식은 아뢰야식이다. 팔식은 육식과 칠식인 기억센터와 아뢰야식을 통틀어 함장식이라 하며, 외도들은 이 팔식을 진아(眞我)로 착각한다. 팔식인 아뢰야식은 허망하게 분별하는 여러 가지 배워 익힌 습관이 없어지면 모든 감각기관도 또한 따라서 없어진다. 이것은 근본 뿌리를 뽑는 자체상(自體相)이라고 한다. 모든 종교가 인간의 본능과 삶의 지식인 앎을 부정하고 들어가는 중차대한 이유가 장식(藏識)인 팔식을 멸하고자 함에 있다. 구식은 암마라식이다. 이것은 매우 청정한 의식이므로 무구식(無垢識)이라고도 하며, 이것은 진여본체(眞如本體)로 인정하여 만유의 근원으로 보는 식(識)이다. 이 구식은 열 가지 이름을 가지고 있다. 진식(眞識), 무상식(無相識), 법성식(法性識), 불성진식(佛性眞識), 실제식(實際識), 법신식(法身識), 자성청정식(自性淸淨識), 암마라식, 진여식(眞如識), 불가명목식(不可名目識) 이렇게 구식은 별명이 많다.

중대로 올라가자. 대(臺)는 불법에서 말하는 유와 무가 녹아 버린 텅 빈 풍요로운 공간의 건물을 대라 한다. 안으로 들어가 보면 사각원방형으로 한 바퀴 빙 돌 수 있도록 복도가 만들어져 있다. 법당 설명에서 잠깐 소개하였듯이, 특수공간으로 들어갈 때는 빛도 그 무엇도 휘어 감치면서 돌아 들어간다. 우리의 의지가 아닌 묘법의 절대성에 의하여 움직여 간다. 항차 열반성이야 말할 것 있겠는가. 궁(宮)이란 집안에 집이 하나 더 있다는 뜻이다.

해탈의 여의주

법당이라 말할 수 없는 곳이 적멸보궁의 내실이다. 궁자의 뜻이 말해 주듯이 텅 빈 공간(冖)에 세간법과 출세간법이 원융하게 합일이 되는 과정을 설명한 여(呂) 자가 합쳐진 글자가 궁(宮)이다. 이 적멸보궁은 상(常), 락(樂), 아(我), 정(淨)을 이룬 묘한 환희의 적멸상으로 빛나는 대평화의 집이다. 그것은 오직 부처님네만 분명히 보시고 깨닫고 계시는 영역이므로 보살들도 이 경지를 보지도 못하고, 이 같은 최상락을 누리지도 못한다고 한다. 그런데 이 붓이 감히 부처님들의 지고한 무여열반의 경계를 어떻게 묘사하겠는가. 설령 한다 한들 어떻게 읽고 알겠는가. 그러므로 입을 다물고 몸을 경건히 하여 지극한 신뢰의 상징으로 합장하자. 그러면 저절로 고요의 바다 적멸보궁 안으로 들어가리라.

　아무것도 안 보인다. 아무것도 없다. 빈 탁자 위에 빈 공간만 무심히 자리하고 있다. 온갖 사념이 잠들어 버린 공간이 지금 우리 앞에 드러나 보인다. 여러분이 일주문에서 오대산 중대 적멸보궁까지 오는 길을 잘 읽어 왔다면, 바로 이 어머니 가슴 같은 보배로운 궁전에서 온갖 신비의 절정을 느낄 것이다. 유식과 무식이 녹아 흐르는 곳, 신의 향기로운 숨결과 행복한 가슴에서 울리는 사랑의 메아리가 우리의 깊은 내면과의 만남이 일어나게 하는 곳, 아무것도 없는 탁자 밑에는 부처님의 머리에서 나온 정골 사리(頂骨舍利)가 모셔져 있다. 사리는 남성의 생식 호르몬이 골 속에서 응결되어 진주처럼 자라나 고요한 지혜의 빛으로 정화(精華)되고 청정한 자성으로 결정(結晶)된 구슬을 말한다. 그러므로 사리는 지혜의 결정체라고 한다. 음욕이 완전히 말라 버린 큰스님네의 몸에서만 간혹 나온다. 결혼하여 성행위를 계속하는 사람이나, 비구니 스님네나 비록 출가를 하였다손 치더라도 음심이 사라지지 않아 몽정이 있거나 하면 진정한 사리가 나오지 않는다.

　지금 여기 적멸보궁에 모셔진 부처님의 정골 사리는 사리의 진가를 보여 주는 보물로서 청정하고 투명하여 흡사 다이아몬드 구슬 같다. 사실 이러한 모양의 사리가 적멸보궁을 뜻하는 것은 아니다. 우리 본연의 묘각장을 뜻한다. 세존께서는 적멸보궁인 무여열반에는 아직 들어가시지 않고, 항상 영산회상에서 중생들을 위하여 설법하신다고 말씀하셨다. 그 말씀의 뜻은 실제로 인도에 있는 영산이라는 의미보다는 우리 머릿속에, 중생들의 영혼 속에 영원히 존재하시면서 우리를 저 평화롭고 대 자유인이 되는 아뇩다라삼먁삼보리의 나라로 인도하신다는 법어로 믿고 싶다. 육신이 아닌 불성의 몸으로 우리들의 머릿속에 계신다는 뜻으로 받아들이고 싶다. 그러므로 우리는 우리의 가슴과 머리를 통하여 항상 부처님의 영상을 기억하고, 불타의 거룩한 뜻을 느끼고 생각하자. 불보살은 우리의 마음속에 계시면서 항상 설법하신다. 전신을 통하여 야심의 소리로 설법하신다.

적멸보궁 안에는 불상이 없다. 단상 위 '닫집'이라 하는 보궁형이 천장에 매달려 있다. 이 내원궁 안에는 중방과 중심을 상징하는 큰 황룡(黃龍) 한 마리가 눈에 번쩍 띈다. 금빛 나는 몸통을 휘어 사리면서 금방 하늘로부터 하강하려는 듯한 생동감 넘치는 자세를 취하고 있다. 전설적으로 전해져 오는 용에 대하여 잠깐 살펴보자.

용(龍)은 파충류의 동물로 보기보다는 신성한 의식으로 보아야 한다. 용은 조화의 신을 의미한다. 동적인 드러냄의 신비를 뜻한다. 신비의 삶과 앎의 춤을 의미한다. 그리고 인간의 상서로운 높은 의식을 의미한다.

아울러 거북도 생각해 보자. 절에는 구상(龜像)이 많다. 거북은 숨김의 정적인 은덕(隱德)을 상징하고 있다. 그래서 절에는 용과 거북이 신성시되어 오고 있다. 용은 드러냄의 조화의 신이고, 거북은 숨기고 감춤의 미덕의 신을 뜻한다. 여기서 말하는 신은 정신을 의미한다. 불화에 나오는 공작새나 봉황은 오늘날 여객기에 비겨 보면 그 뜻이 보일 것이다. 사납고 무서운 새는 초음속 폭격기와 전투기에 해당된다고 보면 재미있는 해답이 나온다. 용에 대하여 다른 각도에서 생각해 보자. 물론 천안을 얻으면 실제로 존재함을 볼 수 있다. 이 글에서는 다만 상징적 의미에 대해서만 밝히고 있다. 태초에 문자가 생기기 전에는 결승문자(結繩文字)라 하여 노끈 같은 줄로 매듭을 지어 서로의 의사를 소통했다. 한참 후에 서계문자(書契文字)가 생겼다. 이것이 오늘날 문자체의 시초가 되었다.

결승문자를 사용할 당시는 의사를 소통하는 어휘 자체가 많지 않았고 눈빛, 체취, 손짓, 분위기 나아가서는 오늘날 대단한 것으로 취급하는 텔레파시까지 일종의 언어였다. 표정이 전부 언어였다. 그러나 인지가 발달하면서 의사를 전달하는 데는 문자가 절대로 필요했다. 인류 사회의 편의에 따라, 자연 발생한 글자가 처음 쓰였을 때에는 문자로서의 표현이 원시적일 수밖에 없었다. 오늘날 우리가 보는 그림과 조각의 유적이 그 증거이다. 절에도 결승문자 시대의 표현 방식이 전래되어 온 상징물을 흔하게 볼 수 있다. 용의 형상 역시 그 일종이다. 긴 혀 끝에 잡힐 듯 말듯한 여의주를 삼키려고 시도하는 용틀임은 구도자가 깨달음의 구슬 여의주(如意珠)를 얻으려는 의도를 시화(詩畵)로 나타낸 것이다.

절집의 조각물을 유심히 살펴보노라면 북쪽에 흑룡 한 마리가 육정(精)을 의미하는 꼬리를 감아 돌려 아라비아 숫자 6을 그리고 있다. 이것은 육근의 육식을 총칭하여 보임이다. 우리의 육정(六情)은 모두가 축축이 젖은 습(濕)한 곳이다. 예부터 물을 흑룡(黑龍)이라 풀고 있음을 상기한다면 이해가 쉽겠다. 6은 오행에서 물이라 하고, 색으로는 흑(黑)이라 한다. 지금 여기서 해설코자 하는 용은 우리의 머릿속에서 빚어 내는 조화의 신, 영혼의 슬기를 용으로 상징하고 있다는 사실을 풀고 있다. 이렇게 보는 지견이 없으면 절집은 파충류의 전시장으로 보이게 된다. 온갖 용의 모양은 태초의 문자인 결승문자로 읽어야 올바른 이해가 생긴다.

절의 처마 밑이나 벽화에 보면 기(氣)를 상징하는 붉은 용이 허리를 틀어 한자로 칠(七) 자를 그리고 있음에 유의하자. 칠(七) 자 모양을 하고 있는 남방의 붉은 용은 우리의 의식 가운데 칠식을 의미하고 있다. 이렇게 보는 것은 음양오행(陰陽五行)에서 칠(七)을 불로 보기 때문이다. 우리 자성 가운데 칠식은 육근에서 만들어진 육식을 다 기억하고 있다. 그래서 칠식을 잠재의식이라 하고 있다.

동방의 푸른 용이 전신을 휘어 틀어 아라비아 숫자로 8자를 그리고 있음도 놓칠 수 없는 장면이다. 이것은 조화의 신(神)을 상징하며 팔식인 장식을 의미하고 있다.

중대 적멸보궁 내원궁 안 위쪽에 있는 금룡(金龍)을 잘 보자. 영혼을 의미하는 구(九)자 모양을 하고 있다. 그렇다. 구식이다. 구식에서 생긴 여의주를 황룡이 물고 있음을 보면 구식을 소멸하여 마침내 적멸보궁으로 들어가는 상징이 되므로 여기서 모든 영적 의식 활동은 다 마친다. 구(九)는 오행에 있어 금(金)이요, 방위로는 서방이요, 색으로는 백색이다. 이와 같이 용들이 취하고 있는 자세가 공교롭게도 아라비아 숫자와 한자의 숫자 우수(음수), 기수(양수)로 만남은 우연의 일치가 아니다. 동양과 서양이 만나는 우주의식과 신비로운 정신 철학이 여기에 춤추고 있기 때문이다.

육식은 칠식이 집어삼키고 칠식은 팔식이 집어삼키며, 팔식은 진여식인 구식이 집어삼키고 구식은 여래장이 받아들이면 모든 조화는 다 끝난 것이다. 흑룡의 육감이 칠식인 화룡의 조화에서 기억된 잠재의식이 되고, 칠식(七識)이 8자를 그린 푸른 용의 신비경에 분해되어 사라지면 오로지 암담한 무명인 마음이 소멸된다. 마음인 팔식이 맑아진 구식의 청정 진여식의 심심미묘한 묘각장에 잠들면 성불(成佛)이란 이름만 남겨 둔다. 요란과 고요가 증발해 버린 적멸보궁 내부를 보면 이러한 정신세계의 영적인 비약의 현상을 잘 보이고 있다. 보배 구름으로 그러한 사실을 잘 묘사한 것이 보인다. 마침내 중방의 구식인 황룡이 9자를 그리면서 무궁한 조화를 일으킨다. 이때에 여래장식이 깊은 침묵을 깨고 일어난다. 여기서 정묘로운 자성식인 구식을 한 번 더 벗어난다. 청정진여식(淸淨眞如識)에서 홀연히 대반열반의 여래장으로 몰입해 들어간다. 우리의 마음과 의식이 열반으로 들어가는 영적인 비약의 모습을 보궁 안의 금룡이 잘 암시하고 있다.

중대내원궁(中臺內院宮) 금룡(金龍)은 불자가 여래장으로 들어가는 내용을 옛 고대의 결승문으로 묘설하고 있다. 금룡(金龍)으로 상징된 구식인 법성식(法性識)이 적멸하여 보배로운 궁전을 가득 메운다.

저 용들의 입에 물린 듯한 용호쟁주(龍虎爭珠)의 상징은 득도하겠다는 애달픈 구도자들이 갖고자 하는 해탈의 여의주이다. 저 여의주를 얻어야 진여(眞如)의 여래장으로 몰입하게 된다. 그래야 드높은 열반의 하늘로 승천한다.

빛나는 영혼의 여의주는 초의식으로써 현묘한 묘각의 내원궁으로 융해되어 들어가는 신비로운 에너지이다. 저 원각(圓覺)의 구슬 여의주를 구식을 상징하는 용들은 저마다 갖고자 한다. 구도자들이 바라는 깨달음의 구슬처럼 말이다. 원각의 여의주를 통하여 대반열반의 보궁 안으로 모든 진실이 영원히 안주한 것이다.

돌이켜 보건대 저 열반의 궁전 밖에 우리는 서 있다. 불법의 그윽한 침묵의 향기와 엄숙하다 못해 고요가 녹아 버린 지묘한 공간이 우리를 따뜻이 감싸고 있다. 여기서 우리는 우리의 본질에 대한 깊은 회의도 사라지고, 삶과 앎이 적멸의 바다 위에 부서지는 부질없는 물방울이었음을 은밀히 느끼면서, 큰 산에서 울려 오는 산의 숨소리와 자신의 맥박소리가 적멸의 풍요로운 묘음 속에서 서서히 화음을 이룬다. 나라는 전 존재가 지고한 어떤 힘 속으로 멸하여 큰 대양과 하나됨을 지켜볼 뿐이다. 아! 바다여! 바다는 말한다. 침묵하고 있다고. 아! 나는 말이 없다. 말이 아니기에, 그저 보는 자로 남아 있다.

지금까지 우리는 절의 모습을 보면서 자아본연(自我本然)의 뿌리를 찾아 걸었고, 또 그 본연(本然)으로 돌아가기 위하여 지혜의 구름을 타고 높이 날아 올랐다. 마침내 우리의 내면에 잠재한 구식(九識)을 증발시켜 적멸보궁으로 들어가는 길을 보았다.

보라! 저 남방의 통도사(通度寺) 적멸보궁의 아름드리 기둥을! 구룡(九龍)이 문자되어 빛나는 법구(法句)를!

구용구리욕금선(九龍口裡欲金仙)
아홉 용의 입 속에서 토해 내는 해탈수로 목욕하니,
금빛 나는 신선이 되었도다.

실로 그렇지 않은가! 초의식을 용을 비유해 구식(九識)의 구룡(九龍)이 만들어 낸 불법의 해탈수로 우리들 본각장(本覺藏 : 여래장)의 때요, 티끌인 구식을 스스로 씻어 버리는 날, 우리도 금빛 나는 부처되어 할 말을 다 하리라!

'천자문은 광활한 우주'

이야기 천자문
천명일 지음
536쪽 | 18,000원 양장25,000원

철학등 다양한 관점에서 풀어낸 한자 이론

고려·조선시대 보다 오히려 오늘날에 이르러 한문 학습자들에게 천자문의 영향력은 더욱 강하다. 이를 반영하듯 시중에는 무수한 천자문 관련 서적들이 쏟아져 나와 있다. 고대전통침구학자인 천명일(69)의 『산성 할아버지의 이야기 천자문』(지혜의 나무)은 기존에 발행된 천자문 서적 중에 단연 돋보이는, 오랜 시간 동안 천자문 관련 서적 무리 중에서 군계일학의 위치를 굳건히 다지고 있을 명저임에 틀림없다.

우선 이 책에는 독자들이 전율할만한 저자의 박학다식한, 지적인 내공이 녹아들어 있다. 부산불교경전연구원 원장을 맡고 있는 불교연구가이자 불교이론과 철학과 관련한 수많은 저서들을 남긴 저자는 불교철학을 기본 바탕으로 동양고전과 사상, 의술, 침술, 역학 등으로 천자문을 풀어내며 4자 1구 250수로 이뤄진 천자문의 요체를 밝힌다. 여러 우화들을 예로 들어 심오한 철리가 숨겨져 있는 천자문의 글귀들을 쉽게 풀어내며 천자문의 진정한 대중화를 돕는

다. 불교 지식 이외에도 저자의 자전적인 이야기, 다양한 종교에 대한 단상 등이 천자문과 함께 글 속에 녹아있다.

천명일은 최근 기자와의 인터뷰에서 "옛 고대 성인들의 해석과 오늘날의 학식, 지식, 상식으로는 현대천자문을 제대로 이해하지 못한다. 천자문에는 초월적, 3차원적, 영적인 세계가 있기 때문이다"고 천자문을 책으로 엮은 이유에 대해 설명했다.

그런데 이 책에서 발견할 수 있는 최대 가치이기도 한 초월적 · 3차원적 · 영적인 세계들은 종교나 사상을 떠나 매우 보편적으로 와 닿는다. 이유가 무얼까? 그것은 저자가 오로지 온 인류의 본질 문제에 많은 관심을 둔데서 기인한다. 저자는 비록 "너를 알라"는 붓다의 가르침을 좇아 천자문을 풀었지만 지혜와 철리를 종교적 틀에만 가둬두지 않는다. 그는 이렇게 일갈한다.

"사람들은 어떤 사상을 얘기하면서 기독교적이다 불교적이라며 표현하는데 참 답답하다. 인간에게는 의식과 무의식 등 무궁한 세계가 있다. 예수와 부처가 무엇인지도 모르는 사람들이 종교와 사상을 논한다. 그러나 종교, 사상의 문제가 아니라 각성과 의식의 문제 아닌가?"

— 2007년 8월 10일 인천일보 조혁신 기자